INVERTIR

&

DAY TRADING

La mejor guía para principiantes

6 LIBROS EN 1

Mejore su psicología del dinero para dominar los mercados financieros, acciones, opciones y criptomonedas

WARREN MEYERS

WARREN MEYERS ACADEMY

Reconocimiento

Quiero agradecerles por comprar mi libro y por confiar en mí, sinceramente ... ¡Gracias!

Escribir un libro es más difícil de lo que pensaba y más gratificante de lo que jamás hubiera imaginado.
Mi agradecimiento es a todos ustedes, lectores, les agradezco porque sin ustedes no podría ser lo que soy, sin ustedes mis libros simplemente... ¡no existirían!
Me gustaría presentarles todos mis trabajos y, si les gustan, los invito a dejar una calificación positiva; ¡Esto me ayudará a continuar mi trabajo y ayudará a otras personas a comprar lo que buscan!

De nuevo ... ¡Gracias!

Warren Meyers

Descubres mis libros

Tabla de contenidos

MERCADOS FINANCIEROS

La mejor guía para principiantes

Dominar los bonos, las criptomonedas, las opciones, las acciones y alcanzar sus objetivos financieros

INTRODUCCIÓN

Según el informe "The Modern Trader" publicado por Broker Notes, hay aproximadamente 13,9 millones de operadores en línea en todo el mundo.

Sería un error asumir que todas estas personas viven y trabajan en grandes ciudades como Nueva York, Londres, Hong Kong o cerca de los principales centros financieros mundiales.

¡Pero gracias a Internet, tu ubicación no es importante! Cualquiera en cualquier lugar puede operar en línea.

No es necesario ser economista, un conocedor de las finanzas o un genio matemático.

Algunos lectores de esta guía ciertamente lo serán, pero la mayoría son personas "normales". Tu edad, antecedentes y raza no importan.

Este libro fue concebido como una guía básica para conocer los mercados financieros y permitir que cualquiera pueda comenzar a dar sus primeros pasos en este entorno.

Si crees que con la lectura de este libro aprenderás a hacerte rico, pues te invito en primer lugar a leer el capítulo tres. Lo que quiero, en primer lugar y, sobre todo, es evitar que inviertas inconscientemente el dinero que tanto te ha costado ganar sin el asesoramiento adecuado.

En el primer capítulo aprenderás qué son los mercados financieros y cómo funcionan, pero también qué o quién los mueve y qué ha provocado las mayores crisis financieras. También veremos cómo abrir tu primera cuenta y de qué debes tener cuidado.

En el segundo capítulo veremos todos los instrumentos financieros con los que podemos movernos en los mercados financieros, analizando los pros y contras de cada uno.

¡El tercer capítulo es el más importante! ¡Léelo antes de empezar!

CAPÍTULO UNO
MERCADOS FINANCIEROS

Figura n. 1 - Bolsa de Valores de Nueva York

Los mercados financieros son sistemas en los que las personas y las empresas compran y venden activos como acciones, bonos (deuda), materias primas y otros productos. Las personas han negociado en los mercados financieros durante muchos años y surgieron de una necesidad real y práctica: ayudar a las personas a comprar y vender cosas de manera más eficiente, y ayudar a las empresas que necesitan dinero.

Con los años, los mercados se han vuelto más grandes y más rápidos. Más personas que nunca están ahora listas para acceder a esos mercados. Alguna vez estuvieron reservados para bancos masivos, casas financieras y personas realmente ricas, pero ahora no.

En un mercado financiero, las personas pueden negociar valores financieros y derivados con costos de transacción muy bajos. Algunos valores incluyen acciones, bonos y metales preciosos.

El término "mercado" se usa generalmente para lo que llamamos bolsas y para organizaciones que facilitan la negociación de valores financieros, como una bolsa de valores o una bolsa de productos básicos. Esta podría ser una ubicación física (como NYSE, LSE, JSE, BSE) o un sistema totalmente electrónico (como NASDAQ). La mayoría de los intercambios de acciones se realizan en un intercambio; sin embargo, ciertas transacciones corporativas (fusiones, escisiones) están fuera de este, mientras que dos compañías o personas, por cualquier motivo, pueden cumplir con la venta de acciones entre sí sin utilizar un intercambio.

Por otro lado, el canje de bonos y divisas se realiza principalmente de forma bilateral; sin embargo, algunos bonos ya se negocian en la bolsa de valores y ya se están construyendo sistemas electrónicos para dichos canjes.

Tipos de mercados financieros

Dentro del sector financiero, el término "mercados financieros" se usa a menudo como un conjunto general, aunque generalmente se usa para referirse a mercados que tienden a obtener financiamiento. Los mercados de capitales se utilizan generalmente para préstamos a largo plazo y los mercados monetarios para préstamos a corto plazo.

Los mercados de capitales consisten en:

Los mercados de valores, que dan financiamiento a través de la emisión de acciones o acciones ordinarias, y posibilitan su próxima negociación.

Mercados de bonos, que dan financiamiento a través de la emisión de bonos y posibilitan la próxima negociación de los mismos.

Mercado de insumos primarios, facilitar el comercio de productos básicos.

Mercados de dinero, que dan financiamiento e inversión de deuda a corto plazo.

Mercados de derivados, que brindan instrumentos para la gestión del riesgo monetario.

Mercados de futuros, que otorgan contratos a plazo estandarizados para comercializar productos en una fecha futura; cf. mercado a plazo.

Mercados de divisas, utilizado en el comercio de varias monedas extranjeras.

Mercados de criptomonedas, para la negociación de recursos digitales y tecnologías financieras.
Los mercados de capitales también se pueden dividir en mercados primarios y secundarios. Los valores recién formados (emitidos) se compran o venden en mercados primarios, como las ofertas públicas iniciales. Los mercados secundarios permiten a los inversores comprar y vender valores existentes. Los intercambios entre emisores e inversores tienen lugar en los mercados primarios, mientras que las transacciones entre inversores existen en los mercados secundarios.
La Liquidez puede ser un aspecto crucial de los valores que se negocian en los mercados secundarios. Su definición es:
Liquidez: se refiere a la facilidad con la que a menudo se vende un valor sin pérdida. Los valores con un mercado secundario dinámico significan que hay muchos compradores y vendedores en un momento dado. Los inversores disfrutan de valores líquidos porque pueden vender sus activos cuando lo deseen; una garantía sin liquidez puede obligar al vendedor a vender sus activos contenidos en ella aplicando un descuento significativo.

Los padres de la teoría económica

Adam Smith

Adam Smith fue un economista, filósofo y autor escocés del siglo XVIII, considerado el padre de la economía reciente. Smith argumentó contra el mercantilismo y fue un serio defensor de las políticas económicas del laissez-faire. En su primer libro, "La teoría de los sentimientos morales", Smith propuso la idea de una mano invisible: la tendencia de los mercados libres a administrarse por medio de la competencia, la oferta y la demanda y el interés propio.
Smith también es conocido por crear el concepto de producto interno bruto (PIB) y por su teoría de la compensación de las

diferencias salariales. De acuerdo con esta teoría, los trabajos peligrosos o indeseables tienden a pagar salarios más altos para atraer trabajadores a esos puestos. La contribución más notable de Smith al sector de la economía fue su libro de 1776, "Una investigación sobre la naturaleza y las causas de la riqueza de las naciones".

PIB: El producto interno bruto (PIB) expresa el valor monetario o de mercado total de todos los productos y servicios terminados producidos dentro de las fronteras de un país durante un período de tiempo determinado. Como medida general de la producción nacional total, funciona como una evaluación global de la salud económica de un país determinado.

Los primeros años de vida de Adam Smith

El registro más antiguo de la vida de Smith es su bautismo el 5 de junio de 1723 en Kirkcaldy, Escocia; su fecha de nacimiento no está documentada. Smith asistió a la Universidad de Glasgow en Escocia a los 13 años, analizando la filosofía moral. Más tarde, Smith se matriculó en investigación de posgrado en el prestigioso Balliol College de la Universidad de Oxford.

Después de regresar a Escocia, Smith realizó algunas conferencias públicas en Edimburgo. El éxito de sus discursos le ayudó a conseguir una cátedra en la Universidad de Glasgow en 1751. Con el tiempo obtuvo la cátedra de Filosofía Moral. Durante los años que pasó trabajando y enseñando en Glasgow, Smith trabajó para publicar varias de sus conferencias. En 1759 se publicó su obra más famosa "La teoría de los sentimientos morales".

Smith se trasladó a Francia en 1763 para aceptar un puesto más lucrativo como tutor privado del hijastro de Charles Townshend, un economista aficionado y futuro Canciller de Hacienda. Durante su período francés, Smith conoció a los filósofos contemporáneos Voltaire, Hume y Franklin.

La riqueza de las naciones

Smith publicó su obra más importante, "Una investigación sobre

la naturaleza y las causas de la riqueza de las naciones" (abreviado como "La riqueza de las naciones") en 1776 después de regresar de Francia a su Escocia natal. En "La riqueza de las naciones", Smith popularizó muchas de las ideas que forman los pilares de la economía clásica. Otros economistas se basaron en el trabajo de Smith para solidificar la teoría clásica, la escuela de pensamiento económico dominante durante la Gran Depresión. Las ideas de Smith se encuentran en las obras del siglo XIX de Marx y Ricardo y más tarde en las obras del siglo XX de Maynard Keynes y Friedman.
El trabajo de Smith analiza la evolución del hombre, desde una fase de cazador sin derechos de propiedad o residencias fijas hasta la agricultura nómada con residencias cambiantes. La etapa posterior fue una sociedad feudal donde se establecen leyes y derechos de propiedad para proteger a las clases privilegiadas. Al final, está la sociedad moderna, caracterizada por mercados libres o laissez-faire donde se establecen nuevas instituciones para realizar transacciones de mercado.

La filosofía de los mercados libres

Esta teoría enfatiza restar importancia al papel de la intervención estatal y los impuestos dentro de los mercados libres. Aunque Smith abogaba por un gobierno limitado, veía al gobierno como responsable de los sectores de educación y defensa de un país.
La idea de Smith de una "mano invisible" es una metáfora utilizada para describir el flujo constante de acciones individuales que guían el movimiento natural de los precios y el comercio; cada persona que trabaja para sí misma sin darse cuenta ayuda a crear un resultado general. Al vender productos que la gente quiere comprar, un carnicero, un cervecero y un panadero hipotéticos esperan ganar dinero en esta economía. Si son efectivos para cumplir con los requisitos de sus clientes, disfrutarán de recompensas financieras y, mientras se involucran en empresas con el objetivo de ganar dinero, también ofrecen productos codiciados. Smith pensó que este tipo de sistema creaba riqueza para el panadero, cervecero y carnicero, además de generar riqueza para toda la nación.
Una nación rica es aquella que está poblada de ciudadanos que

trabajan de manera productiva para mejorar sus vidas y abordar sus necesidades financieras. Durante esta economía tranquila, de acuerdo con el pensamiento de Smith, una persona invertiría su riqueza dentro de la empresa presumiblemente para ayudarlo a obtener el mejor rendimiento para un nivel de riesgo dado. La teoría de la "mano invisible" a menudo se muestra como un fenómeno que guía los mercados libres y el capitalismo en la dirección de la eficiencia, a través de la oferta y la demanda y la competencia por recursos escasos, así como algo que conduce al bienestar de las personas.

Para Smith, un marco institucional es importante para orientar a las personas hacia actividades productivas que sean beneficiosas para la sociedad. Este marco consiste en un sistema de justicia diseñado para proteger y promover la competencia libre y justa. No obstante, tiene que haber competencia para respaldar este marco. Para Smith, la competencia es ese "deseo que viene con nosotros desde el útero y nunca nos abandona hasta que entramos en la tumba".

Método de producción en línea de montaje

Las ideas promovidas por "La riqueza de las naciones" generaron atención internacional y fueron una reflexión interesante sobre la evolución de la riqueza basada en la tierra a la riqueza creada por los métodos de producción en línea de montaje, posibilitados por la división del trabajo. Usando el ejemplo del trabajo necesario para crear un alfiler, Smith demostró el beneficio de esta metodología de trabajo. Si una persona realizara los 18 pasos necesarios para completar las tareas, es posible que solo haga un par de alfileres por semana. Sin embargo, si diez trabajadores hicieran las dieciocho tareas en una línea de montaje, la producción aumentaría a miles de pines por semana. Smith afirma que la división del trabajo y la especialización resultante produce prosperidad.

Producto interno bruto (PIB)

Las ideas mostradas en "La riqueza de las naciones" fueron la génesis del producto interno bruto (PIB) como concepto y transformaron el negocio de importación y exportación. Antes de la publicación del libro "La riqueza de las naciones", la riqueza de los países se expresaba sobre la base del valor de sus depósitos de oro y plata. Sin embargo, Smith fue muy crítico con el mercantilismo; Sostuvo que los países deben ser evaluados y apoyados en función de sus niveles de producción y comercio. Esta idea fue la base para la creación de la métrica del PIB para medir la prosperidad de una nación.

Cuando se publicó su obra "La riqueza de las naciones", muchos países dudaban en comerciar con otros países. Smith argumentó que debería crearse un intercambio libre porque ambos países pueden beneficiarse de los intercambios. Como resultado de este cambio de actitud hacia el comercio, hubo un aumento de las importaciones y exportaciones. Smith también abogó por una legislación que hiciera el comercio lo más fácil posible.

El legado de Smith

Las ideas más famosas de Smith: la "mano invisible" y la "división del trabajo" son ahora teorías económicas fundamentales. Murió el 19 de julio de 1790, a los 67 años, pero las ideas que popularizó sobreviven dentro de la escuela clásica de economía y en instituciones como el Instituto Smith, la principal fábrica de pensamiento neoliberal de libre mercado de Gran Bretaña. En 2007, el Banco de Inglaterra decidió poner a Smith en el billete de £ 20.

David Ricardo

¿Quién era David Ricardo?

David Ricardo (1772-1823) fue un importante economista. Sus ideas más recordadas son las relativas a salarios y ganancias, trabajo útil, ventaja comparativa y renta.
Ricardo y una variedad de otros economistas también determinaron simultánea e independientemente la ley de los rendimientos marginales decrecientes. Su obra más conocida es Principios de la economía política y fiscalidad (1817).

Entendiendo a Ricardo

Ricardo, nacido en Inglaterra en 1772, uno de 17 hijos, comenzó a trabajar con su padre como corredor de bolsa a los 14 años. Sin embargo, su padre lo repudió a los 21 por casarse fuera de su religión. Su riqueza provino de su éxito con una empresa comercial que inició y que se ocupaba de valores gubernamentales. Se retiró a la edad de 41 años después de ganar aproximadamente £ 1 millón especulando sobre el resultado de la Batalla de Waterloo.
A los 42 años, Ricardo compró un escaño en el Parlamento por £ 4,000 y se desempeñó como miembro del Parlamento. Bajo la influencia de Smith, Ricardo se mantuvo en compañía de otros pensadores destacados como James Mill, Jeremy Bentham y Thomas Malthus. En su ensayo "La influencia de un precio bajo del maíz en las ganancias de las acciones" (1815), Ricardo ideó la regulación de los rendimientos decrecientes refiriéndose al capital y al trabajo. A la edad de 37 años, Ricardo escribió su primer artículo sobre economía, publicado en The Morning Chronicle. El artículo abogaba por que el Banco de Inglaterra redujera su actividad de emisión de billetes. Su libro Principios de la economía política y fiscalidad incluye sus ideas más conocidas. Las principales contribuciones de Ricardo a la teoría

son:

Ventaja comparativa

Entre las ideas notables que introdujo Ricardo en Principios de economía política y tributación estaba la idea de la ventaja comparativa, que argumentó que los países pueden disfrutar del comercio internacional al especializarse en la creación de productos con costos de producción potencialmente más bajos, incluso si eso significaba no tener un valor absoluto o ventaja dentro de la producción de cualquier bien en particular. Por ejemplo, se acordaría un beneficio comercial mutuo entre China y el Reino Unido; China se especializa en la producción de porcelana y té y el Reino Unido se concentra en piezas de maquinaria. Las ideas de Ricardo están fuertemente correlacionadas con las ventajas del libre comercio y las desventajas causadas por las políticas proteccionistas. La idea de Ricardo de la ventaja comparativa produjo derivaciones y críticas que se discuten hasta el día de hoy.

Teoría del valor laboral

Otra de las contribuciones más conocidas de Ricardo a la economía fue la teoría del valor, que establece que el valor de cualquier producto podría medirse por la cantidad de trabajo utilizado para producirlo. La idea establecía que el valor no solo debería ser proporcional al costo de la mano de obra necesaria para fabricarlo, sino al costo total de producción. Un ejemplo de esta teoría es que, si se necesitan dos horas para hacer una mesa y una hora de trabajo para una silla, una mesa simplemente vale dos sillas, independientemente del salario por hora de quien hizo la mesa. La teoría del trabajo útil se convertiría más tarde en uno de los fundamentos del marxismo.

Teoría del alquiler

Ricardo fue el principal economista que discutió la noción de renta, o beneficios que se acumulan a los propietarios solo por su propiedad y no por su contribución a cualquier actividad productiva real. En su aplicación, la idea de renta, aplicada a la economía agrícola, muestra que los beneficios de un aumento en el precio de los granos tenderán a incrementar la renta que pagan los usuarios a los propietarios. Posteriormente, la idea de Ricardo también se aplicó al alquiler de propiedades; políticas públicas particulares que pueden ayudar a los propietarios a ver un aumento en sus ingresos por alquiler.

Equivalencia ricardiana

En el área de las finanzas públicas, Ricardo escribió que independientemente de que un gobierno opte por financiar sus gastos mediante impuestos instantáneos o mediante préstamos y gastos compensatorios, los resultados para el sistema económico serán los mismos. Si los contribuyentes son racionales, explicarán cualquier aumento esperado en los impuestos futuros para financiar los déficits corrientes ahorrando la misma cantidad que el gasto necesario para el déficit corriente, por lo que el cambio neto en el gasto total será cero. Entonces, si un gobierno se involucra en un gasto deficitario para reiniciar la economía, entonces el gasto privado disminuirá en la misma cantidad dado que la gente ahorrará más y, por lo tanto, el efecto neto en la economía mixta será un lavado.

Jean-Baptiste dice

¿Quién dijo Jean-Baptiste?

Jean-Baptiste Say (1767-1832) fue un clásico, economista y estudioso liberal francés. Nació en Lyon en 1767 y tuvo una carrera ilustre. Formó parte de un comité del gobierno de Napoleón y enseñó economía en Francia en el Athénéé, el Conservatoire National des Arts et Métiers, y más tarde en el Collège de France, donde fue nombrado presidente de la facultad de política económica. La ley de mercado de Say podría interpretarse como una teoría económica clásica de que la

producción es al mismo tiempo una fuente de demanda.
De acuerdo con la ley de Say, el poder de pedir algo se financia proporcionando un bien de una entidad diferente.

Entendiendo a Jean-Baptiste Say

Jean-Baptiste Say es conocido por su contribución “La ley del mercado de Say”, también conocida como su “Teoría del mercado”, y por su trabajo titulado “Un tratado de economía”, publicado en 1803. Además de su tratado más famoso, también hay dos volúmenes “Cours Complet d'Économie Politique Pratique”, 1852, y una colección de su correspondencia con el también economista Malthus titulada “Cartas a Malthus”, en estas cartas se dirige a las personas que critican su pensamiento económico.
La ley de Say se ha malinterpretado a menudo. Según esta ley, la economía es capaz de regularse a sí misma, convirtiéndose ella misma en una fuente de demanda, muchas veces se ha confundido con la idea de que la oferta crea su propia demanda. Los economistas contemporáneos John Maynard Keynes y Malthus criticaron la ley de Say, y los economistas posteriores señalaron a Keynes como parcial o principalmente responsable de la confusión.
Sin embargo, Say estuvo muy influenciado por Smith y sus teorías establecidas en el tratado de 1776 “La riqueza de las naciones”. También fue un firme partidario de las teorías del libre mercado de Smith, promoviendo sus filosofías del laissez-faire y ayudando a difundirlas en Francia a través de su labor académica y docente. La ley de Say todavía sobrevive en los modelos económicos neoclásicos modernos donde siempre se encuentran las teorías del libre mercado de Smith.
Entre sus otras enseñanzas, Say también expresó la hipótesis de

que la deflación podría verse como un evento positivo si se derivara de aumentos de productividad. También escribió sobre el dinero y la banca, compartió sus puntos de vista sobre los impuestos como una carga y Robert L. Formaini lo acredita en el folleto Economic Insights del Federal Reserve Bank of Dallas entre los economistas principales para discutir el espíritu empresarial y las nociones de utilidad, describiendo a los empresarios como importantes factores para lograr la satisfacción de los "deseos humanos".

Deflación: La deflación ocurre cuando tenemos una caída generalizada en los precios de los bienes y servicios, generalmente asociada con una contracción en la oferta de dinero y crédito en la economía. El poder adquisitivo del dinero durante la deflación aumenta con el paso del tiempo.

Jean-Baptiste Say y los padres fundadores de los Estados Unidos

Apareciendo en una traducción al inglés, las obras de Say encontraron una audiencia admiradora en los padres fundadores Jefferson y Madison, con quienes mantuvo una viva correspondencia. La carta de Madison agradeciendo a Say por enviarle una respuesta a su tratado dice en parte: "Por favor, señor, tenga la seguridad del gran valor que le doy a su estima ..."

Cómo funcionan los mercados

Como vimos en el capítulo anterior, los fundamentos teóricos de las economías de mercado fueron desarrollados por economistas clásicos, como Smith, Ricardo y Jean-Baptiste Say. Estos eran partidarios del libre mercado y creían que la "mano invisible" de las ganancias y los incentivos del mercado determinaban las decisiones económicas hacia caminos más eficientes y productivos que las decisiones tomadas por el gobierno, y que estas decisiones también conducían a ineficiencias financieras que también empeoraba la situación de las personas.

Teoría del mercado

Las economías de mercado determinan los precios y las cantidades de productos en función de la oferta y la demanda. Los empresarios utilizan factores de producción como la tierra, la mano de obra y el capital, combinados con trabajadores y financistas, para lograr la producción de diversos bienes y servicios que los consumidores u otras empresas pueden comprar. Los que compran y los que revenden acuerdan voluntariamente, en función de las preferencias del cliente, los ingresos que las empresas quieren obtener de sus inversiones. La asignación de diversos recursos por parte de los productores se realiza en base a la ganancia que esperan obtener de ellos, creando bienes que sus clientes apreciarán y pagarán más que los insumos iniciales de los productores. Los empresarios serán recompensados con ingresos que pueden reinvertir en actividades futuras.

Economías de mercado modernas

Todos los sistemas financieros del mundo moderno se encuentran en algún lugar entre un mercado puro y un mercado completamente planificado. La mayoría de los países desarrollados son economías técnicamente mixtas debido al hecho de que mezclan los mercados libres con la interferencia del gobierno, sin embargo, con frecuencia se les etiqueta como economías de mercado, ya que permiten que los mercados guíen la mayor parte de la actividad financiera, dejando a los gobiernos con el poder suficiente para garantizar la estabilidad.
Las economías de mercado a veces cuentan con algunas intervenciones de las autoridades, en situaciones como fijación de tarifas, licencias, cuotas y subsidios industriales. A menudo, en las economías de mercado, el gobierno producirá bienes públicos y, con frecuencia, ocupará la posición de monopolio. Sin embargo, en general, las economías de mercado se caracterizan por utilizar un proceso de toma de decisiones descentralizado a través de consumidores y minoristas que realizan transacciones diarias.
Aunque el sistema económico de mercado se considera una

opción popular, el debate sobre cuánto debe intervenir el gobierno en las decisiones sigue siendo importante. Los economistas generalmente confían en que las economías más orientadas al mercado podrán tener riqueza, crecimiento económico y niveles de vida más altos, incluso si difieren en cuánto tiene que intervenir el estado en los diversos procesos.

Oferta y demanda

Los dos términos básicos utilizados con más frecuencia por los economistas son oferta y demanda. La cantidad de algo que está disponible (¿la oferta NO *suministra*?) Y la cantidad de algo que la gente quiere (la demanda) conforman lo que se llama un mercado funcional. El mercado es la forma en que se organiza una actividad económica entre compradores y vendedores a través de su comportamiento e interacción mutua. Los compradores, entendidos como grupo, determinan la demanda general de un producto específico a varios precios, mientras que los vendedores, siempre entendidos como grupo, determinan la oferta de un producto específico a varios precios.

La interacción de compradores y vendedores dentro del mercado ayuda a determinar el valor de mercado mediante la asignación eficiente de bienes y servicios escasos. El valor se tiene en cuenta al decidir la cantidad óptima que se consume y también la cantidad óptima que se debe suministrar. Esta conexión entre precio y cantidad demandada es tan universal que se llama Ley de la Demanda. Esta ley establece que, en igualdad de condiciones, cuando el valor de un determinado bien aumenta, el número que luego solicita el mercado disminuye, y cuando el valor disminuye, el número requerido aumenta. La curva de oferta funciona en sentido contrario: cuanto más alto es el precio de la propiedad, mayor es la oferta; cuanto menor sea el valor, menor será el número proporcionado.

Una función clave del mercado es buscar el precio de equilibrio, es decir, el punto donde la oferta y la demanda están en equilibrio. A este precio, los productos suministrados son el número exacto de los requeridos, determinando así la asignación más eficiente de los productos. Si la asignación de productos es eficiente, nadie estará más feliz que nadie, pero todos estarán

satisfechos.
Sin embargo, hay factores distintos al precio que pueden impedir que el mercado esté perfectamente equilibrado y por tanto eficiente:
Variables que influyen en los compradores (demanda)
Precio
Ingresos
Precios de bienes relacionados
Sabores
Expectativas
Número de compradores
Variables que influyen en los vendedores (oferta)
Precio
Precios de entrada
Tecnología
Expectativas
Número de vendedores
Por el lado de la demanda, los ingresos pueden jugar un papel importante. A medida que aumentan los ingresos, la gente comprará más bienes o quizás comenzará a considerar bienes de mayor calidad o más caros. Sin embargo, el valor de los bienes relacionados también podría alterar la demanda. Por ejemplo, si aumenta el valor de un cereal, es probable que la demanda cambie a un cereal idéntico, que podría considerarse un bien sustituto. Si los productos se consideran complementarios, o generalmente se usan juntos, una reducción en el precio de uno de los productos aumentará la demanda del otro. Un ejemplo de productos complementarios son los automóviles y la gasolina, en los que el valor de la gasolina depende en parte de la cantidad de automóviles.
Desde el punto de vista de la disponibilidad, tanto las expectativas como el número de vendedores pueden influir en la cantidad de bienes producidos. Además, el costo de producción de los bienes en sí, o de los precios de los insumos y, por lo tanto, el nivel de tecnología utilizada para la transformación de los insumos en bienes, influirá en gran medida tanto en el precio final como en las cantidades de productos producidos.
Aunque la mayoría de los análisis económicos se especializan en encontrar el equilibrio del mercado, existen muchas otras formas

de mercado. Por ejemplo, cuando hablamos de utilizar recursos naturales u otros servicios de calidad ambiental, a menudo es difícil buscar el equilibrio a través de precios de mercado simples, ya que no estamos hablando de bienes de mercado reales. Sobre todo en lo que respecta al uso y extracción de los recursos naturales, sería importante tratar de maximizar los costos y beneficios actuales, teniendo también en cuenta los posibles costos y beneficios futuros, así como teniendo en cuenta tanto el valor intrínseco como el existente de los recursos. Cuando el mercado no asigna los recursos de manera eficiente, puede ocurrir una falla del mercado. Un ejemplo de esto es la creación de externalidades que a menudo ocurre en ausencia de derechos de propiedad claros, como el aire y algunos recursos hídricos.

¿Qué afecta a los mercados?

Los precios de mercado están determinados por la demanda y oferta de bienes, los cuales están influenciados por una importante cantidad de factores, algunos de los más comunes se detallan a continuación:

Las noticias: muchos participantes del mercado monitorean las noticias en tiempo real; las malas noticias que golpean a una empresa o país pueden hacer bajar los precios. Las noticias políticas también pueden tener un efecto importante en los mercados.

Resultados de la empresa: las empresas que cotizan en bolsa publicarán resultados periódicos que pueden animar a los inversores a comprar o vender sus acciones

Política del banco central: los bancos centrales toman decisiones como la fijación de tipos de interés, que pueden tener un efecto profundo en el flujo de divisas en todo el mundo y pueden tener un gran impacto en los mercados.

Datos gubernamentales: los gobiernos publicarán datos que pueden mover los mercados, como información sobre desempleo o datos sobre inflación

Tasas de interés: el monto que cobra el prestamista por el uso del capital con referencia al porcentaje del capital. Esta tasa generalmente se indica sobre una base anual.

Participantes del mercado

Existe una buena variedad de personas y empresas que comercian en los mercados financieros.

Inversores institucionales: los fondos de pensiones, los administradores de activos y los proveedores de fondos abiertos participan en los mercados financieros para generar ganancias para ellos y sus clientes

Bancos: Los bancos actúan como intermediarios para otras empresas, como administradores de fondos. No quieren comerciar mucho por su cuenta, pero las nuevas regulaciones significan que necesitan menos oportunidades para comerciar con su libro.

Corredor: especialistas que realizan operaciones para sus clientes

Creador de mercado: algunas instituciones tienen la tarea de vender acciones o bonos en el mercado. Su trabajo es tratar de encontrar la mejor cotización para sus clientes; por ejemplo, si una empresa decide emitir varias acciones, un creador de mercado tiene la tarea de venderlas en el mercado.

Inversores minoristas: Los inversores diarios pueden participar en los mercados financieros invirtiendo en fondos, comprando acciones o negociando activamente en los mercados a través de spread bets y CFD.

¿Cómo se negocian los mercados financieros?

Normalmente, los mercados suelen negociarse de dos formas:

En la bolsa

En el pasado, estos eran edificios reales donde los corredores se reunían para comprar y vender acciones de la empresa u otros activos, como maíz o ganado. Ahora, la mayoría de las transacciones comerciales se realizan en línea, con pedidos de todo el mundo. Negociar en bolsa significa que los contratos están estandarizados con una forma transparente de operar en cuanto a tipos, cantidades y tiempo en que recibirá los productos.

En el mostrador

Es aquí donde dos partes acuerdan la compra y venta mutuas, sin negociar en un intercambio.

Las mayores caídas del mercado de valores

Una caída del mercado de valores puede ser una caída repentina y dramática de los precios de las acciones en una parte importante de una bolsa de valores, lo que lleva a una gran pérdida de riqueza en papel. Los colapsos pueden deberse tanto al pánico como a factores económicos subyacentes, pero a menudo, siguen la especulación económica y las burbujas.
Una caída del mercado de valores puede ser un fenómeno social en el que los eventos económicos externos se combinan con la mentalidad de rebaño, un ejemplo podría ser cuando algunos de los participantes del mercado comienzan a vender y, por lo tanto, sin razón aparente, otros también hacen lo mismo. Los colapsos generalmente se deben a un período prolongado de aumento de los precios de las acciones (un mercado alcista) y un optimismo económico excesivo, o a un mercado donde los índices de precios y ganancias superan los promedios a largo plazo y el uso generalizado de la deuda y los participantes del apalancamiento en el mercado. Otros aspectos como guerras, grandes ataques corporativos, cambios en las leyes y regulaciones federales y desastres naturales dentro de áreas económicamente productivas también pueden conducir a caídas repentinas e influyentes en el valor bursátil de una gran parte de los valores.
No existe una definición numérica precisa que identifique una caída del mercado de valores, pero el término se aplica comúnmente a grandes pérdidas porcentuales de dos dígitos durante un índice del mercado de valores durante un período de varios días. Las caídas a menudo se distinguen de los mercados a la baja (períodos de caída de los precios de las acciones que se miden en meses o años) por ventas de pánico y caídas repentinas de precios. Las caídas suelen estar relacionadas con mercados bajistas; sin embargo, no necesariamente van de la mano. El

lunes negro (1987), por ejemplo, no provocó un mercado bajista. Del mismo modo, el mercado bajista japonés de los años 90 existió durante varios años sin accidentes importantes.
Los accidentes son generalmente inesperados. Como dijo Niall Ferguson: "Antes del choque, nuestro mundo parece casi estacionario, engañosamente equilibrado. De modo que cuando el choque finalmente golpea, como inevitablemente sucederá, todos parecen sorprendidos. Y nuestro cerebro sigue diciéndonos que este no es el momento para un colapso".

Ejemplos históricos

Tulip Mania

Tulip Mania (a mediados de la década de 1630) generalmente se puede considerar la primera burbuja económica registrada. Históricamente, las primeras burbujas y caídas del mercado de valores tuvieron sus raíces en las actividades socio-político-económicas de la República Holandesa del siglo XVII (el lugar de nacimiento del primer mercado de valores formal, la Compañía Holandesa de las Indias Orientales (la primera compañía que cotiza en bolsa en el mundo). y, en particular, la Compañía Holandesa de las Indias Occidentales (WIC / GWIC). En la Italia medieval, las empresas con varios accionistas se convirtieron en contratos populares y Malmendier proporciona pruebas de que las sociedades anónimas se remontan a la antigua Roma.
Malmendier: Ulrike M. Malmendier es una influyente economista alemana. Es profesora de economía y finanzas en la Universidad de California, Berkeley. Gran parte de su trabajo está dedicado al estudio de la economía del comportamiento, las finanzas corporativas, el derecho y la economía. La Asociación Estadounidense de Finanzas le otorgó el Premio Fischer Black en 2013.
Ámsterdam del siglo XVII merece el título de la primera bolsa de valores del mundo, donde surgió un animado mercado secundario de acciones corporativas. Las dos empresas principales eran la Compañía Holandesa de las Indias Orientales

y la Compañía Holandesa de las Indias Occidentales, fundadas en 1602 y 1621 respectivamente. También había otras empresas más pequeñas que no ocupaban gran parte de la bolsa de valores.

El pánico de 1907

La manipulación de las acciones del cobre por parte de la fiduciaria Knickerbocker, en 1907 y 1908, provocó una pérdida de valores de casi el 50%. Las acciones de United Copper aumentaron gradualmente hasta octubre y posteriormente se desplomaron, causando pánico. Numerosos fondos de inversión y bancos que habían invertido su dinero en bolsa cayeron y empezaron a quebrar. Se evitaron más problemas bancarios gracias a la intervención de JP Morgan. El pánico continuó hasta 1908 y llevó a la formación del Sistema de la Reserva Federal en 1913.

El desplome de Wall Street de 1929

La economía creció durante gran parte de los locos años veinte. Había sido una edad de oro tecnológica, con la introducción de innovaciones como la radio, el automóvil, la aviación y el teléfono; lo que significa que se había implementado y adoptado la red de transmisión de electricidad. Las empresas que habían sido pioneras en estos avances, incluidas Radio Corporation of America (RCA) y General Motors, vieron subir sus acciones. A las corporaciones financieras también les fue bien, ya que los banqueros de Wall Street, como Goldman Sachs Trading Corporation, hicieron flotar compañías de fondos de capital variable (más tarde llamadas fondos mutuos). Los inversores estaban encaprichados con los rendimientos disponibles dentro de la bolsa de valores, particularmente mediante el uso del apalancamiento a través de la deuda de margen.

Figura n. 2 - Accidente de Dow Jones en 1929

El promedio industrial Dow Jones (DJIA) estaba en 63,9 el 24 de agosto de 1921. Para el 3 de septiembre de 1929, se había multiplicado por seis, alcanzando 381,2, un nivel que no volvió a recuperar durante otros 25 años. Después de una serie de fuertes caídas en la bolsa, durante el verano de 1929, quedó claro que la economía comenzaba a contraerse. Estas caídas sirvieron para aumentar aún más la ansiedad de los inversores y los eventos alcanzaron su punto máximo del 24 al 29 de octubre (conocido como Jueves Negro, Lunes Negro y Martes Negro, respectivamente).

El lunes negro, el DJIA cayó 38,33 puntos a 260, un 12,8% menos. El diluvio de la venta desbordó el sistema de cinta de cotización que normalmente proporcionaba a los inversores los precios actuales de sus acciones. Las líneas telefónicas y los telégrafos estaban obstruidos y no podían hacer frente. Este vacío de información solo provocó más miedo y pánico. La tecnología de la Nueva Era, anteriormente muy valorada por los inversores, ahora sirvió para profundizar su sufrimiento.

El día siguiente, Martes Negro, fue un día de caos absoluto. Obligados a liquidar sus acciones debido a llamadas de margen, los inversores inundaron el intercambio con órdenes de venta. El Dow perdió 30,57 puntos ese día, lo que llevó su valor a 230,07. Los inversores de la época, anteriormente glamorosos, vieron caer sus valores. En dos días, el DJIA cayó un 23%.

La semana que finalizó el 11 de noviembre llevó el índice a 228, un 40% menos que en septiembre. Los mercados se recuperaron en los meses siguientes, pero fue una recuperación de corta duración que llevó a los inversores desprevenidos a sufrir más pérdidas. El DJIA perdió el 89% de su valor antes de finalmente tocar fondo en julio de 1932. El colapso fue seguido por la Gran Depresión, que afectó a la bolsa de valores y Wall Street en la década de 1930.

19 de octubre de 1987

La mitad de la década de 1980 fue un período de fuerte optimismo económico. Desde agosto de 1982 hasta su punto máximo en agosto de 1987, el DJIA pasó de 776 a 2722. En esta era, el aumento de los índices de mercado para los 19 mercados más grandes del mundo fue en promedio 296%. El número típico de acciones negociadas en el nuevo mercado de valores aumentó de 65 millones de acciones a 181 millones de acciones.

Figura n. 3 - Accidente de Dow Jones en 1987

La caída del 19 de octubre de 1987, Lunes Negro, fue la culminación de una caída del mercado que comenzó cinco días antes, el 14 de octubre. El DJIA cayó un 3,81% el 14 de octubre, seguido de otra caída del 4,60% el viernes 16 de octubre. El Lunes Negro, el DJIA perdió un 22,6% más, bajando 508 puntos. El índice S&P 500 perdió un 20,4%, pasando de 282,7 a 225,06. El compuesto NASDAQ perdió solo un 11,3%, no por la moderación de los vendedores, sino por el fracaso del sistema de mercado NASDAQ. Inundadas con órdenes de venta, muchas acciones de NYSE enfrentaron paros comerciales y retrasos. De las 2.257 acciones que cotizan en la Bolsa de Nueva York, hubo 195 retrasos y paradas más tarde en el día. El mercado NASDAQ fue mucho peor que el S&P 500. Debido a su dependencia de un sistema de creación de mercado que permitía a los creadores de mercado retirarse de la negociación, la liquidez de las acciones de NASDAQ se agotó.

La negociación de numerosos valores encontró una condición patológica en la que el precio de un valor superó el precio solicitado. Estas condiciones "bloqueadas" limitaron gravemente el comercio. El 19 de octubre, la negociación de acciones de Microsoft en NASDAQ duró un total de 54 minutos. El incidente fue la peor pérdida en un día que Wall Street haya sufrido en el intercambio continuo hasta ahora. Entre el inicio de la negociación el 14 de octubre y el cierre del 19 de octubre, el DJIA perdió 760 puntos, una caída de más del 31 por ciento.

El accidente de 1987 fue un fenómeno mundial. El índice FTSE 100 perdió un 10,8% el lunes y otro 12,2% al día siguiente. En octubre, todos los principales mercados mundiales sufrieron una caída significativa. La nación menos dañada fue Austria (un 11,4% menos), mientras que la principal afectada fue Hong Kong con una caída del 45,8%. De los 23 principales países industriales, 19 registraron una caída de más del 20%.

A pesar de los temores de que se repitiera la depresión de la década de 1930, el mercado repuntó inmediatamente después del colapso, registrando una ganancia récord en un día de 102,27 al día siguiente y 186,64 puntos el jueves 22 de octubre. El Dow solo tardó dos años en recuperarse por completo; en septiembre de 1989, el mercado había recuperado todo el valor que había perdido durante el incidente de 1987. El DJIA ganó seis décimas por ciento en el año calendario 1987.

No se llegó a conclusiones definitivas con respecto a las explicaciones detrás del accidente de 1987. Las acciones habían disfrutado de una corrida alcista de varios años y los índices de precios y ganancias de mercado en los Estados Unidos estaban por encima del promedio de la posguerra. El S&P 500 se cotizaba a ganancias de 23 veces, un máximo de la posguerra y muy por encima del beneficio típico de 14,5 veces.

El comportamiento gregario y los circuitos de retroalimentación psicológica juegan un papel crucial en el caso de desplomes bursátiles, pero los analistas también han tratado de verlos como disparadores externos.

Aparte de las preocupaciones generales por la sobrevaluación del mercado de valores, la culpa del colapso se atribuyó a factores como la negociación, seguros de cartera y derivados y noticias anteriores sobre el empeoramiento de los indicadores económicos (es decir, un gran déficit de bienes en los Estados Unidos y una caída del dólar estadounidense, lo que parecía implicar futuras subidas de tipos de interés).
Uno de los resultados del accidente de 1987 fue la introducción del interruptor o freno en la Bolsa de Nueva York. Con base en la idea de que un período de reflexión ayudaría a calmar el pánico de los inversores, estas caídas obligatorias del mercado se desencadenan cada vez que se produce una caída de mercado de gran tamaño durante el día de negociación.

Accidente de 2008-2009

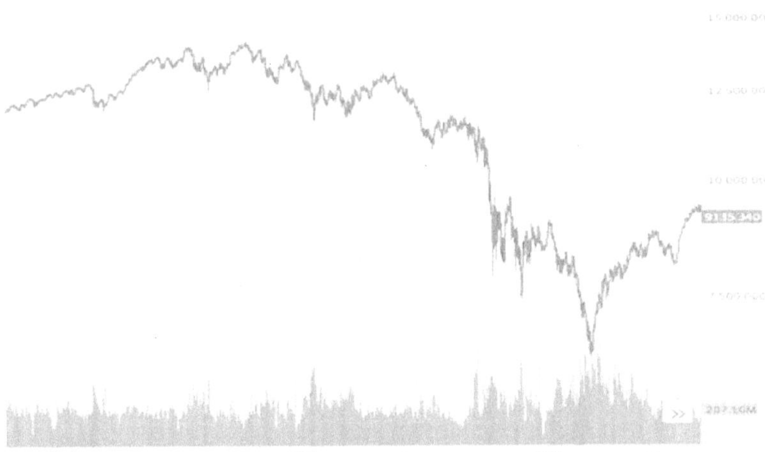

Figura n. 4 - Accidente de Dow Jones en 2008
El 16 de septiembre de 2008, las quiebras de grandes instituciones financieras en los Estados Unidos, principalmente debido a la exposición a hipotecas de alto riesgo y credit default swaps emitidos para garantizar estos préstamos y sus emisores, rápidamente se convirtieron en una crisis global.
Hipotecas de alto riesgo: es un tipo particular de hipoteca que se puede utilizar para clientes que tienen una calificación crediticia baja y, por lo tanto, un riesgo de incumplimiento que puede estar por encima de la media.

Swaps de incumplimiento crediticio: (CDS) es un acuerdo financiero. El vendedor de este instrumento pagará al comprador de los CDS si la deuda no es pagada, ya sea por el deudor o por otro evento crediticio.

Esto también provocó una serie de quiebras en Europa y fuertes reducciones en el valor de las acciones y los productos básicos en todo el mundo. La quiebra de los bancos islandeses se produjo durante una devaluación de la corona islandesa y amenazó con la quiebra del gobierno. Islandia obtuvo un préstamo de emergencia del fondo internacional en noviembre. En los EE. UU., 15 bancos quebraron en 2008, mientras que muchos otros fueron rescatados mediante la intervención del gobierno o adquisiciones de otros bancos. El 11 de octubre de 2008, la cumbre del Fondo Internacional (FMI) advirtió que el sistema económico planetario se tambaleaba al borde del colapso sistémico.

El 8 de octubre, la bolsa de valores de Indonesia dejó de cotizar tras una décima caída. La depresión provocó que los países cerraran temporalmente sus mercados.

El Times de Londres informó sobre el desplome de 2008 y que los comerciantes más antiguos lo estaban comparando con el Lunes Negro de 1987. La caída del 21% esa semana en comparación con una caída del 28,3% 21 años antes, pero algunos comerciantes decían que de hecho había sido peor.

Del 6 al 10 de octubre de 2008 el Dow Jones Industrial Average (DJIA) cerró un total de cinco sesiones a la baja. Los niveles de volumen rompieron récords. El DJIA cayó más de 1.874 puntos, o un 18%, en el peor descenso semanal de la historia en términos de puntos y porcentajes. El S&P 500 cayó un 20%. La semana también estableció tres récords de volumen de los diez primeros en NYSE con el 8 de octubre en el no. 5, 9 de octubre en el no. 10 y 10 de octubre en el no. 1.

Después de ser suspendida durante 3 días hábiles consecutivos de negociación (9, 10 y 13 de octubre), la bolsa de valores de Islandia reabrió el 14 de octubre, con la mayor parte del índice, el OMX Iceland 15, cerrando en 678,4, que era aproximadamente un 77% menos que los 3.004,6 a finales del 8 de octubre. Esto reflejaba que el valor de los tres principales bancos, que representaban el 73,2% del valor del OMX Iceland

15, se fijó en cero.

El 24 de octubre de 2008, muchas de las bolsas de valores del mundo sufrieron las peores caídas de su historia, con caídas de alrededor del 10% en la mayoría de los índices. En Estados Unidos, el DJIA cayó un 3,6%, no mucho en comparación con otros mercados. Por el contrario, tanto el dólar estadounidense como el yen japonés subieron frente a otras monedas importantes, en particular la libra esterlina y el dólar canadiense, ya que los inversores mundiales buscaron refugios seguros. También en este día, el vicegobernador del Banco de Inglaterra, Charlie Bean, sugirió que "esta es una crisis única en la vida, y posiblemente la mayor crisis financiera de este tipo en la historia de la humanidad".

Para el 6 de marzo de 2009, el DJIA había caído 54% a seis, 469 (antes de que comenzara a recuperarse) desde su máximo de 14.164 el 9 de octubre de 2007, durante 17 meses.

Caída del mercado de valores por el coronavirus 2020

Los mercados de valores de todo el mundo cayeron drásticamente a finales de febrero, del 24 al 28 de febrero el FTSE 100 cayó un 13%, eliminando 200.000 millones de libras esterlinas del valor de las principales acciones del Reino Unido. Esta fue la caída semanal más importante después de la crisis financiera mundial en 2008. El 9 de marzo, "Lunes Negro", el FTSE disminuyó en casi un 8%; Otros mercados europeos importantes también abrieron operaciones con pérdidas de alrededor del 8%, tras las enormes caídas en los mercados asiáticos. El 12 de marzo, el DJIA cayó un 9,99%, mientras que el S&P 500 y por tanto el Nasdaq cayeron alrededor de un 9,5%. A principios de ese día, los principales índices bursátiles de Gran Bretaña, Francia, Alemania e Italia cayeron más de un 10%.

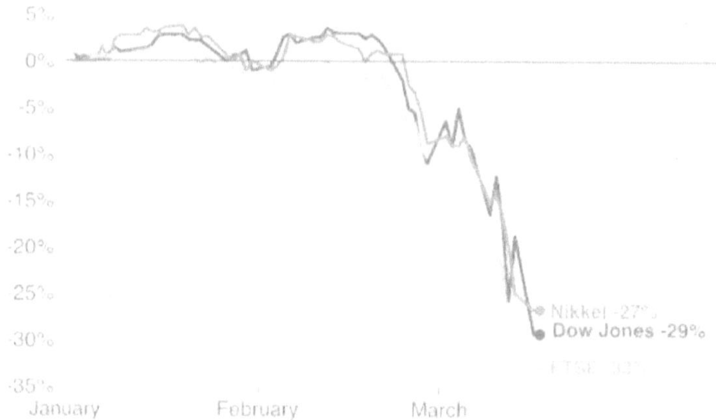

Figura n. 5 - Accidente del Coronavirus 2020

Los futuros de índices bursátiles disminuyeron drásticamente durante el discurso del presidente Trump y, por lo tanto, el DJIA disminuyó un 10% al día siguiente, la caída diaria más significativa desde el Lunes Negro de 1987, a pesar de que el Sistema de la Reserva Federal también anunció que podría inyectar $ 1,5 billones en los mercados monetarios.

El 16 de marzo, el DJIA cayó un 12,93%, que fue la mayor caída de puntos desde la caída del Lunes Negro de 1987, superando la caída de la semana anterior, el Nasdaq también experimentó una caída de gran tamaño del 12, 32%, el S&P 500 tuvo un desempeño ligeramente mejor con una caída del 11,98%. En cuanto al porcentaje, el accidente de ese día fue entre los del 28 y el 29 de octubre de 1929.

Índices comerciales

La evolución de los precios del índice refleja la dinámica del grupo de precios base de la acción.

¿Qué es un índice?

Por lo general, un índice mide la evolución del precio agregado de un grupo de acciones en un país determinado. Los índices se utilizan a menudo para rastrear y comparar el desempeño del

mercado de valores.
El rendimiento de cada índice está determinado por el rendimiento del precio de las acciones subyacentes que componen el índice. Los índices son construidos y calculados de forma independiente por proveedores de índices especializados, como bancos y grupos FTSE. La selección de empresas que se incluirán en el índice está determinada por las reglas de cálculo del índice o por la Comisión. Sin embargo, no todos los índices utilizan las mismas reglas.

Índice de existencias de ADN

Índice ponderado por precio
Se calcula sumando los precios de las acciones de cada acción en el índice y dividiéndolos por el número de acciones en ese índice. Cuanto más cara sea la acción, mayor será el impacto en el índice. El índice Dow Jones Industrial Average es un ejemplo de un índice calculado con ponderación de precios.
Índices ponderados por capitalización de mercado.

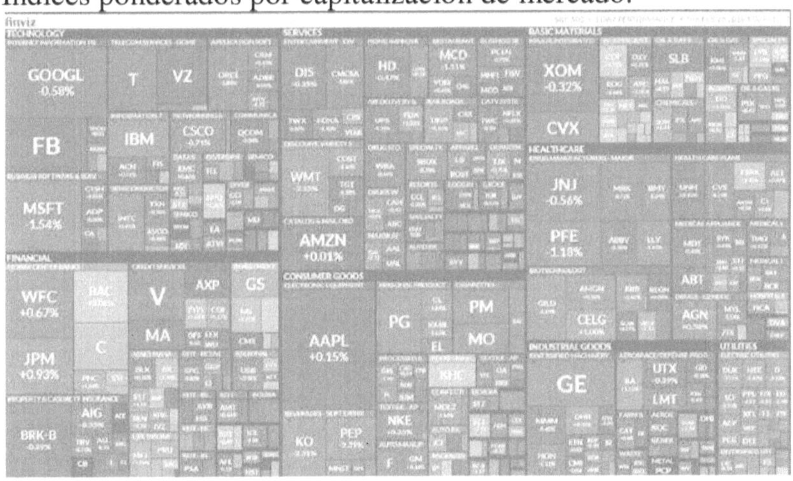

Figura n. 6 - Composición del Dow Jones por capitalización
El índice se basa en la capitalización de mercado total por acción, dividida por el número de empresas. Cuanto mayor sea la capitalización bursátil de la empresa, mayor será el impacto en el índice. Un ejemplo de esto es el FTSE 100.
Índice compuesto
Los índices compuestos proporcionan una evaluación estadística

del desempeño de un mercado o sector a lo largo del tiempo. Son útiles para medir el rendimiento de la cartera de un inversor. Pueden ponderarse por precio o capitalización de mercado. El Nasdaq es un ejemplo de índice compuesto porque mide el desempeño de un índice altamente ponderado por tecnología.
No todas las empresas de este índice son iguales. La composición del índice cambia de vez en cuando, de acuerdo con las reglas determinadas por la calculadora de índices. Algunas empresas le dan más importancia que otras. Es decir, forman una parte mayor del índice y la cotización de sus acciones tendrá un mayor impacto en el índice.
Analicemos los indicadores.
Qué empresas están incluidas.
¿Cuáles son las reglas para agregar o eliminar empresas?
¿Con qué frecuencia cambia el indicador?
A veces hablamos de reequilibrio, pero algunas empresas se eliminan y otras se agregan regularmente.
- ¿Qué áreas de mercado cubren?
No todos los índices cubren las acciones más grandes y algunos, como el FTSE 350 y Russell 2000, se calculan para medir el desempeño de empresas más pequeñas.
El precio de un índice cambia constantemente a medida que cambia el precio de la acción subyacente.
Índice de referencia
De vez en cuando, los periodistas y analistas pueden consultar el índice del mercado de referencia, que es el índice más utilizado para trazar la dirección del mercado. Algunos de los representativos son:
El índice industrial Dow Jones es el índice bursátil original creado por Charles Dow en 1884. Sigue los precios de las 30 principales empresas en la Bolsa de Valores de Nueva York.
El Standard & Poor's 500 (S & P500) es el índice bursátil más monitoreado en el mercado de valores de EE. UU. Realiza un seguimiento de los precios de las 500 principales empresas que cotizan en la Bolsa de Valores de Nueva York y el Nasdaq.
FTSE 100: lanzado en 1984, el FTSE sigue los precios de las empresas más grandes que cotizan en la Bolsa de Valores de Londres por capitalización de mercado.
El Nikkei Stock Average es un indicador del mercado de valores

líder de Japón, que cubre las acciones de 225 empresas que cotizan en la Bolsa de Valores de Tokio.
Euro Stoxx 50: este índice está diseñado para rastrear los precios de las 50 acciones más importantes de los países de la zona euro.
DAX: Fundado en 1988, DAX cubre las acciones de las 30 empresas más grandes que cotizan en la Bolsa de Valores de Frankfurt.
CAC: rastrea 40 empresas importantes que cotizan en la Bolsa de Valores de París.
ASX: el índice de referencia del mercado de valores australiano ASX 200, que clasifica los precios de las acciones de las 200 empresas más grandes que cotizan en la Bolsa de Valores de Australia por capitalización de mercado.

Qué mueve a los índices

Los índices generalmente están influenciados por movimientos de mercado más amplios que afectan los precios de muchas empresas. Algunos de los factores más representativos son los siguientes:
Inquietud y malestar político
Datos económicos, por ejemplo, estadísticas de inflación e indicadores de desempleo.
Tendencias de las tasas de interés
Buenas o malas noticias que involucran a empresas más grandes del mismo sector, como la minería y la banca.
Tendencia bursátil en el índice
Inflación: indica cómo el nivel de precios promedio de una canasta de bienes y servicios tiende a aumentar durante un cierto período de tiempo. Suele expresarse en porcentaje y generalmente se compara con períodos anteriores. También indica cómo se mueve el poder adquisitivo de una moneda dentro de una nación.

Qué son las acciones

Una acción es literalmente solo eso, una acción de una empresa. La propiedad de acciones significa que tú eres propietario de una parte de la empresa y tiene derecho a una parte de las ganancias

y los derechos de voto de la empresa.
Las empresas venden acciones porque quieren recaudar dinero, quizás para expandir aún más su negocio. Pueden hacer esto tomando un préstamo o emitiendo bonos, o vendiendo parte de la empresa; esto se denomina "emisión de acciones".
Los accionistas esperan que una vez que compren las acciones de una empresa, las operaciones de la empresa mejorarán y las acciones costarán más en el futuro. Debido a que las acciones otorgan a sus propietarios una participación en la empresa, también se denominan acciones o mercados de acciones. Esto es para distinguirlos de los bonos que también son emitidos por empresas pero que no proporcionan capital social.

Acciones comerciales

OPI

Una oferta pública inicial (OPI) es la primera emisión de acciones de la empresa. Los mercados a menudo se activan mediante una oferta pública inicial o una oferta pública inicial. Esta es la primera vez que las acciones de una empresa cotizan en el mercado. Inicialmente, las acciones se venden por suscripción, donde los inversores pueden solicitar acciones. Luego se pueden comprar y vender en la bolsa de valores, como es habitual en una bolsa de valores.
Las acciones se pueden comprar o vender en la bolsa de valores, a través de un corredor. Las bolsas de valores conocidas incluyen la Bolsa de Valores de Nueva York (NYSE), la Bolsa de Valores de Londres (LSE) y el NASDAQ.
No todas las grandes empresas cotizan en la bolsa de valores, existen marcas domésticas muy grandes y conocidas que todavía son de propiedad privada. Además, algunas grandes empresas solo cotizan una parte de sus acciones en la bolsa de valores, mientras que el resto sigue siendo de propiedad privada o estatal. La parte que figura en la lista se denomina "acciones flotantes".
Dividendos
Las acciones pagan dividendos a sus propietarios. Por lo general, esto se hace de forma regular, por ejemplo, trimestralmente.

Representa la parte de las ganancias de la empresa que se paga a sus propietarios finales, los accionistas. Las empresas no están obligadas a pagar dividendos, pero muchas lo hacen de forma regular, lo que significa que sus acciones también se valoran por sus características de renta.

Acciones corporativas

La vida de una gran empresa no es fluida y hay una serie de eventos importantes que afectan el precio de sus acciones que los comerciantes / inversores deben conocer:
Fusión de empresas o adquisición de una empresa por otra.
Tratos de directores: cuando los directores compran o venden sus propias acciones en una empresa.
Emisiones de derechos: la emisión de más acciones al mercado para atraer más dinero.
Recompra de acciones: cuando una empresa comienza a recomprar sus propias acciones, reduce el número de acciones disponibles en el mercado.
Dividendo especial: un dividendo que pagan las empresas cuando se sienten particularmente ricas en dinero, no un dividendo ordinario.
División de acciones: una empresa divide sus acciones en acciones más pequeñas, a menudo porque se vuelven demasiado caras para negociar.

¿Quién negocia con acciones?

Los inversores minoristas pueden comprar y vender acciones abiertamente a través de una bolsa de valores a través de un corredor. Sin embargo, muchas acciones son compradas por instituciones financieras como bancos, fondos de pensiones e inversores institucionales.
¿Qué afecta el precio de una acción?
Muchas cosas pueden afectar el precio de una acción, entre otras:
Ganancias: Las ganancias son ganancias que la empresa recibe y debe reportar periódicamente. Los inversores analizan las ganancias de la empresa para asegurarse de que sean mejores o peores de lo esperado.

Noticias de la empresa: noticias sobre nuevos productos, cambios en la gestión, cambios en la estrategia, todo esto puede afectar el precio de las acciones.
Noticias externas: Las noticias relacionadas con la industria de la compañía, la competencia y las condiciones comerciales pueden afectar la oferta y la demanda y, por lo tanto, el precio de estas acciones.
El mercado de divisas es mucho más grande que el mercado de valores. El volumen diario de los mercados monetarios extranjeros mundiales se estima en más de 4 billones de dólares estadounidenses.

Pares de divisas

Forex es el mercado más negociado del mundo con una gran cantidad de operaciones todos los días.
El comercio de divisas (Forex) o FX implica negociar los precios de las divisas mundiales, mientras que el City Index puede negociar a los precios de una amplia gama de divisas del mundo.
El comercio de divisas te permite especular sobre el movimiento de una divisa frente a otra, y se negocia en pares, como el euro frente al dólar estadounidense (EUR / USD).
El mercado que no duerme
El mercado de divisas permanece abierto las 24 horas del día. No existe un intercambio central para el comercio en el mercado Forex: en cambio, los precios se deciden mediante el comercio interbancario, el intercambio de divisas entre bancos de forma permanente, en todo el mundo.
Las divisas se negocian en pares, lo que significa que solo puede negociar una divisa con otra. No se puede operar con divisas individualmente. Cada moneda tiene su propio código de tres letras, por ejemplo, el dólar estadounidense se reduce a USD.
En la mayoría de los casos, operar con una divisa dentro de un par tiene una de las siguientes características:

Dólar estadounidense	*Dólar estadounidense*	*Libra británica*	*GBP*

Euro	*EUR*	*Dólar canadiense*	*CANALL A*
Yen japonés	*Guay*	*Franco suizo*	*CHF*

Si toma una cotización de moneda típica, aquí tenemos USD / JPY. Esto muestra cuántas unidades monetarias de la derecha, en este caso el yen, puede comprar por la moneda de la izquierda, es decir, el dólar estadounidense.
Si los operadores tienen una perspectiva positiva sobre el yen, entonces esperan que la figura de la derecha baje, es decir, el yen se volverá más fuerte frente al dólar. Los comerciantes comprarán menos yenes por dólar, ya que el yen se fortalece. Asimismo, si se esperaba un debilitamiento del yen, los operadores esperarían que el yen subiera, lo que refleja el hecho de que el dólar puede comprar más yenes.

Figura n. 7 - Cambio USD / JPY
Los mercados de divisas nunca caen en términos absolutos: si una divisa sube, otras se debilitarán frente a ella. Todas las monedas no pueden subir al mismo tiempo. Siempre habrá un perdedor.

¿Quién opera en los mercados de divisas?

Los mercados de divisas son importantes para una amplia gama de participantes; bancos, corredores, fondos de cobertura y comerciantes-inversores que comercian con divisas. Cualquier empresa que trabaje o tenga clientes en el exterior deberá operar con divisas. Los bancos centrales también pueden estar activos en los mercados de divisas, ya que buscan mantener la moneda de la que son responsables dentro de un cierto rango.

¿Qué impulsa los mercados de divisas?

Datos económicos: Afecta especialmente a áreas tan críticas de la economía del país como la inflación, el desempleo, el comercio exterior o las nóminas.

Bancos centrales: pueden tener un impacto importante en el desempeño de las monedas, por ejemplo, cambiando las tasas de interés o imprimiendo más dinero. Los bancos centrales también pueden comprar y vender su propia moneda para mantenerla dentro de un cierto nivel.

Factores políticos: cada vez más, la incertidumbre política puede convertirse en la fuerza impulsora de los mercados de divisas. Por ejemplo, tradicionalmente se considera que el franco suizo es la moneda de refugio. Algo tan trivial como un discurso de un ministro de finanzas puede tener un gran impacto en la moneda.

Intercambio versus venta libre

En el mostrador: cuando los valores se negocian a través de una red de agentes de bolsa, es decir, fuera de una bolsa de valores oficial como la Bolsa de Valores de Nueva York (NYSE). A menudo, estos valores no tienen los requisitos mínimos para cotizar en una bolsa de valores normal.

Las operaciones de cambio contra el mercado extrabursátil se llevan a cabo directamente entre las dos partes, sin control del mercado. Esto contrasta con el intercambio comercial, que se realiza a través de intercambios. La ventaja de un intercambio es que promueve la liquidez, proporciona transparencia y respalda el precio actual del mercado. En el caso de la negociación extrabursátil, el precio no se revela necesariamente al público.

La negociación OTC, como la negociación en bolsa, se produce con bienes, instrumentos financieros (incluidas acciones) y

derivados de dichos productos. Los productos que se comercializan en una bolsa deben estar bien estandarizados. Esto significa que los bienes entregados a un intercambio corresponden a un rango estrecho de cantidad, calidad e identidad, que está definido por el intercambio y es idéntico a todas las transacciones con este producto. Esto es necesario para garantizar que el comercio sea transparente. No existe tal restricción en el mercado OTC. Pueden estar de acuerdo, por ejemplo, en una cantidad inusual. En el mercado OTC, los contratos de mercado son bilaterales (es decir, el contrato es solo entre dos partes) y cada parte puede tener preocupaciones sobre el riesgo crediticio de la otra parte. El mercado de derivados OTC es importante para determinadas clases de activos: tipos de interés, divisas, acciones y materias primas.
En 2008, las transacciones "extrabursátiles" representaron alrededor del 16 por ciento de todas las transacciones en la bolsa de valores de Estados Unidos; en abril de 2014, este número había aumentado a alrededor del 40%. Si bien el monto nocional de derivados OTC en circulación disminuyó un 3,3% a fines de 2012 en comparación con el año anterior, las transacciones de compensación a fines de 2012 ascendieron a 346,4 billones de dólares. A fines de junio de 2013, las estadísticas del Banco de Pagos Internacionales sobre Mercados de Derivados OTC muestran que los montos nocionales de las transacciones actuales ascendían a aproximadamente $ 693 billones. El valor de mercado bruto de los derivados OTC, es decir, el costo de reemplazar todos los contratos pendientes a los precios de mercado actuales, cayó de $ 25 billones a $ 20 billones desde finales de 2012 hasta finales de junio de 2013.

Apertura de cuentas de corretaje y costos

Comisión y tarifa

La comisión es la tarifa por el servicio que el corredor o consultor de inversiones evalúa para brindar asesoramiento de inversión al cliente o para atender compras y ventas de valores. Existen importantes diferencias entre comisiones y honorarios,

al menos en la forma en que se utilizan estas palabras para describir a los consultores profesionales de servicios financieros. Un asesor o corredor que trabaje a comisión ganará dinero vendiendo productos de inversión como fondos mutuos y anualidades, así como ejecutando transacciones con el dinero del cliente. Un asesor pagado cobra una tarifa por administrar el dinero del cliente a una tasa única. Puede ser una cantidad en dólares o un porcentaje de los activos bajo administración (AUM). Las ventas entre miembros de la familia suelen ser obsequios en forma de acciones, que no son comisiones.
Propagar
Normalmente, el diferencial se define como la diferencia entre dos cifras comparables. En el mercado de valores, el diferencial es la diferencia entre el precio de venta más bajo y el precio de oferta más alto. Si el precio de venta más bajo de una acción de ABC es de $ 25 y el precio de oferta más alto es de $ 24,75, el margen para las acciones de ABC es de $ 0,25.
En el comercio de materias primas, el diferencial es la posición que toma un inversor al comprar dos o más opciones para vender el mismo activo subyacente con diferentes fechas de entrega. Este tipo de margen se denomina "margen" y se utiliza para reducir las pérdidas que resultan de la volatilidad del activo subyacente.
En valores de renta fija, el diferencial se conoce como la diferencia de rendimiento entre dos valores diferentes con el mismo vencimiento o dos valores idénticos con diferentes fechas de vencimiento. Por ejemplo, mientras que un bono corporativo a 5 años con calificación AAA tiene un rendimiento del 5% y un bono corporativo a 10 años con calificación AAA del 7%, el diferencial entre estos dos bonos similares es del 2%.
Finalmente, en el mundo de la banca de la inversión / suscripción, el diferencial es la diferencia entre lo que el suscriptor paga al emisor por las acciones recién emitidas y lo que el público paga al suscriptor por estas acciones. XYZ Corp. puede crear nuevas acciones que el suscriptor pagará $ 10 cada una. Si el suscriptor luego vende estas acciones al público a $ 12 por acción, el margen es de $ 2 por acción. Por ejemplo, si se realizó una transacción para comprar 10,000 unidades de EUR / USD al precio de ASK 1.3455 y el precio de compra fue 1.3450

al mismo tiempo con un spread de 5 puntos, podemos decir que esta es una diferencia, porque en el momento de la apertura de la transacción, el precio al que se podía vender era 5 puntos inferior, lo que habría supuesto una pérdida de este importe (1,3455 menos 1,3450 = 0,0005 puntos).

Si el mercado subió 5 pips en el momento siguiente (oferta 1.3455 / ASK 1.3460), lo que habría permitido cerrar una operación en una base de equilibrio (sin ganancias o pérdidas), o si se movió 5 pips hacia abajo en el momento siguiente que hubiera resultado en una pérdida de 5 pips, el diferencial debe agregarse a cualquier ganancia o pérdida. En este ejemplo, un movimiento hacia arriba permitiría alcanzar el punto de equilibrio, mientras que un movimiento hacia abajo daría como resultado una pérdida de 10 pips (5 pips spread + 5 pips tasa de mercado).

Por lo tanto, el diferencial y la comprensión de cómo puede aumentar su valor comercial y cómo se carga, en teoría, es una parte importante de la gestión de su comercio.

Diferencia entre spreads y comisiones

Además de los diferenciales, las comisiones son montos fijos en dólares estadounidenses o un porcentaje del valor de la transacción, que se agregan a las transacciones fijas, por ejemplo, al abrir y / o cerrar una posición. Si bien algunas empresas solo pueden cobrar diferenciales y otras solo pueden cobrar comisiones y algunas empresas pueden cobrar ambos, vale la pena señalar el monto total de las tarifas. Sin embargo, esto en sí mismo puede no ser indicativo de la calidad del servicio o desempeño.

Sin embargo, los dos principales costos de negociación son los diferenciales y las comisiones y, por lo tanto, los comerciantes deben consultar con su corredor para averiguar cuáles son los diferenciales, si los hay, para cada instrumento negociado por su empresa y / o cuáles son las comisiones para todos los productos disponibles.

Abrir una cuenta de corretaje

Elegir la cuenta de corretaje adecuada puede parecer un proceso complicado, pero no necesariamente lo es.
En primer lugar, es importante comprender qué tipo de cuenta necesitas y luego podrás elegir una según las ofertas que encuentres en línea.

Una guía sencilla sobre cómo abrir una cuenta de corretaje:

1) Identifica el tipo de cuenta de corretaje que necesitas.
¿Cuáles son tus objetivos de inversión? Si solo deseas invertir para un día o un objetivo relativamente a corto plazo, y no deseas que tu dinero esté inmovilizado hasta que te jubiles, lo que necesitas es una cuenta de corretaje tradicional. Estas cuentas no tienen ventajas fiscales; es posible que debas pagar impuestos sobre ellas.
Por otro lado, si tu objetivo es ahorrar dinero para la jubilación, una IRA es su mejor opción. Las cuentas IRA tradicionales pueden obtener deducciones de impuestos cuando contribuya a ellas, pero no podrás usar tu dinero hasta que tengas 59 años y medio. Las contribuciones a las cuentas IRA Roth no te otorgan un beneficio fiscal cuando las haces, pero los retiros calificados estarán libres de impuestos. Además, puedes retirar contribuciones Roth (pero no tus ingresos por inversiones) cuando lo desees.
2) Compara costos e incentivos
Hoy en día, muchos de los corredores de descuento más grandes ofrecen operaciones sin comisiones. También pueden ofrecerte un descuento para recompensarte por ciertas acciones, como operaciones de alto volumen o el mantenimiento de una cuenta de ahorros con la misma empresa.
Dicho esto, es importante revisar el programa completo de precios de los corredores, especialmente si planeas negociar con algo que no sean acciones (opciones, fondos, bonos, etc.), ya que estos a menudo tienen sus propios costos. Además de la tasa de comisión estándar, algunos corredores pueden cobrar $ 0,75 por contrato de opción.
Además, algunos corredores pueden ofrecer incentivos para promover tu negocio, aunque un incentivo por sí solo no es

suficiente, pero vale la pena considerarlo.

3) Considera los servicios y comodidades ofrecidos

Los precios no lo son todo, especialmente para los nuevos inversores. Por supuesto, en igualdad de condiciones, es mejor encontrar el precio más bajo, pero aquí hay algunas otras cosas a considerar al elegir un corredor.

Muchos corredores proporcionan sus propias calificaciones de acciones, así como acceso a investigaciones de terceros realizadas por empresas como Standard & Poor's y Morningstar.

Comercio exterior: algunos corredores ofrecen la posibilidad de convertir dinero de tu cuenta en moneda extranjera para comerciar en bolsas internacionales. Si esto es importante para ti, asegúrate de que el corredor que elijas lo permita.

Plataformas de negociación: varios corredores ofrecen una amplia variedad de software de negociación y aplicaciones móviles, y muchos de ellos le permiten probar sus plataformas antes de abrir una cuenta.

Algunas grandes redes ofrecen guías de inversión personalizadas. Además, los corredores administrados por los bancos ofrecen a los clientes la capacidad de vincular sus cuentas de corretaje y control, transfiriendo dinero entre cuentas en tiempo real, y pueden ofrecer una especie de "descuento de relación" para hacerlo. Por esta razón, también es una buena idea verificar si su banco tiene una agencia de corretaje en línea.

Además de lo anterior, echa un vistazo al sitio web de tu futuro corredor antes de elegirlo.

4. Decidir sobre una empresa de corretaje

Has recopilado su información sobre los costos y tarifas de varias empresas y las ventajas que ofrecen. Ten siempre en cuenta los pros y los contras antes de realizar cualquier comercio de acuerdo con los objetivos definidos.

5. Completa la solicitud para abrir una nueva cuenta

Puedes solicitar una nueva cuenta en línea. Necesitarás alguna información de identificación como tu número de seguro social y licencia de conducir. Es posible que debas firmar formularios adicionales si estás solicitando privilegios de negociación de opciones o márgenes y el corredor deberá recopilar información sobre tus activos netos, estado operativo, activos invertidos y objetivos de inversión.

6. Financia tu cuenta

Tu nueva casa de bolsa probablemente te dará varias opciones para transferir dinero a tu cuenta, entre otras:

Transferencia electrónica de fondos (EFT): una transferencia desde un cheque vinculado o una cuenta de ahorros es una forma conveniente de depositar fondos en tu cuenta. En la mayoría de los casos, los fondos se acreditarán en tu cuenta el siguiente día hábil.

La transferencia bancaria es la forma más rápida de depositar fondos en una cuenta. Dado que la transferencia bancaria es una transferencia bancaria directa de dinero, a menudo se realiza en unos pocos minutos.

Cheques: las formas aceptables de depósito de cheques y la disponibilidad de fondos varían según el corredor.

Transferencia de activos: es un método aceptable de financiación.

Compartir certificados - Sí, todavía existen. Si tienes un certificado de acciones en papel, puedes enviarlo por correo a una cuenta de corretaje en línea.

Finalmente, al depositar en tu nueva cuenta, no olvides los mínimos de tu corredor. Muchos de ellos tienen diferentes requisitos mínimos para cuentas imponibles y cuentas de pensiones, y también pueden tener diferentes requisitos mínimos para cuentas de margen.

7. Empieza a estudiar inversiones

Felicitaciones por tu iniciativa y la apertura de una cuenta de corretaje; en el futuro, te agradecerás por dar este importante paso hacia la seguridad financiera.

Ahora viene lo más interesante: invertir en acciones. Antes de sumergirse, es útil dedicar un tiempo a aprender los conceptos básicos de la selección responsable de acciones, bonos y / o fondos, así como a crear una cartera diversa.

CAPÍTULO DOS
ACTIVOS

Bolsa

Las 10 bolsas más grandes de 2020

1. Bolsa de Valores de Nueva York:

La Bolsa de Valores de Nueva York es la bolsa de valores más grande del mundo. Fue la primera bolsa de valores del continente norteamericano. Se estableció en 1792, después de la Revolución Americana. Desde el final de la Primera Guerra Mundial, la Bolsa de Nueva York ha mantenido su posición número uno, ya que le robó el título a la Bolsa de Londres. La Bolsa de Valores de Nueva York por sí sola representa alrededor del 40% de la capitalización del mercado de valores mundial, y su capitalización de mercado es de $ 16 billones.

Top 10 Companies in the Dow Index

by market capitalization - Feb 2020

Company	Industries	Market Cap. ($)
1. Microsoft	Systems Software	1.428 T
2. Apple	Technology Hardware	1.400 T
3. Visa	Data Processing & Services	449.3 B
4. JPMorgan	Diversified Banks	423.0 B
5. Johnson & Johnson	Pharmaceuticals	398.6 B
6. Walmart	Hypermarkets & Super Centers	330.4 B
7. Procter & Gamble	Personal Products	311.3 B
8. Intel	Semiconductors	281.3 B
9. United Health Group	Managed Health Care	274.0 B
10. Exxon Mobil	Integrated Oil & Gas	260.3 B

Figura n. 8 - Las 10 principales empresas del Dow Jones en febrero de 2020

2. El mercado de valores NASDAQ:

En 1971 se fundó la Bolsa de Valores NASDAQ en Nueva York. Hicieron falta unos cincuenta años para convertirse en la segunda bolsa de valores más grande del mundo. NASDAQ es considerado un centro para empresas de tecnología gracias a la presencia de las empresas de tecnología más grandes del mundo como Apple, Microsoft, Facebook y otras. NASDAQ tiene una capitalización de mercado de 10 billones de dólares.

3. Bolsa de Valores de Tokio:

También considerado un centro cosmopolita del mundo. Fue fundada en 1878. Aunque no se comercializó durante cuatro años después de la Segunda Guerra Mundial. Todavía se encuentra en el Top 3 de las bolsas de valores del mundo. Más de 2.400 empresas están registradas en esta bolsa de valores, incluidas algunas de las empresas más famosas y grandes del mundo; como Toyota, Honda y Sony. La capitalización de mercado de la Bolsa de Valores de Shanghái es de 6,19 billones de dólares estadounidenses.

4. Bolsa de Valores de Shanghái:

La Bolsa de Valores de Shanghai es la bolsa de valores más grande de China y de toda Asia. Este intercambio fue fundado en 1866, pero sus bases modernas se sentaron en 1990, porque fue abolido después de 1949, cuando se fundó China. Más de 1.100 empresas están registradas en él. Tienen tipos de acciones, las acciones tipo "A" se negocian en yuanes, mientras que las acciones tipo "B" se negocian en dólares estadounidenses. Las acciones de Shanghái tienen una capitalización de mercado de 5,01 billones de dólares.

5. Bolsa de Valores de Euronext:

Euronext es una bolsa de valores multinacional. Se establece en la primera bolsa de valores del mundo, la Bolsa de Valores de Amsterdam. Gracias a lo cual la Eurozona todavía tiene su sede en Ámsterdam (Países Bajos). También es conocida como la Bolsa de Valores de Europa y es la mejor bolsa de valores de Europa. Euronext opera actualmente en Francia, Bélgica, Irlanda y Portugal, con más de 1300 empresas que cotizan en la bolsa. Euronext tiene una capitalización de mercado de 4,65 billones de dólares estadounidenses.

6. Bolsa de Valores de Londres:

La Bolsa de Valores de Londres (LSE) es considerada uno de los tres centros cosmopolitas del mundo. Los otros dos son la Bolsa de Valores de Nueva York y la Bolsa de Valores de Tokio. Fue fundada en 1698. El London Stock Exchange Group opera esta bolsa. Más de 3.000 empresas cotizan en este último. Antes de la Primera Guerra Mundial, era la bolsa de valores más grande del mundo. Varias empresas muy famosas cotizan en la Bolsa de Valores de Londres. Por ejemplo, Barclays, GSK y British Petroleum. Hoy, la capitalización de mercado de la Bolsa de Valores de Londres es de 4,59 billones de dólares.

7. La Bolsa de Valores de Hong Kong:

La Bolsa de Valores de Hong Kong se creó en 1891. Hay 2.315 empresas registradas en esta bolsa. Casi el 50% de estas empresas tienen su sede en China continental. Se ha transformado en una bolsa de valores de comercio electrónico a partir del comercio físico. Varias empresas conocidas están registradas en la Bolsa de Valores de Hong Kong; por ejemplo, AIA, PetroChina y HSBC. La capitalización de mercado de la Bolsa de Valores de Hong Kong es de 3,9 billones de dólares estadounidenses.

8. Bolsa de Valores de Shenzhen:

La ciudad de Shenzhen también es conocida como Silicon Valley de China. Por su crecimiento financiero y tecnológico es una metrópoli desarrollada. Por lo tanto, la presencia de una gran bolsa de valores no será una sorpresa. La Bolsa de Valores de Shenzhen se fundó en 1990 después de que Deng Xiaoping la declarara zona económica especial. Más de 2.000 empresas están registradas en la bolsa de valores y muchas de ellas tienen sus oficinas en China. La bolsa de valores cotiza sus acciones en yuanes chinos. La capitalización de mercado de la Bolsa de Valores de Shenzhen es de 3,51 billones de dólares.

9. Bolsa de Valores de Toronto:

La Bolsa de Valores de Toronto (TSX) es una de las bolsas más famosas del mundo. TSX pertenece y es operado por TMX Group. Esta bolsa de valores fue fundada en 1852. Recientemente, han mantenido negociaciones sobre la fusión de TSX con la Bolsa de Valores de Londres. Pero no fue un éxito. Hay 2.207 empresas que cotizan en la Bolsa de Valores de Toronto y su capitalización de mercado es de 3.256 billones de dólares.

10. Bolsa de Valores de Bombay:

La Bolsa de Valores de Bombay fue fundada en 1875 durante el Raj británico. Era la principal bolsa de valores del continente más importante: Asia. Actualmente, el mayor número de empresas cotiza en la Bolsa de Valores de Bombay. Según la investigación de Visual Capitalist, 5.749 empresas están registradas en el mercado de valores, pero la mayoría son pequeñas. Está ubicado en Dalal Street, Mumbai. La capitalización de mercado de BFB es de 2,19 billones de dólares. Las personas que negocian con acciones preferirán negociar en el mercado de valores más popular, ya que proporciona el número más importante de contrapartes potenciales (compradores por vendedor, vendedores por comprador) y, sin duda, el precio más fácil. Sin embargo, siempre ha habido alternativas, como los corredores, que han intentado unir a las partes para comerciar fuera del mercado. Una de las ventajas es que esto evita la comisión del canje. Sin embargo, también tiene problemas como la selección negativa. Los reguladores financieros han estado investigando los fondos oscuros.
Una bolsa de valores o mercado de valores es una combinación de compradores y vendedores de acciones (también llamadas acciones) que representan la propiedad empresarial; pueden

incluir valores que cotizan en un mercado de valores público, así como acciones que se negocian solo de forma privada, así como acciones de empresas privadas que se venden a inversores a través de plataformas de financiación colectiva. Las inversiones dentro de una bolsa de valores se realizan con mayor frecuencia a través de corredores de bolsa y plataformas de negociación electrónica. Las inversiones generalmente se realizan con una estrategia de inversión en mente.

Las acciones a menudo se clasifican según los países en los que cotiza la empresa. Por ejemplo, Nestlé y Novartis cotizan en Suiza y cotizan en la SIX Swiss Exchange, por lo que también pueden considerarse parte de la Bolsa de Valores de Suiza, aunque las acciones también se pueden negociar en bolsas de otros países, como American Depositary Receipts (ADR) en los mercados de valores estadounidenses.

Cepo

Ranking	Brand	2020 Brand Value	YoY % Change	Country	Sector
#1	Amazon	$220B	17.5%	United States	Retail
#2	Google	$160B	11.9%	United States	Tech
#3	Apple	$140B	-8.5%	United States	Tech
#4	Microsoft	$117B	-2.1%	United States	Tech
#5	Samsung	$94B	3.5%	South Korea	Tech
#6	ICBC	$80B	1.2%	China	Banking
#7	Facebook	$79B	-4.1%	United States	Media
#8	Walmart	$77B	14.2%	United States	Retail
#9	Ping An	$69B	19.8%	China	Insurance
#10	Huawei	$65B	4.5%	China	Tech

Figura n. 9 - Las 10 empresas más grandes del mundo por capitalización

Los inversores que mejor compran y mantienen a largo plazo. Esto significa que poseen una cartera diversificada de muchas acciones y las mantienen en las buenas y en las malas.

Invertir en acciones individuales lleva tiempo. Debe estudiar todas las acciones que compra, lo que incluye una inmersión profunda en los huesos de la empresa y sus finanzas. Muchos inversores optan por ahorrar tiempo al invertir en acciones a través de fondos mutuos, fondos indexados y ETF. Esto te permite comprar muchas acciones en una sola transacción, ofreciendo una diversificación instantánea y reduciendo el esfuerzo de inversión.

Los dos tipos principales de acciones son comunes y preferentes. La mayoría de los inversores poseen acciones ordinarias de una empresa pública. Las acciones ordinarias pueden pagar dividendos, pero los dividendos no están garantizados y el monto del dividendo no es fijo.

Las acciones preferidas generalmente pagan un dividendo fijo, por lo que los propietarios pueden esperar recibir una cantidad fija de ingresos por acciones cada año. Los tenedores de acciones preferentes también están a la vanguardia en lo que respecta a las ganancias de la empresa: el exceso de efectivo distribuido como dividendos se paga primero a los accionistas preferentes y, en caso de quiebra de la empresa, los accionistas preferentes reciben cualquier liquidación de activos antes que los accionistas ordinarios.

Cautiverio

Los bonos son una forma de deuda. Los bonos son préstamos o MOU, pero tú actúas como banco. Prestas tu dinero a una empresa, ciudad, gobierno, y ellos prometen devolvértelo en su totalidad, con pagos regulares de intereses. La ciudad puede vender bonos para recaudar dinero para construir un puente, mientras que el gobierno federal emite bonos para financiar su deuda en espiral.

Los inversores nerviosos a menudo acuden en masa a la seguridad de los bonos, y al flujo constante de ingresos que generan, cuando el mercado de valores se vuelve demasiado volátil. Los inversores más jóvenes deben recortar parte de sus cuentas de pensiones (15% o menos, según la edad, los objetivos y la tolerancia al riesgo) para equilibrar las inversiones basadas en acciones más riesgosas.

Esto no significa que todos los bonos estén libres de riesgo. Algunos bonos han demostrado ser muy riesgosos. Como ocurre con todas las inversiones, le pagan más por comprar un valor más riesgoso. En el mundo de los bonos, este riesgo se manifiesta de diversas formas.

La primera es la probabilidad de que el emisor de bonos haga buenos pagos. Los emisores que demuestren ser menos solventes deberán pagar un rendimiento o tasa de interés más altos. Esta es la razón por la que los emisores más riesgosos ofrecen los llamados bonos de alto rendimiento o "basura". Aquellos en el extremo opuesto del espectro, o aquellos con mejor historial, se consideran bonos de grado de inversión.

Los más seguros son los emitidos por el gobierno de los Estados Unidos, conocidos como "Bonos del Tesoro"; están respaldados por "plena fe y crédito" de los EE. UU. y se consideran prácticamente libres de riesgos. Así, los Bonos del Tesoro pagarán un rendimiento menor que los bonos emitidos por empresas como Johnson & Johnson (grado de inversión). Pero J&J pagará menos intereses que los bonos emitidos por otras empresas.

El tiempo que mantiene el bono (o el tiempo que presta su dinero al emisor del bono) también entra en juego. Los bonos con una vida más larga, digamos un bono a 10 años en comparación con un bono a un año, pagan un rendimiento más alto. Esto se debe a que le pagan por mantener su dinero inmovilizado durante un período de tiempo más largo.

Sin embargo, las tasas de interés probablemente tengan el mayor impacto en los precios de los bonos. Los precios de los bonos caen cuando aumentamos las tasas de interés. Porque cuando las tasas suben, los nuevos bonos se emiten a una tasa más alta, lo que hace que los bonos existentes con una tasa más baja sean menos valiosos.

Por supuesto, si se mantiene el vencimiento de los bonos, no importa cuánto fluctúe el precio. Tu tasa de interés se estableció cuando compraste los bonos, y cuando expire, recuperarás el valor nominal (dinero que invertiste originalmente) de los bonos, hasta que el emisor explote. Pero si necesitas vender tu bono en el mercado secundario, antes de su vencimiento, puedes recuperar una cantidad menor que tu inversión inicial.

Hasta ahora, hemos hablado de bonos individuales. Los fondos mutuos que invierten en bonos, o fondos de bonos, son ligeramente diferentes: los fondos de bonos no tienen una fecha de vencimiento (como los bonos individuales), por lo que la cantidad que has invertido fluctuará, al igual que los pagos de intereses que descartas.

Entonces, ¿por qué preocuparse por un fondo de bonos? Para crear una cartera diversificada de bonos individuales, es necesario. Según el tipo de cartera de bonos que desees crear, es posible que necesites decenas de miles para hacerlo bien. Mientras tanto, los fondos de bonos brindan una diversificación instantánea. Discutiremos las diferencias entre bonos y fondos de bonos con más detalle a continuación.

Antes de sumergirte en el mundo de los vínculos, querrás familiarizarse con los tipos de vínculos disponibles y algo de su vocabulario relacionado.

Los Bonos del Tesoro son emitidos por el gobierno de EE. UU. y se consideran los bonos más seguros del mercado. Como tal, no cobrarás tanto como en otros lugares, pero no tendrás que preocuparte por los valores predeterminados. Se puede tomar como referencia para todos los demás bonos, como los emitidos por empresas y municipios.

Los bonos del tesoro se pueden comprar en incrementos de $ 1,000, se venden a través de una subasta inicial que determina el precio del bono y el monto de los intereses pagados. Puedes pujar directamente a través de TreasuryDirect.gov (sin comisiones) o a través de tu banco o corredor. Operan como cualquier otro valor ordinario en el mercado abierto.

Las Letras del Tesoro o letras del Tesoro, son inversiones a corto plazo que se venden entre unos días y 26 semanas. Se venden con un descuento sobre su valor nominal ($ 1,000), pero cuando las letras del Tesoro vencen, reembolsas el valor nominal completo. La diferencia entre el monto pagado y el valor nominal determinará la ganancia.

Las Notas de tesoría se emiten por dos, cinco y diez años con un descuento de 1000 USD. Las tasas hipotecarias se establecen en relación con un bono a 10 años.

Los Bonos del Tesoro se emiten por 30 años. Se pagan intereses cada seis meses antes del vencimiento.

Valores del Tesoro protegidos contra la inflación (TIPS) se utilizan para proteger tu cartera de la inflación. Los TIPS generalmente pagan una tasa de interés más baja que otros valores del Tesoro, pero el capital y los intereses pagados cada seis meses se ajustan a la inflación según lo medido por el índice de precios al consumidor. Es mejor mantenerlos en una cuenta de impuestos diferidos, como una cuenta de pensión individual o IRA, porque tendrás que pagar un aumento federal en los impuestos al capital, incluso si no recuperas el capital antes de que expire. Cuando los TIPS vencen, los inversores reciben un monto principal ajustado o un monto inicial, el que sea mayor. Los TIPS se venden con vencimientos a cinco, diez y veinte años.

Los Bonos de ahorro son quizás uno de los regalos más aburridos, pero no está de más entender cómo funcionan. Puedes canjear tus bonos de ahorro después de un año, hasta 30 años. Actualmente, se ofrecen en dos versiones, ambas emitidas por el Tesoro de Estados Unidos:

Los Bonos de ahorro EEganan una tasa de interés fija y se pueden canjear después de un año (pero pierdes los últimos tres meses de interés si los conservas por menos de cinco años), pero existe la posibilidad de mantenerlos hasta por 30 años. Cuando canjees el bono, recibirás un interés más el monto del bono.

Los Bonos de ahorroson casi como los bonos de ahorro de EE, excepto que están indexados a la inflación cada seis meses. Estos siempre se venden a su valor nominal, sin importar si compras certificados de bonos en papel o los compras electrónicamente.

Los Bonos de agencia no son tan seguros como los bonos del tesoro, pero a menudo son más seguros que los bonos corporativos más prístinos. Son emitidos por empresas de propiedad estatal. Dado que estas empresas están autorizadas y parcialmente reguladas por el gobierno, los bonos que emiten se perciben como más seguros que los bonos corporativos. Pero no están respaldados por la "plena fe y crédito" del gobierno de los Estados Unidos como lo son los bonos del tesoro, lo que los haría prácticamente libres de riesgos.

Los Bonos municipales, o Munis como se les llama, son emitidos por estados, ciudades y gobiernos locales para financiar diversos proyectos. Los municipios no están sujetos a impuestos federales y, si vives donde se emiten los bonos, también pueden estar exentos de impuestos estatales. Algunos bonos municipales son más solventes que otros, aunque algunos municipios están asegurados. En caso de incumplimiento de un emisor, la compañía de seguros deberá cubrir la cuenta.

Los Bonos corporativos son bonos emitidos por empresas. La deuda corporativa puede variar desde extremadamente segura hasta extremadamente arriesgada.

El Cupón es otra palabra que denota la tasa de interés que se paga por un bono. Por ejemplo, un bono de $ 1,000 con un cupón del 6% pagará $ 60 al año. La palabra "cupón" se utiliza porque algunos bonos tienen un cupón en papel adjunto que se puede canjear por pago.

La Par también se conoce como el valor nominal del bono, que es la cantidad que recibe el tenedor del bono cuando el bono alcanza su vencimiento. Si las tasas de interés suben por encima de la tasa del bono, el bono se negociará con descuento o por debajo de la par; si las tasas caen por debajo de la tasa del bono, el bono se negociará con una prima o por encima de la del par.

La Duración es una medida de la sensibilidad del precio del bono a cambios en las tasas de interés, medida a lo largo de los años. Los cambios en las tasas de interés son más pronunciados en los bonos con vencimientos más largos. Si tienes un bono con 10 años de vencimiento y las tasas aumentan en un 1%, verás que el precio del bono disminuye en un 10%.

Monedas

Las monedas se utilizan para intercambiar servicios y bienes. En resumen, es dinero en forma de papel o monedas, generalmente emitido por el gobierno y generalmente aceptado a su valor nominal como medio de pago.

La moneda es el principal medio de cambio en el mundo actual, que desde hace mucho tiempo ha reemplazado al trueque como medio para intercambiar bienes y servicios.

En el siglo XXI, una nueva forma de moneda ha entrado en el léxico financiero, la moneda virtual. Las monedas virtuales, como los bitcoins, no tienen forma física ni soporte gubernamental y se venden y almacenan en forma electrónica.

Entendiendo la moneda

En más de una forma, las monedas se han utilizado durante más de 3000 años. El dinero, generalmente en forma de monedas, ha demostrado ser extremadamente importante para facilitar el comercio entre continentes.

La moneda es una forma común de pago, generalmente emitida por un gobierno y circula dentro de su jurisdicción.

El valor de una moneda no es estable, pero varía continuamente según el valor de las otras monedas. El mercado de divisas existe como un medio para beneficiarse de estas fluctuaciones.

Muchos países aceptan el dólar estadounidense como pago, mientras que otros vinculan el valor de su moneda directamente al dólar estadounidense.

La característica clave del dinero moderno es que es inútil en sí mismo. Es decir, los billetes son trozos de papel, no monedas de oro, plata o bronce. El concepto de usar papel como moneda podría haberse desarrollado en China ya en el año 1000 a. C., pero tomó mucho tiempo aceptar un trozo de papel a cambio de algo realmente valioso. Las monedas modernas se producen en papel en varias denominaciones, con una emisión fraccionada en forma de monedas.

Acerca de las monedas nacionales

Según el sitio web WorldAtlas.com, actualmente hay alrededor de 180 monedas nacionales reconocidas por las Naciones Unidas. Hay alrededor de 66 países en el mundo que usan o vinculan su moneda al dólar estadounidense.

La mayoría de los países emiten sus propias monedas. Por ejemplo, la moneda oficial de Suiza es el franco suizo, mientras que la de Japón es el yen. La excepción es el euro, que fue adoptado por la mayoría de los países miembros de la Unión Europea.

Algunos países aceptan el dólar estadounidense como moneda de curso legal además de sus propias monedas. Costa Rica, Ecuador y El Salvador aceptan dólares estadounidenses. Incluso después de la fundación de la Casa de la Moneda de los Estados Unidos en 1792, los estadounidenses continuaron usando

monedas españolas porque eran más pesadas y presumiblemente más valiosas.
También hay monedas de marca, como boletos de avión y puntos de tarjetas de crédito, y dólares de Disney. Son producidos por empresas y se utilizan únicamente para pagar los bienes y servicios a los que están vinculados.

Comercio de divisas

El tipo de cambio se define como el valor que asume una moneda con respecto a otra, este tipo de cambio cambia constantemente en función de los acontecimientos económicos y políticos.
Estas fluctuaciones crean un mercado para el comercio de divisas. El mercado de divisas en el que se realizan estas operaciones es uno de los más grandes del mundo por volumen. Todas las transacciones se realizan en grandes volúmenes, con un lote mínimo estándar de $ 100,00. Los operadores de divisas son a menudo profesionales que invierten tanto para ellos mismos como para clientes institucionales, incluidos bancos y grandes corporaciones.
El mercado de divisas no tiene domicilio físico. El comercio es completamente electrónico y está disponible las 24 horas del día para adaptarse a los operadores en cada zona horaria.

Cambio de divisas

Para otros, el comercio de divisas se realiza principalmente en un quiosco del aeropuerto o en un banco durante un viaje.
Los defensores de los consumidores dicen que los viajeros aprovechan al máximo su dinero intercambiando efectivo en un banco o cajero automático en línea. Otras opciones pueden tener tasas más altas y tasas de cambio más bajas.

Entre las divisas negociadas más populares

1. Dólar estadounidense

El dólar estadounidense, a veces llamado dólar, es el principal en el mundo del comercio de divisas, ya que es fácilmente la moneda más negociada del planeta.

El dólar estadounidense a menudo se encuentra en un par de divisas con todas las demás monedas principales y, a menudo, es un intermediario en transacciones de divisas triangulares. Esto se debe a que el Greenback actúa como una moneda de reserva global no oficial, propiedad de casi todos los bancos centrales y estructuras de inversión institucionales del mundo.

Además, debido al reconocimiento mundial del dólar de los Estados Unidos, algunos países lo utilizan como moneda oficial en lugar de la moneda local, una práctica conocida como dolarización. El dólar de los Estados Unidos también es ampliamente aceptado en otros países como una forma de pago alternativa informal, mientras que estos países conservan su moneda local oficial.

El dólar estadounidense también es un factor importante en el mercado de tipos de cambio para otras monedas, donde puede servir como tasa de referencia para aquellos países que decidan fijar o vincular su moneda al dólar. China, por ejemplo, ha vinculado durante mucho tiempo su moneda, el yuan o el renminbi, al dólar, en gran parte debido a desacuerdos entre muchos economistas y banqueros centrales. Muy a menudo, los países fijan sus monedas al dólar estadounidense para estabilizar sus tipos de cambio en lugar de permitir que los mercados libres (forex) administren el valor relativo de la moneda.

El dólar estadounidense también se utiliza como moneda estándar para la mayoría de los productos básicos, como el petróleo crudo y los metales preciosos. Por lo tanto, estos productos básicos no solo están sujetos a fluctuaciones de valor debido a los principios económicos básicos de oferta y demanda, sino también al valor relativo del dólar estadounidense, y los precios son muy sensibles a la inflación y las tasas de interés estadounidenses, lo que puede afectar el valor. del dólar.

2. El euro

El euro se ha convertido en la segunda divisa más negociada después del dólar estadounidense. La moneda oficial de la mayoría de los países de la eurozona, el euro, se introdujo en los

mercados mundiales el 1 de enero de 1999, y los billetes y monedas entraron en circulación tres años después.
Además del hecho de que el euro es la moneda oficial de la mayoría de los países de la eurozona, muchos países de Europa y África vinculan sus monedas al euro por la misma razón que el dólar estadounidense; para estabilizar el tipo de cambio. Como resultado, el euro es también la segunda moneda de reserva más grande del mundo.
Dado que el euro es una moneda ampliamente difundida y confiable, domina el mercado Forex y agrega liquidez a cualquier par de divisas con el que opere. Los especuladores suelen negociar con el euro como un juego sobre la salud general de la eurozona y sus estados miembros. Los acontecimientos políticos dentro de la eurozona también pueden generar grandes volúmenes de negociación en el euro, especialmente en países donde los tipos de interés locales se redujeron drásticamente en el momento de la creación del euro, como Italia, Grecia, España y Portugal. El euro puede ser la moneda más "politizada" negociada activamente en el mercado de divisas.

3. Yen japonés

El yen japonés es fácilmente la moneda asiática más negociada y es considerado por muchos como un signo indirecto de la fortaleza fundamental de la economía japonesa, basada en la producción y la exportación, al igual que la economía japonesa. Los operadores de Forex también siguen al yen para evaluar la salud general de la región Pan Pacífico, teniendo en cuenta las economías de países como Corea del Sur, Singapur y Tailandia, ya que estas monedas se negocian mucho menos en los mercados de divisas mundiales.
El yen también es famoso por su papel en el comercio portátil (tratando de beneficiarse del diferencial de tipos de interés entre las dos monedas). La estrategia consiste en pedir prestado el yen de forma prácticamente gratuita (debido a las bajas tasas de interés) y utilizar el dinero prestado para invertir en otras monedas de mayor rendimiento en todo el mundo, lo que convierte el diferencial de tasas de interés en un factor de bolsillo.

Dado que el comercio de transporte es una parte tan importante de la presencia del yen en el escenario internacional, el constante endeudamiento de moneda japonesa hace que sea difícil determinar el costo de los préstamos. Aunque se negocia de la misma forma que cualquier otra moneda, uno de los principales determinantes de su valor es su relación con las tasas de interés internacionales, especialmente con las monedas que se negocian más activamente como el dólar estadounidense y el euro.

4. La gran libra esterlina

La libra esterlina, también conocida como libra esterlina sola, es la cuarta divisa más negociada en el mercado Forex. Aunque el Reino Unido era miembro oficial de la Unión Europea, nunca ha aceptado el euro como moneda oficial por varias razones, a saber, su orgullo histórico por la libra y su control continuo sobre las tasas de interés nacionales. Como resultado, la libra a veces se ve como un juego puro para el Reino Unido.

El valor de la libra esterlina a menudo se basa en la fortaleza general de la economía británica y la estabilidad política de su gobierno. La libra, gracias a su importante valor, se ha convertido en una divisa de referencia para muchos países y, también por ello, representa un componente muy líquido en el mercado Forex. La libra también se considera una moneda de reserva importante debido a su valor relativo históricamente alto en comparación con otras monedas del mundo.

5. Dólar canadiense

También conocido como loonie, el dólar canadiense es probablemente la principal divisa de materias primas del mundo, lo que significa que a menudo sigue el ritmo de los mercados de materias primas, en particular el petróleo crudo, los metales preciosos y los minerales. Dado que Canadá es un exportador tan importante de esos productos básicos, el dólar canadiense suele reaccionar a los movimientos de precios de los principales productos básicos, especialmente el petróleo crudo. Los operadores a menudo negocian con el dólar canadiense para

especular sobre el movimiento de los productos básicos o para cubrir posiciones en el mercado de productos básicos.
Al estar muy cerca de la base de consumidores más grande del mundo, Estados Unidos, la economía canadiense y el dólar canadiense están estrechamente vinculados a la economía estadounidense, así como al movimiento del dólar estadounidense.

6. Franco suizo

Por último, el franco suizo, que, como Suiza, es considerado por muchos como una moneda "neutral". Más precisamente, el franco suizo se considera un refugio seguro en el mercado de divisas, principalmente porque tiende a moverse de manera diferente a las divisas de materias primas más volátiles, como los dólares canadienses y australianos. Se sabe que el Banco Nacional Suizo es lo suficientemente activo en el mercado de divisas para garantizar que el franco se negocie dentro de un rango relativamente estrecho, reducir la volatilidad y mantener las tasas de interés bajo control.

Materias primas

Las materias primas son activos duros, que van desde el trigo hasta el oro y el petróleo. El gobierno de los Estados Unidos define los productos básicos en la Ley de intercambio de productos básicos de 1936. La ley cubre el comercio de recursos agrícolas y naturales. Aunque la Ley trata los productos financieros como materias primas, no los considera materias primas. La ley también prohíbe el comercio de cebollas como productos básicos.
Los bienes son activos sólidos que se pueden tocar.
Se agrupan en productos agrícolas, energéticos y metalúrgicos.
Sus precios se negocian diariamente en el mercado de materias primas.
Como resultado, ciertos precios pueden cambiar con frecuencia, como los de la gasolina y muchos productos alimenticios.

Tipos de materias primas

Dado que existen tantos productos, se agrupan en tres categorías principales: agricultura, energía y metalurgia.

Agricultura

Los productos agrícolas incluyen:
Cosas como cacao, café, azúcar, etc. Estos productos se denominan mercados de software.
Granos como trigo, soja, aceite de soja, arroz, avena y maíz.
Animales que se convierten en alimento, como ganado vivo y cerdo. Cosas que no comerás, como algodón y madera.

Energía

La categoría de energía incluye petróleo crudo, gasolina RBOB, gas natural y fueloil. El comercio de materias primas es un determinante importante de la fijación del precio del petróleo.

Rieles

Los metales incluyen materias primas extraídas como oro, cobre, plata y platino. La Bolsa de Metales de Londres ha anunciado el lanzamiento de contratos de futuros para metales utilizados en baterías. El intercambio espera un gran mercado para tales metales a medida que aumenta la demanda de automóviles eléctricos.

Cómo funciona el mercado de comercio de materias primas

El comercio de bienes determina los precios de todos los bienes. Como resultado, los precios de los bienes más importantes que usa todos los días son volátiles. En algunos casos, como la gasolina, cambian de un día para otro.
Los comerciantes intercambian bienes en el intercambio. Esto significa que los precios cambian todos los días. Esto puede resultar difícil para los consumidores que tienen que lidiar con

las fluctuaciones de precios de productos cotidianos como la gasolina, la carne y los cereales.
El comercio de productos básicos afecta especialmente a las personas de bajos ingresos en todo el mundo que pagan más con sus ingresos limitados por los alimentos y el transporte. También hace que la agricultura sea más riesgosa. Ésta es una de las razones por las que el gobierno de Estados Unidos otorga subsidios agrícolas.
Se realiza un comercio importante de petróleo, oro y productos agrícolas. Como nadie quiere transportar estos materiales pesados, en su lugar negocian contratos de futuros. Estos son contratos para comprar o vender a un precio acordado en una fecha específica. Los contratos de productos básicos se valoran en dólares estadounidenses, por lo que, cuando el valor del dólar aumenta, se necesitan menos dólares para comprar la misma cantidad de bienes. Esto conduce a una caída en el precio de las materias primas.
Las finanzas también se negocian en los mercados de futuros. Estos incluyen divisas como el eurodólar a 3 meses y los futuros del euro. También incluyen tasas de interés como un bono del tesoro a 10 años. También hay futuros sobre índices bursátiles, como el S&P 500. Pero la Ley de Bolsa de Productos Básicos no los define como productos básicos.
La CFTC ha decidido que las monedas virtuales, como Bitcoin, son materias primas. Esto significa que las monedas virtuales están controladas por la CFTC.

Mercados de productos básicos y supervisión

Los mercados de productos básicos estadounidenses se encuentran en Chicago, Nueva York y Atlanta. El Grupo CME posee todos menos uno. El Chicago Mercantile Exchange se especializa en productos agrícolas, mientras que el Chicago Board of Trade se especializa en granos. La Bolsa Mercantil de Nueva York se especializa en energía y metales.
El Commodity Exchange está ubicado en la ciudad de Nueva York, aunque es propiedad del CME Group con sede en Chicago.
El Intercontinental Exchange, ubicado en Atlanta, ahora es propiedad de la Junta de Comercio de Nueva York. Opera

principalmente en los mercados blandos.
En 1975, la Comisión de Comercio de Futuros de Productos Básicos comenzó a regular los productos básicos. La Ley de intercambio de productos básicos estableció estos órganos en 1936 para administrar la Ley y establecer límites federales al comercio especulativo.

Materias primas como término comercial

En los negocios, una mercancía se puede definir como cualquier producto o servicio que se compra y vende exclusivamente a un precio. También puede incluir productos que no difieran de otros en marca, beneficios u otras características distintivas.
Por ejemplo, Coca-Cola es un producto de marca que recibe lealtad y un precio más alto debido a su diferenciación percibida de otras bebidas gasificadas. Una marca de tienda barata es una mercancía porque no difiere mucho de otras marcas de tienda. Se compra principalmente por su bajo precio, no por su sabor.

¿Qué es el índice Big Mac?

The Economist es responsable de la creación del Índice Big Mac, basado en la teoría de la paridad del poder adquisitivo (PPA). A largo plazo, la teoría del SPP sostiene que los tipos de cambio deberían ser iguales al precio de una canasta de bienes y servicios en diferentes países. Con ingredientes idénticos en casi todos los países, el Big es una canasta excelente porque el precio es un indicador real de una serie de factores económicos locales, que van desde el costo de los ingredientes hasta el costo de la producción local y la publicidad. Por lo tanto, muchos economistas creen que la métrica de PPA resultante es un indicador razonable del poder adquisitivo real. Pero los inversores deben tener en cuenta que existen algunas excepciones importantes a esta regla.

Cómo funciona el índice Big Mac.

El valor del Índice Big Mac se obtiene dividiendo el precio del Big Mac en un país por el precio del mismo sándwich en otro país en las respectivas monedas locales para obtener el tipo de cambio. Luego, este tipo de cambio se compara con el tipo de cambio oficial entre las dos monedas para determinar si una moneda en particular está subvaluada o sobrevaluada según la teoría de la PPA.

Por ejemplo, supongamos que un Big Mac en los EE. UU. Vale un dólar estadounidense y en la zona euro vale dos euros. El puntaje del índice Big Mac para EUR / USD será 2.0, o dos dividido por uno, que luego se puede comparar con la tasa EUR / USD. Si el tipo de cambio EUR / USD fuera de 1,5, los inversores podrían predecir que el euro está infravalorado en 0,5 euros por dólar estadounidense.

Variaciones en el índice Big Mac

También hay muchas variantes en el índice Big Mac, que pueden ser útiles para los inversores. Por ejemplo, UBS Wealth Management ha ampliado el índice para dar cuenta de cuántas horas tiene que trabajar el empleado medio para ganar lo suficiente para comprar una Big Mac.

Otros grupos han creado índices separados para el iPod de Apple, el café Starbucks, las estanterías Ikea Billy y mucho más. El índice de precios al consumidor (IPC), un indicador clave de inflación, incluye todos los productos. Sin embargo, algunos economistas creen que algunos productos pueden proporcionar indicadores más precisos, ya que el IPC puede estar distorsionado por ciertas categorías de productos o manipulado por algunos gobiernos.

Existe un inconveniente similar al utilizar el índice Big Mac; incluye una sola unidad y no tiene la misma diversificación que otros indicadores económicos que toman en cuenta muchos bienes y servicios diferentes.

El índice Big Mac como herramienta de investigación.

Es posible que los inversores en los EE. UU. No vean mucha necesidad del índice Big Mac, ya que ya existen varios índices de precios de buena reputación, como el índice de precios al consumidor (IPC). Sin embargo, el índice también se está volviendo útil en otros países donde no existen índices confiables, como los que manipulan estadísticas gubernamentales o los que no publican datos oficiales. En estos países, puede resultar difícil para los inversores comparar la inflación al consumidor con el tipo de cambio.

Por ejemplo, muchos economistas creen que Argentina modificó sus datos oficiales de precios al consumidor para subestimar la verdadera tasa de inflación entre 2010 y 2012. El economista usó su índice Big Mac para encontrar que la tasa de inflación anual promedio de las hamburguesas era del 19% en comparación con la tasa oficial 10. % de la tasa de inflación del país en enero de 2011. Estos datos podrían ayudar a los inversores internacionales a obtener una imagen real de la inflación al intentar estimar el valor de los bonos u otros valores sensibles a la inflación.

Otras formas de utilizar el índice de Big Mac

Los inversores pueden utilizar los datos del índice Big Mac de diversas formas. Por ejemplo, pueden usar valores para determinar si una moneda está sobrevaluada o infravalorada en relación con otras monedas y luego negociar basándose en esos datos en el mercado de divisas. Del mismo modo, los inversores pueden medir los cambios en los valores a lo largo del tiempo para determinar las tasas de inflación y compararlas con los datos oficiales.

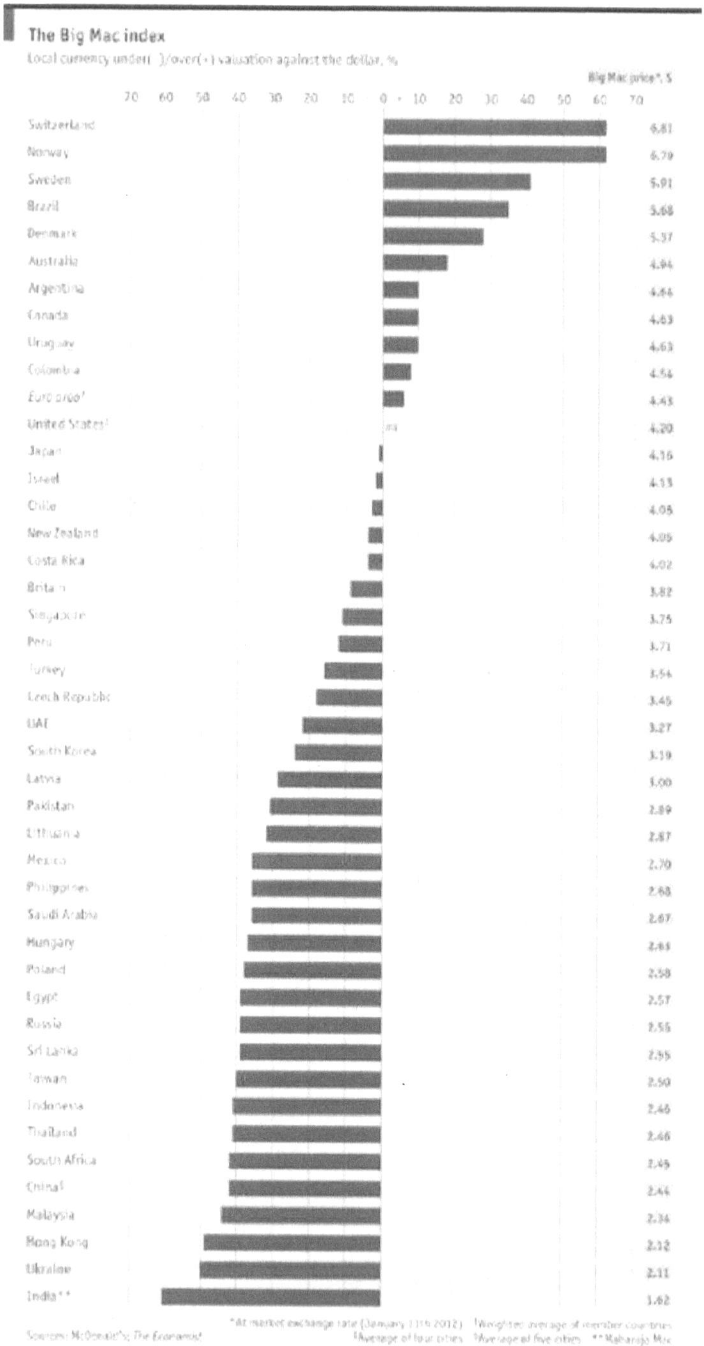

Figura n. 10 - El índice Big Mac

La inflación en sí es de gran utilidad a la hora de evaluar

instrumentos financieros. Por ejemplo, los rendimientos de los bonos deben tener en cuenta las tasas de inflación anticipadas para que sean atractivos en el futuro. La inflación también afecta las estimaciones monetarias, lo que es importante para los responsables de la formulación de políticas a la hora de determinar si los aranceles u otras barreras comerciales están justificados.

En última instancia, los inversores internacionales deberían utilizar el índice Big Mac como una de las muchas herramientas a su disposición al analizar los mercados internacionales.

ETF

Un ETF es un contenedor donde hay varios valores que se compran y venden a través de una casa de bolsa en la bolsa de valores. Existen ETF para casi todas las clases de activos, desde inversiones tradicionales hasta inversiones alternativas con materias primas o divisas.

Los fondos de intercambio son uno de los productos más importantes y valiosos creados para inversores individuales en los últimos años. Los ETF ofrecen muchas ventajas y, si se utilizan con prudencia, son una excelente herramienta para lograr los objetivos de inversión de un inversor.

En resumen, los ETF son una canasta de valores que se pueden comprar o vender a través de una casa de bolsa en la bolsa de valores. Además, las estructuras ETF innovadoras brindan a los inversores la oportunidad de acortar sus mercados, obtener apalancamiento y evitar impuestos a corto plazo sobre las ganancias de capital.

Después de un par de comienzos en falso, los ETF comenzaron en serio en 1993 con un producto ampliamente conocido por su símbolo ticker, SPY, o "Arañas", convirtiéndose en el mayor volumen de ETF de la historia. Actualmente, se estima que se han invertido más de 1 billón de dólares en ETF y se negocian casi 1,000 productos ETF en las bolsas de valores de EE. UU.

Tipos de ETF

Mercado ETF: Diseñado para rastrear un índice específico, como el S&P 500 o NASDAQ.

Bono ETF: Diseñado para brindar exposición en prácticamente todos los tipos de bonos disponibles: tesorería, corporativos, municipales, internacionales, de alto rendimiento y algunos otros.

ETF sectoriales e industriales: Diseñado para tener un impacto en una industria específica como la petrolera, farmacéutica o de alta tecnología.

ETF de materias primas: Diseñado para rastrear el precio de materias primas como el oro, el petróleo o el maíz.

ETF de estilo: Diseñado para rastrear estilos de inversión o enfocarse en la capitalización de mercado, como aumentar el valor de una capitalización grande o pequeña.

ETF del mercado extranjero: Nacido para trabajar en mercados no estadounidenses como Japón o Hong Kong.

ETF inverso: Diseñado para beneficiarse de una caída en el mercado o índice subyacente.

ETF gestionados activamente: Diseñado para intentar superar a un índice

Cambiar notas negociadas: Básicamente, títulos de deuda respaldados por la solvencia del banco emisor; diseñados para brindar acceso a mercados ilíquidos y con valor agregado, están prácticamente exentos de impuestos sobre las ganancias de capital a corto plazo.

ETF de inversión alternativa: Estructuras innovadoras, como ETF, que permiten a los inversores negociar con volatilidad u obtener el impacto de una estrategia de inversión en particular, como una renovación de divisas o una carta de llamada cerrada.

¿Cómo funcionan los ETF?

Los ETF se compran y venden como acciones de la empresa durante el día en que están abiertas las bolsas de valores. Al igual que las acciones, los ETF tienen un símbolo de cotización y los datos de precios intradía se pueden obtener fácilmente durante el día de negociación.

A diferencia de las acciones de la empresa, el número de acciones en circulación en un ETF puede cambiar a diario debido a la creación constante de nuevas acciones y al reembolso de las acciones existentes. La capacidad de un ETF para emitir y recomprar acciones de forma continua respalda el precio de mercado del ETF de acuerdo con sus valores subyacentes.

Aunque están diseñados para inversores individuales, los inversores institucionales desempeñan un papel importante en el mantenimiento de la liquidez y el control de la integridad de los ETF mediante la compra y venta de unidades de creación, que son grandes bloques de acciones de ETF que pueden canjearse por cestas de valores subyacentes. Cuando el precio de un ETF se desvía del valor del activo subyacente, las instituciones utilizan el mecanismo de arbitraje proporcionado por las unidades de creación para que el precio del ETF vuelva a coincidir con el valor del activo subyacente.

Ventajas de ETF

Atractivo ETF para inversores individuales:

Compra y vende en cualquier momento del día: Los fondos mutuos, por el contrario, se calculan después del cierre del mercado.

Tarifas más bajas: No hay carga de ventas, pero se aplican tarifas de corretaje.

Más eficiencia fiscal: Los inversores tienen un mejor control sobre cuándo pagan el impuesto sobre las ganancias de capital.

Operaciones comerciales: Dado que operan como acciones, los inversores pueden colocar diferentes tipos de órdenes (órdenes de límite, órdenes de stop-loss, órdenes de compra de margen) que no son posibles con los fondos mutuos.

Desventajas de los ETF

A pesar de su superioridad en muchos aspectos, los ETF tienen desventajas, entre otras:

Costos comerciales: Si inviertes con frecuencia cantidades pequeñas, puede haber alternativas con costos más bajos al invertir directamente con la compañía de fondos en un fondo "libre de estrés".

Iliquidez: Algunos ETF negociados con precisión tienen márgenes de compra / venta amplios, lo que significa que comprará a precios de márgenes altos y venderá a precios de márgenes bajos.

Error de seguimiento: Si bien los ETF tienden a rastrear bastante bien su índice subyacente, los problemas técnicos pueden crear discrepancias.

Fechas de liquidación: las ventas de ETF no se pagan dentro de los dos días posteriores a la transacción; esto significa que, como vendedor, los fondos de la venta de un ETF no se pueden reinvertir técnicamente en dos días.

Error de seguimiento: indica la desviación entre el precio de una posición o cartera y la tendencia del precio de un índice de referencia.

Estrategias de inversión

Una vez que hayas definido tus objetivos de inversión, los ETF se pueden utilizar para acceder a prácticamente cualquier mercado del mundo o cualquier industria. Puedes invertir tus activos de la forma habitual utilizando índices bursátiles y ETF, y ajustar la asignación de acuerdo con los cambios en tu tolerancia a los riesgos y objetivos. También se pueden incluir instrumentos alternativos como oro, materias primas o mercados bursátiles emergentes. Puede entrar y salir de los mercados rápidamente con la esperanza de detectar fluctuaciones a corto plazo, como un fondo de cobertura. El punto es que los ETF le brindan la flexibilidad que necesita para ser cualquier inversionista.

Lo que te espera en el futuro

La innovación ha sido un sello distintivo de la industria ETF desde que se fundó hace menos de 25 años. No hay duda de que se introducirán ETF nuevos e inusuales en los próximos años. Si bien la innovación es un resultado neto positivo para los inversores, es importante comprender que no todos los ETF se crean de la misma manera. Debe considerar cuidadosamente antes de invertir en cualquier ETF, teniendo en cuenta todos los factores para asegurarse de que el ETF que elija sea el mejor medio para lograr sus objetivos de inversión.

Criptomoneda

La criptomoneda es una moneda digital o virtual que está protegida por criptografía, lo que hace que sea prácticamente imposible falsificar o duplicar el costo. Muchas criptomonedas son redes descentralizadas basadas en tecnología de cadena de bloques, un libro mayor distribuido impuesto por una red informática dispar. Una característica distintiva de las criptomonedas es que generalmente no son emitidas por ninguna autoridad central, lo que las hace teóricamente inmunes a la interferencia o manipulación del gobierno.

Una moneda criptográfica es una nueva forma de activo digital basada en una red que se distribuye entre una gran cantidad de computadoras. El hecho de que tenga una estructura descentralizada te permite estar fuera del control de las autoridades centrales y los gobiernos.

La palabra "criptomoneda" proviene de los métodos de cifrado que se utilizan para proteger una red.

Las cadenas de bloques, que son métodos organizativos para garantizar la integridad de los datos transaccionales, son un componente esencial de muchas criptomonedas.

Algunos expertos creen que las cadenas de bloques y sus tecnologías relacionadas podrían alterar muchas industrias, incluidas las financieras y legales.

Las criptomonedas han sido criticadas por varias razones, incluido su uso para actividades ilícitas, la volatilidad del tipo de cambio y la vulnerabilidad de la infraestructura subyacente. Sin embargo, también han sido elogiados por su portabilidad, separabilidad, resistencia a la inflación y transparencia.

Entendiendo las criptomonedas

Los corresponsales criptográficos son sistemas que permiten pagos en línea seguros, expresados como "tokens" virtuales, que están representados por entradas en el libro mayor ubicado dentro del sistema. La criptografía generalmente se refiere a los diversos algoritmos de cifrado y métodos criptográficos que protegen estos datos, como el cifrado de curva elíptica, los pares de claves públicas y privadas y las funciones hash.

Tipos de criptomonedas

La primera correspondencia de moneda criptográfica basada en cadenas de bloques fue Bitcoin, que sigue siendo la más popular y valiosa. Hoy en día existen miles de cursos alternativos de criptomonedas con diferentes funciones y características.

Figura n. 11 - Índice de Bitcoin - mensual - escala logarítmica

Algunos son clones de Bitcoin, otros están diseñados desde cero. Bitcoin fue lanzado en 2009 por un individuo o grupo conocido por el apodo de Satoshi Nakamoto. A noviembre de 2019, había más de 18 millones de Bitcoins, por un valor de aproximadamente $ 146 mil millones.

Tras el éxito de Bitcoin, nacieron varias otras criptomonedas conocidas como "altcoin", entre ellas podemos destacar Litecoin, Peercoin y Namecoin, así como Ethereum, Cardano y EOS. Hoy en día, el valor total de todas las criptomonedas existentes es de aproximadamente $ 214 mil millones; Bitcoin actualmente representa más del 68% del valor total.

Algunas criptografías que se utilizan hoy en día en la correspondencia de criptomonedas se desarrollaron originalmente para aplicaciones militares. En un momento, el gobierno quiso controlar la criptografía de la misma manera que las restricciones legales sobre armas, pero el derecho de los civiles a usar la criptografía se basó en la libertad de expresión.

Consideraciones Especiales

Para el atractivo y la funcionalidad de Bitcoin y otras monedas criptográficas es fundamental la tecnología de cadena de bloques, que se utiliza para mantener un libro mayor en línea de

todas las transacciones realizadas. Proporcionando así una estructura de datos suficientemente segura para este libro mayor, que es compartido y acordado por toda la red de nodos individuales, o la computadora en la que se almacena una copia del libro mayor. Cada nuevo bloque creado debe ser verificado por cada nodo antes de la confirmación, lo que hace prácticamente imposible falsificar el historial de transacciones.
Muchos expertos creen que la tecnología de cadena de bloques tiene usos potenciales importantes, como la votación en línea y el crowdfunding, por ejemplo. Las grandes instituciones financieras, como JPMorgan Chase (JPM), ven el potencial para reducir los costos de transacción al optimizar el procesamiento de pagos. Sin embargo, dado que la criptomoneda es virtual y no se almacena en una base de datos central, el saldo digital de la criptomoneda se puede borrar perdiendo o destruyendo el disco duro si no existe una copia de seguridad de la clave privada. Por otro lado, no existe ningún gobierno, autoridad central o empresa que pueda acceder a sus fondos o información personal.

Ventajas y desventajas de la moneda criptográfica

Ventajas

Las criptomonedas facilitan la transferencia de capital entre dos partes, sin tener que pasar necesariamente por bancos o compañías de tarjetas de crédito. En cambio, estas transferencias están aseguradas mediante el uso de claves públicas y privadas, así como diversas formas de incentivos como Prueba de trabajo o Prueba de interés.
Actualmente, las criptomonedas consisten en una clave pública, mientras que la clave privada es conocida solo por el propietario y se utiliza para firmar transacciones. Las transferencias de fondos se realizan con una tarifa de procesamiento mínima, lo que permite a los usuarios evitar las fuertes tarifas que cobran los bancos y las instituciones financieras por las transferencias bancarias.

Desventajas

La naturaleza semi-anónima de las transacciones en criptomonedas las hace adecuadas para muchas actividades ilegales, como el lavado de dinero y la evasión de impuestos. Sin embargo, los defensores de las criptomonedas a menudo valoran su anonimato citando los beneficios de la privacidad, como la protección de informantes o activistas que viven bajo gobiernos represivos.

Por ejemplo, Bitcoin es una opción relativamente mala para hacer negocios ilegales en línea, ya que el análisis forense de la cadena de bloques ayuda a las autoridades a arrestar y llevar a los criminales ante la justicia. Sin embargo, hay más monedas dirigidas al sector privado, como Dash, Monero o ZCash, que son mucho más difíciles de rastrear.

Críticas a la criptomoneda

Dado que los precios de mercado de las criptomonedas se basan en la oferta y la demanda, la tasa a la que se puede cambiar una de ellas por otra puede fluctuar considerablemente, ya que la estructura de muchas de ellas proporciona un alto grado de escasez.

Bitcoin ha sobrevivido a algunas subidas y caídas rápidas de precios, subiendo a $ 19,000 por bitcoin en diciembre de 2017 y luego cayendo a aproximadamente $ 7,000 en los meses siguientes. Por lo tanto, algunos economistas consideran la criptomoneda como una fantasía a corto plazo o una burbuja especulativa.

Existe la preocupación de que las criptomonedas como Bitcoin no tengan sus raíces en ningún producto material. Sin embargo, algunos estudios han encontrado que el costo de producción de Bitcoin, que requiere cada vez más energía, está directamente relacionado con su precio de mercado.

Las cadenas de bloques de criptomonedas son muy seguras, pero otros aspectos del ecosistema de criptomonedas, incluidos los intercambios y las billeteras, no son inmunes a la amenaza de piratería. En la historia de Bitcoin, sucedió varias veces que algunas operaciones fueron pirateadas y robadas, a veces se robaron millones de dólares.

Sin embargo, muchos observadores ven beneficios potenciales

en la criptomoneda, como la capacidad de preservar el valor de la inflación y facilitar el intercambio, mientras que al mismo tiempo es más fácil de transportar y compartir que los metales preciosos y está fuera de la influencia de los bancos centrales y los gobiernos.

Opciones

Cuando hablamos de opciones, nos referimos a un instrumento financiero que puede dar la posibilidad (sin obligación) a la persona que lo compra (que se denomina tenedor de la opción) de comprar o vender un activo o un instrumento subyacente a una determinada tasa de interés antes o en una fecha determinada, dependiendo de cómo esté estructurada la opción.
En las opciones, el precio de ejercicio se establece sobre la base del precio al contado (precio de mercado) del valor o del producto básico subyacente el día en que se ejerce la opción, o puede establecerse con un descuento o una prima. Entonces, el vendedor está obligado a ejecutar la transacción, vender o comprar, si el comprador (propietario) "ejerce" la opción. Una opción que transfiere el derecho a comprar a un precio determinado se llama call, una opción que transfiere el derecho a vender a un precio determinado se llama put. Ambas opciones se utilizan con frecuencia, pero la opción de compra es la más discutida.
Precio de ejercicio: indica el precio al que se puede comprar o vender un contrato derivado en el momento de su ejercicio.
Precio de contado: es el precio de mercado actual al que se puede comprar o vender un valor.
El vendedor puede otorgar al comprador una opción en otra transacción, como una emisión de acciones, o como parte de un programa de incentivos para empleados; de lo contrario, el comprador pagará al vendedor una prima por la opción. Una opción de compra se ejerce cuando el precio de ejercicio de la opción es más bajo que el valor de mercado del activo subyacente, mientras que una opción de venta normalmente solo se ejerce cuando el precio de ejercicio de la opción es superior al

valor de mercado.

Cuando se ejerce una opción, el valor para el comprador del activo adquirido es el precio de ejercicio de la opción más la prima, si la hubiera. Cuando la opción expira sin que se ejecute, el comprador pierde el derecho a la prima del vendedor. En cualquier caso, la prima es la renta del vendedor y, por regla general, una pérdida del capital del comprador.

El propietario de una opción puede vender la opción a un tercero en el mercado secundario, ya sea como parte de una transacción extrabursátil o en el intercambio de opciones, según la opción. El precio de mercado de una opción estadounidense suele estar cerca del precio de mercado del activo subyacente, que es la diferencia entre el precio de mercado de la acción y el precio de ejercicio. El valor de mercado real de una opción puede variar dependiendo de una serie de factores, por ejemplo, un tenedor de opción importante puede verse obligado a vender la opción a medida que se acerca la fecha de vencimiento y puede suceder que no tenga recursos financieros para ejercer la opción, o el comprador en el mercado está tratando de acumular una gran cantidad de opciones.

La opción casi siempre no da derecho al tenedor a ningún derecho sobre el activo subyacente, como los derechos de voto o cualquier ingreso sobre el activo subyacente, como dividendos.

Historia

Uso histórico de opciones

Desde la antigüedad, se han utilizado tipos de contratos que se asemejan a opciones modernas. El primer comprador conocido de opciones fue el antiguo matemático y filósofo griego Tales de Mileto. En una ocasión se predijo que la cosecha de aceitunas en la próxima temporada sería más abundante de lo habitual, y fuera de temporada consiguió el derecho a utilizar varias prensas de aceitunas la próxima primavera. Cuando llegó la primavera y la cosecha de aceitunas fue mayor de lo esperado, utilizó su opción y luego alquiló las prensas a un precio mucho más alto que el que había pagado por su "opción".

En Londres, las opciones de venta y rechazo (llamadas) se convirtieron por primera vez en instrumentos comerciales famosos en la década de 1690 bajo el reinado de William y Mary. Las preferencias eran opciones que se vendían sin receta en los Estados Unidos del siglo XIX, y tanto las opciones de compra como las de venta eran ofrecidas por distribuidores especializados. El precio de ejercicio se fijó al precio de mercado redondeado el día o la semana en que se compró la opción y, por lo general, expiraba tres meses después de la compra. No se negociaron en mercados secundarios.

Las opciones de compra se han utilizado ampliamente en el mercado inmobiliario para reunir grandes terrenos de propietarios individuales; por ejemplo, el promotor paga el derecho a comprar varias parcelas adyacentes, pero no está obligado a comprar estas parcelas y no puede comprar si no puede comprar la parcela completa.

En la industria cinematográfica, los productores de cine y teatro a menudo compran el derecho, pero no la obligación, de dramatizar un libro o guion en particular.

Las líneas de crédito otorgan a un prestatario potencial el derecho, pero no la obligación, de obtener un préstamo dentro de un período de tiempo determinado.

Muchas opciones u opciones integradas se incluyen tradicionalmente en los contratos de bonos. Por ejemplo, muchos bonos se convierten en acciones ordinarias a elección del comprador, o se pueden reclamar (rescatar) a ciertos precios a elección del emisor. Los prestatarios hipotecarios han podido reembolsar sus préstamos antes de tiempo, lo que corresponde a la opción de comprar los bonos.

Opciones de acciones modernas

Los contratos de opción se conocen desde hace décadas. En 1973, se estableció la Bolsa de Opciones de Acciones de Chicago, que inició un régimen utilizando formas y condiciones estandarizadas y negociando a través de una cámara de compensación garantizada. Desde entonces, la actividad comercial y el interés académico han aumentado.

Hoy en día, muchas opciones se producen en formato estándar y se colocan en el mercado a través de cámaras de compensación en bolsas de opciones reguladas, otras opciones extrabursátiles

se crean como contratos bilaterales individuales entre un comprador y un vendedor, uno o ambos pueden ser un distribuidor o un creador de mercado. Las opciones se incluyen generalmente entre los instrumentos denominados derivados.
Casas de compensación: son instituciones que se interponen entre compradores y vendedores tratando de asegurar que el proceso de intercambio sea fluido y que, sobre todo, tanto el comprador como el vendedor cumplan con sus obligaciones contractuales.

Especificaciones del contrato

La hoja de términos establece los términos de la opción entre las dos contrapartes.
Los contratos de opciones pueden ser bastante complejos, pero al menos contienen las siguientes especificaciones:
si el titular de la opción tiene derecho a comprar (opción de compra) o vender (opción de venta)
número y clase de activo (s) subyacente (por ejemplo, 100 acciones XYZ Co. B)
el precio de ejercicio, también conocido como precio de venta, que es el precio al que se concluye la transacción después de su ejecución.
la fecha de vencimiento, es la última fecha posible para ejercer la opción
condiciones de liquidación, si el vendedor tiene que entregar el activo real o simplemente puede ofrecer una cantidad equivalente de dinero, por ejemplo
las condiciones bajo las cuales se cotiza una opción en el mercado para convertir la cotización en una prima real - el monto total pagado por el tenedor al suscriptor de la opción

Comercio de opciones

Formas de comercio

Opciones negociadas en bolsa
Las opciones de bolsa son una clase de derivados que se

negocian en una bolsa. (también se denominan opciones enumeradas). Las opciones de canje tienen contratos estandarizados liquidados a través de un centro de compensación con ejecución garantizada por la Corporación de Compensación de Opciones. Dado que los contratos están estandarizados, a menudo se dispone de modelos de precios precisos. Las opciones de intercambio incluyen:

Opciones de almacenaje

Opciones sobre bonos y otras opciones que devengan intereses

Opciones en el mercado de índices bursátiles o, más simplemente, opciones sobre índices

Opciones para contratos de futuros

Contrato toro / oso rescatable anticipadamente

Opciones de venta libre

Las opciones de venta libre (opciones OTC, también llamadas "opciones de distribuidor") se negocian entre dos personas y no cotizan en el mercado. Los términos de las opciones de venta libre son ilimitados y se pueden adaptar individualmente para satisfacer cualquier necesidad comercial. Por regla general, el vendedor de opciones es una institución bien capitalizada (para prevenir el riesgo crediticio). Los tipos de opciones que normalmente se negocian en una bolsa incluyen:

Opciones de interés

Opciones de divisas sobre tipos de cambio cruzados

Opciones de permuta

Los usuarios de opciones de venta libre pueden adaptar estrictamente los términos del contrato de opción a las necesidades comerciales individuales, evitando intercambios. Además, las transacciones de opciones OTC generalmente no necesitan ser publicitadas en el mercado y enfrentan pocos o ningún requisito regulatorio. Sin embargo, las contrapartes OTC deben establecer líneas de crédito entre sí y seguir los procedimientos de compensación y liquidación de cada una.

Con pocas excepciones, no existen mercados secundarios para las opciones de los empleados. Las opciones deben ser ejercidas por el beneficiario original o deben dejar que expiren.

Comercio de intercambio

La forma más común de negociar opciones es a través de contratos de opciones estándar, que se cotizan en varias bolsas de futuros y opciones. Los listados y precios se rastrean y se pueden ver mediante el símbolo de cotización. Al publicar mercados de precios de opciones en vivo y continuos, el intercambio permite que las partes independientes participen en la divulgación de precios y realicen transacciones. Como intermediario para ambas partes de una transacción, el intercambio brinda ventajas, entre otras:

La ejecución del contrato está respaldada por el crédito del intercambio, que suele ser la calificación más alta (AAA)

Los agentes de contador permanecen anónimos

Asegurar que el mercado esté regulado para garantizar la equidad y la transparencia.

Mantener el orden en los mercados, especialmente en condiciones de comercio rápido.

Operaciones básicas (estilo americano)

Por lo general, ciertos contratos se crean desde el punto de vista de un especulador. También se pueden utilizar como cobertura combinándolos con otras opciones. Normalmente, en los mercados estadounidenses, un contrato de opción representa 100 acciones del valor subyacente.

Llamada larga

Comprar una llamada.

Un operador que espera que suba el precio de la acción puede comprar la opción de comprar la acción a un precio fijo ("precio de ejercicio") más tarde, en lugar de comprar la acción inmediatamente. El costo en efectivo de la opción es una prima. Un comerciante no está obligado a comprar las acciones, pero puede hacerlo solo en la fecha de vencimiento o antes. El riesgo de pérdida se limita a la prima pagada, a diferencia de la posible pérdida si las acciones se recomprasen en su totalidad.

El tenedor de una opción de compra al estilo estadounidense puede vender la opción que tiene en su poder en cualquier momento antes del vencimiento y considerará hacerlo si el precio al contado de la acción excede el precio de ejercicio, especialmente si el tenedor espera que el precio de la opción caiga. Al vender la opción en una etapa temprana, el comerciante puede obtener una ganancia inmediata. El comerciante obtendrá ganancias si el precio al contado de las acciones aumenta por encima de la prima. Por ejemplo, si el precio de ejercicio de una opción es 100 y la prima pagada es 10, entonces si el precio al contado de 100 aumenta solo a 110, la transacción es de equilibrio; un aumento en el precio de la acción por encima de 110 genera ganancias.

Si el precio de la acción al vencimiento es menor que el precio de ejercicio, entonces el titular permitirá el vencimiento del contrato de compra en ese momento y solo perderá la prima (o el precio de transferencia).

Poner largo

Compra de put

Un comerciante que espera que el precio de las acciones caiga puede comprar una opción sobre acciones a un precio fijo ("precio de ejercicio") más adelante. El comerciante no está obligado a vender las acciones, pero solo puede hacerlo en la fecha de vencimiento de la opción o antes. El comerciante obtendrá una ganancia incluso si el precio de la acción al vencimiento es menor que el precio de ejercicio en una cantidad mayor que la prima pagada. Si el precio de la acción al vencimiento es más alto que el precio de ejercicio, permitirá que la opción de venta expire y perderá solo la prima pagada. La prima también juega un papel importante en una transacción, ya que aumenta el punto de equilibrio. Por ejemplo, si el precio de ejercicio es 100 y la prima pagada es 10, el precio al contado entre 100 y 90 no es rentable. Obtendrá beneficios si el precio al contado es inferior a 90.

Es importante tener en cuenta que la persona que ejecuta la opción de venta no necesariamente tiene que ser propietaria del activo subyacente. En particular, no es necesario poseer el activo subyacente para venderlo. La razón de esto es que es posible vender esta acción subyacente rápidamente.

Llamada corta

Contribución de la grabación de la llamada.
Un operador que espera a que baje el precio de la acción puede vender una posición corta o vender o "escribir" una opción de compra. El comerciante que vende el anuncio está obligado a vender las acciones al comprador del anuncio a un precio fijo ("precio de ejercicio"). Si el vendedor no es propietario de las acciones cuando se ejerce la opción, debe comprar las acciones en el mercado al precio de mercado. Si el precio de la acción baja, el vendedor de la opción ("vendedor") recibirá una prima de ingresos. Si el precio de la acción supera el precio de ejercicio en más de la prima, el vendedor perderá dinero y la pérdida potencial es ilimitada.

Poner corto

Un soborno de la venta.
Un comerciante que espera que suba el precio de la acción puede comprar acciones o vender o "escribir" una opción de venta. Un comerciante que vende opciones de venta debe comprar acciones del comprador de una opción de venta a un precio fijo ("precio de ejercicio"). Si el precio de vencimiento de la acción es mayor que el precio de ejercicio, el emisor de la opción put ganará una prima. El comerciante puede perder si el precio de vencimiento de la acción es menor que el precio de ejercicio en una cantidad superior a la prima. El índice CBOE S&P 500 PutWrite (ticker PUT) es un índice indicativo de una posición de opción de venta corta asegurada con dinero.

Estrategias de opciones

La combinación de cualquiera de los cuatro tipos principales de operaciones con opciones (posiblemente con diferentes precios de ejercicio y fechas de vencimiento) y los dos tipos principales de operaciones con acciones (largas y cortas) permite el uso de diferentes estrategias de opciones. Por lo general, las estrategias simples combinan solo unas pocas operaciones, mientras que las estrategias más complejas pueden combinar varias operaciones.

Las estrategias se utilizan a menudo para crear un perfil de riesgo específico para la seguridad subyacente. Un diferencial de compra de mariposa, por ejemplo (a lo largo de una llamada Y1, dos llamadas cortas Y2 y una larga llamada Y3) permite a un comerciante obtener ganancias si el precio de las acciones en la fecha de vencimiento está cerca del precio de ejercicio promedio, Y2, y no expone el comerciante a una gran pérdida.

El cóndor de hierro es una estrategia similar a un diferencial de mariposa, pero con diferentes strikes para opciones cortas, que ofrece una mayor probabilidad de obtener ganancias, pero con un crédito neto menor que el diferencial de mariposa.

Vendiendo un straddle (vender tanto put como call al mismo precio de ejercicio) le dará al comerciante más beneficios que una mariposa si el precio final de la acción está cerca del precio de ejercicio, pero puede provocar una gran pérdida.

De manera similar, estrangular está diseñado con una llamada y una venta, pero sus golpes son diferentes, lo que reduce el débito neto en la transacción, pero también reduce el riesgo de pérdidas en la transacción.

Entre las estrategias más conocidas se encuentra la opción de compra cubierta, en la que el operador puede comprar acciones (o mantiene una posición larga previamente comprada) y vende la opción de compra. Si el precio de la acción sube por encima del precio de ejecución, la operación se ejecutará y el operador recibirá una ganancia fija. Si el precio de la acción baja, la opción call no se ejecutará y las pérdidas sufridas por el operador serán compensadas parcialmente por la prima recibida de la venta call. En general, el pago coincide con el pago de la venta del put. Esta relación se conoce como paridad put-call y da una idea de la teoría financiera. El CBOE S&P 500 BuyWrite Index (símbolo de cotización BXM) es un índice aproximado del desempeño de la estrategia de compra.

Otra estrategia muy común es la opción de venta protectora, en la que un operador compra acciones (o mantiene una posición larga previamente comprada) y luego compra una opción de venta. Esta estrategia le permite actuar como una póliza de seguro cuando invierte en una acción subyacente, cubriendo el potencial de pérdida del inversor, pero también permitiéndole reducir las ganancias que de otro modo serían altas si simplemente compra una acción sin una opción de venta. El beneficio máximo de protección es teóricamente ilimitado, ya que la estrategia proporciona una posición larga en la acción subyacente. Mientras que la pérdida máxima se limita al precio de compra del subyacente menos el precio de ejercicio de la opción de venta y la prima pagada. La puesta protectora también se conoce como puesta familiar.

Tipos

Las opciones se pueden clasificar de varias formas.

Según los derechos de opción

Las opciones de compra dan al titular el derecho, pero no la obligación, de comprar algo a un precio determinado en un período de tiempo determinado.
Las opciones de venta dan al tenedor el derecho, pero no la obligación, de vender algo a un precio determinado durante un período de tiempo determinado.

Según los activos subyacentes

- Opción sobre acciones
- Opción de fianza
- Versión futura
- Opción de índice
- Versión básica
- Opción de moneda

Otras opciones

Otra clase importante de opciones, especialmente en los EE. UU., son las opciones sobre acciones para empleados, que la empresa otorga a sus empleados como compensación de incentivos. También hay muchos otros tipos de opciones en el mercado, las opciones de bienes raíces se utilizan a menudo para ensamblar grandes lotes de tierra y las opciones de pago anticipado generalmente se incluyen en las hipotecas. Sin embargo, muchos principios de evaluación y gestión de riesgos se aplican a todas las opciones financieras. Hay otros dos tipos de opciones: opciones cubiertas y opciones desnudas.

Estilos de opciones

Las opciones se subdividen en varios estilos, los más comunes son:
Opción americana: una opción que se puede ejercer en cualquier día de negociación antes o después de su vencimiento.
Opción europea: esta opción solo se ejerce en su fecha de vencimiento.
A menudo se les llama opciones de vainilla.
Otros estilos incluyen:
Opción Bermuda: una opción que solo se puede ejercer en la fecha de vencimiento o antes.
Opción asiática: una opción que se paga en función del precio promedio del activo subyacente durante un período de tiempo específico.
Opción de barrera: cualquier opción con la característica común de que el precio del subyacente debe pasar un cierto nivel o "barrera" antes de que pueda ejercerse.
Opción binaria: una opción de todo o nada que podría pagar el monto total si el valor subyacente cumple una determinada condición al vencimiento; de lo contrario, la opción vence.
Opción exótica: cualquiera de las amplias categorías de opciones, que pueden incluir estructuras financieras complejas.

Derivados

Un instrumento financiero derivado es un contrato financiero, cuyo valor se determina sobre la base del activo subyacente. El comprador acepta comprar el activo en un día determinado a un precio determinado.
Los derivados se utilizan generalmente para materias primas como oro, petróleo o gasolina. Las monedas, a menudo dólares estadounidenses, son otra clase de activos ampliamente

utilizada.
Existen instrumentos financieros derivados basados en acciones o bonos. Otros utilizan tasas de interés como el rendimiento de una letra del tesoro a 10 años.
El vendedor del contrato no está obligado a poseer el activo subyacente. Puede ejecutar el contrato dándole al comprador suficiente dinero para comprar el activo al precio vigente. También puede otorgar al comprador otro contrato derivado que compense el valor del primero. Esto hace que la negociación de derivados sea mucho más fácil que el propio activo.

Derivados comerciales

En 2017, se vendieron 25 mil millones de contratos de derivados. La actividad de negociación de opciones y futuros de tasas de interés aumentó en América del Norte y Europa debido a tasas de interés más altas. El comercio en Asia se redujo debido a la caída de los futuros de materias primas en China. Estos contratos valían alrededor de $ 570 billones.
La mayoría de las 500 empresas más grandes del mundo utilizan derivados para reducir el riesgo. Por ejemplo, un contrato de futuros promete entregar en bruto a un precio acordado. Por lo tanto, la empresa está protegida si los precios suben. Las empresas también celebran contratos para protegerse de los cambios en los tipos de cambio y las tasas de interés.
Los derivados hacen que los flujos de efectivo futuros sean más predecibles. Permiten a las empresas predecir sus beneficios con mayor precisión. Esta previsibilidad aumenta el precio de las acciones. En este caso, las empresas necesitan menos efectivo para cubrir emergencias y así poder invertir más en su negocio.
La mayoría de las transacciones de derivados las realizan fondos de cobertura y otros inversores para obtener más apalancamiento. Los derivados solo requieren un pequeño pago inicial, llamado "pago de margen". Muchos contratos de derivados se compensan o liquidan mediante otro derivado antes de que expiren. Estos comerciantes no se preocupan por tener suficiente dinero para pagar el derivado si el mercado va en su contra. Si ganan, cobran el dinero.

OTC

Los derivados que se negocian entre dos empresas o comerciantes que se conocen personalmente se denominan opciones "extrabursátiles". Por lo general, sin embargo, también se pueden negociar a través de un banco grande.

Negociación de derivados

Un pequeño porcentaje de los derivados mundiales se negocia en bolsas de valores. Estos intercambios públicos establecen condiciones contractuales estandarizadas. Especifican bonificaciones o descuentos del precio del contrato. Esta estandarización aumenta la liquidez de los derivados. Los hace más o menos intercambiables, lo que los hace más útiles para la cobertura.

Las bolsas también pueden actuar como una cámara de compensación, actuando como el comprador o vendedor real de un derivado. Esto los hace más seguros para los comerciantes porque saben que el contrato se ejecutará. La Ley de Reforma Dodd-Frank Wall Street se firmó en 2010 en respuesta a la crisis financiera y para prevenir riesgos excesivos.

El intercambio más grande es CME Group. Es una fusión de la Junta de Comercio de Chicago y la Bolsa Mercantil de Chicago, también llamada CME o Merc. Negocia derivados en todas las clases de activos.

Las opciones sobre acciones se negocian en el NASDAQ o en el Chicago Mercantile Exchange. Los contratos de futuros se negocian en la Intercontinental Exchange, que adquirió la New York Board of Trade en 2007. Se especializa en contratos financieros, especialmente contratos de divisas y agrícolas, principalmente café y algodón. Estos intercambios están regulados por la Comisión de Comercio de Futuros de Materias Primas o la Comisión de Bolsa y Valores. Las organizaciones comerciales, las organizaciones de compensación y las organizaciones autorreguladoras de la SEC tienen una lista de intercambios.

Tipos de derivados financieros

Los derivados más notorios son las obligaciones de deuda garantizadas. Los CDO fueron una de las principales razones de la crisis financiera de 2008. Estas obligaciones de deuda, como préstamos para automóviles, préstamos para tarjetas de crédito o préstamos hipotecarios, se combinan en una sola garantía. Su valor se basa en los reembolsos de préstamos prometidos y hay dos tipos principales. El papel comercial respaldado por activos se caracteriza por tener deuda corporativa y comercial como subyacente. Los valores respaldados por hipotecas se basan en hipotecas. Cuando el mercado de la vivienda colapsó en 2006, se puede decir lo mismo sobre el valor de MBS y luego ABCP (papel comercial respaldado por activos).

Swap

El tipo de derivado más común es el swap. Es un acuerdo para canjear un activo o deuda por uno similar. El objetivo es reducir el riesgo para ambas partes. Muchos de estos son swaps que se realizan sobre divisas o tipos de interés. Por ejemplo, un comerciante puede vender acciones en los EE. UU. y comprarlas en una moneda extranjera para protegerse contra el riesgo cambiario. Estas son transacciones de venta libre, por lo que no se negocian en una bolsa. Una empresa puede intercambiar un flujo de cupones de bonos de tasa fija por un flujo de pagos de los bonos de otra empresa con tasa variable.
Los más notorios de estos swaps fueron los credit default swaps. También ayudaron a provocar la crisis financiera de 2008. Fueron vendidos para asegurar contra el incumplimiento de bonos municipales, deuda corporativa o valores respaldados por hipotecas. Cuando el mercado de MBS colapsó, no había capital suficiente para pagar a los tenedores de CDS. El gobierno federal se vio obligado a nacionalizar el American International Group, pero después de la intervención de Dodd-Frank, estos instrumentos ahora están bajo el control de la CFTC.

Hacia adelante

Los contratos a plazo son otro derivado extrabursátil.

Representan acuerdos para comprar o vender un activo a un precio acordado en una fecha específica en el futuro. Ambas partes pueden establecer contratos a plazo muchas veces. Los contratos a plazo se utilizan para cubrir riesgos relacionados con materias primas, tipos de interés, tipos de cambio o acciones.
Futuros
Otro poderoso tipo de derivado es un contrato de futuros. Los futuros de materias primas son el contrato de futuros más utilizado. Los más importantes son los futuros del petróleo. Fijaron el precio del petróleo y, eventualmente, la gasolina.

Opciones

Otro tipo de derivado simplemente le da al comprador la oportunidad de comprar o vender el activo a un precio y fecha determinados.
Las opciones son las más utilizadas. El derecho a comprar es una opción de compra, mientras que el derecho a vender una acción es una opción de venta.

Cuatro derivados de riesgo

Los derivados tienen cuatro riesgos principales.
El más peligroso es que es casi imposible conocer el valor real de cualquier instrumento derivado. Se basa en el valor de uno o más activos subyacentes. Su complejidad complica su precio. Esta es la razón por la que los valores con garantía hipotecaria son tan letales para la economía. Nadie, ni siquiera los programadores informáticos que los crearon, sabían cuál era su precio cuando bajaban los precios de la vivienda. Los bancos se mostraron reacios a intercambiarlos porque no podían apreciarlos. Otro riesgo es algo que también los hace tan atractivos: el apalancamiento. Por ejemplo, los operadores de futuros solo necesitan poner del 2% al 10% del contrato en una cuenta de margen para conservar su propiedad. Si el valor del activo subyacente cae, deben agregar dinero a la cuenta de margen para mantener ese porcentaje hasta que el contrato expire o sea compensado. Si el precio del producto sigue cayendo, la cobertura de la cuenta de margen puede generar grandes

pérdidas. El Centro de Capacitación de la Comisión de Comercio de Futuros de Productos Básicos de EE. UU. proporciona mucha información sobre derivados.

El tercer riesgo es su límite de tiempo. Una cosa es apostar a que los precios de la gasolina subirán, pero otra es intentar predecir exactamente cuándo sucederá. Nadie que compró MBS pensó que los precios de la vivienda bajarían. La última vez que lo hicieron fue durante la Gran Depresión. También confiaban en que el CDS los protegería, pero las palancas provocadas por esto significaron que cuando había pérdidas, aumentaban en toda la economía. Además, no estaban regulados y no cotizaban en bolsas de valores. Este es un riesgo exclusivo de los derivados extrabursátiles.

Por último, pero no menos importante, está el potencial de fraude. Recuerda que el esquema Ponzi ideado por Bernie Madoff se basó en derivados. El fraude es común en los derivados.

CAPÍTULO TRES
¡ALTO! LEE ESTO ANTES DE COMENZAR

Importante: con inversiones financieras no hay garantías.

Siéntate a ver televisión y no tardarás en empezar a ver publicidad. Tarde o temprano escucharás la mención de "garantías de por vida" y "precios bajos garantizados", en particular me encanta el eslogan característico del chef de televisión de Nueva Orleans Justin Wilson "I GAR-ON-TEE" que usa al final de cada oración.

¿Por qué a los anunciantes y sus cohortes les gusta tanto hablar sobre sus garantías? Bueno, como dice el autor y experto en marketing online Pat Flynn, el objetivo de una garantía es proporcionar a los clientes un nivel de comodidad y seguridad en relación con su inversión.

Algunos creen que son una forma de ganarse la confianza. Después de todo, nada en la vida es seguro y todos queremos garantías que nos ayuden a afrontar lo que la vida nos depare. Tener una garantía nos permite tomar decisiones de vida con mayor facilidad, ya sean significativas o más triviales. Sin embargo, al invertir, a menudo se nos dice que no existen garantías en los mercados financieros.

Esto, por supuesto, tiene que ver con el tipo de beneficio que obtendrás o no obtendrás con una inversión. "Las acciones, los bonos y otros valores pueden perder valor; no hay garantía", es un descargo de responsabilidad común de la industria. Todo asesor de inversiones, cuando hable de resultados, siempre debe recordar a sus clientes que "el rendimiento pasado no es garantía de éxito futuro".

Sin embargo, según mi experiencia, existen al menos tres garantías que se aplican a la inversión.

Ventaja y costo de la diversificación

La primera garantía se relaciona con la diversificación, y esta es una especial "dos por uno".
Todos los involucrados en la inversión hablan de los beneficios de la diversificación. La diversificación es un medio simple y generalmente aceptado de reducir el riesgo.
Según las matemáticas del ganador del Premio Nobel Harry Markowitz, sabemos que, si combinamos varias clases de activos no relacionados dentro de una cartera, como resultado, tendremos un riesgo promedio de cartera más bajo que el de los componentes individuales. Independientemente de si tu cartera consta de múltiples clases de activos o múltiples estrategias, esta reducción del riesgo medible es una obviedad.
Creo que la diversificación de estrategias gestionadas dinámicamente en una cartera tiene dos fuentes de diversificación, mientras que la diversificación por clases de activos tiene una sola fuente. La creación de una cartera de estrategias que no están relacionadas con los activos puede beneficiarse de la diversificación por clase de activos y complementarla con varias ventajas adicionales de diversificación de la metodología de la estrategia.
Independientemente de lo que diversifiques, hay una garantía de acompañamiento que rara vez se reconoce, pero que siempre tiene experiencia. Al diversificar, el inversor nunca podrá lograr el mayor rendimiento del activo o la estrategia más eficaz de la cartera. Si bien el riesgo de todos los activos siempre será menor que la media, la rentabilidad también se reducirá.
Cuando el S&P 500 es la mejor clase de activos en una cartera, el rendimiento promedio de una cartera diversificada no puede exceder el del S&P. Sin embargo, el riesgo de dicha cartera será menor que el de S&P. ¡Esto está garantizado para ser un compromiso!

El costo de compra y retención, inversión indexada.

La segunda garantía surge de la práctica común de compra y venta o inversión pasiva, dicha inversión es simple y conveniente.

Invertir en comprar y mantener puede ser bueno para los inversores cuando sus inversiones están ganando impulso. Los inversores que invierten en acciones son recompensados cuando las compran y las mantienen en el mercado alcista. En lugar de saltar de un lado a otro con cada cambio en el viento del gráfico de acciones o las repetidas advertencias de los medios de que el cielo está cayendo, los inversores pagan bien para mantenerlos a través de un gran repunte.

Sin embargo, no hay garantía de que el índice que tiene un inversor pasivo se estabilice en un repunte de activos similares. Después de las elecciones de 2016, tuvimos una gran cantidad de manifestaciones. Pero la mayor parte del repunte tuvo lugar en acciones con gran capitalización, o incluso más estrecha, en acciones de empresas técnicas. El valor, la pequeña capitalización y las acciones internacionales quedaron atrás.

Al mismo tiempo, cuando tenemos un mercado de valores bajista, es casi seguro que, si compras y mantienes un fondo de índice del mercado de valores, perderás dinero. De hecho, esta verdad incómoda revela uno de los inconvenientes de utilizar la herramienta de diversificación, antes considerada como una gestión eficaz del riesgo.

Si una cartera no se diversifica en clases de activos verdaderamente no relacionadas, las fallas del mercado pasadas muestran que la mayoría de las subcategorías de clases de activos se vuelven más interconectadas a medida que disminuyen. Esto pierde la ventaja no correlativa de la reducción del riesgo.

Así, además del hecho de que la diversificación siempre trae retornos promedio, como se mencionó anteriormente, tiende a traer menos beneficios cuando realmente se necesita. Se puede decir que solo proporciona un rendimiento promedio en un nivel alcista y luego absorbe la mayor parte del riesgo en un nivel bajista.

La cartera de estrategias gestionadas activamente tiene el potencial de superar tanto al índice pasivo como a la cartera de índices pasivos. Esto se debe a las capas añadidas de gestión activa y diversificación de la metodología. Cada uno de ellos va más allá, agregando componentes al portafolio que están menos relacionados con las raíces.

Sin embargo, para crear una cartera que no tenga una alta

correlación tanto en un mercado en crecimiento como en un mercado bajista, la elección de la estrategia debe realizarse utilizando diferentes clases de activos y metodologías de gestión activa realmente diferentes. Es probable que la combinación de un conjunto de estrategias de tendencia para el mercado de valores reduzca ligeramente el riesgo, pero es probable que aparezca una reducción mucho mayor del riesgo en la cartera, que incluye métodos de tendencia, de rendimiento medio y estacionales.

Sin embargo, incluso una estrategia de diversificación no puede garantizar una cartera ganadora. Es posible que una estrategia no coincida con su desempeño anterior. Y una estrategia de tendencia, que brinda mayor protección en caso de una caída en el mercado, puede seguir el activo cuya tendencia tiende a seguir cuando el valor del activo está flotando en el mercado alcista.

El riesgo siempre está con nosotros.

Esto nos lleva a la tercera garantía en los mercados financieros: para los inversores, recordemos que el riesgo siempre está con nosotros.

Invertir en mercados monetarios, certificados de depósito o letras del tesoro conlleva el riesgo de perder el poder adquisitivo de tu dinero cuando incluso hay un indicio de inflación o la caída del dólar estadounidense.

Invertir en bonos puede ser especialmente peligroso cuando las tasas de interés están subiendo. Esto es especialmente cierto para los fondos mutuos de bonos y ETF. No tienen fecha de vencimiento para realizar un depósito con garantía de devolución de dinero.

Las inversiones alternativas generalmente funcionan bien bajo ciertas condiciones, como tiempos inflacionarios. Pero a menudo se sienten frustrados cuando no es el momento adecuado para su propuesta de valor particular.

Y finalmente, por supuesto, hay inversiones en bolsa. Son necesarios para mantenerse al día con la inflación. Y, sin embargo, ¿con qué frecuencia vemos el colapso del mercado debido a un evento imprevisto? Puede ser un cisne negro real o algo de lo que se sabía, pero simplemente se subestimaba. A pesar de eso, los riesgos de renta variable, que han llevado a una pérdida del 50% más en el S&P 500 y una reducción del 70%

más en el Nasdaq, siempre están presentes.

Por eso es tan importante contar con un asesor financiero en quien se pueda confiar para que trabaje contigo en estos momentos. Creo que un asesor que utiliza estrategias disciplinadas, cuantificables y administradas dinámicamente que pasan por varios ciclos económicos y de mercado, es tu mejor compañero financiero.

Sí, hay garantías en el mercado financiero. Pero no son la reconfortante "garantía de devolución de dinero" que a menudo escuchamos en la televisión. Más bien, son razones garantizadas por las que debes buscar ayuda de profesionales experimentados en gestión de riesgos para trazar tu futuro financiero.

Modigliani - Hipótesis del ciclo de vida.

¿Qué determina cómo las personas acumulan y gastan sus ingresos durante sus vidas? Puede parecer solo una cuestión de preferencias personales, pero la respuesta puede tener grandes consecuencias para la economía en su conjunto. La hipótesis del ciclo de vida, que establece que las personas se esfuerzan por mantener el mismo nivel de consumo a lo largo de sus vidas, es una de las formas en que los economistas han respondido a esta pregunta, pero no fue la primera.

La primera teoría del ahorro surgió en 1936 de la Teoría general del empleo, el interés y el dinero de John Maynard Keynes.

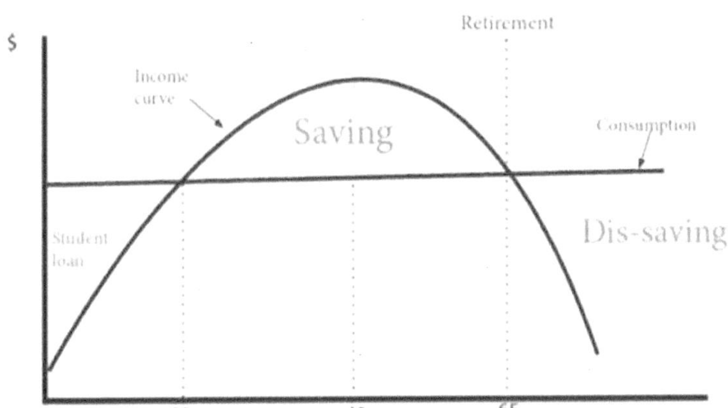

Figura n. 12 - Ciclo de vida de Modigliani

Keynes vio la conservación como otro tipo de producto que la gente podía "comprar". Al igual que con otros bienes, Keynes argumentó que el costo del ahorro aumentaría junto con los ingresos. Esto creó un problema potencial.

Cuando las personas gastan sus ingresos en ahorros, significa que no utilizan los ingresos para el consumo. Esta reducción de la demanda de bienes y servicios podría tener un impacto negativo en la producción económica.

Por supuesto, el impacto negativo de la reducción del consumo se compensa con el hecho de que los ahorros a menudo se dirigen a inversiones en producción. Pero, ¿qué pasa si no hay suficientes oportunidades de inversión para absorber el deseo de ahorrar de la gente? Keynes, junto con otros economistas como Alvin Hansen de Harvard, estaban preocupados de que esta pudiera ser una posibilidad muy real, ya que la renta nacional estaba creciendo en la era de la posguerra. Hansen acuñó el término "estancamiento secular" para describir la recesión económica que resultaría de un "ahorro excedente" con muy pocas oportunidades de inversión.

Pero la investigación en la década de 1940 desafió la teoría del ahorro de Keynes. En 1946, Simon Blacksmith de la Universidad de Harvard estudió el ingreso nacional en los Estados Unidos entre 1869 y 1938 y encontró que la tasa de ahorro en Estados Unidos apenas había cambiado durante ese período, a pesar del gran aumento del ingreso per cápita. Y en un artículo de 1947 publicado por la Oficina Nacional de Investigación Económica. Rose Friedman y Dorothy Brady encontraron que la tasa de ahorro para los hogares con diferentes niveles de ingresos a menudo dependía del cambio en sus ingresos en relación con el ingreso promedio más que en el ingreso absoluto.

En la década de 1950, Franco Modigliani del Instituto Tecnológico de Massachusetts (MIT) y su alumno Richard Brumberg explicaron estos resultados, desarrollando una nueva teoría del ahorro. La hipótesis del ciclo de vida argumentó que las personas se esfuerzan por mantener aproximadamente el mismo nivel de consumo a lo largo de sus vidas al contraer deudas o liquidar activos a una edad temprana y tardía (cuando sus ingresos son bajos) y mantener ahorros durante el período de sus ingresos primarios cuando sus ganancias son altas. Esta hipótesis predice que la acumulación de riqueza se producirá según el patrón "jorobado", es decir, baja en el inicio de la vida adulta, tanto en la vejez como en la cumbre.

A medida que aumentan los ingresos en el país, cada nueva generación tiene mayores expectativas de consumo que la anterior.

Para mantener niveles más altos de consumo a medida que envejecen, los trabajadores de mediana edad en una economía en crecimiento ahorrarán más que los grupos anteriores de trabajadores de mediana edad, y la eliminación de estos grupos (que actualmente están jubilados) será menor que los ahorros de los trabajadores actuales.

A lo largo de los años, los estudios empíricos han cuestionado algunas de las conclusiones de la hipótesis del ciclo de vida.

La evidencia sugiere que los pensionistas no reducen su riqueza tan rápidamente como predice el modelo. Además, estudios en los Estados Unidos y el Reino Unido han demostrado que el consumo tampoco fue una curva suave a lo largo de la vida de las personas; por el contrario, tendió a aumentar en la mediana edad y descender después de la jubilación.

Hay varias explicaciones posibles para estos hallazgos. El consumo puede ser menor para los jóvenes de lo que predice el modelo si tienen crédito limitado. Es posible que quieran pedir prestado contra sus mayores ganancias futuras esperadas, pero solo pueden hacerlo si los prestamistas les otorgan un préstamo. La incertidumbre también puede influir, porque los jóvenes no saben exactamente cuál será su futuro. Pueden dudar a la hora de acumular deudas ante la duda de no poder pagarlas.

La incertidumbre también juega un papel al final de la vida. Dado que las personas no saben exactamente cuánto tiempo vivirán, les resulta difícil igualar su patrimonio durante la jubilación. Los jubilados también pueden ahorrar más de lo previsto, porque quieren dejar parte de su riqueza a sus descendientes. Por último, la disminución del consumo al final de la vida puede deberse a un "descuento hiperbólico". A los economistas del comportamiento se les ha ocurrido la idea de que las personas tienen problemas para planificar el futuro, lo que los lleva a ahorrar muy poco para mantener los niveles de

consumo después de la jubilación.
Han pasado muchos años desde que Modigliani y Brumberg desarrollaron la hipótesis del ciclo de vida; aunque ha evolucionado y enfrentado algunas dificultades, esta hipótesis sigue siendo un pilar de la teoría económica moderna.

Define tus objetivos financieros para inversiones

Considera las acciones como un instrumento de por vida, como cualquier otra inversión, ni más ni menos. Las acciones son una de las muchas herramientas que puedes utilizar para lograr algo: lograr un objetivo. Sí, la inversión exitosa en acciones es el objetivo por el que probablemente te esfuerces. Sin embargo, primero debes completar la siguiente oración: "Quiero tener éxito en mi programa de inversión de capital para lograr ______________".
Deberías ver la inversión de capital como un medio para lograr tu objetivo. Cuando la gente compra una computadora, no piensa (o no debería pensar) en comprar una computadora solo para tener una computadora. Comprar una computadora puede ayudarlo a lograr más objetivos: ser más eficiente en los negocios, jugar juegos divertidos o tener un buen pisapapeles.
Comienza con la identificación de objetivos a largo, medio y corto plazo. Las metas a largo plazo se refieren a proyectos o metas financieras que van más allá de cinco años o más. Los objetivos intermedios se refieren a aquellos que se pueden alcanzar en dos o cinco años.
Los objetivos a corto plazo deben financiarse después de menos de dos años.
Por lo general, las acciones son las más adecuadas para lograr estos objetivos a largo plazo:
Alcanzar la independencia financiera (piense en el financiamiento de las pensiones).
Pagar los costos de matrícula universitaria en el futuro
Pago de cualquier costo o proyecto a largo plazo
Algunas categorías de acciones (como las conservadoras o de

gran capitalización) pueden ser adecuadas para fines financieros intermedios. Si, por ejemplo, se jubila después de cuatro años, las acciones conservadoras pueden ser adecuadas.

Si eres optimista (o positivo) sobre el mercado de valores y estás seguro de que los precios de las acciones subirán, continúa invirtiendo. Sin embargo, si te sientes negativo sobre el mercado (es bajista o crees que los precios de las acciones bajarán), puedes esperar hasta que la economía comience a allanar un camino claro.

Las acciones generalmente no son adecuadas para fines de inversión a corto plazo porque los precios de las acciones pueden comportarse de manera irracional durante un corto período de tiempo. Las acciones fluctúan de un día a otro, por lo que no sabes cuánto costarán en el futuro cercano. Al final, es posible que obtengas menos dinero del que esperabas.

Los certificados de depósito bancarios a corto plazo o los fondos del mercado monetario son más adecuados para inversores que buscan acumular dinero de forma segura para necesidades a corto plazo.

Especialmente en los últimos años, los inversores han intentado encontrar formas de obtener beneficios rápidos y fáciles mediante el comercio y la especulación bursátil.

Tras las grandes ganancias en los mercados de valores a fines de la década de 1990, los inversores vieron las acciones como un plan para enriquecerse rápidamente. Sin embargo, una de las cosas más importantes es tratar de comprender cuál es la diferencia entre invertir, ahorrar y especular. Saber la respuesta a esta pregunta es fundamental para alcanzar tus metas y aspiraciones. Los inversores que no conocen la diferencia tienden a agotarse. Aquí hay información que te ayudará a diferenciar estas tres acciones:

Invertir es la inversión de tu activo corriente en valores o activos tangibles con el fin de obtener una alta valoración futura, ingresos o ambos. Se necesita tanto conocimiento como disciplina y tiempo para invertir. La inversión puede fluctuar en precio, pero se ha elegido en función del potencial a largo plazo.

El ahorro es la acumulación segura de fondos para uso futuro. Los ahorros no fluctúan y generalmente no están expuestos a riesgos financieros. Tanto la seguridad como la liquidez son importantes.

La especulación es el equivalente financiero del juego. Un inversor que especula busca ganancias rápidas de los movimientos de precios a corto plazo de un activo o inversión en particular. (En los últimos años, muchas personas han estado negociando acciones [comprando y vendiendo con frecuencia], que es el área de especulación a corto plazo).

Estos conceptos completamente diferentes a menudo son confundidos incluso por los llamados expertos financieros. En un caso, un experto financiero puso dinero del fondo universitario de un niño en un fondo de capital en Internet ¡solo para perder más de $ 17,000 en menos de diez meses!

CONCLUSIÓN

Si estás leyendo la conclusión de este libro, probablemente lo hayas leído todo, o al menos la mayor parte.
Espero que la información que has encontrado en su interior haya sido útil para mejorar tu comprensión de los mercados financieros y cómo se mueven, pero sobre todo, espero que te haya animado y ayudado a dar tus primeros pasos en la inversión utilizando estos instrumentos financieros.
He tratado de presentar toda la información de la manera más clara posible para que pueda ser utilizada y seguida incluso por los principiantes sin experiencia que están ingresando a este mundo por primera vez.
Este libro será el primero de una serie de manuales que estoy escribiendo sobre el tema.
Cualquier indicación, sugerencia o idea que quieras darme será tomada en absoluta consideración con el fin de mejorar mi trabajo y crear algo que siga satisfaciendo las necesidades de quienes leerán en el futuro.

PSICOLOGÍA EN

EL DINERO

Cambie su mentalidad y alcance el éxito

Superar los miedos, evitar los malos hábitos y ganar dinero con el trading

INTRODUCCIÓN

El éxito en el trading se logra en un 80% por psicología y un 20% por metodología.

Partiendo de esta creencia, he escrito este manual de una manera simple que ayudará especialmente a los novatos y a comprender cómo la imparcialidad puede ayudarte a tener éxito en el comercio.

Negociar no es sinónimo de juego. Operar en los mercados financieros no es un juego ni siquiera un pasatiempo. Tu enfoque debe ser extremadamente serio y disciplinado, sobre todo, tu enfoque debe estar en salvaguardar el capital que decide invertir.

Conocer tu carácter, tus miedos, tus objetivos, saber explotar todo esto a tu favor, es sin duda un arma más.

Saber qué enfoque tuvieron Steve Jobs, Elon Musk y otras personas importantes de nuestro tiempo y del pasado, nos ayuda a comprender cuál es la actitud correcta a adoptar para lograr nuestras metas en la vida.

Juntos veremos cómo podemos aprender a reconocer nuestros talentos primero y usarlos más tarde.

Finalmente, saber cómo las emociones colectivas están en la base de los movimientos del mercado y cómo influyen en ellos, junto con una rigurosa disciplina, nos ayuda a sacar el máximo partido a los mercados, intentando siempre arriesgar lo mínimo posible.

CAPÍTULO UNO
¿QUÉ ES LA MENTALIDAD?

Pensamiento de Walter D. Wintle

Si crees que ha sido golpeado, lo estás;
Si crees que no te atreves, no lo hagas.
Si quieres ganar, pero crees que no puedes
Es casi un juego de niños.
Si crees que perderás, has perdido;
Porque en este mundo encontramos
Que el éxito comienza con la voluntad de una persona
Todo está en el estado de ánimo.
Si crees que te superan, lo estás;
Tienes que pensar alto para ascender.
Tienes que estar seguro de ti mismo antes
Siempre puedes ganar el premio.
Las batallas de la vida no siempre van
Al hombre más fuerte o más rápido;
Pero tarde o temprano la persona que gana
¡Es el que piensa el que puede!

Qué es la mentalidad

Para poder hablar de ello y poder explotarlo, primero necesitamos definir cuál es la mentalidad. Con este término nos referimos, en general, al conjunto de condicionamientos y creencias que la mente ha asimilado a lo largo de nuestra vida. Esta actitud mental habitual caracteriza nuestras formas de reaccionar y actuar en determinadas circunstancias. En cierto sentido podemos definir la mentalidad como nuestro comportamiento habitual ante situaciones que se nos presentan. Por ejemplo, si una persona está convencida de que no puede hablar en público, probablemente tenderá a evitar ocasiones en las que sea necesario mostrar sus habilidades frente a los demás.

Esto conduce a una inseguridad generalizada, que si no se aborda se volverá cada vez más profunda en su mente, llevándolo a rendirse y entregarse por temor a cometer errores.
Esta es precisamente una de las razones por las que encuentro indispensable conocerse a uno mismo. Conocer tus límites, tus miedos, tus dificultades y poder admitirlos es un paso importante hacia la posibilidad de superar tus límites. Aunque muchas veces sean límites imaginarios que nos ponemos nosotros mismos cuando, en realidad, son nuestros miedos los que hablan y nos hacen creer que hay obstáculos que son imposibles de superar.
Partimos del supuesto de que nada presenta un problema insuperable, a veces lo que se necesita es tener las armas adecuadas para la batalla y un poco de ayuda para salir al campo y luchar.

4 personalidades diferentes

La fuerza de voluntad a veces no tiene nada que ver con la capacidad de hacer más, a veces son las fuerzas dentro de ciertas personas las que las motivan a actuar.
La idea de que las tendencias pueden ser innatas es muy llamativa.
Gracias a la investigación nos hemos dado cuenta de que las personas caen en una de cuatro tendencias distintas: el obligador, el que pregunta, el rebelde y el partidario. Cada uno de ellos tiene cierta influencia en cómo te motivas para completar tareas y metas.
Identifica tu tendencia al comprender cómo responde a las expectativas. ¿Eres interno, externo o ninguno? A continuación, te indicamos cómo puedes utilizar tu tendencia interna para ser más productivo y lograr tus objetivos:

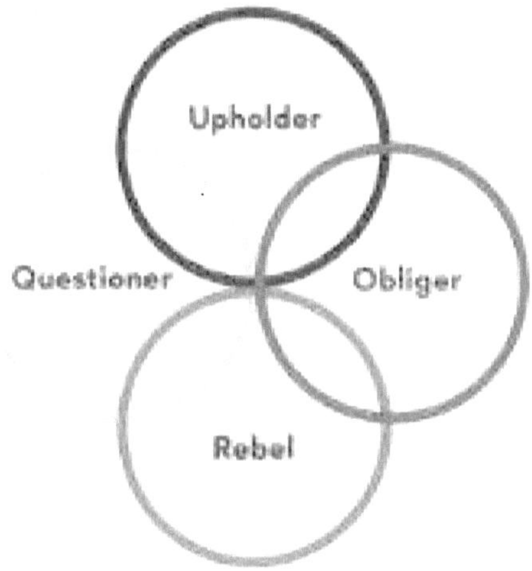

Figura n.1 Personalidad

Obligado

Los bonos satisfacen fácilmente las expectativas externas. Ejecutan proyectos a tiempo cuando alguien más cuenta con ellos, pero luchan con las expectativas internas, como establecer decisiones personales. A veces, el hecho de que hayan intentado cambiar hábitos y hayan fallado les trae decepción e incapacidad para volver a intentarlo.
El deudor necesita responsabilidad externa para cumplir con las expectativas internas. Son buenos organizando plazos y gestionando equipos. Esto está en todas partes en el lugar de trabajo.
Si eres un empleado que se encuentra en un ambiente laboral que promueve la autonomía, o si trabajas por tu cuenta, tendrás que crear esa responsabilidad. Dile a tu colega o jefe qué hora ha pautado. Encuentra un socio responsable y establece metas diarias o semanales probándose mutuamente. Toma lecciones e inscríbete con un amigo que se molestará porque no aparezcas. En cambio, podrías pensar en ti mismo como un modelo a seguir para que otros lo sigan.

Los obligados a menudo piensan que necesitan salir de esta tendencia y orientarse internamente, pero eso no es necesario, hay cientos de formas de crear responsabilidad externa, y eso es lo que necesitan los empleados.

Preguntador

Los interrogadores cuestionan todas las expectativas. Quieren saber por qué deberían hacer algo porque están profundamente comprometidos con la lógica y la eficiencia.
Los interrogadores tienen dificultades para tomar decisiones porque necesitan más información. Necesitan razones y, a veces, incluso justificaciones para encontrar motivación. Si están en el trabajo y se sienten estúpidos, no lo harán.
Esta tendencia se puede culpar por la falta de respeto o por no ser un jugador de equipo, porque parece que están intentando minar la credibilidad. Algunos trabajos se solicitan nuevamente y otros no. Los entrevistadores deben aprender a hacer preguntas de manera constructiva.

Rebelde

Los rebeldes afrontan todas las expectativas, externas e internas. Hacen lo que quieren, como y cuando quieren, actuando desde la fuente de la libertad, la elección y la autoexpresión. Cuando alguien intenta que el rebelde haga algo, se resiste.
La personalidad es tan importante para un rebelde. Por ejemplo, un rebelde puede resistirse a asistir a una reunión de personal a las 10 de la mañana porque odia que le digan a dónde ir y cuándo presentarse.
Como rebelde, trata de recordar con frecuencia qué reputación y objetivos deseas alcanzar. Si es necesario, habla contigo mismo y trata de decirte lo que pensarán de ti si no vas a esa reunión o estudias ese tema.
A los rebeldes también les gusta enfrentar desafíos como completar un proyecto dentro de un calendario ambicioso o tener una competencia amistosa para superar a otros miembros de su grupo. También les encanta desafiar las expectativas

demostrando que los demás están equivocados.

Apoyo

Seguramente utilizarán tendencias internas para encontrar la motivación para actuar, lograrán cumplir con las expectativas tanto internas como externas. Respetan plazos, reglas y expectativas y toman decisiones sin muchos problemas.
Aunque esta tendencia suena a perfección de desempeño, uno de los problemas de los defensores es que pueden ser vistos como duros, lo que les dificulta cambiar de marcha cuando cambian las circunstancias. También luchan cuando se encuentran en un entorno de trabajo que enfatiza la flexibilidad.
En algunas organizaciones, el gerente puede decir: "Escuche, debe hacer lo que sea necesario para realizar esta venta". Lo cual es genial para un rebelde, pero un defensor quiere saber cuál es el camino correcto. Si hay una regla, no la violan.
Si eres un defensor, tienes éxito en las rutinas y los horarios. Solo tienes que tomar una decisión y luego puedes hacer lo que quieras.
Nuestra tendencia da forma a todos los aspectos de nuestro comportamiento, por lo que comprender esta estructura nos permite tomar mejores decisiones, cumplir con los plazos, sufrir menos estrés y agotamiento e interactuar de manera más efectiva. Las cuatro tendencias explican por qué actuamos y por qué no actuamos.

Satisfacer las necesidades básicas

Una necesidad puede ser la falta total o parcial de uno o más elementos que ayuden a una persona a sentirse bien. En sí misma, sin embargo, esta carencia no es suficiente para actuar, hay acciones que no se originan en una carencia.
Una necesidad psicológica no siempre es superponible a la necesidad psicofisiológica (a menudo encontramos esto en la dependencia psicológica de drogas que no causan dependencia física).

Cuando se trata de la mejora personal, tarde o temprano te encontrarás oscilando entre dos tipos diferentes de emociones, a menudo conflictivas.

Algunos días sientes que estás verdaderamente inspirado, que estás en una ola, en un fluir que te empuja a creer y actuar; sientes que todas tus energías están en línea y que eres capaz de realizar diferentes actividades sin obstáculos ni distracciones.

Otros días, en cambio, te preguntas si hablar de superación personal es realmente útil, si al fin y al cabo todos los que hablan de ello no viven simplemente una especie de hipnosis masiva.

Pensar en positivo ayuda, pero al final tendrás que lidiar con los que se interponen en tu camino en la vida, con los largos tiempos de espera de la burocracia, con esos préstamos que no llegan y te das cuenta de que poco está bajo tu control directo.

¿Cuántas veces has experimentado este estado emocional?

Supongo que muchos, y apuesto a que también te has preguntado sobre la eficacia de estudiar técnicas de empoderamiento personal.

¿Son estas solo prácticas del New Age? ¿Quizás solo un poco más refinado? ¡Tal vez no!

Entre 1943 y 1954 el psicólogo estadounidense Abraham Maslow concibió el concepto de "Jerarquía de necesidades" y lo difundió en su libro de 1954 "Motivación y personalidad".

Durante años, Maslow estudió diferentes poblaciones históricas y el nivel de evolución que habían alcanzado antes de alcanzar su punto máximo.

Señaló que había necesidades que servían de base necesaria para el desarrollo de necesidades más complejas y que llevaban a todas las sociedades a un nivel superior de evolución social.

Maslow correlacionó estas necesidades y creó un diagrama en forma de pirámide o "Escala de necesidades".

Esta escala de necesidades se divide en cinco niveles diferentes, desde el más elemental (necesario para la supervivencia del individuo) hasta el más complejo (social).

Maslow observó que el individuo se realiza pasando por las distintas etapas, que deben ser satisfechas de manera progresiva.

A nivel internacional, esta escala se conoce como la pirámide de Maslow.

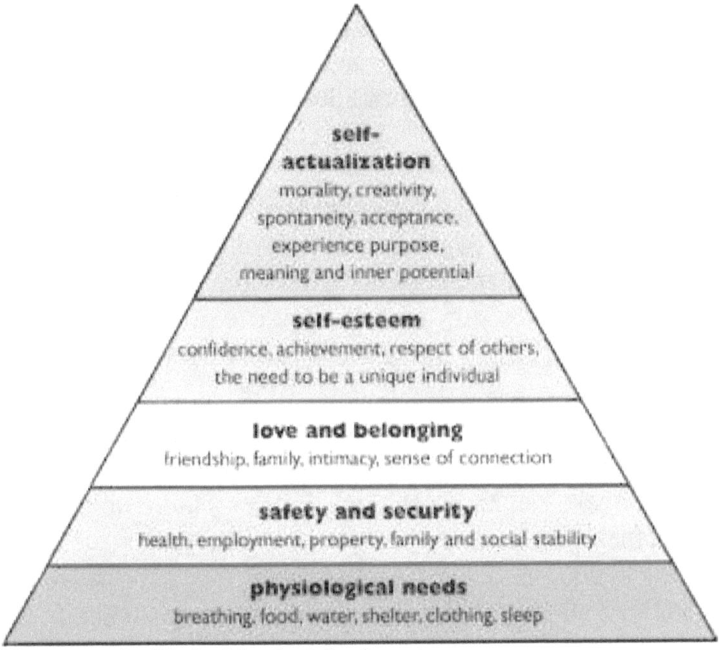

Figura n. 2: Pirámide de Maslow

Los niveles de necesidad concebidos por Maslow son (de abajo hacia arriba):

Necesidades fisiológicas (poder conseguir una alimentación sana, dormir, satisfacer las necesidades sexuales y mantener una cierta higiene).

Necesidades de seguridad (protección física, posibilidad material para construir muros, vallas, protecciones)

Necesidades de pertenencia (afecto, identificación, lazos familiares)

Necesidades de estima (pero también de prestigio social, de reconocido éxito en el clan de pertenencia, creación de clases y castas sociales)

Necesidades de autorrealización (un estado que sabe potenciar el trabajo social del individuo, ayudándolo a realizar su identidad y expectativas, permitiéndole ocupar una posición satisfactoria reconocida en su grupo social).

Los estudios de Maslow comenzaron en la década de 1960 con una proliferación de otras investigaciones y descubrimientos en el campo social.

Maslow puso al desnudo un concepto, que en realidad mucha

gente ya conocía pero que nadie había puesto nunca en forma "científica", y se sabe que, en el ámbito académico, la investigación solo se hace cuando las observaciones van desde el nivel de "lugar común" a "declaración científicamente descrita".

¿Cuál fue este concepto tan bien expresado por Maslow?

Ese hombre no puede avanzar en su evolución si primero no satisface las necesidades del escalón inferior.

¡Todas las sociedades que no han tenido éxito o no pudieron satisfacer las necesidades fisiológicas primarias simplemente se han extinguido!

Todas las sociedades, inicialmente nómadas, que encontraron una manera de satisfacer las necesidades fisiológicas primarias se detuvieron y se asentaron en áreas fértiles y cultivables dando lugar a clanes y tribus en las que existían pactos de ayuda recíproca y ayuda mutua.

Todos los grupos que tenían, dentro de su propio clan, luchas internas que provocaron la ruptura de vínculos, se separaron, se desintegraron y muchas veces se extinguieron en pocas décadas.

Los grupos sobrevivientes desarrollaron regulaciones sociales y de ciudad-estado sobre comercio, salud y educación de tal manera que difunden la identidad cultural.

Y así fue hasta el desarrollo de los estados modernos tal como los conocemos.

Incluso hoy, cuando un Estado decide dar un paso atrás al dificultar o negar la realización de determinadas necesidades básicas para el individuo, estallan disturbios o se ponen en marcha mecanismos que conducen a la degradación social.

A menudo, el conocimiento de la Pirámide de Maslow nos ayuda a descifrar nuestros cambios de humor o, más bien, nuestra "opinión" sobre la mejora personal.

Tomemos un ejemplo social actual.

Los estudios de estrés llevados a cabo en empleados y directivos de distintas empresas han demostrado que el tipo de problemas que tenían que resolver el grupo de empleados y el grupo de directivos producían, con la misma complejidad, efectos de estrés muy diferentes. Los ejecutivos tuvieron que enfrentarse a problemas mucho más rigurosos y complejos para lograr los niveles de estrés alcanzados por los empleados en promedio. En

pocas palabras, se pudo ver que, en promedio, los empleados tenían una mayor sensibilidad al estrés que los gerentes.
¿Cómo es eso?
¡Sin embargo, esto estaba sucediendo independientemente de la clase social! ¡Un alto nivel de educación para grupos de empleados, un alto nivel de educación para grupos de gerentes!
¿Cómo podría explicarse esta diversidad de reacciones?
Los investigadores comenzaron a analizar no solo los currículos escolares de los grupos examinados, sino también el tipo de aficiones e intereses de las diferentes materias.
Y aquí empezaron a notar diferencias importantes.
Los empleados, además del trabajo y los compromisos familiares normales, no tenían muchos pasatiempos y muchos de los que tenían intereses fuera del trabajo, dedicaban la mayor parte de su tiempo al ocio y actividades puramente recreativas.
En cambio, ejecutivos que mostraban niveles mucho más bajos de estrés, utilizaban su tiempo libre estudiando la vida de otros ejecutivos, gerentes o emprendedores, participaban en sesiones de Coaching Corporativo, actualizadas participando en conferencias sobre Estrategias de Marketing y Gestión de Relaciones Públicas, en definitiva, parte de su tiempo libre se dedicaba a aprender a hacer mejor lo que ya estaban haciendo como gerentes.
El aspecto destacado por el estudio es muy interesante. Los ejecutivos pasan su tiempo asistiendo a seminarios, cursos y sesiones de coaching para aprender estrategias para hacer aún mejor lo que ya estaban haciendo. Los empleados, en su tiempo libre, ocupan sus mentes para distraerse de su ocupación.
¡Esto explica los diferentes resultados en sus respectivos niveles de estrés!
Muchas veces nuestros días de estrés son el resultado de días anteriores en los que no hemos podido alimentar al organismo dando total satisfacción a las necesidades fisiológicas primarias; En estos días del "no", sentimos que no estamos alineados, nos preguntamos el sentido del pensamiento positivo ya que nos sentimos lejos de la inspiración.
Pero, ¿cómo podemos siquiera pretender estar en un nivel que en la pirámide de Maslow se representa prácticamente en la cima de la escala (autorrealización), cuando en esos mismos días no

hemos podido dar satisfacción a necesidades fisiológicas primarias, seguridad, estima familiar y de parentesco, etc.
Los gerentes pueden dedicar su tiempo libre a cursos ad hoc, ¡porque esa es su pasión!
El empleado promedio a menudo se siente atado a algo que no ha elegido totalmente para sí mismo, por lo que en su tiempo libre intenta llevar su mente a otras costas.
¿Podemos encontrar otros contextos en los que observar esta "reacción" idéntica? ¡Por supuesto, en estudiantes!
Estudias para complacer al profesor, haces los deberes lo más rápido posible y luego te vas, lo más lejos posible de los libros y los "pensamientos escolares", ¡y es precisamente este deseo de escapar lo que sanciona y refuerza el aspecto estresante!
¡Así que vayamos a una clave importante para comprender la mejora personal!
Cuando te sientes atrapado en la vida, cuando te das cuenta de que estás viviendo días sin salidas aparentes, y tal vez incluso comienzas a cuestionar emociones y pensamientos que hasta unos meses antes te daban entusiasmo y energía, significa que has bajado unos pasos en la pirámide de Maslow. Ya no satisfaces las necesidades básicas de tu cuerpo y espíritu.
Volviendo a la observación inicial, en este estado es absolutamente normal que no tengas ganas de leer libros motivacionales, o tomar cursos para aprender cosas nuevas, en cambio, ¡sientes que todo se reduce a satisfacer el funcionalismo contingente de la vida cotidiana!
Cuando esto te suceda, asegúrate de que todas tus necesidades básicas sean atendidas de inmediato.
Pregúntate si has estacionado demasiadas facturas vencidas en el estante que ahora están proyectando una larga sombra sobre su vida; pregúntate si estás descuidando tu salud, tal vez no hayas ido al dentista durante años cuando solía ir al dentista cada temporada. Comprueba si tal vez la forma en que comes se ha vuelto un poco insalubre, presta atención a lo que circula en su torrente sanguíneo. Quizás solías salir a correr y hacer ejercicio, quizás hayas renunciado a algunas necesidades que tu cuerpo ahora extraña.
La causa, sin embargo, nunca está en una sola necesidad desatendida, seguramente habrá 3-4 aspectos de tu vida que estás

desatendiendo en comparación con el período anterior más próspero.
¡Pon tu vida en orden!
Mejora cada escalón de la escalera de tus necesidades, ¡y solo así podrás ocuparte de elevar tu espíritu!
Si no llenas la parte más material de ti mismo (¡obviamente con la mejor materia prima!), ¡Ni siquiera puedes esperar poder cuidar las partes más refinadas y espirituales de tu ser!
Cuando hablo de "materias primas" no me refiero solo a nutrirse de alimentos saludables, ¡sino también de emociones saludables y relaciones saludables!
En la antigüedad, este principio era bien conocido por todos los alquimistas y estudiosos del esoterismo alquímico.
¡La evolución nunca es un salto!
Los estados espirituales se alcanzan mediante la mejora directa de los estados materiales.
¡Materia y espíritu tienen igual dignidad!
¡No creas a todos esos falsos "gurús" que instan a la gente a separar la parte material del hombre de la parte espiritual, nombrando a esta última como el elemento superior!
De hecho, a menudo utilizo esta creencia como prueba para reconocer a los falsos gurús de los verdaderos maestros de la sabiduría.
¡Todas las condiciones de espiritualidad superior son alcanzables solo cuando la parte material de tu ser está satisfecha, realizada y bien realizada!
La motivación de todo esto se puede encontrar en la presencia, en el ser humano, del poder del inconsciente.
También puedes evitar conscientemente pensar en tus necesidades, tus deberes materiales como ser humano, pero tu inconsciente siempre te los presentará, quizás en forma de sueños, o malestar físico o incluso en forma de enfermedad repentina e inexplicable.
Tu cuerpo tiene necesidades precisas que no son inferiores a las de tu espíritu.

La voluntad débil

La voluntad débil: de qué depende y cómo fortalecerla.

Tener una voluntad débil nos priva de la posibilidad de lograr nuestras metas y hacer realidad nuestros sueños.

¿Por qué no puedes respetar tus buenas intenciones?

¿Alguna vez has decidido ponerte a dieta, hacer ejercicio o cualquier otra cosa, sabiendo que es correcto y apropiado hacerlo, pero terminaste haciendo exactamente lo contrario?

¿Alguna vez te has preguntado de qué podría depender?

Quizás sea tentación. Estás obligado a revisar una lección de ese curso que estás tomando, pero la idea de ver un episodio de tu serie favorita en Netflix es mucho más tentadora. "¡Solo me tomaré el día de hoy, te lo juro! Mañana voy a empezar a estudiar en serio..." te dices, mientras enciendes la tele.

O tal vez sea tu desprecio por las reglas y regulaciones. El médico te pidió que hicieras más ejercicio, pero no puedes y sigues posponiéndolo. Demasiadas series en Netflix, salir con amigos, el sofá en lugar de entrenar: todo parece sacar lo mejor de tus buenas intenciones y establecer hábitos útiles se vuelve imposible.

Desorientado y confundido te convence de que tal vez no tienes metas reales, o que realmente no son las deseadas, o peor aún, que hay algo en ti que no funciona: sientes que no tienes carácter, no tienes personalidad.

Tus metas son correctas, y no tienes nada de malo ... excepto que cedes cuando debes resistir, contribuyendo así a debilitar tu fuerza de voluntad que, a medida que se debilita, te obliga a ceder aún más.

Pero, ¿por qué sucede esto?

La devaluación del futuro

Imagina que estás sentado en un restaurante: por tu salud (últimamente has engordado varios kilos) has decidido prescindir del postre, así que cuando llega el camarero no puedes pedirlo.

Pero cuando estás a punto de pedir un café, pasa el carrito con los dulces y de repente cambias de decisión, ese tiramisú, ¡es demasiado tentador!

Comes, disfrutas y luego lloras.

Cuando la gratificación bioquímica ha desaparecido hace mucho y sientes que tu estómago se hincha como una gaita, te arrepientes. Y mientras cuentas calorías con tu nueva aplicación, te dices a ti mismo que esta fue la última vez, que es hora de cambiar tu vida (aunque a partir de mañana).

Pero mientras estás allí, hundido en el sofá, preguntándote qué pasó, ¿por qué te venció el carrito de postres?

La respuesta es simple.

El carrito de postres está aquí en el presente, mientras que los riesgos para tu salud están allí, muy lejos, en el futuro.

Te estás diciendo a ti mismo que no pasará nada malo por unas pocas libras.

Los riesgos son muy lejanos, impalpables, difíciles de ver a simple vista, y además no tienen el encanto reluciente de esas bolas cubiertas de chocolate del carro de los postres que te embrujan como las sirenas de Ulises.

Lo que pasó en tu mente, frente al carrito de los postres, se llama la devaluación del futuro.

Devaluar el futuro significa que los efectos positivos, que están lejos en el presente (llegar a la vejez con buena salud), solo entran parcialmente en las decisiones presentes.

Sin embargo, la devaluación o negación del futuro es solo la primera parte del problema.

Voluntad hipotrófica e hipertrófica

Si vas al gimnasio y te ejercitas en serio tus músculos se vuelven hipertróficos, se hinchan y te dan más fuerza, pero si no vas al gimnasio, con el tiempo se vuelven hipotrópicos, e incluso levantarse de la silla se convierte en un problema.

Lo mismo le ocurre a nuestra voluntad, que como un músculo mental es sensible al entrenamiento: se vuelve hipertrófica si la entrenas, hipotrópica si no la haces funcionar.

Un ejemplo sencillo.

Dices: "Mañana voy a correr", pero al día siguiente lo evitas y lo pospones, utilizando autoengaños más o menos refinados (demasiado viento, demasiado calor, demasiada gente...). Y al día siguiente lo pospones nuevamente, y luego nuevamente, acumulando semanas y meses de apatía y desgana, hasta que te rindes por completo.

Tus piernas pierden tono y los kilos se acumulan, que no es el único daño, pero es el más evidente.

El daño más significativo y peligroso es el que se produce en tu

mundo interior, cada vez que te rindes y postergas. Tu voluntad se debilita, tus piernas se vuelven hipotróficas y tu autoestima sufre como resultado, enviando una imagen tuya que es desoladora y deprimente.
Pero no ha terminado, tu umbral de tolerancia también se debilita, empujándote a ceder incluso a las tentaciones más pequeñas, aquellas a las que alguna vez lograste resistir.
El efecto de este círculo vicioso, a menudo, es la ansiedad que te asalta cuando, ahora con una voluntad hipotrófica y un umbral de tolerancia muy bajo, intentas recuperar el control de tu vida, en vano.
Y fracaso tras fracaso empiezas a pensar en algo que nunca deberías pensar, que es que yo también fracasaré esta vez, ¡así que por qué seguir intentándolo!
¿Por dónde empezar de nuevo?
Tomar conciencia de los engaños de nuestra mente (por ejemplo, la devaluación del futuro) es seguramente el primer paso para respetar nuestras intenciones y formar buenos hábitos.
Pero si queremos cambiar radicalmente el rumbo de nuestra vida, debemos dar un verdadero "salto mental", aprendiendo a ver los hábitos como el campo de entrenamiento de nuestra voluntad.
Entonces, correr por la mañana, por ejemplo, ya no será una forma sencilla de ponerse en forma, sino la herramienta para hipertrofiar tu voluntad, elevar tu umbral de tolerancia y fortalecer tu autoestima.
Esta nueva actitud mental te dará, por un lado, los beneficios de los buenos hábitos individuales que forjarás y, por el otro, te permitirá desarrollar una voluntad fuerte que te hará sentir fuerte e inatacable ante las tentaciones.
El carrito de los postres, entonces estará ahí frente a ti, pequeño y borroso en comparación con la nueva imagen que estás construyendo de ti mismo, una imagen de una persona que no se rinde como un débil a otra tentación, sino que domina la propia vida y circunstancias con una voluntad fuerte que cada día se hace más grande y definida.

La rana hervida

Una técnica sencilla para cambiar hábitos y establecer otros nuevos en tu vida.

Para cambiar tu vida, a veces, todo lo que necesitas es cambiar tus hábitos, estableciendo nuevos y mejores.

Quiero hablarte de un principio que aclara, de forma muy sencilla y lamentablemente realista, la capacidad inherente del ser humano para adaptarse a situaciones desagradables y dañinas sin reaccionar.

Imagínate encender un fuego debajo de una olla llena de agua fría en la que una rana nada tranquilamente y calienta lentamente el agua. Pronto se vuelve tibio. La rana lo encuentra bastante agradable y continúa nadando. La temperatura sube. Ahora el agua está tibia. Un poco más de lo que aprecia la rana. Se cansa un poco, pero no se asusta. El agua está demasiado caliente ahora. La rana no lo encuentra nada agradable, pero está debilitada y ya no tiene fuerzas para reaccionar. Entonces aguanta y no hace nada. Mientras tanto, la temperatura sigue aumentando hasta que la rana, simplemente, se hierve muerta. Si la misma rana se hubiera sumergido directamente en el agua a 50 ° C, habría flexionado sus musculosas patas y saltado de la olla.

La rana ha adaptado su temperatura corporal a la del agua y una vez que está cerca de hervir, ya no tiene fuerzas para saltar porque se ha cansado demasiado para regular su temperatura. ¿Esta triste historia significa algo para ti?

Quizás tienes miedo al cambio, has estado soportando situaciones negativas y personas durante mucho tiempo, solo porque te han enseñado que debes quedarte hasta que te vuelvas loco o que la resistencia es necesariamente sinónimo de fuerza de carácter.

Es cierto que muchas veces subordinamos el bienestar emocional a necesidades que consideramos más importantes. No solo tenemos que pensar en nuestro propio bienestar, sino que hay otras personas que dependen de nosotros de alguna manera.

Pero entonces, ¿quién mató a la rana? No fue el agua hirviendo, sino la incapacidad de la rana para decidir cuándo saltar. Si lo piensas, puedes aplicar este principio a muchas situaciones a las que te enfrentas en la vida.

Tal vez permanezcas en una relación insatisfactoria solo para no

causar molestias a la otra persona. Tal vez pospongas la búsqueda del trabajo de tus sueños durante años y te conformes con un lugar permanente donde te aburras. O guardes tu idea de negocio en el cajón pensando que habrá tiempo para hacerla realidad. La música de fondo es siempre la misma: después de todo, ¡no es necesariamente tan mala!
Hay demasiadas situaciones en las que nos acostamos en lugar de luchar o "huir". El mayor miedo que tenemos es cambiar. Paradójicamente, preferimos estar en una situación de estasis, que no nos hace felices, que no nos inspira ni nos gratifica, solo porque tenemos miedo de tener que volver a meternos en el juego. Al igual que la rana, que para salvarse debería cambiar de situación y saltar de la olla, en cambio te adaptas al agua hasta volverse insoportable, porque el cambio te asusta más que el agua hirviendo.
Así se acumulan pequeñas frustraciones, pequeñas dosis de rabia, malestar, miedo ... que tarde o temprano desembocan en una explosión. Todas las emociones negativas reprimidas y enterradas por un aparente ajuste se eliminan de inmediato y, a menudo, con dolor y consecuencias muy graves.
Aceptar todo y adaptarse no es vivir, sino sobrevivir. Significa darles a otros la oportunidad de decidir por ti. ¿Quieres resistir hasta que sea más sostenible?
Siempre hay algo que puedes hacer para evitar asentarte y adaptarte a toda costa: ¡acepta el cambio! Sé consciente de que tienes una opción: tener nuevos pensamientos, actuar libremente, dejarse llevar, cometer errores y empezar de nuevo.
No es un camino fácil y no sucede de la noche a la mañana, ¡pero es posible! Empieza a tomarte un tiempo para ti mismo, regálate un pequeño capricho o una decisión egoísta: los placeres cotidianos son la base de la autoestima. Si cultivas la autoestima, el respeto y el afecto por ti mismo, solo entonces podrás dejar de aceptar pasivamente cada situación y aumentar tu determinación de cambiar tu realidad.
No esperes a que hierva el agua, ¡toma una decisión ahora y actúa!

Mentalidad estática y dinámica

¿Cuántas veces te has dicho a ti mismo que así soy y que no puedo hacer nada al respecto?
¿Cuántas veces has cedido ante las primeras dificultades, convencido de que no estás a la altura?
¿Y cuántas veces has pensado que no podrías hacerlo porque no pensabas que eras lo suficientemente inteligente / capaz / competente?
¿Cuántas veces, aunque valiera la pena, no corriste el riesgo por temor a perder tus certezas?
¿Cuántas veces te has caído después de un fracaso?
Para evitar que esto vuelva a suceder y que afecte negativamente tu vida, te sugiero que desarrolles una mentalidad dinámica.
Hablaremos de lo que distingue a los grandes de los poderosos. El factor determinante es la mentalidad. Entenderás a tu pareja, a tu jefe, a tus amigos, a tus hijos. Descubrirás cómo dar rienda suelta a tu potencial y al de tus hijos.
Encontrarás un montón de preguntas para entender cuál es tu mentalidad y sobre todo algunos ejercicios estimulantes para pasar de lo estático a lo dinámico. Nos centraremos en lo que distingue entre mentalidades estáticas y dinámicas. La diferencia fundamental es si crees o no en la posibilidad de mejorar tus habilidades y competencias a través del compromiso y la práctica constantes. De manera más general, una persona con una mentalidad dinámica está abierta a la posibilidad de un cambio completo; aquellos con una mentalidad estática no lo son.
Mentalidad estática
Para comprender de la mejor manera posible cómo funciona la forma mentis dinámica, es fundamental comprender primero la forma mentis estática. Esto es lo que haremos primero.
Aquellos que tienen una mentalidad estática se ven a sí mismos y a los demás como inmutables. Todos tienen su carácter, predisposiciones, nivel de inteligencia. Estos factores no se pueden cambiar sustancialmente:
"Asi es como soy".
"No soy bueno estudiando idiomas / matemáticas, etc."
"Soy una persona celosa, intimidante, agresiva, etc."
"No puedo y nunca lo seré".
Los rasgos de la propia personalidad y de los demás, ya sean

positivos o negativos, se ven como estáticos, imposibles de modificar, grabados en piedra.

Esta es, en términos generales, la percepción de la forma mental estática:

El talento es algo que tienes o no tienes, no puedes desarrollar.

La inteligencia de uno no se puede mejorar sustancialmente

El carácter de uno es lo que es y así permanece.

No es posible mejorar las relaciones personales y los rasgos de personalidad, como la capacidad para manejar las emociones.

Nuestro lema con respecto al desarrollo del talento, la inteligencia y las habilidades podría ser "ahora y siempre".

Pequeña pero necesaria aclaración: en lo que respecta al talento, la mentalidad estática no está del todo mal. Cada uno de nosotros tiene sus propias predisposiciones naturales, que deben ser satisfechas. El problema de la mentalidad estática es que cree que el talento se puede juzgar de una vez por todas, sin posibilidad de mejorarlo. La realización está a medio camino entre el talento natural y el compromiso diario constante.

Ante las dificultades y el cansancio, la mentalidad estática huye, porque los percibe como una amenaza para sus inmutables cualidades. Ve la fatiga como algo inútil. Por otro lado, si las habilidades propias no se pueden mejorar de manera concreta, ¿de qué sirve trabajar duro y esforzarse?

Si alguien experimenta un fracaso, para la mentalidad estática es una tragedia, porque confirma la supuesta e inmutable incapacidad. Quien tiene una mentalidad estática no puede ver el fracaso como una oportunidad para esforzarse más y mejorar, por lo que se retira.

¿Y cuándo llega el éxito?

Nada cambia. Durante algún tiempo, la mentalidad estática ve tu habilidad y talento confirmados por el mundo exterior, pero el colapso está a la vuelta de la esquina, tarde o temprano llegará.

Basta pensar en la realidad de los hechos. No solo hay éxitos, no siempre se puede ganar. A la primera falla, la forma mentis estática corre el riesgo de no volver a levantarse y rendirse para siempre.

En la forma mental estática tienes que tener talento y tienes que tenerlo de inmediato.

El compromiso es sinónimo de fracaso. La mentalidad estática

dice: "si tengo que comprometerme a ser un buen X, significa que no estoy dotado / no tengo el talento suficiente para ser X".
Las mentalidades estáticas se encuentran a menudo en personas que parecen tener una gran autoestima. Sin embargo, detrás de esta seguridad se esconde el terror de ver colapsar las identificaciones.

Aquellos que creen en rasgos inmutables sienten la necesidad de triunfar y cuando lo hacen, se sienten más que orgullosos. El éxito se experimenta como prueba de que sus rasgos inmutables son mejores que los de otras personas. Sin embargo, detrás de esta autoestima se esconde una pregunta simple: si eres alguien solo cuando tienes éxito, ¿qué eres cuando no puedes?

En este punto, comprende que tener una mentalidad estática significa tener una visión extremadamente limitada de sí mismo y de la vida. Al no ver la posibilidad de mejorar las habilidades y cambiar las características, los que piensan con una mentalidad estática son como tener siempre anteojeras. Dónde (y cómo) está, se queda.

La mayoría de la gente piensa y vive así. Piensa, por ejemplo, en el mito del trabajo fijo: la propia palabra lo dice. Más estático que eso...

La mentalidad estática presente en cada uno de nosotros tiene su origen en buena parte en las palabras que se nos repetían cuando éramos niños. "Qué bueno eres, qué inteligente eres, qué guapo eres ..." etc., o "eres grosero, eres travieso, no eres capaz" etc.

Otros niños se convencen a sí mismos de que son estúpidos o incapaces, simplemente porque se les repitió varias veces algún adulto complejo que desahogaba sus frustraciones.

En un intento por no refutar que "eres inteligente", por ejemplo, un niño que se ha convertido en un niño podría evitar comenzar una determinada actividad si al principio te resulta difícil. Estas dificultades arrojarían dudas y pondrían en peligro tu inteligencia. Así que es mejor rendirse y hacerlo ahora, antes de que sea demasiado tarde.

Por tanto, es evidente que los padres, profesores y educadores tienen la tarea de criar a los hijos de acuerdo con una mentalidad dinámica, dando más valor al proceso y compromiso, en lugar de etiquetas reales o presuntas que luego cuelgan como 'condenas' en la cabeza de quienes Los he escuchado repetidos durante años. Con demasiada frecuencia, debido a la mentalidad estática, los juicios se hacen demasiado apresurados, como si el potencial de un niño pudiera evaluarse de una vez por todas. Afortunadamente, no todo el mundo se deja engañar por las etiquetas recibidas durante la infancia. Basta pensar, por ejemplo, en Albert Einstein, que fue juzgado como un niño pobremente dotado o incluso al borde de ser estúpido. Aunque sabemos cómo terminó la historia.

No es coincidencia que Einstein dijera eso: todo el mundo puede ser un genio. Pero si crees que juzgas a un pez por su capacidad para intentar trepar a un árbol, vivirá toda su vida creyendo que es estúpido.

Puedes cambiar tu forma de pensar de estática a dinámica, y puedes comenzar hoy.

Los límites entre los dos mundos son bastante delgados. Si lo piensas, puedes darte cuenta de que en algunas áreas tienes una mentalidad estática y en otras una más dinámica. Hay quienes, por ejemplo, están dinámicamente convencidos de que pueden mejorar sus habilidades intelectuales (estudiar, aprender un idioma, etc.), pero están igualmente convencidos de que no pueden mejorar en el trabajo manual, o viceversa.

De hecho, algunos rastros de mentalidades estáticas están presentes en todos, más o menos.

Además de las etiquetas que se les dan a los niños, es la sociedad en su conjunto la que nos llena la cabeza de pensamientos que se remontan a la mentalidad estática.

El centro de atención se centra solo en el talento y los grandes eventos, que pueden ser la riqueza extraordinaria lograda o las victorias gloriosas, pero con demasiada frecuencia olvidamos el proceso detrás de él, el sudor, la perseverancia, el entrenamiento y los fracasos que vinieron antes del éxito.

Mentalidad dinámica

He fallado tantas veces en mi vida, pero por eso exactamente lo logré.

Aquí está la esencia de la forma de mentalidad dinámica en pocas palabras. Para recitarlos está Michael Jordan en un comercial de los años 90, después de haber enumerado todas las derrotas y errores acumulados en su carrera deportiva.

Tanto si eres fanático del baloncesto como si no, creo que no hay duda de que Michael Jordan puede ser considerado como uno de los mejores en la historia del baloncesto y uno de los mejores atletas de todos los tiempos. Ciertamente es un ejemplo de mentalidad dinámica y tal vez sea el momento de averiguar qué es eso. No se llega a ciertos niveles por accidente. Ponerse sobre los hombros de los gigantes, para comprender su mentalidad, es un buen punto de partida, sea cual sea tu objetivo.

La base de la mentalidad dinámica radica en la creencia de que el compromiso y la perseverancia pueden mejorar sustancialmente la habilidad, la competencia y la inteligencia.

El lema de una mentalidad dinámica es: Todavía no ...

No soy bueno en las tareas manuales, pero aplicándome constantemente puedo convertirme en uno.

Todavía no he aprendido a estudiar de manera eficaz, debo esforzarme por mejorar.

Quienes tienen una mentalidad dinámica ven el fracaso como la posibilidad de superarse, es decir, como una preciosa lección, el famoso proverbio "se aprende cometiendo errores".

Cuando llega el éxito, para la mentalidad dinámica es la confirmación del compromiso de uno, de cuán duro se ha entrenado para alcanzar esa meta. Cada éxito se convierte en un estímulo para comprometerse aún más, porque la mentalidad dinámica encuentra su motivación y placer en desafiarse a sí misma y mejorar constantemente.

Las personas con una mentalidad dinámica no solo buscan un desafío. Se alimentan de él. Si te dedicas al desarrollo de una mentalidad dinámica, ¡ten cuidado! Puedes poner en riesgo tus máscaras e identificaciones, pero es el precio que pagas cuando te das cuenta de cuánto te hace sentir vivo y cuánto te hace crecer.

Mentalidad dinámica y neurociencia

Hasta hace unas décadas, se creía que en algún momento el cerebro humano atrofiaba su desarrollo. Luego, gracias a los estudios de algunos pioneros como Michael Merzenich, se descubrió que el cerebro sigue creciendo y cambiando incluso en la edad adulta, debido al fenómeno llamado plasticidad cerebral. El cerebro cambia con el uso que hacemos de él y si lo estimulamos correctamente dentro de él se crean nuevas conexiones. De modo que puede aumentar tu inteligencia o debilitarla. Tú decides.

Por ejemplo, la dificultad que tienes para aprender algo nuevo es una señal de que se están formando nuevas sinapsis en tu cerebro y, al igual que la neurociencia, la mentalidad dinámica da un valor esencial al proceso. Reconoce la importancia de los pasos progresivos necesarios para adquirir / mejorar una habilidad.

Por eso asume desafíos y dificultades, porque los aprovecha. Reconoce la fatiga como un proceso de crecimiento y el desafío como una oportunidad para medir hasta dónde puede llegar.

En la forma de la mentalidad de aprendizaje dinámico, se combina con la diversión y es algo que dura toda la vida.

La mentalidad dinámica conduce a una visión que tiende al infinito. Es una perspectiva fascinante, ya que nadie puede saber dónde puede llevar el compromiso y la perseverancia a una persona con una mentalidad dinámica. Para un individuo fuertemente caracterizado por la mentalidad dinámica, se abren posibilidades desconocidas de crecimiento.

Es bueno señalar, sin embargo, que no es suficiente tener esta forma de mentalidad, entonces, ¿creen que cualquier persona con la motivación o educación adecuada puede convertirse en Einstein o Beethoven? Por supuesto que no, pero están convencidos de que se desconoce (y no se puede conocer) el verdadero potencial de una persona, que es imposible predecir lo que se puede lograr con años de pasión, esfuerzo y entrenamiento.

La mentalidad estática, en cambio, caracterizada por una perenne necesidad de confirmación y escape de las dificultades, tiene como consecuencia psicológica una extrema fragilidad y como efecto concreto la renuncia al cambio y la superación.

Para entenderlo mejor, entremos por completo en la piel de un individuo con una mentalidad estática.

Si mis habilidades, mis habilidades, mi inteligencia, mi carácter no se pueden cambiar, entonces estoy condenado. La necesidad de aprobación me persigue, por lo que todo lo que hago se vuelve arriesgado porque puede mostrar al mundo mi insuficiencia.

Amenaza con exponer mis defectos.

No tengo poder sobre los eventos, solo puedo limitarme a lo que soy ahora sin siquiera intentar mejorarme. Al primer obstáculo me rompo, porque es señal de que no soy suficiente. A la primera falla me bloqueo, porque confirma que no soy capaz.

Cada desafío en la vida puede hacerme caer de rodillas y potencialmente destruirme. De estas experiencias quizás pueda aprender un poco, pero no puedo modificarme decisivamente para evitar que se repitan.

Así que es mejor retirarse y hacerlo ahora. Es mejor darse por vencido, no arriesgarse, para mantenerse seguro en su zona de confort. Es mejor no comprometerse, porque demostraría que no tienes talento. Porque el talento, en la mentalidad estática, o lo tienes o no lo tienes.

El aprendizaje no rima con diversión, sino con fracaso.

La mentalidad estática no dice "Fallé" sino "Soy un fracaso". En cambio, la mentalidad dinámica conduce a un nivel increíble de resistencia y fuerza de voluntad. La motivación permanece siempre alta, a pesar de los momentos difíciles. Los desafíos son asumidos y buscados, experimentados como algo beneficioso incluso si es agotador. La mentalidad dinámica reconoce el valor del esfuerzo y el compromiso. Para aquellos que han desarrollado una mentalidad dinámica, cada desafío en el que ha dado lo mejor de sí es una poderosa inyección de autoestima.

Si soy consciente de que cada vez que me esfuerzo por hacer algo difícil me vuelvo más inteligente y ya no huyo de los desafíos, los creo.

Mi cerebro crece y nacen nuevas conexiones, así que de cualquier manera tengo mi victoria. Sé que donde estoy ahora, en cualquier habilidad, no es mi mayor potencial. Nadie puede decirme con absoluta certeza adónde puedo llegar, así que, si quiero mejorar en algo, me aplico lo más posible. Si me caigo, simplemente aprendí una lección, que puede haber sido dolorosa, pero me levanto y no me rindo.

Esa es la fuerza de la mentalidad dinámica.

¿Cómo se puede crear una mentalidad dinámica?

A estas alturas, te quedará claro que los efectos de la mentalidad estática / dinámica afectan toda tu vida. Una actitud mental diferente, es decir, una forma diferente de pensar, se realiza concretamente en una forma diferente de vivir.

Tú puedes elegir. Los modos de pensar son simplemente creencias. Son creencias poderosas, pero aún son algo que está en tu mente y que tienes el poder de cambiar.

Algunas indicaciones sobre cómo cambiar de una forma de mentalidad estática a una dinámica.

En primer lugar, debes darte cuenta de que la mentalidad debe entrenarse de forma dinámica.

Si tu punto de partida es una mentalidad estática, no puedes simplemente "cambiar" a la mentalidad dinámica en cualquier momento. Para hacerlo, debes tomar una decisión informada, o decisiones más informadas, a veces en un solo día. Tienes que darte cuenta de tu estática, aceptarla y prometerte razonar y sobre todo actuar de acuerdo con la mentalidad dinámica siempre que tengas la oportunidad.

Puedes empezar a reevaluar el cansancio, el compromiso, las dificultades, aprender a saborear el sabor de un desafío. Imagínate las nuevas conexiones cerebrales que se crean cuando trabaja duro y asocia los sentimientos positivos a los desafíos que suceden en tu vida diaria. En lugar de huir, ¡ve a conocerlos! Aprovéchalo y estarás cargado de autoestima. Empieza pequeño; 10 centímetros más cada día y comprueba hasta dónde puedes llegar con el tiempo.

Piensa en todas las veces que te dejaste convencer por la mentalidad estática y abandonaste algo porque era demasiado difícil o arriesgado, ¿qué hubiera pasado si hubieras actuado de acuerdo con la mentalidad dinámica?

El cambio de estático a dinámico puede tener un gran impacto en tu vida.

¿Cómo sería tu vida si no te decepcionaras al principio?

¿Cómo sería si aprendieras a apreciar realmente el valor del compromiso?

¿Si te enfrentaras a todos los obstáculos como un juego en el que está en riesgo el desarrollo de tu inteligencia y habilidades?

¿Cuánto cambiaría las cosas?

¿Cuánto mejor te sentirías?

¿Qué tan lejos podrías llegar?

Tal vez dejarías de pensar en ti mismo como un ser poderoso y abandonarías las etiquetas y los lamentos del pasado para crear

una realidad exitosa, una pieza a la vez.
Desarrolla una mentalidad dinámica, comienza hoy.

CAPÍTULO DOS
MENTALIDAD PARA EL ÉXITO

¡Empieza pensando en el final!

Empieza por pensar en el final: ¿cuál es el significado de esta oración?

Tal vez te preguntes, muy pragmáticamente, ¿cómo puedo pensar en el final si todavía tengo que pensar en el principio? En cambio, con solo pensar en el final, podrás planificar el inicio y también la ruta. Y quiero hablarles sobre el significado de eso, no en relación con un objetivo específico, sino con el propósito de tu vida.

El significado de esta frase es, de hecho, hacer que cada día de nuestra vida contribuya, de forma activa, a la visión que tenemos de nuestra propia vida: entender dónde estamos y asegurarnos de que los pasos que damos son los correctos. dirección.

De hecho, es muy fácil en la vida, terminar atrapado en las actividades equivocadas, en actividades que son un fin en sí mismas, trabajar cada vez más duro para lograr un éxito que descubrimos que no es nuestro: es muy común ser muy ocupado, sin ser efectivo.

Este principio está en la base del liderazgo personal: definir cuáles son nuestros valores y reglas, de donde surgen nuestras metas, para lograr qué compromiso y disciplina se necesitan.

A menudo vemos personas que, en sus vidas, luchan y luchan por ingresos más altos, mayores habilidades o reconocimiento, comprometiendo totalmente sus energías para descubrir que, al lograrlos, se han vuelto sordos y ciegos a las cosas que realmente importan más, y que son ahora irremediablemente perdido.

En cambio, es completamente diferente si eres consciente de lo que es importante para ti y, teniendo esto en cuenta, te comportas todos los días para ser y hacer realmente lo que más importa.

Para que comprendas el significado de todo esto, suelo hacer un ejercicio (tomado de "Las 7 reglas del éxito" de S. Covey), que hoy también te propongo. Intentaré llevarte al estado de ánimo adecuado tanto como sea posible, aunque no esté allí en persona, para hacerte sentir las emociones necesarias.

Antes de empezar, consigue un bolígrafo y una hoja de papel, que necesitarás más adelante.

Encuentra un lugar donde puedas estar solo, sin nadie ni nada que te moleste o interrumpa. Limpia tu mente de todos los pensamientos y concéntrate en lo que digo.

Comienza a respirar profunda y lentamente: inhala y exhala, y mientras lo haces, siente una sensación de relajación y tu mente se vuelve cada vez más libre con cada respiración que toma.

Imagínate ahora que te ves de camino al funeral de alguien cercano a ti. Estás conduciendo tu coche, llegas, aparcas y sales de tu coche. Al entrar al edificio ves flores, en el pasillo ves las caras de amigos y familiares. Sientes el dolor que compartes con ellos por la pérdida, pero también la curiosidad de conocer al difunto.

Entras en la cámara funeraria, miras el ataúd y de repente te encuentras cara a cara contigo mismo.

Ese es tu funeral, dentro de cinco años. Todas esas personas han venido a testificar sus sentimientos de amor y aprecio por ti y por lo que has hecho en tu vida.

Siéntate y espera a que comience la ceremonia, lee el programa y descubre que habrá cuatro personas hablando. Un familiar: hijo o padre, hermano, hermana, sobrino, que han venido de todas partes del mundo para la ocasión; un colega tuyo, miembro de la asociación a la que pertenecía y tu mejor amigo.

Ahora piensa y piensa: ¿qué te gustaría que cada una de estas personas dijera sobre ti y tu vida? ¿Qué tipo de esposo, esposa, padre o madre le gustaría que apareciera a través de sus palabras? ¿Qué tipo de hijo, hija, amigo o colega? Mira de cerca los rostros de las personas presentes: ¿cómo te gustaría haber influido en sus vidas?

Ahora, tómate unos minutos para escribir tus sentimientos en un papel.

Si te has involucrado mucho en esta visualización, habrás tocado cuáles son tus valores más profundos. Que son la guía del propósito de tu vida.

Entonces, siempre comienza a pensar en el final.

Cómo encontrar tu talento

Toda tu vida te han inculcado ciertas ideas, pero es hora de dar un paso atrás y repensar tus talentos. Una persona puede tener talento artístico, técnico, mental, físico, personal o social. Puedes ser una persona talentosa introvertida o una persona talentosa extrovertida. Este talento tuyo no tiene por qué ser rentable, útil o convencional, pero siempre te pertenecerá, será parte integral de tu personalidad. Aprender a buscar adecuadamente sus talentos y cultivarlos, convertirlos en habilidades concretas, son acciones que requieren más que un pequeño esfuerzo. Sin embargo, hacerlo de forma creativa te permitirá explorar habilidades naturales y descubrir talentos innatos.

Descubre tus talentos

Deja de esperar a que estos talentos aparezcan mágicamente por sí solos. Si no intentas tocar la guitarra, ¿cómo puedes estar seguro de que no puedes? Lo mismo ocurre con didgeridoos, tejido, bádminton y canto de tuvano. Encuentra una actividad que te parezca interesante y descubre todo lo que hay que saber sobre ella. Descubre lo que requiere y si tienes las habilidades adecuadas para hacerlo. Recuerda, quien no se arriesga no gana. Solo puedes descubrir para qué sirve cuando vas más allá de tus límites y buscas activamente nuevas experiencias. Enfréntate a los obstáculos y busca desafíos para descubrir cuáles son tus habilidades y talentos innatos ocultos.

Probar algo nuevo una vez a la semana debe ser una prioridad. Es probable que mañana no descubras una actividad en la que seas particularmente bueno. Por otro lado, tal vez algún día cojas tu guitarra y descubras que te sientes perfectamente cómodo con ella, decidido a aprender más sobre ella. Tal vez te des cuenta de que eres muy bueno comunicándote con los animales que viven en un refugio. ¿Cómo podrías haber sabido esto sin experiencia? Tal vez te paras frente a la máquina de pinball en el bar de abajo y te des cuenta de que eres un as jugando a Star Trek: The Next Generation. Ese es el punto de partida para descubrir qué es lo correcto para ti.

Sal de la casa y roza tus rodillas. Experimenta aventuras y experiencias del mundo real. Prueba varios deportes al aire libre o pasatiempos como la pesca, el senderismo y la escalada para ver si tienes un talento que no has explotado hasta ahora o un instinto natural.

Intenta algo fácil. ¿Qué es eso que haces sin siquiera pensar en ello? ¿Qué te gusta? Considera tus obsesiones e intereses para rastrear tu talento. Si pasas días enteros dibujando, leyendo o bailando, es inútil perder el tiempo esperando convertirte en un chef experimentado. Concéntrate en lo que tienes y en lo que puedes hacer fácilmente.

Si vas a la escuela, ¿qué tarea haces sin problemas? ¿Qué es lo que menos te preocupa? Podrían ser pistas sobre tus talentos naturales.

Presta atención a lo que los demás notan sobre ti. A menudo ocurre que las personas tienen conocimiento de las habilidades de los demás, mientras que los directamente afectados pueden no tener la menor idea. Pídele a tu familia, amigos y maestros que te ayuden a comprender qué es lo más fácil para ti.

Prueba experiencias que te saquen de tu zona de confort. ¿Te aterroriza la sola idea de subir a un escenario o hablar frente a una audiencia? ¿Escribir una historia y terminarla? Toma un micrófono o siéntate hasta que hayas terminado de escribir. Haz lo que te asusta. ¿Cuál es el talento con el que sueñas? ¿Qué te gustaría hacer de forma natural y sin esfuerzo? Enfréntate a los desafíos más difíciles y descubre lo que te falta para ser bueno.

Empieza a aprender todo lo que puedas sobre diferentes talentos y habilidades para ver si una actividad es adecuada para ti o no. No tengas prejuicios. Tocar la guitarra eléctrica como Hendrix parece imposible. Sin embargo, si no puedes distinguir el acorde G del flatpicking, ¿cómo sabes la verdadera razón de esta dificultad?

James Earl Jones, actor de voz de Darth Vader y conocido actor de Shakespeare, tiene una voz profunda y respetuosa. Muchos no saben que de niño sufrió una forma severa de tartamudez. Estaba aterrorizado cuando tuvo que hablar frente al resto de la clase. Aprendió a expresarse bien solo enfrentando este miedo. Hoy en día, es ampliamente reconocido por tener una de las voces más bellas del mundo.

Sigue la estela de tus obsesiones. Generalmente, ¿cuáles son los temas de los que hablas todo el tiempo, agotando a los demás? ¿Con qué tema tienen que callarte? Usa las cosas que te persiguen para descubrir habilidades y talentos escondidos debajo de la superficie.

Si estás obsesionado con un pasatiempo que difícilmente puede asociarse con un talento, como ver televisión o películas, no te rindas. Quizás puedas captar intuitivamente los diferentes ángulos de una cámara y tengas un talento natural para dirigir. Quizás seas bueno contando o analizando historias. Todos los críticos de cine comienzan su carrera de la misma manera. Canalizan su obsesión por la historia del cine estudiándola y convirtiéndola en su trabajo.

Mantén un registro de tus pequeños éxitos. Si crees que no tienes talento, tal vez sea porque tiendes a descuidar aquello en lo que eres bueno. Trata de prestar especial atención a los éxitos, grandes o pequeños, para identificar tus habilidades naturales. Piensa creativamente: estas experiencias pueden relacionarse con habilidades y habilidades más importantes.

Quizás hiciste una fiesta que estuvo en boca de todos durante días. Claro, suena como cualquier cosa menos un talento, pero si puedes relacionarte con los demás, planificar y organizar, entonces regocíjate con este éxito. Tal vez tenga habilidades de liderazgo y gestión que le resulten útiles en el futuro.

Ignora la televisión. Los programas de talentos dan definiciones muy limitadas de talento. Si no eres una persona guapa con una historia de sollozos rigurosamente construida y una voz poderosa, no eres nadie. Y eso es lo que se supone que nos hacen creer los programas de talentos como ese. No es eso. El talento no significa que seas famoso, guapo o un artista nato. Significa estar dedicado a lo que haces, pensar de forma creativa y prestar atención a los detalles. Significa tener una curiosidad insaciable y convertir habilidades innatas en habilidades sólidas. Solo tienes que encontrarlos.

Sé creativo

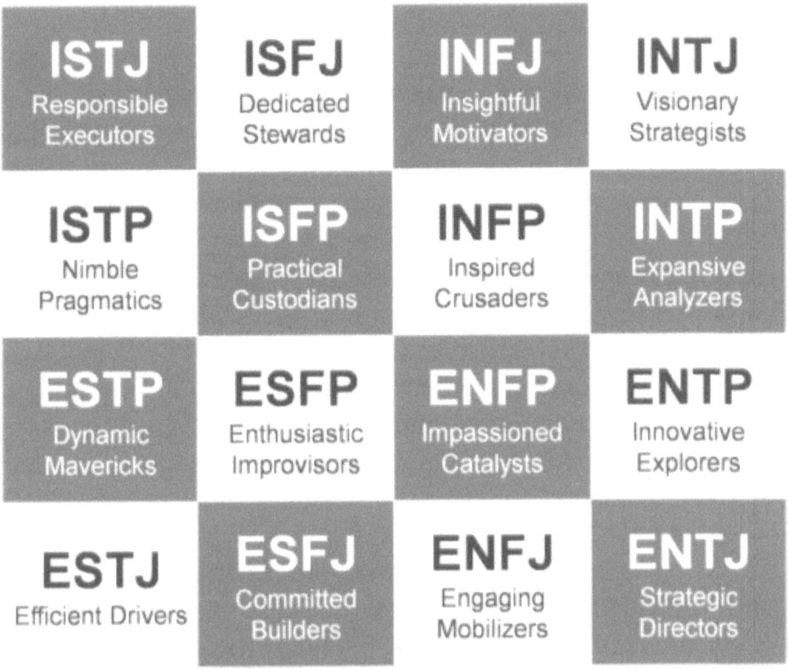

Figura n. 3: Categorías de Myers-Briggs

Realiza una prueba para examinar tu personalidad. Estas pruebas se utilizan a menudo en agencias de colocación escolar o laboral y te ayudan a descubrir tus habilidades naturales. También pueden ayudarte a encontrar tu talento. Saber más acerca de tus inclinaciones innatas hacia ciertas actitudes, ideas y comportamientos puede ayudarte a descubrir tus talentos. Estas pruebas no identifican habilidades per se, pero pueden ofrecer una pieza del rompecabezas.

Una de las pruebas más populares es Myers-Briggs, que divide a las personas según 16 tipos de personalidad diferentes y se basa en la teoría de tipos psicológicos de Carl Jung. Puedes obtener un resultado en función de las respuestas que des a una serie de preguntas.

El Clasificador de temperamento Keirsey separa a las personas en función de varios temperamentos, que se identifican de acuerdo con las respuestas personales a diferentes situaciones y preguntas. Está disponible en línea.

Habla con amigos y familiares. Una de las mejores formas de comprender tus talentos ocultos es conversar sobre ellos con las personas que mejor lo conocen. Tendemos a descuidar nuestras habilidades y menospreciar nuestros talentos, por lo que a menudo ni siquiera nos damos cuenta de nuestro potencial. Si tienes la suerte de tener amigos y familiares que se preocupan por ti, no tendrán ningún problema en señalárselos.

Para hacerte una idea de tus talentos, examina tanto tus fortalezas como tus debilidades. Puedes imaginar que un talento es una especie de superpoder innato, algo que te resulta natural y lo hace parecer fácil. Por otro lado, también puede pensar en el talento como la capacidad de superar un obstáculo. ¿Fue Blind Willie Johnson un guitarrista particularmente talentoso porque era ciego? ¿James Earl Jones se convirtió en un buen actor porque tartamudeaba? ¿Michael Jordan comenzó a jugar mejor después de ser excluido del equipo de la escuela secundaria?

No permitas que tus supuestos defectos o desafíos te impidan probar algo nuevo y desarrollar talento. Si otros te han señalado que determinadas características dificultan el desarrollo de tu personalidad o habilidades, considéralas. Incluso si eres tímido, ¿podrías convertirte en un cantante de rock aclamado por todos? Incluso si eres particularmente bajo, ¿podrías jugar bien al baloncesto?

Dale al talento una definición personal. Algunas personas piensan que Hendrix es el mejor guitarrista de todos los tiempos, pero no podía tocar piezas clásicas porque no podía leer música. Si se lo hubiera propuesto, tal vez podría haberlo hecho. De todos modos, muchos músicos tradicionales creen que Hendrix era un aficionado sin talento. ¿Puedes andar en scooter como un campeón? ¿Es el queso a la plancha tu mejor plato? No dejes que los demás te digan que no es un talento "real".

Cultivando talento

Comprometido con cultivar el talento y convertirlo en una competencia concreta, Ryan Leaf estaba destinado a un gran éxito. Gran mariscal de campo de fútbol americano, finalista del premio Heisman, segundo en la general en el Draft de la NFL de 1998. Años después, se le considera una de las mayores decepciones de todos los tiempos porque no pudo mejorar y llegar más lejos. Tener un talento natural no significa nada si no estás dispuesto a trabajar duro para perfeccionar tus habilidades. Una vez que encuentres tu talento, imagina que es una semilla para plantar. Has tenido un buen comienzo, pero necesita regar la planta, fertilizarla, quitar las malas hierbas que crecen a su alrededor para asegurarte de que crezca robusta. Requiere trabajo.

Encuentra personas más talentosas. Recuerda el dicho: "Como el hierro afila el hierro, el hombre afila al hombre". Una persona talentosa puede ayudar a otra a convertirse en uno. Si tienes un talento o simplemente esperas desarrollar uno en un campo determinado, rodéate de buenas personas y tómelas como modelos a seguir. Inspírate en tus hábitos y tu forma de cultivar el talento. Aprende todo lo que puedas de ellos.

Encuentra un mentor que esté dispuesto a enseñarte algo y guiarte en el desarrollo de nuevas habilidades. Los guitarristas en ciernes necesitan buenos profesores además de YouTube. Los cantantes florecientes necesitan profesionales con quienes actuar.

Respeta la complejidad de tu talento. Convertirlo en una competencia concreta será difícil. Cuanto más sepas sobre un tema, una tarea o una habilidad, más difícil se vuelve. Haz todo lo posible por obtener la mayor cantidad de información posible sobre el campo. Acepta los desafíos para dominar el talento. Hazlo especial. Hazlo real.

Jugar al ajedrez no es fácil para Magnus Carlsen solo porque es naturalmente bueno en eso. Sabe lo complicado que es el juego. Cuanto más sepas sobre una actividad, una habilidad o un área, más tendrás que aprender. El camino nunca es cuesta abajo.

Práctica. Si bien no tienes talento para tocar la guitarra, practicar dos horas al día es una gran mejora. Una persona comprometida, ya sea un deporte, arte u otra actividad, siempre terminará siendo más talentosa que alguien que nunca coge un instrumento, un pincel o un bolígrafo. En resumen, el secreto está en practicar. El trabajo duro supera con creces al talento, en todos los casos, que siempre comienza con el fin en mente.

Intenta ser proactivo

Ser proactivo significa pensar y actuar antes de los eventos. No solo es una excelente manera de evitar el trabajo, sino que también puede ser vital para evitar ciertos problemas. Para ser proactivo, comienza a actuar, acepta tus responsabilidades y controla tus reacciones. Al anticipar lo que podría suceder y concentrarse en las soluciones en lugar de las dificultades, mantendrá una visión más feliz y proactiva de la situación.

Predecir y actuar

Trata de pensar en lo que podría suceder en los próximos meses / años.
Reflexionando sobre los problemas que puedas enfrentar y siendo consciente de los posibles cambios, podrás organizarte y actuar en consecuencia. Por ejemplo, si sabes que pronto te irás de vacaciones, comienza a ahorrar dinero para comida o actividades divertidas que planea hacer durante tu viaje.

<u>No pases por alto compromisos menos urgentes.</u>

Al ocuparse de las tareas diarias normales en lugar de posponerlas, te sentirás menos estresado y evitarás que incluso las tareas más insignificantes se conviertan en problemas insuperables. Un pequeño esfuerzo inicial puede evitar que se enfrente a una situación más crítica en el futuro.
Presta especial atención al mantenimiento preventivo, ya sea revisar el aceite de tu automóvil, reabastecer su despensa o ahorrar un poco de dinero cada semana.

<u>Prioriza las cosas más importantes.</u>

Puede ser abrumador tener una infinidad de tareas para completar y probablemente pasará de una tarea a otra sin completar ni una. En lugar de intentar hacer todo a la vez, piensa en las cosas principales y trata de terminarlas.

Si necesitas organizar tu armario, llevar su automóvil al mecánico y ordenar tu habitación, debes concentrarte en la tarea más importante: llevar su automóvil al mecánico.

Evalúa tu comportamiento para ver si eres productivo.

De vez en cuando, detente y piensa en lo que has hecho. Si no logras tus objetivos, imagina la forma más eficaz de proceder e implementar un nuevo plan.
Crea un plan, una lista de tareas pendientes o una rutina para completar tus tareas.
Identifica los pasos que puedes eliminar, mejorar o acortar.

Aceptar responsabilidades y consecuencias

Aprende a lidiar con tus problemas.

Eres el único que puede lograr tus objetivos y resolver los problemas que encuentres. Incluso si tiene personas que lo apoyan, debes confiar en ti mismo para lograr lo que te propusiste hacer. Comienza a adquirir un espíritu emprendedor y acepta los desafíos que la vida te presenta.
En lugar de culpar a alguien o algo más cuando tiene un problema, domínalo y trata de resolverlo tú mismo.
Concéntrate en lo que puedes controlar.
No sirve de nada perder el tiempo preocupándose por cosas que no puedes cambiar. Utiliza tu energía y motivación para gestionar las tareas que estás consciente de realizar. De esta manera, lograrás mucho más y, mientras tanto, obtendrás un enfoque más positivo.
Por ejemplo, si estás estresado porque a tu hijo le está yendo mal en la escuela, ten en cuenta que no puedes cambiar eso. Sin embargo, tienes la oportunidad de ayudarlo a estudiar si tiene preguntas, asegurarse de que duerma lo suficiente y animarlo a que se tome en serio su deber.

Establece objetivos realistas.

Es una excelente manera de mantenerse motivado y avanzar. Si estableces metas que están fuera de tu rango, te sentirás irremediablemente decepcionado y perderás la motivación a medida que avances.
En lugar de esperar perder todos los kilos que has ganado en un mes, fíjate como objetivo nadar o correr un kilómetro al día.

En cambio, sé un espectador.

Las personas proactivas no se hacen a un lado ni simplemente escuchan las sugerencias de los demás. Actúa e involúcrate, ya sea ofreciendo tu opinión durante las reuniones de negocios o creando un programa familiar.
Sé constante.
La constancia es un factor muy importante tanto en las relaciones interpersonales como con uno mismo. Descubra hasta dónde puede manejarse y dé pequeños pasos hacia sus objetivos.
Si hace promesas que no puede cumplir o tiene expectativas poco realistas, corre el riesgo de decepcionarse a sí mismo ya los demás.

Sé responsable.

Cuando tengas algo que lograr, apégate a la tarea que estableciste y asegúrate de hacerlo dentro de un tiempo razonable. En otras palabras, debes asumir la responsabilidad y dar a cada aspecto de tu trabajo la urgencia que se merece.
Considera confiarle a alguien todas las cosas que planeas hacer. Te ayudará a alcanzar tus metas y te dirá si puedes hacerlo mejor.

Rodeado de gente motivada.

Para ser proactivo, debes estar rodeado de personas que te motiven a actuar y sobresalir. Si estás con personas estimulantes, es más probable que también te mantengas motivado.
Si estás rodeado de personas negativas, perezosas o con pocos incentivos, es hora de distanciarte.
Verifica tus reacciones proactivas de manera

Concéntrate en soluciones en lugar de problemas.

Aunque es fácil ver los problemas como obstáculos insuperables, intenta cambiar tu forma de pensar. Intenta solucionarlos y averigua cuáles pueden ser las soluciones más adecuadas.
Si ves la adversidad como algo que puedes superar, tendrás menos dificultades para encontrar una solución.

Exprésate con calma en momentos de ira o angustia.

Si te agitas mientras hablas con alguien, respira profundamente un par de veces para calmarte y encontrar la concentración adecuada. Aunque es fácil ceder a la ira, intenta comunicarte con calma y eficacia.
Respira profundamente para calmarte cuando te sientas molesto, independientemente de si necesitas relacionarte con alguien.

Evite sacar conclusiones negativas.

Aunque es fácil emitir juicios apresurados, es importante estar bien informado antes de llegar a una conclusión. Si mantienes la mente abierta, podrás pensar de manera más racional y encontrar soluciones más adecuadas.
Si alguien no ha respondido a tu mensaje de texto, en lugar de asumir que no quiere hablar contigo, ten en cuenta que puede estar ocupado o no tener su teléfono móvil a mano.

Ponte en el lugar de otras personas para madurar un punto de vista diferente.

Si tienes dificultades para comprender la posición de una persona o deseas tener una idea más clara de la situación, considera el punto de vista de tu interlocutor. La empatía evitará que desarrolles una visión parcial de las cosas.
Si un empleado siempre llega tarde al trabajo, por ejemplo, trata de entender el porqué, trata de ver el problema desde su punto de vista. Tal vez tenga que llevar a sus hijos al colegio o los medios de transporte en los que viaja no siempre son puntuales.

Dedícate a actividades constructivas cuando te sientas desanimado o ansioso.

En lugar de estar atrapado en la ansiedad o erosionado por la duda, intenta distraerte haciendo algo. Si canalizas tu energía en pequeñas tareas, puedes sentirte más positivo y activo.
Por ejemplo, si no puedes evitar preocuparte por si obtendrás o no un aumento de sueldo, concéntrate en algo simple, como ordenar tu jardín o lavar los platos.
Al confiar en las personas en las que confías tus inquietudes, puedes recibir algunos consejos y, al mismo tiempo, aliviar algo de estrés.

Pregúntate qué o cómo podrías aprender de tus fracasos.

Si has sufrido una derrota, intenta atesorarla. Piensa en los otros caminos que podría haber tomado. Al convertir un revés en una conciencia, puede dar un paso adelante.

Mantén una actitud positiva.

De esta forma, no solo defenderás tu bienestar y felicidad, sino que aprenderás a tener un enfoque proactivo. En lugar de desmoralizarte por los problemas, trata de mantener tu positividad y verlos bajo una luz diferente.
Cuando todo parezca sombrío, intenta cortar de raíz los pensamientos negativos. Reemplázalos por otros más alentadores.

9 estrategias para buscar el éxito en la vida

Si quieres saber cómo triunfar en la vida y en el trabajo, estas son las 9 estrategias adoptadas por deportistas, inventores y magos de Silicon Valley para conseguir y acelerar resultados fuera de la norma.
En el siglo XIX, el magnate petrolero John D. Rockefeller, considerado uno de los hombres más ricos de la historia, tardó

46 años en ganar mil millones de dólares.

Recientemente, el fundador canadiense de la aplicación Slack, Stewart Butterfield, tardó menos de 2 años en lograr el mismo objetivo.

Por supuesto, la inflación de los últimos 150 años y la burbuja especulativa que se desata en Silicon Valley pueden explicar en parte esta diferencia. Pero lo cierto es que hoy en día existen herramientas, recursos y estrategias que pueden acelerar tus resultados de manera desproporcionada.

Sé que el éxito en la vida no significa necesariamente ser multimillonario, y por eso voy a tratar de ayudarte a encontrar formas de tener éxito, no solo económicamente.

Las 9 estrategias que vamos a ver han sido aplicadas en los sectores más dispares y por personas muy diferentes: presidentes estadounidenses, DJs de música electrónica, científicos, rebeldes cubanos, programadores, etc.

Cómo tener éxito usando SmartCuts

Las 9 estrategias de las que quiero hablarles hoy también se conocen como "cortes inteligentes".

La mayoría de la gente pierde el tiempo buscando atajos para el éxito.

Quienes realmente han logrado ese éxito saben perfectamente bien que el trabajo duro es esencial.

Para generar resultados formidables en poco tiempo, debes concentrar tus recursos en estrategias no convencionales basadas en el pensamiento lateral: los cortes inteligentes.

Aquí están los 9 smartcuts encontrados al analizar el trabajo de cientos de personas y empresas que han logrado obtener (sistemáticamente) resultados poco convencionales.

Juega mejor y más grande

Pregunta: ¿qué harías para conseguir (legalmente) una canoa, usando solo un palillo de dientes?

Esta pregunta se utilizó durante un proyecto que involucró a estudiantes de la Universidad Brigham Young en los Estados Unidos. En concreto, la tarea asignada a los alumnos era la obtención, mediante un simple trueque, de un objeto más grande y mejor que el proporcionado por el profesor (grapas, palillos,

gomas, etc.).
El resultado de este proyecto fue sorprendente.
Algunos estudiantes lograron obtener una canoa gracias a un palillo, ¡o incluso un auto usado gracias a un clip! ¿Su secreto? Muchos pequeños trueques incrementales de objetos extremadamente diferentes:
Palillos de dientes> Paquete de chicle.
Envase de chicles> Revista Puzzles.
Revista de puzzles> Linterna.
Linterna> Jarrón de rosas.
Florero de rosas> Pistola de pegamento caliente.
Pistola de pegamento caliente> Refrigerador portátil.
Nevera portátil> Scooter.
Scooter> Canoa.
No te conformes con una carrera profesional tradicional, un título, una pasantía y un trabajo sin futuro en la misma empresa cerca de casa.
Obtén experiencia en un sector / empresa / país, aprende todo lo que puedas aprender y luego, después de 18-24 meses, busca algo "más grande y mejor". Si eres un multipotencial, esta puede ser tu única forma de triunfar en la vida.

Encuentra un mentor que tenga este rasgo ...

Para ser el mejor, debes ir a la escuela con los mejores.
¿Cuántas veces has escuchado esa frase? Eso sí, no hay nada de malo en la frase en sí, digamos que está sesgada.
Pero tener un mentor no es suficiente. Además del conocimiento y la experiencia de nuestro maestro, necesitamos su vulnerabilidad. Demasiadas veces he visto a paragurús del crecimiento personal adorados como semidioses mientras realizan su espectáculo en el escenario.
A menudo, estos personajes tienden a distorsionar la realidad y su propia historia de éxito: proponen estrategias que aparentemente son compartibles, pero que tienen poco que ver con su camino de crecimiento real.
Pero lo que realmente nos ayuda son los errores cometidos y las dificultades superadas por nuestros mentores: no historias brillantes y empaquetadas.

Así que busca un mentor con quien puedas establecer una relación directa, que esté dispuesto a contarte sus fracasos y cómo lograron superar los obstáculos encontrados en el camino.

Aprende a fallar

Tú fallarás.
No, no quiero que fracases, pero lo harás.
Si estás tratando de lograr un objetivo importante, recuerda, los fracasos serán inevitables, pero no irreparables. En determinadas situaciones, el perfeccionismo puede ser su peor enemigo.
Prueba rápidamente tu idea en el mercado. Mantén tu ego bajo control y obtén comentarios negativos lo antes posible. Propón una nueva versión de tu idea y continúa este proceso iterativo hasta que encuentres el enfoque correcto.
Falla rápido. Fracasa a menudo.

Aprovecha lo que ya existe

Piensa en lo que estás trabajando en este momento y hazte estas preguntas:
¿Alguien más ha hecho esto antes?
¿Existe una plantilla con la que pueda empezar?
¿Puedo usar algo ya hecho para lograr el mismo resultado?
Tienes que ser brutal al elegir las actividades en las que realmente quieres dedicar tu tiempo.

Monta la ola

¿Conoces a Skrillex?
Skrillex, nacido Sonny John Moore, es un DJ de Los Ángeles nacido en 1988, considerado el referente mundial de la Música Electrónica de Baile (EDM).
Sean cuales sean sus gustos musicales, apuesto a que te interesará saber cómo el joven Moore pasó de beber cervezas en fiestas clandestinas celebradas en almacenes de los suburbios de Los Ángeles a jugar detrás de las consolas más famosas del mundo.

El arma secreta de Skrillex era el surf.
Su habilidad ha sido identificar y montar dos megatendencias que han conmocionado a la industria discográfica: las redes sociales y el auge de la música electrónica. La habilidad de Skrillex fue sobre todo la de "estar en el agua" cuando las olas alcanzaron su punto máximo.
La mayoría de las personas, de hecho, intentan montar una ola (una tendencia) cuando se rompe, y no reciben más que espuma en la cara.
Invirtiendo regularmente el 20% de tu tiempo y recursos en probar las innovaciones más prometedoras en tu mercado, presiona el acelerador cuando estas innovaciones se conviertan en la corriente principal.

Utiliza superconectores

Un superconector puede ser un individuo o una plataforma capaz de multiplicar el alcance de su mensaje.
Pensemos, por ejemplo, en el fenómeno Daniel Wellington (DW), el fabricante de relojes de fabricación china y diseño sueco que, en tan solo unos años, ha logrado establecerse en un sector tradicional dominado por empresas con siglos de historia. El fundador de DW, Filip Tysander, ha aplicado el corte inteligente de los superconectores al pie de la letra, invirtiendo el pequeño presupuesto publicitario inicial de su pequeña empresa sueca en una sola estrategia (recuerda, tienes que trabajar duro y concentrarte): Regalar sus relojes de moda de bajo costo a los principales influencers de Instagram.
Al parecer, la estrategia funcionó: el perfil de Instagram de Daniel Wellington alcanzó los 2,3 millones de seguidores y la facturación de la empresa alcanzó los 220 millones de dólares en 2016.

Batir la plancha mientras la plancha está caliente

Los cortes inteligentes que propongo explican cómo tener éxito. El cuándo es casi impredecible.
Lo que debes tener claro es que solo puedes tener control sobre

el proceso, sobre las acciones a implementar, pero nunca sabrás exactamente cuál será el evento único que hará explotar tu éxito de manera exponencial. El arduo trabajo que he estado haciendo de manera constante es un golpe de suerte. Los golpes de suerte te ayudan a lograr el éxito inicial.

Pero es la capacidad de capitalizar ese éxito y seguir golpeando mientras el hierro está caliente lo que te ayuda a lograr el verdadero avance.

No te conformes con eso. Sigue martillando.

Apunta a la simplicidad

¿Existe una forma más directa o más fácil de alcanzar mi objetivo? ¿Qué es esencial?

Simplificar. Simplificar. Simplificar.

Simplifica y automatiza tu trabajo.

Simplifica tus productos y servicios.

Simplifica tus rutinas y hábitos personales.

Simplifica tus finanzas.

Simplifica tu trabajo y tu espacio vital.

Pero sobre todo, recuerda: simple nunca es sinónimo de fácil. Lograr la simplicidad absoluta es quizás lo más complicado que tendrás que afrontar en tu vida.

Piensa en grande

La gente promedio sueña con aumentos del 10%. Las personas exitosas trabajan para obtener resultados 10 veces mejores.

Comprometerse con un pequeño progreso incremental a diario es, y sigue siendo, fundamental para tu crecimiento personal, pero aquí estamos hablando de actitud mental.

Si tu mayor aspiración es lograr una mejora del 10% en cualquier área de tu vida, seguirás pensando de la misma manera y harás lo que siempre has hecho.

Pero si realmente deseas acelerar tus resultados y lograr objetivos ambiciosos, debes comenzar a pensar mucho más.

Prueba este ejercicio:

Piensa en tu objetivo actual.

Ahora imagina que quieres alcanzar una meta 10 veces mayor de la que tenías en mente y tienes que tener éxito en una décima parte del tiempo.

Te das cuenta de que cuando piensas en estos términos, todos los patrones convencionales saltan y tu mente finalmente comienza a pensar en nuevas posibilidades.

¡Muchas de estas nuevas opciones serán poco prácticas, improbables o completamente absurdas! Pero entre ellos también puedes descubrir "gemas ocultas": posibilidades en las que nunca antes habías pensado y que, al fin y al cabo, pueden incluso funcionar.

10 hábitos para cambiar tu vida

A veces, todo lo que se necesita para cambiar tu vida es un cambio de dirección. A veces, para cambiar de dirección, todo lo que necesitas hacer es cambiar los hábitos.

Siempre pensé que solo los eventos extraordinarios podían cambiar tu vida: cosas como ganar la lotería, conocer a tu alma gemela, conseguir el trabajo de tus sueños, etc.

En parte todavía lo creo, pero las experiencias recientes me han enseñado que un buen hábito, repetido a diario y con disciplina, puede darte resultados mucho mejores.

Para formar un buen hábito no es necesario rezar, cruzar los dedos o esperar que la ley de la atracción funcione.

Para que un buen hábito cambie tu vida, solo tienes que empezar a formarlo hoy: tú decides.

Aquí tienes 10 buenos hábitos para empezar a cambiar tu vida, un día a la vez.

Levantarse temprano por la mañana.

Si no puedes levantarte una hora antes por la mañana, ¿cómo esperas alcanzar tus objetivos?

El hábito de levantarse temprano en la mañana tiene innumerables ventajas: estarás más motivado, "crearás" el tiempo necesario para alcanzar tus metas y tendrás tu propio momento libre de distracciones y urgencias.

Tómate 5 minutos para decir "gracias".

Sí, sí, lo sé: palabras como "gracias" o "gratitud" son muy pacíficas y amorosas, pero no tienes que creer en mi palabra, solo trata de pensar durante 5 minutos al día en cosas por las que estás

agradecido: los efectos beneficiosos te sorprenderán. ¿No tienes nada por lo que estar agradecido? Intenta hacer una lista de las cosas que ya tienes y que no te gustaría prescindir de ellas.
Tus metas son importantes, dale otros 5 minutos.
Siempre pensé que para lograr cualquier objetivo se necesitaban dos ingredientes clave: concentración y acción. Visualizar tus metas a diario no te permitirá alcanzarlas, pero te recordará que hoy tienes la oportunidad de dar un paso adelante para acercarte a tus metas.

Ejecutar durante 30 minutos.

Empezar el día corriendo para mí y no para los demás ha supuesto una pequeña revolución en mi rutina diaria. Solo enumeraré algunos de los beneficios de este hábito: mayor concentración, mejor calidad de sueño, sensación generalizada de bienestar, mayor creatividad. Hacer actividad física a diario también te permite vencer el sedentarismo: uno de los silenciosos destructores de nuestra salud.
Completa 3 actividades importantes antes de las 11 am.
¿Qué objetivos podrías lograr si pudieras completar 3 actividades importantes todos los días? Adquirir el hábito de hacer 3 actividades importantes para ti antes de las 11 a.m. te permitirá aumentar tu productividad y hacer realidad algunos sueños más.

Haz 3 comidas saludables.

Eres es lo que comes. Creo que la educación alimentaria es un hábito que salva vidas.

Registra gastos superiores a 10 $.

Si tu objetivo es ganar dinero, una de las primeras cosas que debes aprender es ahorrar dinero. Toma nota de cada gasto que realices, estarás más pendiente de tus flujos. Sé que el hábito de ahorrar tiene poco encanto: todos queremos ganar dinero rápido y fácil, pero para construir un capital el primer paso es ahorrar:

si a los 18 años empezaste a ahorrar $ 200 al mes, reinvirtiéndolos con una rentabilidad del 2% mensual, ¿sabes cuánto ascendería tu capital a los 37 años?

Describe tu día en 5 líneas.

Tener un diario es un hábito extraordinario. Escribir diariamente tus pensamientos, ideas, problemas y resultados tiene innumerables beneficios: escribir te ayuda a liberar tu mente, releer lo que escribes te ayuda a comprender lo que no funcionó y lo que funcionó en el pasado, escribir sobre tus metas y tu progreso te da motivación y enfoque. Para mi diario, intento no escribir nunca más de 5 líneas: el esfuerzo de síntesis me ayuda a aclarar.

Date una hora.

Para dar lo mejor de ti, debes poder recargarte a diario. Muchos aspectos de nuestra vida tienen el ritmo de la respiración: hay un momento para exhalar (trabajar, dar a los demás, entrenar, comprometer) y hay un momento para respirar (descansar, relajarse, cuidarse). Después de una intensa jornada de trabajo llega el momento de inhalar, dedicándote 1 hora a ti mismo: a pensar, a dedicarte a tu hobby, a divertirte. No hay mejor hábito para encontrar la felicidad todos los días.

Lee durante 30 minutos antes de quedarte dormido.

Siempre he pensado que leer es sinónimo de crecimiento. La lectura te permite adquirir nuevos conocimientos, entrenar tu mente y mejorar la comunicación escrita y oral. Se necesitan 30 minutos todos los días para leer de 20 a 30 libros al año. Usando técnicas de lectura rápida podrías llegar a más de 100. ¿Cómo sería tu vida si pudieras aplicar incluso una idea por cada libro que leas en tu vida diaria?

No te preocupes, nadie te está pidiendo que formes estos hábitos de una vez, ¡eso sería un gran error!

El secreto para revolucionar nuestras vidas es empezar a hacer un pequeño cambio a la vez, sin parar nunca.

Cómo eliminar un mal hábito

Cómo eliminar un mal hábito y crear uno bueno.
Un hábito es una elección que hicimos hace mucho tiempo y que se ha arraigado en nuestra mente. Con las herramientas adecuadas, podemos aprender a tomar mejores decisiones.
Los hábitos son, de hecho, el punto de partida, la base y los ladrillos elementales sobre los que podemos construir nuestra revolución personal.
Intenta imaginar por un momento cómo serían tus días si pudieras dejar de fumar, comenzar a comer de manera saludable, o dejar de procrastinar. Y eso no es todo. Imagínate cómo serían esos mismos días si pudieras levantarte temprano en la mañana, entrenar constantemente, trabajar productivamente. ¿Qué tan diferente sería tu vida? ¿Cuánta satisfacción sentirías por ti mismo? ¿Qué metas podrías lograr?
La fórmula mágica para cambiar un hábito no existe. Sí, has leído bien. No existe una fórmula mágica que te permita cambiar tus malditos hábitos de la noche a la mañana. Cada individuo es único, al igual que el conjunto de hábitos que caracterizan su comportamiento.
El hecho de que no exista una fórmula mágica única, no significa que no pueda existir un modelo general que nos ayude a entender cómo funciona un hábito y cuáles son las palancas sobre las que actuar para crearlo, cambiarlo o eliminarlo. Este modelo existe y se conoce como modelo señal-rutina-gratificación.

El modelo señal - rutina - gratificación

A finales de la década de 1990, los investigadores del MIT descubrieron un mecanismo neurológico subyacente a nuestros hábitos. Este mecanismo consta de 3 elementos esenciales: señal, rutina y gratificación.
La señal es una condición ambiental particular que empuja a nuestro cerebro a activar el "piloto automático" haciéndonos crear un hábito sin darnos cuenta. Los ejemplos clásicos de

señales pueden ser: una condición emocional (por ejemplo, aburrimiento), la hora del día, un lugar físico, etc.
La Rutina es lo que hacemos automáticamente cuando se produce la señal. Una rutina puede ser física, es decir, realizamos determinadas acciones, mentales, es decir, tenemos pensamientos específicos, o emocionales, es decir, sentimos determinadas emociones.
La gratificación es lo que fortalece un hábito en nuestro cerebro. Gracias a una reacción bioquímica donde tendemos a recordar cosas que nos hicieron sentir placer (y evitar lo que nos causó dolor), una recompensa podría ser la solución para fortalecer un hábito en tu cerebro.
Para que entiendas mejor de lo que estoy hablando te cuento un ejemplo. En el pasado, todas las mañanas, apenas despertaba (señal), encendía mi iPhone para revisar mi correo electrónico (rutina) y sentía una forma sutil de satisfacción cuando recibía un nuevo mensaje (gratificación).

Eliminar, modificar o mejorar un hábito

1. Identifica la rutina
El primer paso clave para lograr cualquier cambio es la conciencia. La conciencia de los malos hábitos es la puerta de entrada a nuestro camino de crecimiento personal. Empieza por preguntarte qué hábitos tiene la intención de cambiar, qué hábitos están limitando tu potencial, qué hábitos están literalmente arruinando tu vida.
Si es necesario, haz una lista de estos hábitos. La mejor manera de comprender qué comportamientos deseas cambiar es comenzar con las rutinas detrás de estos hábitos. En mi ejemplo, encender tu iPhone y revisar tu correo electrónico fue la rutina a cambiar.
Identificar la rutina es fácil. Cuanto más difícil es comprender qué desencadena nuestra rutina, y aún más difícil es identificar la gratificación que estamos buscando. Por eso es necesario experimentar un poco.
2. Experimenta diferentes formas de gratificación
El objetivo de esta segunda fase es identificar las necesidades que estamos satisfaciendo con nuestras rutinas.

Imagínate revisando tu correo electrónico a primera hora de la mañana. Resiste esta necesidad urgente e intenta hacer algunos pequeños cambios: enciende tu teléfono inteligente y, en lugar de revisar tu correo electrónico, lea un artículo o medita durante 20 minutos, ¡o incluso mejor, sal a correr!

Ahora mismo no importa mucho lo que hagas (por supuesto, reemplazar un mal hábito por uno peor no sería particularmente inteligente), lo importante es experimentar diferentes gratificaciones, hasta encontrar la que satisfaga tu necesidad latente, al igual que la gratificación original.

Entender exactamente qué necesidad estamos satisfaciendo no es fácil, por eso te aconsejo que lleves un registro de tus experimentos: al final de cada nueva actividad escribe 3 palabras, las primeras que te salten a la mente. Pueden ser 3 palabras que describan tu estado de ánimo o pensamientos aleatorios. Después de escribirlos, hazte una pregunta simple: ¿todavía sientes la necesidad de revisar tu correo electrónico (o hacer tu rutina)?

La primera vez que respondas "no", habrás encontrado tu gratificación como reemplazo y las 3 palabras te ayudarán a comprender la necesidad que estás satisfaciendo. Para mí, consultar el correo electrónico significó comenzar el día con una "pequeña victoria", como un mensaje de una persona especial o un comentario positivo de un lector.

Bueno, en este punto solo tenemos que encontrar la señal que desencadena nuestro hábito.

3. Aislar la señal

En cuanto a mi antiguo hábito, "despertarme por la mañana" era la señal para revisar mi correo electrónico. Pero no siempre es tan fácil identificar la señal; A menudo ocurre que la señal juega al escondite. Sin embargo, la investigación realizada por académicos del MIT puede ayudarnos. De hecho, existen 5 categorías fundamentales de señales:

El lugar donde estamos.

La hora del día.

Nuestro estado emocional.

La gente con la que estamos.

Las acciones que hemos tomado.

Si quieres identificar tu señal, en los próximos días, cada vez que

pongas en acción el hábito que quieres cambiar, intenta responder estas 5 sencillas preguntas:
¿Dónde estás?
¿Que hora es?
¿Como te sientes?
¿Con quién estás?
¿Que acabas de hacer?
Al responder estas preguntas durante una semana, podrás identificar la señal que desencadena tu rutina. Como dije, en mi ejemplo era la hora del día (el despertador).
4. Definir un plan de acción
Ahora que sabes mucho más sobre tu hábito, es hora de desmantelarlo una pieza a la vez y reconstruirlo desde cero, pero para hacer eso, ¡necesitas un plan! Por ejemplo, para deshacernos de un mal hábito, podríamos adoptar este sencillo plan:
Todas las mañanas, apenas despiertes (señal), ponte las zapatillas y sal a correr (rutina), para que podamos empezar el día con una pequeña victoria (gratificación).
Mi plan: una vez que tú también hayas identificado los 3 elementos esenciales de tu hábito, tendrás todas las herramientas para modificarlo, eliminarlo o mejorarlo.

Objetivos para el comienzo del año

A medida que el año viejo llega a su fin y se acerca el nuevo año, la saga de las buenas intenciones comienza de nuevo.
Es inútil que pretendas que no es nada, sé muy bien que ya has empezado a fantasear con todas las increíbles metas que pretendes alcanzar el próximo año: tener un cuerpo modelo, ganar 1 millón de euros, aprobar 8 exámenes universitarios y, en tu tiempo libre, conquistando el mundo.
Pero, pensando en las buenas resoluciones que tomaste el año pasado, ¿cuántas de ellas se han convertido en realidad? ¿Diez? ¿Cinco? ¿Uno? ¡¿Ninguna?!

7 pasos para hacer realidad sus propósitos

Resoluciones y no resoluciones.

Tenemos una tendencia a exagerar las capacidades de nuestro "Ego Futuro", olvidando el potencial de nuestro "Ego Presente". En las primeras semanas de enero, siempre queremos exagerar, llegando a febrero agotados y desmotivados. Este año hazte un favor: márcate objetivos ambiciosos, pero consíguelos. Recuerda: si estás buscando un éxito duradero, muchas pequeñas metas logradas son mejores que una gran meta perdida.

Planifica con anticipación.

Cuando decide perseguir un buen propósito, establecer un nuevo hábito, los primeros días son cruciales. Si emprendes una búsqueda inútil sin saber lo que te espera, es muy probable que abandones tus buenas intenciones. Si has decidido cambiar tu vida en el Año Nuevo, comienza a planificar tu "revolución personal" ahora. ¿Qué habilidades, qué necesitas realmente para intentar lograr tu objetivo? ¿Necesitas estar en un entorno y / o situación específicos para obtener los resultados que deseas? ¿Conoces a alguien que ya haya logrado tu objetivo y que pueda ayudarte? ¿Necesita orientación o una hoja de ruta clara? Estas preguntas pueden ayudarte a concentrarte bien en lo que te espera en los próximos meses.

Identifica los obstáculos.

Si te has marcado una meta ambiciosa y no crees que te encontrarás con ningún problema, bueno, tengo malas noticias para ti: los obstáculos son inevitables. De hecho, es cómo lidiar con estos obstáculos inevitables lo que determinará si alcanzarás o no tus metas. Una vez más, no te dejes atrapar desprevenido, piensa de antemano en cuáles pueden ser los obstáculos potenciales e imagina cómo puedes mitigar tus efectos. ¿Algunos ejemplos? Si has decidido ir al gimnasio, pero sabes que pronto perderá la motivación, intenta encontrar un compañero de entrenamiento que te mantenga en línea.

Elige una fecha simbólica.

No tienes que esperar hasta el 1 de enero para cambiar tu vida, el cambio real puede ocurrir todos los días, cada hora, cada momento. Y, sin embargo, las fechas simbólicas pueden funcionar. Fijar una fecha para nuestra revolución personal ayuda a nuestro subconsciente a fijar todos esos pequeños cambios debajo de la superficie, que serán de gran ayuda para nosotros cuando salgamos al campo. Toma un calendario, elige tu fecha de inicio y haz un círculo rojo alrededor. Estos pequeños gestos envían mensajes muy importantes a tu cerebro.

Escríbelo en todas partes.

¿Alguna vez te has preguntado por qué es tan difícil cambiar los hábitos? Establecer un nuevo hábito en nuestra vida requiere atención y presencia de ánimo. Generalmente necesitamos aprender una nueva habilidad, necesitamos cambiar nuestros horarios, necesitamos recordar hacer una determinada actividad, etc. A nuestra mente le encantan las rutinas: si rompes los patrones, tu cerebro perezoso se interpondrá en el camino. Pero podemos adoptar trucos para facilitar las cosas. Una de las estratagemas más efectivas es hacer que la atención del cerebro vuelva continuamente a nuestras metas. ¿Pero cómo? Simplemente elige un mantra, una frase que te motive o te recuerde constantemente tu objetivo, imprímelo en una hoja de papel y llévalo en tu billetera o cuélgalo frente a tu escritorio.

Los accidentes son parte del viaje.

Si no fracasas, no progresas. El fracaso es uno de los 5 ingredientes fundamentales del éxito: el fracaso no es una eventualidad, una maldición del destino o un signo de mala suerte. Todo lo contrario. El fracaso es un filtro: sirve para separar a quienes quieren una meta con todos ellos mismos, de quienes, al fin y al cabo, no están tan motivados. Si, por ejemplo, has decidido dejar de fumar y al cabo de una semana te encuentra con un cigarro en la mano, no hagas de ello una tragedia: trata de comprender las situaciones y pensamientos que desencadenaron el deseo de fumar y trabajar en estos desencadenantes. El éxito es cuestión de perseverancia.

Galardonado.

No hay nada que hacer, somos máquinas programadas para evitar el dolor y buscar el placer. Si aprendes a vincular el placer (el premio) con tus objetivos, será como ponerte en piloto automático para conseguir tus objetivos.
Entonces, ¿estás listo para hacer realidad tus propósitos de Año Nuevo?

CAPÍTULO TRES
PERSONAS CON MENTALIDAD DE ÉXITO

Shakespeare y los 7 hábitos que nos acercan a nuestras metas

A partir de la vida y obra del bardo, William Shakespeare, intentaremos comprender qué hábitos nos acercan a nuestros objetivos.
Ya sea que te sepas o no de memoria pasajes completos de sus tragedias, ciertamente has leído al menos algunos versos de Shakespeare.
De hecho, pocos otros artistas han logrado dejar una impresión tan profunda en la historia de la cultura y el vestuario.
En realidad, su figura histórica está envuelta en tinieblas, pero algunos testimonios y su vasta producción literaria pueden ayudarnos a comprender sus pensamientos y darnos pistas útiles para nuestro crecimiento personal.
Quería identificar para ti 7 hábitos que pueden acercarnos a nuestras metas más ambiciosas, inspirados en la vida del gran poeta inglés.

Entrenarte

En varias obras, Shakespeare cita el hábito como una fuerza

excepcional, capaz de convertir a los hombres en esclavos o de provocar milagros. El bardo estaba especialmente atento a los hábitos que pudieran mejorar su rendimiento físico.
Shakespeare, de hecho, que también era actor de oficio, tenía que estar siempre dispuesto a esgrimir, bailar y moverse con extrema agilidad en el escenario.
No solo eso. Tenía que tener una voz capaz de ser escuchada incluso por el público más lejano (sin ningún tipo de amplificación, claro) y, sobre todo, tenía que mantenerse sano para afrontar las giras y el esfuerzo diario de un no puramente trabajo intelectual. En definitiva, la labor del actor, a principios del siglo XVII, requería una formación real. El entrenamiento físico constante y dirigido puede mejorar tu concentración, niveles de energía y autoestima.

Morir una vez

Casi todas las obras de Shakespeare están impregnadas de coraje, piensa, por ejemplo, en la épica batalla entre Macbeth y Macduff.
El propio poeta inglés tomó varios riesgos en su vida para hacer realidad sus sueños.
En primer lugar, dejar su natal Stratford-upon-Avon para irse a vivir a Londres en busca de fortuna, a pesar de que ya había formado una familia y en ese momento la economía de su padre no era particularmente próspera.
Unos años más tarde invirtió su dinero en la compañía de Lord Chamberlain, cuando el público apreciaba más sus letras que sus dramas teatrales. Sin embargo, su intuición lo puso en el camino correcto y el resto es historia.
Así que recuerda que los cobardes mueren muchas veces antes de morir, con el valiente sabor de la muerte solo una vez. Si quieres hacer realidad tus sueños en el nuevo año, acostúmbrate a correr riesgos. No, no tienes que hacer gestos atrevidos o estúpidos, pero aprende cada día a afrontar algo que te asusta y salir de tu caparazón.

Pierdes años

Desde 1585 hasta 1592, antes de que Shakespeare se mudara a Londres, no se sabe cuál fue su principal ocupación.
Algunos estudiosos afirman que enseñó y viajó por la mitad de Europa. Otros que ayudó a su padre como aprendiz en su guantera. Otros, que comenzó a acercarse al mundo de la actuación custodiando caballos de caballeros en la entrada de algunos teatros.
Podrían considerarse 'años perdidos', pero lo más probable es que fuera a partir de esos momentos de experimentación, intentos, pausas y observaciones que su talento pudo desarrollar.
Lo cierto, de hecho, es que, al final de este período, Shakespeare comenzó a escribir.
Así que deja de azotarte si en este momento sientes que tu vida no va a ninguna parte. Tu camino no siempre será lineal.
Eso sí, no estoy sugiriendo que te entregues a la pereza y al fanatismo desenfrenado, pero no esperes tener ideas claras sobre cada pequeño detalle de tu futuro. No pretendas saber siempre y perfectamente, sin hacerlo, qué camino tienes que tomar.
El camino hacia nuestra realización también está hecho de 'vacíos', persecuciones y momentos en los que usamos experiencias aparentemente confusas para adquirir más habilidades y tener ideas más claras sobre nosotros, nuestros talentos y nuestras metas reales.
Lo que siempre debemos acompañarnos no es la rigidez de mantener un rumbo que nos puede hacer infelices, sino la curiosidad, la voluntad de crecer, la voluntad de reinventarnos y empezar de nuevo, el coraje para intentarlo.
En el nuevo año, date la oportunidad de cometer errores y perder el tiempo explorando.

Hazte amigo de reyes y borrachos

Shakespeare leyó, observó y sobre todo escuchó mucho. Las palabras del pueblo, las historias de los viajeros, las baladas folclóricas. Siempre estaba dispuesto a ser alcanzado e inspirado por alguna idea que pudiera reelaborar y transformar en una obra de arte.
De la misma forma, una mente abierta y elástica nos permite interceptar con mayor rapidez tendencias, oportunidades y

personas que pueden acercarnos a nuestros objetivos.
Trata de aprender a escuchar mejor y más. Amplía tu círculo de conocidos. Compárate con profesionales que también pertenecen a otros sectores. Obtén más información sobre temas que nunca has explorado.
En cuanto a Shakespeare, fueron algunos amigos muy poderosos de orígenes muy diferentes quienes le permitieron actuar frente a la reina Isabel, poniéndose en su gracia.

La próxima vez que tengas problemas, te irás de gira.

La vida de Shakespeare no fue todo rosas y flores. Baste decir que, además de las tragedias familiares, como la muerte de su hijo de once años, en algún momento de su carrera, Londres fue puesto de rodillas por la peste y todos los teatros de la capital fueron cerrados. por meses.
En ese momento, para seguir ganándose la vida, Shakespeare y su compañía decidieron organizar una gira fuera de Londres hasta que fuera posible volver a actuar en la capital inglesa. Así que mantuvieron viva la empresa, viajaron y adquirieron muchos conocimientos nuevos.
En lo que a nosotros respecta, vivimos en una era histórica en la que la peste es la menor de nuestras preocupaciones, pero incluso en nuestro caso, hay momentos en nuestra vida en los que lo intentamos con todas nuestras fuerzas, pero algo se interpone en el camino y parece para evitar que avancemos.
Estos son los momentos en los que nos damos cuenta de dos cosas importantes: si realmente nos preocupamos por nuestras metas. De qué estamos hechos. Ante los inevitables hundimientos de la mala suerte, no te rindas: cambia tu enfoque, pero sigue persiguiendo tus sueños.
Pregúntate cómo puede empeorar la situación en la que te encuentras (y luego hacer exactamente lo contrario). Piensa en lo que le recomendaría a un amigo en la misma situación que tú.
La determinación a largo plazo y la flexibilidad a corto plazo es uno de los hábitos que nos acercan a nuestras metas.

Aprende e improvisa

La era en la que Shakespeare vivió y trabajó es similar a la nuestra en términos de innovación en el trabajo. Cuando comenzó a actuar, esta profesión aún no estaba bien codificada y no existía un curso de estudio preciso. Pero Shakespeare abrió su propio camino de todos modos. Comenzó trabajando junto a algunos actores como "aprendiz", aprendiendo todo lo que pudo. A lo largo de su vida, nunca dejó de observar, mejorar y aprender de las personas cercanas a él. Conocería a profesionales de todas las edades y aprovecharía lo mejor que pudiera de cada situación. Usó, por ejemplo, su experiencia como actor en el escenario para hacer más efectiva su carrera como escritor. Incluso, cambiaría las líneas o la dirección del escenario en el último segundo si veía que algo no estaba funcionando.

Luego llegó el momento en que los propios teatros cambiaron de forma: por primera vez se construyeron con un techo que les permitía actuar incluso con mal tiempo, para introducir efectos especiales y dirigirse a un público mucho más reducido.

En cierto modo, esta metamorfosis es similar a la situación que estamos viviendo con respecto al desarrollo tecnológico y todas las nuevas oportunidades profesionales relacionadas.

Si tienes una meta, pero no tienes claro el camino que puedes tomar para alcanzarla, no te quedes estancado. Busca oportunidades para trabajar junto a alguien que ya está haciendo lo que quiere, un mentor. Una vez que te conviertas en un "aprendiz", aprende todo lo que puedas. Y, como Shakespeare, sé siempre ágil y listo para improvisar, para corregirte en el proceso, para probar nuevas técnicas (o tecnologías) y nuevas formas de trabajar.

Haz de este enfoque tu guía en el nuevo año.

No me importa si te llaman salvaje borracho.

Un salvaje borracho: así exactamente llamaba Voltaire a Shakespeare. Para ser precisos, dijo que Hamlet era obra de un salvaje borracho. En otra ocasión, George Bernard Shaw también aplastó severamente el Cymbeline. Y, como anticipé anteriormente, al comienzo de su carrera la gente mostró claramente más aprecio por sus poemas que por sus obras de teatro.

Entonces, si incluso Shakespeare tuvo sus detractores y sus enemigos y sus malentendidos, podemos estar tranquilos. Evitemos el perfeccionismo y dejemos de querer ser buenos para todos. Eliminemos la obsesión por el juicio de otras personas. ¿Sabes qué es realmente crucial para hacer realidad tus sueños? No el aplauso de todos, sino el apoyo de los verdaderos fanáticos de tu trabajo y de tu amor propio.

Benjamín Franklin y sus 13 virtudes

13 virtudes del inventor y político estadounidense que te ayudarán a mejorar tu calidad de vida.

Además de ser el gran rostro impreso en billetes de 100 dólares, Benjamín Franklin fue un científico y político estadounidense. Fue periodista, publicista, autor, filántropo, abolicionista, diplomático, inventor y estuvo entre los protagonistas de la Revolución Americana. Franklin es mejor conocido por sus experimentos con la electricidad y la idea de establecer el horario de verano, y también es conocido como uno de los padres fundadores de los Estados Unidos.

Benjamín Franklin fue, por tanto, un genio polifacético y, como muestra su autobiografía, dedicó muchos años de su vida a la búsqueda de la "perfección moral". En 1726, durante un viaje en

barco de Londres a Filadelfia, ideó un sistema de 13 virtudes para perfeccionar su conducta moral. El sistema se basó en un patrón preciso, que Franklin siguió durante muchos años, hasta la asimilación natural de las 13 virtudes.
Cada año, Franklin se comprometió a disciplinar cada virtud durante una semana, registrando cada transgresión en una tabla. Al final del primer ciclo de 13 semanas, Franklin repitió su camino virtuoso, por un total de 4 veces durante el año.
Aunque han pasado casi tres siglos, las 13 virtudes de Franklin siguen siendo una fuente de inspiración y pensé en compartirlas con ustedes como un estímulo para comenzar el nuevo año de la mejor manera posible.

Templanza

No comas hasta hartarte y no bebas hasta que estés eufórico. La alimentación saludable es uno de mis enfoques de Año Nuevo.

Tranquilo

No hables excepto para beneficiarte a ti mismo o a los demás. Evita los discursos inútiles. Practicar el silencio no solo es una técnica interesante para desarrollar la fuerza de voluntad, sino que en general puede ser una simple práctica meditativa y sobre todo una buena idea para empezar a reflexionar en lugar de seguir llenando el vacío con el sonido de nuestras palabras.

Orden

Cada cosa tuya tiene su lugar, a cada una de tus actividades dedica el tiempo adecuado. A menudo, el orden de los entornos en los que vivimos es sinónimo de nuestro orden mental.

Determinación

Decide hacer lo que debes hacer. Ejecuta sin dudarlo lo que has decidido. ¿Cómo sería tu vida si completaras todo lo que decidiste comenzar?

Ahorro
No gastes nada más que para hacer el bien para ti o para los demás, es decir, no gastes nada. Aprender a ahorrar dinero es esencial para sentar las bases de la tranquilidad financiera.

Laboriosidad

No pierdas el tiempo. Comprométete siempre con algo útil. Evita cualquier acción innecesaria. Tu laboriosidad o productividad personal es la herramienta a través de la cual puedes lograr tus objetivos de manera efectiva.
Sinceridad
No recurras a subterfugios que puedan causar daño. Deja que tus pensamientos sean inocentes y justos y permanezcan así cuando decidas expresarlos. La sinceridad es una inversión que paga un gran interés a largo plazo. En un país donde se alaba la astucia, la honestidad es una gran virtud.

Justicia

No ofendas a nadie haciéndolo mal o despreciando su bienestar.

Moderación

Evita los extremos. Evita el resentimiento por los errores que cree que se merecen.

Limpieza

No toleres la suciedad en tu cuerpo, ropa o hogar. Al igual que el orden, la limpieza es una virtud que se debe aprovechar para realizar cambios importantes en la vida.

Tranquilidad

No te preocupes por trivialidades o accidentes comunes e inevitables. Centrarse solo en aquello que controlamos puede ser una lección tan difícil de aprender como gratificante.

Castidad
Ten relaciones en raras ocasiones, solo para mantener la salud o procrear, nunca para saciarte, para debilitar o perjudicar tu paz o reputación o la de los demás. Bueno, ¡algunas de las virtudes de Benjamín se pueden derogar!
Humildad
¡Imita a Jesús y a Sócrates y no te equivocarás!

Steve Jobs: fuerza de voluntad y cómo aumentarla

Un método simple y eficaz para aumentar tu fuerza de voluntad.

Cuello alto negro, jeans Levi's modelo 501 y zapatillas deportivas New Balance. Durante más de una década, este ha sido el uniforme de Steve Jobs en la gran mayoría de sus apariciones públicas.
Como dice Isaacson en su biografía "Steve Jobs", detrás de esta excéntrica elección estilística estaba el deseo de crear un look inmediatamente reconocible por los fans de Apple.
Pero esa no es la única motivación.
En 1998 Jobs encargó más de 100 cuellos de tortuga negros idénticos al diseñador japonés Issey Miyake por otra razón. Una razón que poco tiene que ver con la marca personal, pero que puede sernos muy útil para entender cómo podemos aumentar nuestra fuerza de voluntad.
Ésta es la misma razón por la que Obama y Zuckerberg casi siempre usan la misma ropa.

La fuerza de voluntad y el esfuerzo por decidir

Todos estamos sujetos a lo que se conoce como fatiga de decisiones. La fatiga de decisiones es un concepto bien conocido en psicología e indica la tendencia de la mente humana a tomar decisiones cada vez peores a medida que aumenta el número de ellas. En otras palabras, existe un vínculo entre las decisiones y la fuerza de voluntad: cuantas más elecciones hacemos, más se deteriora nuestro autocontrol.

Cuando estamos bien descansados y alimentados, nuestra fuerza de voluntad está en su nivel más alto. Esta "batería mental", sin embargo, tiende a perder carga con cada decisión que tomamos (en términos científicos, hablamos de "agotamiento del ego").
De hecho, tomar una decisión, incluso la más trivial, tiene un "costo biológico" y consume nuestra energía mental.
Es por eso que, al final del día, tendemos a estrellarnos frente al televisor, saltarnos los entrenamientos del gimnasio o buscar algo de comida chatarra para atiborrarnos. Y es la misma razón por la que personas exitosas como Steve Jobs, Barack Obama y Mark Zuckerberg decidieron reducir su vestuario al mínimo.
Usar el mismo tipo de ropa todos los días es una forma (quizás extrema) de reducir la fatiga por tomar decisiones y mantener intacta la fuerza de voluntad para esas decisiones cruciales que debe tomar un director ejecutivo o un jefe de estado.
Algunas formas prácticas y efectivas de reducir las decisiones innecesarias y aumentar tu fuerza de voluntad a diario pueden ser útiles.

Cómo reducir las decisiones innecesarias y aumentar tu fuerza de voluntad

¿Cuándo nuestra "batería" de fuerza de voluntad está en su nivel más alto? ¡Sí! Cuando estamos bien descansados y alimentados.
La primera técnica para mantener intactas nuestras reservas de autocontrol, es no desperdiciar una sola gota por la mañana cuando el "recipiente" está lleno.
Adopta una rutina matutina precisa
Si quieres empezar el día en primera, tienes que hacerlo en piloto automático. Sí, leíste bien. Tienes que intentar minimizar las decisiones que tomas en los primeros 60 minutos después de despertarte:
Prepara la ropa que usarás para el trabajo o la universidad la noche anterior.
Primero, intenta decidir qué vas a desayunar.
Evita responder correos electrónicos o mirar las redes sociales. Hacer clic en "Me gusta" sigue siendo una decisión.
Si deseas llevarlo al siguiente nivel, no solo evites decisiones inútiles, sino que adopta una rutina matutina real que te cargue

de energía todos los días. ¿La mejor forma de hacerlo? Dedica los primeros 60 minutos de tu día a la llamada hora sagrada.

Usar listas de verificación

Sea cual sea nuestro trabajo, siempre tendremos que lidiar con actividades rutinarias. Los peores son los que tienen una frecuencia semanal, mensual o trimestral. De hecho, por repetitivas que sean, estas actividades nos obligan cada vez a decidir exactamente qué tenemos que hacer, cómo tenemos que hacerlo, cuándo tenemos que hacerlo, etc.

A la luz de lo que hemos visto hasta ahora, esto es un desperdicio inútil de nuestra energía mental.

¿Cómo podemos evitarlo? Utilizando listas de verificación.

Define para cada una de tus actividades de rutina una lista de verificación precisa (secuencia de actividades) de cosas por hacer. Escribe tu lista de verificación solo una vez y luego olvídate de ella hasta que tengas que sacarla para completar esa molestia administrativa por enésima vez.

Si eres autónomo o emprendedor, recuerda que definir tus listas de verificación es el primer paso esencial para delegar estas actividades a tus empleados.

Establece tus comidas

Existe un vínculo estrecho entre la dieta y la fuerza de voluntad. Como hemos visto, las decisiones que tomamos durante el día tienden a consumir nuestras energías físicas. Y adivinen qué nivel tiene nuestra "batería mental" justo antes de una comida, ¡bajo cero!

Por eso, por mucho que intentemos seguir nuestra bendita dieta, cuando tengamos hambre y tengamos que elegir entre una ensalada saludable y un plato de espaguetis amatriciana, nuestro cerebro se inclinará automáticamente hacia lo último.

Una buena estrategia para evitar esto es planificar las comidas con anticipación.

Esto también se aplica cuando comemos en casa: en lugar de abrir la nevera y asaltarla a la primera señal de hambre, decide tus comidas para los próximos 3-4 días y compra en el supermercado exclusivamente para estas comidas. Perderás menos tiempo comprando, perderás menos dinero y mejorarás tu figura.

Odiamos sentirnos enjaulados en las rutinas diarias y por eso defendemos la libertad de tomar decisiones más bien vanas, que nos dan una ilusión de libertad, creatividad e independencia. Al mismo tiempo, sin embargo, sin darnos cuenta, nos encontramos constantemente enjaulados en una existencia que no nos pertenece, pero no encontramos el tiempo y no tenemos la energía mental para tomar las decisiones realmente importantes que pueden revolucionar nuestras vidas.

Seamos claros, nadie quiere imponer un comportamiento extremo como Steve Jobs. Probar y poner en práctica las 3 estrategias que sugerí (rutina matutina, lista de verificación, planificación de comidas) ciertamente no te hará daño. Si lo haces por sí mismo, habrás aprendido algo nuevo sobre ti mismo. Si, por el contrario, estos pequeños cambios logran liberar incluso un gramo de la energía mental necesaria para perseguir tus metas más ambiciosas, bueno ... yo diría que valdrá la pena.

Quién sabe, tal vez en unos meses, en lugar de perder el tiempo decidiendo qué filtro usar en Instagram, comenzarás a pensar en quién quieres ser realmente dentro de 5 años, pero lo más importante, tendrás la fuerza de voluntad para convertirte en esa persona.

Elon Musk - Cómo tu mentalidad determina tu destino

Elon Musk es más único que raro.
Un genio, dicen muchos. Uno que hace posible lo imposible, uno que demostró que todos los que le dijeron "no se puede hacer" y "nunca lo lograrás" estaban equivocados.
Pero, ¿es la habilidad de Elon Musk, fruto de su genio, lo que es imposible de emular de nosotros, los "mortales comunes", o es, al menos en parte, consecuencia de una forma de pensar que se puede aprender?
En el momento en que nos decimos a nosotros mismos que una persona exitosa es un genio, lo ponemos en un nivel diferente al nuestro y comenzamos a considerarlo imposible de lograr. Se vuelve incluso inútil tratar de entender cómo lo hacen, porque lo mantenemos como una implicación de que nunca podríamos hacer lo mismo.
Creo que esto es un error. Y si es cierto que es posible que nunca se convierta en un multimillonario-inventor-filántropo, es cierto que hay mucho que aprender observando a los demás.
La nueva información nos permite mejorarnos a nosotros mismos de formas que ni siquiera imaginamos. En lugar de decir "es un genio" y cerrarlo allí, prefiero hacer la pregunta: ¿qué hay que aprender?
Elon Musk nació en Sudáfrica y no tuvo una infancia sencilla. Elon describe a su padre como "malvado" y fue acosado durante toda su carrera escolar. A los 17, decidió mudarse a América del Norte con la ciudadanía canadiense que heredó de su madre. Su padre no lo aprobó, por lo que no le dio apoyo económico y le dijo que fracasaría y que dentro de tres meses volvería.
Elon llegó a Canadá con dos mil dólares, una bolsa llena de libros y una mochila con ropa. Durante un año vagó por Canadá trabajando en una granja y en un aserradero. Luego se matriculó en la Queen's University y luego en la University of

Pennsylvania, donde obtuvo una licenciatura en física y otra en finanzas. Fue aceptado en Stanford para un doctorado en supercondensadores, pero era el verano de 1995 y Elon sabía que Internet estaba a punto de explotar. Tenía una idea para una empresa de Internet, así que, apenas dos días después del año académico, decidió dejar Stanford y fundó su primera empresa con su hermano: Zip2, que se convirtió en la primera empresa en ofrecer mapas e indicaciones en línea.

Zip2 y las páginas amarillas

Cuando fundó Zip2, Elon Musk tenía $ 110,000 en deuda universitaria y $ 3,000 en efectivo, que invirtió en la empresa.
Sin dinero para alquilar una oficina o un apartamento, él y su hermano dormían en la oficina y se duchaban en el gimnasio local. La única computadora que habían utilizado como servidor durante el día y la noche Elon la usó para codificar y construir la tecnología detrás de Zip2.
En los primeros días, cuando buscaban financiamiento de las empresas que producían las páginas amarillas, el producto que Zip2 pretendía reemplazar, Elon y su hermano fueron recibidos con cejas levantadas e indiferencia. Hubo un episodio famoso en el que un ejecutivo de una de estas empresas le lanzó un volumen de páginas amarillas diciendo "¿Crees que alguna vez podrás reemplazar esto?"
Cuatro años después, Zip2 se vendió a Compaq por más de $ 300 millones. Elon se encontró con 22 millones de dólares en el bolsillo.

De PayPal a cohetes en el espacio

Elon Musk, sin embargo, no quedó satisfecho. Motivado por construir algo significativo en lugar de dinero, descubrió que la tecnología que había construido para Zip2 no se había explotado adecuadamente y que el potencial de la empresa no se había aprovechado realmente.
Luego fundó una compañía financiera en línea; X.com, el primero de su tipo, que poco después se fusionó con otra empresa, Confinity, para formar PayPal. Parece increíble hoy,

pero PayPal fue votada como una de las 10 peores ideas comerciales del año en 1999.

Elon Musk y los otros fundadores de PayPal vendieron la empresa a eBay en 2001 por más de mil millones de dólares. Elon encontró 180 millones de dólares en su bolsillo.

En este punto, Elon podría haber comprado un archipiélago en alguna nación del Pacífico y vivir de margaritas y playas por el resto de su vida. En cambio, fundó SpaceX, una empresa de cohetes para ir al espacio. Incluso sus amigos más cercanos temían que se hubiera vuelto loco.

SpaceX y Tesla

Todos le dijeron que no funcionaría. Solo un gobierno, con miles de millones en dinero público a su disposición, podría entrar en órbita. Para tratar de convencerlo de que se rindiera, uno de sus amigos más cercanos le hizo ver una mezcla de cohetes que explotaban.

Un año después, cofundó Tesla, una empresa de automóviles eléctricos con la misión de acelerar la transición del mundo a las energías renovables, lo que Elon Musk cree que es el mayor problema del siglo. La idea de un automóvil eléctrico fue rechazada por toda la industria automotriz como estúpida e imposible en ese momento.

Hoy en día, SpaceX vale más de $ 30 mil millones, lanzando el cohete más poderoso al espacio y el único cohete que puede aterrizar y ser reutilizado. El 31 de mayo de este año (2020), Crew Dragon llevó a sus dos primeros astronautas a la Estación Espacial Internacional.

SpaceX está construyendo ahora Starlink, la constelación de satélites más grande jamás lanzada, y Starship, un cohete aún más grande, de bajo costo y totalmente reutilizable con la ambición de aterrizar en Marte en unos pocos años.

Tesla hoy tiene un valor de más de $ 100 mil millones, tiene cuatro fábricas, aproximadamente 50,000 empleados y está impulsando a toda la industria automotriz hacia la electrificación.

Elon Musk no se ha detenido

Dado que SpaceX y Tesla aparentemente no fueron suficientes, Elon fundó dos empresas más. Una es The Boring Company, que Elon fundó en 2016 porque estaba harto del tráfico infernal en Los Ángeles, y que tiene como objetivo reducir el costo de construcción de túneles de transporte público. La otra es Neuralink, una empresa que tiene como objetivo combinar cerebro y computadora, inicialmente para curar enfermedades como el Alzheimer, pero a la larga para evitar el peligro de que la inteligencia artificial general haga irrelevante a la humanidad ...

¡Puedes ver por qué Jon Favreau envió a Robert Downey Jr. a Elon Musk para inspirarse antes de filmar la primera película de Iron Man!

El "cómo" y el "por qué"

La verdadera pregunta en todo esto no es solo "¿cómo lo hace?" pero también "¿por qué lo hace?".

Estos increíbles resultados no llegaron sin dificultad. Tesla se arriesgó a la bancarrota en 2008, 2009, 2013 y 2018. Los tres primeros lanzamientos de SpaceX fallaron y la compañía casi muere en 2008, cuando Elon tuvo que invertir todo lo que tenía para salvar a las compañías y se arriesgó a perderlo todo.

Para mantenerse detrás de ambas empresas, Elon Musk trabaja 80 horas a la semana con picos de más de 100 horas a la semana cuando hay problemas. Recientemente, durante una entrevista, dijo que la última vez que se tomó una semana de descanso fue en el 2000, cuando casi muere de malaria y no había conexión a Internet en el hospital.

¿Cómo hace todo lo que hace? ¿Y por qué no compra un rancho en Texas y simplemente juega golf en lugar de seguir y seguir?

El significado

¿Qué lo motiva?

Mirando sus acciones, la respuesta es obvia: el significado. En varias entrevistas habló de cómo de niño tuvo un momento de crisis en el que se preguntaba cuál era el sentido de la vida. Leyó a Nietzsche y Schopenhauer, pero el libro que le dio la respuesta fue The Hitchhiker's Guide to the Galaxy. El contenido filosófico del libro es que lo más difícil de encontrar no es la respuesta, sino la pregunta. Una vez que la pregunta se expresa correctamente, la respuesta es la parte más fácil.

"Sabemos que la respuesta es el Universo. ¿Cuál es la pregunta?"
- Elon Musk

La búsqueda de la demanda no puede existir sin la conciencia y la conciencia humanas, por lo que la humanidad debe ser protegida y capacitada para expandir su conocimiento.

¿Por qué te levantas por la mañana? ¿Por qué quieres vivir? La vida no puede ser solo una serie de problemas a resolver.

Las acciones siguen el significado

Las acciones de Elon Musk tienen mucho sentido si comprendes la motivación detrás de su razonamiento. Tesla sirve para solucionar el cambio climático y así proteger el futuro de la humanidad. SpaceX es necesario para que la humanidad algún día salga "entre las estrellas" en busca de preguntas y respuestas.

"No estoy tratando de ser el salvador de nadie. Solo quiero levantarme por la mañana y no estar triste". - Elon Musk

Se habla mucho de la motivación y de vivir la propia existencia al máximo, pero la clave para hacerlo es el significado. Si lo que haces no tiene sentido, ¿por qué deberías levantarte por la mañana?

Es fácil decir "bueno sí, pero es multimillonario", más difícil es imaginarse dedicándose en cuerpo y alma a algo. Esto implica riesgo, trabajo duro y una plétora de críticos que se regocijan cuando fallas.

¿Por qué deberías presentarte? Porque lo que da satisfacción no es la comodidad, sino el significado, y el significado reside en la acción.

Elon Musk es un ejemplo extremo. El significado no tiene que ser tan ambicioso como "traer vida a otro planeta. El tamaño del propósito no importa, siempre que haya un propósito".

Razonamiento desde los primeros principios

Sí, está bien, pero ¿cómo lo hace?
Mucha gente le ha preguntado a lo largo de los años. Una de las respuestas que da Elon es que la gente no piensa en los primeros principios, sino por analogía. En lugar de ir a la esencia de las cosas y volver al razonamiento a partir de ahí, la gente tiende a tomar el atajo de la analogía: otros hacen eso, yo siempre he hecho eso, todos están de acuerdo en que tienes que hacer eso y yo hago aquello también.
El razonamiento por analogía es muy útil en la vida cotidiana porque te permite hacer lo correcto sin perder el tiempo pensando en ello. ¿Por qué usas ropa interior cuando te vistes? Te han enseñado a hacer eso, todo el mundo hace eso, así que tú también lo haces. Pero no es como si hubieras estado pensando y analizando las razones por las que tienes que usar ropa interior y si la ropa interior es realmente la forma ideal de obtener el resultado. Cuando quieras hacer algo, copia de otros y luego haz pequeños ajustes a tus necesidades personales.

Razonamiento por analogía versus razonamiento desde los primeros principios

Razonar por analogía ahorra tiempo y energía. No podrías llegar al final del día sin este atajo, pero solo funciona bien cuando el problema ya ha sido experimentado por otros y, por lo tanto, existe una sabiduría colectiva confiable en la que basarse.
Pero cuando quieres hacer algo por primera vez, cuando eres el pionero y te enfrentas a lo desconocido, pensar por analogía falla estrepitosamente. ¿Cómo se puede construir un avión en un mundo donde nunca ha volado ningún avión? Si piensas por analogía, pensarás que es imposible, porque nadie lo ha hecho nunca.

Aterrizajes de cohetes

Cuando Elon Musk decidió producir un cohete capaz de aterrizar después de haber sido lanzado en lugar de ser lanzado como cualquier otro cohete, incluso los ingenieros de la NASA dijeron

que era un tonto y que nunca tendría éxito.
Razonaron por analogía: dados los cohetes disponibles, dada la tecnología y las restricciones, sería imposible fabricar un cohete reutilizable.
El razonamiento de Elon fue el primero en encontrar la solución para un cohete reutilizable. Después de identificar las características, se preguntó si estas características violaban las leyes de la física. De lo contrario, significaría que podría ser posible construir un cohete con estas características.
Dado que la respuesta fue que las leyes de la física permitían teóricamente tal cohete, Elon puso a los ingenieros de SpaceX a trabajar para desarrollar las tecnologías necesarias para crearlo. No fue fácil y tuvieron varias explosiones espectaculares en el camino, pero hoy SpaceX logró aterrizar dos cohetes juntos en un ballet sincronizado.

El software con el que trabaja tu mente

Ser inteligente es importante, pero tan importante como tener el "software" adecuado. Piensa en tu mente como una computadora. Incluso la computadora más poderosa no puede funcionar bien si está llena de programas y virus inútiles.
Esta analogía no es más que una forma diferente de decir que tienes que aprender a expresar tu potencial. Si no expresas todo tu potencial, es porque a tu mente le falta un programa, o hay un programa de mala calidad, o un virus que te impide completar una acción o ver una solución.
Si el hardware se entrega al nacer, el software se puede cambiar y mejorar. Pensar desde los primeros principios significa no estar bloqueado por sus creencias actuales y, en cambio, determinar lo que quiere primero y luego pensar en cómo conseguirlo.
Elon es un maestro en ver las cosas como realmente son y razonar a partir de ahí con una forma totalmente diferente de tratar los problemas.

31 años y $ 180 millones

A la edad de 31 años, después de vender PayPal, Elon se encontró con $ 180 millones y una pregunta: ¿qué hacer?

La analogía habría dicho: hagas lo que hagas, no te arriesgues a perder tu dinero. Además, eres bueno construyendo empresas de Internet porque eso es lo que siempre has hecho, así que deberías seguir haciéndolo. Y cuando tienes 31, es demasiado tarde para aprender algo completamente nuevo y arriesgarte a fallar.

Pero Elon Musk razonó primero, preguntándose qué le importaba hacer. Otra empresa de Internet ya no le interesaba. Comenzó porque quería contribuir al crecimiento de Internet, pero ahora, en 2001, había mucho talento que estaba dedicándose al Internet.

Para aumentar el conocimiento y la conciencia humana, Internet fue un gran proyecto en el que participar. La existencia de Internet permitió a las personas por primera vez comunicarse instantáneamente y tener acceso a todo el conocimiento humano de todos los rincones del mundo, mientras que antes esa información había viajar de una persona a otra, como por ósmosis. Internet fue la humanidad construyendo su propio sistema nervioso. Pero en 2001, Internet ya no necesitaba a Elon.

Conocimiento y espacio

Si el objetivo es aumentar la capacidad de la humanidad para expandir su conciencia del Universo, entonces es esencial que la humanidad aprenda a viajar en el espacio. Pero en 2001 los planes de la NASA de ir a Marte se habían hundido y la tecnología espacial estaba disminuyendo en lugar de mejorar.

Elon Musk decidió entonces que lo más importante que podía hacer era iniciar una empresa aeroespacial e intentar cambiar las cosas.

El razonamiento por analogía y el pensamiento colectivo gritaba que no lo hiciera. Elon no sabía nada de cohetes, nunca había construido nada en el mundo de los átomos, lo que sabía era el mundo de los bits. Habría perdido todo su dinero, todo el mundo habría dicho que estaba loco y se habría reído de él.

En una entrevista, Elon describió su razonamiento de esta manera, ya que los cohetes siempre han sido caros, por lo que los cohetes siempre serán caros en el futuro. Pero eso no es cierto. Empezando por el material de un cohete, aluminio, titanio, cobre, fibra de carbono. ¿Cuál es el costo de estos materiales?

Supón que tienes el material en el suelo y con una varita mágica podrías organizar los átomos en forma de cohete sin costo, ¿cuál sería el costo del cohete? Realmente bajo, alrededor del 2% del costo de los cohetes.

El costo es cómo se reorganiza el material, por lo que debemos descubrir cómo reorganizar los átomos en la forma correcta de manera más eficiente. Organicé una serie de reuniones con expertos, algunos de los cuales trabajaban para grandes empresas aeroespaciales, para tratar de averiguar si había un truco que me perdí. No pude encontrar ninguno. No parecía haber más limitaciones. Así que fundé SpaceX ".

El "secreto" de Elon Musk

La historia, la sabiduría colectiva y sus amigos le decían una cosa, pero su razonamiento desde los primeros principios le decía otra. Elon Musk fundó SpaceX con su propio dinero porque había calculado tener solo un 10% de posibilidades de éxito. La misión era reducir drásticamente el costo de acceso al espacio para abrir la posibilidad de que la humanidad se convierta en multi planetaria.

Elon dice que, si lo que quieres hacer es importante, hazlo incluso si las probabilidades no están a tu favor.

Ésta, y las otras hazañas de Elon Musk, no son solo fruto de su inteligencia. El resultado se crea por la forma en que razona y por sus acciones que apuntan a un propósito preciso que tiene un significado profundo para ti.

Es impresionante cómo pocos conceptos verdaderamente significativos pueden cambiar tu visión del mundo y hacerte hacer las preguntas correctas.

CAPÍTULO CUATRO
MENTALIDAD COMERCIAL

Comercio y emociones: ¿cómo se forma un precio?

¿Cómo se relacionan el comercio y las emociones?
El precio es una convergencia momentánea de opiniones entre compradores y vendedores, e indecisos. El precio lo decide el comportamiento de una masa de personas, todos los que participan y todos los que de alguna manera influyen en las opiniones de los que participan.
Los movimientos en Bolsa reflejan todos los comportamientos y decisiones que toman los participantes, y ahora está científicamente comprobado que todo proceso de toma de decisiones está influenciado por el lado derecho y no por el lado racional de nuestro cerebro, desde las emociones que sentimos. Son las multitudes las que crean las tendencias. Todo es cíclico, y de cada emoción brota la siguiente, en un eterno movimiento que te lleva al punto de partida. En pocas palabras, cada onda se puede descomponer en la suma de ondas armónicas simples, las de cada participante del mercado.
Muchos sociólogos y estudiosos del comportamiento grupal han realizado experimentos en los que se demuestra que el pensamiento grupal es diferente del pensamiento individual: la lealtad al grupo y el sentido de protección que sientes al formar parte de él debilitan la capacidad de emitir juicios independientes, pero sobre todo se vuelve muy complicado no estar a merced de las emociones.
Las emociones que siente una multitud son mucho más fuertes y también más primitivas (piensa en el pánico o la euforia, por ejemplo, en situaciones extremas).
¿Alguna vez has pensado en la razón por la que siempre parece que el mercado retrocede exactamente tan pronto como cerramos nuestra operación comercial con pérdidas?
La experiencia también nos dice que, si no la hubiéramos

cerrado, habría seguido yendo en contra nuestra. El caso es que, siguiendo las emociones básicas, seguimos los mismos miedos de la mayoría, cerramos las operaciones deficitarias como consecuencia de este miedo, todos juntos, y en ese momento cuando se acaban las secuelas, el mercado está listo. para invertir el curso.
En cada momento de esta eterna rotación podemos acompañar lo que está sucediendo en el mercado con las emociones que sienten los traders en la mayoría de los casos (y su comportamiento).
La buena noticia es que hay muchas formas de aprender a manejar las emociones y a mantenerse fuera de este mar embravecido, tanto con un conjunto de estrategias prácticas que ayuden a la disciplina, como con una mentalidad interna que nos ayuda a estar totalmente presentes y conscientes.

La teoría de Dow: los 6 principios de las tendencias del mercado

La Teoría de Dow es la base del análisis técnico: aquí están los 6 principios estudiados por Dow sobre las tendencias del mercado con el fin de anticipar movimientos futuros e interceptar cambios de tendencia.
Cualquier intento de descubrir los orígenes del análisis técnico conduce inevitablemente a la Teoría Dow, estructurada en 6 principios sobre tendencias y características del mercado. Aunque tiene más de 100 años, la teoría de Dow sigue siendo la base de gran parte de lo que sabemos hoy sobre análisis técnico. La teoría de Dow se formuló a partir de una serie de contribuciones al Wall Street Journal escritas por Charles H. Dow desde 1900 hasta el año de su muerte en 1902.
Estas teorías se basan en las creencias de Dow sobre cómo se ha comportado el mercado de valores en el pasado y cómo se podría utilizar el mercado para medir la salud del entorno empresarial.

La utilidad de la teoría de Dow

Dow cree que el mercado de valores en su conjunto es una

medida confiable de las condiciones económicas en todo el mundo y que, al analizar el mercado global, es posible evaluar con precisión estas condiciones e identificar la dirección de las tendencias importantes del mercado y la dirección probable de las acciones individuales.
Basándose en esta teoría, Dow creó el índice industrial Dow Jones y el índice ferroviario Dow Jones Index (ahora el índice de transporte), originalmente desarrollado por Dow para el Wall Street Journal. Dow creó estos índices porque estaba convencido de que proporcionaban un reflejo preciso de las condiciones comerciales dentro de la economía, cubriendo dos sectores económicos principales: industrial y ferroviario (transporte).
Aunque estos han cambiado en los últimos 100 años, la teoría de Dow todavía se aplica a los índices de mercado en la actualidad. Gran parte de lo que conocemos hoy como análisis técnico tiene sus raíces en la teoría de Dow. Por esta razón, todos los operadores que utilizan el análisis técnico deben conocer los seis principios básicos de la teoría de Dow.

Los 6 principios básicos

La Teoría de Dow se divide en 6 principios, todos ellos profundizados en el análisis y desarrollo de la teoría que veremos más adelante.
Los 6 principios básicos de la teoría de Dow son:
En el mercado existen tres tipos de tendencia (primaria, secundaria, menor);
Las tendencias se dividen en tres fases (acumulación, especulación, distribución);
El mercado descuenta todos los productos nuevos;
Los índices del mercado de valores deben confirmarse entre sí;
Los volúmenes deben confirmar la tendencia;
La tendencia permanece confirmada hasta una clara reversión.
Echemos un vistazo más de cerca a los 6 principios de la teoría de Dow.
Las tres tendencias del mercado
Una parte importante de la teoría de Dow radica en la distinción de las diversas direcciones del mercado. Para hacer esto, la teoría de Dow usa el análisis de tendencias.

La teoría de Dow identifica tres tendencias en el mercado: tendencia primaria, tendencia secundaria y tendencia menor. La tendencia primaria es una tendencia mayor que dura más de un año, mientras que la tendencia secundaria es una tendencia intermedia que dura de tres semanas a tres meses y a menudo se asocia con un movimiento contra la tendencia primaria. Finalmente, la tendencia menor a menudo dura menos de tres semanas y está asociada con movimientos en la tendencia intermedia.

La tendencia principal

En la teoría de Dow, la tendencia principal es la tendencia principal del mercado, lo que la convierte en la más importante de determinar. Esto se debe a que la tendencia predominante es la que afecta los movimientos del precio de las acciones. La tendencia primaria también tiene un impacto en las tendencias secundarias y menores dentro del mercado.

Dow ha establecido que una tendencia primaria generalmente tiene una duración de uno a tres años, pero en algunos casos esta indicación puede variar. Independientemente de la duración de la tendencia, la tendencia principal permanece activa hasta que se confirma una reversión. Por ejemplo, si en una tendencia alcista el precio cierra por debajo de un mínimo anterior, podría ser una señal de que el mercado se dirige hacia abajo, no hacia arriba.

En el análisis de tendencias, una de las cosas más difíciles de determinar es cuánto tiempo permanecerá el movimiento del precio dentro de una tendencia primaria antes de que cambie de dirección. Lo más importante es identificar la dirección de esta tendencia y posicionarse en ella, no en su contra, hasta que las señales sugieran que la tendencia principal se ha revertido.

La tendencia secundaria (o intermedia)

En Dow Theory, una tendencia principal es la dirección principal en la que se mueve el mercado. Por el contrario, una tendencia secundaria se mueve en la dirección opuesta a la tendencia primaria, o como una corrección de la tendencia primaria.

Por ejemplo, una tendencia primaria alcista estará compuesta por varias tendencias secundarias bajistas, traducidas en movimientos en los que el máximo de un movimiento alcista es menor que el máximo del movimiento anterior.

En una tendencia descendente primaria, la tendencia secundaria será en cambio ascendente, es decir, un movimiento en el que el mínimo es superior al mínimo del movimiento anterior.

A continuación, se muestra un ejemplo de una tendencia secundaria dentro de una tendencia alcista primaria.

Observa cómo los máximos a corto plazo (indicados por las líneas horizontales) no pueden crear máximos más altos, lo que sugiere una tendencia a la baja a corto plazo. Dado que el retroceso no cae por debajo del mínimo de octubre, los operadores utilizarán esta señal para confirmar la validez de la corrección dentro de una tendencia alcista primaria.

En general, una tendencia secundaria (o intermedia) suele durar de tres semanas a tres meses, mientras que el retroceso de la tendencia secundaria suele estar entre un tercio y dos tercios del movimiento de la tendencia primaria. Por ejemplo, si la tendencia alcista primaria mueve el Dow Jones de 10,000 a 12,500 (+2,500 puntos), uno esperaría que la tendencia secundaria mueva el índice hacia abajo alrededor de 833 (⅓ por 2,500).

Otra característica importante de la tendencia secundaria es que sus movimientos suelen ser más volátiles que los del movimiento primario.

La tendencia menor

El último de los tres tipos de tendencia en la teoría Dow es la tendencia más baja, definida como un movimiento del mercado que dura menos de tres semanas. La tendencia menor generalmente incluye movimientos correctivos dentro de la tendencia secundaria, o aquellos movimientos que van en contra de la dirección de la tendencia secundaria.

Por su carácter de corto plazo y el foco principal de largo plazo en la Teoría Dow, la tendencia menor no juega un papel fundamental según los seguidores de la teoría. Pero esto no significa que sea completamente irrelevante; la tendencia menor debe considerarse teniendo en cuenta el panorama general, ya que estos movimientos de precios a corto plazo forman parte tanto de la tendencia primaria como de la secundaria.

La mayoría de los partidarios de la teoría de Dow se centran en las tendencias primarias y secundarias, ya que seguir tendencias menores implica riesgos considerables.

Si prestas demasiada atención a las tendencias menores, puedes caer en operaciones irracionales, ya que los inversores pueden distraerse con la volatilidad a corto plazo y perder de vista el panorama general. En pocas palabras, cuanto más largo sea el período de tiempo incluido en la tendencia, más importante es la tendencia.

Las tendencias tienen 3 fases

El segundo principio de la teoría de Dow explica que las tendencias del mercado tienen y siguen 3 fases diferentes.

Los 3 tipos de fases de tendencia se denominan acumulación, especulación y distribución. La última fase, distribución, se denomina fase de acceso en un mercado alcista y fase de pánico en un mercado bajista.

Fase de acumulación

En el mercado alcista

La fase de acumulación en un mercado alcista es donde comienza la tendencia alcista, que generalmente coincide con el mínimo de una tendencia bajista (pero no siempre). Este es el punto donde los comerciantes bien informados y profesionales ingresan al mercado obteniendo los mejores precios, ya que el mercado en esta primera fase está infravalorado.

Esta es la fase más difícil de detectar de una tendencia alcista, ya que puede confundirse con una simple oscilación de tendencia dentro de un rango. El análisis técnico puede indicar una entrada en la fase de acumulación, ya que esta fase suele estar precedida por una fase de consolidación de la tendencia bajista anterior.

En mercado bajista

Dentro de un mercado bajista, la fase de participación ocurre cuando los operadores experimentados venden o recortan posiciones pensando que el mercado está sobrecomprado. Una vez más, esta fase es difícil de detectar. El análisis técnico puede ser útil para identificarlo, ya que generalmente se produce después de una tendencia alcista y un período de consolidación.

Fase de participación

Mercado alcista

La fase de participación en la tendencia alcista llega cuando la buena noticia comienza a ser recibida por el público en general. Las masas comienzan a comprar, empujando los precios cada vez más alto. Esta fase no es necesariamente más empinada que la fase de acumulación, pero generalmente dura más y los precios se mueven más.

Mercado bajista

Dada la participación masiva de inversores en un mercado bajista, la fase de participación suele ser la parte más larga de la tendencia y con el mayor movimiento de precios. Aquellos que siguen la tendencia generalmente salen del mercado en este momento o entran en una posición corta (una posición corta es cuando un inversionista toma prestadas acciones de un corredor y las vende en el mercado. El inversionista debe devolver los valores prestados comprándolos nuevamente en mercado, esperando que el precio baje).

Fase de distribución

Exceso de mercado alcista

La fase de exceso comienza cuando los inversores experimentados comienzan a reducir la exposición y a participar de las ganancias. Es la fase de tendencia en la que los operadores deberían comenzar a buscar signos de debilidad en el impulso alcista. La fase de exceso es un evento típico durante el estallido de una burbuja especulativa.

Pánico en el mercado bajista

Nuevamente, ocurre lo contrario con la fase de exceso. Un choque de negatividad ingresa al mercado y una ráfaga de ventas a veces resulta en niveles de pánico. Algunos inversores experimentados empezarán a decidir entrar en el mercado en este punto para intentar sacar provecho de las malas noticias.

El mercado se lleva todas las novedades

El tercer principio de la teoría de Dow es simple pero intuitivo: el mercado siente, metaboliza y se mueve a raíz de las noticias al respecto. Esto significa que los mercados de valores, el mercado Forex, el mercado de materias primas, etc. evalúan y descuentan todas las noticias sobre el mercado tan pronto como se publican.

El mercado está "informado de manera eficiente" sobre todas las noticias, ya sean noticias sobre fundamentos económicos, datos de tasas de interés, anuncios sobre datos corporativos o sentimiento general. Los desastres naturales también tienen un cierto peso en los precios en el mercado.

Tan pronto como las cosas cambian, el mercado se ajusta extremadamente rápido para reflejar la nueva valoración del mercado.

El tercer principio de la teoría de Dow es una de las discusiones más populares dentro del análisis técnico; AT se enfoca en predecir los movimientos futuros de precios basados en patrones de gráficos, acción del precio, niveles de soporte y resistencia e indicadores técnicos; no considera otros factores, como noticias fundamentales. Sin embargo, todos los operadores que basan sus estrategias en el análisis técnico deben tener un amplio conocimiento de los fundamentos antes de abrir una posición.

Los índices de mercado se confirman entre sí

La teoría de Dow sostiene que índices similares deben correlacionarse porque tienen la misma exposición a las condiciones económicas actuales. Por ejemplo, el Dow Jones debe tener una correlación con el índice de transporte Dow Jones. Si existe algún tipo de divergencia, Dow sostiene que habrá un cambio de tendencia en uno de los índices, por lo que es difícil predecir dónde comenzará esta nueva tendencia primaria o si se desarrollará. Sin embargo, si hay una correlación, se genera una confirmación de la tendencia.

Las tendencias deben ser confirmadas por volúmenes

Si los volúmenes más altos acompañan al alza o la caída de la tendencia, este es un buen indicador que confirma la fuerza de la tendencia según la teoría de Dow. Si estamos en presencia de volúmenes bajos, en cambio, la tendencia aún podría ser válida, pero no es representativa de una visión general. La teoría Dow asume que el volumen acompaña a los movimientos de precios como indicador. Es un indicador secundario que confirma el movimiento del precio, confirmando así la tendencia. De hecho, el volumen debería aumentar cuando los precios suben o bajan, lo que indica que más personas están expuestas al mercado.

La tendencia permanece confirmada hasta que haya pruebas claras de lo contrario.

Debe tener lugar una clara inversión de tendencia antes del inicio de una nueva tendencia. La tendencia generalmente termina en condiciones corporativas y económicas lo suficientemente fuertes como para forzar el cambio de tendencia. Pero una

tendencia podría pasar por una fase de corrección de la tendencia secundaria y luego continuar con la tendencia primaria: el análisis técnico puede ayudar a establecer las señales que indican el final de la tendencia.
El objetivo de los operadores de tendencias no es confundir una corrección con el comienzo de una nueva tendencia primaria. Es por eso que esperan una evidencia clara para asegurarse de que la tendencia haya terminado definitivamente.
Conclusiones
La teoría de Dow es la base del análisis técnico; sin embargo, el mundo ha cambiado en los últimos 100 años. Los vínculos entre todos los índices son menos fuertes, con índices de compra de tecnología que se han afianzado en el mercado y otros índices mundiales que han ganado importancia. Los numerosos análisis de los muchos índices que existen en la actualidad están reduciendo la precisión de la teoría de Dow. Sin embargo, no hay duda de que la teoría de Dow es importante para el análisis técnico.

Equilibrio emocional y atención plena

El equilibrio emocional y la atención plena son los dos componentes del éxito comercial.
En mi experiencia como trader, habiendo comenzado a practicar la meditación, vi que necesitaba encontrar estrategias y técnicas para manejar las emociones y luego aplicarlas mejor junto con las habilidades adquiridas con mindfulness.

Tripartición del cerebro (Paul MacLean)

El neurólogo Paul MacLean ha estado desarrollando la teoría del cerebro tripartita desde 1949. El cerebro humano ha evolucionado hasta ser lo que es hoy a través de diversas etapas de desarrollo, que se encuentran en los tres sectores en los que se divide:
1. Cerebro de reptil:
Esta es la parte más antigua y gestiona las funciones básicas de supervivencia:

instintos, reproducción, sueño, digestión, circulación sanguínea, sentido de territorio e instinto de supervivencia, luego ofensiva y defensa. Por tanto, funciona de forma impulsiva, y también se dice que es primitivo.

2. Cerebro o sistema límbico de mamíferos:

Está presente solo en mamíferos, rige las emociones relacionadas con el apego y las relaciones sociales, las emociones y los recuerdos preverbales. En particular, la amígdala proporciona a cada estímulo el nivel adecuado de atención, enriqueciéndolo con emociones y manejando el miedo y los recuerdos emocionales a través de la confrontación de la experiencia presente con la experiencia pasada.

3. Neocórtex:

Presente solo en humanos, se divide en hemisferio derecho e izquierdo. Se trata de pensar, razonar, planificar y hablar, utilizando la lógica y la creatividad. Procesa la información recibida a través de las experiencias y realiza todas las funciones cognitivas.

Los descubrimientos de la neurociencia

Según el profesor Sam Wang, neurocientífico de la Universidad de Princeton, la información no solo es una parte importante de todo el proceso de toma de decisiones, sino que es el punto de partida.

Oímos antes de pensar.

Estos son los pasos:

Evento

La evaluación de la amígdala provoca una emoción

Se envía una señal emocional a la neocorteza.

aquí se combinan diferentes emociones en un sentimiento

Las sensaciones mezcladas con la experiencia se convierten en un pensamiento

Reinventándonos para crear el estado de ánimo del trader

La biología, las circunstancias, el proceso de adaptación, crecimiento, apego emocional y otras cosas crean nuestro mapa perceptivo, es decir, nuestra forma de ver el mundo de forma automática, que se compone de creencias, percepciones y conversaciones mentales.

Todas estas cosas determinan la forma en que operamos. Estos elementos deben ser llevados a la superficie, a nuestra conciencia, examinados y reorganizados.

Este es un proceso de tres pasos:

1. Manejo de las emociones:

Cómo usar el cuerpo y la mente para lidiar con las emociones, en particular el miedo, y así adquirir la capacidad de manejar el miedo, la codicia, la impulsividad, etc., para que no tomen el control del comercio y nos cortocircuiten emocionalmente.

2. Nueva forma de entender la mente:

Aprendemos a ver nuestro diálogo interior, nuestros pensamientos, de una manera diferente. A través de la atención plena podemos convertirnos en observadores de nuestra mente y ver cómo somos en nuestros pensamientos en lugar de pensar en ellos.

En este punto podemos reorganizar la percepción del mercado, de modo que el trading se convierta en una posibilidad, pero no solo en una posibilidad. La clave está en pasar de tener el foco en no perder, a estar centrado en la gestión de riesgos, para que las posibilidades de éxito estén a nuestro favor.

3. Alinear nuestra naturaleza completa para lograr el desempeño ideal, que ya es
dentro de nosotros.

Aprender a despertar aspectos dormidos de nosotros mismos, cómo acceder a ellos, para poder reorganizar permanentemente nuestro estado mental como traders. Desde esta posición podemos experimentar la calma, la disciplina, la imparcialidad y el coraje necesarios para lograr el estado mental de mayor rendimiento en el comercio.

Por lo tanto, es necesario primero aprender a regular las propias emociones, posiblemente alcanzando un estado de equilibrio emocional, y luego aplicar la capacidad de conciencia y presencia y solo entonces será posible realizar los cambios necesarios, reorganizar la mente para poder comercio desde un estado mental de alto rendimiento.

La psicología y las reglas del comercio

El trading es una disciplina hecha de pura adrenalina, pero también de impaciencia, éxito y fracaso. Estos límites están muy cerca. Una delgada línea los conecta, más de lo que puedas imaginar, ¡y aquí es donde entran en juego las emociones! Aprender a controlar tus emociones utilizando la psicología del trading puede hacer una contribución esencial a tus operaciones y, sobre todo, al equilibrio de tu vida laboral. Al igual que en el deporte o en cualquier buen estudiante con una buena ética laboral hay un componente esencial que no se debe subestimar: la mente. Es capaz de darnos resultados inesperados con menos esfuerzo en el tiempo si aprendemos a entrenarlo constantemente sin llegar a estresar el agotamiento.

Para crear la mente del comerciante

Redacta tu horario diario
Crea y organiza tus espacios de trabajo
Alcanza metas y no apuestas dictadas por ímpetu
Estudia en lugar de confiar en coincidencias ilógicas improbables.
Sé tenaz y paciente
No vivas el comercio con ansiedad.
¡No confíes solo en tu instinto (usado solo en el comercio es prácticamente inútil)!

¿Por qué el impacto emocional es tan importante en el comercio y para quienes operan en los mercados financieros?

La mentalidad es definitivamente uno de los aspectos más importantes para quienes se acercan al mundo de las finanzas personales y el comercio. El éxito depende de ti y de las decisiones que tomes en cada etapa del comercio en los mercados. Primero, aprende a manejar tus emociones y, en consecuencia, tu cartera.

<u>Las fases a controlar</u>

Identificación comercial

Análisis
Abrir un puesto
Vigilancia
Gestión de riesgos
Gestión de ganancias y / o pérdidas
La primera Posición real que debes tomar es dedicarte a aprender a tratar tu Mente como un músculo. Debes mantenerte en constante entrenamiento y como decíamos, no debes exponerlo a un estrés excesivo.
Definitivamente, la mentalidad correcta está hecha de disciplina, ritmos y reglas como levantarse temprano, por ejemplo, que te permitirán hacer de tus hábitos una fortaleza y no una debilidad.
No nos damos cuenta de que nuestro Tiempo está compuesto en su mayor parte por nuestras reacciones que solo nos llevan a reaccionar ante los eventos y no a aprender a preverlos. Ser dueños de nosotros mismos es la primera gran regla para no estar condicionados por lo que nos rodea, sino aprovechar las mejores oportunidades.

¿Cuáles son los errores más comunes en la gestión de las emociones comerciales?

La prisa es enemiga del tiempo
Ser apresurado por temor a perder tus ganancias o el dinero invertido en una posición de negociación abierta ciertamente no ayuda a administrar tus ahorros.
Empieza por el concepto fundamental de invertir solo lo que estés dispuesto a perder y organiza la gestión de tu dinero para no correr el riesgo de exponerte demasiado a las fluctuaciones del mercado.
Permitir que tu estrategia se pruebe verdaderamente y sin filtros mentales puede ser una buena manera de ver si estamos en el camino correcto.
Errores como oportunidades
No veas todas las operaciones con pérdidas como una pérdida de tu cartera, sino como una oportunidad para aprender las estrictas leyes del mercado y asegurarte de estar en el lado correcto tanto como sea posible gracias a tu mejora constante.
Nunca dejas de aprender, pero hay una diferencia entre

interpretar mal un análisis o una predicción de mercado en lugar de estar literalmente abrumado por las emociones al reducir a la mitad o perder cualquier beneficio.

¿Cuáles son las principales emociones a controlar?

Codicia

La codicia puede convertirte en un esclavo psicológico de las posiciones de mercado abiertas. Un comerciante debe tener su propio plan (mejor si está escrito). En este caso también es beneficioso utilizar el buen lápiz y papel para enfatizar los puntos a respetar.

Confianza en el mercado

La coherencia con tu estrategia no debe llevarte a creer que es infalible o ganadora a cualquier costo. Todo tiene un costo y la confianza con la esperanza de ver subir o bajar tus posiciones solo nos expone a riesgos innecesarios.

Ser presa del mercado no es difícil, así que aprende a ser consciente de que a veces es mejor aliviar las pérdidas y reabrir en otros puntos en lugar de verse empañado por la confianza en el mercado.

Ansiedad

La ansiedad en las etapas del mercado que enumeramos anteriormente, especialmente en la apertura y gestión de una posición abierta, es muy común para los principiantes. La negociación se realiza sobre la base del estudio, pero también de la probabilidad y esto nos lleva a temer por nuestras inversiones. Existen herramientas que pueden hacer que nuestras operaciones sean más serenas y hacernos comprender que el comercio debe verse como una oportunidad para comprender.

Un stop loss configurado correctamente puede ayudarnos a prevenir pérdidas no deseadas. En cambio, la toma de ganancias nos permitirá cerrar una ganancia de tendencia en un punto dado.

El plan comercial

Algo que puede ayudarnos a controlar nuestras emociones y establecer nuestra ruta de negociación diaria, semanal y mensual es tener un plan bien definido.

De hecho, el Plan de negociación no solo nos permitirá ir a escribir el resultado de nuestro análisis e identificar la tendencia subyacente. El mercado es un entorno complicado, denso e intrínseco como un Bosque donde momentos de mayor volatilidad, quizás con noticias importantes, abruman al mercado y nos desestabilizan también.

El Plan de negociación te permitirá enfocar tu estrategia y hacerla lo más consistente posible con tus operaciones.

Día de cambio

El comercio diario (o el comercio intradiario) es quizás el más difícil y complejo de tratar como presión psicológica. Es quizás el área donde el miedo a la pérdida puede tener el efecto más devastador. Cualquier cosa puede pasar durante tu jornada de negociación y por eso hay que estar bien organizado mentalmente para afrontar la montaña rusa que nos ofrece el mercado, llamada en jerga The Ups n 'Downs

No te voy a decir que te prives de tus emociones o las dejes a un lado como un robot. Eso no es lo que quiero transmitirle, porque privaría al Trading de la parte que más le apasiona y que lo hace atractivo.

Recuerda siempre que el comercio es un negocio y, como tal, se compone de planes y estrategias que te llevarán a tomar decisiones.

Elecciones que requieren acciones reales y, por tanto, responsabilidad. Ser codicioso o temeroso solo aumenta tus pérdidas y preocupaciones diarias. Estos últimos a un volumen demasiado grande, incluso más que el dinero, terminan volviéndose inmanejables.

No existen métodos infalibles, pero solo tú puedes llevar tu crecimiento personal en el comercio y no solo a un nivel cada vez más alto con buenos hábitos simples. ¡No olvides usar tu Mente!

Comercio y disciplina

Pero, ¿qué es la disciplina en el comercio?

Mucha gente respondería que es la capacidad de realizar continuamente su propia estrategia y seguir sus propias reglas. Esto también incluye la parte de preparación y evaluación de un oficio.

Por tanto, es necesario:

1. Tener una estrategia que tenga resultados estadísticamente positivos a lo largo del tiempo
2. Ponerlo en práctica

Lo primero es necesario y ya debes tener una estrategia a la que aplicar la disciplina.

En el comercio, el desafío más importante es contra tu persona. A menudo, escuchas a los comerciantes quejarse de tu falta de disciplina. Comencemos diciendo que la palabra disciplina en el trading es un poco demasiado general: en realidad pueden ser comportamientos muy diferentes por no tenerla, y nadie los experimenta todos.

En general, cada uno de nosotros tendrá un par de áreas en las que concentramos nuestros principales obstáculos comerciales, y solo tendrías que eliminarlos para llevarlo al siguiente nivel.

Es muy útil que todos se den cuenta de cuáles son tus desafíos, los que tienen el peor impacto en los suyos, para que puedan superarlos en particular, poniendo tus dificultades en otra perspectiva.

¿Cuáles son las razones por las que los traders pierden la disciplina?

Los traders pierden la disciplina por muchas razones y en varias áreas:

Estrategia

El primer problema posible es no tener una estrategia que tenga una ventaja estadística. Sin uno, es intuitivo comprender que no se puede operar de manera rentable de manera constante. Por cierto, ni siquiera es posible que entiendas si eres disciplinado o no.

Otro problema es no elegir el mercado, el marco de tiempo, el tipo de negociación que es más apropiado para tus habilidades y aptitudes, tu tolerancia al riesgo y tu carácter. Si vas en contra de tu naturaleza, es bastante normal que tengas problemas para seguir esas reglas.

Por ejemplo, una persona que es muy analítica y reflexiva, que está acostumbrada a tomar decisiones con mucha calma y después de una larga deliberación, no es la mejor candidata para estrategias de corto plazo, donde sobresaldrán personas con una gran capacidad de mirar, sintetizar, y rapidez en la toma de decisiones.

El riesgo en el primer caso es que, al no poder ingresar a las operaciones a tiempo, esa persona llegará tarde cuando el intercambio ya no esté disponible para realizarse.

La falta de confianza en la estrategia suele deberse a una falta de conocimiento estadístico: sucede que el motivo de una serie de pérdidas es simplemente inherente a la estrategia elegida, y saber qué tipo de distribución pueden tener los resultados de las operaciones, al menos sobre la base de pruebas posteriores, puede eliminar esta desconfianza.

Mente

El aburrimiento, la distracción y los mercados planos son un primer problema para la mente. Hay períodos prolongados en los que no sucede nada en los gráficos. Si te aburres, puedes realizar intercambios solo para hacer algo, y no porque se haya presentado una oportunidad de acuerdo con tu estrategia. Encontrar otras cosas que hacer en estas situaciones es fundamental: leer, investigar, estudiar, desarrollar nuevas estrategias, etc.

La fatiga y la sobrecarga mental conducen a una baja concentración. Así como hay periodos muy tranquilos, hay otros muy emocionados, intensos. Después de un día en el monitor con mucha atención te sientes cansado, tanto física como mentalmente. Cuando estás cansado, la incidencia de errores es mucho mayor y tu rendimiento cae.

Tienes que aprender a reconocer los signos de fatiga, a dosificar tu energía y sobre todo a recuperarte a medida que avanza el día, sobre todo con ejercicios de recuperación del estrés, que te devuelvan la energía física y mental en minutos.

Emotividad

Después de algunas operaciones con pérdidas, puede sentir enojo o frustración, y estas son emociones peligrosas:

Provocan cambios fisiológicos (producción de cortisol, la hormona del estrés) y que comprometen su capacidad para tomar decisiones racionales y objetivas. Espera hasta que vuelvas a estar en un buen estado de ánimo antes de tomar decisiones con respecto al comercio (los ejercicios de recuperación del estrés también son muy útiles aquí), de lo contrario, no tomarás los correctos.

Incluso una serie de operaciones positivas puede ser peligrosa:

conduce a un exceso de confianza, que puede aumentar de tamaño de manera exagerada y hacernos entrar en transacciones que no son del todo correctas, porque disminuye nuestra percepción de riesgo.

Debes aprender a reconocer el exceso de confianza, que como toda emoción tiene su propio patrón físico cortado, para saber cuándo estás en riesgo y tener cuidado de usar tamaños apropiados.

No aceptar pérdidas es otro gran problema, porque lleva a mover los frenos y dejar correr las pérdidas. Aprender a aceptarlos y lidiar con ellos de manera efectiva es esencial para ser disciplinado.

Asumir demasiados riesgos (en comparación con nuestra percepción personal del riesgo) genera un alto nivel de estrés, por lo tanto, ansiedad y preocupación, que comprometen nuestra capacidad de toma de decisiones.

Esto también incluye posiciones que son demasiado grandes en relación con nuestra cuenta y, por tanto, posibles pérdidas demasiado elevadas dadas las consecuencias que acabamos de ver.

El tamaño de la posición siempre es fundamental para evitar este tipo de emoción.

Condiciones generales

La presión de todo lo que tenga que ver con el trading, o con nuestra vida, el estrés emocional, momentos particulares de presión financiera, nos afectan negativamente.

Es posible que experimentemos períodos de retiro prolongados, pero aún dentro de los parámetros de nuestra estrategia, y no debemos dejarnos influir por el hecho de que tenemos que pagar las facturas.

De la misma forma, pueden ocurrir momentos de estrés o dificultades de diversa índole en la vida, que nada tienen que ver con el trading, pero siempre debemos ser conscientes de que los traemos en nuestra forma de trading, de buena gana o no.

Reconocer estas situaciones y tomar las precauciones necesarias para no cambiar el comportamiento es absolutamente necesario.

Personaje

Muchas facetas de nuestro carácter influyen en nuestro trading: hay quienes no les gusta seguir las reglas, quienes son

impulsivos, quienes aman los excesos o arriesgarse.
Todos estos son aspectos que pueden poner en riesgo nuestra capacidad de ser disciplinado. Por ello es importante conocerse a sí mismo, y elegir un estilo de trading que esté en línea con nosotros, incluso explotando quizás estos lados que pueden parecer difíciles de abordar el trading, en cualquier caso, tratando de trabajar simultáneamente en mejorar tus contrarios.

Los hábitos mortales en el comercio

Puedes acceder al comercio desde muchos caminos de vida diferentes, a menudo con la ilusión de construir una fortuna, quizás comenzando con pocos medios e incluso en poco tiempo.
No hay barreras para el ingreso a la Bolsa, por lo que todos pueden participar, desde los que se acercan con cautela y disciplina hasta el jugador que simplemente ve otro juego de azar.
En el medio, decenas de personas mal capacitadas son pulverizadas, junto con su capital, a menudo quemando sus cuentas con hábitos comerciales que resultan mortales y destructivos.
Desafortunadamente, la mayoría de las personas que se acercan al comercio toman la ruta destructiva porque convertirse en un operador profesional requiere cientos de horas de preparación y observación, mientras que la mentalidad general ve los mercados como un casino.
En realidad, ser rentable requiere que estudies tus estrategias durante meses o años y sigas perfeccionándolas, y continuar analizando tus hábitos comerciales, cambiándolos cada vez que se interponen en tu camino.
Pero, ¿cuáles son los 10 peores y más destructivos hábitos comerciales del capital (material y psicológico)?
Sobrecomercio:
Cada configuración debe reflejarse en el conjunto de reglas que nos llevan a decidir que es válida y que podemos correr ese riesgo. En cambio, muy a menudo, la adrenalina que sientes cuando estás expuesto al mercado se convierte en la principal

motivación, lo que lleva a posiciones abiertas solo por la prisa por ganar o perder.

Este hábito es especialmente perjudicial si vienes de una serie de ganancias aleatorias, es decir, que no dependes de la estrategia y cómo la seguimos, y nos hacen sentir invulnerables.

Sigue los consejos de otros:

Los mejores oficios reúnen las características necesarias antes de ingresar al mercado.

Este proceso requiere mucho esfuerzo y lleva a los traders con menos experiencia a renunciar a sus trabajos necesarios y seguir los consejos de aquellos que se consideran más experimentados, ya sea un gerente de banco, un trader en Twitter o un grupo de FB.

Lo más arriesgado es no entender la configuración con la que ingresas ni la estrategia detrás de ella (no es que no sepas qué hacer cuando las cosas salen mal.

Palanca demasiado alta:

Hoy en día, el apalancamiento que ofrecen los brokers, tanto en cfd como en Futuros (aunque menor en términos de margen) es alto, y debes aprender lo más rápido posible que no debe usarse, pero sí debes usar apalancamiento.

Si utilizamos el margen que podamos, tendremos una exposición al riesgo de perder nuestro capital muy alto, mucho más allá del capital en sí.

Martingala:

Los operadores aprenden desde el principio que pueden reducir su precio medio de carga añadiendo más posiciones con pérdidas, a un precio "mejor".

Parece una buena idea, de hecho, está aumentando el riesgo al que te expones, en una operación que ya está y puedes encontrarte en el lado equivocado durante semanas o meses en el lado equivocado del mercado, con una exposición de este punto demasiado alto, y un capital que se está erosionando.

Otro asunto si esta mediación está prevista por la estrategia, y el riesgo total se calculó antes, con criterios que no pasamos.

Sigue el sentimiento:

Los comerciantes pueden optar por aprender a través de un proceso de formación o seguir la respuesta emocional. En este caso, el miedo a perder el posible movimiento toma el control absoluto, atrayendo al comerciante en posición en el peor momento posible, cuando todos los demás ya han cerrado y se han llevado a casa las ganancias.

La necesidad de tener razón:

Si tu vida real no va bien, no operes, porque los problemas en tu vida personal traerán sangre y lágrimas a tu cuenta de operaciones.

Esto es especialmente cierto cuando tienes problemas para tomar decisiones, que generan un deseo malsano de tener la razón en todas las situaciones. Esta fuerza subconsciente convierte cada operación en un referéndum sobre la autoestima en lugar de ser una apuesta razonada sobre si un precio subirá o bajará.

Apuestas en Quarterly:

Durante el período de salida de beneficios, los valores pueden moverse mucho durante el cierre del mercado, como reacción a los resultados trimestrales.

Los traders principiantes dependen en gran medida de este tipo de movimientos, convencidos de que pueden llegar a la riqueza con los resultados de las apuestas, en lugar de construir una pieza a la vez. Por el contrario, parte de los profesionales quedan al margen de estos movimientos, salvo para poder reducir riesgos con estrategias de opciones.

Ir en contra de la tendencia:

Siempre hemos escuchado el lema “la tendencia es tu amigo”, incluso Gann solía decir eso en 1928, pero aún hoy el principiante no escucha este mensaje e intenta vender en nuevos máximos o comprar en nuevos mínimos, sin darse cuenta de que un máximo o mínimo absoluto solo se define como tal posteriormente.

En ambos casos, no se dan cuenta de que una tendencia puede durar mucho más de lo esperado e ir mucho más allá de los objetivos de precios que pensaba.

Ir en contra de la tendencia no está mal, eso sí, pero incluso aquí hay algunas reglas a seguir, en primer lugar, no hacerse una idea, sino mirar los hechos.

Alguien más siempre tiene la culpa:

Un mal hábito es siempre culpar a otra persona por sus pérdidas, en lugar de
para ellos mismos.

Antes eran los Market Makers, hoy el HFT y la especulación de los Bancos Centrales, el resultado es siempre el mismo: nadie más que tú viene a hacer clic con el mouse.
No tienes un plan de salida:
Si no tienes un plan comercial, no sabes cuándo salir con ganancias o pérdidas, y corres el riesgo de mantener una posición hasta que tengas un colapso emocional, para bien o para mal.
Esto es incomprensible para un profesional, que nunca entraría en una operación sin haber definido tanto la pérdida potencial como la ganancia posible.

Los 9 miedos al comercio

Maneja tus emociones. Esto no significa no tener o no tener emociones, eso sería imposible. Para mí significa convivir bien con ellos, sin quedar a merced de ellos y deshacerse de los estados de ánimo negativos.
La emocionalidad nos lleva a los extremos: la euforia, la excitación / desánimo y el miedo son las dos caras de una misma moneda, y ambas nos impiden mantener el equilibrio, donde reina la calma, la paciencia y la prudencia (el paraíso del comerciante).
Para simplificar, tengo que decir que la emocionalidad viene del miedo: el miedo a perder, a equivocarse, produce emociones que percibimos como negativas, como el desánimo, pero al mismo tiempo, ese mismo miedo produce euforia cuando es negado por una posición en ganancia.
Cuando operamos con el riesgo de una pérdida monetaria real, nuestro cerebro reptil (sistema límbico) lo interpreta como un peligro real para nuestra supervivencia biológica. Y la supervivencia tiene que ver completamente con el estado emocional que llamamos miedo.
El miedo crea una falta de reactividad, una especie de caja en la que estamos "bien" y de la que preferimos no salir, ya que como hemos visto se crea tanto un punto de vista biológico como psicológico desde el mecanismo de supervivencia, para evitar riesgos, por lo tanto, molestias.

Esta "caja" está hecha por nuestras reacciones automáticas, que limitan las posibilidades, ver, hacer, etc., es la famosa Zona de Confort.

Los 9 miedos del trading

Podemos encontrar 9 tipos de miedos que se manifiestan en el trading, y lo interesante es que estos miedos existían dentro de ti incluso antes de que empezaras a operar, no nacieron en el trading, simplemente en otros contextos podrías evitar tener que enfrentarlos.

Así que comencemos a dar un nombre y a conocer los demonios que guardamos dentro, bajo la superficie.

Miedo a la incertidumbre

En el trading se manifiesta como esa vocecita que, cuando vemos una configuración coherente con nuestro plan de trading, nos susurra "¿Estás seguro? Espera alguna otra confirmación" y mientras tanto vemos la posible operación deslizarse a través de nuestras manos.

En el comercio experimentamos este tipo de miedo cuando tenemos una vacilación, cuando esperamos tener una confirmación de que algo va a suceder; pero en el comercio no hay certezas, solo probabilidades.

Para salirnos del mandato biológico tenemos que gestionar el estado emocional, para poder superar el imperativo que tenemos impresionado en la mente y el cuerpo: tenemos que calmar el cerebro, para que el miedo a lo incierto no abrume nuestros pensamientos racionales necesarios para poder poner en práctica la gestión de riesgos.

Miedo a perder

Este es uno de los miedos más comunes. Este es el momento de la verdad, cuando un trader comprende si está lo suficientemente estable emocionalmente en un momento determinado, cuando el miedo destruye la posibilidad de estar en un estado de calma, disciplina e imparcialidad.

También es el momento en que uno descubre cuán interconectados están la mente y el cuerpo, porque ambos se congelan de miedo. La mente está atrapada en la expectativa de una pérdida inminente, toda la atención se centra en la pérdida.

Creamos la pérdida nosotros mismos, porque solo vemos las posibilidades que nos permite ese estado emocional, y perdemos la imparcialidad de ver las configuraciones como son. Manejar este miedo evita el cortocircuito mental que nos impide seguir las reglas de la gestión de riesgos.

Miedo basado en la urgencia de compensar pérdidas anteriores

Este tipo de miedo a menudo se manifiesta como una mezcla de ansiedad y una sensación de urgencia, que quita la imparcialidad. En las creencias de muchos traders, no hay margen para perder, es una posibilidad muy remota, probablemente debido al tipo de trabajo previo o entorno social. La diferencia está en la forma de ponerse al frente del mercado: no para sacar del mercado, sino para ver con mucha amplitud de miras si hoy puede darnos algo bueno.

Para convertirnos en traders rentables y exitosos debemos aceptar, pero en el fondo, las pérdidas y comprender qué son. Ahora sabes que estarán allí. Tienes que separar tu actuación de tu identidad como persona.

Miedo de equivocarse o no tener razón.

Si eres un perfeccionista, hasta que no hayas reorganizado tu conocimiento de sí mismo, tendrás dificultades para operar. Incluso, si comprendes que no siempre puedes ganar en el comercio, en un nivel emocional permanecerás apegado a un estándar poco realista de victorias perennes.

Esta actitud mental conduce a un constante diálogo interno negativo, de crítica a la forma de operar o no. En el comercio, el éxito de una operación no está garantizado solo por hacerlo correctamente, por lo que una atención obsesiva y excesiva a la perfección nos hace menos dispuestos a ver el cambio constante del mercado.

Una actitud perfeccionista a menudo esconde la necesidad de control y validación externa de nuestro trabajo, pero el mercado no se puede controlar y es un lugar peligroso para poner su sentido de identidad. Tienes que acercarte al mercado con respeto por lo que no puedes controlar, que es todo menos tú, después de todo.

Miedo a la insuficiencia (validación externa)

Si la necesidad de proporcionar subsistencia se convierte en la necesidad de demostrar su valor y suficiencia como comerciante, esto se convierte en una vulnerabilidad en el comercio.

Si confundes desempeño con identidad, entonces la necesidad de tener una validación externa de su valor se hace cargo. Si desarrollas un fuerte sentido de sí mismo, de tu esencia, puedes trabajar en tu desempeño, evaluarlo sin dolor y desarrollar más habilidades.

Miedo al autosabotaje (enviar todo a un estado de cambio)

El autosabotaje es una profecía autocumplida, que hemos conectado a nuestros neurocircuitos, sobre nuestras expectativas para el futuro.

Miedo a perder la oportunidad (codicia)

El miedo a perder una oportunidad a menudo conduce a la gestión de riesgos, que mantiene una operación dentro de parámetros de riesgo bajos, previamente definidos y aceptables. A veces sale sin pérdidas, si has sido lo suficientemente inteligente, pero has puesto la operación al punto de equilibrio, a veces con pérdidas, pero en cualquier caso dada la ganancia ante la pérdida psicológica que hemos sufrido es considerable.

La codicia expulsa la racionalidad y el comerciante comienza a ver todo con los ojos de la codicia y la oposición. En el comercio, si no reconocemos este miedo y aprendemos a manejarlo, quemará nuestra cuenta. Necesitamos desarrollar la fuerza interior y la disciplina para resistir las sirenas de la codicia.

Miedo al fracaso / Miedo al éxito

En el trading puede manifestarse de muchas formas, desde no asumir los riesgos que habíamos tenido en cuenta en nuestro trading, mantenernos fuera del mercado, cerrar una operación rentable demasiado pronto, etc., etc.

Lo que tenemos que hacer es tomar nota de que esta actitud mental viene de lejos, empezar a verla funcionar, y cambiarla poco a poco, construyendo nuevas conexiones cerebrales y nuevas formas de lidiar con las cosas, y sobre todo dándonos finalmente permiso para ganar y para triunfar.

Miedo al crecimiento y al cambio (salir de la zona de confort)

Cada uno de nosotros tiene en mente una cifra que la arreglaría, tanto mensual como anualmente, pero debemos tener cuidado de no convertirla de un objetivo (que incluso puede ser superado) a un muro infranqueable, precisamente porque si llegamos allí, todavía corremos el riesgo de perder lo que hemos ganado. Puede convertirse en la línea en la arena que nos hemos trazado, que no podemos superar, y también una profecía autocumplida.

Cuando intentemos reexaminar nuestras creencias inconscientes, encontraremos que muchas de las cosas que creemos, que no cuestionamos, no son realmente "nuestras", las forjamos en nuestras neuronas y las aceptamos porque ciertamente podríamos no hacer nada más.

Las 6 emociones más comunes en el comercio

Sin duda, las emociones en el trading se encuentran entre los factores más importantes y aprender a gestionarlas es fundamental para ser rentable y seguir siendo rentable a largo plazo.

Se debe hacer una distinción entre emociones y sentimientos: las emociones son energías que tienen una clara manifestación en el cuerpo físico (es de gran ayuda aprender a reconocerlas), son básicamente reacciones a algo que realmente no ha sucedido (pero para la mente humana no hay diferencia).

Cuando somos muy emocionales, nos llena una especie de energía que nos aleja de nuestro centro, de nuestra claridad interior. Nuestro 'niño interior' es el asiento de nuestras emociones. Sabemos que los niños pueden dejarse llevar por sus emociones y muchas veces son incapaces de detenerlas, casi pueden ahogarse en sus propias emociones.

Las 6 emociones más comunes en el trading

Temor

El miedo es una de las dos emociones más frecuentes, se manifiesta de diversas formas y puede ser la causa de muchos errores comerciales.

El miedo a perder hace que los operadores retrasen el momento de asumir una pérdida, lo que luego se convierte en pérdidas mucho mayores, y el miedo a devolver las ganancias hace que los operadores cierren las operaciones ganadoras demasiado pronto.

Codicia

La codicia (el deseo de aumentar la "posesión") parecería algo bueno, pero en realidad suele ser la causa de una serie de decisiones comerciales impulsivas que deben evitarse.

Los comerciantes que se ven influenciados por la codicia a menudo no se adhieren a los principios de una sólida gestión de riesgos y dinero. La codicia también refuerza la mentalidad de juego que conduce a transacciones no reguladas hechas sobre la base de decisiones impulsivas.

Esperanza

La esperanza, el miedo y la codicia a menudo van de la mano. Los operadores que tienen una posición con pérdidas a menudo muestran signos de esperanza cuando retrasan la pérdida y le dan a la operación más espacio para respirar de lo que anticiparon. Otro ejemplo de esperanza es cuando los operadores intentan compensar pérdidas pasadas y luego ingresan al mercado con una posición de gran tamaño que no sigue sus reglas.

Agitación / ansiedad

Cada sentimiento de agitación en el comercio es una señal de que algo salió mal. Cuando estás demasiado ansioso en una operación, a menudo es una señal de que tu posición es demasiado grande, que no has seguido las reglas o que no deberías haber abierto esa operación.

Hacer un seguimiento de tu nivel de agitación y preguntarte por qué te sientes ansioso o agitado a menudo, puede ayudarte a salir de operaciones en las que no deberías haber ingresado.

Aburrimiento

El aburrimiento es más un estado mental que una emoción, pero los traders que están aburridos a menudo carecen de concentración y claridad mental. Una señal de falta de atención es cuando se encuentra mirando repetidamente los gráficos de los mismos instrumentos y períodos de tiempo, sin saber lo que está buscando.

Además, cuando pierdes una entrada debido a la falta de atención porque estabas navegando por Internet o haciendo otra cosa, es una señal de que tu enfoque no está donde debería estar. Aclara tus prioridades y cuando estés operando, no te involucres en otras cosas.

Frustración

La frustración también es a menudo la causa de errores comerciales, que resultan de cualquiera de las emociones de las que hemos hablado. Cuando un comerciante pierde una entrada,

rompe sus reglas y pierde dinero, asume demasiados riesgos y pierde demasiado dinero y comienza a ver lo que debería haber hecho, la frustración comienza a apoderarse.
La frustración también refuerza todos los patrones de comportamiento negativo en la actividad de un comerciante al intensificar los problemas.

La ley de Pareto en el comercio

Supongo que ya conoces la Ley de Pareto o Ley 80/20:
"La mayoría de los efectos se deben a un número reducido de causas (considerando un gran número)", que luego se formuló como un modelo aplicable en cualquier campo.
El 80% de tus ganancias comerciales provienen del 20% de tus operaciones.
Por lo tanto, el truco consiste en centrarse en lo esencial, aprender a identificar los pocos elementos que realmente funcionan y eliminar lo que es inútil, en particular los hábitos y comportamientos dispersos o improductivos.
Los tres problemas que en general son responsables de la mayoría de las pérdidas son:
Cometer errores que se comen todas las ganancias
Los comerciantes a menudo pueden ser disciplinados durante varias semanas seguidas y tener un desempeño muy bueno. Entonces, de repente, algo les viene a la mente y con solo una operación eliminan semanas de ganancias, generalmente mediando una posición con pérdidas o ampliando (o peor aún, eliminando) el stop loss.
Aquí, a menudo, una forma de mejorar y resolver esto es comenzar a realizar un seguimiento de tus errores, contextualizándolos en todos los niveles, en tu diario comercial emocional, para que puedas obtener estadísticas sobre tu frecuencia y comenzar a trabajar en los más serios como resultados.
Convertir ganancias en pérdidas debido a una mala gestión comercial
Una vez que ingresas al mercado, tal vez bien y de acuerdo con

tus propias reglas, puede ocurrir que un comerciante no sepa qué hacer porque solo estaba enfocado en la entrada, o que las reglas de gestión comercial no se sigan adecuadamente porque son impulsado por la ansiedad del mercado.
Tener un buen plan comercial y seguirlo puede mejorar estos aspectos.
Palanca demasiado alta
Especialmente al principio, los sueños de riqueza fácil dejan muchas víctimas en el campo, esto se debe a que, si no administras cuidadosamente el nivel de riesgo al que se somete en cada operación que realizas, el uso de un alto apalancamiento traerá rápidamente la cuenta a cero.
Antes incluso de comenzar, es mejor estudiar un poco de Administración del dinero para comprender claramente tanto la administración de riesgos como el tamaño adecuado de la posición.

Pequeñas sugerencias finales

El éxito en el comercio es 80% psicología y 20% metodología
Si el sistema de comercio perfecto se publicara en la portada del Wall Street Journal, solo el 10% de las personas que lo aplicaron serían rentables, el resto continuaría perdiendo dinero.
¿Porqué es eso? La causa es la falta de autocontrol y confianza. Desde muy pequeños estamos acostumbrados a ganar poder para poder manipular y forzar el cambio y seguir nuestro destino. Esta es la única forma en que se nos enseña a lograr nuestras metas en la vida.
¡Esta actitud mental correcta no funciona en el entorno comercial! Manipular el mercado es algo que está más allá de nuestras capacidades y nuestro control.
La única parte del comercio que podemos controlar somos nosotros mismos.
¿Cómo se logra el autocontrol y la confianza?
El autocontrol se logra mediante el ejercicio de la disciplina y el logro de la confianza mediante la mejora constante de las habilidades comerciales.

En el mercado, tú y solo tú deben tomar las decisiones, y deben tener la disciplina para compartir las decisiones que toman. Un comerciante tiene el poder de darse dinero a sí mismo o de dar su dinero a otra persona. En el entorno comercial, un comerciante tomará sus propias decisiones y, por lo tanto, necesita la disciplina para ser coherente con sus propias reglas.

La cuestión de las estadísticas

Como comerciante, ¿estás dispuesto a admitir que tu sistema comercial simplemente está pasando por un período de pérdidas? Todos atraviesan períodos en los que nuestras entradas al mercado generan pérdidas consecutivas, y luego comenzamos a pensar ... Son los pensamientos negativos los que afectan negativamente nuestra confianza, lo que también puede conducir a grandes pérdidas.

Al mismo tiempo, ganarán muchos traders que recién están comenzando. Estas ganancias erosionarán la humildad inicial de estos comerciantes, además de intensificar tu codicia.

Este es un problema muy serio. Muchos comerciantes han tenido que lidiar con este tipo de problemas. Superar este tipo de barrera psicológica es crucial para el éxito de un operador.

Entonces, la lección que debes aprender es: ¡aplique tus reglas! Digamos que comienzas con una cuenta de $ 5,000 y arriesgas un máximo del 1% de tu saldo en cada operación. Con esta estrategia, tendrás que fallar 100 veces seguidas para borrar tu cuenta. ¿Crees que es probable que pierdas 100 veces seguidas? ¡Solo si no aprendes de tus errores!

Si puedes ajustar tu disciplina para seguir las reglas de tu sistema de comercio, habrás eliminado el peligroso "factor humano" de tu comercio. Este será realmente un paso importante para convertirte en un comerciante de éxito.

Recuerda: ¡no te guardes tus problemas comerciales!

En primer lugar, hay algunas cosas que todos debemos entender, sin importar dónde te encuentres como comerciante:

Desde un punto de vista psicológico, el entorno comercial tiene la posibilidad de cumplir con las expectativas más amplias de independencia y libertad financieras, mientras que, al mismo tiempo, también existe la posibilidad de arriesgar todo lo que posee en términos financieros.

Tú, como comerciante, tendrás que controlarte a ti mismo de una manera que puede ser completamente desconocida para ti, y esto no es menos absolutamente esencial para cualquier tipo de éxito a largo plazo en este y otros mercados similares.

El entorno comercial te brinda la oportunidad de experimentar una total libertad de expresión combinada con un sinfín de posibilidades y riesgos.

¿Cómo respondería un trader novato a las siguientes preguntas?

¿Estás preparado para perder?

¿Puedes permitirte perder?

¿Tú, como comerciante, siempre quieres proteger tu capital?

Muchos traders se convencen a sí mismos de que han encontrado un comercio seguro y, por lo tanto, no colocan ningún stop-loss, como dicta la regla. Inevitablemente, tendrán que hacer malabarismos para no perder gran parte de su capital.

Esta es una vieja historia escuchada muchas, muchas veces por los visitantes de Live Trading Room. "¡Tengo razón, es el mercado el que está mal!" Muchos traders novatos tienen la idea errónea de que los negocios comerciales ocurren naturalmente. Creen que son los únicos que están calificados para triunfar sin estudiar y adquirir experiencia.

La cuestión de Drawdown

Con un enfoque disciplinado que sigue estrictamente tus reglas, no necesitarás buscar el Santo Grial de las señales de entrada. Mantén tu sistema actual y conviértelo en tu Santo Grial desglosando la reducción.

¿Cómo bajo mi drawdown?

Hay varias estrategias para operar con una reducción limitada. Por ejemplo, el Estudio de probabilidad, cuando puede identificar con bastante precisión la dirección del mercado en las próximas horas y luego ejecutar órdenes en esa dirección.

Como resultado tendremos que, aunque nuestra entrada no tenga una sincronización perfecta, con solo haber entrado en la dirección diagnosticada, tendremos un sistema de entrada de alta eficiencia y una disminución del drawdown dada por la disminución de pérdidas consecutivas.

Tú eres el sistema de comercio

Muchos traders novatos tienen demasiada prisa y están impacientes. Tienen expectativas poco realistas acerca de hacer un montón de dinero rápidamente y en el corto plazo. Esta es la causa de romper las reglas (si es que las tienen). Probablemente nos acerquemos a la verdad si pensamos que una buena metodología comercial por sí sola hará ganar dinero.

Tú, como comerciante, es la verdadera estrategia comercial. Tú eres el "Sistema de Trading", y cuando puedes combinar un poco de paciencia con disciplina para esperar el momento adecuado, de acuerdo con tus pautas y reglas (incluso si traicionas con solo dos promedios móviles), estarás en el camino correcto.

¡Mantén limpio tu comercio!

Si estás en el lado perdedor, ¿por qué no comienzas a exportar hasta el 1% de tu capital por operación y realiza un seguimiento de tus operaciones? Recuerda que, si puedes disminuir tu drawdown, puedes exponerte más al final del día para aumentar tus ganancias.

Sin embargo, debes mantener tu reducción en orden antes de continuar con el siguiente paso. (Casi como si tuvieras que dar un paso atrás primero para poder dar tres pasos adelante).

Al hacer trampa con las pautas, la administración del dinero y la psicología, estos factores son definitivamente mucho más importantes de lo que parece. ¡No se engañen!

Discutamos la especulación

Especular es dedicar dinero con la esperanza de obtener un beneficio extraordinario, basado en la asunción de riesgos y posibles beneficios asociados con cada operación individual.

Muchos de nosotros somos especuladores. Usamos una serie de estrategias basadas en un conjunto de reglas y / o una serie de indicadores y luego escaneamos pares de divisas para capturar ganancias de movimientos a corto plazo.

Dicho esto, hablemos del fabuloso mundo del "juego": El juego implica apostar por un éxito incierto y aceptar el riesgo por la emoción del juego y aceptar el veredicto, ya sea que tenga rendimientos positivos o negativos.

¿Por qué debemos tener esto en cuenta? ¿No te hace pensar que a veces lo que estamos haciendo todos los que estamos en el mercado es apostar? Para ser honesto, ¡sí! A veces hago esta interesante consideración. Piénsalo de esta manera: paga dinero para adquirir un método vendido por comerciantes profesionales y comenzar a operar, ¡pero te hace perder dinero!

¿Por qué está pasando esto? Porque de hecho eres un jugador. Sí, querido amigo, lo eres. Cada ser humano en este vasto mundo es diferente. Los gurús del comercio que venden sistemas de comercio son parte del sistema y, como te dan un método, no lo haces de la misma manera porque no piensas de la misma manera y al mismo tiempo estás apostando.

¿Entonces, qué aprendemos de esto?

"Para convertirse en un comerciante exitoso, primero debes ser completamente disciplinado en lo que haces, antes de pensar en tomar un método de otra persona y usarlo".

Los traders necesitan una ventaja, y es lógico cambiar de un jugador a un especulador con buenas posibilidades de ganar. Mantén tu sistema de entrada al mercado, cualquiera que sea, y ejecútalo en un contexto determinado.

Por ejemplo, utilizando el estudio de probabilidad, aunque solo sea para eliminar pérdidas consecutivas. Revisa tus transacciones: cada vez que se borra una cuenta, sucede cuando sufre una serie de pérdidas consecutivas. Traicionar en un contexto elimina estas pérdidas consecutivas.

Olvídate de la búsqueda del Santo Grial, tú eres el Santo Grial.

Retira tu estrategia perdedora (sistema de entrada al mercado) y conviértela en la tuya. Realizando solo esas entradas de alta probabilidad, incluso si no ganas mucho dinero de inmediato. Si logras reducir tus pérdidas consecutivas, el dinero irá a tus bolsillos una y otra vez y solo después de que tengas en cuenta tus operaciones, te darás cuenta de cuánto es tu retiro. Una vez que conozcas tu reducción, puedes exponerte a estar de acuerdo y obtener más ganancias al final del día. Para convertirte en un operador exitoso, primero debes seguir estos pasos y alcanzar tus objetivos.

CONCLUSIÓN

Si estás leyendo la conclusión, significa que has llegado al final del libro.
Espero que haya sido una lectura agradable y que la información haya sido interesante.
Espero que, de todo esto, aprendas a descubrir tu verdadero éxito en la vida. Podrás encontrar tus talentos y aprovecharlos al máximo, podrás combinar unos pequeños hábitos en la vida y en el trading que te llevarán a mejorar ambos. Estoy seguro de que después de leer este libro, en el momento adecuado, ¡podrás saltar al estanque y no al agua caliente!
Te deseo mucho éxito en el comercio y otros esfuerzos, ¡qué tengas una gran vida!

INVERTIR

EN BOLSA

Guía de inicio rápido para la libertad financiera

Gane dinero y cree un enorme ingreso pasivo usando las mejores estrategias de acciones

INTRODUCCIÓN

Aquellos que operan en el comercio y tienen éxito, no lo tienen por casualidad.

Invertir en acciones es una forma de hacer que sus ahorros valgan la pena comprando acciones en empresas y negocios profesionales y así crear un flujo de ingresos que abra la puerta a la libertad financiera.

Este libro te guiará a través de los conceptos básicos de la inversión en acciones y te mostrará cómo comenzar a ganar dinero negociando e invirtiendo en acciones.

El mundo de las acciones y las acciones es un lugar aparentemente complejo y confuso, pero con la orientación adecuada, encontrarás que no es tan complejo como crees. La inversión de capital no se trata solo de poseer el capital para invertir en el negocio de otra persona, ni es una operación rápida y rentable, se trata de aprender a aprovechar tus ahorros y colocarlos en lugares donde puedan generar ganancias para ti.

En este libro, te brindaré información detallada y completa sobre algunos de los mejores enfoques de inversión para garantizar el éxito en la inversión en acciones.

Juntos también veremos cómo se mueven los maestros del sector, desde Benjamín Graham hasta Warren Buffet, pasando por Phil Fisher, Peter Linch y otros. Trataré de que conozcas cuáles son las herramientas online que te pueden echar una mano, de forma gratuita y no.

Pero, dado que el objetivo principal es ayudarte a hacer crecer tu patrimonio, también trabajaremos juntos en estrategias complementarias, como dividendos o OPI, y alternativas, como construir una cartera permanente que le permita crecer. tu capital constantemente.

Sin olvidar que el trading es una actividad, juntos construiremos una especie de diario de trabajo, que además de permitirte hacer un seguimiento de tus operaciones, te permitirá comprender a lo largo del tiempo cuáles son las operaciones que constantemente te reportan ingresos, y, por lo tanto, de desarrollar, y cuáles le hacen perder dinero y, por lo tanto, absolutamente deben evitarse.

Sobre todo, será importante ver cómo invertir en acciones siempre con un riesgo mínimo.

Si te has estado preguntando cómo empezar a generar riqueza, ahora es el momento de dejar de hacerlo. Lee esto, reserva y comienza tu viaje hacia la seguridad y la libertad financiera.

CAPÍTULO UNO
¿QUÉ ES EL STOCK?

¿Qué es una acción?

Cuando una persona posee acciones en una empresa, se denomina accionista y puede reclamar una parte de los activos y ganancias residuales de la empresa (en caso de que la empresa se viera obligada a disolverse). Un accionista también puede llamarse accionista. El mercado de valores está formado por bolsas de valores donde los inversores pueden comprar y vender acciones individuales de una empresa.

Ya sea como emisores o compradores, de una forma u otra, las acciones implicarán directamente la mayoría de las transacciones financieras.

En el pasado, las acciones se representaban en una hoja de papel en forma de certificado. Cuando una persona quería comprar acciones, tenía que visitar físicamente la oficina de un corredor y realizar la transacción, donde recibiría los certificados de acciones reales. Hoy en día, los certificados de acciones físicos rara vez se ven. Los corredores almacenan documentos electrónicamente y un inversor solo necesita hacer clic en las plataformas de negociación en línea para comprar acciones.

Existen muchos beneficios potenciales de poseer acciones o participaciones en una empresa. Además de los beneficios de poseer acciones, también existen riesgos que los inversores deben considerar.

La acción no garantiza ni la rentabilidad del capital invertido, ni una rentabilidad mínima garantizada.

El valor de la acción y, por tanto, su rentabilidad, dependen del destino de la empresa. Cuanto sale bien a menudo, más aumentará su valor en el mercado de valores.

El accionista puede perder la totalidad de su inversión: en caso de quiebra de una empresa, los accionistas suelen perder todo lo que han invertido.

Por otro lado, si a la empresa le va bien, las ganancias potenciales de las acciones son infinitas. Hay algunas acciones que ven crecer su valor en un 100% incluso en unos pocos meses.

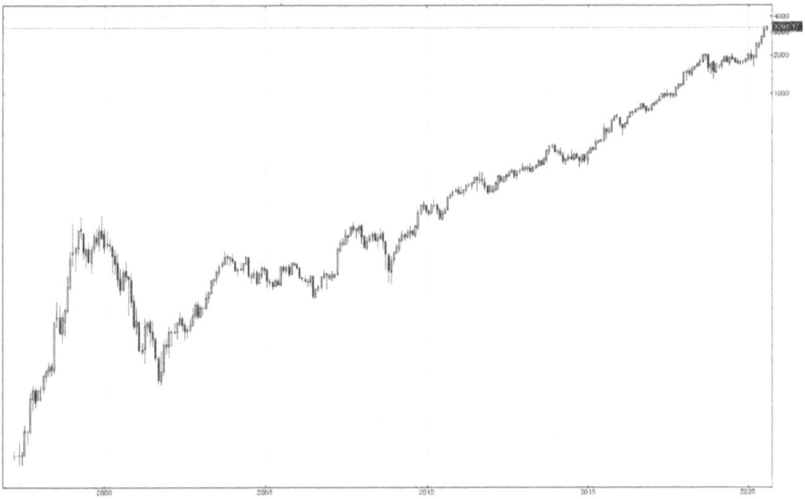

Imagen 1: Gráfico de Amazon - Escala logarítmica

Puedes conservar las acciones durante el tiempo que desees, no caducan. Por lo tanto, puedes esperar a revender cuando el precio de la acción haya subido y haya obtenido las ganancias deseadas. No existe una receta "infalible" para ganar con acciones, este tipo de inversión en todo caso implica un alto grado de riesgo; por lo tanto, elige invertir en acciones solo si eres consciente de las pérdidas potenciales y si estás dispuesto a aceptarlas. Recuerda también que invertir en acciones puede llevar mucho tiempo para ser rentable.

Un elemento importante para invertir en acciones es la diversificación: no te centres en una sola acción, sino elige acciones de diferentes países y sectores, para reducir los riesgos generales de tu cartera.

También ten cuidado de no cometer el error opuesto, que es dividir demasiado tus inversiones. Es probable que las comisiones que te cobre el banco se vuelvan elevadas si el monto de la inversión es muy limitado.

Tipos de acciones

La mayoría de las empresas tienen solo un tipo de acciones (o clase de acción). Las acciones se denominan comúnmente acciones ordinarias y serán aquellas con las que se constituyó la empresa. Los derechos típicos que acompañan a las acciones ordinarias (y los derechos conferidos por el Estatuto Estándar para las sociedades de responsabilidad limitada) son:

Cada acción da derecho, en todo caso, a un voto. Cada acción tiene derecho a un dividendo igual. Cada acción tiene derecho a participar en la distribución resultante de la liquidación de la empresa. Algunas empresas también pueden optar por tener dos o más tipos diferentes de acciones.

Es relativamente fácil crear una nueva clase de acciones. De hecho, si los accionistas están de acuerdo, una empresa puede tener tantas clases de acciones como desee, cada una de las cuales representa un tipo de acción diferente. Los derechos que acompañan a las diferentes clases de acciones, que se describen al menos en parte en los detalles prescritos para la clase, pueden ser cualquier cosa que los accionistas estén dispuestos a aceptar. Asimismo, los derechos de los accionistas para las diferentes categorías de acciones no tienen por qué ser necesariamente diferentes. De hecho, diferentes clases de acciones pueden tener derechos idénticos a los de otras clases. En algunas empresas, se emiten "acciones alfabéticas" ("acciones ordinarias A", "acciones ordinarias B", etc.) con derechos idénticos a diferentes accionistas.

La creación de varias clases de acciones de esta manera podría permitir el pago de dividendos a algunos accionistas, pero no a otros, pero la empresa debe tener cuidado de asegurarse de que dicha estrategia no infrinja las reglas y directrices de la HMRC.

Sin embargo, en general, si una empresa tiene más de un tipo de acciones, las principales diferencias entre ellas se encuentran en una o más de las siguientes áreas:

Derecho a dividendos

Las acciones pueden tener derecho a dividendos normales, dividendos preferenciales (es decir, el derecho a recibir un dividendo antes que otras clases de acciones o a un determinado nivel fijo), un dividendo solo en determinadas circunstancias o ningún dividendo.

Derecho al capital (en caso de liquidación)

En caso de disolución de la empresa, los activos restantes después del pago de las deudas de la empresa se pueden distribuir a los accionistas. Sin embargo, diferentes clases de acciones pueden tener diferentes derechos de distribución de capital, con algunas acciones en primer lugar y otras pagadas solo si permanecen suficientemente activas después de que otras hayan recibido la distribución completa del capital.

Derecho al voto

Por lo general, esto es tan simple como acciones con o sin derecho a voto. Sin embargo, los derechos de voto ponderados o escalonados también son posibles, por lo que, por ejemplo, las acciones pueden conllevar derechos de voto adicionales en determinadas circunstancias o en determinados asuntos importantes que afectan a la empresa.

Si bien existen algunas convenciones que es mejor seguir para evitar malentendidos, una empresa puede nombrar las acciones con el nombre que prefiera. Dicho esto, no se puede suponer simplemente que las denominadas acciones ordinarias de una empresa tienen exactamente los mismos derechos que las acciones ordinarias de otra empresa. De hecho, la única forma de saber cuáles son los derechos de una determinada clase de acciones es leer los estatutos de esa empresa.

Las razones por las que una empresa quisiera tener diferentes categorías de acciones generalmente se incluyen en una de las siguientes categorías:

Atraer inversión

Dividendos directos en una dirección específica

Eliminar (o fortalecer) los poderes de voto de determinadas personas

Motivar al personal (permanecer como empleados)

Siempre que lo haga de conformidad con sus estatutos, una empresa puede crear una nueva clase de acciones cuando lo desee, ya sea creando una nueva clase de acciones además de una clase de acciones existente o convirtiendo una clase de acciones existente en una o más nuevas clases de acciones.

Es el estatuto que establece la división de las acciones en sus distintas clases. El estatuto también establece los derechos específicos relacionados con cada clase. La mayoría de las clases de acciones se incluirán en una de las siguientes categorías de tipos de acciones:

Acciones ordinarias

Estos no conllevan derechos ni restricciones especiales. Con respecto a los dividendos y la rentabilidad del capital, se clasifican después de las acciones preferentes, pero confieren derechos de voto (normalmente un voto por acción) que normalmente no se atribuyen a los tenedores de acciones preferentes (a menos que su dividendo preferente no esté vencido).

Algunas empresas crean más de una clase de acciones ordinarias, por ejemplo, "Acciones comunes A", "Acciones comunes B", etc. Esto ofrece flexibilidad para el pago de diferentes dividendos a diferentes accionistas o, por ejemplo, para el derecho de tanteo a se aplican a algunas acciones, pero no a otras. En algunos casos, diferentes clases de acciones ordinarias pueden tener diferentes valores nominales; por ejemplo, puede haber una acción ordinaria de £ 1 y una acción ordinaria de £ 0,01. Si cada acción tuviera derecho a un voto (y suponiendo que las acciones se emitieran a su valor nominal), entonces los accionistas ordinarios de £ 0,01 obtendrían 100 votos por cada £ 1 pagado, mientras que los accionistas ordinarios de £ 1 obtendrían 1 voto para pagar la misma cantidad.

Acciones ordinarias diferidas

Una empresa también puede decidir emitir acciones que no pagarán dividendos hasta que todas las demás clases de acciones hayan recibido el dividendo mínimo. Después de eso, suelen participar plenamente. En caso de liquidación, recibirán algo solo cuando se satisfagan todos los demás derechos.

Acciones ordinarias sin derecho a voto

Los derechos de voto sobre acciones ordinarias pueden estar restringidos de alguna manera; por ejemplo, las acciones ordinarias tienen derechos de voto solo si se cumplen ciertas condiciones. Alternativamente, pueden ser sin derecho a voto. También podrán impedir que el accionista asista a la junta general, mientras que en todos los demás aspectos tendrán los mismos derechos que las acciones ordinarias.

Acciones reembolsables

Los términos de las acciones reembolsables dan a la empresa la opción de recomprarlas en el futuro; ocasionalmente, el accionista puede (también) tener la opción de revenderlos a la empresa, aunque esto es mucho menos común.

La opción puede surgir en una fecha determinada o posterior, entre dos fechas, o ser efectiva en cualquier momento en que las acciones estén en circulación. El precio de rescate suele ser igual al precio de emisión, en algunos casos también puede decidirse de forma diferente.

Una empresa puede rescatar acciones solo de las ganancias o el producto de una nueva emisión de acciones, lo que puede limitar su capacidad para reembolsar las acciones incluso si los directores desean ejercer la opción. Una empresa también puede optar por tener acciones reembolsables, pero en este caso también debe tener acciones no reembolsables en emisión. En ningún momento la totalidad de su capital social podrá ser acciones reembolsables.

Acciones preferentes

Estas acciones se denominan preferencia o preferencia, ya que tienen derecho a recibir un dividendo fijo cada año. Esto se percibe ante los accionistas ordinarios. El monto del dividendo generalmente se expresa como un porcentaje del valor nominal. Por lo tanto, una acción preferente de $ 1.5% pagará un dividendo anual de 5 peniques. La totalidad del derecho se pagará anualmente, salvo que las reservas distribuibles sean insuficientes para pagar la totalidad o parte de ellas.

En caso de liquidación, los accionistas preferentes suelen tener derecho a cualquier pago atrasado de dividendos y su capital antes que los accionistas ordinarios. Las acciones preferidas generalmente no tienen derecho a voto (o solo tienen derecho a voto cuando su dividendo está atrasado).

Acciones preferentes acumuladas

Si el dividendo no se paga o no se paga en su totalidad, el déficit se cerrará cuando la empresa tenga suficientes reservas distribuibles. Como resultado, los accionistas ordinarios no recibirán dividendos hasta que se hayan pagado todos los atrasos sobre las acciones preferentes acumuladas.

Por defecto, las acciones preferentes son acumulativas, pero muchas empresas también emiten acciones preferentes no acumulativas.

Acciones preferentes canjeables

Las acciones preferentes redimibles combinan las características de las acciones preferentes redimibles con las acciones redimibles. Por tanto, el accionista se beneficia del derecho preferencial a los dividendos (que pueden ser acumulativos o no acumulativos), mientras que la sociedad conserva la posibilidad de amortizar las acciones en condiciones preestablecidas en el futuro.

La mayoría de las empresas comienzan con tener solo un tipo de acciones en forma de una clase de acciones ordinarias. Por lo general, estos implican derechos de voto, capital y dividendos iguales. La emisión de nuevas acciones después de la formación de la empresa generalmente será una asignación de estas acciones ordinarias, a menos que las circunstancias sugieran la necesidad de flexibilidad o derechos diversificados.

Así como una empresa puede emitir acciones en varias clases de acciones, nada impide que un accionista posea más de una clase de acciones de la misma empresa y, por tanto, se beneficie de los diferentes derechos (por ejemplo, el derecho a voto o el derecho a dividendos) de cada oferta.

¿Qué son los dividendos?

Como accionista, si a la empresa le va bien, podría obtener ganancias al cobrar dividendos.

El término dividendo indica una parte de las ganancias que genera una empresa y luego se distribuye a los accionistas al final de cada año contable. Los dividendos representan un rendimiento del capital invertido. Sin embargo, solo constituyen una parte de las ganancias, ya que la ley establece que una parte de las ganancias debe reservarse como reserva legal.

Para entender qué son los dividendos, es necesario considerar que su distribución se produce solo una vez que los estados financieros de una empresa han sido aprobados por la asamblea ordinaria de accionistas y la resolución de reparto de utilidades.

A diferencia del interés de los bonistas, el dividendo no representa un derecho para los accionistas. De hecho, durante el cierre de los estados financieros, la junta de accionistas puede decidir la reinversión total de las utilidades en el año siguiente: en este caso, los accionistas titulares de acciones ordinarias no tienen la posibilidad de reclamar ningún derecho sobre el dividendo. Los beneficios que se reinvierten para el crecimiento de la empresa se utilizarán para incrementar el valor de la propia empresa y, en consecuencia, la acción podría incrementar su

precio. Normalmente el dividendo se reparte en un único pago anual, o se puede optar por dos soluciones semestrales.
En el mercado financiero y bursátil, el mundo de los dividendos incluye una serie de terminologías específicas para ser entendido:
ex dividendo significa el período que transcurre entre la fecha de "separación" de los dividendos por parte del emisor y el momento en que se realiza el pago material;
el dividendo en acciones representa en cambio el dividendo distribuido en forma de nuevas acciones;
dividendo unitario: la relación entre los beneficios distribuidos y el número de acciones en las que se divide el capital social
Existen principalmente dos tipos:
pago de dividendos en efectivo;
pago de dividendos en acciones.
Con el pago de dividendos en efectivo, el propietario de los valores de una empresa recibe una cantidad igual a la parte de las ganancias obtenidas por la empresa que emite los valores, dependiendo del número de acciones o acciones que posea. A continuación, se abona la cuenta del accionista una vez al año, una vez cerrado el ejercicio financiero.
Algunas empresas proponen el pago de dividendos en acciones a sus accionistas. Estos últimos se convierten en propietarios de nuevas acciones, en lugar de recibir capital material que se deriva de las ganancias de la empresa. Para convencer a sus accionistas, las empresas consiguen descontar sus acciones hasta un máximo del 10% en relación al valor de las últimas 20 sesiones. Si el monto del dividendo no es igual a un número entero de acciones, el accionista obtiene un número de acciones redondeado o se le paga la diferencia en efectivo. Este método de pago resulta muy ventajoso para los inversores que piensan y han desarrollado una estrategia a largo plazo.

Por qué cotizar en la bolsa de valores

Para que una empresa emita acciones, debe cotizar en bolsa. Gracias a esta operación, la empresa podrá adquirirse en mercados regulados. Todo esto permitirá a los inversores comprar partes de propiedad (acciones) de la empresa de forma más fácil y rápida.

Ventajas para el inversor

Por ejemplo, si se desea comprar el 10% de la propiedad de una empresa, pero no figura en la lista, se debe llegar a un acuerdo privado con los propietarios para comprar las acciones respectivas. Si, por el contrario, la sociedad cotiza en Bolsa (sociedad anónima), basta con comprar el 10% de las acciones al precio de mercado. Esto será mucho más fácil y requerirá menos tiempo y costos de negociación. Además, las empresas que cotizan en bolsa deben cumplir con leyes más estrictas en términos de transparencia que las empresas que no cotizan en bolsa, lo que proporciona una mayor protección al inversor.

Beneficios para la sociedad

Las razones suelen ser muchas, entre las más recurrentes ciertamente encontramos la necesidad de dinero o capital. Cuando una empresa crece en tamaño, a menudo el dinero necesario para iniciar inversiones o proyectos (por ejemplo, infraestructura, maquinaria nueva, etc.) es siempre mayor, y una forma de encontrar dinero fácilmente es recurrir al mercado.

Además, la empresa puede obtener visibilidad con mayor facilidad, mejorando así su imagen ante otros inversores y el consumidor al que se dirige la empresa. Además, dado que para cotizar en bolsa es necesario respetar reglas de transparencia y controles más estrictos, normalmente los propios inversores consideran que una empresa cotizada es más fiable.

Cómo determinar el valor de las acciones

Si no le das un valor fundamental a tus acciones, ¡estás destinado a ir hacia la "deriva" financiera! Durante años, las principales instituciones financieras han considerado que la valoración debería reservarse solo para expertos de la industria.

Presumiblemente, se cree que solo los analistas de corretaje están equipados con la experiencia y las habilidades necesarias para poder interactuar con el mercado y predecir precios futuros. La evaluación, sin embargo, no es una ciencia arcana que solo pueda ser practicada por empresas especializadas. De hecho, cualquier persona con habilidades matemáticas básicas y algún conocimiento del sector financiero podrá determinar el valor de una acción como si no fuera mejor que muchos analistas.

Pero, antes de poder determinar el valor de una acción de acciones, ¡necesitarás conocer alguna noción de lo que realmente es una acción de acciones!

Una participación es la representación concreta de una propiedad parcial de una empresa que cotiza en bolsa. Si, por ejemplo, una empresa tiene 1 millón de acciones en el mercado y el Sr. X tiene una sola participación, ¡significa que tendrá una millonésima parte de esa empresa!

¡Siempre habrá alguien más que quiera esa millonésima parte de la propiedad porque querría una millonésima parte de los votos en las juntas de accionistas!

Si bien puede parecer que es dueño de una pequeña parte de la empresa, si combinas ese millonésimo con esos 500.000 de sus amigos, ¡¡de repente tendrán la participación mayoritaria en la empresa!! Pero el Sr. X podrá hacer muchas otras cosas con él, como pagar dividendos o usarlos para una fusión con otra empresa.

Las empresas compran participaciones en otras empresas por muchas razones. Ya sea que se trate de una toma de poder absoluta, donde una empresa compra todas las acciones o una empresa conjunta, donde la empresa compra tantas acciones de otra empresa como para ganar un puesto en la junta directiva, las acciones siempre estarán a la venta. El precio de una acción se traduce en el precio de la empresa, ¡a la venta durante siete horas y media al día, cinco días a la semana!

Es esta información la que permite a otras empresas, públicas o privadas, tomar decisiones comerciales inteligentes con información clara y concisa sobre cuánto pueden costar las acciones de otra empresa. Una acción representa una parte de los ingresos, beneficios, flujo de caja y capital de la empresa. Para el inversor individual, sin embargo, esto normalmente significa preocuparse solo por qué parte de todos esos números estará disponible en dividendos.

Una acción de propiedad le da derecho a una parte de todos los dividendos perpetuos. Incluso si las acciones de la compañía actualmente no tienen un rendimiento por dividendo, siempre existirá la posibilidad de que en algún momento en el futuro pueda haber algún tipo de dividendo.

Sin embargo, una empresa también puede simplemente recomprar sus acciones con su exceso de liquidez, en lugar de pagar dividendos a los accionistas. Las empresas con un flujo de caja positivo tienden a ser mucho más liberales en la recompra de acciones que en los dividendos, ¡simplemente porque los dividendos para los accionistas se gravan dos veces!
Para concluir, hemos visto cómo las valoraciones se basan en utilidades, ingresos, flujos de caja y patrimonio. Con este conocimiento, deberías poder valorar cualquier tipo de negocio.

Acciones de valor y acciones de crecimiento

Antes de hablar de la diferencia entre acciones de valor y acciones de crecimiento, es necesario explicar cuál es la relación precio / beneficio, también resumida con la relación p / e.
La relación precio / beneficio es el resultado de la división entre el precio de mercado de una acción y el beneficio por acción de la empresa que representa la acción.
La operación que tendremos que realizar es realmente muy sencilla.
Supón que el precio de una acción es $ 50, mientras que las ganancias por acción de la compañía son $ 5. La relación p / e de esta acción será 10. Esto significa que, hipotéticamente, la inversión en esta acción se pagará dentro de 10 años, si la empresa siempre tiene los mismos beneficios todos los años.
Siempre hipotéticamente invertir en acciones con una relación p / e más baja podría ser conveniente porque la inversión se amortizaría en menos tiempo; mientras que una relación p / e más alta podría generar un rendimiento económico en más tiempo. Este no es del todo el caso y veremos por qué.
El valor comparte.
Son las Acciones con una relación precio / beneficio no muy elevada. Son las empresas más estables, que generan una buena cantidad de beneficios anualmente y que, por tanto, resultan más atractivas para los inversores con menor apetito por el riesgo. De hecho, la inversión en estas empresas, si los beneficios no cayeran drásticamente, valdría la pena en poco tiempo. Su

nombre deriva del hecho de que estas acciones tienen un valor intrínseco.

Acciones de crecimiento.

Estas, por otro lado, son acciones con una relación precio / beneficio bastante alta. El precio de mercado es mucho más alto que las ganancias por acción de la compañía, que pueden o no estar ahí. De hecho, algunas acciones de crecimiento no generan ganancias porque los ingresos son absorbidos por los costos de administración, pero tienen un precio muy alto porque los inversionistas creen en el proyecto y por lo tanto prevén la posibilidad de que la empresa genere ganancias en los años para ven. Está claro que las acciones de crecimiento son más adecuadas para inversores con más apetito por el riesgo y, por lo tanto, que buscan una gran rentabilidad económica. El nombre de crecimiento indica un potencial alto crecimiento de la población en cuestión.

La pregunta no puede responderse de manera definitiva, ya que todo depende de tu estilo de negociación y apetito de riesgo, así como de tu situación económica y muchos otros factores.

Como hemos anticipado, las acciones de valor tienden a ser empresas que ya producen ganancias. Su potencial de crecimiento es inferior al de las acciones de crecimiento, pero su fortaleza reside precisamente en el valor intrínseco que, por tanto, genera seguridad y tranquilidad para el inversor.

Las acciones de crecimiento son aquellas con un gran potencial de crecimiento precisamente porque necesitan reducir la relación p / e. Una empresa podría decidir hacer inversiones y crecer económicamente precisamente para justificar un precio demercado mucho más alto que los beneficios registrados.

Sin embargo, el riesgo para las acciones de crecimiento es mayor porque, como hemos dicho, están sobrevaloradas, nuevamente con respecto a la relación p / e, y es posible que nunca llenen esta relación. El riesgo es, por tanto, que el precio se desinfle y pase a una dimensión más normal a la situación actual de la empresa en cuestión.

Una vez que la acción de crecimiento reduce su relación p / e y comienza a generar valor intrínseco a través de una buena cantidad de ganancias, se completa el cambio a la acción de valor.

Podemos reducir la relación p / e. Al ser una división, esta relación se puede reducir bajando el numerador (precio de mercado de la acción) o aumentando el denominador (ganancias por acción). No hace falta decir que la segunda opción es la que esperan los inversores.

Análisis fundamental para el comercio

Desde un punto de vista operativo, es posible invertir con análisis fundamental de tres formas:
Examinar y comparar los estados financieros de varios períodos, el mercado de activos y el estado general de la empresa, mientras se monitorea la información y noticias que le conciernen, para obtener una estimación de la rentabilidad futura, integrándola con los datos bursátiles a través de un software específico (también integrado en las plataformas de comercio online): significa hacerlo todo por ti mismo y estudiar constantemente los presupuestos y la información, con una gran pérdida de tiempo y energía pero teniendo así información y datos de primera mano;
Totalmente consensuados (es decir, el conjunto de juicios de analistas profesionales sobre la empresa, habitualmente recogidos y difundidos por empresas especializadas en información financiera): contrariamente al primer punto, significa confiar en los análisis realizados por otros (expertos) que, si por un lado se encuentran en ocasiones en conflicto de interés declarado con las mismas empresas juzgadas, por otro lado, son utilizadas por prácticamente todo el mercado;
Utilizando el consenso como punto de partida para verificaciones y elaboraciones propias.
El uso del análisis fundamental para el comercio en línea es especialmente útil para inversiones a mediano y largo plazo. En el caso de que el operador prefiera inversiones a muy corto plazo, debe tenerse en cuenta que este método es menos confiable en caso de un cambio repentino de escenario y que, por lo tanto, es aconsejable utilizarlo junto con el análisis técnico.
Algunos corredores en línea ofrecen servicios de análisis

fundamental integrados en sus respectivas plataformas, por ejemplo, proporcionando consenso de analistas. Cada analista expresa periódicamente un juicio sintético (llamado recomendación o rating, como comprar, vender, incrementar, mantener u otro, indicando también un precio objetivo o precio objetivo. Al monitorear la evolución de los ratings y precios objetivo es posible tener una idea de cómo evoluciona el consenso y, por tanto, cómo ven los expertos el futuro de la sociedad.

Los datos que brindan los indicadores de análisis fundamental se pueden insertar luego en gráficos bursátiles para comparar su evolución con el desempeño de la acción, con especial interés para los momentos que coinciden con eventos corporativos extraordinarios.

El mundo de las finanzas y los mercados se divide en dos. Por un lado, hay partidarios firmes que piensan que la mejor y más confiable forma de comerciar es elegir el análisis fundamental, muchos otros creen que para tener éxito en el comercio se debe confiar en el análisis técnico.

Como hemos visto en el transcurso de esta guía, el análisis fundamental ya es en sí mismo un pequeño universo donde es posible aprender y tener una gran cantidad de datos útiles para invertir. Del mismo modo, el análisis técnico representa la otra cara de la misma moneda.

Es imposible decir qué enfoque es mejor que el otro, pero quizás en última instancia también sea una disputa bastante estúpida y un fin en sí mismo. Lo importante es que todo el mundo utilice las tácticas y estrategias de análisis que prefiera y que crea que le llevarán al resultado con la mayor frecuencia posible.

Lo que es seguro es que, al implementar los principios del análisis fundamental aquí presentados, durante décadas ha habido traders capaces de obtener ganancias significativas y traer a casa los resultados deseados, gracias a una estrategia y modelo de análisis efectivos.

Análisis técnico

Imagen 2: Gráfico Dow Jones - MACD - Volumen - RSI

Durante décadas, los profesionales del comercio en línea han utilizado el análisis técnico para robar los secretos de las tendencias del mercado. Los mejores logran alcanzar alturas de ganancias increíblemente altas y cuentan con excelentes habilidades de negociación.

Gracias al poder del análisis técnico, un personaje como Warren Buffett (una verdadera leyenda de los mercados) se ha ganado el apodo del oráculo de Omaha. Se le dio este apodo precisamente porque con la ayuda del análisis técnico, Buffett pudo hacer pronósticos de mercado que nadie más podría haber imaginado. Este poderoso medio de inversión ahora está disponible para todos los comerciantes gracias a las mejores plataformas de negociación en línea.

La base teórica del análisis técnico.

El análisis técnico puede concebirse como una ciencia real y, como tal, es fiable. Sus fundamentos teóricos, sin entrar en detalles técnicos, habían sido dictados por Charles Dow. Por eso todavía hoy hablamos de la Teoría de Dow, un hombre que a su manera y en su tiempo sentó las bases del análisis técnico.

Aquí están los 6 fundamentos básicos del análisis técnico establecidos por Charles Dow:

1 - Las 3 fases de los mercados

Las 3 fases principales del mercado según Dow son tendencias primarias, secundarias y menores. La tendencia principal es una tendencia mayor que dura más de un año. La tendencia secundaria es una tendencia de duración intermedia que puede oscilar entre un período de tres semanas y un período de tres meses. La tendencia secundaria a menudo se mueve en la dirección opuesta a la tendencia primaria. Finalmente, la tendencia menor de un mercado tiene una duración de menos de 3 semanas y puede estar asociada a los movimientos de la tendencia secundaria.

2 - Las fases de las tendencias

El segundo principio de la teoría de Dow explica que las tendencias del mercado tienen y siguen 3 fases diferentes. Los 3 tipos de fases de tendencia se denominan acumulación, especulación y distribución. La última fase, la distribución, se denomina fase de exceso en un mercado alcista y fase de pánico en un mercado bajista. Las fases de tendencia pueden ser generadas por los motores del mercado).

3 - El mercado descuenta todas las novedades

El tercer principio establece la fuerza de la noticia hacia el mercado. Dow fue el primero en teorizar que el mercado está fuertemente afectado por todas las noticias que le conciernen y se mueve a raíz del impacto que ha tenido la noticia. Esto significa que cualquier mercado (commodities, Forex, acciones, etc.) descuenta todas las noticias que le conciernen tan pronto como se publican (para conocer las novedades, es bueno consultar el calendario económico).

4 - Se confirman los índices de mercado

Dow argumentó que los índices bursátiles, o canastas de acciones, deben tener una correlación, ya que tienen la misma exposición en las condiciones económicas actuales. Por ejemplo, el Dow Jones debe tener una correlación con el índice de transporte Dow Jones. Si existe algún tipo de divergencia, Dow sostiene que habrá un cambio de tendencia en uno de los índices, por lo que es difícil predecir dónde comenzará esta nueva tendencia primaria o si se desarrollará. Si, por el contrario, existe una correlación, se genera una confirmación de la tendencia.

5 - Las tendencias se confirman con volúmenes

Cuando hablamos de volúmenes nos referimos a la cantidad de dinero invertida en un momento dado en un mercado. El aumento o disminución de volúmenes es un indicador muy importante en los mercados. Si volúmenes importantes acompañan a la formación de una tendencia alcista o bajista, esta es una señal fuerte y positiva sobre la continuación de esa tendencia. Sin embargo, si estamos en presencia de volúmenes bajos, la tendencia aún podría ser válida, pero no es representativa de una visión general.

6 - La tendencia continúa hasta la reversión

Los cambios de tendencia son el peor enemigo de cualquier operador en una operación. Tienes que reconocerlos de inmediato para salir de tu posición rápidamente y llevarte a casa las ganancias. Sin embargo, el sexto y último principio de Dow establece que una tendencia permanece confirmada hasta que exista evidencia irrefutable de lo contrario. Es decir, se deben hacer todos los análisis necesarios antes de establecer si la tendencia ha terminado o no.

Las dos corrientes principales del análisis técnico

Entre quienes utilizan el análisis técnico como principal fuente de datos para operar en los mercados, se pueden distinguir dos corrientes principales: analistas teóricos y analistas prácticos. Hagamos una distinción entre los dos enfoques.

Analistas técnicos teóricos

Representan ese tipo de comerciantes perfeccionistas. Dedican su tiempo a analizar hasta el movimiento de mercado más pequeño e insignificante con la creencia de que pueden predecir y comprender lo que esté sucediendo con el precio. El analista teórico casi nunca está satisfecho con los resultados de sus análisis y continúa extendiéndolos en el tiempo hasta el punto de arriesgarse a perder importantes oportunidades comerciales.

En términos generales, se puede decir que mientras menos experiencia tenga en el comercio, más tiende a ser "analistas teóricos". Para nosotros, este tipo de enfoque del trading es contraproducente porque viene dictado por el miedo a cometer errores. El perfeccionismo en el comercio no paga. Es mejor pasar horas en la cuenta demo cometiendo errores en las lecturas del mercado y en la configuración de la plataforma, en lugar de vivir eternamente esperando las presuntas condiciones adecuadas para operar.

Los analistas técnicos prácticos.

Este es el tipo de trader que, una vez recopilados los datos

objetivos de los indicadores, no duda ni un momento y abre su posición en el mercado. Esta es una actitud que adoptan especialmente aquellos con buena experiencia en los mercados. En cualquier caso, es la actitud correcta, la ganadora, sobre todo a largo plazo.
Los principios operativos del analista práctico son solo 2:
Ingresar al mercado tan pronto como se reconozca una tendencia
Evitar operar cuando el mercado está al margen
Al final, las reglas para el éxito en la fase de inversión, como puede ver, no son difíciles de seguir. Y también cabe destacar que cuanto más sencillos, claros y directos son, más fáciles son de seguir.
Los 3 tipos de gráficos para análisis técnico
En cualquier forma de comercio en línea, solo hay 3 tipos de gráficos principales y estos son:
Candelabros
Gráfica de barras
Gráficos de líneas
Estos tres tipos de gráficos se pueden intercambiar a voluntad en las mejores plataformas de negociación. A veces cambiar el tipo de gráfico sirve para recibir información que no se puede obtener del otro tipo y viceversa, pero son sobre todo los profesionales los que saben cómo y cuándo cambiar de gráfico.
Además de los ejes X e Y que representan los elementos básicos de cada gráfico siendo las variables de espacio y tiempo, existen otros dos elementos fundamentales que caracterizan a un gráfico:
el marco de tiempo (marco de tiempo):
el "marco de tiempo" es el tiempo específico en el que queremos que el gráfico registre los cambios de precio. En palabras más simples, un marco de tiempo diario mostrará los precios del instrumento financiero bajo examen a diario, un marco de tiempo por horas mostrará en su lugar una base por horas y así sucesivamente. También hay plazos mensuales y anuales.
El volumen:
el volumen es el número total de operaciones durante un período de tiempo determinado. Por lo general, este es un día de negociación, pero dependiendo del marco de tiempo que establezca para analizar un gráfico, puede observar el volumen de negociación en 1, 5, 15, 30, 60 minutos, etc. Cuanto mayor

sea el número de operaciones, mayor será el volumen. Al observar la tendencia del volumen podemos identificar la aparición de una tendencia tal como ya lo hacemos con el precio.

Múltiplos de mercado

El objetivo de la valoración relativa (a diferencia de la valoración basada en los flujos de efectivo) es determinar el valor de un activo observando el valor que el mercado atribuye a activos similares o comparables en términos de características (sector, fuente de ingresos, estructura de flujos de efectivo).
Intuitivamente, es el mismo método que aplicamos cuando buscamos una casa y nos hacemos una idea del precio comparando los precios de casas similares en la misma zona.
Este método se basa en el supuesto de que los precios del mercado de valores representan la mejor aproximación del valor de la empresa.
Obviamente, este supuesto implica que el valor estimado de la empresa objetivo sobre la base de sus múltiplos se sobrestimará / subestimará cuando el mercado sobreestime / subestime la muestra de empresas utilizada para la comparación.
En otras palabras, el hecho de que una empresa esté infravalorada en términos relativos no garantiza que esté infravalorada en términos absolutos, si en ese preciso momento el mercado sobreestima a toda la muestra de empresas comparables.
A los efectos de la valoración relativa, es posible identificar una serie de múltiplos, algunos se refieren al valor bursátil, otros al valor empresarial (es decir, capitalización bursátil + valor de la deuda).
Veamos ahora una breve descripción de los principales múltiplos que podemos utilizar para evaluar una empresa con respecto a sus "pares".
P / E (precio / ganancias):
Indica cuántas veces la capitalización bursátil (y por tanto el valor) de la empresa supera los beneficios generados. Por ejemplo, si las acciones de Moleskine cotizan en un momento

dado de 2,15 € y las ganancias por acción de los últimos 12 meses (por lo tanto, Trailing) son 0,13 €, entonces el P / U será: 2,15 / 0,13 = 16,5. Como se mencionó, para emitir una opinión sobre el valor de este múltiplo será necesario compararlo con empresas de similares características. Los valores de P / E varían entre sectores y empresas debido a diferencias en los fundamentos. Intuitivamente, para el mismo P / U, es preferible una empresa con mayores perspectivas de crecimiento de ganancias y menor riesgo de sus flujos de efectivo.

Precisamente para tener en cuenta, en la evaluación, el potencial de crecimiento de la empresa, se suele utilizar otro múltiplo definido como PEG (Relación Precio / Beneficio / Crecimiento) junto con la P / E. Esta relación no es más que la P / E ajustado por la tasa de crecimiento esperada en los años siguientes (generalmente 3 o 5). Suponga que necesitamos evaluar 4 empresas que tienen el siguiente P / U y las tasas de crecimiento relativo esperadas para los próximos 5 años. Si nos limitamos a la comparación sobre la base del P / U, llegaríamos a la conclusión de que la empresa más infravalorada de la muestra es Delta, que, sin embargo, ha esperado tasas de crecimiento de las ganancias significativamente más bajas que sus "pares".

Asimismo, el P / U de Beta, que es uno de los más altos de la muestra, parece estar justificado por la alta tasa de crecimiento esperada. Si comparamos las mismas empresas basándonos en el PEG entonces, la más interesante parece ser Beta, mientras que Delta parece estar sobrevalorado (exactamente lo contrario de lo que hubiéramos concluido limitándonos al análisis basado en P / E). En cualquier caso, hay que tener en cuenta que ambos múltiplos tienen unos límites a tener en cuenta a la hora de decidirse a utilizarlos. La primera sin duda es que no se pueden aplicar para evaluar empresas con pérdidas (un P / E negativo pierde su significado y en cualquier caso "ensuciaría" la media de la muestra de referencia).

El más interesante parece ser el Beta, mientras que el Delta parece estar sobrevalorado (exactamente lo contrario de lo que hubiéramos concluido limitándonos al análisis basado en P / E). En cualquier caso, hay que tener en cuenta que ambos múltiplos tienen unos límites a tener en cuenta a la hora de decidirse a utilizarlos. La primera sin duda es que no se pueden aplicar para evaluar empresas con pérdidas (un P / E negativo pierde su significado y en cualquier caso "ensuciaría" la media de la muestra de referencia). En segundo lugar, la calidad de los beneficios puede diferir de una empresa a otra según las políticas presupuestarias (por ejemplo, políticas de depreciación), lo que dificulta la comparación de los índices. el más interesante parece ser Beta, mientras que Delta parece estar sobrevalorado (exactamente lo contrario de lo que habríamos concluido limitándonos al análisis basado en P / E). En cualquier caso, hay que tener en cuenta que ambos múltiplos tienen unos límites a tener en cuenta a la hora de decidir su uso.

La primera sin duda es que no se pueden aplicar para evaluar empresas con pérdidas (un P / E negativo pierde su significado y en cualquier caso "ensuciaría" la media de la muestra de referencia). En segundo lugar, la calidad de los beneficios puede diferir de una empresa a otra según las políticas presupuestarias (por ejemplo, políticas de depreciación), lo que dificulta la comparación de los índices. mientras que Delta parece estar sobreestimado (exactamente lo contrario de lo que hubiéramos concluido limitándonos al análisis basado en P / E). En cualquier caso, hay que tener en cuenta que ambos múltiplos tienen unos límites a tener en cuenta a la hora de decidirse a utilizarlos.

En segundo lugar, la calidad de los beneficios puede diferir de una empresa a otra según las políticas presupuestarias (por ejemplo, políticas de depreciación), lo que dificulta la comparación de los índices.

P / S (Precio / Ventas):

Junto al múltiplo P / E, el múltiplo Precio / Ventas también se usa a menudo, lo que tiene la ventaja de obviar los 2 límites que mencionamos anteriormente para el P / E. En primer lugar, este múltiplo siempre tiene un significado, incluso para las empresas que están perdidos; en segundo lugar, es más difícil de manipular. Generalmente tiende a ser más estable con el tiempo; pero tiene limitaciones importantes a la hora de analizar empresas que tienden a sacrificar márgenes para alcanzar determinados niveles de facturación. Sin embargo, el uso combinado junto con el P / E nos permite captar aspectos que de otro modo serían difíciles de identificar si nos limitáramos al uso de solo uno de los 2 índices. En concreto, si intentamos combinar el ratio P / S con la rentabilidad de la empresa en una matriz, podemos obtener una serie de combinaciones que nos ayuden en la evaluación.

Sin embargo, este enfoque también debe usarse con precaución, ya que tiene al menos un par de limitaciones potenciales.

Primero, si utilizamos los márgenes actuales de la empresa, debemos asegurarnos de que estén realmente correlacionados con los futuros.

En segundo lugar, este enfoque no tiene en cuenta otras diferencias entre empresas relacionadas con el perfil de riesgo. Una empresa que parece infravalorada en función de la combinación de margen (alto) y relación P / S (bajo) puede, no obstante, presentar un alto nivel de riesgo que debe tenerse en cuenta en el juicio final.

EV / EBITDA:

Consiste en la relación entre el valor total de mercado de la empresa (neto de efectivo y equivalentes de efectivo) y el margen operativo antes de impuestos, intereses, depreciación y provisiones. Responde a la necesidad de comparar empresas similares por modelo de negocio y / o segmento de actividad, neutralizando las distintas políticas presupuestarias y fiscales o su diferente estructura financiera. Tiene la ventaja de poder utilizarse incluso en presencia de beneficios negativos si el EBITDA sigue siendo positivo. También se utiliza con frecuencia para la valoración relativa de empresas de sectores industriales con alta intensidad de inversión en las que la política de depreciación puede tener efectos importantes sobre el EBIT pero no afecta al EBITDA.

Valor contable de precios

Representa la relación entre el precio y el valor neto por acción. Este múltiplo mide el precio de una acción en relación con la participación del accionista. Expresa la solidez financiera de una acción. El valor de la relación está ligado a la rentabilidad prospectiva de la empresa y debe considerarse junto con esta. Proporciona una comparación entre el valor contable y el valor de mercado de los activos de la empresa, incorporando así información sobre las expectativas de los inversores y la capacidad de generar beneficios.

Si una acción tiene una relación precio / capital social de 1, significa que su precio es igual al valor del capital social (obviamente dividido por el número de acciones). Cuando la relación es menor que 1, significa que el precio de la acción es menor que el valor de los activos de la empresa. En general, las empresas cotizadas tienen múltiplos superiores a 1. esto se debe a que su cotización bursátil también incorpora expectativas sobre los beneficios futuros.

ROE

El retorno sobre el capital (ROE) es uno de los principales y más importantes indicadores de los estados financieros y señala la rentabilidad de una empresa.

El ROE se incluye entre los distintos índices de balance para evaluar la bondad de una empresa, junto con otros como ROI (Return on Investment), ROA (Return on Asset) o ROS (Return on Sales).

Entre todos ellos, el ROE es el mejor representante de la rentabilidad de una empresa, que, sin embargo, solo puede evaluarse mejor mediante el uso combinado de varios indicadores.

Cuando se busca una empresa en la que invertir, es bueno evaluar qué empresas pueden generar beneficios y cuáles tienden a destruirlos. ROE es la herramienta ideal para evaluar la mejor inversión en términos de rentabilidad y además permite comparar diferentes empresas pertenecientes a un mismo sector.

El retorno sobre el capital (ROE) indica la rentabilidad del capital de una empresa, ofreciendo una visión sintética de los resultados económicos alcanzados. El ROE indica como porcentaje cuánta utilidad se ha generado en función del dinero invertido en el capital, según la siguiente fórmula:

ROE = (Utilidad operativa neta / Patrimonio) x 100

El resultado, por tanto, atestigua la eficiencia con la que la empresa genera beneficios y los representa a través de una cifra porcentual, útil para realizar comparaciones directas con otros rivales del mismo sector.

Frente al resto de indicadores, el ROE es el que toma en consideración directamente lo que más le interesa conocer al inversor en la perspectiva de una posible inversión: la rentabilidad.

El valor porcentual obtenido con el cálculo del ROE no es útil si se considera de forma independiente, pero debe compararse y analizarse de forma relativa. La comparación más inmediata es entre dos empresas del mismo sector, donde quieres saber cuál es la que mejor genera beneficios.

Sin embargo, para juzgar a una sola empresa, es necesario evaluar la prima de riesgo.

La prima de riesgo es la diferencia entre el ROE y la rentabilidad que ofrecen las llamadas inversiones libres de riesgo, como los bonos del Estado. Invertir en una empresa en lugar de liberarse en un refugio seguro debe proporcionar una prima, un rendimiento adicional. Cuanto mayor sea la prima de riesgo, mejor será la inversión en esa empresa, y todo se deriva de una consideración del ROE.

Además, el rendimiento sobre el capital se basa en el vínculo intrínseco que existe entre las ganancias de una empresa y el rendimiento que su inversor obtiene de ella.

Una empresa que genera beneficios es de hecho aquella que logra operar con una ventaja competitiva sobre sus rivales. Los mejores resultados y, por tanto, las ganancias obtenidas con respecto a los medios utilizados, o el ROE, son una evaluación fundamental para elegir la mejor inversión.

Al evaluar una empresa a través del ROE, además de incluir otros indicadores financieros útiles para tener un panorama más completo en el proceso, es bueno tener claros los dos límites principales del ROE.

El primero se relaciona con las amortizaciones.

Si una empresa realiza una devaluación, el cambio (negativo) en las ganancias ocurrirá solo en el período siguiente, mientras que el denominador de la fórmula de cálculo disminuirá, lo que llevará a un cálculo de ROE más alto, pero sin incluir la devaluación que tuvo lugar. Lo mismo ocurre con las transacciones de recompra.

El segundo, en cambio, analiza la deuda.

Un ROE alto no indica si la empresa está obteniendo beneficios gracias a un alto grado de endeudamiento o solo a través del apoyo de sus propios medios y de sus accionistas. Un aumento de la deuda provoca un aumento del ROE, pero la condición en la que esto ocurre puede estar lejos de ser ideal.

Media móvil

La media móvil es un indicador muy utilizado en el análisis técnico que muestra el valor medio de un precio durante un determinado período de tiempo. Existen varias medias móviles que se pueden utilizar, generalmente son capaces de detectar gráficamente áreas de posibles apoyos o resistencias.
La media móvil de los valores es útil desde el punto de vista gráfico para resaltar la dirección de una tendencia, atenuando las fluctuaciones de precios que pueden confundir al trader en la interpretación del gráfico. Un uso típico para la interpretación de gráficos es el siguiente:
Se grafican dos promedios móviles, uno a corto plazo (15 días) y otro a largo plazo (50 días) después de lo cual se interpretan los cruces. Si el promedio de corto plazo cruza al alza el promedio de largo plazo, esto será una señal de una tendencia positiva futura, si en cambio lo cruza a la baja, se esperará una tendencia negativa en el corto plazo.

Media móvil simple

La SMA se calcula matemáticamente como un promedio móvil, sumas los precios de cierre de un cruce durante X períodos de tiempo y luego divides esta suma por X.
Por lo tanto, una media móvil de 9 días es el resultado de la suma de los precios de cierre en 9 días dividida por 9.
Las medias móviles de corto plazo responderán rápidamente al cambio de precio, mientras que las de largo plazo tendrán una reacción mucho más lenta, de ahí los posibles cruces que indican cambios de tendencia.
Media móvil exponencial
Este tipo de media móvil es muy similar a la anterior, la única diferencia es que el peso de los precios de cierre es diferente: un precio de cierre afectará más cuanto más nos acerquemos a la fecha actual, menos si más en el tiempo.
Esta característica le da a la media móvil exponencial una mayor reactividad que la simple. Los promedios exponenciales de 12 y 26 días son sin duda los más populares y se utilizan para crear

otros indicadores importantes como el MACD y el PPO.
Los promedios de 50 y 200 días se utilizan como indicadores de tendencia a largo plazo.

Indicador MACD

El indicador MACD es una de las herramientas de análisis técnico más populares y muestra la convergencia o divergencia de la divergencia de convergencia de media móvil (MACD).
El indicador MACD se puede utilizar para identificar aspectos de la tendencia general de un activo. En particular, a través del MACD es posible evaluar el impulso, junto con la dirección de la tendencia y su duración.
Lo que hace que el indicador MACD sea tan útil y lleno de información, en realidad, es la combinación de dos tipos diferentes de indicadores. Primero, el MACD usa dos promedios móviles de longitud variable para identificar la dirección de la tendencia y su duración.
Luego, el MACD toma la diferencia de los valores entre las dos medias móviles (la línea MACD) y una media móvil exponencial de las mismas medias móviles (la línea de señal) e identifica la diferencia entre las dos líneas como un histograma que oscila por encima y por debajo de un epicentro con valor 0. Los traders ven el histograma como una buena indicación de la cantidad de impulso de una acción.
Línea MACD: promedio móvil exponencial de 12 períodos menos el promedio móvil exponencial de 26 períodos.
Para comprender completamente el indicador MACD, primero es necesario definir el significado de cada uno de los componentes del indicador.
La línea MACD
La línea MACD es el resultado de restar una EMA a más largo plazo con una EMA más corta. Los valores más comúnmente utilizados son el promedio móvil exponencial de 26 períodos (a más largo plazo) y el promedio móvil exponencial de 12 períodos (más a corto plazo), pero depende del operador elegir.
La línea de señal

La línea de señal es una media móvil exponencial (EMA) de la línea MACD descrita anteriormente.
El comerciante puede elegir el marco de tiempo en el que calcular la EMA que se utilizará para la línea de señal, teniendo en cuenta que la configuración más común es la de 9 períodos.
El histograma MACD
A medida que pasa el tiempo, la diferencia entre la línea MACD y la línea de señal se vuelve continuamente diferente. El histograma MACD toma esta diferencia y la informa en un histograma fácil de leer. La diferencia entre las dos líneas del indicador oscila alrededor de otra línea con valor 0.
La popularidad del indicador MACD se debe en gran parte a su utilidad para ayudar rápidamente a identificar la intensidad del impulso a corto plazo. Sin embargo, antes de analizar cómo funciona el indicador MACD, es importante comprender bien cuál es la relación entre las medias móviles a corto y largo plazo.

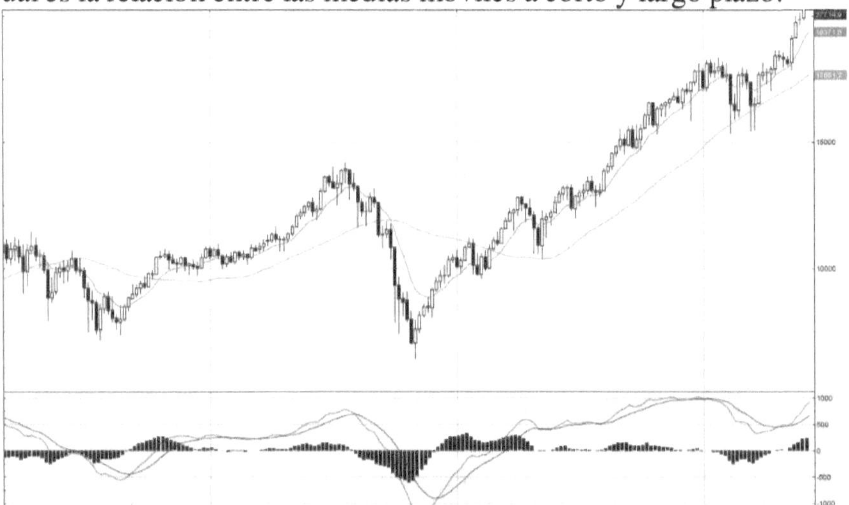

Imagen 3: Dow Jones - MACD
Como podemos ver en el gráfico a continuación, muchos operadores están esperando ver que la media móvil exponencial a corto plazo (línea azul) supere la media móvil a largo plazo (línea naranja), leyéndola con una señal de impulso ascendente.
La EMA de 12 períodos que encabeza la EMA de 26 períodos sugiere que el precio se está recuperando más rápido que en el pasado, por lo que nos enfrentamos a una señal de compra.

Por el contrario, una media móvil a mediano plazo que se mueve por debajo de una media móvil exponencial a más largo plazo muestra que el precio del activo está cayendo más rápido que en el pasado, lo que sugiere que puede ser un buen momento para vender.

El significado del indicador MACD

Una interpretación general del MACD puede ser la siguiente: cuando el MACD es positivo y el valor del histograma aumenta, el impulso alcista aumenta. Cuando el MACD es negativo y el valor del histograma disminuye, el impulso bajista se fortalece.

Indicador MACD: que buscar

El indicador MACD suele ser bueno para identificar tres tipos básicos de señales;

cruce de línea de señal

cruce de línea cero

divergencia.

Cruce de línea de señal

Las señales de compra y venta ocurrirán principalmente en el caso de un cruce entre los promedios. Una señal alcista ocurre cuando la línea MACD cruza la línea de señal hacia arriba. Por el contrario, habrá una indicación bajista cuando la línea MACD cruce la línea de señal hacia abajo. Cuanto más confiable sea la señal, más rápida será la intersección.

Cruce de línea cero

La señal de cruce de línea cero tiene una premisa muy similar a la señal anterior. Es menos común que cruzar con la línea de señal y ocurrirá cuando la línea MACD cruce la línea cero hacia arriba (señal larga) o hacia abajo (señal corta).

Divergencia

La divergencia es otra señal creada por el indicador MACD. En pocas palabras, la divergencia ocurre cuando el MACD y los movimientos de precios no coinciden.

Una divergencia alcista ocurre cuando el precio hace una serie de mínimos decrecientes, mientras que el MACD marca una progresión de mínimos más altos.

La divergencia bajista es lo opuesto a la descrita anteriormente y ocurre cuando el precio registra una serie de máximos ascendentes, mientras que el MACD marca una sucesión de máximos decrecientes.

Indicador MACD en breve

Lo que hace del MACD una herramienta tan valiosa para el análisis técnico es que es casi como dos indicadores en uno. Puede ayudar a identificar tendencias y medir la calidad del impulso. Este tipo de versatilidad es la razón por la cual el indicador MACD es tan utilizado por comerciantes y analistas en todos los mercados financieros.

A pesar de los atributos obvios del MACD, al igual que cualquier indicador, el operador o analista debe actuar con cautela. Hay solo algunas cosas que MACD no hace bien y que pueden engañar a su usuario independientemente.

En particular, los operadores pueden tener la tentación de utilizar el indicador MACD como una forma de encontrar condiciones de sobrecompra o sobreventa, pero esto no es una buena idea: esto se debe a que, sin una fórmula normalizada, el MACD puede tomar cualquier valor, lo que hace imposible identificar con precisión los "umbrales excesivos". Cualquiera que quiera analizar datos en un gráfico debería poder hacer un buen uso del MACD.

Indicador RSI

¿Qué es el indicador RSI?

El RSI mide la proporción de movimientos ascendentes y descendentes y normaliza el cálculo para que el índice se exprese en un rango entre 0 y 100. Fue desarrollado originalmente por J. Welles Wilder. Cuando tenemos un RSI igual a 70 o superior, se asume que el instrumento está sobrecomprado (situación en la que los precios han aumentado más de lo esperado por el mercado). Cuando es igual a 30 o menor, se considera una señal de que el instrumento puede estar sobrevendido (una situación en la que los precios han caído más de lo esperado por el mercado).

En contraste con la opinión popular, la RSE es un indicador adelantado. La fórmula de este indicador considera dos ecuaciones que están involucradas en el cálculo de la fórmula. La ecuación del primer componente obtiene el valor inicial de Fuerza Relativa (RS), que es la relación entre el promedio de los cierres "Up" y el promedio de los cierres "Down" sobre los períodos "N" representados en la siguiente fórmula:

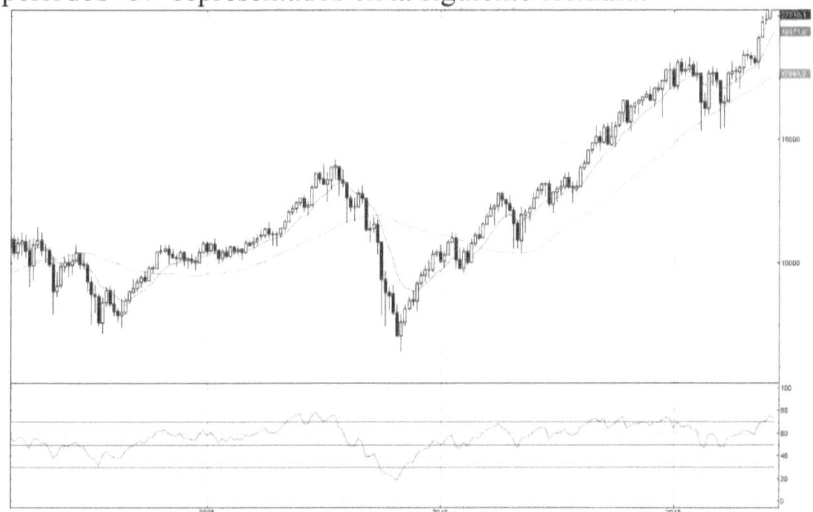

Imagen 4: Dow Jones - RSI

RS = Promedio de 'N' días cierra alto / Promedio de 'N' días cierra bajo

El valor real del indicador se calcula indexándolo a 100 utilizando la siguiente fórmula:

RSI = 100 - (100/1 + RS)

Estrategias comerciales con el indicador RSI

Si el RSI está por debajo de 30, significa que el mercado está sobrevendido y el precio puede eventualmente subir. Una vez que se confirma la reversión, se puede realizar una operación de compra. Por el contrario, si el RSI está por encima de 70, significa que está sobrecomprado y que el precio puede caer pronto. Una vez confirmada la reversión, se puede realizar una operación de venta. El nivel 50 es la línea media que separa el territorio superior (alcista) y el inferior (bajista). En una tendencia alcista, el indicador suele estar por encima de 50, mientras que en una tendencia bajista está por debajo de 50.

Divergencia de dos períodos RSI

Podríamos aplicar un RSI corto de 5 períodos (RSI 5) al RSI de 14 períodos más largo (utilizado por defecto) (RSI 14) y observar los cruces. Con RSI 14, hay momentos en los que el mercado no alcanza niveles de sobreventa o sobrecompra antes de que se produzca un cambio de dirección. Un RSI con un período más corto responde mejor a los cambios de precios recientes, por lo que puede mostrar los primeros signos de un cambio de tendencia. Cuando el RSI 5 rompe el RSI 14, significa que los precios recientes son cada vez más altos.
En este punto se genera una señal de compra, y debe ocurrir un 5 contra 14 cuando el período 5 está sobrevendido (menos de 30). Cuando el RSI 5 cruza por debajo y se vuelve por debajo del RSI 14, significa que los precios recientes están cayendo. Esta es una señal de venta. Un 5 contra 14 debería ocurrir cuando el período 5 (azul) está sobrecomprado (por encima de 80).

Líneas de tendencia RSI

Conecta las partes superiores e inferiores en el gráfico RSI y opera la ruptura de la línea de tendencia. Para dibujar una línea de tendencia RSI ascendente, conecta tres o más puntos en la línea RSI ascendente. Se dibuja una línea de tendencia descendente conectando tres o más puntos en la línea RSI a medida que cae. La ruptura de una línea de tendencia del RSI podría indicar una posible continuación del precio o un cambio de tendencia. Recuerda que romper una línea de tendencia de RSE generalmente precede a romper una línea de tendencia en el gráfico de precios, lo que genera una alerta temprana y una oportunidad comercial muy temprana.

Divergencia clásica RSI

La divergencia bajista del RSI se forma cuando el precio forma un máximo más alto y, al mismo tiempo, el RSI cae y forma un máximo más bajo. Por lo general, la divergencia del RSI se forma en la parte superior del mercado alcista, y esto se conoce como patrón de reversión. Los operadores esperan una reversión cuando se forma la divergencia del RSI. Esta es una advertencia de reversión temprana, ya que aparece en varias velas antes de que la tendencia alcista cambie de dirección y se rompa por debajo de su línea de soporte.

Por el contrario, la divergencia alcista del RSI se formará cuando el precio forma un mínimo más bajo y el RSI forma un mínimo más alto. Esta es una señal de advertencia temprana de que la dirección de la tendencia podría cambiar de una tendencia bajista a una tendencia alcista. La divergencia RSI se usa ampliamente en el análisis técnico de Forex. Algunos traders prefieren utilizar marcos de tiempo más altos (H4, diario) para negociar la divergencia del RSI. Usando estas estrategias, es posible obtener varias señales de compra y venta de los indicadores RSI.

CAPÍTULO DOS
CÓMO EL MAESTRO NOS DICE QUE INVIRTAMOS

Las 7 reglas de oro de Benjamín Graham

Benjamín Graham fue uno de los exponentes más importantes del análisis fundamental, el enfoque de la inversión financiera que parte de los datos del balance de una empresa para entender si es apropiado incluir sus valores en su portafolio.
La otra gran escuela de inversión es el análisis técnico, que basa sus elecciones en la tendencia del valor de la acción a lo largo del tiempo.
Benjamín Graham fue un inversionista exitoso y autor de libros esenciales para aquellos interesados en la inversión financiera. Entre sus seguidores y alumnos se encuentra Warren Buffett, el mayor inversor vivo.
Benjamín Graham es considerado el padre indiscutible de la "inversión en valor", que es la filosofía de inversión que considera los datos fundamentales de los valores, así como el maestro inspirador de Warren Buffett, el mayor inversionista vivo.
Su enfoque absolutamente racional y lógico de la inversión en acciones ciertamente no tiene relación con el enfoque de la mayoría de los inversores, pero las actuaciones registradas por su gestión (y especialmente por la de su discípulo Buffett) fueron extraordinariamente superiores a las del índice Standard & Poor 500, no solo en términos de tamaño, sino también de consistencia

en el tiempo.
Se dictan las siguientes reglas para asegurarse de que obtenga de la inversión:
un mínimo de calidad con respecto al desempeño pasado y la situación financiera actual de la empresa;
una cantidad mínima en términos de ganancias y patrimonio obtenido por cada dólar pagado.

1. Tamaño de empresa adecuado

Rotación de no menos de 100 millones de dólares para las empresas industriales y no menos de 50 millones para los servicios públicos (el contexto es la bolsa de valores estadounidense a principios de los años setenta). La idea básica es excluir a las pequeñas empresas, porque podrían estar sujetas a vicisitudes por encima de la media. Por tanto, no hay razón para incluir este tipo de empresas en la cartera del inversor defensivo.
2. Situación financiera suficientemente sólida
Los activos totales deben ser al menos el doble de la deuda (relación deuda / capital menos de 0,5).

3. Estabilidad de las ganancias

Al menos "alguna ganancia" mostrada por la empresa de forma continua durante los últimos 10 años.

4. Dividendos

Pagos ininterrumpidos durante al menos los últimos 20 años.

5. Crecimiento de ganancias

Un aumento mínimo de un tercio en las ganancias por acción durante los últimos 10 años, utilizando promedios de tres años.

6. Relación precio / ingresos moderada

El precio actual no debe exceder 15 veces las ganancias, considerando los últimos tres años. El consejo básico para toda la cartera es tener una relación precio / beneficio general, la inversa del p / e, mejor que la tasa actual de los bonos a largo plazo de alta calificación (Graham incluye el ejemplo p / e 13, 3 = 7,5 % bono).

7. Razón moderada de precios de los activos

El precio actual no debe exceder 1,5 veces el valor en libros (relación precio / capital).

Una relación precio / beneficio superior a 15 puede justificarse por una relación precio / capital social inferior al máximo recomendado.

La regla consiste en no superar el valor de 22,5 como resultado de multiplicar el p / e por el p / mp. El valor 22,5 viene dado por 15 (p / e) multiplicado por 1,5 (p / mp). Por lo tanto, por ejemplo, se permite un p / mp de 2,5 con una relación aw / e de 9.

Estas reglas son dictadas naturalmente por el temperamento del inversionista defensivo, o "inversionista de valor", y ciertamente eliminan la gran mayoría de las acciones cotizadas del rango de elección posible (especialmente para la regla de dividendos).

Por un lado, excluyen aquellas empresas que son (1) demasiado pequeñas (2) en una situación financiera relativamente débil (3) con algún déficit en los últimos 10 años de operación y (4) sin un largo historial de pago de dividendos.

Los dos últimos criterios requieren más ganancias y más activos por dólar pagado que el promedio.

Todas estas reglas se utilizan para crear un buen "factor de seguridad", un concepto introducido por Graham que sirve para excluir compras cuando una porción demasiado grande del precio pagado depende de las ganancias esperadas que siempre están aumentando en el futuro, un factor que aumenta los riesgos de inversión.

Graham dice que el lector tendrá que decidir sobre este importante tema por sí mismo, después de sopesar cuidadosamente los argumentos a favor de invertir en fundamentos o especulación.

El consejo final de Graham para el inversor defensivo es comprar una cartera muy diversificada de las mejores acciones y bonos de alta calificación.

Las 7 reglas de oro de Warren Buffett

Los principales parámetros los adoptó el gran inversor estadounidense, y siempre los siguió de manera consistente a lo largo de su carrera. Estos son principios que se aplican más allá de las fluctuaciones a corto plazo.

Has decidido invertir en el mercado de valores para que tus ahorros paguen más de lo que pagarían si estuvieran estacionados en el banco. Nunca lo has hecho y quieres entender cómo se hace. Descubres que hay muchas formas diferentes, muchas estrategias, tal vez incluso demasiadas que resultan difíciles de encontrar de inmediato. Has oído hablar de Warren Buffet, es imposible no toparte con este nombre: Buffett es uno de los hombres más ricos del mundo precisamente porque sabe invertir.

O ya eres un experto y quieres ampliar tus conocimientos. Si es así, ya sabes quién es Warren Buffett, y probablemente ya tengas una idea de cómo trabaja, pero profundizar siempre es mejor.

De lo contrario, todos serían ricos como él, ¿verdad? Las 7 reglas requieren mucho análisis, muchos datos y mucho control de lo que les sucede a las empresas y sus resultados reales. Pero están hechos de parámetros objetivos y verificables, que pueden ser una ventaja, cosas que se pueden entender. Y en el mundo del mercado de valores no siempre es así.

Y ahora descubramos cuáles son las pautas que llevaron al Sr. Warren Buffett a convertirse en el inversionista número uno del mundo.

Cabe señalar que Buffett nunca ha dictado reglas o parámetros a seguir. Pero estas son pautas que se pueden deducir de las cartas que anualmente escribe a los accionistas de su Berkshire Hathaway, de las entrevistas que concede y sobre todo de su comportamiento. Sin embargo, estos son los parámetros reconocidos por los estudiosos de Buffett como sus líneas inspiradoras. Aunque, para ser honesto, no todos piensan que Buffett solo ha seguido estas reglas.

Cabe señalar, sin embargo, que las siguientes no son reglas de comportamiento en cuanto al acercamiento al mercado de valores, sino de parámetros objetivos a verificar sobre los valores. Veámoslos en orden.

1. Los gerentes deben haber administrado racionalmente el dinero de los accionistas

Según Buffett, decidir si retener las ganancias o devolverlas a los accionistas es un ejercicio de racionalidad. En el caso de que los gerentes tengan la capacidad de ganar dinero más que otros trabajos promedio del mercado, pueden decidir retener las ganancias. Si no tienen esta posibilidad, deben decidir devolverlos a los accionistas, en forma de dividendos o en forma de recompra de acciones propias. Es una encrucijada a la que Buffett concede gran importancia al juicio de la dirección, que tendería a retener las ganancias para aumentar su dominio.

2. La empresa debe haber aumentado realmente las ganancias de sus accionistas a lo largo del tiempo.

El flujo de caja se calcula típicamente en Wall Street como (a) ganancias operativas más (b) gastos de desperdicio y otros gastos no monetarios. Según Buffett se trata de un indicador incompleto, al que hay que sumar (c) las reinversiones que requiere el negocio. (C) es definido por Buffett como "el monto promedio de gastos de planta y equipo que el negocio requiere para mantener una posición competitiva a largo plazo".

El nuevo indicador utilizado en lugar del flujo de caja, que Buffet denomina "ganancias del propietario", será por lo tanto (a) + (b) - (c). Cuando (b) y (c) son diferentes, el cálculo entre el flujo de efectivo y las ganancias del propietario también será diferente, lo que ocurre en la mayoría de las actividades económicas. Cuando (c) excede (b) el análisis de flujo de efectivo sobreestima la realidad económica de la empresa.

3. En el momento de la compra, el precio debe estar al menos un 25% por debajo del valor intrínseco

Calcular el valor de la empresa es tan difícil como difícil de insertar las variables correctas: el flujo de caja neto que se generará durante la vida del negocio, descontado a una tasa de interés adecuada. Buffett usa sus ganancias esperadas del propietario (punto 2) durante la vida del negocio en lugar del flujo de efectivo simplemente descontado por la tasa de bonos a largo plazo del gobierno de EE. UU. Por supuesto, un error en las estimaciones puede anular el resultado de la inversión. Buffett utiliza su "margen de seguridad" del 25% para reducir este riesgo. Por ejemplo, si la estimación es incorrecta en un 10% en exceso, Buffett mantendrá una rentabilidad adecuada, si la estimación es correcta o incorrecta por defecto, la rentabilidad será extraordinaria.

4. Los gerentes deben poder convertir las ventas en ganancias

Se trata esencialmente de la capacidad de contener los costos. Cada vez que una empresa anuncia un plan de reestructuración para reducir costos, es una señal para Buffett de que la empresa hasta ese momento se ha desperdiciado y ha gastado el dinero de los accionistas de manera irrazonable. Se deben considerar aquellas empresas que a lo largo de los años siempre han mantenido un nivel aceptable de beneficios sobre facturación.

5. La empresa debe haber evitado un endeudamiento excesivo.

Las empresas pueden aumentar su rendimiento sobre el capital mediante el aumento de su relación deuda a capital a largo plazo. Sin embargo, según el gran inversionista estadounidense, un buen negocio debe poder obtener una buena rentabilidad sin la ayuda del apalancamiento de la deuda, que debe mantenerse dentro de límites seguros en relación al flujo de caja generado. Los negocios a considerar son aquellos que pueden tener un buen rendimiento sin utilizar una gran cantidad de deuda.

6. La empresa debe haber tenido un desempeño constante

El índice de ganancias por acción por sí mismo no es considerado un indicador válido por Buffett. Como las empresas solo distribuyen una parte de sus ganancias a los accionistas cada año, no hay nada particularmente emocionante en un aumento del 10% en las ganancias por acción si la base de capital ha aumentado en un 10% mientras tanto. Buffett prefiere considerar aquellas empresas que han mantenido una excelente rentabilidad sobre el capital a lo largo del tiempo, es decir, la rentabilidad sobre el capital invertido.

7. Los gerentes deben tener un valor realmente mayor para los accionistas

Esa es la famosa regla que dice "un dólar por un dólar". Las empresas deciden cada año qué parte de la ganancia neta (si corresponde) se distribuirá en forma de dividendos. El resto lo retiene la empresa. Si la parte retenida se usa bien, el mercado la reconocerá a largo plazo y el valor de las acciones aumentará en consecuencia. Se trata de comprobar si el monto retenido se ha transformado con el tiempo en una apreciación del valor de la acción y en qué medida. Según Buffett, se deben considerar aquellas empresas que por cada dólar retenido han creado al menos un dólar de mayor capitalización de mercado de las acciones.

Son reglas muy exigentes de respetar y, sobre todo, difíciles de controlar; requieren una gran cantidad de datos sobre las empresas monitoreadas, incluso en series históricas. Para tener éxito en el tiempo, la inversión en acciones individuales requiere un gran esfuerzo de control y análisis por parte de personas experimentadas y preparadas. Los resultados positivos o negativos de invertir en acciones individuales sin el conocimiento y el análisis adecuados se determinan por casualidad y Buffett ciertamente no ha dejado nada al azar para convertirse en el inversor número uno del mundo.

Los 8 puntos de la filosofía de inversión de Phil Fisher

Fisher comenzó en las finanzas en 1928 como "estadística" para un banco que aseguraba acciones de nueva emisión. La regla en ese momento era invertir con un alto efecto de apalancamiento en la emisión de valores sin ningún análisis o conocimiento de la empresa por parte del inversor.

Fisher también perdió una suma considerable en la crisis de 1929 al invertir en algunas acciones que todavía parecían baratas debido a su baja relación precio / ganancias, aunque su análisis de mercado las identificó como altamente riesgosas y listas para el mercado bajista más grande. de los siguientes 25 años.

En sus escritos, Fisher informa que después del colapso de 1929 la profesión de estadístico había pasado de moda y había sido reemplazada por el analista financiero. Fisher fundó su empresa de consultoría a principios de la década de 1930 siguiendo su filosofía de inversión: seleccionar empresas con un alto nivel de investigación con sólidas perspectivas de crecimiento a largo plazo y mantenerlas en la cartera incluso en tiempos de mala economía. Fisher favoreció la compra y tenencia de carteras de empresas que estaban bien posicionadas para el crecimiento a largo plazo de ingresos y beneficios. El posicionamiento podría determinarse mejor examinando factores que son difíciles de medir a través de los ratios del balance y otras fórmulas matemáticas.

Gran parte del material que se encuentra en los libros de Fisher trata del aspecto cualitativo de la selección de valores. Fisher admite confiar en las recomendaciones de respetados asesores de inversiones para las cuatro quintas partes del trabajo de crear una lista de candidatos atractivos (la última quinta parte de los chismes de la industria). A esta lista preliminar le seguiría una investigación en profundidad. Afortunadamente, los escritos de Fisher proporcionan suficientes detalles para definir algunos filtros básicos para encontrar las existencias en crecimiento que luego deberán analizarse más específicamente.

Fisher no esperaba que una empresa obtuviera una puntuación alta en todos estos puntos, pero cuanto más, mejor.

Su filosofía de inversión, surgida en medio siglo de experiencia empresarial, se puede resumir en los siguientes ocho puntos:

Compra únicamente en empresas con "planes disciplinados" para generar un crecimiento de las ganancias "espectacular" a largo plazo. Estas empresas también deben tener cualidades inherentes, lo que ahora llamaríamos un foso, para que los competidores no puedan quitar esos beneficios. Para obtener más información sobre cómo las empresas califican o se descalifican a sí mismas por esas cualidades inherentes, consulte la sección "Los inversores conservadores duermen bien".

Compra acciones de estas empresas solo cuando no sean favorables, cuando las acciones se vendan muy por debajo de lo que será su precio futuro cuando el mercado comprenda mejor su valor real. Hacerlo será una acción contraria o una respuesta a las condiciones generales del mercado. De cualquier manera, se requerirá una cierta cantidad de coraje.

Mantén ese título para siempre, si puedes, o hasta que surja una de dos situaciones. Primero, si ha habido algún cambio fundamental en la empresa, incluido un debilitamiento de la administración, entonces es hora de vender. En segundo lugar, vende si la empresa ha crecido tanto que ya no puede crecer más rápido que la economía en su conjunto. Y, "Solo en las circunstancias más excepcionales" se debe vender debido a las previsiones económicas o del mercado de valores.

Para aquellos que buscan más ganancias de capital, ignore los dividendos. La expectativa de Fisher era que las empresas con dividendos bajos o nulos serían las más propensas a generar ganancias excepcionales. Mantener los fondos que pagarían dividendos permitirá que todas o la mayoría de las ganancias retenidas se utilicen para generar un nuevo crecimiento y ganancias futuras.

Espera cometer algunos errores; Fisher llamó a esto un costo intrínseco de invertir para obtener grandes rendimientos. Pero los errores nunca deben ignorarse.

Es importante reconocerlos lo antes posible, comprender sus causas y tratar de evitar volver a cometerlos.

También agregó que la voluntad de aceptar pequeñas pérdidas en algunas acciones y dejar que las ganancias crezcan cada vez más en las acciones más prometedoras es una señal de que la gestión de inversiones se hizo bien.

Aceptar pequeñas ganancias en buenas inversiones y dejar que las pérdidas se conviertan en malas es una señal de un mal juicio de inversión. Nunca debe tomarse una ganancia solo por la satisfacción de tomarla.

Reconoce que hay relativamente pocas empresas que son verdaderamente excepcionales y que sus acciones a menudo no están disponibles a precios atractivos. En las raras ocasiones en que estén disponibles precios atractivos, aprovéchelos al máximo. Además, los inversores solo deben centrarse en unas pocas empresas destacadas en sus carteras. Según Fisher, para las personas que poseen más de veinte acciones diferentes es un signo de incompetencia financiera. Diez o doce suele ser un buen número.

Los inversores no deben aceptar ciegamente "la opinión dominante en la comunidad financiera", ni deben oponerse por el simple hecho de estar en contra. Por el contrario, un inversor debería tener más conocimiento y ser capaz de aplicar un mejor juicio al evaluar cuidadosamente situaciones específicas, sin mencionar el coraje de ir en contra de "la multitud" cuando cree que tiene razón.

Finalmente, Fisher señaló que el éxito proviene de una combinación de trabajo duro, inteligencia y honestidad. Obviamente, estos son los criterios para el éxito en muchos otros tipos de negocios.

El autor agregó que ingresamos a la arena con diferentes grados de actitud, pero que todos podemos hacerlo mejor si hacemos un esfuerzo disciplinado para hacer más. Solo queda el elemento de la suerte, que trató de esta manera:

Si bien la suerte siempre desempeñará un papel en la gestión de sus carteras de acciones comunes, la suerte tiende a equilibrarse. El éxito sostenido requiere habilidad y una aplicación constante de principios sólidos. En el marco de mis ocho pautas, creo que el futuro pertenecerá en gran medida a quienes, a través de la autodisciplina, se esfuercen por lograrlo.

Si bien muchos de los escritos de Philip Fisher ahora parecen familiares para valorar a los inversores, en particular para aquellos que siguen a Warren Buffett y Charlie Munger, no necesariamente habría sido tan conocido cuando se publicó el original en 1958 y cuando salió a la luz. "Los inversores conservadores están durmiendo bien" en 1975. Los inversores de valor de la década de 1950 habrían estado más familiarizados con el trabajo de Benjamín Graham, incluido el énfasis en la compra de acciones baratas, independientemente de su valor.

Fisher, por otro lado, decidió relativamente a principios de la década de 1930 que se dedicaría a acciones de calidad, en lugar de lo que Buffett llamaba "colillas de cigarro" (a cada colilla descartada le quedan al menos un par de bocanadas). Esto resultó influyente entre muchos inversores, incluido Munger, y Munger, a su vez, llevó a Buffett a centrarse en acciones de calidad a largo plazo.

Munger y Buffett reconocieron su deuda con Fisher. Buffett informó que considera "Acciones ordinarias y ganancias extraordinarias y otros escritos" uno de los grandes libros sobre inversión y que Graham y Fisher son las dos principales influencias en su estilo de inversión.

La filosofía de Peter Lynch

Uno de los mejores inversores de la historia es sin duda Peter Lynch, que ha logrado rendimientos anualizados del 29,2% durante un período de 13 años, de 1977 a 1990, como administrador de cartera del Fidelity Magellan Fund, un fondo mutuo que tiene como objetivo utilizar acciones en crecimiento para superar al mercado de valores en general. Afortunadamente para el inversor medio, la mayoría de las técnicas de inversión de Lynch no son demasiado difíciles de aprender; de hecho, muchas de ellas pueden ser bastante fáciles de implementar en su cartera. Lynch administró el Fidelity Magellan Fund de 1977 a 1990, logrando una tasa de rendimiento anualizada fenomenal del 29,2%. Solo para ilustrar lo impresionante que es este desempeño, considera que una inversión hipotética de $ 10,000 que hubiera logrado este retorno durante 13 años habría crecido a casi $ 280,000.

A menudo se habla de quién es el mayor inversor de todos los tiempos, Peter Lynch o Warren Buffett. Con 54 años al frente de Berkshire Hathaway y un rendimiento anualizado del 20,9%, la longevidad de Buffett a menudo le otorga el título de "el mejor de todos los tiempos", pero hay un fuerte argumento a favor de esto, casi el 30% sostenido durante un período de 13 años es igualmente impresionante.

Si tienes la ambición de tener éxito al invertir como Lynch, te sugiero que comiences por asegurarte de tener una base sólida.

Invierte solo en lo que entiendes

Esta es quizás la lección de inversión más famosa de Peter Lynch.

Lynch cree que lo mejor para el inversor medio es seguir

invirtiendo en empresas que comprende bien. También sugiere que los consumidores a menudo pueden identificar tendencias que no necesariamente aparecen en las cifras de los analistas de Wall Street. Por ejemplo, si nota (no es que esto realmente esté sucediendo) que las tiendas de un determinado minorista parecen estar cada vez más ocupadas, podría ser un indicador de que las ganancias están a punto de aumentar. Como ejemplo real, si reconociera el potencial del contenido original para servicios de transmisión como Netflix cuando House of Cards se estrenó en 2013, hoy aumentaría un 1,190% su inversión.
Podríamos decir que las mejores fuentes de ideas para una inversión provienen de la cotidianeidad: ir de compras, conducir, salir a cenar o ver la televisión.
Diversifica tu portafolio
El desempeño de Peter Lynch en el Magellan Fund es aún más impresionante si se considera la cantidad de acciones que posee el fondo. De hecho, el Fondo Magellan tenía más de 1,000 posiciones de capital individuales, más de cinco veces el número que tiene el fondo mutuo de capital promedio.
Lynch creía firmemente en la diversificación o distribución de los dólares de inversión en términos de sectores, tamaño de la empresa y potencial de crecimiento.
Sin embargo, un punto clave es que Lynch no cree en la diversificación solo para reducir el riesgo. Lynch se refiere a esto como "desgarro". Lynch siempre trató de construir una cartera diversificada, pero que también estuviera llena de los mejores valores en todo momento. En otras palabras, Lynch no habría comprado una acción de energía simplemente porque no tenía suficiente exposición al sector energético, a menos que pudiera encontrar una acción de energía que fuera una empresa bien administrada a una valoración razonable (precio relativo al valor intrínseco de los activos) y con un convincente potencial de crecimiento.
Lynch no solo creía que el inversionista promedio podía tener tanto éxito como los profesionales, sino que también creía que el inversionista promedio podía hacerlo mejor que los inversionistas institucionales: administradores de fondos mutuos, fondos de cobertura, etc., gracias a algunas ventajas específicas.

Una razón es que los inversores cotidianos tienen la ventaja de tener una escala menor. En pocas palabras, es más fácil duplicar los $ 10,000 en el mercado que duplicar los $ 10 mil millones.

Para empezar, los inversores más pequeños pueden invertir en empresas más pequeñas que Wall Street puede pasar por alto. Si bien Lynch creía que las acciones de compañías grandes y bien cubiertas se negociaban de manera bastante eficiente, cree que es bastante común que las compañías más pequeñas y menos seguidas tengan un precio incorrecto.

No es fácil encontrar inversiones de pequeña capitalización convincentes, y el mejor consejo que puedo darle es leer e investigar tanto como pueda. Esta es una de las razones por las que Lynch compró tantas acciones en la cartera de Magellano Fund: se centró en comprar muchas empresas pequeñas, bien administradas y de rápido crecimiento que otros gestores de inversiones profesionales ignoraban.

Invertir como Peter Lynch puede parecer fácil, sin embargo, no se equivoque: Lynch dependía en gran medida de la investigación bursátil.

Lynch creía que cuantas más acciones valoraba, mayores eran sus posibilidades de encontrar las mejores en las que invertir.

Lynch aconseja a las personas que aprendan cierta lógica de inversión básica, una vez que la aprenden y comprenden, no es necesario ser un genio matemático para ponerla en práctica.

Porcentaje de ventas

Esta no es una métrica de inversión tradicional, pero es una métrica importante que debes conocer, especialmente si estás utilizando la estrategia de Lynch de “invertir en lo que sabe”. Antes de invertir en una empresa basada en un producto que te gusta, necesitas saber qué porcentaje de las ventas de la empresa provienen de ese producto. Por ejemplo, si te encanta una bebida nueva que vende Coca-Cola, pero eso solo representa el 0.02% de las ventas de la compañía, probablemente no tendrá un impacto significativo en el éxito de la compañía.

Relación precio / beneficio

Este es el criterio más utilizado, pero es más útil para comparar empresas de la misma industria, con tasas de crecimiento similares y condiciones financieras similares. Para calcular la relación precio / ganancias, o P / E, simplemente divida las ganancias anuales de una acción por su precio actual. En otras palabras, esta es la cantidad de dinero que los inversores están dispuestos a pagar actualmente por cada dólar de las ganancias de la empresa. El uso de la relación P / E puede dar a los nuevos inversores una buena idea de cómo Wall Street califica a los diferentes tipos de empresas; por ejemplo, una empresa madura generalmente tiene una relación P / U más baja que una empresa de tecnología en rápido crecimiento.

Relación de crecimiento precio-ganancias (relación PEG)

Es simplemente la relación P / E de un valor dividido por su tasa de crecimiento de las ganancias. Esto es más útil que la relación P / E, especialmente cuando se comparan empresas de rápido crecimiento con empresas de crecimiento más lento. En muchos casos, como mencioné anteriormente, las empresas de rápido crecimiento comercian con índices P / E que se disparan, por lo que esto puede ayudar a nivelar el campo de juego.

Posición de efectivo

Cuánto efectivo tiene una empresa en comparación con su deuda. Según Lynch, la compañía ideal tiene una posición de efectivo neta positiva, lo que significa más efectivo en su balance que deuda. Tener mucha liquidez da a las empresas la flexibilidad financiera para crecer como mejor les parezca, y también para hacer frente a crisis económicas o industriales.

Ratio de capital de la deuda

Puedes encontrar el capital y la deuda de una empresa en su balance, y esto puede dar una idea de la solidez financiera de una empresa en particular. En otras palabras, la relación deuda / capital indica cuánto debe una empresa en comparación con cuánto debe.

Valor contable

El valor de todos los activos de una empresa menos los pasivos, expresado por acción. A Lynch le gustaba comprar acciones por menos de su valor en libros, pero solo si la empresa parecía fuerte de otra manera. Si pudiera tener un billete de $ 100 por $ 90, ¿no es así? La misma lógica también se aplica en este caso.

Flujo de efectivo

La cantidad de dinero que acepta una empresa, menos la cantidad que paga. A menudo, los métodos contables utilizados para informar las ganancias pueden no contar exactamente toda la historia. El flujo de caja es una forma más fácil de saber si una empresa está ganando dinero.

Olvídese de intentar medir el tiempo del mercado: piense a largo plazo

Lynch estaba convencido de que los inversores más pequeños tenían un horizonte a largo plazo en comparación con los profesionales. Aunque un fondo mutuo generalmente emplea estrategias de compra y retención, los administradores a menudo todavía se preocupan por los rendimientos que producen en un año determinado.

Según Lynch, en ausencia de muchas sorpresas, las acciones son relativamente predecibles en un período de 10 a 20 años. Si en dos o tres años son más altos o más bajos, también podríamos lanzar una moneda para decidir.

Mantener una mentalidad a largo plazo puede evitar que tome decisiones apresuradas o intente cronometrar el mercado, lo que puede ser bastante costoso.

En realidad, el inversor promedio se desempeña dramáticamente por debajo del mercado a lo largo del tiempo. De hecho, el inversor medio en un fondo de renta variable generaba rendimientos anualizados inferiores al 4%, mientras que, si simplemente hubiera invertido en un fondo indexado del S&P 500, habría obtenido rendimientos del 10,2%. Una de las principales razones es que los inversores entran y salen de sus inversiones con demasiada frecuencia. En otras palabras, es bien sabido que uno de los principios fundamentales de la inversión es "comprar barato y vender caro", pero el inversor medio acaba haciendo exactamente lo contrario.

Sin embargo, a largo plazo, el momento del mercado no importa mucho. Lynch realizó un estudio que consideró a un inversionista que invirtió $ 1,000 cada año en el punto más alto del mercado (el peor momento posible para comprar), así como a un inversionista que invirtió $ 1,000 cada año en el punto más bajo del mercado (el mejor tiempo para comprar). Si vamos a ver, durante un largo período de 30 años, la diferencia fue bastante pequeña: rendimientos anualizados del 11,7% frente al 10,6%.

Por lo tanto, si deseas invertir como Peter Lynch, compra siempre, cuando el mercado esté a la baja y vende cuando el mercado esté en alza. Es imposible elegir el punto de entrada perfecto, e incluso si eliges el peor momento posible para comprar, seguirás estando bien a largo plazo, siempre que te concentres en encontrar grandes empresas.

Hay muchos otros beneficios de la inversión a largo plazo. Primero, pagará tasas impositivas más bajas a las ganancias de capital a largo plazo cuando venda inversiones con ganancias. Además, es probable que también ahorre en comisiones al ingresar y salir de puestos con menos frecuencia de lo que lo haría de otra manera.

En resumen, esto es lo que debe hacer si desea invertir como Peter Lynch:

Obtén una base sólida de conocimiento comercial y bursátil
Invierte solo en empresas que conoces bien
Diversifica tu portafolio
No ignores las empresas más pequeñas de Wall Street
Haz una investigación exhaustiva
Invierte con una mentalidad a largo plazo

Si bien no hay forma de garantizar rendimientos tan impresionantes como los logrados por Peter Lynch a lo largo de su carrera, aprender sus métodos puede colocarte en una mejor posición para capitalizar cuando la economía es fuerte y protegerse cuando la economía se deteriore.

El estilo inversor de William O'Neil

William O'Neil nació en 1933 y es un hombre de negocios y corredor de bolsa estadounidense que fundó Investor's Business Daily y también fundó la firma de corretaje de valores William

O'Neil & Co. Inc.
Es más famoso por desarrollar CANSLIM, que es esencialmente una estrategia de inversión para el crecimiento.
En 1963 William O'Neil fundó su firma de corretaje y fue el corredor más joven de la época en comprar un lugar en la Bolsa de Valores de Nueva York.
CANSLIM
CANSLIM puede considerarse una combinación de análisis fundamental y comercio técnico, y puede imaginarse como comercio fundamental.
Esta estrategia utiliza análisis fundamental para encontrar acciones que merezcan aumentar y análisis técnico como patrones de gráficos para la entrada de tiempo.
Una vez que se toma una posición, la estrategia CANSLIM utiliza técnicas de gestión comercial como un objetivo de stop-loss y beneficio.
CANSLIM es un acrónimo:
CANSLIM, que en su traducción al español sería:
Utilidad trimestral actual por acción
Crecimiento anual de beneficios
Nuevos productos, gestión y nuevos máximos
Oferta y demanda
Líder
Patrocinio institucional
Dirección del mercado
Cada una de estas siete letras se entiende así:
Utilidad trimestral actual por acción
Se espera que la utilidad del último trimestre reportada tenga un aumento mínimo del 25% en comparación con el período anterior correspondiente (el mismo trimestre del año anterior).
La cifra del 25% es un mínimo, pero se prefiere el 50% o más.
La estrategia CANSLIM funciona mejor con grandes aumentos porcentuales en las ganancias, por lo que se prefieren aumentos porcentuales más altos.

El estado de resultados debe auditarse para confirmar que los ingresos provienen del negocio normal de la empresa.

Las partidas no recurrentes resultantes de la venta de activos, como los inmuebles, distorsionan el resultado informado y las partidas extraordinarias deben deducirse; lo importante es un aumento de las utilidades recurrentes normales.

Las ganancias trimestrales de los últimos dos años deben ser monitoreadas y deben mostrar un aumento bastante grande en las ganancias trimestrales, y el trimestre actual registra el mayor aumento porcentual. Es preferible que las ganancias trimestrales muestren un aumento cada vez más rápido.

Consulta también el beneficio trimestral del siguiente trimestre del año anterior. Con algunas empresas, tus ganancias son estacionales y con otras empresas, tu resultado puede haber sido solo un resultado bajo.

Un resultado más bajo será más fácil de superar cuando se publique el próximo trimestre. Deben verificarse las previsiones de los analistas para el próximo trimestre y el próximo año. Es preferible que estos muestren un aumento acelerado de las ganancias. También se debe verificar el crecimiento de los ingresos trimestrales y anuales para ver si muestra un aumento para justificar el aumento de las ganancias.

Crecimiento anual de ganancias

La ganancia anual debe ser del 25% o más con respecto al año anterior. También se espera que aumenten los ingresos anuales en cada uno de los últimos tres años. El crecimiento de los ingresos debe ser constante y preferiblemente acelerado.

Deben evitarse las empresas con antecedentes de ingresos irregulares.

La estrategia CANSLIM espera un aumento en la tasa de crecimiento de las ganancias. Los ingresos de los últimos tres años también deberían estar aumentando constantemente.

Se prefieren empresas con un alto rendimiento sobre el capital del 20% o más.

La estrategia CANSLIM no tiene en cuenta la relación PE de las acciones, por lo que las acciones a menudo se compran a múltiplos altos debido al sólido rendimiento de las ganancias.

Nuevos productos, gestión y nuevos máximos

Normalmente se requiere algo nuevo para producir un fuerte

crecimiento en la facturación y los beneficios de una empresa. El algo nuevo puede ser un nuevo producto o servicio que los consumidores necesitan; esta es también una buena forma de aumentar los ingresos y las ganancias.

Un cambio en la gestión que tiene una nueva dirección para la empresa o mejora la eficiencia también puede tener un efecto positivo en los ingresos y las ganancias.

Simplemente comercializar un producto existente de una manera nueva e innovadora puede tener un efecto positivo.

A veces, el cambio se produce dentro de una industria: los productos o servicios que estaban fuera de lugar ahora están a favor. Las condiciones industriales significativamente mejoradas son una buena forma de aumentar los ingresos y las ganancias.

Las nuevas tecnologías para abaratar los mismos productos también aumentarán los ingresos y las ganancias. La estrategia CANSLIM comienza a tomar acciones en cuenta cuando su precio alcanza un nuevo máximo y se consolida.

Oferta y demanda

La mayoría de las acciones de gran capitalización tienden a excluirse porque la estrategia necesita fuertes necesidades de crecimiento. Por lo general, es mejor si no hay divisiones recientes o si las hay, entonces la división es pequeña, como 2 por 1.

Las grandes divisiones de acciones aumentan significativamente las acciones y, dado que el precio de las acciones suele ser alto, tiende a motivar a los accionistas a vender algunas de estas acciones para asegurar una ganancia.

Por lo general, es una buena señal cuando la empresa recompra sus acciones, especialmente cuando el precio de la acción es alto. Esto reduce el número de acciones y, por lo tanto, aumenta las ganancias por acción. Una ventaja es que la empresa se siente cómoda creyendo que sus ganancias son innecesarias porque espera más aumentos de ganancias.

Líder

La estrategia CANSLIM busca las acciones más fuertes de un grupo industrial.

La fuerza se mide por la fuerza relativa del avance del precio de las acciones frente al índice del grupo industrial.

La estrategia de CANSLIM sugiere considerar solo los primeros tres títulos de un grupo industrial (basado en fuerza relativa). Por lo general, estos son los valores que están superando significativamente al mercado.

El líder de la industria no depende de los ingresos, no es el líder en ingresos. En otras palabras, una gran empresa puede dominar la industria sobre la base de los ingresos en dólares, pero el precio de sus acciones probablemente solo se mueva junto con el índice de la industria, ya que las grandes empresas dominan el rendimiento de los índices.

Esto se debe a que los índices sectoriales se ponderan por capitalización y el rendimiento de un índice industrial se debe en gran medida al rendimiento de las acciones de gran capitalización. Lo que busca la estrategia de CANSLIM son empresas cuya cotización supere el desempeño del índice industrial, lo que significa que las acciones deben ser una empresa más pequeña que no domine el desempeño de los índices.

Patrocinio institucional

Las instituciones son grandes entidades de inversión como fondos mutuos, fondos de pensiones, fondos de cobertura y compañías de seguros. Las acciones de gran capitalización suelen estar dominadas por instituciones porque tienen una alta liquidez.

A medida que las empresas se hacen más pequeñas, la cantidad de propiedad institucional disminuye, tanto en el número de acciones que se poseen como en el número de instituciones que poseen las acciones. Debido a la gran cantidad de acciones que las instituciones necesitan comprar, la atracción de nuevas instituciones por las acciones proporciona un impulso significativo a la demanda por la cantidad relativamente limitada de acciones disponibles.

A la hora de comprar el título, es ventajoso si ya existen algunas instituciones que poseen el título, pero no demasiadas. De esta manera, todavía hay mucho espacio para que las nuevas instituciones se conviertan en accionistas y, para hacerlo, tienen que comprar acciones a inversores minoristas; esta demanda de las instituciones es lo que impulsa el precio de las acciones.

Es preferible que el número de instituciones haya aumentado en los dos últimos trimestres. Las nuevas instituciones que compraron acciones en el último trimestre probablemente no venderán en el próximo trimestre, pero probablemente aumentarán su posición. Mejor aún si las nuevas instituciones son fondos mutuos con un buen desempeño reciente. Es probable que esto atraiga la atención de otras instituciones que actualmente no poseen el título.

Dirección del mercado

Comprar acciones con precios de alto crecimiento es una estrategia de mercado alcista y producirá rendimientos negativos en los mercados bajistas. Los retiros en los mercados alcistas ocurren todo el tiempo y generalmente no son un problema importante, siempre y cuando la corrección no sea excesiva, ya que la caída temporal suele ser corta y el mercado comienza a subir nuevamente.

Si el retiro del mercado se vuelve excesivo (digamos del 5% al 10%), entonces es mejor suspender cualquier nueva entrada de posiciones y monitorear cuidadosamente las posiciones abiertas. Esperando al inversor se puede buscar la conformación de que el mercado alcista continuará. Si no hay conformación, es probable que se haya desarrollado un mercado bajista. Una recuperación del mercado alcista ocurre cuando un rally del mercado supera el nivel relativamente alto del rally anterior del mercado.

Estrategia comercial

La estrategia CANSLIM es una estrategia de inversión a corto plazo; generalmente no está pensada para inversiones a largo plazo y definitivamente no es adecuada para comprar y mantener inversiones.

El análisis fundamental es únicamente para identificar acciones que tienen una buena razón para recuperarse (una explosión a corto plazo). La decisión de entrada real se basa en un análisis técnico y utiliza modelos gráficos.

Con esta estrategia buscamos acciones que hagan nuevos máximos y se retiren de ese máximo para consolidar durante varias semanas a un mes o más. Una vez que el stock ha alcanzado el nivel superior con respecto a su modelo de consolidación, se considera la entrada una vez que el stock ha alcanzado el nivel más alto.

La estrategia CANSLIM permite la pirámide si el inversor

prefiere la pirámide.

La pirámide es una táctica comercial por la que Jesse Livermore es famoso y simplemente significa tomar una posición pequeña inicialmente y si el precio de las acciones avanza, entonces se toman más posiciones a precios más altos.

La posición de cierre debe estar a un precio que no exceda el 5% del nivel de ruptura.

Dados los altos precios que se pagan normalmente, es fundamental que se implemente un stop-loss. La estrategia CANSLIM es una estrategia a más largo plazo que el comercio de posiciones y, por lo tanto, requiere un nivel de stop más amplio.

CANSLIM sugiere utilizar un stop de porcentaje fijo en lugar de un stop basado en un patrón de gráfico. Se espera que el stop-loss sea un 8% por debajo del precio de entrada y esta cifra se ha derivado de backtests históricos como la cifra óptima para usar.

La estrategia CANSLIM sugiere utilizar un objetivo de beneficio del 20%. Si la acción tarda más de tres semanas en alcanzarse, entonces debe venderse al objetivo de ganancias. La estrategia también dice que, si la acción alcanza el objetivo de ganancias del 20% en tres semanas o menos, entonces la acción debe mantenerse durante ocho semanas y el nivel de stop-loss debe aumentarse al precio de entrada.

Después de ocho semanas, aumente el límite de pérdidas hasta el objetivo de ganancias del 20% y busque señales de salida. Estos signos incluyen:

Señales de salida:

El rango diario alto-bajo más grande después de que la acción tenga un gran aumento de precio y una brecha al día después del gran repunte del precio. La estrategia CANSLIM generalmente hará que la mayoría de las transacciones se realicen en un mes o dos.

Los grandes movimientos generalmente ocurren rápidamente fuera del patrón de consolidación y se disparan por encima del nivel del 20% con bastante rapidez y es por eso que se mantienen para un movimiento más grande, que puede durar seis meses.

La inversión de valor estratégico de Bill

Miller

Ha sido ampliamente aclamado como un genio de las inversiones y uno de los mejores administradores de fondos mutuos de todos los tiempos, recibiendo numerosos premios de Money, Morningstar y la revista Barron's por sus habilidades de inversión.

Miller pisoteó el S&P 500 durante 15 años, entre 1991 y 2005, también se quedó en el polvo entre 2006 y 2011. Solo en 2008, su Legg Mason Capital Value Trust cayó más del 55%, mientras que el S&P 500 cayó un 38,5% (el fondo ahora se llama ClearBridge Value Trust.

Su estilo de inversión se podría resumir de la siguiente manera:

No intenta predecir la dirección del mercado.

Busca el valor de la franquicia.

Al determinar el valor, está dispuesto a hacer predicciones, pero no les da mucho peso.

Miller busca ideas de inversión en todas partes.

Debe haber un margen de seguridad.

No suele realizar operaciones comerciales.

Los analistas se preguntaron por qué el desempeño de Miller de 2006 fue tan diferente de 1991 a 2005. Surgieron cuatro razones para la diferencia:

Invierte en el sector tecnológico.

Su "filosofía de la probabilidad".

Posiciones concentradas en determinados sectores.

Demasiada confianza.

Comenzando en el sector tecnológico, Miller ha sido uno de los primeros y entusiastas inversores en empresas como American Online, Google (ahora Alphabet (NASDAQ: GOOG) (NASDAQ: GOOGL)), Dell (NYSE: DELL) y Amazon (NASDAQ: AMZN). Debido a estas compras, algunos observadores lo han visto como un crecimiento más que como un inversor de valor. Y los analistas sugirieron darle crédito por su oportunidad en esta industria porque vendió la mayoría de sus propiedades tecnológicas justo antes de que estallara la burbuja de las puntocom.

Lo más probable es que Miller pensara que algunos grandes ganadores compensarían a los perdedores. Aparentemente, se equivocó más a menudo que la mayoría de los administradores de dinero, pero también obtuvo mayores ganancias que ellos. Esta estrategia depende de que las acciones no estén relacionadas entre sí, pero Miller hizo grandes apuestas en muchas compañías financieras al mismo tiempo, en el período previo a la crisis financiera de 2008.

Si bien su sincronización con las acciones tecnológicas fue impecable, no fue tan perspicaz sobre su postura concentrada en las acciones financieras mientras se avecinaba la crisis financiera. Incluso mientras la industria colapsaba en septiembre de 2008, estaba comprando 30 millones de acciones más de Fannie Mae (FNMA), Freddie Mac (FMCC) y otros nombres financieros.

Según los autores, un administrador de inversiones necesita confianza, pero un administrador demasiado confiado puede meterse en problemas. Miller mantuvo la confianza durante demasiado tiempo y luego se metió en problemas más graves al comprar más activos financieros a medida que la industria continuaba decayendo. El Wall Street Journal le dijo que dejaría de comprar más solo cuando el precio de las acciones haya bajado tanto que "ya no podamos obtener una cotización".

El gurú ya no está con Legg Mason y ahora dirige su empresa Miller Value Partners, con sede en Baltimore, que dirige con sus dos hijos.

Durante su mandato en Legg Mason, se adhirió al concepto de margen de seguridad introducido por Graham; A diferencia de Graham, no ha sido un comerciante frecuente, prefiriendo en cambio ceñirse a acciones seleccionadas en carteras concentradas. A diferencia de la mayoría de los inversores de valor, trató de medir el tiempo del mercado, con éxito antes del colapso dot-com y sin éxito durante la crisis financiera.

CAPÍTULO TRES
PREPÁRATE PARA INVERTIR

Los 5 mejores corredores de descuentos en 2020

Degiro Comisiones comerciales y no comerciales bajas y una negociación ETF gratuita por mes.
TradeStation Global Comisiones comerciales y no comerciales bajas, altas comisiones por fondos.
Revolut Comisiones comerciales y no comerciales bajas, negociación gratuita de acciones y ETF.
Lealtad Comisiones comerciales y no comerciales bajas, pero altas comisiones por fondos.
TD Ameritrade. Bajas comisiones comerciales y no comerciales, altas comisiones por fondos.
¿Qué hace a un buen corredor de descuentos? Por supuesto, las tarifas son bastante bajas. Esto se aplica a las tarifas, las tasas de financiación y muchos se olvidan de las tarifas no comerciales, como las tarifas inactivas o las tarifas de retiro. Además de las tarifas bajas, también debería ofrecer acceso a muchos mercados y productos.
Degiro es un corredor de descuentos online holandés. Es de propiedad privada y fue fundada en 2008 por ex empleados de otra firma de corretaje. Degiro está regulado por autoridades financieras de alto nivel, la Autoridad Holandesa de Mercados Financieros (AFM) y el Banco Central Holandés (DNB). A partir de julio de 2020, DEGIRO ha eliminado la lista de espera para nuevos clientes. Recomendado para inversores y comerciantes sensibles a los precios que solo buscan realizar transacciones.
TradeStation Global es la marca comercial de TradeStation International, que tiene su sede en el Reino Unido y está regulada por FCA Tier 1. TradeStation International es la subsidiaria de TradeStation y un corredor de introducción a Interactive Brokers (IB). Como tal, TradeStation Global es un producto combinado

de TradeStation e IB. Puede llegar a los mercados de IB casi a las tarifas de IB. Puede operar tanto en la plataforma TradeStation como en la plataforma de escritorio IB. TradeStation ofrece servicio al cliente.

Interactive Brokers que TradeStation tienden a ser corredores confiables, regulados por autoridades financieras de alto nivel. Si bien Interactive Brokers cotiza en NASDAQ, TradeStation no, solo la empresa matriz de TradeStation, Monex, cotiza en la Bolsa de Valores de Tokio. Recomendado para traders e inversores que buscan bajas comisiones y una amplia selección de productos.

Revolut es un startup fintech de rápido crecimiento fundada en 2015 y es mejor conocida por sus servicios bancarios y de pago. Gracias a Revolut Trading Ltd, la compañía también comenzó a negociar acciones sin comisiones en 2019. Revolut está regulado por varias autoridades reguladoras, incluida la Comisión de Bolsa y Valores de EE. UU. (SEC) y la Autoridad Reguladora de la Industria Financiera (FINRA). Los activos de los clientes están protegidos hasta $ 500,000 ($ 250,000 en efectivo) bajo el seguro de la Securities Investment Protection Corporation (SIPC). Recomendado para principiantes que buscan operaciones gratuitas y una excelente plataforma de operaciones móviles

Fidelity es un corredor de bolsa estadounidense, fundado en 1946. Está regulado por autoridades reguladoras de alto nivel como la Comisión de Bolsa y Valores (SEC) y la Autoridad Reguladora de la Industria Financiera (FINRA). Fidelity se considera segura porque tiene un largo historial y está regulada por reguladores de alto nivel. Especialmente recomendado para aquellos inversores y comerciantes que buscan una investigación sólida y excelentes plataformas de negociación.

TD Ameritrade se fundó en 1978 y es uno de los corredores de bolsa más grandes de Estados Unidos. Está regulado por autoridades reguladoras de alto nivel como la Securities and Exchange Commission (SEC), la Financial Industry Regulatory Authority (FINRA) y la Commodity Futures Trading Commission (CFTC). TD Ameritrade se considera un corredor seguro ya que tiene un largo historial, cotiza en bolsa, tiene experiencia bancaria, divulga sus datos financieros y está regulado por reguladores de primer nivel. Recomendado para inversores y comerciantes que buscan una investigación estructurada y una plataforma de negociación bien equipada.

¿Qué es un corredor de descuento?

Un corredor de descuento es una empresa de corretaje que ejecuta sus órdenes de compra y venta a una tarifa de negociación baja. Las tarifas de los corredores con descuento pueden ser más bajas ya que no brindan servicios adicionales como investigación, asesoramiento de inversión personal, planificación fiscal o asesoramiento robótico como los corredores de servicio completo.

Los corredores de descuento aparecen en Internet y en los servicios de corredores en línea. Las empresas de corretaje han comenzado a brindar su servicio en línea y de forma totalmente automatizada. Esto puede considerarse el auge de las plataformas comerciales en línea. Una plataforma de comercio en línea es básicamente un sitio web, donde puede realizar pedidos y recibir asistencia al cliente únicamente, sin asesoramiento de inversión.

La brecha entre los corredores de servicios completos y los corredores de descuento se ha reducido en los últimos años. Los corredores de descuento también han comenzado a proporcionar servicios adicionales, como la investigación, mientras que los corredores de servicio completo han comenzado a reducir sus tarifas. La industria completa de corretaje y administración de patrimonio está bajo presión cuando se trata de comisiones, gracias a firmas de corretaje en línea cada vez más rentables.

Hoy, los nuevos corredores de descuento son corredores de libre comercio. Pueden ofrecer operaciones sin comisión y cobrar comisiones adicionales por servicios auxiliares, como operaciones fuera de horario. El corredor de libre comercio en línea más grande de los Estados Unidos es Robinhood. En el Reino Unido, Freetrade lanzó su aplicación comercial en 2018.

¿Son seguros estos corredores?

Puedes estar seguro de que ninguno de ellos es una estafa. Están regulados por al menos un regulador de primer nivel.

Sin embargo, las casas de bolsa también pueden caer.

¿Recuerdas a Lehman Brothers? En estos casos es importante saber qué sucede con los valores y el efectivo. Por lo general, se mantienen en cuentas separadas, por lo que incluso en caso de quiebra de un corredor, estás a salvo.
Si todo sale mal y, por ejemplo, el corredor le roba su capital, entonces tiene un último recurso, el fondo de compensación del país donde el corredor está regulado.

5 mejores analizadores gratuitos para 2020

La búsqueda de nuevas transacciones de acciones no tiene por qué ser una actividad que requiera mucho tiempo si conoce los sitios web adecuados a los que debe dirigirse. Los mejores analizadores de acciones gratuitos brindan a los inversores los datos y la usabilidad que necesitan para realizar la selección de acciones de manera eficiente.
Las mejores ETF y acciones gratuitas
TradingView
FINVIZ
TD Ameritrade
Yahoo Finanzas
MarketSmith
1. TradingView
Es uno de los mejores sitios para la detección de acciones y ETF porque ofrece la mejor combinación general de datos de calidad y facilidad de uso. El evaluador utiliza un diseño HTML5 moderno, lo que lo hace extremadamente fácil de usar. También hay una gran selección de datos básicos y técnicos disponibles para el cribado, la personalización de rangos de datos también es un juego de niños. Curiosamente, puede intercambiar fácilmente solo ETF o solo acciones. También aprecio el hecho de que puede realizar una pantalla con una amplia selección de índices de mercado. TradingView es definitivamente un gran sitio para gráficos de acciones y análisis de acciones gratuitos en 2020.
También podemos tener un filtro de acciones y ETF completo con una excelente selección de datos técnicos y fundamentales. Gratis son las alertas de lista y la personalización avanzada de

filtros. La exportación de datos y la transmisión de cotizaciones en tiempo real requieren una suscripción paga a TradingView Pro.

2. Finviz

El analizador de almacenes Finviz.com ofrece una amplia variedad de criterios, una interfaz fácil de usar y una buena funcionalidad general. La plataforma también ofrece una selección precisa de datos fundamentales y técnicos, y todos los resultados se muestran de forma limpia. Quizás su característica más interesante es la capacidad de pasar el cursor sobre cualquier cotización bursátil para ver un gráfico que se abre instantáneamente. La desventaja es que no hay una opción de filtro para mostrar solo ETF o resultados de acciones.

Tiene una gran selección de criterios fundamentales y técnicos, gráficos de acciones fáciles de usar y de rápido desplazamiento. Sin embargo, no hay forma de filtrar solo ETF o solo acciones y la herramienta no es muy compatible con dispositivos móviles. Funciones avanzadas como exportación de datos, filtros personalizados y backtesting bloqueados detrás del muro de pago de Finviz Elite.

3. TD Ameritrade

TD Ameritrade es un corredor en línea gratuito. Es mejor conocido por su plataforma de negociación thinkorswim, que viene cargada con herramientas comerciales. Para filtrar y escanear, puede utilizar la herramienta Stock Hacker. Stock Hacker también está cargado de opciones de filtro. Stock Hacker se utiliza mejor como un escáner en tiempo real, ya que la plataforma de negociación incluye cotizaciones de acciones gratuitas en transmisión en tiempo real. Por ejemplo, puede escanear en tiempo real acciones con patrones técnicos específicos como banderas, canales y cuñas.

Como puede adivinar, el objetivo de TD Ameritrade es engancharlo a la plataforma de operaciones para financiar su cuenta y cambiar al corredor para operaciones diarias.

También incluye datos de transmisión en tiempo real, fáciles de usar, un conjunto completo de funciones y está integrado directamente en thinkorswim, lo que significa un acceso rápido a docenas de otras herramientas comerciales.

Sin embargo, para descargar y usar thinkorswim, debe abrir al

menos una cuenta (sin depósito mínimo).
4. Yahoo Finanzas
El evaluador de acciones de Yahoo Finance es muy simple, pero lo que le falta en la profundidad de los criterios técnicos y fundamentales para filtrar, lo compensa con simplicidad. Este evaluador de acciones gratuito también incluye cotizaciones de transmisión gratuitas, filtros de datos ESG y los resultados incluyen las columnas de datos fundamentales de Yahoo Finance. Además, además de una lista de resultados tradicional, los resultados se pueden mostrar como mapas de calor. Es simple y fácil de usar, incluye cotizaciones de transmisión y filtros ESG, vista de mapa de calor.
Lista no muy grande de criterios disponibles para la selección, "Tasa de retorno" y "Valoración" bloqueados detrás del muro de pago, no se admite la exportación de datos.
5. MarketSmith
MarketSmith es un paquete de gráficos de Investors.com (Investors Business Daily). Primero, es importante tener en cuenta que MarketSmith no es gratis ni es barato. Para acceder al evaluador, que incluye todas las métricas y calificaciones de William O'Neil, debe suscribirse. Dicho esto, la plataforma de gráficos es fantástica. Con todo, para los inversores que buscan acceso a calificaciones fundamentales patentadas para ayudarlos a identificar y obtener opciones rentables de acciones, MarketSmith merece la pena.
Ofrece un excelente paquete de gráficos que incluye acceso al evaluador junto con toda la lista de clasificación patentada de IBD. Sin embargo, para obtener acceso al evaluador de acciones, debe suscribirse a MarketSmith, que cuesta $ 149.95 por mes.

10 mejores sitios financieros

Con tantas empresas, términos y tendencias a seguir, el mundo financiero puede parecer abrumador. Para mantenerse en la cima del mercado, necesitará toda la ayuda que pueda obtener. Afortunadamente, no necesita un título en finanzas para entender el mercado monetario en estos días.

Internet está lleno de sitios de noticias financieras con abundante información sobre el mercado. Echemos un vistazo a 10 sitios web que todo entusiasta de las finanzas debería marcar como favorito.

1. Mercados de CNN

Una de las redes de noticias más grandes del mundo es sin duda CNN y su página de mercados financieros es uno de los lugares más fáciles de navegar por el mercado. La página contiene los titulares de eventos financieros actuales junto con titulares de tendencias, un gráfico de desempeño de la industria, cambios en las materias primas y más.

Puede hacer clic en cualquiera de estos elementos para obtener más información en las páginas dedicadas. CNN Markets también es una excelente parada en boxes para recibir noticias rápidas y actualizaciones sobre una variedad de temas financieros.

2. Kiplinger

A diferencia de CNN, que se centra más en los titulares de las noticias, Kiplinger es un gran recurso general para consejos y tendencias financieras personales. Encontrarás contenido útil, como cómo evitar pagar salarios molestos, las mejores formas de gastar $ 1,000 adicionales y consejos financieros para los recién casados.

Si es nuevo en la industria, la sección de Kiplinger sobre conceptos básicos de finanzas personales les ayuda a conocerse. Para divertirse, también puede probar algunos cuestionarios que evalúan su conocimiento sobre puntajes crediticios, seguridad social y temas similares.

Aquellos que deseen un estudio práctico sobre cómo los eventos actuales afectan su situación financiera definitivamente deben consultar este sitio.

3. Esto es dinero

Este es el sitio web financiero de Money

Este sitio web financiero centrado en el Reino Unido tiene una gran cantidad de información en su página principal. Encontrarás decenas de artículos (y videos) sobre noticias, tendencias monetarias, ofertas y consejos. Las categorías en la parte superior del sitio, como Facturas, Automóviles y Vacaciones, brindan consejos financieros prácticos sobre temas cotidianos.

Aquellos que no son del Reino Unido pueden no encontrar las noticias en este sitio demasiado útiles, pero hay muchos otros contenidos sobre los que pueden obtener más información. Tómate un minuto para echar un vistazo a la página de inicio; ¡Lo más probable es que encuentres algo que te llame la atención!

4. TheStreet

TheStreet se centra en las noticias, específicamente en lo que se aplica a la inversión. Encontrarás comentarios sobre la actualidad, consejos de inversión, opiniones y las bases para ingresar al mercado. Un colaborador prolífico es Jim Cramer, cofundador del sitio.

Si busca más, TheStreet ofrece servicios de pago para inversores. El análisis en profundidad de los mercados actuales, las recomendaciones de acciones y las tácticas avanzadas son algunos de los servicios que encontrará entre los servicios de pago. Aprender de los expertos siempre es inteligente, por lo que estos planes son un gran paso si desea ir más allá de lo básico.

5. MarketWatch

MarketWatch es una publicación del Wall Street Journal dirigida a quienes están inmersos en los mercados diarios. En la parte superior de la página, encontrarás un ticker que te permite monitorear las principales bolsas de valores, verificar los precios de las acciones y buscar las últimas noticias.

6. Buscando Alfa

Seeking Alpha agrega información de otros sitios financieros. En su página de inicio, encontrará artículos de moda de toda la web, junto con noticias y titulares recientes del último mes.

Definitivamente hay valor en un sitio que hace todo el trabajo de descubrimiento por usted. Así que visite Seeking Alpha cuando quiera ver solo las noticias más importantes y los temas más candentes.

7. Bloomberg Markets

Bloomberg es otro poderoso recurso de noticias financieras, que ofrece mucha información en un formato atractivo. En la página de inicio encontrará las tendencias actuales del mercado, junto con los titulares e historias más importantes.

Si prefieres ver o escuchar, también encontrarás contenido de video. En general, Bloomberg es un sitio equilibrado con una gran combinación de contenido que cualquiera puede disfrutar y explotar.

8. Forbes Money

Forbes es un nombre muy conocido en los negocios y las finanzas, y por una buena razón. No importa si está interesado en inversiones, pequeñas empresas o liderazgo, encontrará algo para leer en Forbes Money. Este es uno de los pocos sitios en la lista que no solo se enfoca en finanzas. También puede disfrutar del sitio de Forbes Money.

La estrategia de inversión de cartera permanente

Ahora mismo hay mucho miedo, incertidumbre y dudas sobre las inversiones y los mercados financieros. Ahora mismo podría ser un buen momento para aprovechar la oportunidad de reevaluar la actual estrategia de inversión a largo plazo y encontrar formas de mejorar.

Con este espíritu, veremos cómo administrar los fondos de inversión a largo plazo.

Sin embargo, también es bueno recordar que las leyes varían en todo el mundo y cambian de un mes a otro, por eso quiero asegurarme de que no haya absolutamente ningún malentendido antes de comenzar y por lo tanto también es bueno recordar informarse antes de hacer cualquier inversión.

Sin embargo, lo que elijas hacer con la información que leas aquí o en otro lugar dependerá completamente de ti, y las consecuencias de tus elecciones son 100% de su exclusiva responsabilidad.

Recuerda que todas las inversiones contienen elementos de riesgo. Debes comprender cuáles son estos riesgos antes de comprar cualquier inversión. Siempre es bueno recordar que el desempeño pasado no es garantía de resultados futuros. Asimismo, cualquier análisis, opinión y noticia u otra información que encuentre como comentario general del mercado y que no constituya un consejo de inversión.

Cuenta de retiro

Cada año fiscal puedes contribuir y pagar el máximo a tu fondo de pensiones. Según las normas fiscales de EE. UU., Mientras escribo esto, puedes contribuir hasta el 20% de tus ingresos antes de la deducción de impuestos por trabajo por cuenta propia, hasta un máximo de $ 49.000. Las contribuciones que realizas se deducen de tu renta imponible, lo cual es bueno, ya que esto significa que tiene más capital en su cuenta que puede crecer durante décadas. Cuando comencemos a retirar el dinero más tarde (después de cumplir 59 años y medio), se gravará como ingreso normal.

Podemos utilizar una asignación de cartera permanente para el 100% de sus inversiones en dólares a largo plazo.

Una posible asignación de activos podría ser:

25% índice total del mercado de valores

25% Bonos del Estado a largo plazo

25% de oro

25% Efectivo

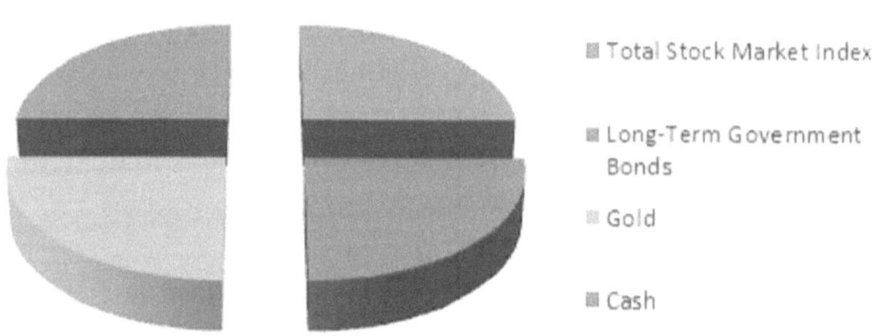

Imagen 5: Cartera de activos permanentes

Hay varias razones por las que prefiero la asignación de cartera permanente:

1. La Cartera Permanente no requiere provisión.

Nadie puede predecir el futuro. Las promesas de predecir el futuro son endémicas de la inversión, lo que genera grandes pérdidas y malas decisiones de inversión.

La asignación de activos del Fondo Permanente no intenta

predecir nada, simplemente reconoce que los mercados financieros continuarán cambiando. A algunas clases de activos les irá bien, mientras que a otras les irá mal.

En lugar de intentar predecir qué clases de activos obtendrán mejores resultados, tiene cuatro tipos de activos principales correlacionados negativamente, que se contrarrestan entre sí. En general, la cartera crece como (o, mejor dicho) el mercado de valores total, sin grandes cambios en la volatilidad, que son psicológicamente difíciles de gestionar.

2. Históricamente, la Cartera Permanente ha tenido un buen desempeño en promedio.

3. La cartera permanente elimina en gran medida la aversión a pérdidas.

Los seres humanos odian universalmente perder, incluso odian el potencial o la percepción de la pérdida, por muy transitoria que sea la pérdida. Puedes pensar en la Cartera Permanente como las cuatro clases de activos principales que la gente compra con entusiasmo cuando los tiempos son buenos o huyen cuando las cosas se ponen aterradoras.

Cuando el negocio va bien, todos están entusiasmados con la acción. Cuando la inflación, la deflación o la recesión están al acecho, los inversores huyen de las acciones en bonos, oro o efectivo. Independientemente de los caprichos del mercado, con las cuatro clases de activos, sus rendimientos son estables.

Tomamos los rendimientos del mercado sin la volatilidad del mercado todos los días; esto nos libera tiempo y atención a los problemas más importantes, como la construcción de su negocio.

4. La cartera permanente es muy barata.

Cabe señalar que las cuatro clases de activos están disponibles como ETF de bajo costo.

Dado que estos fondos son administrados automáticamente por computadoras, no tengo que pagar el 2-3% de mis activos a un consultor de administración de activos cada año para obtener peores resultados que los del mercado. Por el contrario, pagamos una comisión absurdamente baja para obtener mejores resultados.

Además, solo hay cuatro activos para equilibrar, por lo que incluso las tarifas de transacción son extremadamente bajas: no es necesario un comercio activo.

5. 5. La Cartera Permanente no se basa en decisiones humanas.

El Portafolio Permanente está diseñado con una lógica que elimina en gran medida la toma de decisiones. Las únicas acciones requeridas son: depositar dinero en la cuenta, asignar fondos en las unidades del 25% descritas anteriormente y reequilibrar la cartera cuando uno de estos activos constituye el 30-35% de la cartera, restableciendo las asignaciones iniciales del 25%.

La naturaleza sistemática de la cartera significa que no tenemos que decidir en qué invertir, cuándo invertir o tratar de predecir precios futuros. Solo gestiona el sistema. Y también podemos hacer todas esas cosas, en lugar de pagarle a alguien para que lo haga por nosotros.

5. 5. La Cartera Permanente también se puede automatizar por completo.

Hay empresas de corretaje en línea que ofrecen posibilidades de reequilibrio y automatización extremadamente sólidas.

Cada mes, todo lo que se necesita para reequilibrar la cartera es una sola operación: haz clic en el botón "reequilibrar". La plataforma se encarga del resto. También puedes configurar el sistema para reequilibrar periódicamente, de acuerdo con un programa que especifique.

Este es un uso brillante de la estructura de guía. Al automatizar el sistema, no tenemos que arriesgarnos al agotamiento de la fuerza de voluntad y la incomodidad de la predicción al reequilibrar, como lo haremos al vender un activo de alto rendimiento para comprar un activo de bajo rendimiento. Hemos decidido de antemano lo que queremos hacer, por lo que la plataforma nos permite hacerlo de forma automática.

Las funciones de automatización eliminan la fricción del proceso de inversión. Podemos depositar dinero automáticamente, asignar dinero automáticamente y reequilibrar automáticamente. Todas estas cosas eliminan las barreras que obstaculizan el éxito de una inversión a largo plazo, lo que aumenta las probabilidades de éxito a largo plazo. Esto podría ser: una forma sencilla, económica, fácil, sistemática y automatizada de cosechar los beneficios de una inversión a largo plazo.

La estrategia de captura de dividendos

La estrategia de captura de dividendos es una forma ampliamente utilizada por los comerciantes diarios. A diferencia del enfoque tradicional, que se basa en comprar y poseer acciones que pagan dividendos de manera estable para generar un flujo constante de ingresos, esta estrategia requiere compras y ventas frecuentes de acciones, manteniéndolas solo por un corto período de tiempo, solo tiempo, precisamente, necesario para capturar el dividendo que paga la acción. En ocasiones, las acciones subyacentes solo se pueden mantener durante un día.

Los dividendos generalmente se pagan anualmente o trimestralmente, pero algunos se pagan mensualmente. Los traders que utilizan la estrategia de distribución de dividendos prefieren pagar dividendos anuales más grandes, ya que generalmente es más fácil hacer rentable la estrategia con montos de dividendos más altos. Los calendarios de dividendos con información sobre el pago de dividendos están disponibles sin cargo en un número ilimitado de sitios web financieros.

Principales beneficios

Una estrategia de distribución de dividendos es una estrategia de inversión orientada al tiempo que implica la compra programada y la posterior venta de acciones que pagan dividendos.

La captura de dividendos requiere específicamente la compra de una acción justo antes de la fecha de pago del dividendo para recibir el dividendo y luego venderlo inmediatamente después del pago del dividendo. El propósito de las dos transacciones es simplemente recibir el dividendo en lugar de invertir a largo plazo.

Dado que los mercados tienden a ser bastante eficientes, las acciones suelen bajar de valor inmediatamente después del pago de dividendos, se ha cuestionado la viabilidad de esta estrategia.

Cronograma de dividendos

En el corazón de la estrategia de distribución de dividendos hay cuatro fechas clave:

Fecha de declaración: La Junta Directiva anuncia el pago de dividendos. Esta es la fecha en la que la empresa declara su dividendo. Se lleva a cabo mucho antes del pago.

Fecha ex-dividendo (o ex-fecha): la acción comienza a cotizar sin el dividendo. Esta es la fecha límite para ser elegible para recibir el pago de dividendos. También es el día en que el precio de la acción suele caer de acuerdo con el monto del dividendo declarado. Los comerciantes deben comprar las acciones antes de este día crítico.

Fecha de registro: este es el día en que una empresa registra qué accionistas son elegibles para recibir el dividendo.

Fecha de pago: este es el día en que se paga el dividendo y la empresa emite el pago del dividendo.

Como funciona la estrategia

Una de las características que hace que esta estrategia sea más atractiva es su simplicidad: no se requiere un análisis fundamental o gráfico complejo. Básicamente, un inversor o comerciante compra las acciones antes de la fecha de separación de dividendos y las vende en la fecha de separación de dividendos o en cualquier momento posterior. Si el precio de la acción cae después del anuncio del dividendo, el inversor puede esperar a que el precio vuelva a su valor original. Los inversores no tienen que retener las acciones hasta la fecha de pago para recibir el pago del dividendo.

En teoría, la estrategia de distribución de dividendos no debería funcionar. Si los mercados operaran con una lógica perfecta, entonces el monto del dividendo se reflejaría exactamente en el precio de la acción hasta la fecha de pago del dividendo, cuando el precio de la acción caería exactamente en el monto del dividendo. Dado que los mercados no operan con tanta perfección matemática, esto generalmente no sucede. La mayoría de las veces, un comerciante captura una parte sustancial del dividendo a pesar de vender las acciones con una ligera pérdida después de la fecha de vencimiento del dividendo. Un ejemplo típico es el de una acción que se cotiza a $ 20 por acción, pagando un dividendo de $ 1, cuyo precio baja en la fecha anterior solo a $ 19,50,

Una variación de la estrategia de captura de dividendos utilizada por inversores más sofisticados es intentar capturar más que el monto total del dividendo comprando o vendiendo opciones que deberían beneficiarse de la caída del precio de las acciones en la fecha ex.

Esta estrategia también ofrece oportunidades de ganancias continuas, ya que hay al menos una acción que paga dividendos casi todos los días de negociación. Una gran participación accionaria en una acción se puede traspasar regularmente a nuevas posiciones, capturando el dividendo en cada paso. Con una inversión de capital inicial sustancial, los inversores pueden beneficiarse de retornos pequeños y grandes, ya que los retornos de implementaciones exitosas a menudo se acumulan. Aunque a menudo es mejor centrarse en empresas grandes de rendimiento medio (~ 3%) para minimizar los riesgos asociados con las pequeñas empresas al tiempo que ofrece un pago significativo.

Los operadores no solo consideran los valores tradicionales que pagan los dividendos más altos, sino que también consideran la captura de dividendos de valores extranjeros de alto rendimiento que operan en las bolsas de EE. UU. y los fondos negociados que pagan dividendos.

Ejemplo del mundo real

El 27 de abril de 2011, el título de Coca Cola (KO) se cotizaba a 66,52 dólares. El Consejo de Administración, el 28 de abril, declaró un dividendo trimestral regular de $ 0,47 centavos y las acciones subieron de $ 0,41 a $ 66,93. Aunque la teoría sugeriría que el salto de precio equivaldría al monto total del dividendo, la volatilidad general del mercado juega un papel importante en el efecto del precio de la acción. Seis semanas después, el 10 de junio, la compañía cotizaba a 64,94 dólares. Este sería el día en que el inversor de captura de dividendos compraría las acciones de KO.

El precio de la acción subió a 65,12 dólares el 13 de junio cuando se declaró el dividendo. Este sería un punto de salida ideal para el comerciante que no solo calificaría para recibir el dividendo, sino que también obtendría una ganancia de capital. Desafortunadamente, este tipo de escenario no es consistente en todos los mercados de valores. Al contrario, subyace en la premisa general de la estrategia.

Costes adicionales

Los costos de transacción reducen aún más la suma de las ganancias obtenidas. El precio de la acción caerá en la fecha ex dividendo, pero no por el monto total del dividendo (a diferencia del ejemplo anterior de Coca-Cola). Si el dividendo declarado es de 50 centavos, el precio de la acción podría caer 40 centavos. Si se excluye los impuestos de la ecuación, solo se obtiene 10 centavos por acción. Cuando los costos de transacción para la compra y venta de valores ascienden a $ 25 en ambos casos, debe comprar una cantidad sustancial de acciones simplemente para cubrir las tarifas de corretaje. Para capitalizar todo el potencial de la estrategia, se requieren grandes posiciones.

Las ganancias potenciales de una estrategia de captura de dividendos pura suelen ser pequeñas, mientras que las pérdidas potenciales pueden ser sustanciales si hay un movimiento negativo del mercado durante el período de tenencia. Una disminución en el valor de las acciones en la fecha ex que exceda el monto del dividendo puede obligar al inversionista a mantener la posición durante un período prolongado de tiempo, introduciendo un riesgo sistemático y específico de la empresa en la estrategia. Los movimientos adversos del mercado pueden eliminar rápidamente cualquier beneficio potencial de este enfoque de distribución de dividendos. Para minimizar estos riesgos, la estrategia debería centrarse en las participaciones a corto plazo de las grandes empresas de primera línea.

La línea de fondo

Las estrategias de distribución de dividendos proporcionan un enfoque alternativo a la inversión para los inversores que buscan ingresos. Algunos partidarios del mercado eficiente argumentan que la estrategia de captura de dividendos puede no ser eficaz. Esto se debe a que los precios de las acciones aumentarán en la cantidad del dividendo antes de la fecha de presentación de informes, o porque la volatilidad del mercado, los impuestos y los costos de transacción mitigan la oportunidad de encontrar ganancias sin riesgo. Por otro lado, los gestores de carteras ágiles suelen utilizar esta técnica de forma eficaz como un medio para lograr rendimientos rápidos.

Si la distribución de dividendos siempre hubiera sido rentable, las estrategias de inversión impulsadas por computadora ya habrían aprovechado esta oportunidad.

Las comisiones de intermediación, el tratamiento fiscal y cualquier otro tema que pueda afectar la rentabilidad de la estrategia deben ser considerados por aquellos traders que quieran empezar a trabajar con esta estrategia. No hay garantía de ganancias. De hecho, si el precio de la acción cae drásticamente después de la adquisición de una acción por parte de un comerciante por razones completamente ajenas a los dividendos, el comerciante puede incurrir en pérdidas sustanciales.

25 acciones de alto rendimiento

Para los inversores que buscan ingresos regulares, las acciones de dividendos pueden ser una excelente opción.

Los valores de dividendos distribuyen regularmente una parte de las ganancias de la empresa a los inversores. La mayoría de las acciones de dividendos estadounidenses pagan a los inversores una cantidad fija cada trimestre, mientras que las acciones de dividendos más altos aumentan sus pagos a lo largo del tiempo para que los inversores puedan generar un flujo de caja similar al de una anualidad.

Además, los dividendos tienden a ser menos volátiles que las acciones en crecimiento, por lo que su uso también puede ayudar a diversificar su cartera general y reducir el riesgo.

Existen principalmente dos formas de invertir en acciones con dividendos:

a través de fondos mutuos, como fondos indexados o fondos cotizados en bolsa, que tienen acciones que pagan dividendos,

comprando acciones de dividendos individuales.

Los ETF de dividendos o fondos indexados ofrecen a los inversores acceso a una selección de acciones de dividendos dentro de una sola inversión; esto significa que con una sola transacción es posible poseer una cartera de acciones de dividendos. Luego, el fondo le pagará dividendos regulares que puede tomar como ingreso o reinvertir. Los fondos de dividendos ofrecen la ventaja de la diversificación inmediata: si una acción del fondo reduce o suspende su dividendo, aún puede contar con los ingresos de los demás.

Cómo invertir en acciones de dividendos

Aunque crear una cartera de acciones de dividendos individuales puede llevar tiempo y esfuerzo, para muchos inversores vale la pena.

¿Cómo podemos comprar acciones con dividendos?

Encuentra una acción que pague dividendos. En muchos sitios financieros hay listas actualizadas de acciones que pagan dividendos. También hemos incluido una lista de acciones con altos dividendos a continuación.

Evalúa las acciones. Para mirar bajo el capó de una acción de alto dividendo, comienza a comparar los rendimientos de dividendos entre sus pares. Una posible señal de advertencia podría ser cuando el dividendo de una empresa es mucho más alto que el de empresas similares. Como mínimo, vale la pena investigar más sobre la seguridad de la empresa y los dividendos. También es importante verificar la tasa de pago de las acciones, que le indica qué parte de los ingresos de la empresa se destina a dividendos. Una tasa de pago demasiado alta, generalmente superior al 80%, aunque puede variar según el sector, significa que la empresa está dedicando un gran porcentaje de sus ingresos a pagar dividendos. En algunos casos, las tasas de pago de dividendos pueden superar el 100%, lo que significa que la empresa podría endeudarse para pagar dividendos. (Tenemos una guía completa sobre cómo investigar una acción).

Decide la cantidad de acciones que deseas comprar. La diversificación es necesaria si estás comprando acciones individuales, por lo que debes determinar qué porcentaje de la cartera se destina a cada acción. Por ejemplo, si estás comprando 20 acciones, podrías poner el 5% de su cartera en cada una de ellas. Sin embargo, si las acciones son más riesgosas, es posible que desees comprar menos e invertir más dinero en opciones más seguras.

Consideración n. 1 en la compra de acciones con dividendos es la seguridad de sus dividendos. Los rendimientos de dividendos superiores al 4% deben examinarse cuidadosamente; los que superan el 10% entran firmemente en un territorio en riesgo. Entre otras cosas, un rendimiento de dividendos demasiado alto puede indicar que el pago no es sostenible o que los inversores están vendiendo las acciones, lo que hace que el precio de las acciones baje y aumente el rendimiento de los dividendos en consecuencia.

Lista de 25 acciones con altos dividendos

A continuación, se muestra una lista de 25 acciones con altos dividendos, ordenadas por rendimiento de dividendos y se muestra el monto pagado por período (no anualmente).

Símb.	*nombre de empresa*	*Divid.*	*Rentabilidad por dividendo*
NHI	*National Health Investors Inc. (REIT)*	*$ 1.10*	*7,36%*
SNB	*El Banco de Nueva Escocia*	*0,90 USD*	*6,29%*
ECB	*BCE Inc.*	*$ 0.83*	*5,76%*
CVX	*Chevron Corp.*	*$ 1.29*	*5,69%*
BMO	*Banco de Montreal*	*$ 1.06*	*5,59%*
TRP	*TC Energy Corp.*	*$ 0.81*	*5,46%*
PFG	*Principal Financial Group Inc.*	*0,56 USD*	*5,31%*
TD	*El banco Toronto-Dominion*	*0,79 USD*	*5,13%*
STX	*Seagate Technology Plc.*	*$ 0.65*	*5,00%*
OMC	*Omnicom Group Inc.*	*$ 0.65*	*4,88%*
RY	*Royal Bank of Canada*	*$ 1.08*	*4,67%*
DUK	*Duke Energy Corp.*	*$ 0.95*	*4,60%*
CERVEZA INGLESA	*ALLETE Inc.*	*$ 0.62*	*4,53%*
NKSH	*National Bankshares Inc.*	*$ 0.67*	*4,49%*
NWE	*NorthWestern Corp.*	*0,60 USD*	*4,40%*
SLF	*Sun Life Financial Inc.*	*$ 0.55*	*4,36%*
BXP	*Boston Properties Inc. (REIT)*	*$ 0.98*	*4,32%*

BOH	*Bank of Hawaii Corp.*	*$ 0.67*	*4,23%*
MTB	*M&T Bank Corp.*	*$ 1.10*	*3,96%*
BKH	*Black Hills Corp.*	*$ 0.54*	*3,93%*
DTE	*DTE Energy Co.*	*$ 1.01*	*3,90%*
SR	*Spire Inc.*	*$ 0.62*	*3,80%*
WHR	*Whirlpool Corp.*	*$ 1.20*	*3,78%*
UPS	*United Parcel Service Inc.*	*$ 1.01*	*3,75%*
MMM	*3M Co.*	*1,47 USD*	*3,72%*

Datos bursátiles actuales al 22 de junio de 2020.

10 próximas OPI

En la primera mitad de 2020, el mercado de oferta pública inicial se vio fuertemente afectado por la pandemia de coronavirus, que afectó tanto a los posibles anuncios como a las empresas que se hicieron públicos recientemente. En junio, la actividad de OPI se recuperó, pero muchas OPI planificadas todavía se encuentran en un estado de incertidumbre debido al virus.

¿Qué es una oferta pública inicial y cómo se invierte en una oferta pública inicial?

Una OPI marca la primera vez que una empresa privada se convierte en cotizada.

Cuando una empresa cotiza en bolsa, ofrece vender acciones de su negocio a inversores externos en una bolsa de valores establecida, como la Bolsa de Valores de Nueva York o el Nasdaq. Los inversores pueden comprar esas acciones, lo que los convierte en copropietarios de la empresa.

Una vez definidos los detalles del precio y la fecha de salida a bolsa, marca tu calendario: Esta será la fecha en la que las acciones de la nueva empresa pública estén disponibles para su compra, lo que se puede hacer a través de una cuenta de corretaje.

Existe una diferencia entre el precio de una oferta pública inicial y el precio que pagará por las acciones. El precio de oferta declarado antes de la OPI es un precio fijo, pero puede reservarse para un grupo limitado de inversores, incluidos los empleados de la empresa y los inversores que cumplen con ciertos requisitos de elegibilidad (como un balance mínimo o la frecuencia de negociación).

Tus órdenes se llevan a cabo antes de que suene la campana de apertura el día de la OPI. Para atraer inversores, el precio de la OPI suele ser más bajo de lo que los analistas que evalúan el precio de la empresa creen que las acciones pueden obtener en el mercado abierto.

El precio que paga por una oferta pública inicial el día del debut podría diferir significativamente del precio de oferta inicial.

Para la mayoría de los inversores, invertir en una oferta pública inicial significa comprar acciones una vez que comienzan a cotizar. Esto significa que el precio a pagar reflejará la demanda de la acción el día de su debut y puede diferir significativamente del precio de oferta. La publicidad en el día de la apertura solo contribuye a aumentar la volatilidad de los precios y es el argumento a favor de un enfoque de esperar y ver para invertir en una OPI.

Las OPI pueden subir y bajar rápidamente en los primeros días de cotización pública. Considere Snap, la empresa matriz de Snapchat que salió a bolsa en marzo de 2017 con un precio de OPI de 17 dólares. Subió más del 40% en su primer día de operaciones, pero ha cotizado en gran medida al precio de la OPI desde entonces.

¿Te arriesgas a invertir en una oferta pública inicial?

Podrías celebrar tu última oferta pública inicial por adelantado si resulta ser un éxito a largo plazo, pero maldecirás la misma seguridad si hace estallar tu cartera. Recuerda siempre que ninguna inversión es segura y que las OPI no son una excepción. Si bien las OPI pueden parecer ofrecer una atractiva oportunidad de ganancias rápidas, ha habido algunos fracasos famosos a lo largo de los años. Toma Pets.com, que se liquidó menos de un año después de su OPI, o Groupon, que aún no ha visto sus acciones al nivel en el que debutaron.

Según un análisis del banco de inversión UBS, de las más de 7.000 empresas que tuvieron OPI entre 1975 y 2011, alrededor del 60% tuvo rendimientos totales negativos después de cinco años de cotización pública.

Para mitigar algunos de los riesgos, adopta el mismo enfoque para invertir en OPI que tomarías para comprar cualquier otra acción:

Debes saber en lo que te estás metiendo

Cuando investigues una empresa, comienza por leer su informe anual, si has cotizado en bolsa durante un período determinado, o el formulario S-1. Muchos de los riesgos para el éxito a corto y largo plazo de una empresa se describen en estos informes por personas con información privilegiada. Pero no solo confíes en su palabra: investiga sobre la industria, los competidores de la empresa y las condiciones generales del mercado de valores antes de invertir en cualquier empresa. Es algo inteligente, ya sea que la empresa ya esté establecida o sea nueva en los mercados públicos.

Comprar muchas acciones de una acción volátil al principio puede darle un paseo salvaje. Cuando el precio de las acciones de una empresa es algo impredecible, el costo promedio en dólares (distribuir las transacciones y comprar las acciones a intervalos regulares a lo largo del tiempo) lo protege del riesgo de, por ejemplo, comprar acciones. en la cima. Y ten en cuenta que no tiene que ser el primero en la fila: acciones como Apple, Amazon y Google han proporcionado grandes rendimientos a los inversores que compraron acciones años después de las primeras ofertas públicas de esas empresas.

Mantén tu billetera equilibrada

Es importante que nunca permitas que una sola inversión, IPO o de otro tipo, distorsione la asignación de tu cartera de una manera que pueda ser perjudicial para tus objetivos a largo plazo. Para reducir tu riesgo general, te recomendamos que asigne la parte de tus activos a valores individuales no más del 5-10% de tu cartera total, mientras que el resto de tus ahorros a largo plazo se distribuyen entre varios fondos mutuos basados en índices.

Recuerda que las acciones individuales por sí solas no son la única forma de entrar en acción; existen otras inversiones diversificadas, como los fondos indexados mencionados anteriormente, que te brindan la oportunidad de comprar una amplia selección de acciones con un producto y al mismo tiempo. Para explorar estas y otras opciones, consulta nuestra guía paso a paso para principiantes sobre cómo invertir en acciones.

Próximas OPI a seguir

Airbnb

En 2019, Airbnb trajo algunas nuevas contrataciones clave, incluido un veterano de Amazon para servir como director financiero de la compañía, quien informó que el organizador del casamentero de casas compartidas planeaba salir a bolsa en breve. A esto se sumó la adquisición del sitio de reservas de última hora HotelTonight y la plataforma de alquiler de espacios de citas a corto plazo Gaest.com.

Sin embargo, el brote global de coronavirus ha tenido un gran impacto en los viajes, lo que podría afectar el momento de la OPI de la compañía. En abril, Airbnb recaudó 2.000 millones de dólares en dos rondas de financiación para seguir invirtiendo en su negocio, pero no proporcionó actualizaciones sobre una posible oferta pública inicial de 2020.

Asana

Los detalles de la OPI de Asana aún no están claros, pero la empresa de aplicaciones de eficiencia en el lugar de trabajo anunció en febrero que había presentado de manera confidencial un borrador del Formulario S-1 ante la Comisión de Bolsa y Valores. Se espera que Asana tome la ruta del listado directo, una estrategia que Spotify y Slack hicieron famosa. A través de una oferta pública directa, o DPO, las empresas no emiten nuevas acciones, sino que los iniciados venden sus acciones existentes directamente a nuevos inversores, sin pasar por los intermediarios de Wall Street.

Cole Haan

El zapatero Cole Haan tiene más de 90 años de experiencia en la industria de bienes de consumo, que ha resistido la mayoría de los altibajos del siglo XX.

En los últimos años, la empresa ha invertido $ 100 millones en innovación digital para seguir siendo relevante en el sector minorista que cambia rápidamente. Sin embargo, el momento de la salida a bolsa de Cole Haan está sujeto a cambios. Los informes indican que esto también podría retrasar su salida a bolsa, ya que el coronavirus y otros factores continúan ejerciendo presión a la baja en el mercado de valores. Cuando llegue el momento de listarlo, esperan recaudar $ 100 millones.

Brújula

El corretaje de bienes raíces de Compass se ha hecho un nombre al combinar los servicios de corretaje tradicionales con tecnología innovadora, y se presenta como la "primera plataforma inmobiliaria moderna". Pero Compass ofrece mucho más que una simple charla de marketing. En 2019, adquirió la empresa de inteligencia artificial y aprendizaje automático Detectica para mejorar aún más sus servicios de consultoría para el hogar basados en inteligencia artificial.

El proyecto para una OPI de Compass comenzó en 2019 cuando el CEO Robert Reffkin dijo que podría ser probable una OPI inminente, aunque la compañía no ha tomado ninguna otra medida oficial. Sin embargo, Compass actualmente también tiene un trabajo para un consultor general asociado para los títulos, las revisiones de los empleados en Glassdoor revelan el entusiasmo "previo a la OPI" de la compañía.

DoorDash

Si no había oído hablar de DoorDash antes de la pandemia de coronavirus, es probable que todo haya cambiado durante los diversos períodos de bloqueo que siguieron al brote inicial. En abril de 2020, DoorDash solo representó el 45% de todas las operaciones de entrega de alimentos en los Estados Unidos, lo que lo convierte en el servicio más grande de su tipo en el país, según un informe de la firma de inteligencia de mercado Edison Trends. En comparación, los rivales Uber Eats y Grubhub representaron el 28% y el 17% del mercado, respectivamente. DoorDash presentó el Formulario S-1 en febrero de 2020, aunque este es hasta ahora el único formulario oficial que ha presentado ante la SEC.

DoubleDown Interactive

DoubleDown Interactive, Corea del Sur con una oficina en Seattle, desarrolla y publica juegos de casino sociales digitales, se ha presentado ante la SEC para ofrecer acciones de depósito estadounidenses en el mercado estadounidense. La compañía se enorgullece de ser el primer editor de casinos sociales y ha estado entre los 20 principales editores de juegos móviles que cobran en la Apple Store desde 2015.

Instacart

Sin duda, la pandemia ha modificado el comportamiento de los consumidores. Cuando los estadounidenses no piden la entrega de su restaurante de comida para llevar favorito a través de DoorDash, obtienen alimentos básicos entregados en sus tiendas de comestibles favoritas a través de Instacart. El CEO de Instacart, Apoorva Mehta, dijo en una entrevista con CNBC en mayo de 2019 que espera que la compañía se prepare para una OPI, pero aún no ha presentado ningún documento oficial ante la SEC con respecto a una medida. para hacerse público.

Palantir

La gran firma de análisis de datos Palantir, que anteriormente fue valorada por inversores privados en hasta 20.000 millones de dólares, se presentó como confidencial para su publicación el 6 de julio. Los servicios de Palantir son amplios y profundos. La CIA utilizó sus tecnologías para ayudar a localizar a Osama bin Laden en 2011, está ayudando a la Fuerza Espacial de EE. UU. A rastrear objetos extraterrestres y los Centros para el Control y la Prevención de Enfermedades también la están utilizando para controlar la propagación del coronavirus. La compañía ha ganado muchos más contratos gubernamentales multimillonarios.

Palantir dijo que espera que la OPI tenga lugar después de que la SEC complete su proceso de revisión.

Préstamos Quicken

Quicken Loans, que se anuncia como el mayor prestamista hipotecario del país, solicitó su OPI el 7 de julio, pero no proporcionó más detalles sobre la fecha de la OPI, el precio de las acciones o la cantidad de acciones ofrecidas. La compañía se hará pública bajo el nombre de Rocket Companies Inc., que incluye 12 de sus subsidiarias, incluidas Quicken Loans y Amrock Inc. En su presentación S-1, la compañía registró tres años consecutivos de ganancias e ingresos netos de $ 97.7 millones para el primer trimestre de 2020.

Robin Hood

Aunque las comisiones de negociación de acciones fueron canceladas en gran medida por los principales corredores en línea el año pasado, lo que puede haber diluido el atractivo de la aplicación de libre comercio Robinhood. Pero la aplicación continúa agregando usuarios en grandes cantidades, y el CEO Baiju Bhatt dijo que la compañía, con una valoración al norte de $ 7.5 mil millones, en realidad planea salir a bolsa. Sin embargo, Robinhood aún no ha presentado una línea de tiempo o almacenamiento público, y dada la serie de interrupciones recientes de aplicaciones durante los principales movimientos del mercado, no está claro cuándo la compañía puede hacer eso. (Lea la reseña de Robinhood de NerdWallet).

OPI recientes: ¿dónde están ahora?

Ha habido algunas OPI recientes que han tenido un desempeño sólido desde su debut. Otros, no tanto, y esta es la naturaleza misma de las OPI. Explore la calculadora a continuación para ver cómo le hubiera ido si hubiera invertido en las OPI de estas empresas.

Albertsons (ACI)

Albertsons salió a bolsa en la Bolsa de Valores de Nueva York el 26 de junio a un precio de oferta de $ 16 por acción, pero terminó su primer día de negociación con una baja de $ 15,45 por acción. Este debut mediocre se produjo después de que la compañía redujera su precio de oferta inicial en 18-20 dólares por acción.

CrowdStrike Holdings (CRWD)

CrowdStrike se está volviendo importante en el campo de la seguridad informática. Es la empresa que investigó la piratería de los servidores del Comité Nacional Demócrata en 2016, así como otras violaciones de alto perfil. Fiel a su nombre, la empresa utiliza sistemas de crowdsourcing (junto con inteligencia artificial y otros medios) para identificar amenazas y no se involucra con los responsables.

La compañía comenzó a cotizar el 12 de junio de 2019 a $ 34, y las acciones casi se duplicaron en algún momento durante el primer día de negociación, cerrando el 71% del precio de oferta.

Fiverr International Ltd. (FVRR)

Los servicios de Rideshare no fueron las únicas empresas de economía de conciertos que debutaron en 2019. El mercado en línea de Fiverr conecta a los solicitantes de empleo (o "compradores", en la jerga de Fiverr) con autónomos ("vendedores"). La firma con sede en Tel Aviv, con sede en Israel, afirma haber facilitado más de 50 millones de transacciones desde su inicio. El precio de la OPI de junio de 2019 de Fiverr se fijó en 21 dólares por acción; finalmente cerró el 90%, a 39,90 dólares.

Si bien algunos inversores pueden verse tentados a comparar Fiverr con Upwork (UPWK), que tiene ofertas similares y salió a bolsa en octubre de 2018, Fiverr ha superado a su rival posterior a la OPI. Mientras que las acciones de Upwork se desplomaron después de su máximo de febrero de 2019, las acciones de Fiverr se recuperaron rápidamente de la agitación del mercado en el primer trimestre.

Lyft (LYFT)

La compañía de Rideshare Lyft venció a su rival Uber en una OPI cuando ingresó al mercado público en marzo de 2019 a un precio de $ 72 por acción. Desde entonces, la recuperación ha sido en su mayor parte cuesta abajo, con las acciones de Lyft cotizando por debajo del precio de la OPI.
Peet's Coffee and Tea (JDEP)
A pesar de los mercados inestables, la empresa matriz de Peet's Coffee and Tea, JDE Peet's, se hizo pública el 29 de mayo de 2020 para recaudar 2.300 millones de euros (2.500 millones de dólares), lo que la convierte en la OPI más grande de la Unión Europea de 2020. 31,50 y cotizó ligeramente al alza en los días siguientes. Esta empresa cotiza en la bolsa de valores Euronext Amsterdam, por lo que la compra de estas acciones es un poco diferente a la compra de acciones de otras empresas de esta lista.
Pelotón (PTON)
La empresa de fitness Peloton salió a bolsa el 26 de septiembre de 2019 a un precio de 29 dólares. La startup tiene como objetivo hacer del trabajo en casa una "opción viable y emocionante", con bicicletas estáticas y cintas de correr equipadas con pantallas y cintas de correr que ofrecen una variedad de actividades en vivo y en directo. - Clases de fitness grupales bajo demanda.
Las bicicletas de Peloton comienzan en $ 2,245; las cintas de correr son casi el doble. Las suscripciones para acceder a las lecciones se compran por separado. Esta compañía ha recaudado casi $ 1 mil millones en fondos y actualmente está valorada en alrededor de $ 4 mil millones. El precio de las acciones de Peloton cayó durante la venta del coronavirus, pero inmediatamente después alcanzó nuevos máximos históricos.
Pinterest (PIN)
Pinterest, es la famosa aplicación para buscar y compartir imágenes. Fue lanzado en abril de 2019 y ha aprendido muy rápidamente lo que significa hacer negocios bajo el control de Wall Street. Los inversores publicaron el precio de las acciones en mayo, cuando la compañía publicó su primer informe de ganancias, que ilustra lo volátil que puede ser una OPI en sus inicios. PINS se recuperó a un nuevo récord en agosto de 2019, pero desde entonces ha luchado por recuperar el territorio perdido.
El RealReal (REAL)

En mayo de 2019, la plataforma de envío RealReal se presentó ante la SEC para su publicación. La compañía vende artículos de lujo usados (una selección seleccionada de ropa, accesorios, joyas, relojes, arte y otros artículos para el hogar) en consignación en línea y en un puñado de tiendas minoristas. Los productos son inspeccionados y autenticados por expertos de RealReal antes de ser puestos a la venta. La compañía procesó 1,6 millones de pedidos en 2018, con un valor promedio de $ 446. Al 31 de marzo de 2019, The RealReal ha pagado casi $ 988 millones en comisiones a los remitentes. RealReal tuvo un gran debut en junio de 2019, subiendo un 40% en un solo día desde su precio inicial de $ 20 a $ 28. Hasta ahora, sin embargo, en 2020, sus acciones han luchado por brillar y no han podido superar su precio inicial de $ 20.

Uber (UBER)

Con una valoración de 82.000 millones de dólares, la aplicación de viaje compartido de Uber fue una de las OPI de tecnología más grandes de la historia y una de las ofertas más esperadas de 2019. Pero después del estrepitoso debut en el mercado de su archirrival Lyft en marzo, Uber se hizo pública en mayo de 2019 en un precio más bajo de lo esperado de $ 45 y ha estado cotizando principalmente por debajo de ese precio desde entonces.

Vroom (VRM)

El mercado de automóviles usados en línea Vroom dio a conocer sus planes iniciales para el 18 de mayo con la esperanza de recaudar $ 100 millones. La presentación se produjo solo seis meses después de que la compañía recaudó $ 254 millones en diciembre de 2019, lo que llevó su valoración del estado de unicornio a $ 1.5 mil millones. Vroom valoró sus acciones en $ 22 y en su primer día de cotización las acciones se duplicaron con creces para cerrar en $ 47,90.

Warner Music Group (WMG)

Como tercer sello discográfico más grande del mundo, el depósito de Warner S-1 a principios de febrero de 2020 llamó la atención. Con el auge de los servicios de transmisión, las discográficas han recorrido un camino difícil en el siglo XXI, pero el aumento del 4% en los ingresos de Warner con respecto al año anterior para el primer trimestre fiscal de 2020 sugiere que

Warner podría haber encontrado una base más sólida. Warner Music Group abrió al público el 3 de junio de 2020, a $ 27 por acción, por encima del precio de la OPI de $ 25. Las acciones subieron hasta $ 30,12 al cierre del día, un aumento del 11,6%.
Zoom (ZM)
Esta es una empresa de videoconferencia basada en la nube, no recibió la misma atención que las otras OPI de tecnología de la famosa Clase 2019 cuando salió a bolsa en abril de ese año, a pesar de que era una de las pocas empresas rentables en la lista. Pero ahora los inversores están respondiendo a las llamadas de Zoom: las acciones subieron un 80% en su primer día de cotización y se están beneficiando del cambio al trabajo remoto en 2020. La tecnología de videoconferencia de Zoom facilita que las empresas mantengan operaciones con empleados remotos, una codiciada capacidad durante el apogeo de la epidemia de coronavirus.
ZoomInfo (ZI)
ZoomInfo, que no debe confundirse con la empresa de software de videoconferencia Zoom (ZM), continuó su OPI el 4 de junio de 2020, a pesar de la incertidumbre del mercado. La compañía, que ofrece información sobre el mercado a sus equipos de ventas y marketing, inicialmente fijó un precio de sus acciones entre $ 16 y $ 18, pero finalmente aumentó este precio varias veces en los días previos a su primer día de negociación, situándose en $ 21 dólares. La acción abrió a $ 40, casi el doble del precio de oferta.

Cómo comprar acciones

Muchos inversores compran acciones en línea a través de un corredor de descuento. También es posible comprar acciones a través de un corredor de servicio completo, y algunas empresas permiten a los inversores comprar acciones directamente.
La compra de acciones, especialmente la primera vez que es propietario de un negocio de buena fe, es un hito financiero importante. Pero no porque el proceso sea difícil. Más bien, comprar acciones es bastante simple: la mayoría de los

inversores compran acciones u otras inversiones en línea, a través de una cuenta de corretaje de descuento.

Decidir dónde comprar las acciones

Algunos inversores optan por trabajar con un corredor de bolsa de servicio completo o comprar acciones directamente de una empresa pública, pero la forma más fácil de comprar acciones es en línea, a través de una cuenta de inversión con un corredor de bolsa en línea. Una vez que la cuenta está financiada, puede comprar acciones directamente en el sitio web del corredor en línea en minutos.

Abrir una cuenta de corretaje en línea es tan fácil como abrir una cuenta bancaria: completa la solicitud de apertura de cuenta, ingresa un comprobante de identificación y elige cómo deseas depositar fondos en la cuenta: enviando un cheque o transfiriendo fondos electrónicamente.

Selecciona las acciones que deseas comprar

Una vez que hayas creado y financiado tu cuenta de corretaje, es hora de sumergirse en el negocio de la producción de acciones. Un buen lugar para comenzar es buscar empresas que ya conozca en función de su experiencia como consumidor.

No te sientas abrumado por la avalancha de datos y los paseos del mercado en tiempo real mientras realiza tu investigación. Mantén el objetivo simple: estás buscando empresas que desee poseer.

Warren Buffett dijo: "Usted compra una empresa porque quiere ser dueño de ella, no porque quiera que las acciones suban". Lo hizo lo suficientemente bien como para seguir esta regla.

Comienza con el informe anual de la empresa, específicamente la carta anual de la dirección a los accionistas. La carta le dará una descripción general de lo que está sucediendo con la empresa y proporcionará un contexto para los números de relación.

Después de eso, la mayoría de las herramientas de información y análisis que necesita para evaluar el negocio estarán disponibles en el sitio web de su corredor, como presentaciones ante la SEC, transcripciones de conferencias telefónicas, actualizaciones trimestrales de ganancias y noticias recientes. La mayoría de los corredores en línea también brindan tutoriales sobre cómo usar sus herramientas, así como seminarios básicos sobre cómo elegir acciones.

Decide cuántas acciones comprar

No debe sentir absolutamente ninguna presión para comprar una determinada cantidad de acciones o para llenar toda su cartera con una acción a la vez. Considera comenzar con algo pequeño, realmente pequeño, comprando solo una acción para tener una idea de lo que significa poseer acciones individuales y si tienes la fuerza para atravesar momentos difíciles con la más mínima pérdida de sueño.

Los nuevos inversores en acciones también pueden querer considerar acciones divididas, una oferta relativamente nueva de corredores en línea que te permite comprar una parte de una acción en lugar de toda la acción. Esto significa que puedes ingresar a acciones costosas, compañías como Google y Amazon que son conocidas por sus precios de cuatro dígitos, por una inversión mucho menor. SoFi Active Investing, Robinhood y Charles Schwab le brindan la oportunidad de comprar acciones divididas.

Elija el tipo de pedido de stock

No tengas miedo de todos esos números y todas esas combinaciones de palabras a menudo incomprensibles en la página de pedidos en línea de su corredor. Consulta estas hojas de trucos básicos para el comercio de acciones:

Para compradores: el precio que los vendedores están dispuestos a aceptar por las acciones.

Oferta

Para los vendedores: el precio que los compradores están dispuestos a pagar por las acciones.

Propagar

Es la diferencia entre el precio de oferta más alto y el precio de oferta más bajo.

Orden de mercado

Una solicitud para comprar o vender una acción lo antes posible al mejor precio disponible.

Orden al límite

Cuando decides comprar o vender una acción solo a un precio específico o superior.

Stop order (o stop-loss)

Una vez que una acción alcanza un cierto precio, el “precio de parada” o “nivel de parada”, se ejecuta una orden de mercado y toda la orden se ejecuta al precio vigente.

Orden stop-limit

Cuando se alcanza el precio de parada, la operación se convierte en una orden de límite y se completa hasta el punto en que se pueden cumplir los límites de precio especificados.

Órdenes de mercado

Con una orden de mercado, estás indicando que comprarás o venderás las acciones al mejor precio de mercado actual disponible. Dado que una orden de mercado no coloca ningún parámetro de precio en la operación, su orden se completará de inmediato y se ejecutará por completo, a menos que esté buscando comprar un millón de acciones e intentar un golpe.

No te sorprendas si el precio que pagas, o recibes, si estás vendiendo, no es el precio exacto que se cotizó unos segundos antes. Los precios de compra y venta fluctúan constantemente a lo largo del día. Esta es la razón por la que es mejor colocar una orden de mercado al comprar acciones que no experimentan grandes fluctuaciones de precios: acciones de primera clase grandes y consistentes en comparación con empresas más pequeñas y volátiles.

Una orden de mercado es mejor para los inversores que compran y mantienen, para quienes las pequeñas diferencias de precio son menos importantes que garantizar la ejecución total de la operación.

Si colocas una orden de mercado "después de la hora de cierre", cuando los mercados están cerrados durante el día, la orden se colocará al precio vigente cuando las bolsas estén abiertas para la próxima apertura.

Consulta el descargo de responsabilidad de tu corredor para la ejecución de operaciones. Hay ciertos corredores generalmente de bajo costo, que agrupa todas las solicitudes de negociación de los clientes para la ejecución de todas las operaciones al precio vigente, al final del día de negociación o en un momento o día específico de la semana.

Órdenes limitadas

Si colocas una orden limitada, tendrás más control sobre el precio al que se ejecuta tu operación. Si las acciones de XYZ se negocian a $ 100 por acción y crees que un precio de $ 95 por acción está más en línea con el valor de la empresa, la orden de límite le da al corredor la entrada para mantener y ejecutar la orden solo cuando el precio solicitado cae a ese nivel. En el lado de la venta, la orden de límite le dice al corredor que se separe de las acciones una vez que la oferta suba al nivel establecido.

Las órdenes limitadas son una buena herramienta para los inversores que compran y venden acciones de empresas más pequeñas, que tienden a experimentar márgenes más amplios, según la actividad del inversor. También son buenos para invertir durante períodos de volatilidad bursátil a corto plazo o cuando el precio de las acciones es más importante que la ejecución de órdenes.

Hay condiciones adicionales que se pueden colocar en una orden limitada para controlar cuánto tiempo permanecerá abierta la orden. Una orden de "todo o nada" (AON) solo se ejecutará cuando todas las acciones que desea negociar estén disponibles a su límite de precio. Una orden válida por día (GFD) vencerá al final del día de negociación, incluso si la orden no se ha ejecutado por completo. Una orden "válida hasta cancelada" (GTC) permanece en juego hasta que el cliente desconecta el enchufe o la orden caduca; esto significa de 60 a 120 días o más.

Si bien una orden limitada garantiza el precio que obtendrá si se ejecuta la orden, no hay garantía de que la orden se ejecute en su totalidad, en parte o en absoluto. Estas órdenes limitadas generalmente se colocan de acuerdo con la lógica de "primero en llegar, primero en ser servido" y solo después de que se hayan ejecutado las órdenes de mercado, y solo si la acción permanece dentro de los parámetros establecidos el tiempo suficiente para que el corredor ejecute la operación.

Este tipo de órdenes pueden costar a los inversores un poco más de comisión que las órdenes de mercado. Una orden de límite que no se puede completar en su totalidad de una vez o durante un solo día de negociación puede continuar ejecutándose en los días siguientes, con tarifas de transacción cobradas cada día de ejecución de la operación. Si el valor nunca alcanza el nivel de orden límite cuando expira, la operación fallará.

Optimiza tu cartera de acciones

Esperamos que tu primera compra de acciones marque el comienzo de un viaje de inversión exitoso para toda la vida. Pero si las cosas se ponen difíciles, recuerda que todos los inversores,

incluso Warren Buffett, pasan por momentos difíciles. La clave para avanzar a largo plazo es mantener la perspectiva y concentrarse en las cosas que puede controlar. La dinámica del mercado no se encuentra entre ellos. Lo que puedes hacer es:
Cuidado con las comisiones de intermediación. Estos pueden erosionar significativamente sus ganancias.
También considera invertir en fondos mutuos, que te permiten comprar muchas acciones en una transacción.
Es importante tener en cuenta que el precio de una acción no le dice todo lo que necesita saber sobre una empresa en la que está considerando invertir. El precio refleja qué tan dispuestos están los inversores a comprar o vender las acciones, no el valor intrínseco de la empresa ni la dirección en la que se dirige el precio de las acciones de la empresa. El hecho de que un título sea barato no significa que sea una buena compra.
Dicho esto, hay formas de encontrar acciones que pueden estar infravaloradas. Esta estrategia ayuda a los inversores a identificar empresas probadas con precios de acciones que pueden ser más bajos que el valor de sus acciones debido a factores externos, como una caída del mercado de valores en general.
Recuerda que nunca sabrás si es el momento exacto para comprar acciones. Sin embargo, si deseas invertir a largo plazo, digamos, más de cinco años, entonces el momento de comprar acciones es tan pronto como tengas el dinero. Incluso si el mercado cae inmediatamente después de la inversión, tendrás mucho tiempo para recuperar tus pérdidas. Y la única forma de garantizar que eres parte de cualquier recuperación y expansión del mercado de valores desde el principio es invertir antes de que comience la recuperación.
También es importante evaluar cuánto dinero necesito para comprar acciones.
Si abres una cuenta de corretaje sin una cuenta mínima y sin tarifas de transacción, puedes comenzar a invertir con solo lo suficiente para comprar una sola acción. Dependiendo de la compañía, podría costar tan solo $ 10 (aunque recuerda que las acciones de bajo costo no necesariamente son buenas compras).
Algunas firmas de corretaje también le permiten comprar acciones divididas, lo que significa que si solo tiene $ 100 para

invertir, también podría comprar una parte de una acción como Google, que se ha negociado durante mucho tiempo por más de $ 1,000 por acción. Por supuesto, cuanto más inviertas, mayor será el potencial de rentabilidad a largo plazo. Utiliza nuestra calculadora de inversiones para ver cómo funcionan los rendimientos compuestos.

Dependiendo de la cantidad que desees invertir, decidirás cuántas acciones comprará. Si el precio de las acciones es de $ 50 y tiene $ 500 que estás dispuesto a invertir, podrías comprar 10 acciones. Sin embargo, si tu corredor no permite el comercio fraccional y los números no son tan claros, deberá redondearlos hacia abajo. Si el precio de las acciones es de $ 51 y tiene $ 500 para invertir, solo podrá comprar nueve acciones, ya que 10 acciones costarían $ 510.

Si estás comprando acciones, debes sentirse cómodo sin tocar tu dinero durante al menos cinco años. Esto se debe a la volatilidad del mercado de valores: es posible que el valor de sus acciones baje antes de subir. Es posible que desees considerar vender tus acciones si necesita efectivo y su valor ha aumentado, pero al hacerlo, puede pagar el impuesto sobre las ganancias de capital sobre la venta y perder ganancias futuras con el tiempo.

Quizás lo más importante es considerar cuándo no vender las acciones. Cuando el mercado está a la baja, puede sentirse tentado a vender para evitar pérdidas adicionales. Esto es ampliamente reconocido como una mala estrategia, ya que una vez vendida, las pérdidas incurridas se detendrán. Una mejor estrategia es aprovechar la volatilidad y apuntar a ganancias a largo plazo sabiendo que el mercado se recuperará con el tiempo.

Hay opciones para comprar acciones directamente de compañías en línea sin un corredor. Las empresas que ofrecen un plan de acciones directo le permiten comprar acciones directamente de la empresa por una tarifa baja o nula. Estos programas también pueden tener el beneficio de invertir en montos en dólares en lugar de acciones y, a menudo, permiten a los inversores realizar inversiones recurrentes de forma regular.

Otra opción sobre acciones de dividendos es un plan de reinversión de dividendos. Estos planes permiten a los inversores reinvertir automáticamente los dividendos en las acciones en lugar de tomar los dividendos como ingresos.

Cómo vender acciones

El proceso de venta de una acción es muy similar a la compra de una acción: elegir el tipo correcto de pedido es fundamental.
Se hace mucho por la compra de acciones; los inversores tienden a pensar mucho menos en cómo venderlos.
Esto es un error, porque la venta ocurre cuando ganas dinero. Obtener el resultado correcto puede ser fundamental para reclamar sus ganancias o, en algunos casos, para reducir sus pérdidas.
Tres pasos para vender las acciones
Controla tus emociones
Hay buenas razones para vender acciones y malas razones.
El desempeño deficiente continuo frente a la competencia, el liderazgo irresponsable y las decisiones administrativas sin apoyo pueden hacer la lista de buenas razones. Quizás hayas decidido que tu dinero funcionaría mejor en otra parte, o estás sufriendo pérdidas para compensar las ganancias por las que debes impuestos sobre la renta.
Las malas razones generalmente implican una reacción impulsiva a las fluctuaciones del mercado a corto plazo o noticias únicas de la empresa. Ahorrar cuando las cosas se ponen difíciles solo bloquea sus pérdidas, que es lo contrario de lo que desea. Es un dicho famoso: compre barato y venda caro. Antes de vender una acción, revisa tu razonamiento para asegurarte de no sucumbir a una respuesta emocional de la que luego te arrepientas.
Decidir el tipo de pedido
Si estás familiarizado con la compra de acciones, estás familiarizado con la venta; las opciones para los tipos de órdenes son las mismas. Sin embargo, el objetivo es diferente: los tipos de órdenes se utilizan para limitar el costo de compra de acciones. Cuando se trata de vender, su principal objetivo es limitar las pérdidas y maximizar los retornos.
Orden de mercado
Una solicitud para comprar o vender una acción lo antes posible al mejor precio disponible.
Quieres descargar acciones a cualquier precio.

Orden limitada

Se ingresa cuando tenemos una solicitud para comprar o vender una acción solo a un precio específico o superior.

Está bien mantener las acciones si no puede vender al precio que desea o por encima de él.

Stop order (o stop-loss)

Una orden de mercado que solo se ejecuta si la acción alcanza el precio que estableciste.

Quiere vender si una acción cae a cierto precio o por debajo de cierto precio.

Orden stop-limit

Una combinación de una orden de parada y una orden de límite: una orden de límite se ejecuta si su valor cae al precio de parada, pero solo si puede vender al precio límite o por encima de él.

Se ejecuta una venta si una acción cae a un precio determinado, pero solo si puede vender por una cantidad mínima. Veamos algunos ejemplos. Digamos que tienes una acción con un precio de mercado actual de $ 50.

Orden de mercado

La orden se ejecutará en segundos al precio de mercado. Puedes venderlo por $ 50, un poco más o un poco menos; los precios de las acciones pueden fluctuar durante el tiempo que se ejecuta la orden.

El riesgo: tus acciones se pueden vender a cualquier precio, sin restricciones.

Orden limitada

Se establece un precio límite y la orden solo se ejecutará si la acción cotiza a un precio igual o superior a ese precio. Si su orden de límite es de $ 51, la orden solo se completará si las acciones cotizan a un precio de $ 51 o más.

El riesgo: Puede terminar sin vender si las acciones nunca llegan a su precio límite.

Orden de stop loss

Establezca un precio de parada y su orden solo se ejecutará si sus acciones comienzan a cotizar a ese precio o por debajo de él. Si su precio de parada es de $ 48, su orden se ejecutará como una orden de mercado si el precio de las acciones cae a $ 48 o menos. El riesgo podría ser vender por debajo de su precio de parada, no hay ningún plan. Además, una caída temporal en el precio podría desencadenar una venta cuando no lo desee.

Orden stop-limit

Se establecen tanto un precio stop como un precio límite. Si su precio límite es $ 49 y su precio límite es $ 47, su orden se ejecutará como una orden límite a $ 47 o más si el precio de oferta de la acción cae a $ 49.

El riesgo aquí podría ser que tenga un plan, pero si la acción cae por debajo de él demasiado rápido, lo que puede suceder en un mercado volátil, es posible que no venda en absoluto.

Completa el ticket de negociación

Suponiendo que estás vendiendo a través de un corredor, el sitio web del corredor o la plataforma de negociación del corredor tendrá un ticket comercial o una orden que deberá completar para iniciar la venta. En la mayoría de las situaciones y en la mayoría de los corredores, la operación se resolverá, lo que significa que el efectivo de la venta llegará a tu cuenta, dos días hábiles después de la fecha de ejecución de la orden.

Llenar el ticket de compra es un proceso rápido: seleccionará la venta, ingresará el símbolo de la acción, el número de acciones, el tipo de orden (y el límite o precio de parada, si corresponde) y lo que se llama el "tiempo de vigencia" o el vencimiento del pedido: esencialmente, cuánto tiempo debe permanecer abierto el pedido.

Tus opciones de "tiempo en vigor" dependen del tipo de orden, pero las opciones comunes son:

Día: La operación se cancelará y la orden vencerá si no se ejecuta antes del cierre del mercado. Suele ser el predeterminado.

Good-Til-Cancelled: la operación permanece activa hasta que se ejecuta o cancela, aunque los corredores generalmente limitan el tiempo que los inversores pueden dejar abierta una orden GTC.

Inmediato o cancelado: una orden que debe ejecutarse inmediatamente; de lo contrario, se cancelará la orden o cualquier parte de ella que no se ejecute.

Llenar o matar es típico cuando se negocia una gran cantidad de acciones. Si toda la orden no se ejecuta de inmediato, la operación se cancelará.

Abierto: Se llena al precio de apertura del mercado.

Cierre: Se llena al precio de cierre del mercado.

En la mayoría de los casos, está bien dejar aquí la selección de días predeterminada. A medida que se sienta más cómodo con el comercio de acciones, puede comenzar a explorar sus opciones. Y luego, finalmente, una vez que haya completado todos los campos, haga otra lectura de todo el boleto antes de ingresar; no desea vender Apple accidentalmente cuando tiene la intención de vender Applebee's.

Cuándo vender una acción

La capacidad de ganar dinero con acciones implica dos decisiones clave: comprar en el momento adecuado y vender en el momento adecuado. Para obtener ganancias, debe tomar ambas decisiones correctamente. El rendimiento de cualquier inversión se determina principalmente por el precio de compra.
Puedes argumentar que se obtiene una ganancia o pérdida en el momento de la compra, pero el comprador no lo sabe hasta que se vende. Sin embargo, si bien comprar al precio correcto puede determinar en última instancia el beneficio obtenido, vender al precio correcto garantiza el beneficio. Vender también es importante, si no vendes en el momento adecuado, los beneficios de comprar en el momento adecuado desaparecen.

Es bien sabido que a muchos inversores les resulta difícil vender una acción, la razón suele ser inherente a la tendencia humana innata a la codicia. Sin embargo, las estrategias que se pueden utilizar para identificar cuándo es (y cuándo no) un buen momento para vender son diferentes. Lo más importante de estas estrategias es que intentan eliminar algunas de las emociones humanas del proceso de toma de decisiones. Cuando se trata de invertir, decidir cuándo comprar una acción a veces puede ser más fácil que saber cuándo es el momento adecuado para vender una acción.

En términos generales, hay tres razones principales para que un inversionista a largo plazo venda: la compra fue un error, el precio subió drásticamente o el precio actual ya no está respaldado por los fundamentos.

La emoción y la psicología humana a veces pueden interponerse en el camino de una decisión inteligente, así que mantente en sintonía con los datos (y no con tus sentimientos).

Podemos dar tres buenas razones para vender una acción.

Primero, la compra de acciones fue un error.

En segundo lugar, el precio de las acciones ha subido drásticamente.

Finalmente, la acción alcanzó un precio tonto e insostenible.

En realidad, puede haber otras razones, pero no tan acertadas.

Vender acciones es difícil

Aquí hay un escenario muy común: compra acciones de $ 45 con la intención de venderlas si llegan a $ 50. La acción alcanza los $ 50 y se decide esperar un par de ganancias más. La acción alcanza los 52 dólares y la codicia supera la racionalidad. De repente, el precio de las acciones vuelve a bajar a 49 dólares. Te dices a ti mismo que esperes a que vuelva a alcanzar los 50 dólares. Esto nunca sucede. Eventualmente sucumbirá a la frustración y venderá con pérdidas cuando llegue a $ 43.

En este escenario, se podría decir que la codicia y la emoción han superado el juicio racional. La pérdida fue de $ 2 por acción, pero en realidad se podría haber obtenido una ganancia de $ 7 cuando la acción alcanzó su punto máximo.

Es mejor ignorar estas pérdidas que agonizar, pero el problema real es la razón del inversionista para vender o no vender. Para eliminar la naturaleza humana de la ecuación en el futuro, considera usar una orden limitada, que venderá automáticamente las acciones cuando alcance su precio objetivo. Ni siquiera tienes que ver subir y bajar las acciones. Se te notificará cuando se realice la orden de venta.

Vende las acciones cuando la compra fue un error.

Probablemente hayas investigado esta acción antes de comprarla. Entonces puedes concluir fácilmente que has cometido un error analítico y darte cuenta de que el activo no es una inversión adecuada. Deberías vender esas acciones, incluso si eso significa perder.

La clave para una inversión exitosa es confiar en sus datos y análisis en lugar de los cambios de humor emocionales de Mr Market. Pero, si ese análisis ha sido defectuoso por alguna razón, vende las acciones y sigue adelante.

El precio de la acción puede subir después de la venta, lo que te hará dudar de sí mismo. También es posible que una pérdida del

10% en esa inversión pueda convertirse en el movimiento de inversión más inteligente que haya realizado.
Por supuesto, no todos los errores analíticos son iguales. Si una empresa no cumple con los pronósticos de ganancias a corto plazo y el precio de las acciones cae, no exageres y vende de inmediato (asumiendo que la fortaleza de la empresa permanece intacta). Pero si se ve que la empresa pierde participación de mercado frente a los competidores, podría ser una señal de una debilidad real a largo plazo para la empresa.
Vender acciones cuando el precio sube drásticamente
Es muy probable que una acción recién adquirida pueda aumentar drásticamente en un corto período de tiempo. Muchos de los mejores inversores son los más humildes. No tomes el rápido aumento como un reclamo de ser más inteligente que el mercado en su conjunto, pero te conviene proceder con la venta de las acciones.
Una acción barata puede convertirse rápidamente en una acción cara por varias razones, incluida la especulación de otros. Toma tus ganancias y sigue adelante. Si, por otro lado, esa acción cae significativamente, considera comprar nuevamente. Si las acciones continúan subiendo, consuélate con el viejo refrán: "Nadie se declara en quiebra reservando una ganancia".
Si posees una acción que ha caído, considera vender con el llamado rebote de gato muerto. Estos rebotes son temporales y generalmente se basan en noticias inesperadas.
Venta de acciones para valoración
Es una decisión difícil: en parte arte y en parte ciencia. El valor de cada acción se basa en última instancia en el valor presente de los flujos de efectivo futuros de la empresa. La evaluación siempre implicará algún grado de inexactitud porque el futuro es incierto. Por esta razón, los inversores de valor dependen en gran medida del concepto de margen de seguridad de la inversión.
Una buena regla general es considerar vender si la valoración de la empresa se vuelve significativamente más alta que la de sus competidores. Como suele suceder, esta es una regla con muchas excepciones. Por ejemplo, suponga que Procter & Gamble (PG) cotiza 15 veces las ganancias, mientras que Kimberly-Clark (KMB) cotiza 13 veces las ganancias. Esta no es una buena razón para vender Proctor & Gamble, considerando la importante

participación de mercado de muchos de sus productos.
Otra herramienta de ventas más razonable es vender cuando la relación P / U de una empresa excede significativamente su relación P / U promedio durante los últimos cinco a diez años. Por ejemplo, en el apogeo del boom de Internet a fines de la década de 1990, cuando Walmart abrió su primer sitio de comercio electrónico, las acciones de Walmart tenían una relación P / E de 60 veces sus ganancias. A pesar de la innegable calidad de Walmart, todos los propietarios de estas acciones deberían haber considerado vender, y los compradores potenciales deberían haber considerado buscar en otra parte.
Cuando los ingresos de una empresa disminuyen, suele ser un signo de menor demanda. Primero, mira las cifras de ingresos anuales para ver el panorama general, pero no te bases solo en estas cifras. También es una buena idea mirar los números trimestrales. Las cifras de facturación anual de una gran empresa de petróleo y gas podrían ser asombrosas cada año, pero ¿qué pasa si los precios de la energía han caído en los últimos meses?
Cuando vemos a una empresa recortando costos en el mercado, a menudo significa que la empresa no está prosperando. El indicador más importante es la reducción de personal. La buena noticia para ti es que la reducción de costos puede verse como algo bueno, al menos al principio. Esto a menudo puede conducir a un aumento en el inventario. Esto no debe verse como una oportunidad para comprar más acciones, sino más bien como una oportunidad para salir de la posición antes de cualquier posterior caída de valor.
Venta de acciones para necesidades financieras
Puede que esto no cuente como una buena razón para vender acciones, pero sigue siendo una razón. Las acciones son buenas y hay momentos en que la gente necesita retirar sus activos.
Ya sea que se trate de capital inicial para un nuevo negocio, pagar la universidad o comprar una casa, esta decisión depende de la situación financiera de una persona más que de los fundamentos del título.
La línea de fondo
Cualquier venta que dé como resultado una ganancia es una buena venta, especialmente si el razonamiento detrás de ella es válido. Cuando una venta resulta en una pérdida con un

entendimiento de por qué ocurrió esa pérdida, también se puede considerar una buena venta. Vender es una mala decisión solo cuando está impulsado por la emoción en lugar de los datos y el análisis.

Seguimiento de sus operaciones

Diario comercial
No conocemos a un solo operador exitoso que no lleve un diario de operaciones.
¡Hay una razón por la que las empresas exitosas mantienen registros detallados! ¡Es habitual utilizar los datos para analizar y optimizar sus operaciones!
El comercio no es diferente. Lo más importante que puedes hacer para reducir tu curva de aprendizaje es tratarla como una empresa y llevar un diario de operaciones detallado.
Profundizar en tus emociones antes, durante y después de las operaciones comerciales le permitirá descubrir sus fortalezas y debilidades. Esto te ayudará a optimizar tu estrategia e identificar áreas en las que trabajar para mejorar.
Diario comercial
Al rastrear el diario, puedes dominarlo. La mayoría de los traders se apegan a las métricas básicas al crear un diario comercial. Estos pueden incluir entrada, salida, tamaño de la posición, así como ganancias y pérdidas netas. Si bien este es un buen comienzo, queremos ir más allá del P / L de su estado de cuenta de corredor. También queremos realizar un seguimiento de los factores que pueden afectar el rendimiento comercial, como las emociones, el sentimiento y el análisis del mercado, así como las calificaciones y descalificaciones comerciales.
Qué rastrear.
Dado que somos comerciantes diarios, es normal llevar un diario de negociación para cada sesión, ya sea de negociación o no. Los comerciantes de swing se beneficiarán del seguimiento de cada operación antes, durante y después de la ejecución.
Las métricas relevantes que nos gusta usar para nuestro diario comercial son las siguientes:

Activos negociados
Tamaño del puesto utilizado
Si fuimos largos o cortos y por qué
Estrategia utilizada para la ejecución de operaciones comerciales
Hora y fecha comercial
Precio de la entrada
Precio de salida
Resultado final P / L
Pantallas de profesiones
Notas sobre las razones por las que hemos aceptado / descalificado las operaciones
Sesión y / o clasificación comercial
Cómo revisar y optimizar tu cliente potencial
Si mantienes la disciplina y actualizas constantemente tu diario de operaciones, entonces deberías tener un buen conjunto de datos para revisar. ¡Esto es lo que debes buscar para maximizar tu ventaja y mejorar tus resultados comerciales!
Identifica patrones que puedan conducir a perdedores y encuentra formas de minimizarlos / mitigarlos.
Identifica los patrones que conducen a los ganadores y encuentra formas de maximizar tus ganancias.
El comercio de pérdidas es una parte integral de este negocio, sin embargo, ¡no todas las pérdidas son iguales! Por cada pérdida que sufras, debes asegurarte de que fue un ajuste válido en primer lugar.
Pregúntate cómo puedes minimizar tus pérdidas. Si descubres que tienes tendencia a hacer lo peor en una fecha determinada de la semana, es posible que desees considerar no operar en el futuro. ¿Qué pasa si descubres que vas en la dirección correcta, pero las negociaciones te detienen antes de que el movimiento real ocurra con demasiada frecuencia? Quizás estés ingresando demasiado pronto y puedas agregar un filtro para reducir las pérdidas.
Tus operaciones ganadoras son tan importantes para tu desarrollo como las perdedoras. A veces nos recompensan por romper nuestras reglas, por lo que querrás revisar cada operación ganadora para asegurarte de que haya sido una buena publicidad en primer lugar. Si la ganancia fue el resultado de un error o una violación de las reglas, toma nota. Deberás buscar patrones que

te lleven a tus operaciones ganadoras. ¿Te das cuenta de que hay un determinado entorno en el que debes centrarte? ¿Hay días en los que parece obtener los mejores resultados? ¿Hay momentos del día en los que el trading es mejor? Estas son todas las cosas que deben anotarse y revisarse una y otra vez.
Después de examinar bien a tus ganadores, pregúntate cómo puedes maximizar tus ganancias en comparación con tus ganadores. Ya sea para escalar una parte de la posición para asegurar las ganancias y dejar que el resto avance o para usar una forma más efectiva de rastrear manualmente sus paradas, esto debería ser un punto focal durante su revisión.
Si puedes hacer estas cosas con éxito, estarás en camino de convertirse en el mejor operador posible.
Herramientas gratuitas
Evernote
Con una versión gratuita y de pago, esta es nuestra herramienta favorita para llevar nuestro diario de operaciones. La versión gratuita permite un límite de carga mensual de 60 MB y debería ser suficiente para la mayoría de los nuevos operadores. Puede tomar capturas de pantalla directamente en sus notas, anotar imágenes, crear cuadernos y etiquetar notas, lo que facilita el mantenimiento de un diario detallado.
Documentos de Google
Gracias a una dirección de Gmail, puede obtener otra herramienta gratuita. Una gran alternativa a Evernote que se puede utilizar para escribir pensamientos y análisis de mercado.
Herramienta de recorte de Windows / Herramienta de captura de pantalla de Mac
Si tu plataforma de operaciones no ofrece la posibilidad de copiar gráficos directamente desde la plataforma, esta es una excelente opción para tomar capturas de pantalla de tus gráficos en tu diario de operaciones.
Microsoft Paint
Otra herramienta de edición de imágenes gratuita de Microsoft que puedes utilizar para editar y anotar tus gráficos según tus necesidades.
El proceso completo
A estas alturas, debería haber entendido la importancia de llevar un diario de operaciones, así como las métricas a rastrear y cómo

revisar y optimizar tu desempeño en el futuro.
Entre el 5% de los traders que son constantemente rentables y el 95% que pierden dinero, a menudo es decisivo tener o no un diario de operaciones.
Llevar un diario de su actividad comercial te ayudará a revisar tus resultados, eliminar cualquier debilidad y resaltar tus fortalezas, ¡todo para ayudarte a optimizar tu estrategia, aumentar el rendimiento y maximizar las ganancias!
Si aún no tienes uno, asegúrate de comenzar a llevar un diario de operaciones lo antes posible y ve los beneficios que puede proporcionar para tus operaciones.

Errores que debes evitar como principiante

Cuando somos nuevos en el mundo de la inversión, la idea de altos rendimientos y carteras más gruesas nos desconcierta tanto que la multiplicación del dinero nos deslumbra.
Antes de aventurarte en cualquier producto de inversión, la parte más importante es saber en qué te estás metiendo. Será importante sopesar cuidadosamente los pros y los contras y ver si se alinea con tus objetivos de inversión y no perseguir los retornos. Invertir en bolsas de valores o fondos de capital no es diferente.
El mercado de valores tiene el potencial de obtener altos rendimientos, a veces rendimientos a largo plazo de dos dígitos, y puede convertirse en un gran camino, siempre que evite algunos errores comunes.
Invierte con una mentalidad de comerciante.
No hay almuerzos gratis y definitivamente no hay nadie en la bolsa que invierta. Si estás buscando obtener ganancias rápidas, entonces no estás en el lugar correcto. En este caso, la diferencia entre un comerciante y un inversor se vuelve esencial. Mientras que un comerciante se dedica a comprar ventas, un inversionista se enfoca en comprar y mantener.
Esta diferencia clave entre ser un comerciante y un inversor es que un inversor debe mantener una perspectiva a largo plazo. Las expectativas de ganancias rápidas pueden no ser correctas y es

importante distinguir entre especulación e inversión.

La volatilidad y los movimientos cíclicos pueden asustarlo si es un inversor nuevo. Digamos que ingresaste a los mercados el año pasado cuando los índices de referencia de Sensex y Nifty aumentaron en un cierto porcentaje, la situación actual hará sonar la alarma.

Ambos índices han caído al menos un 25% o más desde principios de 2020. Puedes pensar que necesitas canjear tus inversiones porque estás perdiendo dinero, pero esto podría ser un juicio erróneo de la situación. Tu dinero debe invertirse durante al menos 7-10 años para que tu dinero muestre rendimientos.

Los mercados siempre tendrán su parte de altibajos y son parte de tu naturaleza cíclica. Tu dinero debe permanecer invertido durante un largo período de tiempo. Los pagos anticipados son uno de los errores de inversión más importantes que se deben evitar.

Hasta que una empresa no crezca, el precio de las acciones no subirá y debes darle tiempo a la empresa y a sus acciones para crecer. ¿Qué pasaría si en realidad cedes a Tus miedos irracionales? Tu cartera caerá, se venderá y saldrá rápidamente sin darle a sus inversiones el tiempo suficiente para madurar y perder la oportunidad de crear riqueza.

Persiguiendo retornos

Perseguir rendimientos al elegir una acción es uno de los errores de inversión más comunes. Recuerda siempre que los movimientos de las acciones son cíclicos. Siguen su camino de altibajos.

Si inviertes en acciones o en un fondo de acciones porque ofrece altos rendimientos durante un cierto período de tiempo, no siempre es seguro que estés haciendo la inversión correcta. Podría ser una corrida de toros momentánea. Es necesario hacer un estudio exhaustivo de la empresa, tus objetivos de crecimiento, modelo de negocio, gestión y otros factores similares.

Muchas veces, una empresa que falla en uno o más de estos factores también puede ver altas valoraciones en sus acciones. Buscar beneficios equivale a invertir a ciegas.

Obtener una inversión emocional en una empresa.

El problema surge cuando inviertes emocionalmente en la empresa e ignoras las evidentes señales de alerta. Si bien "compre lo correcto, tenga la seguridad" es cierto, mantén tu ingenio cuando veas que los fundamentos de la empresa están comprometidos.

¿Cómo sabemos si los fundamentos están cambiando? Un par de señales de alerta a tener en cuenta son: si hay un bajo rendimiento sostenido trimestre a trimestre, si los activos no rentables (para bancos y otras instituciones financieras) están subiendo o si hay una salida repentina o abrupta de senior gestión, etc.

Si no puedes hacerlo tú mismo, consulta a un consejero profesional y toma una decisión. Observa los factores organizativos de una empresa y no persigas devoluciones.

Compra basada en recomendaciones

La mayoría de las veces acudimos a nuestros amigos y personas bien intencionadas para que nos aconsejen sobre asuntos importantes de la vida y las finanzas no es diferente. Sin embargo, cuando se trata de invertir en acciones, confiar en los consejos de sus amigos y simplemente comprar las acciones que compran no es la mejor manera.

Esto no funciona porque tu perfil de riesgo y tus objetivos financieros pueden ser muy diferentes a los de la otra persona, y lo que funcionó para él puede no funcionar para ti. Así que sumérgete en toda la información, pero realiza tu propia diligencia debida sobre la empresa y convéncete. Solo cuando sientas que tus objetivos están en línea con los de la empresa, debes continuar con la inversión.

Emula la cartera de un inversor de renta variable de éxito

Considera esto, has leído la historia de un inversionista de capital exitoso, como Warren Buffet, y su billetera en Google. Los resultados de la búsqueda muestran su cartera. En este punto decides sin demora, comprar las acciones que se mencionan en su cartera porque seguramente si él invirtió en ella y se hizo un nombre en el mercado de valores, entonces ¿qué tiene de malo imitar a la derecha? ¡Incorrecto!

Este es uno de los errores de inversión más comunes que cometen los inversores minoristas. Para sortear la investigación y la tarea para ver lo mejor de sí mismos, intentan copiar la

cartera de un inversor de capital exitoso e invertir en las mismas empresas. Esta elección es incorrecta por las siguientes razones.
No conoce el punto de entrada: al invertir en una empresa, es importante saber a qué nivel debe invertir. Cuando las acciones se enumeran en su cartera, es posible que no sepa cuándo se compraron o a qué precio se compraron y puede que tenga sentido o no que las compre en este momento en particular.
Por ejemplo, la persona cuya cartera está intentando copiar puede haber comprado las acciones cuando su valor es de 20 rupias y ahora su valor es de 100 rupias. Así que ahora, si sigues adelante sin pensar y compras al mismo precio, puedes incurrir en una pérdida cuando su valor cae.
No hace falta decir que es muy importante saber el precio correcto que debe ingresar, la cantidad de riesgo que debe tomar y también el momento adecuado para salir.
Un desajuste en los perfiles y objetivos de los inversores: su perfil de riesgo y sus objetivos no tienen por qué coincidir con los del famoso inversor que está intentando copiar.
Puedes tener más finanzas disponibles y puedes tener un perfil de riesgo más alto, lo que significa que puedes permitirte correr más riesgos y puedes haber invertido en una acción en particular.
Tu inversión te traerá muchos problemas.
Es posible que hayas invertido en una acción de riesgo porque puedes permitírtelo financieramente. Si copias su estrategia, perderás tu dinero y la determinación de invertir en el futuro.
Es posible que toda la cartera no sea pública: otra razón es que la cartera completa de una persona nunca es pública. Siempre que un gran inversor invierte en una empresa, los inversores minoristas no saben nada al respecto hasta que ganan más del 1 por ciento de las acciones de la empresa.
Cuando la participación de alguien en una empresa se convierte en más del uno por ciento, debe hacerse pública. Por lo tanto, existe una gran posibilidad de que haya más acciones en su cartera de las que pueda imaginar y tendrá una cartera a medias basada en información incompleta.
La información es “pública” - Por último, si busca en Internet la cartera de un inversor de capital famoso, seguramente esta información también estará disponible públicamente para otros inversores minoristas.

Es probable que esto ya haya provocado una subida del precio de las acciones. No hace falta decir que no estás haciendo nada diferente que te permita ganar más dinero. Por lo tanto, no te beneficiarás de una estrategia a tan largo plazo.

No diversificas lo suficiente

Otro error común que cometen los inversores es invertir una gran parte de su capital en la compra de acciones de un tipo o de una sola empresa, solo para sufrir una pérdida cuando la cartera cae. Incluso si observas la cartera declarada públicamente de inversores de capital exitosos como Rakesh Jhunjhunwala, verás que tiene acciones en todos los sectores y empresas. La diversificación distribuye el riesgo; se asegura de que, si algunas acciones bajan, otras ganan y cancelan las pérdidas, por lo que la cartera se mantiene en equilibrio.

En resumen, estos son algunos de los obstáculos obvios que se deben evitar al cotizar en bolsa. Mantén siempre una perspectiva a largo plazo y realiza la debida diligencia al elegir una empresa. No inviertas en una empresa solo porque un gurú del mercado de valores haya invertido en ella o esté dando altos rendimientos. Una vez que hayas apostado por una empresa con fundamentos sólidos, invierte y deja suficiente tiempo para que tus inversiones se beneficien. ¡Ten paciencia, ten cuidado y disfruta del viaje!

CONCLUSIÓN

Si estás leyendo las conclusiones, significa que has llegado al final del libro.
Espero les haya gustado la lectura y la información interesante.
Y si, de todo esto, has aprendido sobre acciones, has leído una media móvil e interpretado un MACD, has averiguado dónde encontrar información en línea, has creado tu diario de operaciones, bueno, ¡¡estoy seguro de que estás listo para tomar las acciones con la misma autoridad que Warren Buffet!!
Recuerda siempre que no hay comidas calientes gratis y que ganar dinero, y sobre todo ahorrarlo implica grandes sacrificios, así que ... ¡ten siempre mucho cuidado cuando decidas invertirlos, en la forma que decidas hacer!
Te deseo éxito en la vida, buen comercio y finalmente ... ¡Que tengas una buena vida!

FOREX TRADING

Cómo dominar el mercado mundial de divisas

La guía definitiva con los mejores secretos, estrategias y actitudes psicológicas para convertirse en un exitoso en el mercado de divisas

INTRODUCCIÓN

Hay personas que, gracias al trading, han cambiado su vida y la de muchas personas que han creído en ellas. Basta mencionar el nombre de Warren Buffet o George Soros porque los sueños y visiones comienzan a empezar en la mente de muchos traders.
El éxito comercial se logra con los pies en la tierra.
Partiendo de esta creencia, escribí este manual de forma sencilla con el objetivo de ayudar a los novatos a encontrar la forma correcta de tener éxito, pero sobre todo a encontrar los métodos adecuados para no perder dinero, muchas veces ahorrado con muchos sacrificios.
Negociar no es sinónimo de juego. Negociar en los mercados financieros no es un juego ni un pasatiempo. Su enfoque debe ser extremadamente serio y disciplinado, especialmente su atención debe prestarse a salvaguardar el capital que decide invertir. Conocer su carácter, sus miedos, sus metas, saber utilizar todo esto a su favor, es sin duda un arma más.

CAPÍTULO UNO
EL MERCADO FOREX

¿Qué es el mercado Forex?

Los mercados de acciones y bonos no son los únicos que le permiten invertir con la esperanza de poder hacer crecer su capital y así ganar dinero.

Junto a estos mercados más conocidos por el público en general, existen mercados menos conocidos que, sin embargo, también ofrecen excelentes oportunidades en términos de rentabilidad y ganancias. El mercado Forex, por ejemplo, es el mercado donde se negocian las divisas y se cotiza el valor de una divisa. La forma en que funciona Forex no es muy diferente en comparación con el mercado de valores. En este último, los inversores y comerciantes buscan aprovechar los cambios en el precio de las acciones de las empresas cotizadas; En el mercado Forex, los operadores buscarán aprovechar las fluctuaciones en los precios de varias monedas monetarias y aumentar el valor de su cartera de inversiones.

Forex es la abreviatura de Forex Exchange, que es el mercado de divisas, donde las divisas se negocian entre sí. Estas operaciones en el mercado Forex crean fluctuaciones en el precio de las divisas, que el trader de Forex buscará explotar para incrementar el valor de su inversión y así generar ganancias.

El mercado Forex es un mercado global, y el segundo más grande en términos de volumen de operaciones después del mercado de tasas de interés. Un mercado que no para de crecer en todo el mundo.

Negociar no es más que la compra y venta de activos financieros para aprovechar el aumento o la disminución de sus precios. El comerciante, en cambio, es el "operador del mercado" que realiza compras y ventas en mercados de diversa índole: desde el mercado de valores hasta el mercado de bonos, pasando por bonos del Estado y, obviamente, divisas.

A diferencia de un inversor "clásico" que compra un producto y espera que su valor aumente con el tiempo antes de revenderlo, un inversor suele adoptar un enfoque más dinámico, con transacciones que pueden durar unos días, minutos o incluso segundos. Este es un enfoque potencialmente más lucrativo, pero también más riesgoso.

El comercio de divisas, por lo tanto, consiste en comprar o vender pares de divisas en Forex, tratando de predecir qué dirección tomará el par en los siguientes días o minutos. El comercio de divisas puede ser riesgoso, por lo que debe tratar de estar bien preparado y asegurarse de comprender los riesgos antes de invertir su dinero.

El principio básico del funcionamiento del mercado Forex pasa del concepto de "pareja". Mientras que en el mercado de valores operamos e invertimos en acciones de empresas individuales, en el mercado Forex operamos en pares de divisas. Esto significa que el valor de una moneda no se expresa en un sentido absoluto, sino en relación con el de otra moneda.

Forex, desde sus orígenes hasta la actualidad

El mercado de comercio de divisas del que nace Forex tiene orígenes muy antiguos, pero ha evolucionado especialmente en los últimos siglos, de la mano de las innovaciones financieras de los mercados.

Antecedentes

El mercado de divisas moderno nació en 1971 cuando se permitió que los tipos de cambio flotaran. Antes de 1971, de hecho, las monedas estaban reguladas por un acuerdo internacional denominado "Acuerdo de Bretton Woods", con el que las naciones participantes habían decidido mantener el valor de sus monedas dentro de un estrecho margen de cambio con el dólar. El mismo día de agosto de 1971, la Administración Nixon interrumpió unilateralmente la convertibilidad del dólar con el oro e inició la era de las fluctuaciones libres de las monedas de las que Forex es hijo. En la década de los ochenta los movimientos internacionales de capitales se aceleraron tras la llegada de las computadoras personales que llevaron a Forex a ser un mercado continuo.

Según un estudio de Reuters de 2018, Londres se ha establecido como el principal centro monetario mundial, con la cantidad de comercio de divisas que recientemente superó el 40% del valor diario promedio, creciendo desde que Gran Bretaña votó a favor de abandonar la Unión Europea. Una señal de que Londres probablemente seguirá siendo uno de los dos principales centros financieros del mundo para el comercio de divisas incluso después del Brexit.

Según un estudio del Banco de Pagos Internacionales (BIS), el mercado de divisas alcanzó los 6,6 billones de dólares al día en abril de 2019, frente a los 5,1 billones de dólares de tres años antes.

Forex: el punto de inflexión

El sistema de tipos fijos comenzó a fallar ya en las décadas de 1950 y 1960. En 1971 se abandonaron los acuerdos de Bretton Woods, lo que dio lugar a la apertura de una nueva fase de Forex. A partir de esta fecha, terminó la era del patrón oro y comenzó la era de los tipos de cambio flexibles. Desde 1973, las divisas de los distintos países han vuelto a flotar libremente y gracias a ello nació el mercado de compra y venta de divisas, el Forex.

A partir de los años ochenta, con el advenimiento de las computadoras e internet, la expansión del Forex ha tenido una aceleración extraordinaria, porque el mercado ha adquirido una dimensión global. Londres ha representado y representa actualmente el centro del mercado Forex. La capital británica también tiene una posición dominante dentro del Euromercado. Hoy en día, Forex es el mercado más grande del mundo y se espera que en los próximos años los volúmenes del Mercado de Divisas sigan aumentando considerablemente gracias también al éxito de las operaciones de Forex en línea, lo que está haciendo que este mercado sea muy popular incluso entre los inversores privados.

Operadores del mercado de divisas

Bancos y Fondos

Cuando hablamos del mercado Forex, nos guste o no, estamos hablando del mercado interbancario, el mercado en el que operan los bancos y las entidades de crédito. En el mercado interbancario, los bancos con exceso de liquidez ofrecen un exceso de capital a los bancos que necesitan liquidez a través de depósitos realizados por un banco en otro durante un período de tiempo específico a una tasa de interés determinada. El mercado interbancario o incluso el mercado de dinero residual es el eje del mercado de cambio de divisas, en este sentido, solo piense que los precios que se ven en las plataformas de negociación en línea son precisamente el resultado de las negociaciones realizadas en este mercado.

Los protagonistas del mercado Forex

Con un lote mínimo de un millón de unidades de la moneda base (un millón de euros para el par EUR / USD o un millón de dólares para el par USD / JPY), lotes de 10 a 100 millones de dólares son rutinarios para este mercado, un mercado que sigue siendo a todos los efectos un mercado extrabursátil (OTC) o un mercado cuyas transacciones son celebradas directamente por las partes fuera de las bolsas de valores oficiales, por lo que se trata de un mercado no regulado.

El mercado interbancario está conformado por una red de bancos internacionales que realizan operaciones de negociación dirigidas a incrementar su capital o el de sus clientes a través de servicios de intermediación electrónica (EBS) o más comúnmente plataformas de negociación electrónica. Sin embargo, con el aporte de las nuevas tecnologías de negociación, el "monopolio" de las instituciones bancarias ha desaparecido, nuevas empresas financieras han entrado en el mercado Forex y en pocos años los volúmenes de negociación producidos por los Hedge Funds, los fondos de pensiones y los fondos mutuos de inversión han superaron a los del mercado interbancario, aunque este último sin duda sigue siendo la principal fuente de liquidez.

Operadores financieros y especuladores

Ahora, dada la premisa anterior, los actores del mercado Forex generalmente se dividen en dos categorías: comerciantes financieros y especuladores. Los operadores financieros operan en el mercado Forex únicamente en función de su actividad

financiera sin que necesariamente impliquen algún propósito lucrativo, por el contrario, los especuladores operan en el mercado cambiario exclusivamente con fines de lucro.
Si bien los operadores financieros representan un volumen diario de operaciones significativamente menor que los especuladores, que por sí solos representan el 90% de los volúmenes del mercado de divisas, sus transacciones juegan un papel importante por varias razones:
el monto de sus transacciones suele ser lo suficientemente grande como para superar los mil millones;
sus transacciones suelen ser un evento circunscrito que no tiende a repetirse;
sus transacciones no tienden a tener en cuenta las fluctuaciones de precios y su propósito no es maximizar las ganancias.
Por todas las razones antes mencionadas, los operadores financieros pueden producir fluctuaciones en contra de la tendencia que, si se explotan de la manera adecuada, a menudo pueden constituir excelentes oportunidades de ganancias.
Los especuladores, huelga decirlo, operan en los mercados con el único objetivo de obtener el máximo beneficio posible de las fluctuaciones de precios. Los especuladores, como ya se anunció, representan el 90% de los volúmenes del mercado cambiario y generalmente tienden a operar en forma de Hedge Funds o Fondos Especulativos, fondos mutuos administrados con criterios especulativos que utilizan el apalancamiento financiero que ofrecen los derivados para maximizar sus ganancias, exponiéndose así al riesgo de grandes pérdidas.
Inversores financieros
Entre los operadores del mercado Forex, sin duda, un componente significativo lo dan los inversores financieros. La última categoría está compuesta principalmente por empresas internacionales que participan en fusiones y adquisiciones.
Comerciante
Esta es sin duda la categoría a la que nos adscribiremos y la mayoría de nuestros lectores. Debido a su naturaleza como traders diarios, los traders tienden a centrarse en las variaciones del mercado entre 20 y 30 pips, lo que constituye la fuente principal de fluctuaciones a corto plazo. Con el aporte de las nuevas tecnologías de trading, los traders minoristas han logrado

conquistar una porción cada vez más importante del mercado Forex, tanto que han alcanzado una incidencia diaria del 10%, cifra que, además, parece poder presumir de crecimiento anual del 37%.

Pip: abreviatura de porcentaje en punto o punto de interés del precio, es el menor movimiento numérico del precio de un activo (acción, índice, par de divisas, etc.). Generalmente, cuando un precio cambia en la bolsa de valores se refiere a un cambio en pips.

Dado que la mayoría de los pares tienen un precio hasta el cuarto decimal (0,0001 €), la variación más pequeña se refiere al último dígito después del punto decimal, por ejemplo, 0,0001 €, que es el 1 que se muestra en el ejemplo. Mientras que un pip se refiere al cuarto lugar decimal, una pipeta se refiere al quinto lugar decimal.

Para la mayoría de los pares, un pip equivale al 0,01% o la centésima parte del 1%; este valor también se conoce comúnmente como BPS. Un punto básico (BPS) se refiere a una unidad común de medida de tasas de interés y porcentajes financieros. Un BPS equivale a 1/100 de 1% o 0.01% (0.0001) y denota el cambio porcentual en el tipo de cambio.

Gobiernos y bancos centrales

Los gobiernos y los bancos centrales son, sin duda, jugadores extremadamente activos en el mercado Forex y si, por un lado, una gran parte de sus transacciones es atribuible a la rutina diaria de los pagos, la importancia particular en relación con el mercado de divisas la cubre la gestión de divisas y las reservas de cambio: acciones de divisas y bonos del gobierno en monedas distintas de la suya administradas y mantenidas por un banco central para operar en los mercados internacionales, para proteger el valor de su propia moneda. Dependiendo de la política que se considere más útil en un período histórico determinado, el banco central de un país administra sus reservas de divisas para proteger su moneda "manipulando" su tipo de cambio hacia abajo o hacia arriba frente a las monedas de sus principales socios comerciales.

Cómo operar en Forex

Para muchos, que no están acostumbrados a operar en el sector de Trading Financiero, puede parecer difícil operar en el sector de Forex. Este no es el caso en absoluto, todo lo que se necesita es un poco de conocimiento, incluso mínimo, de la jerga de Forex y el deseo de aprender.

Forex se basa en operar con divisas, comprar o vender una divisa con la esperanza de que el mercado de esa divisa siga la tendencia deseada. Antes de invertir, es necesario realizar un análisis técnico y detallado sobre la tendencia de precios de un par de divisas específico; normalmente, estos pares de divisas tienen una tendencia consolidada a lo largo del tiempo.

Hay dos tipos de posiciones en Forex:

Largo: este tipo de posición se toma en el momento mismo de la compra de una divisa, con la esperanza de que su tendencia de precio sea creciente, generando así beneficios gracias a su reventa.

Corto: este tipo de posición permite al inversor especular sobre la venta de una divisa y luego comprarla a un precio menor.

El término Day-Trading indica aquellas operaciones que comienzan y terminan el mismo día, considerándose una inversión de corto plazo.

En Forex siempre invertirá en un par de divisas, por ejemplo, USD / EUR.

A la izquierda de la barra ("/"), encontramos la moneda base, mientras que, a la derecha, la moneda cotizada.

Desde hace algunos años se adopta este tipo de síntesis del nombre de las monedas, para permitir que todos los usuarios, que hablen cualquier idioma, comprendan inmediatamente de qué monedas se habla.

Para hacer trading es fundamental contar con un buen broker.

El Broker es esa plataforma en línea que le permite invertir su dinero en la compra y venta de pares de divisas.

Cuando decide operar con un par de divisas, por ejemplo, EUR / USD, el corredor al que recurrimos nos proporciona el precio de venta y el precio de compra. El precio de venta también se llama ASK, mientras que el precio de compra es BID. La propagación es la diferencia entre los dos precios.

Los precios se expresan en números decimales, el PIP es la unidad más pequeña entre los precios de las dos monedas.

Las principales monedas del mercado Forex

El mercado Forex es el mercado financiero donde se intercambian entre ellos las monedas de varios países (o grupos de países, considerados el euro). Pero, ¿cuáles son los más negociados? ¿Y por qué se intercambian? Entender cómo funciona el mercado es fundamental, por eso vemos en conjunto un repaso de las principales divisas Forex, clasificadas según el volumen de negocio que generan en Forex de acuerdo con las encuestas oficiales del Banco de Pagos Internacionales. La suma de los porcentajes de 200 porque cuando opera en el mercado de divisas, recuerde, siempre opera con un par de divisas (por lo tanto, dos a la vez).
Símbolos de euro, dólar, yen y libra, principales divisas del mercado Forex.
Los símbolos de euro, dólar, yen y libra, las 4 monedas principales por número de operaciones en el mercado Forex.
Dólar (USD)
Es la moneda de los Estados Unidos de América y es la que genera la mayoría de todas las transacciones del mercado, alcanzando el 86,3%. En la práctica, casi todas las transacciones de Forex involucran al dólar que se cambia contra otra moneda ... Y esto no debería sorprendernos, ya que la moneda estadounidense se utiliza para el comercio de materias primas importantes, comenzando por el petróleo, y también es la base para las reservas de divisas de todos los países del mundo. En algunos países se utiliza el dólar como moneda oficial, en otros como Argentina entre 1991 y 2002 existe una tasa de cambio de 1: 1 con la moneda local. En cualquier caso, en la mayoría de países del Tercer Mundo, el dólar suele ser una moneda de referencia también para los cambios diarios, dada la escasa confianza que tiene la población en las monedas locales.
La moneda única europea es la segunda para las transacciones en el mercado Forex.
El euro es la segunda divisa más importante en el volumen de operaciones de Forex.
Euro (EUR)
La moneda única europea ocupa el segundo lugar, con un buen

37%. De hecho, este valor se debe principalmente a la fortaleza económica de Europa que, aunque está disminuyendo, sigue siendo significativa en todo el mundo. Además, el euro se utiliza como moneda de reserva, aunque en mucha menor medida que el dólar.

Yen japonés (JPY)

El yen ocupa el tercer lugar en el ranking de las divisas más negociadas en Forex, con el 17% de las transacciones. De hecho, Japón es la segunda economía más grande del mundo y puede contar con una exportación de productos tecnológicos de alto valor agregado. La moneda es fuerte, a pesar de que la situación del presupuesto público japonés no es ideal. El gobierno y el Banco de Japón han intentado recientemente disminuir la fortaleza de la moneda con operaciones monetarias.

En cualquier caso, el yen también es importante como moneda de reserva y, a menudo, se utiliza para operaciones típicamente especulativas. Además, antes de que la Fed implementara una política monetaria de tipos de interés cero, también hubo movimientos especulativos muy fuertes de carry trade, con inversores internacionales pidiendo prestados yenes en Japón a tipos muy bajos y luego cambiándolos a dólares para invertirlos en los EE. UU. (Donde las tasas eran significativamente más altas), por ejemplo, en el mercado de valores.

Libra esterlina (GBP)

Antes de la Segunda Guerra Mundial, la libra esterlina ocupaba el lugar que hoy es el dólar, la moneda de referencia de todo el mundo. Actualmente ha perdido casi todo su atractivo, pero aún ocupa el cuarto lugar en el ranking, con un buen 15% del total de operaciones de Forex. El caso es que Londres sigue siendo uno de los centros financieros del mundo, aunque, últimamente, además de la competencia de Nueva York, que siempre ha sido su rival, también debe sufrir la dura competencia de los mercados asiáticos emergentes (China, por ejemplo) que tienen mejores condiciones operativas que las de Europa, y, por tanto, están destinadas a crecer a ritmos increíbles.

Franco suizo (CHF)

Suiza es una potencia económica muy importante en el escenario internacional, no solo porque tiene una economía fuerte capaz de exportar con alto valor agregado, sino también porque la calidad proverbial de su sistema financiero ha hecho de su moneda un activo refugio por excelencia. Es por eso que el franco suizo aún logra un total del 6,8% del total de transacciones en el mercado Forex.

Dólar australiano (AUD)

El dólar australiano sigue al franco suizo en el ranking de las divisas más negociadas, con un 6,7% más que decente. Este valor está determinado principalmente por la gran capacidad del país para exportar materias primas (por ejemplo, minerales). Además, la moneda es particularmente apreciada por los comerciantes que operan por razones especulativas.

Otras monedas

Las otras monedas ocupan un lugar poco importante después de todo. Entre ellos, sin embargo, podemos recordar el dólar canadiense (CAD) con el 4,1% de los intercambios totales, la corona sueca (SEK) con el 2,8%, el dólar de Hong Kong (HKD) siempre con el 2,8%, la corona noruega (NOK) con el 2,2%. , el dólar neozelandés (NZD) con 1,9%, el peso mexicano (MXN) con 1,3%, el dólar de Singapur (SGD) con 1,2% y el won coreano (KRW) con 1,1%. Todas las demás monedas del mundo, sumadas, llegan al 14,5%.

Monedas para negociar

¿Por qué es conveniente operar con las divisas más negociadas? Por varias razones, pero sobre todo por una razón de transparencia: cuanto más popular es un uniforme, más informes e información sobre él. Por ejemplo, podemos saber todo sobre el dólar, hay miles de analistas que elaboran informes más o menos interesantes todos los días. Pero, ¿cuántos analistas siguen la corona noruega? Además, en lo que respecta a los pequeños comerciantes, a menudo los corredores utilizados, incluso si son los mejores corredores de Forex, no admiten el comercio de todas las monedas, sino solo las principales.

CAPÍTULO DOS
¿CÓMO FUNCIONA FOREX?

Cómo funciona

Los principales centros comerciales
El mercado Forex está abierto las 24 horas del día de lunes a viernes. A pesar de la presencia de diferentes zonas horarias, se puede acceder al mercado Forex cinco días a la semana.
La naturaleza íntima de Forex es de hecho Over the counter, es decir, carece de los mecanismos de estandarización y transparencia típicos de los mercados regulados como Borsa Italiana o Nyse en Wall Street. Cuando el Chicago Mercantile Exchange y Reuters intentaron imponer un mercado central regulado con una cámara de compensación en 2006, fracasaron estrepitosamente. En la práctica, los contratos se negocian directamente entre partes sin una plataforma de negociación que estandarice los propios contratos, garantice precios y riesgo de contraparte.
Comercio de divisas
Operar en el mercado Forex implica la compra simultánea de una divisa y la venta de otra. De hecho, hablamos de "pares de divisas", donde la divisa utilizada como referencia se denomina "divisa base" y la otra divisa, cotizada en relación con la base, se denomina "divisa cotizada".
Los pares de divisas más negociados se denominan "principales" y representan más del 80% del total de operaciones que se realizan en el mercado Forex. La alta liquidez hace que las condiciones de negociación de estos pares sean particularmente ventajosas, con diferenciales relativamente bajos en comparación con otros pares menos negociados o los denominados pares "exóticos", es decir, relacionados con mercados emergentes.
Pares de divisas principales:
EUR / USD Euro - Dólar estadounidense (EuroDollar);
GBP / USD Libra esterlina - Dólar estadounidense (cable);

USD / JPY Dólar estadounidense - Yen japonés (gopher);
USD / CHF Dólar estadounidense - Franco suizo (swissie);
USD / CAD Dólar estadounidense - Dólar canadiense (loonie);
AUD / USD Dólar australiano - Dólar estadounidense (aussie);
NZD / USD Dólar neozelandés - Dólar estadounidense (kiwi).
Pares de divisas menores:
EUR / CHF Euro - Franco suizo;
EUR / NZD Euro - Dólar neozelandés;
GBP / AUD Libra esterlina - Dólar australiano;
GBP / JPY Libra esterlina - Yen japonés;
CAD / JPY Dólar canadiense - Yen japonés.
Pares de divisas exóticos:
USD / TRY Dólar estadounidense - Lira turca;
USD / MXN Dólar estadounidense - Peso mexicano;
USD / ZAR Dólar estadounidense - Rand sudafricano.
Características de los contratos de intercambio
El tipo de negociación más común es el intercambio de divisas que registra transacciones diarias por 3.201 mil millones de dólares. A esto le siguen los contratos al contado (es decir, con la liquidación del contrato de dos días o el siguiente día hábil) que se oponen a los contratos de futuros con vencimiento a tres meses. Este mercado "inmediato" solo cubre 1990 mil millones de dólares de intercambios por día sobre el total de 6,600 mil millones de Forex. A la distancia vienen los forwards absolutos ($ 1 mil millones) y la categoría de opciones y otros productos ($ 294 mil millones). Finalmente, se mantienen los swaps de divisas, que ascienden a 108 mil millones de dólares en contratos negociados diariamente (Fuente: Encuesta Trienal de Bancos Centrales BIS 2019).
Las fluctuaciones del tipo de cambio entre monedas responden a una serie de variables muy articuladas, incluidos los factores macroeconómicos de países con un mercado en la moneda en cuestión (por ejemplo, producto interno bruto, balanza de pagos, deuda pública y más) o incluso factores de política monetaria (una subida de tipos de interés practicada por un banco central debería hacer que la moneda emitida por el banco central se aprecie, según la teoría de la paridad de tipos de interés).
Características de los precios de mercado
Las cotizaciones se expresan con dos precios de referencia,

donde el de la izquierda indica el precio de "oferta" y el precio de la derecha indica el "precio de oferta". Entre los dos precios siempre hay una diferencia que se llama "spread". Por ejemplo, si el EUR / USD se cotiza en 1,1142 / 1,1144, el diferencial es igual a 0,0002 y generalmente se indica como 2 "pips" (punto en el precio o porcentaje en punto).
Forex
Un pip indica el movimiento más pequeño en el precio de un par de divisas. Dado que la mayoría de los pares de divisas tienen un precio hasta el cuarto decimal, la variación más pequeña se refiere al último dígito después del punto decimal.

Qué mueve el mercado de divisas

Los pares de divisas se mueven por motivos fundamentales a largo plazo, por motivos técnicos a medio y corto plazo y por motivos emocionales a corto plazo.
Los fundamentos y el largo plazo
Los fundamentos tienen un efecto a largo plazo porque se necesita tiempo para que el cambio en ciertas fuerzas económicas tenga un efecto real en la economía del país.
Básicamente, los fundamentos se agrupan en dos amplias subcategorías: flujos comerciales y flujos de capital.
Flujos comerciales: El comercio de bienes y servicios entre un país y otro genera flujos de capital entre los dos estados. Si una empresa estadounidense compra equipos tecnológicos por valor de 1 millón de dólares a una empresa japonesa, primero tendrá que cambiar el millón de dólares por yenes para comprar los bienes deseados. Esta transacción tiene lugar en el mercado de divisas y aumentará la demanda de yenes y la oferta de dólares. Este cambio en el equilibrio entre la oferta y la demanda hará que el precio del yen suba frente al dólar.
Flujos de capital: Concepto similar al anterior donde los flujos de capital se mueven no para comprar bienes o servicios, sino para invertir en países donde la tasa de retorno de la inversión es mayor. En particular, se hace referencia al mercado de bonos y las acciones. Si, por ejemplo, la economía estadounidense está

sana y ofrece rendimientos superiores a la media, habrá una entrada de capital de inversores extranjeros que desean obtener rendimientos más altos que en su propio país. Para comprar bonos y acciones estadounidenses, los inversores deben cambiar su moneda por dólares estadounidenses. Esto tendrá el efecto de aumentar la demanda del dólar y, por lo tanto, su precio aumentará.

Razones técnicas a medio y corto plazo

Si bien las motivaciones técnicas juegan un papel fundamental también a largo plazo, tienden a ser reconocidas más como causantes de movimientos a mediano y corto plazo.

De hecho, los precios parecen obedecer a geometrías particulares del mercado y respetar ciertos niveles de soporte y resistencia. Debido al hecho de que muchos comerciantes conocen y utilizan el análisis técnico, es una técnica autosostenida en el sentido de que, si la mayoría de los comerciantes observan la misma conformación de precios y operan juntos con otros comerciantes, esto provocará un movimiento del mercado.

Razones emocionales a corto plazo

El mercado está formado por personas que, cuando se trata de dinero, se distinguen por dos sentimientos encontrados: el miedo y la codicia.

En determinadas situaciones de mercado, especialmente después de algún evento o noticia importante, pueden producirse movimientos repentinos sin que sean causados por una causa real distinta de la percepción de riesgo y valor del precio por parte de los operadores del mercado.

CAPÍTULO TRES
VOLATILIDAD

Los mercados financieros nunca se detienen, están en constante movimiento. Para entender esto, basta con mirar el gráfico de cualquier instrumento financiero: los precios suben o bajan y muy a menudo se negocian de forma lateral. Para evaluar la actividad del mercado y la dinámica de los precios, existe un indicador llamado volatilidad.

La volatilidad es un rango de movimientos en el precio del instrumento financiero durante un período de tiempo específico (día, semana, mes, etc.). En otras palabras, la volatilidad muestra qué tan alto o bajo puede subir o bajar el precio del instrumento financiero en un momento dado. La volatilidad se puede calcular como porcentaje o como puntos (el valor mínimo de los movimientos de precios).

Se cree que el mercado de valores es uno de los más volátiles y los cambios de precios de diferentes empresas a menudo se miden como un porcentaje. Por ejemplo, si una acción cuesta $ 100 al comienzo de una sesión de negociación y agregó (o perdió) $ 10 durante el día, entonces su volatilidad es del 10%. Las acciones de las grandes empresas suelen tener una volatilidad diaria de alrededor del 5-10%, las acciones de mediana capitalización y baja liquidez: 20%, 50% o incluso más del 100%.

Cómo utilizar la volatilidad en el comercio

En primer lugar, la volatilidad se utiliza para evaluar las oportunidades de operar con un instrumento financiero determinado. Los operadores ganan dinero con los movimientos de precios, por lo que los instrumentos con alta volatilidad son más preferibles para operar. Cuanto más activamente se mueva un instrumento financiero, mayores oportunidades tienen los comerciantes de obtener ganancias con este movimiento.

Los inversores a largo plazo son más conscientes de la volatilidad porque normalmente operan sin stop-loss, mientras que una alta volatilidad implica un alto riesgo. En consecuencia, prefieren un enfoque equilibrado cuando eligen un instrumento con una volatilidad moderada pero que tiene una sólida base fundamental o técnica para los movimientos a largo plazo.

En las bolsas, la volatilidad se puede negociar directamente a través de futuros y opciones. Para ello, se han desarrollado muchos índices de volatilidad diferentes, siendo VIX uno de los más famosos. Este índice se calcula sobre la base del índice bursátil US S&P 500. El VIX a veces se denomina índice de miedo en el momento de aumento del pánico y en el momento de la calma, viceversa.

Al operar en Forex mediante la evaluación de la volatilidad, puede elegir un indicador adecuado. En mi opinión, la volatilidad diaria promedio ofrece tres recomendaciones principales para operar:

Movimiento esperado: guía para Take Profit en pips.

Limitación de riesgo: guía para Stop Loss en pips.

Aumento de la volatilidad: confirmación del inicio de una nueva tendencia.

Indicadores de negociación que utiliza volatilidad

Para calcular y utilizar la volatilidad en el comercio, se crearon muchos indicadores técnicos. Veamos tres de ellos, que son bastante populares entre los comerciantes.

ATR (rango verdadero promedio)

El indicador ATR es famoso por la evaluación de la volatilidad, creado en 1978 por J. Welles Wilder. El principal objetivo de ATR es calcular la volatilidad actual de un instrumento financiero. La volatilidad de los pips se calcula promediando los valores de precio más alto y más bajo durante un período de tiempo específico.

El indicador ATR está construido en una ventana separada debajo del gráfico de precios y consta de una línea principal, que solo muestra valores positivos a partir de 0. El rango verdadero promedio muestra cambios en la volatilidad, crecerá igualmente a medida que aumenta la volatilidad tanto en ascenso como en tendencias descendentes. Cuanto mayor sea la volatilidad del mercado, mayor será el valor del indicador.

Bandas de Bollinger

Bollinger Bands es un indicador de tendencia creado en 1984 por John Bollinger. Sin embargo, el objetivo principal de las Bandas de Bollinger no es definir la volatilidad de un instrumento financiero sino buscar nuevos impulsos y señales que sugieran una posible inversión de tendencia. No obstante, el indicador ayuda a los operadores a ver cambios en la volatilidad en el gráfico.

Las bandas superior e inferior del indicador forman una especie de canal en el que se mueve el gráfico de precios. Estos límites del canal de precios proporcionan información sobre la volatilidad actual del mercado. Cuando los límites se reducen, la volatilidad se reduce y el precio se ralentiza. A medida que se amplían los límites, aumenta la volatilidad y el precio puede iniciar un nuevo movimiento.

ADX (índice de movimiento direccional promedio)

El indicador ADX también fue creado por J. Welles Wilder. ADX es un indicador de tendencia, que evalúa la fuerza de la tendencia real comparando los precios más altos y más bajos durante un período de tiempo específico (los valores predeterminados usan 14). El indicador consta de tres líneas: dos direccionales, + DI y -DI, y la principal, ADX.

Básicamente, ADX muestra la volatilidad actual del mercado: si el ADX comienza a bajar, significa que la volatilidad está disminuyendo, la tendencia real se está desacelerando y puede revertirse. Si el ADX comienza a subir, significa que la volatilidad está aumentando e indica el inicio de una nueva tendencia.

CAPÍTULO CUATRO BENEFICIOS DE FOREX

Tarifas de negociación

La primera aclaración a hacer, antes de hablar de comisiones, se refiere a la diferencia entre los diferentes tipos de brokers, creadores de mercado y ECN.

Los creadores de mercado son aquellos corredores que no cobran ninguna comisión por las operaciones, pero mantienen sus ganancias en los diferenciales, mientras que los ECN son aquellos corredores que ofrecen las cotizaciones del mercado real y cobran una comisión por cada operación.

*Corredores ECN*por lo tanto tienen la ventaja de ofrecer los precios reales del mercado y los márgenes más bajos, mientras que los creadores de mercado tienen la ventaja de poder comerciar libremente sin límites. En ambos casos, sin embargo, se paga la comisión, los corredores son intermediarios y tienen que ganar en alguna parte, no existe el comercio sin costo. Para obtener una descripción más completa, consulte la lista de los mejores corredores de mercado y uno de los mejores corredores de ECN.

Dicho esto, los corredores más sólidos y confiables capaces de ofrecer las comisiones comerciales más bajas, pero también las mejores condiciones, son: XTB, Capital.com, AVATRADE y XM.COM entre los creadores de mercado, IC Markets y Pepperstone entre las ECN.

Recuerde siempre que el costo no es el único parámetro a evaluar, la regulación, la capacitación, la asistencia, las plataformas estables y la puntualidad en las operaciones de depósito y retiro son aspectos aún más decisivos.

Los intermediarios aquí indicados fueron, por tanto, seleccionados por nuestros expertos teniendo en cuenta todo esto y elegidos sobre la base de la mejor relación calidad / precio / servicio.

XTB

XTB es uno de los corredores más competitivos, con comisiones extremadamente asequibles y diferentes tipos de cuentas con diferenciales fijos y variables. XTB es uno de los mejores brokers STP del mundo por volumen de operaciones y niveles operativos, ofrece 2 plataformas, la propia xStation y la estándar MetaTrader 4, no requiere un depósito mínimo y se encuentra entre las más completas en términos de capacitación, capaz de proporcionar análisis e informes verdaderamente fiables. Una opción recomendada para inversores de todos los niveles de experiencia, desde particulares hasta profesionales.

Mercados de IC

Además de ser uno de los corredores más respetados de la industria, IC Markets se encuentra entre los mejores corredores en términos de condiciones comerciales.

Utilizado por inversores de todos los niveles, desde pequeños ahorradores hasta profesionales, IC Markets es ahora uno de los corredores de ECN más grandes del mundo, y se ha vuelto popular por su escrupuloso cumplimiento de las reglas y su alto nivel de experiencia.

IC Markets ofrece 3 plataformas de negociación y diferentes tipos de cuentas tanto en modo creador de mercado como sin mesa de negociación, por lo tanto, específicas para diferentes perfiles y estilos de inversión, herramientas avanzadas y una gran cantidad de activos en los que comerciar entre divisas, metales y acciones, con comisiones extremadamente competitivas y transparentes.

Regulado por ASIC y con sede en Australia, IC Markets es un corredor en el negocio desde 2007 y apto para todo tipo de inversores, individuos, empresas e instituciones, capaz de garantizar altos estándares operativos y una experiencia comercial indudablemente de alto nivel.

Capital.com

Capital.com ofrece una de las mejores combinaciones de condiciones comerciales y calidad de servicios. Ofrece spreads extremadamente competitivos, entre los más bajos que hemos encontrado entre los corredores con cero comisiones, material de capacitación de buena calidad y una plataforma de negociación completa e intuitiva, rápida (por lo tanto, también ideal para scalping) y con varias herramientas útiles integradas, incluidas noticias de mercado y comercio sentimiento.

Capital.com tiene un depósito mínimo de $ 20 y también ofrece actualizaciones semanales con análisis e informes y un servicio de soporte rápido. Una opción confiable para evaluar tanto para comerciantes privados como profesionales.

Vanguardia

Avantrade es uno de los corredores más grandes cuando se trata de operar en Forex, CFD, ETF, índices, acciones, metales preciosos y materias primas. Diferentes plataformas para elegir, formación y asistencia profesional y posibilidad de elegir entre spreads fijos y variables. AVATRADE es otro creador de mercado de corredores de primer nivel, seguro y regulado, con un depósito mínimo de $ 100 para abrir una cuenta y numerosos bonos de depósito.

Pepperstone

Pepperstone es uno de los corredores ECN más grandes del mundo, regulado por ASIC y capaz de garantizar estándares operativos muy altos. Le permite operar con divisas, acciones, índices y materias primas a través de 11 plataformas, 4 tipos de cuentas, spreads muy bajos y condiciones comerciales muy competitivas.

Pepperstone es un corredor con sede en Australia con una excelente reputación entre los inversores, capaz de cumplir con los requisitos de seguridad más estrictos y ofrecer uno de los entornos comerciales más completos y profesionales disponibles en la actualidad.

XM

Entre los creadores de mercado, XM es uno de los mejores corredores para operadores principiantes e intermedios, que ofrece comisiones extremadamente bajas, diferenciales ajustados y condiciones comerciales muy ventajosas. Todo esto combinado con asistencia y capacitación de alto nivel, la plataforma MetaTrader 4 y una gran variedad de activos para operar. Xm tiene un depósito mínimo de $ 5 y ofrece un bono de bienvenida sin depósito de $ 25.

El mercado Forex está abierto las 24 horas del día

El mercado Forex es el mercado financiero más grande del mundo. El comercio de divisas no se realiza en una ubicación central, sino que se lleva a cabo entre los participantes a través de redes telefónicas y de comunicaciones electrónicas (ECN) en varios mercados de todo el mundo.

El mercado está abierto las 24 horas del día en diferentes partes del mundo, desde las 5 p.m. EST del domingo hasta las 4 p.m. EST el viernes. En un momento dado, hay al menos un mercado abierto y hay algunas horas de superposición entre el cierre del mercado de una región y la apertura de otra. El alcance internacional del comercio de divisas significa que siempre hay comerciantes en todo el mundo que fabrican y satisfacen las demandas de una moneda en particular.

La moneda también es necesaria en todo el mundo para el comercio internacional, los bancos centrales y las empresas globales. Los bancos centrales se han basado particularmente en los mercados de divisas desde 1971, cuando los mercados de divisas fijas dejaron de existir debido a la caída del patrón oro. Desde entonces, la mayoría de las monedas internacionales han estado "flotando" en lugar de estar vinculadas al valor del oro.

El razonamiento detrás del comercio 24/7

La capacidad del mercado Forex para operar durante un período de 24 horas se debe en parte a las diferentes zonas horarias internacionales y al hecho de que las operaciones se realizan en una red informática en lugar de cualquier intercambio físico que cierre en un momento dado. Por ejemplo, cuando escucha que el dólar estadounidense cerró a una determinada tasa, simplemente significa que era la tasa de cierre del mercado de Nueva York. Esto se debe a que la moneda continúa cotizando en todo el mundo mucho después del cierre de Nueva York, a diferencia de las acciones.

Los valores, como las acciones nacionales, los bonos y las materias primas, no son tan relevantes o necesarios en el escenario internacional y, por lo tanto, no están obligados a negociar más allá del día hábil estándar en el país de origen del emisor. La demanda de negociación en estos mercados no es lo suficientemente alta como para justificar la apertura de 24 horas debido al enfoque en el mercado interno, lo que significa que es probable que pocas acciones se coticen a las 3 am en los EE. UU.

Europa está formada por importantes centros financieros como Londres, París, Frankfurt y Zurich. Los bancos, instituciones y distribuidores realizan operaciones de cambio para ellos y sus clientes en cada uno de estos mercados.

Cada día de operaciones de cambio comienza con la apertura del área de Australasia, seguida de Europa y luego América del Norte. A medida que los mercados de una región se cierran, se abre otra, o ya se ha abierto, y continúa operando en el mercado Forex. Estos mercados a menudo se superponen durante unas horas, lo que proporciona algunos de los períodos más activos de las operaciones de cambio.

Por ejemplo, si un comerciante de Forex en Australia se despierta a las 3 de la mañana y quiere operar con divisas, no podrá hacerlo a través de los operadores de Forex ubicados en Australasia, pero sí podrá realizar todas las operaciones que necesite. deseos a través de distribuidores europeos o norteamericanos.

Comprender las horas del mercado de divisas

Los mercados de divisas internacionales están formados por bancos, sociedades comerciales, bancos centrales, sociedades de gestión de inversiones, fondos de cobertura, así como corredores e inversores minoristas de Forex de todo el mundo. Como este mercado opera en múltiples zonas horarias, se puede acceder a él en cualquier momento excepto durante el fin de semana.

El mercado de divisas internacional no está dominado por un mercado de cambio único, sino que implica una red global de cambios y corredores de todo el mundo. El horario de negociación de Forex se basa en el momento en que se abre la negociación en cada país participante. Si bien las zonas horarias se superponen, las zonas horarias generalmente aceptadas para cada región son las siguientes:

Nueva York de 8 a. M. A 5 p. M. EST (de 1 p. M. A 10 p. M. UTC)

Tokio de 7 p.m. a 4 a.m. EST (de 12 a 9 a.m. UTC)

Sídney de 5 p.m. a 2 a.m. EST (10 p.m. a 7 a.m. UTC)

Londres, de 3 a. M. A 12 del mediodía, hora estándar del Este (8 p. M.

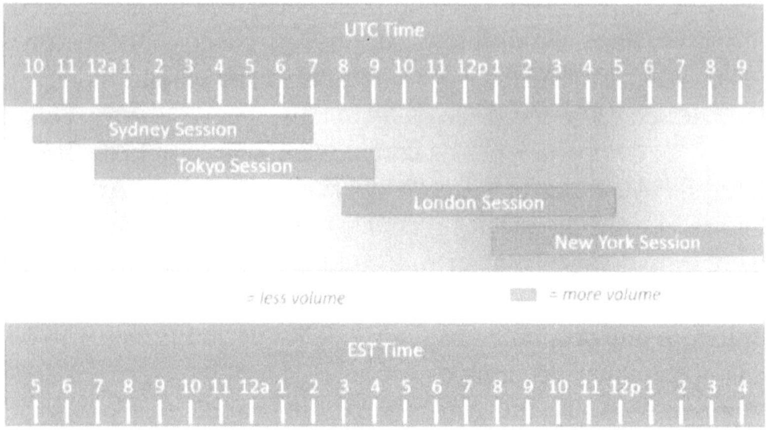

Forex Market Hours

Las dos zonas horarias más populares son Londres y Nueva York. El período en el que estas dos sesiones de negociación se superponen (tarde de Londres y mañana de Nueva York) es el período más activo y representa la mayor parte de los volúmenes negociados en el mercado de $ 6 billones por día.
Es durante este período que se determina el tipo de cambio al contado de referencia Reuters / WMR. La tasa, que se establece a las 4 pm, hora de Londres, se utiliza para la valoración y fijación de precios diarios para muchos administradores de dinero y fondos de pensiones.
Si bien el mercado Forex es un mercado de 24 horas, algunas monedas en varios mercados emergentes no se negocian las 24 horas. Las siete monedas más negociadas en el mundo son el dólar estadounidense, el euro, el yen japonés, la libra esterlina, el dólar australiano, el dólar canadiense y el dólar neozelandés, todas negociadas continuamente mientras el mercado Forex está abierto.
Los especuladores suelen negociar en pares que cruzan estas siete divisas de cualquier país del mundo, aunque favorecen tiempos con volúmenes más pesados. Cuando los volúmenes de negociación son más pesados, los corredores de Forex brindan diferenciales más ajustados (precios de oferta y demanda más cercanos entre sí), lo que reduce los costos de transacción para los operadores. De manera similar, los comerciantes institucionales también favorecen tiempos con mayores volúmenes de negociación, aunque pueden aceptar márgenes

más amplios para tener la oportunidad de comerciar lo antes posible en respuesta a la nueva información que tienen.

A pesar de la naturaleza altamente descentralizada del mercado Forex, sigue siendo un mecanismo de transferencia eficiente para todos los participantes y un mecanismo de entrada de gran alcance para aquellos que deseen especular desde cualquier parte del mundo.

Fluctuaciones de precios en Forex

La inestabilidad económica y política y otros infinitos cambios continuos también afectan a los mercados de divisas. Los bancos centrales buscan estabilizar la moneda de su país comercializándola en el mercado abierto y manteniendo un valor relativo frente a otras monedas del mundo. Las empresas que operan en varios países buscan mitigar los riesgos de operar en mercados extranjeros y cubrir el riesgo cambiario.

Las empresas celebran swaps de divisas para cubrir el riesgo, lo que les da el derecho, pero no necesariamente la obligación, de comprar una determinada cantidad de moneda extranjera a un determinado precio en otra moneda en una fecha futura. Mediante esta estrategia, las empresas limitan su exposición a fuertes fluctuaciones en las valoraciones de las divisas.

La línea de fondo

La moneda es una necesidad global para los bancos centrales, el comercio internacional y las empresas globales y, por lo tanto, requiere un mercado de 24 horas para satisfacer la necesidad de transacciones en varias zonas horarias. En resumen, es seguro asumir que no tiene sentido durante la semana de operaciones que un participante en el mercado Forex sea potencialmente incapaz de realizar una operación de divisas.

Liquidez de mercado

Cuando hablamos de liquidez en cualquier área financiera, nos referimos a la facilidad y rapidez con la que podemos comprar o vender un determinado activo a un precio más o menos estable. Si hablamos de nuestro día a día, una persona o empresa será considerada líquida si tiene la capacidad de cumplir con sus

obligaciones económicas más inmediatas.
La capacidad de pago a largo plazo se denomina solvencia.
Si hablamos de la liquidez del mercado, esto dependerá en gran medida de la cantidad de compradores y vendedores que estén presentes allí.
Lógicamente, cuantos más participantes haya, más fácil será 'posicionar' nuestros activos. Y cuanta más liquidez tenga un activo, más rápido podremos venderlo.
Ante esto, podemos decir que el efectivo es el activo más líquido porque lo podemos canjear en cualquier momento por cualquier producto o servicio. Por el contrario, una casa y un automóvil son activos ilíquidos porque no son fáciles de negociar, requieren tiempo, cálculos de precios y, casi siempre, burocracia e intermediarios.
Por qué la liquidez es importante en el comercio
Cuando decidimos dar el salto al mundo del trading es muy importante para nuestro capital tener en cuenta la liquidez del mercado en el que queremos operar. ¿Por qué?
En primer lugar, porque cuanto más líquido sea el mercado, menor riesgo correremos. Esto se debe al hecho de que siempre habrá alguien dispuesto a comprar o vender.
En segundo lugar, cuanto más líquido sea el mercado, más participantes atraerá, lo que facilitará y facilitará la apertura de diferentes operaciones, en función de nuestros intereses.
Además, en el comercio, la liquidez puede afectar directamente el margen que pagamos al corredor para operar con un instrumento en particular. Un mercado que es automáticamente líquido tiene muchas operaciones diarias y está formado por muchos operadores activos.
Esto hará que la diferencia entre los precios de compra (demanda) y venta (oferta) de un determinado activo financiero disminuya y, por lo tanto, el diferencial sea más estrecho.
Si operamos con el par de divisas más líquido, el euro dólar EUR / USD, el diferencial típico con Admiral Markets UK Ltd es de 0,6 pips, sin comisiones adicionales. Sin embargo, si opera con un activo menos líquido como las acciones, el costo será un poco más alto. En el IBEX35, por ejemplo, la acción de Telefónica es una de las más líquidas: con Admiral Markets puede invertir en sus acciones pagando una comisión de 2 euros y con un spread

típico de 2 pips.
Cuando optamos por operar en un mercado que se considera muy líquido, también debemos tener en cuenta los horarios de negociación. La razón es que no habrá el mismo número de participantes al mismo tiempo. Por ejemplo, el mercado Forex se considera uno de los mercados más líquidos, sin embargo, si negociamos el par euro-libra no será tan líquido durante el período europeo como lo es durante el período asiático o durante los períodos de vacaciones.
Además, cuando los vendedores superan en número a los compradores o viceversa, el comercio puede volverse más complicado y es posible que no podamos cerrar con éxito nuestra posición.
Una de las razones por las que estalló la última crisis financiera en 2008 fue la falta de liquidez de las denominadas hipotecas subprime. Aunque el entorno actual es muy diferente, a principios de 2020 la Autoridad Europea de Valores y Mercados (ESMA) advirtió sobre el riesgo de liquidez en el sector inmobiliario y de fondos. "Muchos de los fondos inmobiliarios ofrecen liquidez a diario, lo que indica un riesgo de vulnerabilidad estructural, ya que invierten en activos ilíquidos, pero permiten a los inversores negociar sus acciones en un corto período de tiempo".

Forex: el mercado más líquido del mundo

Forex (Foreign Exchange Market) es el mercado en el que se intercambian monedas de todo el mundo mediante un tipo de cambio, que es el mecanismo que permite conocer el valor de una moneda en términos de otra.
Forex involucra a millones de inversores de todo el mundo todos los días: desde bancos hasta empresas y pequeños ahorradores. De hecho, cualquier transacción económica que realicen operadores de distintas nacionalidades debe pasar necesariamente por la compra y venta de una moneda. Por ejemplo, si un ciudadano europeo tiene la intención de comprar un producto estadounidense, tendrá que vender euros y al mismo

tiempo comprar dólares estadounidenses para pagarlo.
La capacidad de Forex para atraer capital lo convierte en el mercado más líquido del mundo, ¡mucho más que todos los mercados de valores estadounidenses juntos! De hecho, la facturación diaria es ahora de alrededor de 4 billones de dólares, incluso si las transacciones aumentan cada día. Hay que decir que, de esta increíble cantidad de volúmenes, el 90% es puramente especulativo.
Forex es esencialmente un mercado de venta libre, es decir, no puede ubicarse con precisión en un centro financiero en particular. No existe un mercado regulado ni una cámara de compensación: las transacciones se realizan directamente entre dos contrapartes, que son bancos y corredores. Esta característica de Forex significa que no hay precios oficiales.
Sin embargo, todo el mundo puede conocer la evolución de un tipo de cambio en cualquier momento ya que las transacciones se registran y comunican a todo el mundo gracias a los principales circuitos internacionales de información, como Reuters y Bloomberg. Al contado (es decir, efectivo), contratos a plazo (tipos de cambio a plazo), swaps y opciones se negocian en el mercado OTC. Es un mercado dominado por grandes bancos de inversión, que negocian por cuenta propia o por cuenta de sus clientes: estamos hablando de bancos del calibre de Deutsche Bank, UBS, Barclays Capital, Royal Bank of Scotland y Citigroup, solo por mencionar los principales bancos que mueven capital en este mercado. Junto al mercado OTC existe también una especie de mercado paralelo, que es el regulado, en el que se negocian futuros y opciones sobre divisas. En este caso existe el filtro de mercado a través de una cámara de compensación, que se encargará del respeto de las obligaciones contractuales. Las cotizaciones son oficiales y no pueden diferir de un corredor a otro, como en el OTC. Además, los contratos están estandarizados.
Además de los bancos y las casas de bolsa, encontramos otros operadores que en Forex pueden tener intereses que van desde la cobertura hasta la especulación, pero también objetivos macroeconómicos: bancos centrales, empresas, inversores, especuladores.
Los bancos centrales tienen la tarea de garantizar la estabilidad

de un tipo de cambio para limitar su volatilidad, pero también para perseguir objetivos específicos de política monetaria. Por ejemplo, en el caso del terremoto de Japón del 11 de marzo de 2011, pocos días después del terremoto, el Banco de Japón (es decir, el Banco Central de Japón) organizó una intervención en los mercados abiertos, junto con los otros grandes bancos mundiales, para evitar un fortalecimiento excesivo del yen tras una rápida repatriación de capitales por parte de empresas y aseguradoras. La acción concertada de los distintos bancos centrales, por cientos y cientos de miles de millones de dólares, ha empujado al yen a la baja y convencido a los inversores de vender la divisa japonesa ante las expectativas de nuevas intervenciones en los mercados abiertos. Sin embargo, no siempre una intervención del banco central puede ser fructífera en relación con sus objetivos. Es el caso del Banco Nacional Suizo, que es el Banco Central Suizo, que en 2009 y 2010 intentó en varias ocasiones frenar la formidable carrera del Franco Suizo contra las principales divisas del mundo, pero sin éxito. Al final, el SNB pagó una factura muy alta: decenas de miles de millones de francos suizos para ingresar en el balance entre las pérdidas operativas.

Las empresas multinacionales, también etiquetadas como "comerciales" en Forex, están por naturaleza sujetas a transacciones de divisas. Estas empresas persiguen objetivos de cobertura para fijar un precio asequible durante las próximas semanas o meses y tener un flujo de capital fácilmente estimado en los procesos de previsión empresarial. El objetivo, por tanto, es eliminar el riesgo de tipo de cambio.

Los inversores son aquellos que solicitan divisas para comprar valores extranjeros o para realizar inversiones directas en el exterior (generalmente en empresas). También existe una categoría más sofisticada de inversores que persiguen exclusivamente objetivos de beneficios a corto y medio plazo a través de operaciones de tipo de cambio especulativo. Estos son los llamados grandes comerciantes, es decir, todos los inversores institucionales que gestionan masas de cientos de miles de millones de dólares con fines especulativos, como fondos de cobertura y comerciantes privados. Finalmente, nuevamente entre los inversores, encontramos a los pequeños ahorradores clasificados como pequeños especuladores. Este es el llamado "parque de bueyes", es decir, comerciantes privados que tienen algunos miles (a veces solo cientos) de euros, casi siempre en clara dificultad para competir en el mercado con comerciantes altamente capitalizados. Por otro lado, las estadísticas hablan por sí solas.

CAPÍTULO CINCO ANÁLISIS TÉCNICO Y FUNDAMENTAL

Análisis fundamental

La premisa principal del análisis fundamental de Forex, así como en otros mercados financieros, es que el precio de un activo puede diferir de su valor. Por esta razón, varios mercados a veces pueden "equivocarse" en el precio de un activo, sobrevalorando o subvalorando a corto plazo. Los analistas fundamentales de Forex argumentan que, aunque el precio puede ser incorrecto a corto plazo, los activos siempre volverán al precio correcto a largo plazo. El objetivo final del análisis fundamental es averiguar el valor real de un activo, compararlo con el precio actual y luego identificar una oportunidad comercial.

Esto muestra claramente la diferencia básica entre análisis técnico y análisis fundamental. Mientras que el análisis técnico básicamente presta atención al precio actual, el análisis fundamental busca todo menos el precio actual. Si bien el análisis fundamental puede no ser la mejor herramienta para un trader a corto plazo en los mercados cotidianos, son los factores fundamentales de Forex y cómo se analizan los que responden a lo que sucede a largo plazo.

Análisis fundamental del mercado Forex: metodología

El análisis fundamental de Forex no se trata solo de comparar los datos actuales de los indicadores económicos individuales con los datos anteriores. Existe una gran cantidad de teorías económicas en torno al análisis fundamental de Forex, que buscan contextualizar diversos datos económicos, para hacerlos comparables.

La condición de paridad se basa en las teorías económicas más extendidas en el análisis fundamental de divisas, una condición de precio por la cual las monedas deben negociarse cuando se ajustan, según sus factores económicos locales, como la inflación y las tasas de interés.

Análisis de trading fundamental: buenas y malas noticias

Probablemente haya notado que, desde el punto de vista práctico de un operador de Forex promedio, son las noticias económicas las que luego producen los movimientos en los mercados. ¿Cómo y por qué sucede todo esto? Hay varios indicadores económicos que pueden proporcionar información sobre la salud de una economía determinada que observan los expertos financieros.

Estos indicadores suelen aparecer en las noticias y los periódicos. Algunos se publican semanalmente, la mayoría mensualmente y algunos trimestralmente. Puede seguir estos anuncios y desarrollos a través de nuestro calendario de Forex.

Pero ahora comparemos el análisis técnico y el análisis fundamental según la frecuencia de las actualizaciones de datos.

Análisis técnico y fundamental

Análisis técnico y análisis fundamental, ¿cuáles son las principales diferencias? En el caso del análisis fundamental del comercio de divisas, cada segundo se presentan nuevos datos en forma de cotización, mientras que los indicadores fundamentales se publican como máximo una vez a la semana. El capital fluye gradualmente desde países donde se acumula a un ritmo potencialmente más lento, en comparación con países donde podría acumularse a un ritmo potencialmente más rápido.

Esto tiene que ver principalmente con la fortaleza de una economía. Si se espera que una economía se mantenga fuerte a lo largo del tiempo, aparecerá como un país atractivo para la inversión extranjera, ya que es más probable que produzca mayores rendimientos en los mercados financieros.

Siguiendo este pensamiento, para invertir, los inversores primero tendrán que convertir su capital a la moneda del país en cuestión. Comprar más de esa moneda elevará la demanda y obligará a la moneda a apreciarse. Desafortunadamente, la economía no es tan simple, por lo que los ejemplos de economías saludables que muestran monedas debilitadas no son del todo desconocidos para la historia. De hecho, las monedas no son como acciones de empresas que reflejan directamente la salud de la economía.

Las monedas también son herramientas que pueden ser manipuladas por actores políticos, como los bancos centrales e incluso comerciantes privados como George Soros.

Cuando se publican informes económicos, los comerciantes e inversores estudian los signos de fortalezas o debilidades en diferentes economías. Si antes de que se publique una noticia o un comunicado de prensa, el sentimiento del mercado se inclina en una dirección específica, cambiar el precio antes del lanzamiento se conoce como "precio de mercado". De hecho, esta práctica a menudo causa un poco de confusión cuando se publican los datos.

Por el contrario, cuando el mercado es incierto o los resultados de los datos varían de lo esperado, puede ocurrir una volatilidad severa del mercado. Esta es la razón por la que generalmente se recomienda a los operadores de Forex novatos que eviten el comercio basado en este tipo de noticias cuando practiquen el análisis fundamental.

Indicadores de análisis fundamental

Los datos económicos pueden proporcionarnos sugerencias sobre cambios en la situación económica de un país.

A continuación, descubramos los principales indicadores económicos en el análisis fundamental de Forex a tener en cuenta.

Tasas de interés

Las tasas de interés son un indicador importante del análisis de Forex. Hay muchos tipos de tipos de interés, pero en este artículo nos centraremos en los tipos de interés nominales o base establecidos por los bancos centrales. El BCE y otros bancos centrales crean dinero, que luego es prestado por bancos privados. El porcentaje o principio bajo el cual los bancos privados pagan a los bancos centrales para pedir prestado monedas se llama tasa de interés base o tasa de interés nominal. Siempre que se escucha la expresión "tipos de interés", la gente suele referirse a este concepto.

La manipulación de las tasas de interés, una parte importante de la política fiscal o monetaria nacional, es una de las funciones principales de los bancos centrales. Esto se debe a que las tasas de interés son un gran nivelador de la economía. Las tasas de interés son quizás más fuertes que cualquier otro factor y afectan los valores de las monedas. Pueden tener un impacto en la inflación, la inversión, el comercio, la producción y el desempleo.

Así es como funciona:
Los bancos centrales generalmente quieren impulsar la economía y alcanzar un nivel de inflación establecido por el gobierno, por lo que reducen las tasas de interés. Esto estimula el endeudamiento tanto de los bancos privados como de los propios particulares, además de estimular el consumo, la producción y la economía en general. Las tasas de interés bajas pueden ser una buena táctica, pero no una estrategia eficaz.
A largo plazo, las bajas tasas de interés pueden sobreinflar la economía con liquidez y pueden crear burbujas económicas que, como sabemos, tarde o temprano desencadenarán una reacción en cadena de derrocar a toda la economía, si no a economías enteras.
Para evitar esto, los bancos centrales también pueden considerar subir las tasas de interés, reduciendo así las tasas de interés y dejando menos dinero a los bancos, empresas y particulares. Desde la perspectiva del análisis fundamental de Forex, el mejor lugar para comenzar a buscar oportunidades comerciales es cambiar las tasas de interés.
Inflación
Las noticias sobre inflación informan de las fluctuaciones en el costo de los bienes durante un período de tiempo específico. Tenga en cuenta que cada economía tiene un nivel de lo que se considera "inflación saludable". Durante un largo período de tiempo, a medida que crece la economía, también debería hacerlo la cantidad de dinero en circulación, que es la definición de inflación. La lógica detrás de todo esto es que los gobiernos y los bancos centrales se equilibran hasta un nivel de autosatisfacción.
Una inflación demasiado alta cambia el equilibrio entre la oferta y la demanda a favor de la oferta, y la moneda se deprecia porque simplemente hay más de lo necesario. La otra cara de la inflación es la deflación. Durante la deflación, el valor de la moneda aumenta a medida que los bienes y servicios se vuelven más baratos.
A corto plazo puede ser algo bueno, pero para la economía a largo plazo puede ser algo malo. El dinero es combustible para la economía. Menos combustible equivale a menos movimiento. En algún momento, la deflación puede tener un impacto drástico

en un país, hasta el punto en que apenas habrá suficiente dinero para mantener la economía en marcha, y mucho menos para hacerla crecer.

PIB

El producto interno bruto (PIB) es la medida de todos los bienes y servicios que genera un país en un período determinado. Se cree que el PIB es el mejor indicador económico general de la salud de una economía. Esto puede sonar extraño, especialmente si se considera que el PIB es básicamente una medida de la oferta de bienes y servicios, pero no tiene nada que ver con la demanda de estos bienes y servicios.

La idea general es que se necesitaría mucho conocimiento tanto de la oferta como de la demanda para hacer estimaciones razonables y precisas. No sería prudente creer que el PIB refleja ambos lados del mercado. Por lo tanto, un aumento en el PIB sin un aumento correspondiente en la demanda de producto interno bruto o asequibilidad, es exactamente lo opuesto a una economía saludable, desde el punto de vista de un análisis fundamental de Forex.

Las tasas de interés, la inflación y el PIB son los tres principales indicadores económicos utilizados por el análisis fundamental de Forex. Son incomparables en la magnitud del impacto económico que pueden generar, en comparación con otros factores como las ventas minoristas, el flujo de capital, la balanza comercial, los precios de los bonos y muchos otros factores macroeconómicos y geopolíticos adicionales. Además, los indicadores económicos no solo se comparan entre sí a lo largo del tiempo, sino que algunos de ellos también relacionan disciplinas transversales y transfronterizas.

Es importante comprender que hay muchos datos económicos disponibles que tienen un impacto significativo en el mercado Forex. Le guste o no, aprender a realizar análisis fundamentales de Forex es sin duda una parte importante de su estrategia comercial para predecir los movimientos del mercado.

Cómo hacer el análisis fundamental de una empresa

Hay muchas formas diferentes de realizar el análisis fundamental de una empresa, cada operador tiene su propio método. En este artículo hemos elegido un método de arriba hacia abajo, es decir, de general a particular, destacando los indicadores y ratios más importantes que sirven de base para cualquier análisis fundamental. A estos puntos principales, puede agregar tantos como considere necesarios. ¡Empecemos!

Análisis macroeconómico fundamental

El análisis macroeconómico se refiere a la situación general de la economía, sus fortalezas y debilidades. Este tipo de información, necesaria para realizar análisis fundamentales, se puede encontrar en las noticias económicas de los medios de comunicación y en las comunicaciones oficiales de diversos organismos públicos, tanto nacionales como internacionales. Para conocer la fecha de las publicaciones, la previsión de cada una de ellas y los datos anteriores, podemos consultar el calendario económico y seleccionar los datos que estamos buscando.

Los indicadores macroeconómicos más importantes para realizar un análisis fundamental son las tasas de interés, la inflación, el producto interior bruto (PIB), las tasas de empleo y, en el caso de una empresa vinculada al sector financiero o la construcción de vivienda, también puede ser interesante actualizado con datos Euribor.

Producto interno bruto (PIB)

El Producto Interno Bruto (PIB) mide la producción de riqueza de un país durante un período de tiempo específico, generalmente durante un año. Aunque algunos analistas lo consideran incompleto al no incluir elementos de difícil cuantificación, como la economía sumergida, el PIB sigue siendo el indicador más utilizado para medir la salud de una economía.

Las oficinas de estadística de cada país suelen publicar la evolución del PIB de forma periódica. En EE.UU. es la Oficina de Análisis Económico del Gobierno, en el caso de la Eurozona es Eurostat. Además, las organizaciones globales como el FMI suelen realizar estimaciones de la evolución del PIB de las principales economías.

El dato más interesante para los traders que hacen un análisis fundamental de una empresa no es el PIB en términos absolutos sino su evolución trimestre tras trimestre y año tras año. Una tasa de crecimiento superior al 0% significa que la producción de riqueza ha aumentado y, por tanto, la economía nacional se está desarrollando positivamente.

Los expertos suelen interpretar que una economía ha entrado en recesión cuando tiene dos trimestres consecutivos de tipos negativos (mercado bajista).

Tasas de interés

Las tasas de interés son básicamente el precio que paga por el dinero que pide prestado. El porcentaje o tasa que los bancos privados pagan a los bancos centrales por prestar dinero se llama tasa de interés base o nominal, un indicador macroeconómico consultado por los traders de largo plazo porque afecta muchas áreas, desde la inflación hasta el consumo.

¿Por qué? Porque un aumento o disminución de tipos por parte de los bancos centrales fortalecerá o debilitará la moneda de referencia. Una subida de tipos hace que la moneda se aprecie por falta de dinero en circulación. De manera similar, cuando las tasas de interés bajan, los préstamos suben y la moneda pierde valor.

Los bancos centrales utilizan aumentos o disminuciones en las tasas de interés para regular la economía, controlar la inflación y estimular el crecimiento económico.

Es importante tener en cuenta las tasas de interés, ya que afectan a muchos sectores de la economía, como la inflación y el consumo. Una subida o bajada de las tasas de interés tenderá a fortalecer o debilitar la moneda en cuestión. Si la empresa analizada es un gran importador o exportador, estos cambios en la moneda tendrán un impacto directo en los costos e ingresos de la empresa.

Los bancos centrales utilizan las tasas de interés como una herramienta para regular la economía, controlar la inflación y estimular el crecimiento económico.

La rebaja de tarifas aumenta el consumo. Un aumento de las tasas de interés lo deteriora.

Las tasas de interés más bajas aumentan el consumo y viceversa. Ésta es una de las razones por las que un descenso de los tipos de interés suele ser bueno para las acciones.

Euribor: cómo afectan al análisis fundamental

Euribor es el acrónimo de Euro Interbank Offered Rate y es el tipo de interés medio al que los principales bancos europeos se conceden préstamos entre sí. Existen 5 tipos Euribor, cada uno con una duración diferente (1 semana, 1 mes, 3 meses, 6 meses, 12 meses).

Este tipo es importante porque los bancos utilizan el Euribor a 12 meses como tipo de interés de referencia para los préstamos hipotecarios. Si sube el Euribor, subirán los pagos de la hipoteca.

Inflación: cómo afecta el análisis fundamental

Los precios de los bienes y servicios suben y bajan de acuerdo a factores económicos, hablamos de inflación cuando suben los precios de estos bienes y servicios. Se calcula sobre la base del consumo medio de los hogares, la denominada "cesta de la compra", teniendo algunos artículos un peso mayor que otros, por ejemplo, el precio de la electricidad superior al precio del azúcar.

Los países determinan la tasa de inflación saludable en función de las necesidades de su economía. Por ejemplo, las economías desarrolladas buscan niveles de inflación de alrededor del 2%, mientras que los países en desarrollo pueden buscar niveles de hasta el 7% sin asustar a los inversores.

Una inflación demasiado alta sesga el equilibrio entre la oferta y la demanda a favor de la oferta, y la moneda se deprecia porque simplemente hay más de lo necesario.

El lado opuesto es la deflación. En una situación deflacionaria, el valor del dinero aumenta a medida que los bienes y servicios se vuelven más baratos. La deflación es mucho más peligrosa para la economía que la inflación, aunque sea más difícil de provocar. La deflación afecta negativamente la actividad y el empleo y conduce a un aumento de las tasas de interés, lo que daña la demanda y frena la recuperación de la economía.

Trabajo: cómo afecta el análisis fundamental

Los informes de empleo también son muy importantes en cualquier análisis fundamental: si el porcentaje de población desempleada es muy alto, el consumo se verá afectado significativamente y aumentará el número de personas dependientes de las ayudas públicas. Si una economía se desarrolla favorablemente, creará puestos de trabajo y fomentará el consumo, y entonces circulará el dinero.

Desde una perspectiva comercial o de inversión, si el desempleo aumenta significativamente, habrá un shock para los mercados. Uno de los informes de empleo que tiene el mayor efecto en la evolución de los precios de mercado es la nómina no agrícola (NFP), que refleja el número total de asalariados en los Estados Unidos, con la excepción de los empleados agrícolas, los que trabajan para el gobierno y los no agrícolas. -organizaciones lucrativas (ONG).

Análisis sectorial fundamental

Cuando hacemos un análisis del sector al que pertenece la empresa que queremos analizar, son muchos los factores que debemos estudiar:

Entorno regulatorio. Las políticas de los distintos gobiernos en el ámbito económico son decisivas a la hora de mantener la confianza de los inversores en un sector determinado. Por ejemplo, si hablamos del sector automotriz y el gobierno quiere penalizar el diesel, el sector podría sufrir.

Potencial de crecimiento: ¿es esta una industria que todavía tiene potencial de crecimiento? ¿Es un sector nuevo?

Principales amenazas y oportunidades del sector al que pertenece la empresa.

Ratios de análisis fundamentales

Una vez conocemos el contexto macroeconómico y hayamos estudiado las fortalezas y debilidades del sector, debemos estudiar las cuentas de las empresas, sus ingresos, sus márgenes, su solvencia, su rentabilidad, etc. Para ello, veremos cuáles son las relaciones clave que necesitamos conocer dentro del análisis fundamental de una empresa que cotiza en bolsa.

Resultados de la empresa:

Desde la perspectiva de un inversor, los informes de rendimiento más convincentes son los presentados por las empresas con periodicidad trimestral y anual. Los indicadores más importantes de estos índices de desempeño incluyen los siguientes:

Ingresos

Este término se refiere a las ganancias de una empresa de sus actividades que aumentan el patrimonio de la empresa.

EBITDA

Este término se refiere al resultado operativo bruto antes de impuestos, intereses, depreciación y saneamientos. El objetivo de este indicador es poder medir el flujo de caja de una empresa.

Beneficios netos

El beneficio neto de una empresa es el resultado de la sustracción de costes (impuestos, depreciación, intereses) de los ingresos obtenidos en un período de tiempo determinado. En otras palabras, mide el resultado del negocio de la empresa después de la deducción de los costos fiscales.

Hay muchos otros indicadores interesantes dentro del estado de resultados de una empresa, pero estos tres son esenciales para tener una idea general de la situación financiera de la empresa.

Deuda

También hay que tener en cuenta la deuda de la empresa: puede tener beneficios millonarios, pero, aunque su deuda sea millonaria puede tener serios problemas de rentabilidad. No podemos esperar que tenga una deuda "cero" porque la deuda es necesaria, pero nunca debe exceder o acercarse a los ingresos, debe estar equilibrada.

Índices de rentabilidad - Análisis fundamental

EPS o ganancias por acción

El beneficio por acción (EPS) es uno de los indicadores más importantes en el análisis de una empresa, ya que mide la rentabilidad de las acciones. Se calcula dividiendo el beneficio neto por el número de acciones de la empresa.

ROE

ROE (Retorno sobre el capital) es el rendimiento sobre el capital y se calcula dividiendo la ganancia neta por el capital. En definitiva, es la capacidad de la empresa para generar beneficios para sus accionistas, de ahí su importancia. Si, por ejemplo, el ROE de una empresa es del 12%, significa que por cada 100 euros invertidos genera 12 euros de beneficio.

ROA

ROA (retorno de activos) o ROI (retorno de inversiones) calcula la rentabilidad de los activos de una empresa. ¿Cómo? Dividir el EBITDA por el total de activos y multiplicarlo por 100.

Rentabilidad por dividendo

El rendimiento del dividendo es la diferencia entre el costo de nuestra inversión en acciones y lo que obtenemos al recibir el dividendo. Para calcular esta importante proporción, debemos dividir el valor del dividendo cobrado por acción por el precio al que cotizan las acciones en el mercado y luego multiplicarlo por 100.

Este indicador lo utilizan, por ejemplo, los traders que practican la estrategia Dogs of the Dow, basada en las acciones con el mayor rendimiento de dividendos anual entre las acciones de Dow Jones 30.

Índices de valoración - Análisis fundamental

POR

PER significa relación precio-beneficio. Este indicador compara el precio de las acciones de una empresa con las ganancias registradas durante un período de tiempo determinado.

¿Cómo se calcula? PER es el resultado de dividir el precio actual de una acción por las ganancias por acción (PPS). Si el resultado es un PER bajo, podría significar que el precio de las acciones de la empresa está infravalorado. Este informe es muy útil a la hora de compararlo con el PER de otras empresas de la misma industria, de modo que si está por debajo del promedio de la industria, significa que está infravalorado.

EV / Ebitda

EV / EBITDA compara el valor de una empresa (Enterprise Value) con la ganancia bruta antes de intereses, impuestos, depreciación y amortizaciones. Cuando hablamos del valor de una empresa nos referimos a lo que tendríamos que pagar si quisiéramos comprarla. Al calcular el VE, básicamente se tiene en cuenta la capitalización de mercado, el número de acciones en circulación, el precio de la acción y la deuda.

Precio a valor contable (PVC)

La relación precio / valor contable se utiliza para medir el precio de las acciones de una empresa en relación con su valor contable, es decir, el valor de sus activos menos sus pasivos, dividido por el número total de acciones emitidas. De esta forma, el inversor sabrá cuánto dinero obtendría si la empresa fuera liquidada.

PEG

La relación Precio-Ganancias-Crecimiento (PEG) compara el PER con el crecimiento futuro esperado de la compañía, generalmente durante los próximos cinco años. Los inversores pueden entonces estimar el potencial de crecimiento de la empresa.

Para calcular el PEG, debemos dividir el PER por la tasa de crecimiento anual estimada de las ganancias por acción.

Pay out

Pay out es el ratio que refleja el porcentaje de beneficios que una empresa asigna a la remuneración de sus accionistas, en forma de dividendos. Lógicamente, cuanto mayor es la retribución, mayor es la retribución ofrecida a sus accionistas, por lo que es un indicador a tener en cuenta en el análisis fundamental de una empresa.

Flujo de efectivo

El flujo de caja también es un indicador muy importante al analizar una empresa que cotiza en bolsa. Se refiere a la capacidad de una empresa para generar efectivo para cumplir con sus pagos. También se llama flujo de caja.

Para calcularlo, necesitamos sumar el ingreso neto, las comisiones y la depreciación.

Relación SOTP

Si la empresa que cotiza en bolsa que estamos estudiando forma parte de un holding, es conveniente conocer un ratio llamado 'Suma de las partes' o ratio SOTP. Es un proceso de evaluación de las partes de la explotación para averiguar cuánto valdrían si se escindieran o vendieran a otra empresa.

Para saber cuáles son las empresas cotizadas más ricas del mundo, que han presentado los mejores resultados en comparación con los índices enumerados anteriormente, eche un vistazo a este artículo sobre las 10 empresas más ricas del mundo.

Análisis técnico

En cualquier tipo de mercado financiero, el análisis técnico es un método reconocido y ampliamente utilizado para anticipar o predecir tendencias de precios, sin perder de vista los aspectos macro.

El análisis técnico, como su nombre lo indica, se basa en el aspecto técnico del mercado, utilizando gráficos y datos históricos. En particular se analizan:

Precios;

Volúmenes negociados;

Bandas temporales.

Para el análisis técnico, los comerciantes utilizan indicadores matemáticos, estadísticos y gráficos. Las señales y sugerencias derivadas de estas herramientas guían a los operadores en sus decisiones con respecto a la apertura y cierre de posiciones comerciales.

En el mercado Forex, como en cualquier otro mercado financiero, el análisis técnico es un método para predecir precios basado en datos históricos.

En el mercado Forex es posible obtener cinco datos históricos básicos sobre pares de divisas:

Precio de apertura;

Precio máximo;

Precio mínimo;

Precio de cierre.

El quinto es el volumen, que puede ser problemático en el mercado de CFDs de Forex porque no se puede medir de la misma manera que en acciones, materias primas o futuros de divisas.

Análisis técnico comercial: los orígenes

El análisis técnico nació junto con los mercados orientados a la oferta y la demanda. Los primeros registros históricos conocidos datan de alrededor del siglo XVII por comerciantes holandeses y alrededor del siglo XVIII por cultivadores de arroz japoneses.

A lo largo de la historia y durante la mayor parte del siglo XX, el análisis técnico de los mercados financieros se ha limitado a la creación de gráficos, ya que no ha sido posible realizar cálculos estadísticos con grandes cantidades de información.

El análisis técnico y el análisis fundamental de los mercados financieros nunca han viajado en la misma onda. El análisis técnico para Forex y otros mercados financieros requiere una gran cantidad de cálculos estadísticos, que, hasta hace algunas décadas, sin computadoras y herramientas digitales, eran poco probables.

¡En la era digital podemos considerar que el análisis técnico está en su época dorada!

Análisis técnico comercial: ventajas y desventajas

Ventajas del análisis técnico:

El análisis técnico de Forex en tiempo real requiere pocos datos básicos y utiliza solo datos de gráficos de divisas.

El análisis técnico le permite predecir con precisión los mejores puntos de entrada y salida del mercado.

Desventajas del análisis técnico:

Debido a su uso generalizado, el análisis técnico de Forex en tiempo real puede conducir a movimientos de mercado muy abruptos en el caso de que muchos operadores lleguen a las mismas conclusiones. Este fenómeno se denomina "dirección de viaje", ya que todos van en la misma dirección.

Para ser relevante y sostenible, el análisis técnico siempre debe combinarse con el análisis fundamental.

El análisis técnico utiliza varias herramientas para determinar la probabilidad de movimientos de precios.

Análisis técnico comercial - Metodología

Para muchos traders que basan sus operaciones en el análisis técnico, una vez que se elige el instrumento, es necesario determinar si el mercado está en tendencia o dentro del rango.

Si el mercado está en tendencia, necesitamos determinar la tendencia en términos de dirección, es decir:

Tendencia alcista;

Tendencia bajista.

Lo ideal sería poder medir la duración de la tendencia.

Si la tendencia está dentro de un rango, es mejor no hacer nada si no está familiarizado con estos movimientos de consolidación. De lo contrario, aprovechar los niveles de soporte y resistencia suele ser una buena forma de negociar el producto.

Para determinar la tendencia, el análisis técnico utiliza varias herramientas, incluidos gráficos.

Los gráficos intentan identificar patrones: ya sean de tendencia, reversión o rango.

Para identificar estos patrones, los operadores han desarrollado y perfeccionado una serie de herramientas de gráficos para el análisis. Estas herramientas comienzan con las líneas de soporte y resistencia, o canales que comprenden el precio y le permiten determinar el significado y los niveles de precio a considerar. Este análisis se puede refinar con una serie de indicadores técnicos que se aplican a los gráficos en tiempo real.

Análisis técnico comercial - Indicadores

Los indicadores técnicos son complementos programados en base a estadísticas de plataformas de negociación que analizan

matemáticamente las relaciones de los distintos elementos para intentar predecir el precio de un producto financiero.
Tanto los traders novatos como los experimentados pueden utilizar el análisis técnico. Este análisis técnico utiliza gráficos para hacer pronósticos y tomar posiciones comerciales.
Para ello basta con estudiar los indicadores más sencillos, que tratan de:
indicar la posible tendencia del mercado;
niveles de soporte y resistencia indicados;
identificar los patrones / patrones.
En general, hay cuatro grupos de indicadores técnicos. Los más populares son:
Indicadores de tendencia:
Media móvil: sin duda el indicador de tendencia más conocido;
ADX: es otro indicador de análisis técnico que intenta predecir la fuerza de la tendencia y se basa en la EMA (media móvil exponencial) de los indicadores + DI y -DI;
DI (indicadores direccionales): calcula la relación entre los máximos, mínimos y el cierre diario del día actual con el día anterior.

Otros indicadores de tendencia populares son:
MACD;
SAR parabólico;
Ichimoku Kinko Hyo.
Indicadores de pulso
Los indicadores de pulso se utilizan para indicar si un instrumento está sobrecomprado o sobrevendido. Miden la

velocidad y la magnitud de los movimientos de precios. El impulso representa la tasa de cambio del precio.
Los principales son:
Índice de fuerza relativa (RSI);
Estocástico;
ATR (como indicador de volatilidad) o Bandas de Bollinger.

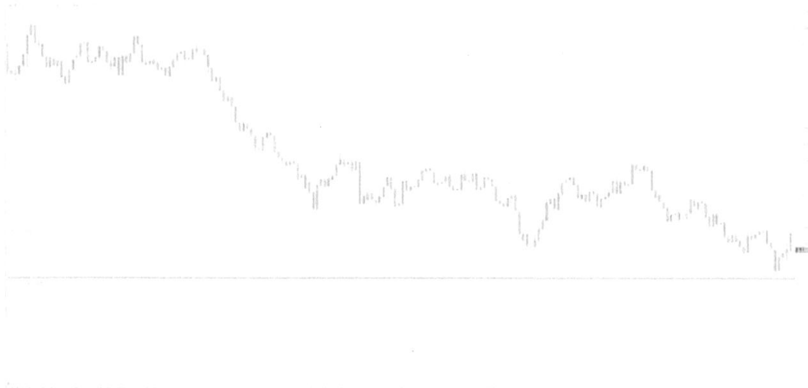

RSI
Indicadores de volumen
No hay duda de que el análisis técnico de los volúmenes totales negociados es muy útil para los comerciantes de acciones, futuros, materias primas y otros productos. Por ejemplo, los indicadores más utilizados en esta área son los siguientes:
El indicador técnico de flujo monetario;
El indicador técnico de distribución.
Entre los indicadores de volatilidad encontramos:
ATR de rango medio verdadero;
Bandas de Bollinger.
Análisis técnico comercial: los principios
La acción del precio
El marco lógico y la justificación del análisis técnico se deriva de uno de los postulados de la teoría de Dow de que el precio refleja con precisión toda la información al respecto.
Por lo tanto, cualquier factor que tenga un impacto en la oferta y la demanda (las principales fuerzas que determinan los precios) terminará inevitablemente en los gráficos.
Los comerciantes que están más atentos a la acción del precio creen que los datos relacionados con los eventos importantes o

las publicaciones del calendario económico son en su mayoría inútiles porque no son cuantificables y confiables.

Por esta razón, la diferencia entre análisis técnico y fundamental es que este último se basa en los principios que sustentan la actividad, mientras que el primero se basa únicamente en sus precios históricos.

Los precios se mueven en tendencias

Los analistas técnicos defienden el hecho de que el mercado se mueve en tendencias o patrones técnicos, otro guiño a la teoría de Dow.

Los mercados pueden moverse en tendencias alcistas: un mercado alcista que alcanza continuamente nuevos máximos y mínimos importantes, mientras que en general el precio parece estar rebotando en una trayectoria ascendente.

El comportamiento del mercado similar, pero caracterizado por mínimos y máximos descendentes, es una tendencia a la baja.

Una tendencia horizontal también se denomina mercado o rango secundario y no es exactamente el entorno preferido de un comerciante. Esto se debe al hecho de que, durante los períodos de intervalo lateral, hay muy poca certeza de lo que sucederá en el futuro. Un mercado secundario indica que los compradores y los vendedores tienen un poder similar y ninguno de los lados es lo suficientemente fuerte como para formar una tendencia que prevalezca sobre el otro.

Los mercados están al margen durante aproximadamente el 60% del tiempo, por lo que es muy importante saber cómo identificar tendencias. Vale la pena mencionar que el análisis técnico de Forex en tiempo real no se ocupa particularmente de las razones que conducen a una situación de gráfico determinada.

Por ejemplo, preguntar "por qué está ocurriendo una tendencia" es más razonable, pero para un comerciante de análisis técnico es completamente irrelevante, ya que no sabría cómo cuantificarlo. Para él, la existencia de tendencias es un hecho empíricamente probado y esto es lo único que le interesa y le llama la atención.

La historia se repite

Para hablar de la tercera premisa básica del análisis técnico de Forex, no vayamos demasiado al campo filosófico o psicológico. Tampoco intentaremos probar o refutar que los seres humanos trabajen según sean los patrones.

Los comerciantes técnicos están de acuerdo en que los inversores trabajan siguiendo una serie de patrones. Debido a este comportamiento, se cree que es capaz de identificar patrones y abrir operaciones altamente rentables; todo lo que se necesita es una pequeña ventaja estadística multiplicada por repeticiones y apalancamiento.

Pero no es una buena idea utilizar solo el análisis técnico de Forex. Idealmente, este análisis debería usarse en combinación con el análisis fundamental o el sentimiento del mercado. Aunque las personas que utilizan el análisis técnico son expertas en identificar y confirmar tendencias, son los factores fundamentales los que crean las condiciones para que estas tendencias se desarrollen.

Una última cosa a considerar es el método de backtesting también conocido como verificación histórica, donde los operadores usan datos pasados para probar una estrategia comercial en particular. Este trámite solo se puede realizar con el análisis técnico de divisas.

Sin embargo, al igual que otros resultados estadísticos en otras esferas del área humana, los datos pasados no garantizan la repetición de un patrón. Es solo una herramienta.

Además, el backtesting requiere el conocimiento de las condiciones exactas del mercado para establecer puntos de entrada y salida.

Análisis técnico comercial - Eficiencia

Como hemos comentado, el análisis técnico en trading se puede aplicar a cualquier mercado, pero es un método que favorece a los traders de Forex:

Scalping: veces menos de 1 día;

Negociación intradía: períodos de 1 día;

Swing trading: horizontes de tiempo superiores a 1 día.

Hay algunos operadores de Forex que dudan de la eficacia del análisis técnico, ya que encuentran que los precios son difíciles de predecir. Estos comerciantes creen que el análisis fundamental es más eficaz. Toman sus decisiones sobre la base de anuncios relacionados con la política monetaria del banco central.

Análisis técnico comercial - Gráficos

Los gráficos de divisas representan la fluctuación de los precios de las divisas. La información contenida en estos gráficos permite el desarrollo de señales comerciales que estarán relacionadas con la actividad de una moneda.

En MetaTrader podemos encontrar tres tipos de gráficos:

Gráficos lineales;

Gráfica de barras;

Gráficos de velas.

MetaTrader es un software comúnmente utilizado por los operadores de Forex. En particular, el Meta Trader ofrece un canal de comunicación entre los sistemas de comercio de divisas y la computadora o dispositivo móvil del comerciante. Acceder a los mercados en línea es simple y gratuito si usa AvaTrade y la plataforma Meta Trader. Hay dos versiones de MetaTrader:

MetaTrader 4: disponible en escritorio, móvil y web

MetaTrader 5: disponible en escritorio, móvil y web

Con ambas versiones puede utilizar diferentes plataformas sin demora en su servidor o PC. El software requiere pocos recursos y no sobrecargará el sistema, lo que le permitirá operar rápidamente, con ejecuciones inmediatas, un verdadero "must" cuando se opera en mercados volátiles.

Estos son los gráficos más utilizados por los comerciantes y los más conocidos dentro de la comunidad de divisas.

La rentabilidad de sus operaciones de comercio de divisas dependerá de su capacidad para tomar las decisiones correctas en el momento adecuado. Cuando ocurre un desequilibrio en el mercado, los gráficos son esenciales para determinar cuándo es el mejor momento para operar y minimizar las pérdidas.

Gráficos en línea (o lineales)

El gráfico de líneas es un tipo de gráfico muy simple que muestra información en forma de una serie de puntos conectados por segmentos de línea recta. Al extender el gráfico de dispersión, el gráfico se usa ampliamente para visualizar una tendencia en intervalos de tiempo. Por lo tanto, su línea a menudo se traza cronológicamente.

La efectividad del gráfico radica en su simplicidad: le permite ver fácilmente los precios de cierre de un par de divisas en un momento específico. Estos son los gráficos más fáciles de entender: en un gráfico de líneas, los precios se muestran de lado y las fechas a continuación.

El gráfico de líneas no muestra aumentos, disminuciones ni precios de mercado. Ofreciendo menos detalles que las velas japonesas, este tipo de gráfico es utilizado a menudo por los traders contemporáneos.

Ventajas del gráfico lineal de Forex:

Es la herramienta más sencilla para los comerciantes;

Le permite obtener información crucial;

Fácil y ordenado de leer;

Excelente herramienta de análisis para principiantes;

Una síntesis fiel de las tendencias pasadas.

Desventajas del gráfico de líneas:

Solo representa un par de divisas;

Ofrece información muy limitada.

Gráfica de barras

Este gráfico le permite ver de un vistazo cómo cambia el precio en un día. Indica la volatilidad de la sesión de negociación, el precio de apertura y el precio de cierre.

En los gráficos de barras, las barras verticales se utilizan para mostrar el nivel de precios de un día determinado.

Estos gráficos permiten a los operadores ver cuatro precios por día, es decir, el precio más bajo, el precio más alto y los niveles de precio al cierre y apertura. Le permiten rastrear y anticipar las tendencias de precios.

El gráfico de barras consta de cuatro elementos:

Apertura: precio de apertura del mercado. Está simbolizado por una línea horizontal a la izquierda de la barra vertical.

Máximo: el punto más alto de la barra vertical;

Mínimo: el punto bajo de la barra vertical;

Cierre: precio de cierre del mercado. Está simbolizado por una pequeña línea horizontal a la derecha de la barra vertical.

En los gráficos de barras, la longitud de cada barra o línea vertical indica el margen de precios durante un período o rango de negociación determinado para un par de divisas determinado.

Ventajas del gráfico de barras de Forex:

Muestra 4 precios dentro de una sola barra;

Proporciona un análisis más profundo que los gráficos lineales.

Gráficos con velas japonesas

Hay muchos tipos diferentes de gráficos. Probablemente el tipo de gráfico más popular y más utilizado entre los comerciantes de todo el mundo es el gráfico de velas japonesas.

¿Qué representan? Las velas representan el movimiento de los precios en un tiempo predeterminado.

Las velas, que se pueden utilizar con diferentes unidades de tiempo, proporcionan cuatro datos clave sobre el período en cuestión:

el nivel de apertura y cierre;

los puntos máximo y mínimo.

En Forex, los gráficos de velas se utilizan a menudo en el análisis técnico para analizar los niveles de precios de las divisas.

Análisis técnico comercial: gráfico de velas japonesas

Los gráficos de velas japonesas son los gráficos más populares para los comerciantes de divisas y por una buena razón: proporcionan información completa, segura y precisa sobre la evolución del mercado.

El gráfico de velas japonesas representa la diferencia entre la apertura y el cierre del mercado.

Si el precio de apertura es más bajo que el precio de cierre, el período implica una ganancia y la vela japonesa es azul. Entonces, digamos que, si el cuerpo de la vela es azul, la sesión es alcista.

De lo contrario, si el precio de apertura es más alto que el precio de cierre, la vela japonesa se vuelve roja. Entonces, si el cuerpo de la vela es rojo, la sesión es bajista.

Además, cuando el mercado se mueve por encima de los precios de apertura y cierre, aparecerán puntos destacados alcistas en los extremos del cuerpo de la vela japonesa.

Qué representan los gráficos de velas

Como se indicó anteriormente, las velas tienen la función de presentar la acción del precio en una unidad de tiempo determinada. Además, pueden proporcionar información útil, como el sentimiento del mercado, o posibles cambios de tendencia a través de cifras específicas. Comprender esto es un gran comienzo para usar velas en el comercio.

Mientras opera, especialmente en Forex, analizará los gráficos de precios para observar los movimientos del mercado. Si comparamos los gráficos de líneas y velas, hay diferencias muy

notables.
El gráfico de líneas es un método muy simple para mostrar las tendencias de precios. Muestra información en una sola línea usando una serie de puntos. Este es el tipo de gráfico que podría estar acostumbrado a ver en diferentes revistas y periódicos, que muestra el sentimiento del mercado y el rendimiento de un producto.
Para comprender los gráficos de velas, necesita saber qué es el movimiento de precios, no solo una línea, sino una serie de velas.
Los operadores de Forex prefieren los gráficos de velas porque muestran mucha más información que un gráfico de líneas y pueden ser mucho más útiles para tomar decisiones comerciales informadas e informadas.
Los gráficos de velas se utilizan en diferentes unidades de tiempo. Específicamente, si vemos un gráfico de velas durante un período de 30 minutos, cada vela tardará 30 minutos en formarse. Del mismo modo, si el gráfico se establece en un período de 15 minutos, la formación de una vela durará 15 minutos.
Demos un ejemplo concreto:
Imagine que tenemos dos gráficos que muestran la acción del precio para el par EUR / USD si consideramos un rango horario de una hora:
El primer gráfico muestra un período de tiempo de 30 minutos, por lo que después de una hora, verá dos velas de 30 minutos cada una.
El segundo gráfico muestra un marco de tiempo de 5 minutos, por lo que después de una hora, verá 12 velas de 5 minutos cada una.
Análisis técnico comercial: estructura de los gráficos de velas
El cuerpo:
La figura rectangular se llama cuerpo de vela. Es la parte más ancha de la vela.
Es el primer paso para leer el gráfico. Muestra el precio de apertura y cierre de un período determinado.
Las mechas:
Las mechas bajas y altas de la vela representan el precio más bajo y más alto alcanzado durante el período de tiempo establecido.

Un gráfico que muestra el precio de apertura, el precio de cierre y el precio más alto y más bajo se llama gráfico de Forex OHLC.

Colores de velas:

Los diferentes colores del cuerpo indican si la vela es alcista (es decir, el precio de cierre es más alto que el precio de apertura) o bajista (el precio de cierre es más bajo que el precio de apertura).

Análisis técnico comercial: tendencias y gráficos

Lógicamente, si la vela es alcista, el precio de apertura es menor que el precio de cierre, si la vela es bajista, el precio de apertura es mayor que el precio de cierre.

El uso de diferentes colores le permite saber inmediatamente si las velas suben o bajan.

Pongamos otro ejemplo:

Imagina que la vela es alcista (azul o verde). Esto nos dice que durante un período de 1 día el precio del par EUR / USD ha subido.

También significa que hubo más compradores que vendedores durante este tiempo. El precio al final de esta hora es mucho más alto que cuando abrió. Por ejemplo, el precio al comienzo de la hora es 1.3009, al final de la hora el precio es 1.3171.

Incluso durante este período de tiempo, los aspectos más destacados indican el par más alto y más bajo del par EUR / USD.

Usando el ejemplo anterior, puede cambiar de la unidad de tiempo 1 día a la unidad de tiempo 1 hora, por ejemplo.

El gráfico de 1 hora mostrará más velas y más detalles sobre la evolución de los precios durante esta sesión. Si desea información aún más detallada sobre las tendencias de los precios, puede cambiar a una unidad de 15 o 5 minutos.

Análisis técnico comercial: el mejor gráfico

Elegir entre el gráfico de líneas, el gráfico de barras y el gráfico de velas japonesas no es fácil. De hecho, cada tipo de gráfico proporciona información particular, y la mayoría de las veces será necesario consultar diferentes tipos de gráficos para optimizar las posibilidades de obtener ganancias con el mercado Forex.

Generalmente, los operadores experimentados utilizan gráficos de velas de Forex que les proporcionan información técnica y precisa sobre pares de divisas.

Sin embargo, le recomendamos que pruebe todas las herramientas de análisis técnico disponibles para encontrar la que mejor se adapte a sus necesidades.

Para desarrollar una estrategia comercial eficaz y lograr sus objetivos financieros, nada mejor que intentar interpretar diferentes gráficos.

Análisis técnico comercial - Patrones

El análisis técnico gráfico se basa en la identificación de figuras denominadas "patrones" que anuncian el cambio de tendencia o su continuación.

Qué es un patrón

Un patrón es una plantilla repetitiva que le permite predecir la evolución del precio de una acción, una predicción que es más segura que una posición aleatoria.

La predicción de la evolución de los precios mediante gráficos es una técnica muy antigua que forma la base de las operaciones de cambio de divisas.

Si hay una multitud de gráficos posibles en el mercado de valores, presentaremos figuras gráficas que ofrecen las mejores oportunidades comerciales.

La figura "hombro cabeza hombro" (cabeza y hombros)

Esta cifra evita una posible reversión de la tendencia a la baja. Se forma con un primer punto bastante alto (el hombro izquierdo) de una corrección, un punto bajo, luego una ligera corrección y finalmente un tope adicional ubicado arriba. Este nuevo vértice será la cabeza y la segunda parte aparecerá simétrica.

Esta es una configuración que proporciona buenas señales de negociación, y los volúmenes de negociación de divisas tienden a ser más altos en el primer hombro y luego disminuyen gradualmente en la cabeza y luego en el segundo hombro.

Para observar los hombros de la figura, es importante comprobar la evolución del camino.

Por ejemplo, el volumen de la pendiente que asciende cerca de la cabecera debe ser imperativamente menor que el volumen encontrado durante la constitución del recorrido del arcén izquierdo.

Todos los modelos de este tipo son similares en construcción ya que hay cuatro partes principales de este modelo gráfico, a saber, dos hombros, una cabeza y una línea clavicular.

Estos patrones se confirman cuando se interrumpe la línea de la clavícula que sirve como nivel de soporte / resistencia.

Una vez que se confirma la cifra de cambio de tendencia, tenemos dos objetivos de precios.

Dependiendo de nuestra gestión de riesgos, podemos usar el ancho de hombro derecho como objetivo principal, donde podríamos obtener una ganancia parcial para asegurar una parte y dejar parte de la orden abierta hasta que se complete la orden principal. Esta es una opción que debe evaluarse en función de la fortaleza del mercado. Y mueva nuestro stop loss al punto de equilibrio.

El foco principal es el ancho de la cabeza. Aquí es donde debemos colocar la toma de ganancias y salir del mercado.

Los triángulos

Al igual que la figura anterior, el triángulo es una figura gráfica muy utilizada por los operadores de Forex. Los triángulos están formados por lo que se llama soporte o resistencia, así como una línea de tendencia para establecer un precio objetivo.

Estos datos se observan en mercados que no tienen una tendencia clara y más particularmente en tiempos de incertidumbre. Estas cifras gráficas comienzan en un área donde los precios se mueven mucho. Los participantes del mercado esperan una señal para tomar una decisión.

Los triángulos son herramientas de alto rendimiento: permiten anticipar la dirección del precio por el mercado o un valor de una manera muy precisa. Para confirmar la tendencia, las salidas del triángulo ocurren con grandes volúmenes en el caso de transacciones pequeñas.

La figura del "doble techo" o "doble techo"

Gracias al doble techo, es posible predecir una reversión del mercado bajista. Esta figura de Forex está representada por un único vértice que se toca no una sino dos veces.

Se emite una señal de venta en el punto más bajo de la trayectoria descendente del segundo techo. Durante la formación del primer techo, podemos observar un fuerte aumento de volúmenes. Estos volúmenes disminuyen con el tiempo a medida que se grafican los datos. La cifra del doble techo da una buena indicación de cuándo cerrar una posición de compra.

La figura del “doble piso”

A diferencia del doble techo, el doble piso es un buen indicador para cerrar una venta. Muy útil para predecir una caída del mercado bajista, el doble piso representa el mismo mínimo que se alcanzará dos veces. Durante la formación del primer “piso”, los volúmenes aumentan y luego disminuyen bruscamente una vez que se crea el pico central. Desde el momento en que termina el segundo canal, los volúmenes aumentan fuertemente.

La figura del “diamante”

La figura del diamante es una figura gráfica de Forex muy rara, pero con graves consecuencias. Caracterizado por una construcción muy volátil, es difícil de analizar, incluso para los traders más experimentados.

Es relativamente fácil de detectar debido a su forma original de diamante. Además, se amplía la primera mitad de la figura. Ante una formación tan extensa, la volatilidad aumenta y los soportes / resistencias divergen. A medida que esta formación extendida se contrae, es necesario esperar a que el diamante salga para que la tendencia se estabilice.

Es posible observar un diamante en tendencia ascendente o descendente. En esta zona donde la tendencia aún no está establecida, los vendedores y compradores se unen para intentar subir o bajar el stock.

Figura “Bandera”

Figura alcista de la bandera

Tanto las banderas (en el canal) como las pequeñas (triángulo) implican que los movimientos actuales son sostenibles. Esta cifra no es más que un equilibrio transitorio entre las fuerzas que empujan a comprar y las fuerzas que empujan a vender.

Muy similar a los triángulos simétricos, las banderas y los banderines se consideran patrones de continuación en las tablas de divisas. Tienen una duración corta y generalmente se forman como resultado de un gran movimiento brusco.

La figura del “rectángulo”

El rectángulo es posiblemente el más reconocible de todos los patrones. Por supuesto, la consolidación de la figura puede llevar a la continuidad del movimiento inicial o, por el contrario, a una reversión de la tendencia.

En un rectángulo, los precios de las monedas varían dentro de un canal horizontal que indica la igualdad entre las fuerzas de la oferta y la demanda. Desde el momento en que el precio rompe la resistencia o el soporte, la figura termina.

Análisis técnico comercial: el marco de tiempo

El análisis de múltiples tiempos es parte del análisis técnico. Este análisis consiste en el estudio gráfico de un par de divisas en diferentes períodos de tiempo.

Los traders que se especializan en estrategias de impulso, intradía, riesgo por evento o de ruptura pueden no prestar atención a las señales que anticipan tendencias a largo plazo. Esto les hará perder información sobre niveles obvios de soporte y resistencia y buenas oportunidades para entrar y salir del mercado. Por esta razón nos resulta interesante explicar el análisis de Forex con varios marcos de tiempo.

Análisis técnico comercial - definición MTFA

El análisis de múltiples marcos de tiempo en Forex Trading implica, en primer lugar, el seguimiento del mismo par de divisas durante diferentes marcos, es decir, en diferentes marcos de tiempo.

MTFA son las siglas de Multiple Time Frame Analysis.

No existe un máximo real de frecuencias que se puedan monitorear simultáneamente, o una selección de las mejores para elegir. Sin embargo, existen algunas pautas generales que la mayoría de los comerciantes siguen con respecto a este tema.

El uso de tres períodos diferentes suele ser suficiente para obtener una lectura amplia y completa de la situación del mercado.

El uso de menos de tres períodos puede resultar en una pérdida sustancial de datos, mientras que un número mayor de períodos podría proporcionar un análisis irrelevante y causar cierto desorden.

Análisis técnico comercial: la regla de MTFA

Al elegir tres franjas horarias, una estrategia sencilla es seguir la regla de los cuatro.

Esta regla implica en primer lugar la identificación de un período de mediano plazo que representará la duración de la operación. Una vez establecido este período, se seleccionará un período de tiempo más corto, al menos una cuarta parte del período promedio.

Por ejemplo,
Un breve lapso de tiempo de 15 minutos.
Un lapso de tiempo promedio de 60 minutos
Si seguimos la misma lógica, el marco de tiempo a largo plazo debe ser al menos cuatro veces más largo que el de mediano plazo. Eso significa:
Larga duración de 240 minutos (o 4 horas)
Elegir el momento adecuado es fundamental.
Un operador de Forex a largo plazo que mantiene posiciones durante meses no encontrará ningún uso en los rangos de 15, 60 y 240 minutos.
Por el contrario, un operador intradía que mantiene posiciones durante horas, y rara vez durante más de un día, se beneficiaría poco de los planes diarios, semanales o mensuales.
Análisis técnico comercial a largo plazo - MTFA
Hemos cubierto los conceptos básicos del análisis de múltiples períodos de tiempo en Forex, por lo que ahora examinaremos cómo aplicarlo directamente al mercado.
En este tipo de análisis de gráficos técnicos, siempre es una buena idea comenzar con un marco de tiempo a largo plazo y reducir gradualmente la frecuencia.
Mirando un horizonte temporal a largo plazo, es posible establecer la tendencia imperante. Y recuerde lo que a menudo se dice en el comercio a largo plazo "la tendencia es su amiga".
Las órdenes no deben ejecutarse en este marco de tiempo, pero las operaciones abiertas deben estar en línea con la dirección de la tendencia.
Esto no significa que no pueda operar contra la tendencia a largo plazo, pero las probabilidades de éxito serán menores. En otras palabras, las ganancias serán menores de lo que hubieran sido si hubiera operado en la dirección de la tendencia.
En los mercados Forex, cuando el horizonte temporal a largo plazo tiene diferentes períodos (análisis técnico Forex diario, semanal, mensual), las noticias tienen un impacto sustancial en la dirección.
Por lo tanto, el operador de Forex siempre debe estar actualizado con las noticias económicas, mientras monitorea la tendencia general del mercado durante ese período de tiempo.
Independientemente de las noticias y los eventos económicos

actuales, el comerciante debe seguir lo que ha sucedido para comprender la dirección del precio. Esta es una de las principales técnicas de análisis de tiempo múltiple.

Otro aspecto a tener en cuenta a largo plazo es el tipo de interés. Las tasas de interés se utilizan como un reflejo de la salud económica y tienen un impacto directo en los tipos de cambio. En la mayoría de los casos, el capital fluirá hacia la moneda con la tasa de interés más alta en un par, ya que esto se refiere a retornos de inversión mucho más altos. Esto conduce a un aumento de la rentabilidad de la inversión.

Análisis técnico técnico -MTFA a medio plazo

Pasemos ahora al siguiente marco para analizar los diferentes períodos de tiempo en el mercado Forex. Observaremos el marco de tiempo promedio con movimientos menores dentro de la tendencia más amplia. Esta es la más flexible de las tres frecuencias, ya que a partir de este nivel se puede adquirir un sentido del tiempo, tanto a corto como a largo plazo. De hecho, este marco de tiempo es el más utilizado para comerciar.

Análisis técnico comercial - MTFA a corto plazo

Hay algunas operaciones que deben realizarse a corto plazo. A medida que las fluctuaciones menores en la acción del precio se vuelven más claras, un operador de Forex podrá seleccionar mejor una entrada atractiva para una posición cuya dirección ya ha sido identificada por los gráficos más rápidos.

Quizás otra consideración para reiterar para este período es que, una vez más, la noticia afecta sustancialmente la acción del precio en estos gráficos, aunque de una manera muy diferente a la de marcos de tiempo más largos.

Las tendencias fundamentales ya no son visibles cuando los gráficos tienen menos de cuatro horas de frecuencia.

Al aplicar un análisis a múltiples períodos de tiempo, el corto plazo responderá con mayor volatilidad a los indicadores del mercado de tendencias de Forex.

En la mayoría de los casos, los movimientos repentinos son de corta duración y, a veces, se describen como “ruido”. Sin embargo, un operador de Forex normalmente evitará operar durante estos desequilibrios temporales, ya que monitorea la progresión de los otros períodos de tiempo.

Análisis técnico comercial - MTFA combinado

Cuando las tres franjas horarias se combinan para valorar un par de divisas, el operador de Forex puede aumentar fácilmente las posibilidades de éxito de sus operaciones. El análisis de arriba hacia abajo fomenta el comercio con tendencias relativamente más amplias. De hecho, esto solo reduce el riesgo porque existe una mayor probabilidad de que la acción del precio continúe eventualmente en la tendencia más larga.

Al utilizar esta teoría, el nivel de confianza en una empresa debe evaluarse en función de la alineación de diferentes períodos de tiempo. Por ejemplo, si la tendencia general está aumentando, pero las tendencias a corto y mediano plazo están disminuyendo, se deben tomar medidas cautelosas para lograr ganancias racionales, como en el caso de los stop loss.

Alternativamente, el operador de Forex puede esperar a que una onda bajista ejecute su dirección en los gráficos de baja frecuencia e insinuar un nivel satisfactorio cuando los tres marcos de tiempo se alineen nuevamente.

Otro beneficio de integrar múltiples marcos de tiempo en el análisis técnico de Forex es la capacidad de ver apoyos y resistencias y fuertes niveles de entrada y salida. Las probabilidades de éxito de una operación aumentan cuando se realiza un seguimiento mediante un gráfico a corto plazo. Esto ayuda a los operadores a optimizar su entrada al mercado, evitar objetivos inapropiados o detener pérdidas.

CAPÍTULO SEIS
SWING TRADING

El mercado nunca se mueve de acuerdo con una tendencia lineal, sino que hace fluctuaciones continuas. Esta tendencia se produce no solo durante las fases de incertidumbre, sino también durante las tendencias más sostenidas y sólidas.

La estrategia de negociación Swing tiene como objetivo precisamente beneficiarse de las fluctuaciones del mercado, entrando cuando las correcciones de una tendencia hacen un retroceso e inmediatamente después el impulso de la tendencia comienza de nuevo.

Básicamente, cuando una tendencia fuerte se desvía temporalmente de su curso, el operador endereza las antenas y luego toma medidas cuando ocurre una contra-desviación (un "swing", como en la imagen de abajo) que vuelve a poner el precio en tendencia.

Cuanto mayor sea el nuevo impulso de la tendencia, mayor será la ganancia que obtendrá de esta estrategia.

Técnicamente hablando, cuando se trata de swing trading, sería más correcto hablar de estilo de trading que de estrategia. En cualquier caso, el elemento esencial sigue siendo captar el cambio temporal de dirección del mercado y luego montar la nueva ola, haciéndolo por un período de tiempo no demasiado corto (porque limitaría las ganancias), pero no demasiado. anhela arriesgarse a una reversión.

Dados sus rasgos característicos, Swing Trading es una metodología intermedia entre el trading a corto plazo y el trading de posiciones. En el primero, de hecho, el objetivo es obtener ganancias de "golpe y fuga" en un solo día, mientras que, en el segundo, el objetivo es obtener grandes ganancias siguiendo una tendencia durante períodos muy largos.

El swing trading, por otro lado, está en el medio, ya que cada inversión varía desde un par de días hasta unas pocas semanas como máximo (sin embargo, si usa períodos de tiempo de 1H, ciertas operaciones swing también pueden cerrarse en el mismo día, pero son excepciones).

Aún más clara es la diferencia en comparación con el scalping, donde las operaciones duran incluso unos minutos.

Esto representa una de las grandes ventajas del Swing Trading, porque su "ritmo" es ideal: no hay un estrés excesivo típico del trading a corto plazo (o peor aún del scalping), pero tampoco la excesiva lentitud (a veces aburrimiento) que caracteriza negociación de posiciones.

Por este motivo también se puede gestionar como una actividad a tiempo parcial, ya que se puede organizar en unas pocas horas de trabajo al día.

Aclaremos: ¡gestionarlo en pocas horas no significa que puedas operar de una buena manera! Significa que siempre se necesitarán análisis precisos, pero estos se pueden realizar sin prisas y en plazos razonables.

Comercio de swing de tiempo

Dado que en la base del swing trading están los conceptos de tendencias y correcciones de tendencias, no podemos pensar en aplicar esta estrategia en plazos muy bajos, donde esos conceptos perderían su efectividad.

Por lo general, el período de tiempo mínimo recomendado es 1H, pero la mayoría prefiere un gráfico de 4H que ya es más grande. No son muchos los que, en cambio, aprovechan el "diario", probablemente porque se trata de operaciones demasiado escasas y por tanto similares al trading de posiciones.

En cualquier caso, excepto en períodos de tiempo demasiado cortos, la estrategia de negociación Swing se puede adoptar en todos los demás horizontes temporales.

Para este método de inversión, Forex es sin duda un terreno de

caza ideal. De hecho, es un mercado muy volátil y extremadamente líquido. De hecho, la tendencia de los pares de divisas avanza con fluctuaciones continuas, que generan muchas oportunidades para los comerciantes swing.
Sin embargo, esta técnica es muy versátil y se puede realizar de forma eficaz en todos los demás mercados, incluido el mercado de valores.
Independientemente del tipo de mercado en el que opere, es fundamental seleccionar cuidadosamente el activo en el que operar.
De hecho, es necesario seleccionar solo aquellas situaciones en las que -por la dinámica que están teniendo los precios y el mercado- ante la posibilidad de éxito, el riesgo parece muy bajo.
En otras palabras, este tipo de trader escanea muy bien los mercados en busca de las mejores oportunidades.
Las tres armas del swing trader
Cuando decide adoptar una estrategia de swing trading, tiene tres "armas" con las que define sus entradas. Cualquier comerciante antes de aventurarse en el mercado debería poder "manejar" estas tres armas con suficiente facilidad.
Aquí están:
1) Análisis técnico: nos puede ayudar a identificar el momento en el que un movimiento correctivo puede terminar, y por lo tanto una tendencia puede retomar la carrera El swing trader por lo tanto tiende a buscar patrones gráficos como "cabeza y hombros", "banderas" , "cuñas", "triángulos". Pero también se explotan los patrones de velas de inversión como el martillo, las estrellas fugaces, etc.
2) Temas macroeconómicos predominantes. Noticias como decisiones de tasas, informes macro, situaciones geopolíticas, etc. pueden crear volatilidad en el mercado y generar excelentes oportunidades de swing trade, considerando que muchas veces los eventos que ocurren a nuestro alrededor nos ayudan a evaluar el sentimiento en diferentes mercados financieros.
Por ejemplo, pensemos en cuánto puede afectar repentinamente el brote de tensión en el Medio Oriente al precio del petróleo, quizás modificando una tendencia en curso o amortiguando una corrección.
3) Análisis de precios. Gracias al análisis de velas podemos

entender la historia reciente de la "batalla entre compradores y vendedores", y así comprobar si una tendencia se está agotando o reiniciando.

A través de las tres armas que acabamos de ver, un operador que desee aprovechar las "oscilaciones" debería poder identificar el momento en que la corrección de la tendencia está a punto de terminar y la subida de precios comenzará de nuevo.

Las técnicas concretas que se utilizan son muy personales y cambian de un trader a otro, ya que cada uno tiene sus propias ideas del mercado y opera de acuerdo con ellas.

Sin embargo, podemos identificar tres formas "básicas" de "atrapar" Swing, veámoslas:

1) Cifras de continuación

Una de las formas de capturar columpios es identificar si hay "figuras de continuación" (banderas, cuñas, rectángulos, triángulos, etc.). Cuando se produce la corrección de precios con la formación de estas cifras, entonces tenemos una buena señal.

2) Prueba en los niveles máximo y mínimo

Otra forma de encontrar entradas al mercado en el swing trading es aprovechando los mínimos o máximos ya probados varias veces por el mercado (cuanto mayor es el número de veces, más fiables son). Estos puntos son posibles niveles de rebote de precios o cambio de mercado.

Esta técnica se puede realizar tanto en base a soportes / resistencias estáticas, como en niveles dinámicos.

3) Primer retroceso, después de una ruptura

Otra situación favorable para desencadenar un swing trade ocurre cuando ocurren 4 fases muy específicas durante una tendencia:

el precio de un activo entra en una zona de congestión después de una tendencia;

hace una ruptura retomando la marcha hacia la tendencia;

luego se produce un nuevo retroceso, con precios que van en contra de la tendencia (movimiento de retorno);

4) finalmente, como resultado de esta tendencia, especialmente si esta fase va acompañada de una reducción del rango (cuerpo de las velas), a menudo se genera un swing con la posterior reanudación de la tendencia.

La fiabilidad del columpio

No todos los columpios son iguales. De hecho, su fiabilidad debe evaluarse sobre la base de varios factores, que pueden hacer que sea más o menos "seguro" comerciar.

El% de retroceso (visto a través de los niveles de Fibonacci) debe permanecer en el rango de 38 a 62%. Más allá de este nivel, de hecho, la posibilidad de que esto no sea una simple corrección de la tendencia, sino una verdadera inversión, comienza a ser muy concreta.

La fuerza de los precios. Si los precios se acercan rápidamente a un nivel de soporte / resistencia (es decir, con algunas velas de cuerpo grande), se cree que las posibilidades de un rebote en el soporte / resistencia aumentan.

La relación impulso / corrección. El número de velas que componen la corrección de la tendencia nunca debe exceder el número de velas del último impulso (es decir, el último impulso recibido de la tendencia).

El tamaño de la operación y el riesgo nocturno

Como hemos dicho, el swing trading real implica operaciones de varios días, es decir, las posiciones se mantienen abiertas durante la noche (a diferencia del trading diario en el que las posiciones se cierran antes del cierre del mercado). Esto aumenta el peligro de encontrarse con una diferencia de precios / vuelta, o subidas repentinas de precios. Esta es la razón por la que las "operaciones de swing" generalmente se realizan con un tamaño de posición más pequeño que las operaciones diarias.

Además, se requiere una estricta disciplina para la gestión de posiciones, con órdenes de stop-loss adecuadas para proteger el capital asignado.

Comercio de oscilación de contratendencia

Algunos comerciantes de swing tienden a negociar cambios incluso contra las tendencias. Incluso si no estamos muy de acuerdo, técnicamente nada nos impide hacerlo. Sin embargo, se requieren habilidades de análisis mucho más precisas y un enfoque de "marcos de tiempo múltiples". En la práctica, un comerciante no analiza un solo intervalo de tiempo en el gráfico, sino que toma sus decisiones basándose en el análisis de múltiples intervalos.

La lógica es la siguiente: si en un gráfico diario captamos la existencia de una tendencia alcista y, por lo tanto, podrían formarse mínimos oscilantes, en un marco temporal más bajo (tipo H1) podría haber un movimiento bajista a corto plazo en el que podrían formarse máximos oscilantes. En este caso, el comerciante sabe que incluso si la tendencia a largo plazo es ascendente, aún puede obtener ganancias a corto o medio plazo haciendo uso de las señales generadas por los períodos de tiempo más cortos.

El swing trading es una metodología muy común entre los traders, ya que le permite mantener las posiciones abiertas durante varios días y por lo tanto no preocuparse por tener que comprobar constantemente la posición (si permanece dentro del stop). También permite mayores ganancias en promedio que en la negociación intradía y, en general, las reglas operativas proporcionan Stop Losses estrictos, por lo que el riesgo de pérdidas generalmente se reduce para cada operación.

Esto requiere cierto cuidado al planificar sus operaciones y también una mayor frustración si las cosas no salen como se esperaba. De hecho, está claro que las reversiones no siempre ocurren y en ocasiones un retroceso puede continuar por mucho tiempo, terminando por desencadenar uno o más stop loss que nos arrojan fuera del mercado haciéndonos perder dinero y paciencia.

CAPÍTULO SIETE
DÍA COMERCIO DIVERTIDO

Un trader intradía experimentado puede obtener grandes beneficios operando en Forex, pero el trading intradía puede ser extremadamente peligroso para los operadores menos experimentados. En este artículo, puede averiguar qué es el trading intradía y la mejor manera de probarlo. Es recomendable practicar la apertura de una cuenta de demostración y garantizar una rentabilidad constante durante unos meses antes de abrir una cuenta de dinero real con los mejores corredores de Forex que mejor se adapten a las operaciones diarias.

Day Trading

¿Qué significa el day trading de Forex? Podríamos definirlo como el acto de sentarse frente a una pantalla de operaciones durante un período prolongado de tiempo, realizando operaciones que esencialmente deberían cerrarse cuando el operador apaga su computadora e interrumpe la sesión.

La day tradingse define como la compra y venta de instrumentos en un solo día de negociación, pero generalmente puede aplicarse a vencimientos ligeramente más largos. Por lo general, los day trader o comerciantes intradíasutilizan grandes cantidades de apalancamiento y estrategias de negociación a corto plazo para capitalizar los pequeños movimientos de precios, con el objetivo de obtener una ganancia pequeña pero no insignificante. Existe mucha desinformación y controversia en torno al day trading, con las falsas promesas de los ricos esquemas de ganancias rápidas y la representación negativa de los medios, pero siempre que se aplique una gestión de riesgo razonable, el day tradingpuede ser una fuente de ingresos interesante y rentable.

Un day trader podría usar una estrategia llamada scalping, que consiste en intentar colocar órdenes rápidamente para obtener ganancias de alrededor de 10 pips, o puede usar swing trading, donde tratará de detectar un movimiento diario de alrededor de 200 pips, por ejemplo. Ambos métodos se pueden realizar en el comercio diario, si las posiciones se abren y cierran en una sola sesión.

Los pros y los contras del day trading

Existen pros y contras potenciales de elegir ser un comerciante intradía.

La principal ventaja de las operaciones diarias sobre las operaciones a largo plazo es probablemente la misma para la mayoría de las personas: ese día, el operador generalmente cierra sus operaciones al final de la sesión diaria de operaciones, cierra y olvida el mercado hasta la próxima sesión.

Muchos se sienten atraídos por la tranquilidad que esto puede ofrecer, especialmente los fines de semana cuando los mercados de divisas están cerrados, aunque ahora hay algunos corredores que ofrecen operaciones de cambio durante el fin de semana, sin mencionar las criptomonedas que también cotizan los fines de semana. Los comerciantes intradía también pueden disfrutar del beneficio de no tener que pagar tarifas de intercambio durante la noche si no dejan ninguna posición abierta después de las 5 pm, hora de Nueva York, cuando los intercambios generalmente se pagan o debitan.

Quizás lo más importante es que un operador intradía exitoso puede ganar más dinero del que obtendría con un estilo de negociación a largo plazo.

El principal inconveniente del trading intradía es que es muy exigente y, para los traders menos experimentados, tiende a ser menos rentable que los estilos de trading a largo plazo.

El desafío del day trading

La estrategia de Forex intradía es extremadamente difícil, tanto desde un punto de vista técnico como psicológico. Hay tantos elementos que deben equilibrarse para obtener ganancias de manera sistemática, que es fácil perder su inversión. La mayoría de los traders que operan de esta manera no tienen éxito. Esto no significa que pueda ser su caso, pero simplemente tiene que ser competente, organizado y emocionalmente estable para tener buenas posibilidades de ganar.

Para los nuevos traders, no es recomendable entrar en este mundo con day trading. El trading diario de Forex es muy popular porque es emocionante, puede haber mucho movimiento y es fácil ver la oscilación del precio a lo largo del día y pensar que puede convertirlo en ganancias. Un comerciante experimentado puede ser capaz de hacer esto, pero nunca es tan simple como parece. Aconsejamos a los nuevos traders que comiencen con una posición y / o swing trading, que es una forma mucho más fácil de ganar dinero con el mercado y desarrollar habilidades técnicas al mismo tiempo. Una vez que se haya vuelto lo suficientemente competente, puede pasar al comercio diario si lo desea.

Si desea invertir con la estrategia Forex intradía, deberá tener un enfoque organizado y sistemático.

Un plan para el trading intradía

En primer lugar, decida a qué horas desea operar. Encuentre un lugar donde no lo interrumpan ni lo molesten, donde se sienta cómodo. Al operar en transacciones diarias, es esencial ingresar y salir de posiciones rápidamente, por lo que debe protegerse de problemas externos o distracciones.

Antes de comenzar a invertir, consulte el calendario económico para ver si se publicará algún dato importante con respecto al par con el que desea operar. Tenga en cuenta que tendrá stop-loss en solo 10 o 40 pips, y los datos económicos inesperados también podrían convertir repentinamente una gran operación en una gran pérdida. ¿Realmente vale la pena exponerse tanto a cualquier stop-loss, de modo que la inversión se convierta en una apuesta? Probablemente no, así que salga de posiciones cercanas al stop loss antes de los principales comunicados de prensa.

Probablemente sea una buena idea estar preparado para operar con uno de los tres pares de divisas principales: EUR / USD, GBP / USD o USD / JPY. Antes de comenzar a operar, debe mirar un gráfico a largo plazo y marcar las líneas de tendencia clave y los niveles de soporte y resistencia que estén cerca del precio actual. Si hay una pareja que ha sido más activa y direccional que las otras últimamente, entonces esta es la que debe enfocarse, especialmente si hay noticias de alto impacto programadas para uno o, idealmente, ambos lados de la pareja.

En segundo lugar, dependiendo de la hora del día en que esté operando, es una buena idea marcar líneas en el gráfico para identificar los máximos y mínimos de la sesión anterior, especialmente aquellos que realmente se destacan como puntos de inflexión. A algunos traders también les gusta marcar la apertura de una sesión, pero personalmente creo que son mucho menos importantes.

Una buena estrategia de trading intradía implicará ser flexible y aprovechar su presencia continua frente a la pantalla para identificar rápidamente los puntos de entrada de bajo riesgo con stop loss ajustados. Otro aspecto de su estrategia de operaciones diarias consistirá en estar siempre listo para salir rápidamente de una operación si tiene pérdidas, pero sin apresurarse demasiado al hacerlo.

Ejemplo real de operación diaria.

Por ejemplo, eche un vistazo a la tabla a continuación. Estaba pensando en invertir con el par GBP / USD y empezar con la apertura de Londres. En el transcurso de mis preparativos, marqué los altos y bajos de la sesión asiática anterior (Tokio) con líneas rosadas:

Un rango de sesión asiático inusualmente amplio suele ser una señal de que será difícil salir del rango asiático, por lo que una estrategia rentable de negociación diaria fue tratar de hacer desaparecer las líneas rosadas. Mirando esto último, se puede apreciar que la línea rosa inferior parece más sólida que la superior, ya que se respetó en tres ocasiones durante la sesión asiática. Otra cosa que lo hizo interesante es el hecho de que estaba solo 10 pips por encima del soporte clave a largo plazo en 1.5750, un nivel psicológico clave porque también es un número redondo. Por todas estas razones, era lógico buscar una reversión del precio en ese punto para una posible operación larga.

Poco más de una hora después de la apertura de Londres, el precio había alcanzado el mínimo de la sesión asiática, revirtiendo rápidamente y brindando una buena oportunidad de ir en largo. Tenga en cuenta que la vela en el gráfico de 5 minutos a continuación era fácilmente identificable, ya que rebotó rápida y fuertemente desde los mínimos.

Fue la primera vela fuerte alcista después de todo el movimiento bajista.

No tocó ninguna de las líneas de la media móvil, lo que sugiere que el precio se estaba extendiendo demasiado y luego se recuperó rápidamente en la dirección larga.

Tomé una nueva posición larga cuando el precio superó el máximo de la vela. Esta operación ofreció un máximo de 38 pips por cada 7 pips de riesgo, que es una buena relación riesgo-recompensa. Es la capacidad de comerciar con este tipo de relación lo que hace que el trading intradía sea fructífero.

Una estrategia rentable de transacciones diarias que funciona

Crear una buena estrategia de negociación diaria es bastante simple: tome cualquier estrategia de negociación que funcione en marcos de tiempo más altos, como el marco de tiempo diario, y use marcos de tiempo más cortos para detectar entradas que ya se han informado.

Por ejemplo, una estrategia de negociación que tiene un historial muy bueno durante muchos años es la negociación de ruptura de 50 días en los pares de divisas EUR / USD y USD / JPY, utilizando un stop loss igual al rango real promedio de un día en el último 15 días más o menos.

Puede aplicar esto a las operaciones diarias, por ejemplo, esperar a que el par EUR / USD termine la sesión de Nueva York durante un máximo de 50 días, luego abrir una sesión de operaciones diarias al día siguiente y buscar una operación larga.

El cierre del par de divisas EUR / USD debe completarse en un plazo máximo de 50 días.

Ya sabe que el gráfico diario y la tendencia a largo plazo le indican que las probabilidades están a favor de una operación larga, así que busque una operación larga. Lo mejor de las operaciones diarias como esta es que si toma el turno ese día, es posible que pueda obtener un movimiento de ganancias de 200 pip si deja la operación abierta durante varios días, pero solo usando una parada de pérdida de 20 pip en lugar de tal vez. Stop Loss de 80 pip que necesitaría al operar con esta estrategia en un gráfico diario.

Mencioné anteriormente que los operadores diarios cierran todas sus posiciones al final de una sesión de negociación diaria, pero no existe una regla que le indique que debe hacerlo, siempre que se asegure de que exista una orden de stop loss rígida y razonable, antes de apagar. Si el precio tiene una fuerte tendencia, ¿por qué no dejar que al menos parte de su operación flotante ganadora de ganancias se ejecute de la noche a la mañana?

El verdadero secreto del trading intradía es que le permite obtener mayores beneficios mediante el uso de stop loss relativamente ajustados. En el ejemplo anterior, si tuvo éxito con un stop de 20 pip en lugar de un stop de 80 pip, multiplicaría su beneficio, su relación recompensa / riesgo, por un factor de cuatro.

La realidad es que el comercio de divisas es bastante sencillo. Piénselo: haga un intercambio y saldrá a su favor o no. Cada operación que realice tiene aproximadamente un 50-50 de posibilidades de funcionar, tal vez hasta 60-40 si lo hace realmente bien. Los mercados subirán o bajarán. Puede ayudar a cambiar las probabilidades un poco más a su favor si puede encontrar márgenes más ajustados. El spread es esencialmente lo mismo que hace un casino en una ruleta, con esos dos números verdes asegurándose de que los jugadores rojos y negros no ganen automáticamente la mitad de sus ganancias cada uno. El casino actúa como un creador de mercado, manteniendo todo acertando esos dos números verdes mientras los jugadores rojos y negros se lanzan dinero entre ellos. Esta es esencialmente la forma en que funcionan la mayoría de las plataformas de Forex. Por eso digo que hay "alrededor de un 50-50 de posibilidades de entrenar".

Al final, un intercambio funciona o no. Si tiene cierta perspicacia comercial, puede inclinar aún más las probabilidades a su favor. O tal vez tenga la capacidad de mantener las ganancias mucho más tiempo que el operador promedio y, por lo tanto, sus ganancias son mucho mayores. Al final, no existe una estrategia mágica específica. Esto no significa que no pueda hacer algunas cosas para aumentar su rentabilidad y la probabilidad de que se convierta en un comerciante rentable.

La importancia de la gestión del dinero en el day trading

Utilizaré dos palabras que muchos traders de todo el mundo odian escuchar: gestión del dinero. Sé que suena como un tema muy aburrido, pero al final es el único que realmente importa. Sé que la mayoría de ustedes probablemente haya leído artículos sobre cómo arriesgar solo el 1% en una operación es mucho mejor que el 10%, principalmente porque le permite asumir una serie de pérdidas, lo que seguramente sucederá eventualmente.

¿Cómo se sentiría sabiendo que los traders profesionales rara vez arriesgan más del 1% y a menudo arriesgan mucho menos? Puedo sentir que pone los ojos en blanco. Sin embargo, esta es la realidad del comercio profesional y la mayoría de las tiendas de comercio profesionales no le permitirán perder más de un par de por ciento por día. Hay una razón para esto: necesita poder preservar su capital comercial para permanecer en el juego. Incluso un buen comerciante puede perder cinco operaciones seguidas. Piense en lo brutal que será perder el 10% de su capital cada vez que realice una mala operación. Le llevará mucho tiempo recuperarlo, incluso en las mejores circunstancias. La mayoría de los traders fracasan en ese punto y luego hacen algo realmente desesperado, aumentando su verdadero apalancamiento y perdiendo el resto.

La gestión del dinero es, con mucho, la parte más importante del éxito en este mundo comercial. Sé que lo ha escuchado antes y también sé que probablemente esté cansado de escucharlo. Sin embargo, hay una razón por la que lo has escuchado más de una vez.

La importancia del backtesting en el day trading

Hay una multitud de sistemas comerciales que están disponibles de forma gratuita para probar en Internet. Puede ser un simple sistema de cruce de promedio móvil, o algo tan simple como comprar un martillo o vender una estrella fugaz en un número grande, redondo y psicológicamente significativo como 1,20 en un gráfico. No importa necesariamente cuál sea su sistema, pero debe darle a todo lo que está haciendo la oportunidad de trabajar horas extras.

Si no está dispuesto a realizar operaciones de demostración en ningún sistema durante un período de tiempo significativo, simplemente está buscando jugar. Las estadísticas no mentirán dada una muestra lo suficientemente grande, por lo que sabrá si algo funciona. Una vez que se comprueba que algo funciona a largo plazo, está listo para ser publicado. Sin embargo, aquí es donde entra la psicología, por lo que debes aprender a confiar en su sistema. Si realmente funciona durante un largo período de tiempo cubriendo una amplia gama de condiciones de mercado en una cuenta de demostración de Forex, debería hacer lo mismo en los mercados reales. Si tenemos una muestra de 1,000 operaciones de demostración con una tasa de éxito del 61%, si prueba 1,000 operaciones en vivo, su tasa de éxito debería estar cerca del mismo 61%.

La verdadera pregunta con la que se encontrará es si puede creer y confiar en su sistema. Realmente creo que la psicología del trading es una parte mal servida del sistema de cualquiera. Desafortunadamente, esto es algo que la mayoría de la gente ignorará. Están demasiado preocupados por tener razón en el mercado y no escuchar. Esta es la razón por la que la mayoría de los posibles comerciantes fracasarán.

El éxito de las transacciones diarias se trata de mirar el panorama general y ser flexible, y luego identificar oportunidades en las que, para un riesgo de 10 pips o menos, hay una oportunidad de ganar tal vez de 30 a 40 pips como mínimo. Tomar el giro alto o bajo en el día al comienzo de una sesión importante para un par de Forex puede ser una buena manera de lograr esto ingresando justo en frente de una vela pequeña, de bajo riesgo, giratoria con el stop loss solo en el otro lado.

CAPÍTULO OCHO MARGEN DE LAS OPERACIONES

El margen comercial o simplemente margen es la cantidad mínima necesaria para garantizar la apertura del comercio. Por esta razón, el comercio de margen es uno de los conceptos más importantes en el comercio.

Sin embargo, muchos traders novatos no comprenden completamente el significado o malinterpretan el término. Esto podría llevar a cometer una serie de errores y generar pérdidas, precisamente porque las definiciones básicas relativas al margen de Forex no se comprenden del todo.

Margen de las operaciones

El margen de Forex es, en pocas palabras, un depósito requerido para mantener posiciones abiertas. Este margen no es una comisión ni un costo por transacción, es simplemente una parte del capital en su cuenta que se reserva y se asigna como depósito. El comercio de margen es un porcentaje del monto total de la posición elegida.

Operar con margen puede tener consecuencias importantes: puede afectar los resultados de sus operaciones tanto positiva como negativamente.

En resumen: el margen inicial en el trading es la cantidad mínima que necesita tener en su cuenta de trading para abrir una posición en los mercados de valores.

Los corredores de divisas toman el margen inicial para colocar pedidos en el mercado. El margen es una promesa del cliente de que puede hacer frente a las posibles pérdidas de una posición comercial. Un margen a menudo se expresa como un porcentaje del valor nominal del contrato elegido.

La mayoría de los requisitos de margen de Forex se estiman en: 2%, 1%, 0,5%, 0,25%. Estos porcentajes representan el patrimonio neto a considerar como porcentaje de la posición de negociación. Cuanto más alta sea la posición comercial, mayor será el margen si mantiene el mismo apalancamiento.

Según el margen requerido por su corredor, puede calcular el apalancamiento máximo que puede tener con su cuenta comercial actual.

Apalancamiento y margen de Forex - Calculadora de margen de Forex

Veamos ahora un ejemplo de cálculo de margen de Forex:

Instrumento: EURUSD

Apalancamiento: hasta 1: 30 para comerciantes minoristas y 1: 500 para comerciantes profesionales.

Tamaño del contrato de Forex: $ 100,000 = 1 lote

Margen comercial 0,2% = 0,2% * 100.000 = $ 200 para traders profesionales. O 100,000 / 500 (apalancamiento) = $ 200

Margen de negociación 3.33% = 3.33% * 100,000 = $ 3,333.33 para comerciantes minoristas. O 100,000 / 30 (apalancamiento) = $ 3,333.33 R.

Esto significa que un operador profesional con un apalancamiento de 1: 500 necesitará tener $ 200 en su cuenta de operaciones para abrir una posición de 1 lote en euros dólares.

Por otro lado, un operador de apalancamiento de 1:30 necesitará tener $ 3,333.33 en su cuenta de operaciones para abrir la misma posición.

Aplicar margen en MT4

¿Le gustaría saber cómo aplicar el margen en MetaTrader 4? Comience a iniciar sesión en su cuenta en la plataforma de negociación MT4

Como explicamos en la sección anterior, si abre una operación por lotes en euros, el margen retenido con un apalancamiento de 1: 500 será de $ 200.

Puede verlo en la caja de herramientas MT4 y MT5 en la parte inferior de la plataforma.

Qué es el margen libre

El margen libre de Forex es la cantidad de dinero que no se utiliza inicialmente para abrir más posiciones más adelante.

Otra forma de definirlo o calcularlo es la siguiente:

El margen libre es la diferencia entre capital y margen.

Si las posiciones abiertas son beneficiosas, entonces su capital o patrimonio neto será mayor y su margen libre aumentará en consecuencia.

Por otro lado, si pierde posiciones, su margen disponible disminuye.

Entonces todavía queda un tema por discutir. Puede haber una

situación en la que tenga posiciones abiertas y también algunas órdenes pendientes al mismo tiempo y es posible que la orden pendiente no se active o se cancele automáticamente.
En este caso, el comerciante puede pensar que su corredor no ha ejecutado la orden y no ha lanzado sus órdenes al mercado y, por lo tanto, el corredor no es confiable. Por supuesto, en este caso, esa afirmación es incorrecta, ya que simplemente no tiene margen disponible para abrir una nueva posición.
Si volvemos a los datos del ejemplo anterior:
Margen retenido para profesionales: $ 200
Margen retenido para revendedores: $ 3,333.33
Supongamos que el saldo de su cuenta de operaciones es de $ 1500 y el operador de Forex inicia una operación de 1 lote en EURUSD:
El margen libre o el margen disponible en su cuenta de operaciones será de $ 1300 (1500 - 200 = $ 1300) para un operador profesional.
El margen requerido para una posición EURUSD de 1 lote es de $ 3333,33. Esta cantidad es mayor que la cantidad en la cuenta de operaciones, por lo que el operador deberá realizar un depósito adicional de $ 1833,33 para abrir esta posición.
El nivel del margen de Forex
Para comprender mejor el comercio de Forex, necesitamos saber todo sobre el margen de Forex. Es por eso que también queremos que se familiarice con el término "nivel de margen de Forex".
El nivel de margen en Forex es el valor porcentual basado en el capital de la cuenta en comparación con el margen usado o retenido. En otras palabras, se calcula de la siguiente manera:
Nivel de margen = (Capital / Margen retenido) x 100
El corredor usa el nivel de margen como una herramienta para detectar si el comerciante puede abrir nuevas operaciones o no. Según el corredor, el límite para el nivel de margen puede variar, pero la mayoría lo establece al 100% antes de que salte la llamada de margen, un concepto que explicaremos más adelante.
El nivel de margen en el comercio no es un porcentaje constante. Dependiendo de si se trata de una transacción de compra o de venta y si el precio sube o baja, el margen libre o disponible variará.
Por tanto, es fundamental tener una buena experiencia

empresarial para intentar evitar estas situaciones.
Cómo calcular el nivel
Antes de continuar con el ejemplo, tenemos una buena noticia, que es que no es necesario calcular manualmente el nivel de margen. La plataforma MetaTrader incluye una calculadora de margen.
Así que usemos un ejemplo para responder a esta pregunta. Imagine que tiene una cuenta de $ 10,000 y tiene una posición perdedora con un margen retenido de $ 1,000.
Si su posición va en su contra y alcanza pérdidas de $ 9,000, entonces el capital o capital será de $ 1,000.
Ejemplo: 10,000 - 9,000 = 1,000 = que es igual al margen
Entonces el nivel de margen será del 100%. Nuevamente, si el nivel de margen alcanza la tasa del 100%, no se pueden colocar nuevas posiciones, a menos que el mercado se vuelva repentinamente a su favor y su capital sea mayor que el margen establecido.
Imaginemos que el mercado se está resistiendo a usted. En este caso, el corredor no tendrá más remedio que cerrar todas las posiciones perdedoras.
Margen comercial negativo
El margen en el comercio no siempre es positivo.
En principio sí, pero a veces puede pasar que el margen sea negativo. El margen es la cantidad fija para abrir una posición. Cuando las pérdidas superan el margen inicial, se denomina margen negativo. Una cuenta comercial que tiene un margen negativo significa que el nivel de margen es inferior al 100%.
Podemos tener un margen negativo cuando una cuenta tiene un nivel de margen inferior al 100% en su plataforma de negociación, estamos hablando de un margen de negociación negativo. En este caso, significa que el comerciante no tiene suficiente dinero en su cuenta para mantener su posición.
Si el comerciante tiene una equidad de $ 800 en su cuenta y el margen comercial retenido para un contrato en euros es de $ 1000, la cuenta del comerciante tiene un margen negativo de $ 200.
Comercio de llamadas de margen
La llamada de margen (o el comercio de llamada de margen) es quizás una de las mayores pesadillas que pueden tener los

operadores de Forex.

Técnicamente, un nivel de llamada de margen de Forex del 100% significa que cuando el nivel de margen de su cuenta alcanza el 100%, aún puede cerrar sus posiciones, pero no puede abrir nuevas.

Como es evidente, un nivel de llamada de margen del 100% se produce cuando el capital de su cuenta es igual al margen. Esto sucede cuando pierde posiciones y el mercado está rápida y constantemente en su contra.

Cuando el capital de su cuenta sea igual al margen, no podrá abrir nuevas posiciones.

La plataforma de negociación le notifica cuando alcanza ese nivel de margen. El problema ocurre cuando se le notifica y el mercado sigue moviéndose rápidamente en su contra o no es posible actuar en ese momento.

En este caso, si el capital de su cuenta está dentro de los requisitos de margen, su corredor puede cerrar algunas o todas sus posiciones, como veremos en la siguiente sección.

Cómo evitar esta desagradable sorpresa:

El comercio de llamadas de margen se puede evitar monitoreando de cerca el saldo de la cuenta de forma regular y utilizando órdenes de stop-loss en cada posición para minimizar el riesgo. No tiene sentido mantener abiertas posiciones perdedoras en la cartera con la esperanza de que el mercado se vuelva a su favor. Es mejor sufrir pequeñas pérdidas que un margen de financiación de llamadas;

Agregar fondos a la cuenta cuando el nivel de margen está peligrosamente cerca del 100%;

Cierre de una transacción para liberar el margen de negociación retenido. ¿Por qué? Más operaciones abiertas significan que se utilizan más fondos para mantener posiciones comerciales, por lo que tiene menos margen disponible para evitar llamadas de margen en las operaciones;

Aplique una administración estricta del dinero. Muchos operadores de Forex no saben cómo protegerse. No es posible operar con divisas sin utilizar la gestión de riesgos. El primer paso es asegurarse de no invertir más de lo que está dispuesto a perder;

Utilice el apalancamiento adecuado. Los traders más exitosos invierten entre el 2,5% y el 5% de su capital. Una cuenta de demostración puede ayudarlo a comprender mejor los mecanismos de llamada de margen.

Actualmente, esto puede ayudar a evitar que su cuenta tenga un saldo negativo debido al cierre de operaciones.

Los márgenes de Forex son cuestionables. Algunos comerciantes argumentan que tener demasiado margen es muy peligroso. Sin embargo, todo depende de la personalidad y la cantidad de experiencia comercial que pueda tener.

Si está planeando operar con una cuenta de margen o apalancamiento, es importante conocer las políticas que ofrece su corredor en las cuentas de margen y debe comprenderlas y sentirse lo suficientemente cómodo con los riesgos.

Ahora es importante tener en cuenta un hecho. La mayoría de los corredores requieren un alto margen los fines de semana. De hecho, esto puede tomar la forma de un margen del 1% durante la semana, y si desea mantener la posición durante el fin de semana, puede subir hasta el 2% o más.

Detener y operar con margen

El nivel de stop out o stop out de Forex es el nivel o porcentaje, establecido por el bróker, en el que la plataforma cerrará automáticamente sus posiciones.

Por ejemplo, si el corredor establece el stop en el 50%, la plataforma cerrará sus posiciones cuando su nivel de margen sea del 50%. Esto evitará que el saldo de su cuenta comercial sea negativo.

Es importante señalar que comienza a cerrar desde la posición con mayores pérdidas. Si las otras posiciones continúan perdiendo y el nivel de margen alcanza el 50% nuevamente, el sistema cerrará otra posición perdedora.

Quizás se pregunte por qué los corredores hacen esto. Bueno, la razón es que los corredores cierran posiciones cuando el nivel de margen alcanza el nivel de parada porque no pueden permitir que los traders pierdan más dinero del que han depositado en su cuenta de operaciones. El mercado puede continuar en contra de la posición del comerciante y el corredor no quiere soportar sus pérdidas.

¿Cómo calcular las pérdidas que podemos afrontar antes de que se nos cierren las operaciones?

Margen retenido * Nivel stop out = Equidad
Saldo de la cuenta comercial = $ 2000
Margen retenido = $ 1000
Nivel de parada = 30%
1000 euros x 0,3 = 300 dólares de capital
Esto significa que las pérdidas deben ser = 2000 - 300 = $ 1700
Finalmente, luego de ver conceptos como "herencia", "saldo", "margen" y es posible que en ocasiones se confundan, veremos las diferencias entre ellos.

Diferencias entre equilibrio y equidad

Comencemos con la definición de equilibrio.

Margen de negociación: definición de equilibrio

Saldo = monto inicial de la cuenta comercial o monto con todas las operaciones cerradas.

El saldo es la cantidad inicial que aporta el Trader o la cantidad resultante una vez que se cierran las operaciones y se consolidan las pérdidas o beneficios.

Aquí hemos introducido un término importante, "consolidación de pérdidas y ganancias" y es decir, hasta que se cierra una transacción, no podemos considerar las pérdidas o ganancias como tales.

Y a partir de aquí y a través del concepto de consolidación, entra en juego el concepto de Patrimonio.

Definición de equidad

El valor de la equidad y por lo tanto su definición dependerá de si el operador tiene posiciones abiertas o no.

Si hay puestos vacantes:

Patrimonio = margen usado + margen libre + ganancia o pérdida no consolidada

Patrimonio = Saldo + Pérdidas o ganancias no asociadas

Si no hay posiciones abiertas

Equidad = margen libre = saldo de la cuenta

La equidad es en realidad el capital que los comerciantes tienen en sus cuentas, lo que implica sumar o restar el capital que tienen los comerciantes cuando se han completado todas las posiciones abiertas. Si el mercado sufre un cambio en la trayectoria y hay una disminución en el grado de pérdidas, entonces se liberará más margen y la equidad volverá a superar ese margen. Hay una segunda situación. Si el mercado continúa moviéndose en su contra, la equidad caerá a un nivel en el que estará por debajo del margen, por lo que será prácticamente imposible respaldar las operaciones abiertas.

Las posiciones de pérdida deben cerrarse para equilibrar el comercio y proteger el resto del capital.

Como se explicó anteriormente en este artículo, el corredor establece los niveles de parada. Una vez alcanzados estos niveles, el broker cerrará la posición con pérdidas, comenzando por la de mayor pérdida variable.

Si el trader deposita más capital, este puede sumarse al margen y así poder mantener la posición abierta. Lo cual no es una buena idea, ya que el mercado puede continuar contrarrestando y, en consecuencia, perder aún más capital.

Pensamientos finales sobre el margen de Forex

Como ya sabrá, el margen de negociación o el margen de Forex es uno de los aspectos de la negociación que no debe pasarse por alto, ya que esto podría conducir a resultados desagradables y riesgo de generar pérdidas significativas.

Para evitar la llamada de margen y todo lo que implica, debe comprender la teoría de los márgenes, niveles y márgenes de llamada y aplicar la experiencia comercial para crear una estrategia de Forex viable.

Sin duda, comprender el margen de Forex y sus consecuencias puede ahorrarle muchos problemas.

El comercio de márgenes es un tema discutible. Algunos operadores consideran que el comercio de margen es muy peligroso, otros, como los especuladores de divisas, lo encuentran particularmente útil para el comercio de estrategias a corto plazo que pueden compensar con una pequeña inversión inicial.

Todo depende de su experiencia comercial y de sus objetivos.

Una vez que haya practicado todo lo que aprendió sobre el margen de Forex hoy en la cuenta de demostración y esté seguro de su conocimiento, puede dar el paso a la cuenta real.

CAPÍTULO NUEVE
ESCALADO DE FOREX

El scalping es una técnica comercial que consiste en comprar y vender productos financieros en períodos de tiempo muy cortos. Por lo tanto, Scalper solo obtiene un puñado de puntos en el mercado.

El comercio de especulación a menudo se realiza en derivados y con un apalancamiento significativo. El rendimiento de la inversión en cada posición es modesto en comparación con el riesgo asumido, pero la ventaja radica en el número de posiciones completadas con éxito al final de la sesión.

Un revendedor de Dax 30, por ejemplo, es una persona que escala el mercado de valores. Las ganancias obtenidas por posición con el scalping estratégico son relativamente bajas debido al pequeño movimiento buscado, por lo que el scalper multiplica el número de sus operaciones y utiliza un mayor apalancamiento que el swing trader. Al negociar a muy corto plazo, intentamos aprovechar las fluctuaciones más pequeñas del mercado en la bolsa de valores. Una sola operación de scalping significa poco porque el comerciante ejecutará una cantidad relativamente grande de operaciones.

También es la forma más rápida de operar después de las operaciones de alta frecuencia. De estas dos técnicas de negociación, el scalping es en realidad la única disponible para el comerciante individual, ya que la negociación de alta frecuencia requiere equipos profesionales costosos y una conexión a Internet de prioridad extra rápida.

Los revendedores no siguen las reglas clásicas de administración de dinero, como el riesgo de capital del 2% por regla comercial.

Una vez que comience a adquirir experiencia en el comercio de divisas, comprenderá el papel y la importancia que tiene su estrategia de Forex en el éxito comercial.

Las estrategias comerciales válidas son diferentes, aquí nos centraremos en el scalping y, en particular, abordaremos más de una estrategia de scalping y varios indicadores al final de este artículo.

Definición de comercio de scalping

El scalping de Forex es un estilo de negociación con altos

volúmenes y una posición de muy corta duración. El método de scalping es utilizado por aquellos que desean convertirse en comerciantes con una estrategia a corto plazo.

El comercio de divisas a corto plazo es una forma de comercio algorítmico.

La ganancia promedio en las operaciones a corto plazo es de alrededor de 5 pips como máximo. Las inversiones en el mercado de valores a muy corto plazo se realizan a menudo con fuertes efectos de apalancamiento para especular en los mercados de valores para cambios más importantes en el euro.

Pero la definición de scalping no se detiene ahí.

Más específicamente:

El scalping no es solo un estilo, sino también una estrategia comercial a corto plazo. Como saben, Forex es el mercado de valores más líquido y volátil del mundo. La volatilidad de los pares de divisas permite a los operadores de Forex ganar dinero con movimientos de 100 a 200 pips.

También se sabe que el scalping representa a traders y scalpers muy activos de Forex: las órdenes se abren y cierran muy rápidamente, muy a menudo incluso por robots de scalping de Forex que intentarán recuperar cualquier punto en el mercado de divisas. En otras palabras, le permite obtener pequeñas ganancias en Forex especulando con el tipo de cambio a muy corto plazo.

Las estrategias de trading de scalping son muy populares entre los traders profesionales, ya que le permiten limitar la exposición al mercado a lo largo del tiempo mientras asume un riesgo limitado. Los revendedores de tipos de cambio buscan beneficiarse de pequeños movimientos en los pares de Forex y han elegido el especulador de divisas, ya que ofrece muchas oportunidades a corto plazo.

Un revendedor tiene como objetivo ganar no más de 10 pips en promedio por operación y toma un riesgo máximo de 20 pips. Los volúmenes destinados al mercado deben ser altos y las comisiones de intermediación deben ser lo más bajas posible para asegurar que se optimicen las ganancias.

Los mejores indicadores a corto plazo

El scalping es claramente una estrategia comercial basada en el análisis técnico y la acción del precio. El análisis fundamental solo es marginalmente relevante cuando se realiza este tipo de inversión en instrumentos financieros derivados. Los indicadores técnicos se utilizan con mucha frecuencia en el scalping, ¡pero nunca se sabe qué indicador es mejor elegir!

Repasemos juntos algunas opciones posibles para que pueda comenzar con el pie derecho en el scalping de Forex.

El indicador Ichimoku 1 Minute Scalping es un indicador técnico muy popular y se encuentra en la parte superior de nuestra lista de los indicadores más utilizados en Forex Scalping. Si este es o no el mejor indicador para el scalping de Forex, depende totalmente de usted. Algunos dicen que es el mejor indicador para el cuero cabelludo, mientras que otros ni siquiera consideran su uso. El comercio es muy personal y está estrechamente relacionado con su personalidad y su visión del mercado.

Otros indicadores de comercio gratuitos disponibles en MetaTrader 4 y 5 a menudo incluyen osciladores.

A continuación, puede encontrar una lista de algunos de los indicadores técnicos más utilizados en el scalping de Forex:

Ichimoku;
Bandas de Bollinger;
Heiken Ashi;
Renko;
RSE;
Media móvil;
MACD;
Soporte y resistencia;
Fibonacci.

Esta lista no está completa.

Se pueden utilizar otros indicadores de scalping en una estrategia de scalping simple, como medias móviles, MACD, Renko, Parabolic Sar, etc.

Cómo hacer scalping en Forex

En general, la mayoría de los operadores de Forex ven los gráficos en los marcos de tiempo de 1 minuto, 5 minutos o 15 minutos.

No se puede cortar el cuero cabelludo sin usar las unidades de tiempo más cortas. Puede probar todas las escalas de tiempo por debajo del gráfico de 15 minutos o incluso gráficos que no dependen del tiempo sino solo del movimiento utilizando las

herramientas MetaTrader 4 y MetaTrader 5 Supreme Edition disponibles en Admiral Markets.
Esto le permitirá decidir qué enfoque es mejor para usted con el que puede obtener ganancias a largo plazo.
Quizás se esté preguntando: ¿por qué estamos hablando de largo plazo cuando el scalping se basa en el muy corto plazo? ¡Esta es una buena pregunta que responderemos de inmediato!
La pregunta es realmente simple: tanto en el comercio, como en cualquier otra inversión o negocio, por un estilo o un enfoque, los resultados reales solo se pueden evaluar a lo largo del tiempo y, por lo tanto, a largo plazo. Es posible, para un principiante o un profesional, tener una o incluso cinco buenas sesiones consecutivas de:
Scalping en Forex, por ejemplo, con el par EURUSD;
Scalping RSI con índices como CAC 40 o DAX 30;
Scalping de criptomonedas como Bitcoin o Ripple;
Scalping con ichimoku.
Pero eventualmente, inevitablemente, también tendrás sesiones negativas en las que perderás dinero. Y hasta que tenga una idea completa de la estructura de su estrategia de scalping, en varios momentos buenos y malos, no podrá juzgar objetivamente si este método es el mejor para su comercio o enfoque de esta disciplina.
Las ganancias y pérdidas a las que aspira también dependen de la unidad de tiempo que decida utilizar.
Pongamos un ejemplo:
Si opera en un gráfico de dólar euro de 1 minuto, querrá ganar 5 pips en lugar de 10 puntos.
Si está operando en un gráfico de Renko muy corto, puede estar buscando incluso menos de 5 pips de ganancia.
Cuanto menor sea la unidad de tiempo, menores serán los movimientos potenciales. Para esto, tiene sentido ajustar las ganancias esperadas según el gráfico de operaciones de MetaTrader en el que está trabajando.
Las llamadas técnicas de comercio de scalping técnico se realizan en las unidades de tiempo más pequeñas disponibles:
5 minutos;
1 minuto;
Segundos;

Garrapatas
Gama de barras
Barras Renko
Las barras Renko y Range eliminan el "ruido" del gráfico de operaciones y se utilizan ampliamente con las bandas de Bollinger y el indicador de scalping MT4 MACD. Estas barras le permiten intercambiar las rupturas mismas.

Por otro lado, las velas Renko y Range requieren que sepas cómo están formadas y el tamaño necesario en relación con los productos financieros que deseas comercializar, pues cada producto tendrá un tamaño correspondiente diferente.

Este es un enfoque más profesional que es una ventaja real en los mercados de CFD porque se reconoce que scalping con Ranges y barras Renko es mucho mejor que scalping en un gráfico de tiempo.

Cómo operar con scalping en Forex

El primer paso para convertirse en un scalper profesional es aprender los conceptos básicos del scalping en Forex y luego evaluar si este enfoque le conviene. Una cuenta demo le permite hacerlo en condiciones reales, pero sin arriesgar su capital.

El scalping también depende de cuánto tiempo pretenda dedicar al desarrollo de su estrategia de divisas y si está realmente interesado en el scalping de Forex. Dado que es un método que requiere mucho tiempo y atención, tanto para la gestión del dinero como para la gestión de las órdenes bursátiles es fundamental que seas consciente de que este estilo requerirá mucho de su tiempo y sobre todo de su máxima concentración.

La reventa del DAX 30 o la negociación a corto plazo en el CAC 40, por ejemplo, requiere un análisis y un seguimiento continuos del mercado de valores. Cuando es posible comenzar a revender la cartera de pedidos, las horas de negociación son limitadas: esta estrategia de negociación a corto plazo requiere una alta liquidez del mercado financiero y márgenes bajos. El comerciante scalper debe responder y cerrar las órdenes rápidamente para canjear sus ganancias.

Aquí hay una explicación simple sobre cómo arrancar el DAX:

Al arrancar un índice CFD, intenta aprovechar al máximo un número mínimo de puntos. Esta es la razón por la que muchos operadores en línea usan gráficos de ticks para ver mejor los

movimientos de precios. El Forex scalper EA también realiza muchos viajes de ida y vuelta durante el día, lo que significa que abre y cierra muchas posiciones. Todas estas operaciones se realizan en tiempos muy cortos, unos segundos, 1 minuto, 5 minutos y deben ser precisas y precisas.
Guía de scalping de Forex: 5 pasos
Identificar las condiciones del mercado (baja o alta volatilidad);
Identificar en qué instrumento conviene entrar en el scalping;
Identificar la tendencia: tendencia alcista, bajista o tendencia de rango;
Identificar los niveles clave de soporte y resistencia en múltiples unidades de tiempo;
Tome posiciones comerciales en el mercado de acuerdo con su propia estrategia de scalping, administración de dinero y plan comercial bien desarrollado y estudiado.
Cada revendedor profesional tiene su propio método para analizar el mercado de valores o el mercado de divisas, pero hay muchos revendedores comerciales que también observan:
Los niveles clave del día
El calendario económico, especialmente para una estrategia de reventa de noticias de Forex;
Los soportes y resistencias antes de entrar al puesto;
Scalping de Forex: Los mejores productos.
Puede operar con una estrategia comercial a corto plazo en todos los activos financieros. Sin embargo, ¡algunos de ellos le permitirán optimizar sus resultados!
A continuación, se muestra una descripción general de las categorías de herramientas disponibles:
Índices bursátiles;
Futuros;
Forex;
Materias primas;
Cautiverio;
CFD.
Para aprovechar el comercio de scalping técnico, debe tener volatilidad en el mercado deseado, pero también suficiente liquidez. Por eso es mejor utilizar activos como divisas e índices para el scalping. Entre las materias primas es posible hacer scalping en oro (GOLD) y petróleo (WTI o Brent). Otras

materias primas son menos atractivas porque el diferencial es demasiado alto.

Cada mercado de valores tiene sus propias particularidades, pero el scalping, en cada mercado, generalmente se lleva a cabo en los instrumentos más líquidos o con las tarifas de corretaje más bajas: por ejemplo, en acciones como Apple o Google en la bolsa de valores, en el dólar euro de Forex o sobre el DAX 30 en contratos de futuros.

El revendedor a menudo intenta ganar pequeñas transacciones, por lo que la mayoría de los revendedores comercian en un mercado único. Hacer un buen trading no significa diversificar los riesgos en este caso, pero sobre todo conocer muy, muy bien su mercado de referencia. Esta es la razón por la que hay menos acciones a realizar en acciones que en divisas. La negociación a corto plazo requiere liquidez en el mercado subyacente con la posibilidad de ventas en corto. No todos los mercados ofrecen esta oportunidad y, a menudo, los instrumentos financieros más líquidos son, en última instancia, los más utilizados en el comercio de alta frecuencia.

¿Está intentando con el DAX 30?

Si su respuesta es sí, probablemente sepas que no es un índice muy fácil de predecir y que necesitas seguirlo de cerca para saber cuál es la acción del precio del índice, el máximo y mínimo en los diferentes periodos y, por supuesto, los niveles de soporte y resistencia. Una buena idea es controlar los gráficos de ticks y la correlación del índice bursátil alemán con otros activos financieros (por ejemplo, índices estadounidenses) disponibles en la plataforma MT4 Supreme Edition.

Por supuesto, existen otras estrategias comerciales que se pueden utilizar en 1 minuto de scalping de Forex: puede utilizar un scalper de robot de Forex, un scalper de software o un asesor experto en scalping para una estrategia rentable de scalping de DAX. Depende de ustedaplicarte y encontrar la estrategia que más le interese.

El scalping de Forex es un comercio basado en la volatilidad. Para ganar dinero con el scalping, debe elegir un par de divisas bastante volátil con tarifas de corretaje mínimas. Por ejemplo, no podemos escalar la moneda china, el yuan, porque el tipo de cambio casi nunca cambia.

Otro ejemplo de un par de divisas difícil de arrancar es el de los tipos de cambio exóticos: el rublo ruso, el real brasileño, los pesos mexicanos, el leu rumano, el zloty polaco o la lira turca son productos Forex inadecuados para el scalping.

Los pares exóticos pueden tener una alta volatilidad, pero no se distribuyen regularmente, por lo que los riesgos son mucho más altos que en otras monedas. Los movimientos pueden ser muy grandes y con estos pares de divisas y salir de la posición a veces puede ser difícil.

Si elige un par de divisas con una volatilidad demasiado baja, el tipo de cambio puede tardar mucho en moverse, perdiendo así el objetivo de negociar a corto plazo.

Las mejores técnicas de scalping en Forex

Ya es consciente de que existen muchas técnicas comerciales de scalping.

Pero en realidad, cada trader tiene una estrategia de scalping personal. La mayoría de las veces, la mejor estrategia de scalping para un trader que comienza como profesional es una estrategia básica y simple.

Probablemente pensará que, si una estrategia simple de scalping en Forex funcionara tan bien, todos la sabrían y la usarían. Bueno, no, la mayoría de las veces, las expectativas comerciales son demasiado altas y la falta de trabajo personal del comerciante con las pruebas históricas (también llamadas backtests) impide que el inversor siga la estrategia a largo plazo y, por lo tanto, disfrute de su eficiencia.

Más adelante en este artículo veremos en detalle algunas de estas estrategias de scalping simples y efectivas.

Stop Loss y Take Profit

¿Cómo gestiona el stop loss en el scalping?

Para desarrollar un método de scalping rentable, es importante pensar en dos conceptos esenciales:

Dónde colocar una orden para proteger mi capital, o el Stop Loss;

Dónde obtener ganancias si el escenario se mueve a favor, es decir, establecer un Take Profit.

Un Stop Loss, así como uno o más Take Profits, es esencial, pero no necesariamente requiere mucho tiempo para las órdenes de scalping de índices de acciones o de Forex. Efectivamente, a la hora de fijar y calcular el riesgo, el movimiento del precio podría anticiparnos y la posición podría perderse.

Calcule rápidamente la cantidad de lotes para su Stop Loss en función de una cantidad de pips o puntos y un riesgo fijo en USD.

Tome una posición con un Stop Loss y Take Profit predefinidos y colóquese en el mercado para una mejor ejecución en caso de movimientos muy rápidos.

También tenga en cuenta que si está reventando Forex con el calendario económico o operando en múltiples tipos de cambio al mismo tiempo, el uso de plantillas de órdenes preconstruidas facilitará enormemente el uso de su estrategia de reventa de operaciones diarias.

Veamos ahora cómo elegir un buen bróker de Forex para invertir a corto plazo y hacer scalping en Forex.

El mejor corredor para Forex Scalping

Si está buscando el mejor corredor para el scalping, necesita encontrar una solución que pueda satisfacer varias condiciones. El corredor debe:

estar regulado por una autoridad financiera reconocida y competente, como la FCA de Londres;

garantizar la seguridad de los fondos con un banco de buena reputación y con depósitos en cuentas segregadas;

ofrecer rapidez de ejecución gracias a herramientas tecnológicas de última generación;

proporcionar a sus clientes diferenciales competitivos y comisiones transparentes

ofrecer plataformas de negociación avanzadas como MT4 y MT5 Supreme Edition;

Ser capaz de proporcionar material de capacitación y organizar eventos o seminarios web para obtener capacitación gratuita sobre scalping y sobre todos los temas relacionados con los productos comerciales y financieros que se ofrecen.

Si decide convertirse, o ya lo es, en revendedor, debe solicitar las mejores condiciones comerciales, porque es muy difícil obtener ganancias a largo plazo si los diferenciales son muy altos y su corredor no le garantiza el mejor entorno de trabajo. para lograr el éxito. La elección del corredor para el scalping es muy importante. No es posible realizar un scalping de "calidad" sin las condiciones enumeradas anteriormente.

Cuando se trata de elegir el mejor corredor de Forex regulado para su estrategia de scalping, primero debe descartar a todos los corredores en línea que no permiten este estilo de negociación. ¡Oh si! Porque no todos los corredores de Forex permiten a sus clientes la libertad de elegir el estilo de negociación que prefieran, y algunos han prohibido el scalping.

Ahora que tiene una pequeña lista de corredores de Forex regulados que permiten el scalping, debe comenzar a buscar las herramientas comerciales disponibles y los diferenciales correspondientes. Muchos brokers cobran comisiones por la operación, otros no tienen comisiones, pero reportan spreads más altos: es necesario realizar una valoración y un cálculo precisos. La ausencia de comisiones de entrada y salida en el comercio de scalping ofrece una mayor rentabilidad potencial para usted. Sin embargo, el precio no debería ser el único problema que importa al elegir el corredor adecuado para su scalping.

El scalping se basa en tomar muchas posiciones comerciales durante una sesión de negociación o un día. Para asegurarse de que puede retirar sus ganancias, debe verificar que haya abierto una cuenta comercial con un corredor regulado en Europa, incluso mejor si está en el Reino Unido.

Las cuentas de operaciones de Forex y los índices de CFD más adecuados para el scalping se encuentran en las cuentas de Forex STP. En estas cuentas tendrás acceso al spread interbancario y generalmente también habrá una comisión por contrato:

El factor fundamental SPREAD

En resumen, para que una estrategia de scalping de Forex sea rentable, el scalper financiero debe prestar atención a los siguientes elementos:

La extensión del cuero cabelludo;

La calidad de la ejecución de órdenes.

Como ya hemos dicho, a la hora de hacer scalping, hay que elegir un broker con costes muy bajos.

Si abrimos una operación para ganar 3 pips, por ejemplo, y nuestro diferencial es de 1 punto, el precio de la acción debe moverse 4 puntos para que el scalper pueda cerrar su posición con la ganancia objetivo.

Igualmente, importante es la calidad de la ejecución de las órdenes, es decir, si el corredor tiene varios proveedores de liquidez y puede ejecutar las órdenes lo más rápido posible y en las mejores condiciones. A un EA de Forex scalping o scalper manual no le gustan las referencias y quiere que sus pedidos se llenen tanto como sea posible al precio de venta.

La ejecución de la orden

Tener los mejores diferenciales mostrados siempre es un buen lugar para comenzar, pero una ejecución muy rápida es mejor. ¡No tiene sentido trabajar con un corredor de Forex que ofrezca los mejores diferenciales si la ejecución de órdenes no está disponible!

Algunos corredores son muy transparentes en su ejecución y publican estadísticas de ejecución de órdenes. Para obtener más información sobre nuestras estadísticas de ejecución de órdenes, visite la página Calidad de ejecución de órdenes.

Otro aspecto importante para un operador de Forex exitoso es la elección del sistema de ejecución. Puede ser difícil tener éxito en el scalping de Forex si el sistema de ejecución de órdenes tiene fallas.

¿Qué significa todo esto?

En otras palabras, un buen corredor es alguien que apenas tiene una revalorización y es capaz de pasar sus órdenes de reventa en el menor tiempo posible.

Es una pena encontrar buenas oportunidades en el mercado cambiario o índices CFD y no poder aprovecharlas porque el broker realiza la transacción a un precio diferente y menos atractivo al deseado. Es por eso que solo usted puede ver la calidad de la ejecución de una orden y solo en una cuenta real.

Usar una cuenta demo para probar la calidad de la ejecución de órdenes es un error, ya que muy a menudo las cuentas demo del corredor no funcionan en los mismos servidores comerciales que las cuentas reales. Se recomienda utilizar dos cuentas reales:

Una cuenta de depósito bajo para probar la ejecución del corredor.

Una cuenta con su depósito estándar una vez que haya evaluado el servicio propuesto

scalping Forex mt4

Herramientas comerciales de especulación

El scalping del comercio de divisas es una de las técnicas comerciales más sofisticadas y es el método de comercio a corto

plazo que requiere las herramientas técnicas más poderosas.
Para posicionarse bien en el mercado, el especulador profesional debe poder realizar un excelente análisis gráfico. El análisis del gráfico del mercado de valores es la base del comercio de scalping, ya que no estamos hablando en absoluto de comercio a mediano plazo o inversión en acciones a largo plazo, lo que podría basarse en un análisis fundamental.

Los robots

El robot scalper de Forex es un producto informático que se está desarrollando cada vez más. Un robot de scalping MT4 atrae la atención de clientes minoristas y profesionales, con innegables ventajas:

El robot de scalping de Forex no es propenso a la fatiga o al cansancio;

Puede permanecer operativo las 24 horas del día;

Tiene una velocidad de ejecución más rápida que el operador humano;

Calcule en un instante el riesgo a respetar en función del Stop Loss registrado en la estrategia comercial de scalping.

En resumen, se habrá dado cuenta de que el comercio automático o semiautomático es una ventaja significativa, pero a menudo se percibe mal debido a la venta de revendedores de EA demasiado optimizados en Internet que prometen enormes ganancias en muy poco tiempo. Esto no refleja la realidad del comercio.

Plataforma comercial de scalping MT4 y MT5

Para los profesionales del scalping, la plataforma de negociación es mucho más importante que para un comerciante diario o un comerciante swing. Una plataforma instalada en su computadora a menudo responde mejor que una plataforma en línea en un navegador web. Para un comerciante de scalping, la plataforma debe tener algunos factores esenciales:

Excelente velocidad de procesamiento de pedidos;

Funciones de nivel profesional;

Operación intuitiva y confiable;

Robustez;

La capacidad de realizar backtesting.

Técnicas de scalping de trading en vivo

Muchos profesionales del mercado de divisas tratan de ganarse la vida con el comercio. En particular, hay muchos principiantes en el comercio que desean obtener ingresos regulares utilizando una estrategia comercial de scalping.

Incluso si es posible, sepa que el scalping en vivo requiere tiempo para dominarlo y, sobre todo, para experimentarlo. Si tiene tiempo para dedicarse a esta actividad, podrá tener un buen conocimiento de los indicadores técnicos, aprender a tomar decisiones rápidas e interpretar rápidamente las señales entrantes y salientes.

Técnicas de scalping CFD

El scalping bursátil suele estar vinculado a los CFD.

¿Por qué?

El motivo es el siguiente: por definición, el trading scalping se refiere a la búsqueda de pequeños movimientos en los mercados financieros, con órdenes de pocos puntos. Si gana algunos puntos con una pequeña cantidad de lotes, el resultado de la operación se medirá en centavos, no vale la pena.

Muy a menudo, los traders de scalping utilizan un alto apalancamiento para multiplicar el valor por un punto. Esta es una estrategia arriesgada, y también es la razón por la que el scalping no es una estrategia para traders novatos.

Los CFD permiten:

Para especular sobre el lado positivo;

Para especular sobre la desventaja;

Utilizar el apalancamiento financiero para que pequeños movimientos en los mercados financieros se puedan multiplicar en grandes pérdidas o grandes ganancias.

CFD o futuros

Los contratos de futuros y los CFD son dos tipos de activos financieros sobre los que se puede realizar especulación intradía. Más de un corredor de Forex ofrece apalancamiento y diferenciales competitivos.

Los contratos de CFD de Dax son fácilmente accesibles; de hecho, es posible comenzar con poco capital para aprovechar una técnica de scalping de DAX, a diferencia de los contratos de futuros. Es cierto que, en general, las futuras técnicas de scalping son desarrolladas por traders profesionales con gran capital.

Sin embargo, observamos que los efectos de apalancamiento sobre los futuros son mucho más bajos que las palancas comerciales que ofrecen los corredores de CFD.

Por ejemplo, hay corredores regulados por CFD que ofrecen un apalancamiento de 1: 500.

CAPÍTULO DIEZ
PSICOLOGÍA COMERCIAL

El mundo de las inversiones financieras a menudo se compara con un casino: emociones, pasiones, apuestas... Cuando un trader comienza su carrera es realmente fácil entrar en el vórtice de sus pasiones y emociones, solo un profesional experimentado puede manejar estos componentes, a menudo típico de esta práctica. Tenga en cuenta que todo trader siente emociones cuando pierde o cuando gana, pero los profesionales destacan por su resistencia espartana y el control de sus sentimientos y reacciones emocionales.

Existe una ley no escrita válida para todos aquellos que deseen comerciar:

Cuanto mayor sea el nivel de emocionalidad, menor será la eficiencia del trabajo

Parece una cosa simple: controlar sus sentimientos. Sin embargo, los mecanismos para reprimir todas nuestras emociones y experiencias son muy complicados de aplicar. En la etapa inicial, puede ser casi imposible abstenerse de la alegría de ganar o la preocupación por el fracaso, pero si aprende a reducir su emocionalidad, será mucho más fácil lograr el éxito como trader. Esta es la psicología del comercio. De lo contrario, corre el riesgo de sumarse a las tristes estadísticas de quienes han abandonado a mitad de camino.

Es importante recordar que, a diferencia de un casino, donde todo depende de la suerte, en el comercio hay que mantener la cabeza fría en todo momento, ya que tenemos que decidir el curso del comercio, detenerlo por completo o duplicar la inversión. Si estas decisiones se toman rápidamente y sin pensar, entonces se convertirá en un juego de suerte, nada más.

Nuestro trabajo es obtener ganancias, no ganar un premio. Tener suerte en un momento dado es sin duda una perspectiva agradable, pero demasiado efímera y demasiado ilusoria. Por eso es importante responder varias preguntas antes de comenzar a operar: ¿Cómo nos sentimos acerca de las operaciones? Si queremos ganar dinero de manera constante, debemos abandonar la idea de jugar en el mercado.

Por supuesto, no deberíamos esperar que todos los comerciantes

se conviertan en vendedores de periódicos, agitando sus brazos en los mercados como vemos a menudo en las películas e incluso en las noticias. Pero es una buena imagen para nosotros tener una idea de cómo se comportan las emociones dentro de nosotros. La principal dificultad para derrotar al enemigo es identificarlo.
Las principales emociones del comerciante.
Los principales enemigos del comerciante son sus propias emociones. Tradicionalmente existen cuatro manifestaciones emocionales relacionadas con el trading, que son:
Temor;
Codicia;
Esperanza;
Euforia.
Sorprendentemente y a diferencia de otros contextos de la vida, las emociones positivas no ayudan al comerciante y lo llevan a "cosas estúpidas", tomando acciones que ni remotamente había planeado hacer.
Temor
Para entender por qué es tan malo estar dominado por los sentimientos, echemos un vistazo a las situaciones principales, con ejemplos típicos que encuentran casi todos los traders. También veremos cómo afrontar estas circunstancias.
El sentimiento de miedo suele ser la primera de las emociones que manifiesta una persona que comienza a operar en el mercado de divisas o en la bolsa de valores. El miedo se puede clasificar en dos tipos: miedo primario y miedo secundario.
Miedo primario. Etapas de la psicología del trading
Al principio: este miedo aparece desde el principio, antes de la primera operación. Cuando estudia los gráficos, observa las cotizaciones y comienza un temor inexplicable de que la primera operación no sea rentable.
Incertidumbre: decide que está listo para la primera operación, pero inmediatamente surge una sensación de incertidumbre. ¿Y si no funciona? ¿Y si no estoy listo?
Duda: la duda es un fenómeno psicológico, resultado del pensamiento crítico. En la toma de decisiones en cualquier situación de la vida, todo se analiza desde diferentes perspectivas, sopesando los pros y los contras, y las emociones entran en el proceso de evaluación.

Miedo crónico. En algunos casos, el miedo a la primera transacción puede volverse casi crónico: cuando una persona, que aún no ha hecho nada, tiene miedo de entrar al mercado durante semanas (o más). En el caso general, el miedo principal se supera con bastante rapidez, pero algunas personas se incluyen en el "grupo de riesgo", es decir, en la categoría de traders que, de hecho, temen convertirse en inversores.

Estos son los principales factores que predisponen al miedo, para que una persona que nunca ha operado en los mercados financieros pueda entender si se enfrenta a un miedo primario:

Tendencia a un análisis de situaciones excesivamente largo e improductivo. Consiste en "caminar en círculos" alrededor de los mismos aspectos del problema.

Incertidumbre en la decisión tomada (incluso cuando el trabajo está hecho, hay preocupación).

Hábito de revisar todo varias veces (si la plancha está apagada, si el niño ha hecho todos los deberes, etc;)

Alto rigor y alto grado de responsabilidad hacia los demás.

¿Qué hacer? ¿Cómo vencer el miedo en el comercio? Esto solo puede hacerse si comprende la razón y el mecanismo de la aparición de un sentimiento en particular. Estas son las excusas más comunes para retrasar la práctica comercial debido al temor principal y las posibles soluciones en cada caso:

"Voy a perder dinero": abra la primera operación con una pequeña cantidad. No es necesario planificar un comercio a gran escala o de largo plazo para conquistar el mercado. Incluso si la primera transacción no es rentable, asuma la pérdida de esta pequeña cantidad de dinero como una inversión en el negocio, que traerá buenos resultados en el futuro.

"No tengo suficiente conocimiento. Aún tengo que aprender" - Si un trader no tiene resultados, positivos o negativos, es imposible entender realmente si tiene suficiente conocimiento o no. Es posible verificar su calidad solo analizando los resultados de las operaciones realizadas.

"Si pierdo el primer intercambio, entonces es el destino. No es para mí..." - El fatalismo no es la mejor ayuda. Operar con el destino en mente no es productivo. No deje de pensar que su primera transacción es una prueba de fuego de éxito o fracaso general.

"Si pierdo dinero, entonces soy un mal comerciante": podrá saber si es bueno o no, después de que se hayan completado al menos 7-10 transacciones. Un análisis coherente de los resultados ayudará a identificar los errores y corregirlos.

"Tengo miedo y no puedo evitarlo": Eso no es cierto, por ejemplo,

1. Elija uno de los instrumentos de baja volatilidad (por ejemplo, el tipo de cambio EUR / USD).
2. Prepare un plan comercial. Es deseable que sea a corto plazo.
3. Simplemente haga clic en el botón "COMPRAR" o "VENDER" correspondiente en la plataforma de negociación y no olvide abrir posiciones reducidas.
4. Como regla general, en los primeros segundos, el corazón salta fuera del pecho, pero casi inmediatamente el pulso vuelve a su ritmo normal.
5. No se preocupe, el 99,9% del tiempo el mundo permanece igual, la computadora sigue funcionando, las cotizaciones siguen parpadeando y el mercado no se volverá contra su posición en segundos.

Miedo secundario. Etapas de la psicología del trading

Las operaciones fallaron. Aparece después de experimentar transacciones fallidas. A veces, una pequeña posición no rentable es suficiente, a veces aparece el miedo después de varias operaciones fallidas.

Impotencia. El miedo secundario es más fuerte que el miedo primario porque se basa en hechos de falla "comprobados": una predicción incorrecta, un análisis incorrecto, una interpretación incorrecta de los datos fundamentales y, en consecuencia, una pérdida. A diferencia del miedo primario, el miedo secundario puede hacer que incluso una persona muy segura de sí misma caiga en ese espíritu. Si el miedo primario se experimenta como un sentimiento de ansiedad y duda sobre el éxito de la operación, el miedo secundario inspira un sentimiento de impotencia y desmoralización y, sobre todo, eclipsa la capacidad de analizar correctamente el mercado. Por lo tanto, el miedo secundario afecta no solo el estado emocional de una persona, sino también sus habilidades intelectuales.

¿Por qué surge el miedo? La aparición de un miedo secundario siempre se debe a la experiencia negativa y no a ideas irracionales sobre las propias capacidades. Por lo tanto, es más difícil lidiar con el miedo principal. Esta situación es comparable a la natación. Si una persona nunca ha nadado antes, tendrá miedo de entrar al agua por primera vez. Pero este miedo es más fácil de superar que en el caso de una persona que estuvo a punto de ahogarse en el pasado. Sin embargo, cada uno de nosotros se da cuenta de que es mucho mejor saber nadar que no saber nadar en absoluto. E incluso si en el segundo caso será más difícil superar el miedo, todavía vale la pena hacerlo, para no repetir los errores del pasado.

Los mismos mecanismos psicológicos se aplican a los mercados financieros. Sin embargo, aquí, a diferencia del ejemplo de la natación, nadie obliga a un comerciante a sumergirse en las profundidades del mercado desde los primeros minutos. Lo mejor es ir progresivamente, en pequeños pasos. No da tanto miedo. Sin embargo, si se cometen errores y se establece el miedo a su posible repetición, entonces es fundamental no sucumbir a ellos, todo es reparable.

Siempre existe un riesgo. Absolutamente todos los traders pasan por esta etapa de desarrollo personal. Dado que no hay inversores que no cometan errores, es imposible superar la fase secundaria del miedo, que solo puede superarse con distintos grados de eficacia. Por tanto, el "grupo de riesgo" incluye a cualquiera que decida participar en el mercado financiero.

¿Qué hacer? Para neutralizar las dudas, es necesario comprender su esencia. Por lo tanto, es necesario averiguar por qué se cometieron errores que llevaron a un resultado insatisfactorio.

Puede determinar cuál se ha convertido en la causa utilizando el siguiente método:

Tómese su tiempo para practicar el análisis del mercado. Un comerciante debe escribir todos sus pensamientos y predicciones en detalle en un diario comercial durante al menos dos semanas. A partir de los resultados del diario comercial, el comerciante debe concluir: cuántas transacciones habrían sido rentables si se hubieran completado y cuántas no. Si según las previsiones prevalecen resultados positivos, los errores cometidos serán el resultado de un impacto exclusivamente emocional (por ejemplo, incumplimiento del plan de negociación). Si la relación es 50/50, o el número de pronósticos negativos es mayor que los positivos, entonces es necesario analizar cada operación para comprender dónde está el error.

Por regla general, en estos casos, el mal desempeño se debe a la falta de conocimientos específicos. Por ejemplo, si todas las operaciones negativas se caracterizan por pérdidas constantes pero pequeñas, entonces quizás la clave esté configurada incorrectamente para detener las órdenes de pérdida que el mercado 'come' porque están demasiado cerca del punto de entrada. O, quizás, el comerciante malinterpreta las señales de los indicadores técnicos o gráficos. En este caso es necesario suplir la falta de información con el conocimiento necesario y averiguar cuáles son los criterios utilizados y cómo establecer un stop loss o qué es una inversión hombro-cabeza-hombro.

Emociones del trader y situaciones típicas

“Hago un análisis de mercado, hago un plan comercial, pero cuando entro al mercado pierdo el control y no sigo el plan. Obtengo un resultado negativo porque no me apego al plan comercial”.

Esta situación es la más común. Tan pronto como se inicia la negociación, las emociones se activan automáticamente y todo lo que sucede en el mercado no se evalúa objetivamente.

En primer lugar, empiezan a aparecer señales técnicas y se le da mucha importancia a la información innecesaria. En segundo lugar, el comerciante cree que es posible “controlar” la operación que interviene en su curso (cambios no planificados en el plan de negociación). Para evitar esto, dedique más tiempo a elaborar su plan de operaciones, escribiendo con anticipación todo lo que planea hacer cuando esté en el mercado y lo que no puede hacer bajo ninguna circunstancia.

“Cierro las operaciones abiertas temprano porque es insoportable observar una pérdida. Prefiero un pequeño stop loss a esperar a que el precio alcance el nivel establecido previamente”.

Esta opción es otra de las formas más comunes de miedo. Un comerciante tiene una tendencia a cerrar operaciones perdedoras tan pronto como el precio se vuelve negativo.

Al decidir dónde establecer una orden de limitación de pérdidas, utilice no dos o tres criterios, sino al menos cuatro o cinco. Entonces, el stop loss será más confiable y correcto. Tendrá más confianza en que los riesgos serán proporcionales.

"Cierro la operación antes de tiempo tan pronto como obtengo una pequeña ganancia, a pesar de que mi plan de operaciones está escrito correctamente y me dice lo contrario".

En este caso, en general, luego de cerrar la operación y observar que el mercado sigue la dirección que predijimos en el plan de negociación, la reabrimos nuevamente. Después de reabrir el puesto, cierra temprano. Digamos que, de los 150 puntos de beneficio inicialmente previstos, el trader alcanza los 30-50 puntos. El miedo se puede combatir de la siguiente manera: tan pronto como la transacción comience a generar ingresos, en lugar de cerrarla con una ganancia mínima, transfiera el stop loss al punto de equilibrio.

Si las ganancias aumentan aún más y salen del siguiente nivel de resistencia, el stop-loss se moverá aún más. Por lo tanto, sin cerrar la posición, protegerá su actividad comercial de cualquier tipo de pérdida.

Codicia

Otra emoción que comúnmente afecta al comerciante es la codicia. Generalmente, la codicia y el miedo en la psicología del trading son emociones opuestas y es poco probable que un trader que siente miedo sienta codicia al mismo tiempo. De hecho, en el primer caso, el comerciante tiene miedo de entrar en el mercado, mientras que en el segundo caso tiene una visión poco realista del mercado y, en consecuencia, pierde dinero debido a sus propias ambiciones. Quizás la única relación entre el miedo y la codicia es que ambos impulsos pueden controlarse mediante un plan comercial.

Al principio, la codicia aparece en dos casos: el comerciante tiene una predisposición desde el principio o aparece más tarde después de varias operaciones exitosas.

"Podría ganar más". El primer pensamiento que da lugar a la codicia es la idea de que "podría ganar más". Aumenta la autoconfianza, crea que puede controlar el mercado y surge el deseo de utilizar estrategias agresivas.

¿Por qué surge este pensamiento? El deseo de ganar más dinero a menudo surge después de varias transacciones exitosas y la creencia de que podría haber arriesgado más en ellas.

Alto riesgo. La codicia es a menudo una característica de los negocios y la vida exitosos, de los líderes seguros. Un comerciante también se expone a un alto riesgo si su tipo de temperamento es colérico.

¿Qué hacer? Está claro que no puede cambiar su temperamento, pero puede aprender a controlarlo y organizar su trabajo de forma adecuada. Aquí también el plan comercial es indispensable, como en el caso del miedo. La codicia es quizás el sentimiento más dañino, porque cuando aparece inhibe la necesidad de precaución.

En resumen, si la manifestación del miedo amenaza las ganancias potenciales, la codicia aumenta las pérdidas potenciales. Estas son algunas situaciones típicas en las que este sentimiento se revela completamente:

Psicología del comercio de divisas: situaciones típicas

“En cuanto empiezo a analizar el mercado, miro el gráfico y entiendo que ha comenzado un movimiento fuerte. Nace el pensamiento: hay que actuar rápido, de lo contrario perderé un gran momento. El resultado vuela al mercado a toda velocidad y solo entonces entiendo que no vale la pena“.

Es una situación muy común, típica de los reclutas. Incluso aquellos con un sesgo inicial hacia el comercio estable y tranquilo, tan pronto como ven el movimiento del precio “en vivo”, están ansiosos por hacer algo de inmediato.

Esto se puede comparar con situaciones cotidianas de la vida. Si llegas a una parada de autobús y ves que el autobús se ha ido sin ti, se ha alejado de la parada y ha acelerado, ¿está corriendo tras él? Probablemente no tenga sentido: intentar atrapar algo que se mueve más rápido que tú. Es mucho más seguro y prudente esperar el próximo autobús.

Con los mercados financieros la situación es similar, excepto que no llegas tarde en absoluto, por lo que no hay razón para perseguir un autobús. Para hacer frente a un deseo insoportable necesitamos controlar nuestras emociones, analizar y elaborar el plan comercial. Para hacer esto, mire cuidadosamente todos los gráficos. su tarea es elegir la oportunidad más adecuada. Y para ello lleva algún tiempo estudiar la situación del mercado.

Otra forma de combatir el impulso de “hacer algo ahora” es escuchar su sentido común interior.

“Tengo paciencia para analizar el mercado y elaborar un plan de negociación, pero tan pronto como abro una operación y el precio comienza a ir en mi dirección, comprendo de inmediato que he invertido muy poco dinero y que las ganancias podrían muchas más, por lo que aumento el volumen de la operación aunque no estuviera planificada".

En este caso, el error cometido es una violación de las reglas de gestión de riesgos. La idea inicial de "Abriré algunos lotes más" no suele tener en cuenta el hecho de que, junto con esto, todos los riesgos aumentan exactamente tantas veces como lotes añadidos al mercado. Además, también existen riesgos no planificados.

Por alguna razón, cuando hay un deseo repentino de agregar algo a una posición abierta, parece que habrá más ganancias y pocos piensan que las pérdidas crecerán exactamente en la misma proporción.

"Cuando estoy en el mercado y el precio está cerca de mi nivel de ganancia, empiezo a dudar de que lo haya fijado correctamente. Como resultado, lo muevo para ganar más, porque siento que el movimiento aún no ha terminado y que puedo aprovecharlo para ganar más dinero".

Este caso de codicia es menos común que los dos anteriores. Suele combinarse con la segunda opción. Los traders que se enfrentan a ese deseo de mantener su posición durante el mayor tiempo posible no conocen el sentimiento de miedo descrito anteriormente.

Aquí es característico un patrón diferente de comportamiento, y difiere del comportamiento de la "codicia impaciente". El comerciante cae en este error porque:

El mercado todavía se mueve en su dirección;

No hay ningún signo que confirme la reversión;

Los diez puntos extra no cambiarán nada.

El principio Dow Jones establece que los movimientos de precios están sujetos a tendencias: la tendencia no puede terminar repentinamente, etc.

Para estar convencido de lo incorrecto de esta posición, basta con preguntarse: ¿dónde transferir el nivel de toma de ganancias? ¿Dónde está el límite más favorable? La respuesta más probable a esta pregunta será "cuando reciba una señal que confirme una reversión del mercado, cerraré".

Es poco probable que se vean señales reales de reversión, ya que el operador está dominado por las emociones. Un final frecuente de tal codicia es la búsqueda de señales que confirmen la reanudación del movimiento en la dirección correcta y, en consecuencia, la pérdida de dinero.

La esperanza

Puede parecer que la esperanza es un sentimiento positivo, útil e importante en la vida humana. ¿Cómo puede dañar a un comerciante? Muy simple. Cuando una persona decide que quiere invertir, lo hace con una perspectiva optimista de futuro. De hecho, siempre que nos comprometemos a estudiar algo nuevo e interesante, lo abordamos con cierta actitud positiva, de lo contrario no tendría sentido empezar algo nuevo.

Sin embargo, tan pronto como una persona comienza a comerciar, la esperanza puede volverse en contra, pasando del optimismo saludable a las expectativas utópicas y la fe en los milagros. De una forma u otra, es importante comprender cuál es el nivel de esperanza del comerciante en un momento dado. Una persona que no cree en sí misma y en su éxito simplemente no tiene interés en estar en el mercado, pero ni siquiera puede pensar que el éxito depende de un milagro o del destino. Entonces, ¿qué es la esperanza y por qué su exceso es tan peligroso?

Cuando nace La esperanza siempre surge al mismo tiempo, exactamente cuando la transacción comienza a generar pérdidas.

Como nos sentimos Este sentimiento se experimenta de varias formas: un comerciante que reza a todos los dioses, habla mentalmente con el mercado y hace otras cosas extrañas. La cualidad negativa más importante de la esperanza es que captura completamente a una persona y bloquea todas las posibilidades de intentar finalmente salvar la situación con la ayuda de la actividad mental.

Las razones. Una posición abierta en el mercado (o posiciones múltiples) que provoca pérdidas. La paradoja es que cuanto mayor es la magnitud de la pérdida, más brilla el sentimiento de esperanza y mayor es la tendencia del comerciante a creer en un milagro y no en su propia fuerza e intelecto.

Alto riesgo. De una forma u otra, todos experimentan la esperanza, pero para algunas personas está fuera de control, al igual que su comercio. Es importante poder controlar esta emoción.

¿Qué hacer? En general, una situación esperanzadora puede salirse de control si no se adhiere categóricamente a un plan comercial o si no tiene ninguno. Si el plan comercial se sigue al pie de la letra, el comerciante no se enfrentará a un estado de esperanza tal que solo pueda contar con un milagro. Sin embargo, si no se sigue el plan comercial y las circunstancias no son favorables para la posición, la esperanza será inevitable. Si eso sucede, debemos estar preparados y tomar el control de la situación y actuar.

Situaciones típicas de esperanza

"Tenía un plan de negociación, pero era codicioso y no cerré la operación con ganancias, así que me siento y espero a que vuelva el precio, pero todo va en contra de mi posición... pero espero y espero... "

Si el comerciante no es lo suficientemente fuerte para corregir el error y cerrar la operación con menos ganancias y continúa esperando que el mercado alcance su nuevo objetivo, entonces la situación alcanzará un punto de inflexión, es decir, puede terminar yendo en la dirección opuesta.

Al mismo tiempo, cuanto más se aleja el mercado de las ganancias, mayor es la esperanza. En este estado, es típico que el comerciante no solo crea desesperadamente que esto sucederá, sino que también busque factores de apoyo. A continuación, se muestran algunos ejemplos de argumentos clásicos para mantener una posición abierta en el mercado con la esperanza de que cambie:

El Principio Dow dice que los movimientos de precios se repiten, lo que significa que tarde o temprano el mercado debe volver a sus valores anteriores.

Las señales del análisis técnico dicen que el mercado definitivamente irá en mi dirección.

El éxito solo llega a aquellos que pueden esperar.

Posteriormente, si la transacción sigue siendo "negativa", pueden aparecer los argumentos más típicos:

No puede ser que todo vaya tan mal

No cerraré la operación hasta que el mercado vuelva a sus valores anteriores.

Tarde o temprano tendré que tener suerte.

Todos estos argumentos son completamente inútiles y peligrosos, ya que la mitad de ellos recurre a cosas efímeras como la suerte y el destino, que nada tienen que ver con el trabajo normal de un trader. Y la otra mitad se basa en un análisis subjetivo, en la búsqueda de la confirmación de su propia tesis.

"He estado perdiendo dinero durante mucho tiempo, pero ahora mismo el mercado está comenzando a cambiar, así que estoy abriendo otra posición para recuperar y cubrir la existente. Así que volveré a ganar".

La situación descrita tiene un nombre propio entre los comerciantes: "táctica para agregar pérdidas". Esta táctica es la forma más rápida de convertirse en un trader fracasado. El mayor error que puede cometer una persona es intentar recuperarse de esta forma.

Imagínese viendo un partido de fútbol y uno de los dos equipos está perdiendo mucho: ¿en quién apostaría su dinero? Es muy poco probable que decida apostar por el equipo perdedor. Este mismo razonamiento también se aplica a la táctica antes mencionada. Además de todos los demás argumentos descritos en el párrafo anterior sobre la esperanza, también hay una parte de fatalismo sobre el deseo de recuperar.

Es difícil luchar contra este sentimiento, porque para un comerciante cerrar una operación con pérdidas es admitir su fracaso. Curiosamente, la mayoría de los comerciantes están mucho más enojados por esto que por la pérdida de dinero. Sin embargo, en cualquier caso, vale la pena recordar que solo los tontos persisten en sus errores y solo los tontos no cometen errores.

"He estado perdiendo dinero durante algún tiempo, pero ahora la situación parece estar mejorando. Quiero esperar a que el mercado llegue a cero, el nivel de equilibrio, y luego cerrar la posición. Tan pronto como el mercado me dé la oportunidad de volver al punto de partida, cerraré la operación inmediatamente.

La esperanza de que el mercado llegue al punto donde todo comenzó es utópica, aunque solo sea porque no existe tal punto. El punto de equilibrio es un concepto subjetivo que nada tiene que ver con el mercado real. El error, basado en el hecho de que, siendo el mercado un sistema dinámico, tarde o temprano debe volver a su posición original, es obviamente falso porque el concepto de 'punto cero', 'status quo', en este caso, es el valor donde la posición de pérdida se vuelve neutral. Pero para todo el mercado, el "punto cero" es un precio cero y nada más.

Euforia

La euforia, la alegría excesiva, a menudo surge de repente, lo que resulta en muchas experiencias positivas. La principal desventaja de la euforia es la de caer en una alegría incontrolada y, en consecuencia, provocar un impacto negativo en la calidad del análisis.

En cualquier estado emocional, la eficiencia del comerciante disminuye: a medida que aumentan las emociones, la calidad de sus habilidades mentales disminuye. Por no hablar de la pérdida del sentido de riesgo y, en consecuencia, la disminución del control sobre las operaciones. En este caso, la euforia, a diferencia de, por ejemplo, el miedo o la esperanza, la puede sentir cualquier trader, no solo un principiante, sino también un trader bastante experimentado.

Cuando nace La euforia suele ocurrir después de una serie de operaciones exitosas.

¿Cómo se siente? Buen humor, alegría, orgullo, la sensación de que todo está funcionando y seguirá funcionando. Con cada transacción exitosa, aumenta la confianza.

Las razones. Toda euforia comienza con la alegría de una transacción exitosa. En este caso, lo mejor es asumir de inmediato que la alegría debe expresarse como un sentimiento de satisfacción con su trabajo, de manera moderada.

El beneficio es su salario. Esta dinámica debe tratarse de esta manera. De lo contrario, para todos, incluso un ligero ataque de alegría se convertirá gradualmente en euforia. Y varias transacciones exitosas seguidas conducirán al hecho de que el comerciante caerá en un estado de alegría y confianza en sí mismo descontroladas. Controle la alegría y no se convertirá en una enfermedad llamada euforia.

Alto riesgo. Cualquier comerciante que haya completado más de cinco operaciones exitosas seguidas o que haya aumentado el tamaño de su depósito varias veces en un tiempo extremadamente corto corre automáticamente el riesgo de caer en la euforia. La única solución es utilizar métodos psicológicos especiales para amortiguarlo.

¿Qué hacer? En primer lugar, aprenda a abordar el trabajo con la mínima emoción. En segundo lugar, aprenda a determinar cuándo aparece la alegría y a controlarla. En tercer lugar, trate las situaciones típicas que se describen a continuación.

Psicología del trading: situaciones típicas de euforia

"Siempre que gano dinero, siento una gran alegría. A veces, es desproporcionado con las ganancias obtenidas".

Las emociones positivas son importantes para fortalecer la confianza del comerciante. Sería extraño y erróneo que una respuesta positiva no generara emociones positivas (la insatisfacción con un resultado positivo es un claro signo de codicia). Se debe tener precaución cuando:

Aparece una sensación de alegría después de un resultado más o menos positivo, incluso sin seguir el plan comercial

La sensación de alegría dura más de media hora.

La alegría se manifiesta de una manera muy violenta y excitada.

Puede abordar el problema de la siguiente manera. Para disfrutar del éxito de una operación, se necesita algo de tiempo, aproximadamente 20 minutos después de que se cierra. Después de este tiempo, nunca abra nuevas operaciones. Se recomienda que pasen al menos varias horas (si es una posición intradía) o al menos varios días (si es una posición de mediano o largo plazo) entre una operación exitosa y la siguiente posición de apertura.

Un descanso del trabajo es una buena técnica para inhibir los procesos químicos y hormonales que funcionan cuando una persona piensa con el corazón o la mente. Después de esperar cierto tiempo, no se apresure a explorar nuevas oportunidades de mercado de inmediato. En primer lugar, analice su éxito. ¿Cuál fue el resultado de la ganancia? ¿Lo planeaste o fue una coincidencia? ¿El resultado cumplió con sus expectativas? ¿Esperabas más del mercado? ¿Salió como esperaba o se desvió del plan?

La esencia del análisis, al final, debe resumirse en una pregunta: ¿está contento de que su plan comercial haya funcionado o simplemente tuvo suerte? Si la suerte le ha sonreído, entonces, en general, no hay nada de qué alegrarse.

"Gano dinero porque siempre sé cuándo ingresar al mercado y cuándo es el momento de cerrar la posición. Creo que este es mi método. ¡Al final, la intuición también es importante!"

Este ejemplo es mucho más peligroso que el anterior porque es poco probable que la intuición conduzca al éxito real, que en principio puede aparecer solo después de seis meses de trabajo estable en el mercado.

Si el inversor tiene suerte, puede que sea feliz, por supuesto, pero difícilmente podrá ser feliz. En una situación en la que nada depende del comerciante, no podemos decir que controlamos el mercado.

"A menudo entro al mercado inmediatamente después de una transacción exitosa, porque quiero golpear mientras el hierro está caliente. He tenido una ola de éxito y no puedo dejar que se me escape. El destino siempre me favorece cuando actúo con decisión.

Este tema es similar al anterior. La diferencia es que este caso es aún más problemático porque se refiere a situaciones efímeras como el éxito o el destino. Además, el peligro es que aprovechar el momento significa perder el enfoque en la gestión y planificación de riesgos. De hecho, en este estado de euforia, la sensación de miedo es mínima, los riesgos no están calculados. Por otro lado, si fallamos, es probable que lo atribuyamos a la mala suerte.

Como en todos los casos de los que hemos hablado en este artículo, lo más sensato es siempre tener un buen plan de trading y ceñirse a él. Es posible que no obtengamos ganancias en los primeros días, pero probablemente nos ayudará a no perder demasiado dinero y a tener éxito a largo plazo.

Intuición

El concepto de intuición a veces se sobrevalora y a veces se ignora por completo. Intentemos aclarar este término, averigüemos qué es y encontremos la mejor manera de usarlo en el trading.

La intuición del trader no es más que un 'archivo' subconsciente con toda la información del mercado previamente elaborada y reproducida de memoria en algún momento. Para comprender cómo se manifiesta la intuición, veamos cómo funcionan los mecanismos de la memoria. Hacemos esto con el siguiente ejemplo.

La relación entre intuición y memoria

La explicación de esta percepción y la capacidad de "ver el

futuro" no tiene nada que ver con el misticismo. Está científicamente comprobado que una persona no olvida nada de lo que ha escuchado o visto al menos una vez. La memoria humana almacena absolutamente toda la información que se obtiene en el proceso vital. Lo mismo ocurre con la información que el comerciante recibe de su comercio.

Toda la información y el conocimiento que son irrelevantes en este momento se almacenan en el subconsciente, pero cuando ocurre una situación similar puede regresar en forma de una vista previa de los eventos. Para que esto suceda, a veces una pista, un momento similar o idéntico es suficiente. Por tanto, el punto fundamental es la experiencia.

El principio del análisis técnico según Dow de que "la historia se repite" se basa en este fenómeno de la memoria humana y en el fenómeno de la psicología de la multitud (los mecanismos mentales de la memoria son los mismos en todas las personas).

Para desarrollar la intuición, una buena técnica es, al menos una vez a la semana, abrir un gráfico limpio, sin líneas de tendencia, sin apoyos ni resistencias, sin indicadores, y evaluar la situación en su conjunto, visualmente. No es necesario buscar un patrón. La intuición suele aparecer después de 5-10 segundos de estudio, o no aparece en absoluto. Sin embargo, debemos habernos operado durante al menos seis meses antes de realizar este ejercicio.

Si analiza el gráfico durante más de 10-15 segundos, el subconsciente deja de dominar y la mente consciente se hace cargo. Cerramos el gráfico y pasamos al área de trabajo normal, a los esquemas de análisis estándar. Repetir este ejercicio con diferentes herramientas una vez a la semana puede resultar muy útil.

Pero sobrestimar la importancia de la intuición no es la mejor manera de abordar el comercio. Si un comerciante ya tiene un sistema con el que trabajar, solo las señales técnicas, es decir, solo los datos objetivos, deben ser una prioridad al tomar la decisión de ingresar o salir del mercado. La intuición como método solo se puede utilizar como 'filtro'.

Para resumir todo lo anterior, resaltemos los puntos principales:
No entre al mercado cuando se encuentre en uno de los estados emocionales que hemos mencionado;

Las emociones progresan cuando un comerciante mira constantemente los gráficos. Evítalo. Una vez que abra una posición y haya establecido la toma de ganancias y la parada de pérdidas, haga otras cosas;
Es muy útil dejar el monitor de vez en cuando o apagar la computadora por completo;
No entre en pánico, no se apresure a actuar;
Recuerde que el principal enemigo del comerciante son sus emociones;
Siga siempre un plan comercial;
No participe en el comercio cuando esté enfermo o en una mala situación personal: esto también implica una disminución en la calidad de su trabajo;
No escuche los consejos de los demás cuando esté en el mercado;
Si ha tenido una fuga, no se preocupe, es normal. No hay comerciantes infalibles;
La forma más segura de perfeccionar sus habilidades y aprender a controlar sus emociones es operar en una cuenta de demostración hasta que se sienta completamente seguro de que está listo para cambiar a una cuenta real.

Capítulo once
PLAN COMERCIAL

Si desea tener éxito en el mercado Forex y cfd, una excelente manera de comenzar es crear un diario de operaciones eficiente y eficaz que lo acompañe día a día en sus actividades de inversión.

Un diario comercial no es tan diferente de cualquier otro plan estratégico que pueda imaginar. Si está empezando a dar sus primeros pasos en el mundo del trading y no tiene formación ni experiencia previa, su éxito podría ser temporal o, en el peor de los casos, podría perder su inversión. Es por eso que un plan comercial es importante: establecer sus objetivos y cómo alcanzarlos. Todo trader experimentado tiene un plan comercial minuciosamente estudiado, que sigue de cerca y actualiza constantemente. Entonces, ya sea que sea un operador experimentado o un principiante, un diario comercial puede ayudarlo a lograr los objetivos y éxitos que se ha fijado.

Un diario comercial es una descripción general de su actividad comercial planificada de acuerdo con los parámetros que ha elegido. Por ejemplo, podría ser la preparación de una lista de actividades comerciales, planificadas de acuerdo con un cierto estilo, una determinada estrategia y una determinada temporalidad.

La idea principal del plan comercial es desarrollar un conjunto de reglas que se deben respetar. Una vez que tenga estas reglas por escrito, será mucho más fácil aplicarlas, ya que tendrá un plan de acción claro para sus operaciones diarias.

Además, un plan de negociación eficaz puede ayudarlo a analizar mejor el mercado Forex y aplicar su análisis a la estrategia comercial de su elección. Un diario de operaciones puede evitar tomar decisiones espontáneas e irreversibles, lo cual es especialmente útil cuando las emociones comienzan a aparecer. El plan de operaciones le ayuda a evitar errores comunes y le permite evaluar sus ganancias y pérdidas. El objetivo de la agenda es precisamente pensar antes de actuar y por tanto estar preparado para afrontar las sesiones de trading.

Por ejemplo, si un comerciante está en una posición ganadora antes de una publicación económica importante, el plan

comercial le permitirá saber con certeza si es mejor dejar la posición o cerrarla para evitar el movimiento repentino causado por el calendario económico.
Ayuda a gestionar las emociones: tener un marco que define las reglas a seguir y elimina cualquier subjetividad en su actividad comercial le permite gestionar mejor sus emociones. Porque las decisiones comerciales que toma son parte de un plan comercial y tienen un objetivo predeterminado.
Otra buena razón para limitar el número de operaciones es porque sin un diario de operaciones, los operadores pueden tomar decisiones apresuradas en el mercado, decisiones que probablemente conducirían a pérdidas que el operador intentará compensar con más operaciones, incluso con un volumen mayor. Esto a menudo se hace con un volumen mayor que el utilizado para posiciones anteriores, lo que crea un mayor nivel de riesgo para compensar. Esto es exactamente lo que hace que la gran mayoría de los traders pierdan dinero en el mercado Forex.
Para ayudarlo a administrar su riesgo, si decide tomar una posición con un riesgo de más del 1% de su capital, incluirla en su plan de operaciones le ayudará a gestionar otras posiciones abiertas.
Un buen plan comercial debería:
Incluir objetivos comerciales: deben ser objetivos específicos, medibles y que requieran mucho tiempo;
Establecer el método de análisis técnico (gráficos);
Desarrollar la estrategia comercial a seguir con puntos precisos de entrada y salida en el mercado;
Establecer revisiones para gestionar sistemáticamente las posiciones abiertas con el fin de no tener dudas o remordimientos por una posición cerrada antes de lo esperado o demasiado tarde;
Para gestionar el riesgo, un buen plan de negociación también debe incluir una buena gestión del riesgo en toda la cartera y también para las posiciones individuales.
Cómo desarrollar un buen plan comercial
1. Un corredor confiable
Tener un plan comercial claro ayuda a mantener su mente fresca y enfocada en las decisiones más rentables. Como ya dijimos, el trading no es 100% predecible. Incluso con un plan comercial, la toma de decisiones a veces se estropea en el fragor de una batalla

comercial. Principalmente porque los operadores de Forex son humanos y, por lo tanto, tienden a tomar decisiones basadas en emociones.
Un comerciante que no realiza un análisis previo equivale a un conductor que sale a la carretera sin revisar el motor ni los frenos.
Pero antes de siquiera considerar un plan comercial, debe elegir el software comercial adecuado y un corredor regulado.
Para cualquier trader experimentado, tener buenas herramientas con las que trabajar es tan importante como tener buenas habilidades para ejecutarlas. Del mismo modo, no importa qué tan bueno sea un comerciante, sin el corredor adecuado y la plataforma comercial adecuada, no podrá ejecutar las órdenes correctamente.
Estos son algunos puntos que le ayudarán a elegir el mejor corredor y su plataforma de operaciones:
¿Le da acceso a los instrumentos financieros que desea negociar?
¿Es competitivo en términos de diferenciales y comisiones?
¿Qué plataforma de negociación le ofrece?
¿La plataforma que le ofrece tiene las funciones que necesita?
¿El equipo de servicio al cliente es rápido y receptivo?
¿Qué tipo de apoyo pueden ofrecerle basándose en su educación comercial actual?
2. Sea realista
¿Cree que puede convertirse en un comerciante de éxito? Muchos comerciantes no operan en los mercados. No es tan importante no perder nunca, sino descubrir el motivo de sus errores.
Acepte que el éxito comercial puede tardar más de lo esperado.
¿Cómo afecta esto a sus planes?
¿Son sus objetivos realistas con respecto a su educación comercial?
3. Identificar el mercado
Analizar el mercado elegido
Estudiar los catalizadores fundamentales de este mercado
¿Existe suficiente volatilidad para alcanzar los objetivos de ganancias?
Determine si hay liquidez para permitir la entrada y la salida. Si no es así, considere otros mercados.
¿Es el marco de tiempo apropiado para su estrategia? Si no es

así, considere elegir otro mercado o período.

4. Elabore su estrategia

Intente desarrollar una estrategia que ofrezca la versatilidad para apalancar el mercado y generar ganancias cuando:

El precio está en el nivel de soporte o resistencia;

Hay una tendencia clara;

Se producen cambios de impulso;

Se produce una brecha;

Ocurre una reversión extrema;

Hay volatilidad en los mercados.

5. Establecer límites

¿Qué capital se necesita para operar en el mercado elegido?

¿Qué margen se requiere?

¿Cuál es el tamaño mínimo de la posición y el porcentaje de stop-loss sobre el capital?

Si el mercado es demasiado volátil o los márgenes son demasiado caros, continúe estudiando cómo ahorrar para obtener más capital o considere un mercado que sea más adecuado para el capital disponible.

Comprenda las ventajas y desventajas del apalancamiento disponible en este mercado.

6. Supervisar la estrategia

¿Dónde están los niveles de soporte y resistencia?

Identificar la oferta y la demanda del mercado elegido

¿Cuál es su estrategia comercial: intradía, swing o scalping?

Definir niveles de precios diarios y semanales

Respete las reglas que se ha establecido y planifique:

Apalancamiento financiero;

Riesgo total;

Riesgo diario;

Precio de entrada de la orden;

Gestión de pedidos;

Precio de salida del pedido.

Después de completar todos los pasos anteriores, aún se requiere una cosa más: paciencia. El mercado es como una sombra. Si corre tras él, nunca lo atrapará. Tiene que esperar pacientemente a que llegue el mercado.

7. INTELIGENTE

Específico

Mensurable
Realizable
Pertinente
Rastreable
Tener un plan SMART lo ayudará a monitorear su desempeño comercial.
Fijesus metas
Establecer el plan de desarrollo de metas
Esto le ayudará a decidir cómo lograr sus objetivos en el momento adecuado. Puede medir su éxito en función de los beneficios obtenidos de las operaciones realizadas.
Al establecer metas, recuerde que deben ser INTELIGENTES: específicas, medibles, alcanzables, relevantes y rastreables.
8. Herramientas
Para ayudarlo a administrar mejor su riesgo, Admiral Markets ha desarrollado algunas de las herramientas de administración de riesgos más avanzadas con Metatrader 4 Supreme Edition:
9. Psicología del comerciante
El trader debe confiar en su plan de trading intradía o en su plan de swing trading para sufrir una serie de pérdidas sin darse por vencido, el momento de buscar ganancias que reemplacen las pérdidas y generen ganancias de capital.
Reglas y rutinas. Un diario de operaciones efectivo tiene un conjunto de reglas y rutinas que permiten a los operadores tener un marco de confianza bien establecido.
Información histórica. Los datos históricos proporcionan al comerciante confianza y experiencia para disfrutar mejor de su actividad comercial en el mercado Forex, el mercado de valores y el mercado de productos básicos.
Desarrolle un plan comercial.
Determine la frecuencia con la que opera y el número de operaciones que se abren durante ese intervalo de tiempo.
Para responder a esta pregunta, puede verificar el historial de su cuenta y determinar cuántas transacciones abre en promedio por día o semana y cuánto duran estas transacciones. Esto es vital porque su plan debe ilustrar claramente la dimensión de tiempo que utiliza en sus operaciones.
Defina su perfil como Trader.
Establezca objetivos específicos y sea coherente con los

objetivos que desea alcanzar y las herramientas que necesita utilizar.

Establezca un horizonte temporal para lograr el objetivo principal. Ejemplo: Conviértase en un comerciante rentable, puede establecer 2, 5 o 10 años para lograr este objetivo.

Elija el tipo de comercio adecuado para usted.

¿Tiene un trabajo de tiempo completo? Si es así, el swing trading es el tipo de trading para usted. Puede invertir y operar en el mercado Forex, el mercado de valores, el mercado de productos básicos y solo dedica unos minutos al día a analizar los gráficos.

¿Tiene un trabajo a tiempo parcial? El comercio intradía puede ser el mejor tipo de comercio para usted. Puede operar durante una sesión de negociación completa y beneficiarse de las horas más volátiles del día para tratar de generar ganancias día tras día.

¿Está inactivo en términos de trabajo? Es posible que tenga tiempo suficiente para perfeccionar su estrategia comercial y diversificar su negocio entre el swing trading, el day trading y el scalping.

Evalúe su capital inicial. Esto le ayuda a identificar mejor el tipo de negociación que más le conviene. Aquí tiene que considerar la inversión que está dispuesto a arriesgar. Por ejemplo, tenga en cuenta que cuanto mayor sea la distancia entre su punto de entrada y el Stop Loss, mayor será el capital requerido para cumplir con el nivel de riesgo que ha aceptado.

Determine qué mercado se adapta mejor a su método de negociación. Aquí es interesante considerar los gastos relacionados con las operaciones, conocer el monto de las comisiones y el tamaño del spread. Además, dependiendo de la naturaleza del mercado, los horarios de negociación pueden variar y desempeñar un papel importante dentro de una estrategia de Forex. Por ejemplo, si desea operar en el mercado de valores, aproveche sus picos de volatilidad durante las primeras horas de apertura. El mercado Forex opera las 24 horas del día, los 5 días de la semana. Consulte nuestro artículo sobre operaciones de cambio para comprender cuándo es mejor operar.

Diario comercial: encuentre su estilo

Cómo diseñar su plan comercial:

Método discrecional

Este tipo de método tiene como objetivo tomar una decisión

basada en el análisis subjetivo de las negociaciones. Los traders discrecionales rentables en general son traders experimentados que traducen muy bien la acción del precio del mercado de valores o de divisas. Por lo tanto, este método no se basa en condiciones sistemáticas para tomar una posición comercial.

Método mecánico

A diferencia del método discrecional, aquí cada posición comercial se basa en las condiciones sistemáticas necesarias para tomar una posición. Si solo una de estas condiciones no está presente, el intercambio no se llevará a cabo. Los sistemas de comercio mecánicos son muy populares, porque la parte de la duda y la subjetividad es inexistente.

Método agresivo

La gestión agresiva de una posición de negociación significa aumentar el Stop Loss lo más rápido posible para garantizar las ganancias de la posición en el menor tiempo posible. El límite de este tipo de gestión es ver que el stop loss se alcanza con muy poca ganancia por encima del punto de entrada, justo antes de que el movimiento realmente progrese en la dirección prevista.

Método conservador

La gestión de la posición conservadora conduce a una mayor distancia entre el punto de entrada y el stop loss. Esto permite que el activo respire más, para darle más oportunidades de ver el movimiento moviéndose en la dirección deseada. El límite del enfoque conservador es intentar llevar las ganancias mucho más lejos, porque el Stop Loss está igual de lejos.

Gestión de riesgos

La gestión de posiciones, así como los respectivos riesgos, se puede facilitar o automatizar gracias a las herramientas presentes en MetaTrader 4 Supreme Edition con el mini terminal que permite definir un riesgo para una posición fija en euros independientemente del número de pips requerido por el stop loss de la posición. Además, es posible configurar un final de carrera para que la gestión de la posición se realice de forma objetiva y automática.

Mantener un registro de operaciones le permite medir la estrategia utilizada para comprender mejor su comportamiento comercial e informar si ha ocurrido algún error. Cada posición y sesión debe ingresarse para ayudar realmente al comerciante a analizar su sistema de negociación.

Serie de pruebas en la historia

Los antecedentes históricos son muy importantes para encontrar las tasas de ganancias y pérdidas de su estrategia comercial. Este paso le da confianza y experiencia en su estrategia. Y le ayudará a superar los momentos difíciles (porque siempre hay momentos difíciles, lamentablemente). Lo más importante es poder seguir tomando posiciones para encontrar operaciones ganadoras que recuperen sus pérdidas y aumenten su capital a largo plazo.

Plan de negociación: Stop Loss y Take Profit

Otro punto importante es que todas las posiciones comerciales en su plan comercial deben incluir un Stop Loss y un Take Profit. Al establecer los niveles de Stop Loss y Take Profit, recuerde que detener las pérdidas es mucho más importante que obtener ganancias.

Señales comerciales

Señales de entrada

Es importante destacar que estas señales deben ser lo más completas posible, para ayudarlo a eliminar la subjetividad en sus decisiones. Una buena forma de lograrlo es incluir indicadores en sus señales comerciales.

Señales de salida

Al igual que las señales de entrada, los operadores deben tener una idea muy clara de cuándo salir de una operación.

Cuando se trata de aprender a preparar un plan de operaciones de Forex de nivel experto, es esencial abrir una posición en el momento adecuado y con la herramienta adecuada.

Sin embargo, en algunos casos, es posible cerrar una buena posición y continuar con pérdidas porque no tuvo suficiente paciencia. O, por el contrario, puede cerrar una posición ganadora demasiado pronto y perder el beneficio total que podría haberse obtenido. Esto se debe a la falta de señales de salida del Trading Journal.

Evalúe su diario comercial

Necesita saber si su plan de operaciones es adecuado o necesita alguna mejora. Para hacer esto, comience a analizar las señales de entrada y el período de tiempo que está considerando. ¿Es el momento adecuado para ti? Recuerde que las estrategias con una tasa de éxito inferior al 60% pueden resultar beneficiosas.

¿Cómo? Aquí hay un ejemplo:
las primeras diez posiciones seguidas se pierden. Esto representa una pérdida total del 10%, entonces ganará su próxima posición con una ganancia del 6%.
Las siguientes dos posiciones obtienen ganancias del 2% y 4% respectivamente.
Esto significa que ha obtenido un beneficio del 12% después de perder las primeras 10 operaciones. Esto llevó a un aumento de capital del 2% este mes, con una tasa de éxito de solo el 40%. Es algo que obtendría en un banco después de dos años de ahorro.
El problema es el siguiente: la mayoría de los traders se rinden después de 5 pérdidas. Le sugerimos que:
Sea paciente
Reducir el riesgo entre 0,5% y 1% por puesto
Intente mantener sus posiciones ganadoras
Utilice un stop loss y take profit
Establezca varios objetivos para reducir el riesgo y obtener ganancias
Practique siempre en una cuenta de demostración libre de riesgos antes de cambiar al mercado real
Diario de operaciones: gestione sus inversiones
Una vez que haya determinado su sistema comercial, comience a concentrarse en administrar su capital. Debe quedar claro si su sistema de comercio le permite operar con múltiples pares y cuáles. Mejore la gestión del capital e incluya la creación o revisión de la regla de exposición óptima para el comercio.
Para calcular esto, siempre se necesita una doble exposición potencial en un par de divisas. No importa si opera para ganar 1000 pips según los fundamentos o cinco pips según las técnicas de scalping con movimientos muy pequeños. Incluso si su análisis fundamental es correcto, podría moverse 2 o 100 pips en su contra.
Entonces, ¿qué debería hacer?
En general es más recomendable que el tamaño de su posición sea pequeño, esto evitará que pierda mucho dinero en caso de que se equivoque.
Controlesus emociones
Las decisiones impulsivas y emocionales comienzan en su mente.

Los problemas suelen ocurrir cuando un comerciante se siente obligado a tomar una decisión comercial, es decir, entrar, salir o mantener la misma posición. Mantener la calma y la paciencia mientras se negocia promueve resultados positivos y éxito.

Responder estas preguntas puede ayudar:

¿Cuál es el estado actual de sus emociones?

¿Funciona como si estuviera en el casino?

¿Es optimista o eufórico?

¿Se siente comprometido a mantenerse disciplinado?

También le recomendamos que consulte las últimas innovaciones en el mercado Forex, ya que existen muchas herramientas diseñadas para optimizar su experiencia comercial y hacer que operar sea menos estresante.

A continuación, se incluyen algunos consejos comerciales generales:

No intente convertirse en un comerciante a tiempo completo de inmediato;

Mantenga su trabajo a tiempo completo y trabaje a tiempo parcial como primer paso;

Es posible operar como un Trader experimentado, sin dejar su trabajo, después de mucha práctica;

Ser un trader a tiempo completo requiere un capital considerable, que normalmente debe acumularse con el tiempo;

Ser un Trader a tiempo completo es algo a lo que puede aspirar, pero no sucederá de la noche a la mañana;

Para lograr esto, debe ser paciente y concentrarse en aprender a operar;

Solo cuando haya seguido estos consejos estará listo para operar en una cuenta comercial real.

Le pones la guinda al pastel

La principal ventaja de un diario de operaciones es que reduce la solicitud de atención del operador y el número de transacciones. Esto ayuda al comerciante a concentrarse completamente en las operaciones que tienen más probabilidades de tener éxito.

El análisis continuo de gráficos y operaciones solo conduce a estresar al operador. Y esto a menudo conduce a resultados negativos.

Los comerciantes deben utilizar su plan de negociación como un enfoque rígido de los mercados para mantenerse enfocados en:

encontrar la mejor configuración;
implementar una gestión de riesgos adecuada;
lograr objetivos comerciales a largo plazo.
Por otro lado, el trading no se limita a definir un plan de trading. Los comerciantes deben trabajar activamente para mejorar su técnica y estrategia comerciales.
Una vez que se establece el plan de negociación, los operadores no deben retroceder y pensar que este es el final de su curva de aprendizaje o desarrollo.

CAPÍTULO DOCE METATRADER 4 O 5

MetaTrader: la plataforma de negociación más utilizada del mundo

La plataforma comercial MetaTrader o MT es un software comercial ofrecido por MetaQuotes Software Corp. Hay varias versiones de esta estación comercial: MetaTrader 4 y MetaTrader 5. La mayoría de los corredores de Forex ofrecen MetaTrader 4 y también hay algunos corredores en línea que ofrecen MetaTrader 5.

Los comerciantes privados a menudo se preguntan qué corredor elegir y especialmente qué plataforma de negociación elegir: MT4 o MT5. En este artículo veremos las diferencias entre MT4 y MT5 y qué sitio comercial ofrece estas plataformas.

MetaTrader 4, más conocido como MT4, fue desarrollado por MetaQuotes Software Corp y se puso a disposición del público en 2005. En 2013 y 2014, la plataforma MT4 experimentó importantes actualizaciones, en particular en lo que respecta al lenguaje de programación disponible para los usuarios.

MetaTrader 5 estará disponible para el público en 2010. La plataforma trae mejoras a su predecesora, incluido el cambio del lenguaje de programación de MT4 a MQL5. Este cambio en el lenguaje de codificación permite cálculos y ejecución de órdenes más rápidos para los robots comerciales.

Aunque MT4 fue adoptado inicialmente por los corredores como una alternativa a su plataforma comercial, la plataforma MT4 se convirtió rápidamente en la referencia mundial para las estaciones comerciales, siendo favorecida tanto por los corredores como por los comerciantes. Además, el hecho de que tanto MetaTrader 4 como MetaTrader 5 se puedan descargar fácilmente y que cada uno de ellos tenga una versión disponible en 39 idiomas diferentes es una gran ventaja.

El éxito de la plataforma está ligado a la gama completa de sus funcionalidades y al hecho de que no es una simple terminal de operaciones, sino una herramienta completa que le permite realizar pedidos, administrar sus posiciones, realizar análisis gráficos en profundidad, desarrollar indicadores personalizados, creesus propios asesores expertos (estos famosos robots

comerciales también llamados “ea”), prueba estrategias e indicadores, accede a una gran comunidad ...
Cómo familiarizarse con la plataforma MetaTrader
Cualquier operador que quiera familiarizarse con la plataforma MT4 por primera vez debe dedicarle algo de tiempo. De hecho, la plataforma está diseñada a priori para traders más experimentados, ya que no es muy intuitiva.
Es importante entender que MT4 está diseñado para traders experimentados, que pasan tiempo mirando sus gráficos, haciendo análisis... Además, los botones son relativamente pequeños y discretos para maximizar el espacio para los gráficos, el terminal de operaciones, la estrategia. tester o interfaz para desarrollar ea e indicadores en MQL4.
Para la plataforma MT5, la idea era hacer que la plataforma fuera más intuitiva y más accesible para todos, desde operadores experimentados hasta principiantes. Incluso si no hay un cambio radical en términos de diseño, los botones son más grandes y sus iconos más fáciles de entender, aunque esto reduce ligeramente el espacio disponible para los gráficos. Un trader novato encontrará MT5 más fácil de aprender que MT4.
Un trader novato se sentirá más cómodo con MT5 que con MT4, el agarre será más rápido e instintivo. Por otro lado, para un analista o un comerciante que necesita seguir varios mercados al mismo tiempo, MT4 será más adecuado, especialmente si el comerciante ha dominado el vocabulario comercial específico, se orientará rápidamente.
MetaTrader 4 vs 5 - Gestión de carteras
MT4 es una plataforma de negociación diseñada específicamente para la negociación de productos financieros apalancados, incluidos Forex y CFD. Permite al comerciante acceder al mercado Forex, así como a materias primas / índices / acciones a través de CFD desde una única plataforma, evitando así la necesidad de cambiar de una plataforma a otra dependiendo del activo en el que esté trabajando y dónde quiera posicionarse.
MT5 ha tomado esta funcionalidad y la ha desarrollado para que un comerciante pueda acceder a diferentes carteras de productos financieros, no solo a productos apalancados. En consecuencia, un comerciante podrá acceder a instrumentos financieros como

Forex, CFD, futuros, pero también opciones, acciones... Por lo tanto, es aún más fácil para un comerciante diversificar instrumentos financieros utilizando el MT5. Invertir en todos los mercados con una amplia variedad de productos financieros nunca ha sido tan fácil.

MetaTrader 5, al tiempo que aprovecha las fortalezas de MT4, ofrece una mayor flexibilidad en la gestión de carteras, lo cual es un activo innegable. Puede obtener más información en el foro de MetaTrader 5.

MT4 vs MT5: análisis de gráficos de verificación

Por defecto, MT4 ofrece una treintena de indicadores técnicos estándar para monitorización de volumen, tendencia y oscilador. Por otro lado, en el foro metrader 5, miles de indicadores están disponibles para los operadores y pueden integrarse fácilmente en la plataforma. También es posible agregar indicadores además de ciertos indicadores, lo que puede ahorrar espacio en los gráficos.

A nivel de gráfico, MT4 le permite analizar los precios de los gráficos de líneas, barras o velas japonesas. También existe la posibilidad de analizar gráficos de renko a través de complementos descargables desde el foro. Estas características también se incluyen en la plataforma MT5.

Las periodicidades propuestas en MT4 son las 9 unidades de tiempo clásicas (M1, M5, M15, M30, H1, H4, D1, W1, MN). Se puede acceder a los gráficos de ticks desde la ventana "nueva orden" o desde la ventana "observación del mercado". Por otro lado, las garrapatas tienen un historial bastante corto que no permite un análisis real.

MT5 tiene un número de indicadores ligeramente mayor y, gracias a su lenguaje de programación, MT5 permite el uso de indicadores personalizados y personalizables, más potentes que MT4. De hecho, el lenguaje que está hecho para leerse más rápido ofrece la posibilidad de desarrollar algoritmos comerciales más complejos que se leerán tan rápido, si no más rápido, que en MT4.

Las periodicidades ofrecidas en MT5 son más numerosas (21 periodos ofrecidos en total). Aunque la plataforma aún no ofrece períodos personalizados, está muy cerca de ellos. Además, el gráfico de ticks accesible desde la ventana de "observación del mercado" tiene un historial mucho más largo que el de MT4, lo que brinda a los escaladores una mejor visibilidad del mercado a muy corto plazo, de modo que sus posiciones de entrada y salida se pueden refinar tanto como sea posible.

En general, MT5 ofrece más flexibilidad y posibilidades en términos de parámetros de análisis de mercado. Por otro lado, la comunidad MetaTraer 5 proporciona a los operadores una gran cantidad de indicadores y scripts de todo tipo tanto para MT4 como para MT5. Además, ambas plataformas permiten el desarrollo de indicadores personalizados directamente desde el editor de MetaQuotes. Sin embargo, debido a sus numerosos períodos de tiempo y su gráfico de ticks más avanzado, MT5 es el que se destaca en términos de análisis de gráficos.

Consejos para el cuero cabelludo MT5

MT4 ofrece profundidad de mercado, una herramienta similar a la cartera de pedidos utilizada en futuros. Esta herramienta da acceso a los precios y su evolución en forma de tabla, y permite realizar pedidos de forma muy rápida con stop loss y take profit definidos en puntos de antemano. La profundidad del mercado es particularmente útil para abrir y gestionar posiciones cortas o para negociar el calendario económico. Además, además de las órdenes de mercado, esta herramienta le ofrece la posibilidad de introducir órdenes de activación como órdenes stop o limitar órdenes con take profit y stop loss definidos en puntos.

MT5 toma esta herramienta y la mejora agregando un gráfico de ticks al lado. De esta forma, el scalper podrá tener visibilidad tanto en la profundidad del mercado, como también en el gráfico de ticks para visualizar más fácilmente los soportes y resistencias de muy corto plazo y los volúmenes de negociación (volumen que no aparece en la profundidad del mercado en MT4).

Además de esta herramienta de captura de posición fácil de usar para revendedores, MT4 y MT5 ofrecen la capacidad de agregar un botón de captura de posición con un clic en la parte superior izquierda de cada gráfico de activos. El operador simplemente necesita establecer el tamaño de su posición de antemano en función de su gestión de dinero y estrategia comercial, y podrá abrir y cerrar sus posiciones con un solo clic.

MT5 Forex - Cobertura

No es raro que un comerciante cubra los mercados al decidir

posicionar simultáneamente un activo hacia arriba y hacia abajo. Esta técnica de cobertura, conocida como cobertura, es bastante común y no es mal utilizada por los comerciantes y escaladores. Si bien es posible ingresar simultáneamente al alza ya la baja en un mercado, en otras palabras "hedger", en MT4, esta posibilidad ha sido eliminada en MT5.
Este es un punto importante para todos los escaladores y comerciantes acostumbrados a la cobertura y cobertura en los mercados. De hecho, si bien la plataforma MT5 ofrece una mayor comodidad para analizar los mercados de scalping gracias a los gráficos de tictac y una mayor profundidad de mercado, no le permite protegerse si el mercado se mueve en la dirección opuesta a su escenario.
Por lo tanto, un scalper que realiza la cobertura, o un day trader que realiza la cobertura, estará mejor usando MT4 en lugar de MT5 como plataforma, especialmente porque podría ser perjudicial para un comerciante y su cartera cambiar la estrategia a la que está acostumbrado. debido a la imposibilidad de realizar la cobertura en MT5.
Opiniones de MetaTrader 4 para el terminal comercial
El terminal de negociación de la plataforma MT4 es un terminal clásico, en el que aparece información sobre cada posición: número de ticket de la orden, fecha y hora de apertura de la posición, precio de apertura, dirección de la orden (compra / venta), volumen, símbolo, stop loss, take profit, precio actual de los activos, tasas de swap, comisiones, comentar…
El comerciante puede clasificar sus posiciones: por símbolo, por horario de apertura, en función de las ganancias / pérdidas actuales.
También es desde este terminal de negociación que el trader puede modificar su orden: añadir un trailing stop, modificar el stop loss y take profit, realizar un cierre parcial de la posición, etc.
En esta pestaña el comerciante también tiene acceso a información sobre su saldo, margen bloqueado, margen disponible, etc.
El terminal MT5 asume todas las funcionalidades que ofrece el terminal de la plataforma MT4, salvo que permite agrupar posiciones. Es decir, si el trader tiene 5 posiciones abiertas sobre

el mismo activo, tendrá una línea que resume el tamaño total de sus posiciones acumuladas, el total de sus pérdidas y ganancias abiertas sobre este activo, el total de las comisiones de swap, etc. Para todos los traders que utilizan estrategias de construcción de posiciones, o estrategias que les llevan a abrir múltiples posiciones en el mismo activo, como el trading piramidal o las estrategias de medios, esta última característica proporcionada por el nuevo terminal de trading de la plataforma MT5 puede ser particularmente útil para tener una vista global de su cuenta comercial por activos.

MQL4 vs MQL5 - Programación y desarrollo de algoritmos

MT4 debe su éxito en parte al MetaQuotes Editor, su software de programación incluido en su plataforma comercial.

De hecho, al integrar el Editor MetaQuotes en su plataforma de negociación, MT4 ha permitido generalizar el uso de indicadores personalizados y a medida, así como el uso de ea, los algoritmos de negociación autónomos que anteriormente eran prerrogativa de los grandes bancos de inversión.

Para lograr este objetivo, MT4 ha desarrollado su propio lenguaje de programación: MQL4. Es un lenguaje estructurado que le permite programar algoritmos o indicadores comerciales. Para hacer esto, solo necesita conocer el código, las funciones principales y probar el algoritmo conforme a él y luego con el probador de estrategias antes de usar el indicador o ea en tiempo real.

Las dos principales desventajas de MQL4 son la dificultad de encontrar un error de codificación, la ausencia de un depurador se siente tan pronto como el código se vuelve consistente y el retraso en la lectura y ejecución.

MT5 quería hacerse cargo de MetaQuotes Editor, pero decidió cambiar el idioma de MQL4 a MQL5. Es una transición de un lenguaje de programación estructurado a un lenguaje de objetos. De hecho, esta modificación permitió optimizar la velocidad de ejecución de los algoritmos.

Este cambio en la velocidad de ejecución permite, entre otras cosas, el desarrollo de algoritmos más avanzados y potentes, que pueden acercarse a la inteligencia artificial. Junto con el hecho de que MT5 fue desarrollado para STP Brokers, esta mejora permite una ejecución más rápida del algoritmo, una postura igualmente optimizada y, por lo tanto, un rendimiento de cuenta más preciso.

El editor de MetaQuotes de la plataforma MT5 también incluye un depurador, que permitirá a los desarrolladores detectar errores más rápido, ahorrar tiempo en la corrección de algoritmos y permitir que los principiantes aprendan a codificar más fácilmente para desarrollar sus propios asesores expertos que facilitarán la comprensión de la posición, además de tener la ventaja de poder operar las 24 horas del día, los 5 días de la semana.

Gestión de dinero e informes detallados

La plataforma de negociación MT4 no solo permite al trader analizar los mercados, realizar pedidos, desarrollar algoritmos ... sino que también permite analizar sus posiciones cerradas de forma retrospectiva.

De hecho, el comerciante tiene la posibilidad de obtener un informe detallado de su actividad, un informe basado en los datos de sus posiciones cerradas. De esta forma, el trader podrá analizar la evolución de su cartera, basándose en informes que le permitirán mejorar su operativa de forma continua.

MT5 mejora aún más estos informes de actividad comercial agregando índices estándar de control de riesgo y análisis de rendimiento. El análisis de una cartera que le gustaría presentar a un inversor, los resultados de un asesor experto probado en la vida real o un simple seguimiento del desempeño individual ahora es posible con precisión profesional.

MT4 avis - Plataforma para principiantes

Para los traders novatos, se recomienda utilizar la plataforma MetaTrader 5, ya que esto permitirá al trader familiarizarse con la plataforma, explorar indicadores más básicos que MT4 y así probar más combinaciones de indicadores, y poder estudiar en detallar la evolución de su rendimiento gracias a los informes detallados y diferentes informes que ofrece el MT5.

Una vez que el comerciante se haya familiarizado con el comercio, haya establecido una estrategia rigurosa y comience a interesarse en desarrollar algoritmos o ea, podrá, dependiendo de las limitaciones de su estrategia, considerar permanecer en MT5 o cambiar a MT4.

MetaTrader 4: traders experimentados

Recomendamos MT4 sin dudarlo. MT4 le proporcionará una comodidad visual significativa para las sesiones de negociación continua, especialmente para los operadores acostumbrados a observar simultáneamente un activo en diferentes escalas de tiempo, o que están acostumbrados a estudiar varios activos al mismo tiempo.

También tendrás la oportunidad de comprar y vender sobre un activo, lo cual es bastante común cuando se posiciona en el corto, mediano y largo plazo sobre el mismo activo, así como cuando practica estrategias piramidales o mediáticas que incluyen coberturas (nosotros especificar que este tipo de estrategia debe ser utilizada por traders experimentados, porque si no la domina, perderá su capital).

Además, la cobertura es una actividad importante en el desarrollo de estrategias comerciales complejas que implican órdenes de cobertura para proteger su capital de la volatilidad.

Asesores expertos conocidos como "MTF".

Para los traders que utilizan los llamados algoritmos "MTF" (Multi Time Frame: análisis de múltiples escalas de tiempo al mismo tiempo), así como para los traders que usan algoritmos que utilizan cobertura o que probablemente abrirán múltiples posiciones simultáneamente para ambas operaciones, es imperativo utilizar la plataforma MT4 y desarrollar sus propios algoritmos en MQL4.

De hecho, en la plataforma MT5, la incapacidad de abrir simultáneamente posiciones de compra y venta puede, en el mejor de los casos, evitar que EA abra posiciones, en el peor de los casos, generar pérdidas que pueden conducir a una llamada de margen debido a la incapacidad de EA para adherirse adecuadamente a la estrategia. que se supone que se aplica.

Consultores expertos tradicionales

Para los clásicos y aquellos que monitorean las tendencias, que tienen solo una posición abierta al mismo tiempo, que abren y cierran posiciones en caso de un cambio de tendencia, MT5 es la plataforma más adecuada, se beneficiarán de una ejecución más rápida que MT4 sin corriendo el riesgo de que su algoritmo le impida seguir su estrategia en MT5.

El lenguaje MT5 y MQL5 también es adecuado para algoritmos complejos, que se beneficiarán de una ejecución de posición más rápida en velocidad en comparación con MT4. Pero esto requiere que la estrategia se adapte teniendo en cuenta la imposibilidad de cobertura. Para descubrir todas las características de la plataforma MetaTrader 5 y conocerla mejor, ¡puede consultar nuestra Guía completa de MT5!

CAPÍTULO TRECE ADMINISTRACIÓN DEL DINERO

El comercio requiere mucha paciencia, una formación adecuada, una rápida adaptación a las actualizaciones del mercado y muchas otras cualidades. El éxito en el comercio también requiere un gran rigor y organización.

Entre las herramientas de gestión de riesgos que permiten al comerciante evitar errores y salvaguardar su capital, la gestión del dinero es la primera y más importante.

No hace falta decir que el comercio de Forex es un negocio arriesgado y hay una gran cantidad de operadores que no son ganadores. Sin embargo, hay muchos consejos que pueden mejorar su rendimiento comercial. La salud financiera de un comerciante se mide por lo bien que puede administrar su capital comercial. El comercio de administración de dinero lo ayuda a determinar sus riesgos con anticipación, desarrollar y mejorar la disciplina y llevar su comercio al siguiente nivel.

La incorporación de estos consejos de administración de dinero para operaciones de cambio en una estrategia general lo ayudará a proteger su cartera. Los traders más exitosos utilizan estas técnicas. Desafortunadamente, la mayoría de los traders novatos aprenden a través de la experiencia. Es mejor aprender estos principios de gestión de riesgos y evitar cometer estos errores. Incluso si ninguno de estos trucos de administración de dinero de Forex es una garantía contra pérdidas, siempre pueden reducirlas.

Ahora echemos un vistazo a los trucos de administración de dinero más practicados por los traders profesionales. Estos consejos sobre operaciones de cambio aparecen de forma aleatoria y también son importantes. Eche un vistazo a estos consejos e intente implementarlos en su estrategia comercial.

Le diremos más sobre la administración del dinero y lo esencial que es obtener ganancias a largo plazo. Lo que muchos traders no se dan cuenta es que no solo tienen que obtener ganancias a corto plazo, sino que también saben cómo perpetuarlas a largo plazo. Las ganancias a largo plazo son posibles gracias a la administración de dinero de Forex.

Definición de gestión del dinero de Forex

¿Qué es la administración del dinero?

La gestión del dinero es un término utilizado en el mundo de las finanzas y especialmente en la inversión online para indicar la gestión de los riesgos asociados a la inversión. La administración del dinero es su capacidad para administrar sus ganancias e inversiones para que no corra riesgos fuera de su estrategia comercial.

La razón por la que muchos comerciantes pierden dinero al invertir se debe a su falta de experiencia, lo que conduce a descuidar los principios de administración del dinero en su plan comercial.

El comercio con administración de dinero es, por lo tanto, un factor de éxito no negociable para los operadores de Forex novatos y los operadores experimentados. A continuación, veremos más sobre la administración del dinero en el comercio de divisas para principiantes, antes de pasar a la descripción de la administración del dinero para operadores avanzados.

Un buen comerciante tiene una buena estrategia de inversión y una buena herramienta de administración de dinero. Su gestión de capital está ahí para ayudarle a ganar más dinero sin correr más riesgos. Aquí hay algunas reglas de administración de dinero:

Bolsa de valores para la gestión del dinero

Si acaba de comenzar a operar en línea, deberá capacitarse. El comercio de divisas, como cualquier otro negocio, no se puede realizar sin la formación de un operador. Le recomendamos que primero pruebe su inversión en una cuenta de demostración. El comercio de demostración le permitirá configurar una estrategia comercial, para evitar los errores de los operadores novatos y, sobre todo, para configurar una buena gestión del dinero.

Cuando sienta que ha aprendido lo suficiente, puede comenzar a operar invirtiendo cantidades de dinero que se permite perder. La pérdida es inevitable en las inversiones en divisas y debe acostumbrarse. Un principio fundamental de la administración del dinero es no poner todos los huevos en una canasta. Necesita diversificar sus inversiones.

Los principios de la administración del dinero de Forex son

bastante fáciles de seguir y la administración de riesgos puede hacer que gane mucho dinero y, lo más importante, evitar perder dinero.

Uso de software comercial para la gestión del dinero.

Las plataformas comerciales de comerciantes profesionales ofrecen servicios de administración de dinero.

Protejasu capital

Cómo calcular la pérdida máxima de una operación.

Calcule el riesgo asociado con cada posición comercial. Si las posibilidades de obtener ganancias son menores que las ganancias potenciales, busque otra oportunidad comercial.

Para operar con ganancias, necesita saber de antemano cuánto puede perder y ganar en su posición. Utilice nuestra calculadora de operaciones para calcular el tamaño de la posición, el lote, el margen, el intercambio y todos los demás parámetros de su posición:

Forex excel en la gestión del dinero

No es necesario buscar un costoso software de administración de dinero o archivos de administración de dinero de Forex. Vea su exposición al mercado en tiempo real.

Incluso si desea ganar dinero lo más rápido posible, lo primero y más esencial que puede hacer es permanecer en el comercio sin perder dinero. Si está arruinado, obviamente no puede realizar pedidos ganadores. Es natural perder algunas operaciones de vez en cuando, pero el objetivo no es gastar todo el capital comercial.

Un operador de Forex debería acostumbrarse a analizar los riesgos antes de apostar dinero en una operación. Una de las trampas del comercio es el comercio durante todo el día. Los traders principiantes intentarán reconstruir sus posiciones y tomar más. Varios informes de la Autorité des Marchés Financiers (MFA) muestran que el comercio excesivo genera pérdidas más que cualquier otra cosa. Por lo tanto, solo debe operar cuando tenga oportunidades comerciales reales.

Las dos reglas del principiante en Forex son: asegúrese de tener suficiente dinero para abrir 40 posiciones comerciales y no arriesgue más del 3% de su capital comercial. Este es uno de los trucos de administrar el dinero en la bolsa de valores, aunque parezca demasiado simple.

Maneje el estrés en el comercio con administración de dinero
Opere solo con dinero que pueda permitirse perder.
Nunca querrás usar el dinero que necesitas para vivir. El comercio de divisas es una inversión arriesgada y solo debe utilizar el dinero que pueda permitirse perder en este tipo de inversión.
Esto ayudará a reducir el estrés y evitará el miedo a la fatalidad, que lo llevará a cometer errores.
Gestión de riesgos
Hay muy pocos inconvenientes cuando se trata de establecer un stop loss. El stop loss le permite administrar mejor sus sentimientos y pone algo de orden en los puntos de salida de sus posiciones comerciales. Establecer un stop loss le permite perder no más de una cantidad predeterminada. Debe establecer una proporción de ganancias / pérdidas y establecer el límite de pérdidas de acuerdo con ella. Probablemente no pueda operar sin un stop loss. Una alternativa interesante es el uso de trailing stop loss en la plataforma MT4.
Dado que el mercado de divisas representa un tipo de cambio, muchos corredores de CFD ofrecen un apalancamiento significativo a sus clientes. El apalancamiento puede amplificar las ganancias y pérdidas en el mercado de valores. No se recomienda utilizar un apalancamiento alto cuando desee implementar un sistema de gestión de riesgos comerciales.
El truco más importante en el comercio es reducir sus pérdidas rápidamente y dejar que sus ganancias sigan su curso. Agregue posiciones si tiene posiciones ganadoras y corta las posiciones perdedoras antes de que sean demasiado grandes.
Si esun principiante, evite entrometerse. El apalancamiento solo se puede utilizar cuando está acostumbrado a perder dinero y sabe que no todas las operaciones pueden tener éxito. De esta manera, no sufrirá grandes pérdidas en su cartera y podrá evitar estar en el lado equivocado del mercado.
El apalancamiento es una de las ventajas del mercado de divisas. Puede ayudarlo a ganar más, pero también puede funcionar en su contra. Se aconseja precaución.
Maneje las emociones y apéguese a su estrategia de administración de dinero
El comercio de divisas puede traer una variedad de emociones,

entusiasmo y frustración. Limpiar su mente de su prejuicio emocional puede ayudarlo a tomar decisiones racionales. Tomar decisiones basadas en sus emociones es la forma más segura de perder dinero. Las emociones pueden influir en ti para que tomes muchas malas decisiones, mientras que confiar en su razón puede salvarte de pérdidas.

Al operar en Forex en línea, el operador puede enfrentar muchos obstáculos por falta de conocimiento. Estos cinco consejos principales para la administración del dinero en moneda extranjera le brindarán la mejor información y los posibles obstáculos que probablemente enfrentará.

Los operadores de Forex deben aceptar que sus órdenes pueden generar ganancias y pérdidas. Está bien pensar que habrá ganancias de la negociación, pero esperar solo ganancias no es razonable. Un trader ganador es realista y está preparado para cualquier resultado, dando lo mejor de sí mismo en todo momento.

La psicología del trading es muy importante en el trading manual, porque es un ser humano quien tomará la decisión de comprar y vender. Las mejores estrategias de administración de dinero de Forex evitan el estrés y tienen un plan de inversión establecido con anticipación. Intenta hacer lo mismo.

Aceptar una pérdida es muy difícil y los principiantes siempre querrán recuperarse después de una pérdida. Esto es lo más peligroso del comercio. Por ejemplo, $ 1,000 se pierden al invertir $ 5,000. La pérdida porcentual es del 20%. Por lo tanto, para cubrir la pérdida, debe ganar un 25% para volver a la cantidad original. Después de una pérdida, lo más importante es no intentar recuperarse, porque muchas veces no está en buena forma psicológica y esto puede hacerle perder aún más.

Construya un plan comercial

Debe tener un plan comercial y ceñirse a su estrategia de inversión. Su plan de operaciones debe incluir un sistema de gestión de riesgos de Forex o un sistema de gestión de dinero de Forex. Un plan comercial lo ayudará a mantener sus emociones y también evitará que opere cuando no lo necesite.

Con un plan de inversión, necesita conocer los puntos de entrada y salida con anticipación y saber cuándo tomar las ganancias o reducir sus pérdidas sin volverse miedoso o codicioso. Esto aporta disciplina a su inversión, que es esencial para una gestión exitosa del dinero de Forex.

Comprender los riesgos de negociar en bolsa

Debemos reconocer que existe un elemento de riesgo en cada posición bursátil y aceptar el hecho de que es posible perder dinero en cualquier pedido.

No tenemos que pensar en términos absolutos. Al invertir, siempre debe pensar en términos de rentabilidad. Si puede obtener un rendimiento del 10%, ya es enorme, especialmente si no corre un gran riesgo. Al ingresar a una posición, debe sopesar los pros y los contras, la ganancia en relación con el riesgo potencial. Es por eso que a menudo hablamos de una relación de pérdidas / ganancias de 1 a 4.

Los operadores que respetan esta regla comercial están dispuestos a ganar 4 dólares por cada dólar perdido. Su límite de pérdidas y ganancias debe establecerse de acuerdo con las reglas de administración del dinero. Siempre evalúe el riesgo de cada operación antes de pensar en el beneficio potencial.

Es mejor obtener pequeñas ganancias sólidas que grandes ganancias comerciales. Entrar en el mercado con la mentalidad de un jugador de póquer es una forma segura de perder dinero.

Antes de comenzar a operar, observe el tamaño de su posición. El tamaño de la posición afectará directamente sus riesgos de inversión y pérdidas potenciales. El tamaño de la posición debe coincidir con su capital. Muy a menudo, los comerciantes toman un máximo del 5-10% de su capital en una posición de acciones, por lo que no ponen todos sus huevos en una canasta.

El comercio de divisas es arriesgado y nunca debe comprometerse más de lo que está dispuesto a perder. También debe depositar una cantidad razonable en su cuenta de operaciones. Lo peor que puede hacer en términos de gestión de riesgos es pedir prestado para invertir en bolsa. Esto le garantizará alguna pérdida, estará estresado y le faltará paciencia.

Gestión del dinero comercial: manténgase informado

Al operar en Forex, es una buena idea consultar los foros de Forex y mantenerse en contacto con otros operadores para estar al tanto del sentimiento del mercado. Un operador de Forex siempre debe seguir las noticias y técnicas del mercado que otros inversores utilizan para tener una estrategia comercial ganadora.

Gestión del dinero: sea optimista pero no codicioso

Evite ser codicioso en el comercio. La codicia puede llevarlo a tomar malas decisiones comerciales. Operar no siempre significa ser un ganador y hacer grandes intercambios todo el tiempo. Se trata de abrir pedidos en el momento adecuado y cerrarlos en el momento adecuado. Un error que no debe cometer es querer tomar sus ganancias demasiado rápido por temor a perder. Una buena gestión de riesgos siempre está asociada con una gran disciplina y la existencia de una estrategia y un plan de negociación de Forex.

Para probar sus habilidades de inversión en línea y la plataforma MetaTrader, abra una cuenta de demostración.

Cómo aplicar Swing Trading Money Management

Es fácil acceder a la capacitación comercial en línea y aprender a administrar el dinero con la intención de utilizarlo en su estrategia comercial. Sin embargo, muchos comerciantes no ponen en práctica todos estos principios. Aquí es donde radica la diferencia entre operadores ganadores y perdedores.

Al realizar encuestas a traders, es muy fácil encontrar la diferencia entre traders ganadores y perdedores, principiantes que tienen dificultades y profesionales que se destacan; es simplemente rigor.

La administración del dinero requiere una organización sólida. Por ejemplo, puede escribir una serie de reglas de administración de dinero en un post-it:

Sé por qué abro esta posición comercial (factores técnicos y / o fundamentales);

Voy a hacer un stop loss;

Mi pérdida máxima en esta posición no supera el 5% de mi capital comercial;

Mi relación riesgo / recompensa es 1: 2 o superior (o 1: 1, 1: 3, 1: 4 según su estilo de negociación);

Las pérdidas acumuladas del día (o semana) no superan el 20% de mi capital. De lo contrario, dejaré de operar por hoy.

Esta estrategia de administración de dinero puede evitar que opere demasiado y limitar su exposición al riesgo. Le dirá cuánto arriesga y cuál es la pérdida máxima.

Los límites de la gestión del dinero en la bolsa de valores

En las reglas de administración del dinero, a menudo está presente el concepto de pérdida máxima en términos del porcentaje del capital disponible. Esto limita el riesgo de grandes pérdidas y dificulta perder todo su dinero en una serie de pérdidas (con un riesgo limitado al 1% del principal para cada operación, se necesitan una serie de 100 pérdidas para consumir todo el dinero depositado).

Es fácil entender que con un capital de 1000 €, por ejemplo, esta regla limita la pérdida a solo 10 € por posición, lo que puede provocar que las posiciones se cierren antes de tiempo. Cuanto más capital esté disponible, más fácil y eficiente será la administración del dinero.

Para contrarrestar este límite, el operador no tiene más remedio que aflojar un poco las limitaciones (matemáticas, pero no de comportamiento) de la administración del dinero y correr un poco más de riesgo si quiere obtener ganancias más atractivas.

CAPÍTULO CATORCE
¿QUÉ CORREDORDE FOREX ELEGIR?

Si se pregunta qué corredor elegir para sus operaciones, este artículo es para usted. Aprenderá a seleccionar un buen bróker comercial y podrá encontrar uno gracias a nuestros consejos.

Definición de corredor: Un corredor de Forex es una empresa que proporciona a los inversores del mercado de valores acceso a una plataforma de negociación de divisas para comprar y vender divisas. Por lo tanto, pueden realizar transacciones en el mercado Forex las 24 horas del día. En su mayoría, se compensan con la diferencia entre los precios de oferta y demanda de un par de divisas.

Para comenzar a invertir en el mercado de valores y el mercado de divisas, primero debe encontrar un corredor de renombre. Su primera prioridad es hacer su investigación para que pueda tomar una decisión informada sobre qué corredor operar en Forex. También debe asegurarse de que tenga una reputación positiva y pueda satisfacer sus necesidades comerciales.

La gran mayoría de los corredores de Forex permitirán a los clientes potenciales probar sus servicios con una cuenta de demostración o práctica de operaciones, de modo que los operadores puedan comprender bien qué es el comercio de divisas.

Cómo encontrar el mejor corredor

Ahora veremos cómo elegir el mejor bróker en función de los criterios a tener en cuenta.

Broker de Forex regulado: es importante abrir una cuenta de operaciones con un corredor de Forex regulado.

Spreads y comisiones de corretaje: encontrar el corredor con los spreads más bajos es algo bueno, pero tenga cuidado con las diferentes técnicas de marketing. Un diferencial anunciado en el sitio web del corredor no significa necesariamente que siempre lo tendrá en sus órdenes de negociación. Como muestra el artículo sobre los mejores diferenciales y tarifas de corretaje, también tenga en cuenta los swaps y las comisiones. Admiral Markets, por ejemplo, es uno de los pocos corredores en Francia que ofrece una tarifa fija de 1 EUR por pedido en CFD de acciones.

Calidad de ejecución de órdenes y deslizamiento: tener márgenes bajos es un buen comienzo, pero tener órdenes ejecutadas al precio inicial es aún mejor.

Seguridad del fondo: elija un corredor de Forex con cuentas bancarias en Europa y especialmente con cuentas bancarias separadas.

Diferentes tipos de cuentas comerciales: un buen corredor debe ofrecerle diferentes tipos de cuentas con diferentes beneficios para estilos comerciales específicos. Consulte nuestra sección sobre tipos de cuentas.

Capacidad para elegir apalancamiento: Forex es un mercado que a menudo se negocia con apalancamiento. Para gestionar bien sus posiciones, es muy importante poder elegir el efecto de apalancamiento de forma independiente.

Los mercados ofrecidos: siempre es interesante poder invertir en varios mercados al mismo tiempo. Para ello, una buena opción es trabajar con un corredor que ofrezca diferentes mercados e instrumentos de negociación, como índices bursátiles, materias primas, acciones, criptomonedas, bonos o ETF (fondos cotizados en bolsa).

¿Cuál es la gama de instrumentos comerciales del corredor?

Aunque hay una gran cantidad de herramientas accesibles para el comercio, solo unas pocas reciben mucha atención de los comerciantes, ofreciendo las mejores condiciones comerciales.

Los principales pares de divisas son EUR / USD, GBP / USD, USD / JPY y USD / CHF,

Los principales índices bursátiles son el CAC40, el DAX30 y el Dow Jones,

Los principales productos básicos son el oro y el petróleo,

Bitcoin y Ethereum están a la cabeza de la familia de las criptomonedas.

Pero los mejores corredores comerciales ofrecen una amplia variedad de instrumentos y usted puede elegir qué negociar en función de su estrategia comercial.

Tarifas de negociación: elija un corredor barato

Cada corredor comercial tiene una variedad de tipos de cuentas que ofrecen diferentes ofertas de apalancamiento y propagación.

Los traders de Forex tienen acceso a un rango de apalancamiento según el tipo de cuenta, hasta 1:30 para clientes minoristas y hasta 1: 500 para clientes profesionales. El apalancamiento es un préstamo otorgado a los titulares de cuentas de margen por sus corredores. Por ejemplo, aplicando un apalancamiento de 1:50, un operador de Forex con un tamaño de cuenta de $ 1,000 puede mantener una posición por valor de $ 50,000.

El apalancamiento funciona a favor del operador en posiciones ganadoras, ya que el potencial de ganancias se amplifica enormemente. Sin embargo, el apalancamiento es capaz de destruir rápidamente el capital de un comerciante, ya que también aumenta el potencial de pérdidas. Tenga en cuenta que el apalancamiento solo debe usarse con precaución.

En segundo lugar, las otras ofertas importantes que afectan sus posiciones comerciales son los diferenciales y las comisiones. Un corredor de Forex gana dinero con sus comisiones y diferenciales. Un corredor que usa comisiones puede cobrar un porcentaje del tamaño de una posición (dicho esto, esto es más común con instrumentos como acciones y CFD de acciones que con pares de divisas). Sin embargo, muchos corredores de divisas anuncian que no cobran comisiones y, en cambio, ganan dinero con los diferenciales, que son la diferencia entre los precios de compra y venta de un par de divisas. Cuanto más amplio sea el diferencial, mayores serán las comisiones (y menores sus beneficios potenciales).

Un tercer parámetro es el depósito inicial mínimo que puede solicitar un corredor de Forex en línea. La mayoría de las cuentas de Forex se pueden financiar con un depósito inicial muy limitado.

Y el último elemento es la facilidad para realizar depósitos y retiros. Cada corredor de Forex tiene sus propios métodos de retiro, así como su propia política de depósito. Los corredores pueden permitir a los titulares de cuentas financiar sus cuentas comerciales en línea a través de PayPal, simplemente con una tarjeta de crédito o mediante transferencias bancarias. Por lo general, los retiros se pueden realizar mediante tarjeta de crédito o transferencia bancaria. Los corredores pueden cobrar o no una comisión por cada servicio.

Negociar con un corredor No Swap

Entre los costos que debe soportar el comerciante se encuentra el swap, también llamado rollover. El swap consiste en un interés pagado o recibido por el operador por posiciones abiertas durante la noche.

El swap se aplica a diferentes tipos de instrumentos, incluidos CFD y Forex. Curiosamente, el intercambio de divisas puede hacer que el operador gane dinero, según el par de divisas y la posición que tenga. Esto es carry trade.

Los operadores también pueden operar sin swap recurriendo a contratos de futuros. Esto se debe a que, a diferencia de los CFD, los futuros no conllevan comisiones de intercambio vespertinas, lo que permite a los operadores mantener una posición abierta durante la noche sin pagar ninguna comisión.

Qué corredor elegir para MT4 y MT5

La plataforma de negociación es el portal del comerciante a los mercados financieros y, como tal, los comerciantes deben asegurarse de que la plataforma, o cualquier tipo de software comercial, sea fácil de usar y visualmente atractivo. Este es el caso de MT4 y MT5, las plataformas de negociación más populares para los comerciantes minoristas.

MetaTrader también tiene una gama de análisis técnico y herramientas de análisis fundamental y es fácil realizar pedidos de Forex.

Esto es crucial cuando se trata de elegir un bróker de Forex serio: una plataforma de operaciones de Forex bien diseñada tendrá botones simples de "comprar" y "vender", y algunos incluso tendrán un botón de emergencia que cierra todas las posiciones.

Una interfaz de usuario mal diseñada podría dar lugar a costosos errores de entrada de pedidos, como agregar accidentalmente una posición en lugar de cerrarla, o quedarse corta cuando se pretendía que fuera larga. Estos errores pueden hacer que su experiencia comercial no sea rentable y emocionalmente agotadora.

Asegúrese de elegir un corredor de bolsa de renombre que tenga una plataforma comercial sólida como MT4 o MT5, ya que es la opción más popular entre los mejores corredores de Forex.

Otros factores a considerar son: posibilidades de personalización, tipos de órdenes, opciones comerciales automatizadas, backtesting, desarrolladores de estrategias y alertas comerciales. La mayoría de los corredores ofrecen cuentas de operaciones de demostración gratuitas para que los operadores puedan probar la plataforma de operaciones sin ningún riesgo, antes de pasar a las operaciones de mercado en vivo.

Cómo encontrar un corredor regulado

Si está buscando los mejores corredores regulados, un sitio web de aspecto profesional no garantiza que el corredor sea serio o digno de confianza. Debe verificar si su corredor de Forex está regulado y autorizado por una autoridad reguladora seria, como una Autoridad de Conducta Financiera (FCA).

Normalmente, los corredores que cumplen con un reglamento publican la información de licencia en un lugar destacado en su sitio web.

Hoy en día, existen muchas estafas en los sitios de comercio y, muy a menudo, estos sitios tienen regulaciones que no son muy estrictas o que no las tienen en absoluto. Por ejemplo, con el pasaporte europeo, cualquier empresa financiera registrada en uno de los países de la Unión Europea tiene derecho a ofrecer servicios de intermediación en otros países sin necesidad de acuerdos adicionales.

Tenga en cuenta que existen diferentes organismos reguladores en diferentes regiones, por lo que una buena regla general es asegurarse de que el corredor de Forex que está considerando tenga licencia y esté regulado por el organismo regulador en su región de negocios.

Por ejemplo, en el Reino Unido, un buen corredor de Forex será un corredor regulado oficialmente y con licencia de la FCA. Además, los corredores de la UE deben actuar de acuerdo con las directrices de la ESMA (Autoridad Europea de Mercados Financieros) y en Francia de acuerdo con las reglas de la AMF (Autorité des Marchés Financiers). En Australia, el principal regulador es la Comisión Australiana de Valores e Inversiones.

Debido a preocupaciones sobre la seguridad de los depósitos y la integridad de los corredores, las cuentas de operaciones solo deben abrirse con corredores debidamente regulados.

Tenga cuidado con las estafas buscando el mejor corredor en línea

Desafortunadamente, muchas personas asocian erróneamente el

comercio de divisas con estafas. El problema es que cada vez hay más empresas sin escrúpulos que venden información falsa. La cantidad de estafas comerciales relacionadas con Forex ha aumentado drásticamente en los últimos años, por lo que es importante que pueda identificar una estafa.

Cuando los comerciantes se registran con un corredor en línea, deben esperar que sus datos personales estén protegidos (es decir, que no se transmitan a terceros).

Cuando alguien que no conoce se comunica con usted a través de su número de teléfono personal, por ejemplo, la entidad que proporcionó su información violó su privacidad. ¿Por qué? Porque no permitió que sus datos fueran accesibles al público.

Best Broker 2021 - Prueba de servicio al cliente

Las operaciones comerciales involucran movimientos del mercado en un corto período de tiempo, por lo que el servicio al cliente de un corredor de renombre debe estar disponible rápidamente. También debería ser fácil hablar con una persona real, en lugar de la autoayuda que consume mucho tiempo y, a menudo, es frustrante.

Al determinar cuál es el mejor corredor de Forex, una llamada rápida puede darle una idea del tipo de servicio al cliente que brindan, el tiempo de espera y también la capacidad del representante para responder preguntas sobre diferenciales, regulaciones, apalancamiento y detalles comerciales en una manera concisa.

Qué corredor elegir para los comerciantes principiantes

Si es un trader novato, probablemente no necesite ningún extra, como una plataforma de trading avanzada. Pero es posible que necesite algo de formación y apoyo. Esto se puede hacer a través de videos y tutoriales o artículos de capacitación escritos por operadores experimentados.

Un buen corredor de Forex debería, de hecho, ofrecer siempre asistencia a sus traders, incluida una buena formación sobre comercio y mercados. Para los principiantes en Forex, es muy importante comprender la jerga, por lo que un corredor con las herramientas de capacitación adecuadas siempre es mejor.

Elija su corredor según su estilo de inversión

La elección del corredor debe estar influenciada en particular por el estilo de inversión. ¿Es usted un trader a corto plazo o un inversor a largo plazo?

Los operadores no mantienen posiciones abiertas durante mucho tiempo. Están interesados en ganancias rápidas por encima del promedio del mercado debido a la volatilidad de los precios a corto plazo y pueden negociar mucho en un período corto de tiempo. Si se considera un comerciante, deberá elegir un corredor con tarifas de ejecución muy bajas; de lo contrario, las tarifas comerciales podrían reducir drásticamente sus ganancias. También recuerde que el comercio activo requiere experiencia, y la combinación de un operador sin experiencia y el comercio frecuente a menudo resulta en pérdidas.

Un inversor a largo plazo compra y mantiene sus valores durante mucho tiempo. Se contenta con dejar que el valor de sus inversiones se aprecie durante períodos más largos.

Muchos inversores encontrarán que su estilo de inversión se encuentra en algún lugar entre el del comerciante y el del inversor, en cuyo caso otros factores serán importantes para elegir el corredor más adecuado, como las comisiones de custodia y gestión.

Encuentre un corredor de bolsa y un ETF

Los inversores a largo plazo, que no están interesados en el comercio a corto plazo, deben elegir un corredor que ofrezca una oferta adecuada.

Comprar una acción a largo plazo requiere un buen análisis fundamental, pero los inversores a largo plazo estarán felices de tener una plataforma gráfica completa para completar y perfeccionar su análisis.

Elija su corredor según su estrategia comercial

La elección del mejor corredor de Forex también puede depender del estilo de negociación del operador. Aunque los criterios generales siguen siendo los mismos, el comerciante puede preferir un corredor sobre otro dependiendo de su estilo de negociación.

Scalping: un scalper debe elegir un corredor de Forex que no imponga restricciones sobre el comercio. De hecho, algunos corredores prohíben a sus traders hacer scalping o establecer distancias mínimas para las órdenes del mercado de valores, lo que dificulta el scalping. Además, el scalping requiere los márgenes más bajos y una excelente calidad de ejecución de órdenes. Efectivamente, el revendedor necesita rapidez y no pagar demasiadas comisiones por puesto, porque abre muchos puestos al día.

Negociación intradía: un comerciante intradía suele abrir menos posiciones que el scalping, pero también es una negociación a muy corto plazo. Por lo tanto, debe elegir un corredor de Forex con spreads bajos, incluso si esto es menos crucial que el scalping. El comercio intradía es quizás el enfoque más popular para los comerciantes minoristas, pero sigue siendo un negocio riesgoso. Es por eso que el corredor que elija debe ofrecer un apoyo serio.

Swing Trading: un operador swing generalmente mantiene sus posiciones abiertas durante varios días. Además de los requisitos anteriores, el comerciante swing también deberá prestar atención a las tarifas de intercambio.

El comerciante puede optar por operar con un corredor de Forex o Market Maker NDD (Sin mesa de operaciones).

Un corredor de NDD utiliza proveedores de liquidez externos y actúa como intermediario entre el comerciante y los mercados financieros.

Un Broker Market Maker es un creador de mercado, lo que significa que es directamente la contraparte del comerciante.

Los comerciantes minoristas generalmente prefieren evitar a los corredores de Market Maker debido al riesgo de manipulación de precios, ya que el corredor mismo establece los precios.

Comience con un corredor que ofrezca una cuenta demo

Elegir un corredor de Forex para comenzar a operar es a veces una tarea difícil. Sin embargo, un elemento esencial que no debe pasarse por alto es la disponibilidad de una cuenta comercial de demostración.

De hecho, antes de comenzar a operar en real con un corredor, incluso para un operador experimentado, es esencial probarlo a través de una cuenta demo.

Una cuenta demo es una cuenta de comercio de dinero virtual. Le permite practicar el comercio sin arriesgar sus fondos cuando comienza, pero también tomar las herramientas que le ofrece el corredor de su elección. También es una oportunidad para probar la disponibilidad y competencia del servicio al cliente antes de finalmente elegir a este corredor de forma permanente.

Por lo tanto, el comercio de demostración ofrece varias ventajas para los operadores novatos, además de ser completamente gratuito, sería una pena prescindir de él debido a la imposibilidad del corredor.

Consejos para elegir y comenzar con el mejor corredor

Como acabamos de ver, hay una serie de factores que deben tenerse en cuenta al elegir un buen corredor en línea. Con los elementos mencionados anteriormente, ahora tiene las claves para tomar decisiones informadas, eficientes e inteligentes y para elegir el mejor corredor en línea para usted.

Su primer corredor no será necesariamente su corredor de por vida. Su estilo de negociación puede cambiar y las necesidades de sus inversores pueden cambiar al mismo tiempo. Pero tiene muchas más posibilidades de tener éxito como inversor si se toma el tiempo de elegir el corredor adecuado para comenzar.

Puede ser tentador simplemente registrarse con el corredor que ha visto anunciado, pero para tener éxito en el comercio, debe prestar atención a los detalles y tomar decisiones informadas, incluso al elegir un corredor.

Siguiendo esta guía sobre qué corredor de Forex elegir, es posible que ya haya encontrado el corredor que mejor se adapte a sus necesidades, sean las que sean.

Una vez que haya elegido a su corredor de Forex, es hora de comenzar. No se limite a abrir una cuenta y comenzar a operar, utilice todos los recursos educativos y analíticos a su disposición, comience a definir su estrategia comercial y practique como una cuenta demo. Ha dedicado un tiempo valioso a la búsqueda de su corredor, ahora es el momento de aprovechar sus servicios.

CONCLUSIÓN

Si está leyendo la conclusión, significa que ha llegado al final del libro.

Espero que haya sido una lectura agradable y que el contenido haya sido interesante.

Espero que todo esto le haya ayudado a mejorar su forma de operar en Forex.

También espero que con este libro descubras el método para hacer más rentable su trading, pero, sobre todo, que aprenda las herramientas para intentar salvaguardar su capital.

Como siempre digo, operar no significa jugar en el casino.

El comercio se ha convertido en su trabajo para muchos, y para algunos, en la posibilidad que les ha permitido incrementar significativamente su nivel de vida.

Pero detrás de todo esto hay estudio, preparación, disciplina, organización y, sobre todo, nunca improvisación.Le deseo mucho éxito en el comercio y en otros tipos de negocios, ¡qué tenga una buena vida!

INVERSIÓN EN CRIPTOMONEDAS

Revolución Blockchain

Las mejores estrategias para convertirse
en cripto millonario

INTRODUCCIÓN

Hay personas que, gracias al trading, han cambiado sus vidas y la vida de muchas personas que han creído en ellas. Basta mencionar el nombre de Warren Buffet o George Soros porque los sueños y visiones comienzan a aparecer en la cabeza de muchos comerciantes.

El éxito comercial se logra manteniendo los pies en la tierra.

Partiendo de esta creencia, escribí este manual de forma sencilla con el objetivo de ayudar a los novatos a encontrar la forma correcta de tener éxito, pero sobre todo a encontrar los métodos adecuados para no perder dinero, muchas veces ahorrado con muchos sacrificios.

Negociar no es sinónimo de juego. El comercio de criptomonedas no es un juego ni un pasatiempo. Su enfoque debe ser extremadamente serio y disciplinado, especialmente su atención debe prestarse a salvaguardar el capital que decide invertir. Conocer su carácter, sus miedos, sus metas, saber utilizar todo esto a su favor, es sin duda un arma más.

CAPÍTULO UNO
BLOCKCHAIN

En los últimos años, seguramente habrá notado que el término "blockchain" se pronuncia con una frecuencia cada vez mayor. Es comprensible cuando se considera el hecho de que muchas personas están comparando la importancia de la tecnología blockchain con la de la World Wide Web en la década de 1990. Pero, ¿qué es blockchain? ¿Cómo funciona? Sobre todo, ¿cómo puede posicionarse para capitalizar esta innovación que podría ofrecer una gran oportunidad de crecimiento?

Blockchain

En pocas palabras, podríamos definir blockchain como una base de datos compartida, un libro de contabilidad digital, un archivo de transacciones financieras que se guardan en varias computadoras en diferentes lugares.

La base de datos crece constantemente a medida que se agregan nuevas transacciones, también llamadas "bloques". Esto forma una cadena continua de datos en la que los registros son públicos y verificables. Como no hay una oficina central, es más difícil piratear información, ya que existe en millones de lugares diferentes.

Hay tres tecnologías principales que se combinan para crear una cadena de bloques. Estos incluyen criptografía de clave privada, una red de distribución con un libro mayor compartido y un incentivo para mantener las transacciones de la red, el mantenimiento de registros y la seguridad. Estos se combinan para hacer de la tecnología blockchain un sistema descentralizado, transparente e inmutable.

Descentralización

La mayoría de las formas de pago tradicionales están centralizadas. Por ejemplo, su banco almacena su dinero y para pagarle a otra persona tendrá que pasar por el banco. Esto tiene varias debilidades:

todos los datos se almacenan en un solo lugar, lo que los convierte en un objetivo fácil para los piratas informáticos;
si la entidad centralizada se cierra o se corrompe, nadie tiene acceso a la información que contiene.

En un sistema descentralizado, como el creado con tecnología blockchain, la información no es almacenada por una sola entidad. Todos los miembros de la red son propietarios de la información y pueden acceder al historial de transacciones, pero no pueden modificarlo. Esta inmutabilidad es otro pilar fundamental de la tecnología blockchain.

Inmutabilidad

Una vez que se ha colocado algo en la cadena de bloques, no se puede alterar. No hay forma posible de "jugar" con los registros. Esto se debe a que la tecnología subyacente utiliza hashes criptográficos. En el contexto de los pagos, esto significa que las transacciones se toman como entradas y se pasan a través de un algoritmo hash que les da una salida de tamaño y longitud fijos. Esto significa que cada hash puede identificar un conjunto muy grande de cálculos o una cadena de datos.

Transparencia

Quizás el aspecto más interesante de cómo funciona blockchain es el hecho de que ofrece un alto nivel de transparencia y privacidad al mismo tiempo. La identidad de un usuario está oculta detrás de un cifrado complejo y solo puede identificarse por su dirección pública.

Al mismo tiempo, si bien la identidad del usuario es segura, aún se pueden ver todas las transacciones que se han realizado en su dirección pública. Este nivel de transparencia no existe en el sistema financiero actual y es por eso que la tecnología blockchain está cambiando el mundo de las finanzas, como veremos más adelante en este artículo.

Cómo funciona

Supongamos que David quiere enviarle dinero a Paul. Usando la tecnología blockchain, esta transacción se representaría en línea como un bloque. Este bloque se distribuiría a través de la red blockchain, que es un tipo especial de red peer-to-peer donde la carga de trabajo se divide entre los participantes en lugar de un servidor central.

Una vez que la red verifica que la transacción es válida, el bloque

se agrega a la cadena y se reconcilia a través de la red, creando un registro permanente. El registro de David de propiedad del dinero luego pasa a Paul. En esencia, la tecnología ayuda a eliminar al intermediario, pero con total transparencia y privacidad.
Cómo funciona en el mundo real
Uno de los primeros usos de esta tecnología en el mundo real fue en criptografías como Bitcoin y Ethereum. Esto se debe a que la tecnología permite que la información digital sea distribuida y no copiada, lo que significa que cada dato puede tener un solo propietario, lo cual es fundamental para los pagos; de hecho, un libro maestro digital.

Cómo funciona Blockchain para Bitcoin

En 2008, alguien que usaba el seudónimo de Satoshi Nakamoto creó Bitcoin. Dado que la cadena de bloques de Bitcoin está descentralizada, no está controlada por una sola autoridad central, a diferencia de las monedas tradicionales emitidas por un banco central. En cambio, la cadena de bloques de Bitcoin es mantenida por una red de mineros (a veces llamados "nodos"). Estos nodos son computadoras personalizadas que resuelven problemas matemáticos complejos para realizar la transacción.
Imaginemos que David realiza una transacción con Bitcoin. Esta transacción se originaría en la billetera de moneda digital de David, que estará protegida por una clave privada. Esta clave no es más que una firma digital de David, que proporciona una prueba matemática de que la transacción proviene de esa billetera.
Si más personas realizan más transacciones, todas se agruparán en un bloque que se organizará mediante estrictas reglas criptográficas. Este bloque luego se enviará a la red Bitcoin y una vez validado se agregará a los bloques anteriores, creando así una cadena de bloques.
Aunque esto podría parecer una forma muy larga y complicada de realizar una transacción, tenga en cuenta que todas estas transacciones son transparentes y están listadas en el libro de

contabilidad de Bitcoin (que puede buscar con un explorador de Bitcoin). Además, varias partes necesitan autenticar la transacción e incluso si una parte de la red colapsara, toda la red no colapsaría.

Cómo funciona Blockchain para Ethereum

Tras el bombo y el éxito de Bitcoin, varias otras empresas han comenzado a construir plataformas con cadenas de bloques que han sido más fáciles de usar en el mundo real y por las empresas. La segunda moneda digital más grande del mundo por valor, después de Bitcoin, es Ethereum. Es esencialmente una plataforma de blockchain que se especializa en contratos inteligentes y está vinculada a una moneda digital llamada "Ether".

La cadena de bloques de Ethereum es pública, al igual que la de Bitcoin, y permite a las personas crear aplicaciones descentralizadas en su plataforma, que se especializa en contratos inteligentes. Se trata de contratos que se ejecutan automáticamente cuando todas las partes interesadas cumplen determinadas condiciones. Este nivel de automatización ayuda a acelerar el proceso.

Cómo funciona la billetera

Una billetera blockchain no es más que un programa de software que permite a los usuarios comprar, vender y monitorear sus balances con monedas digitales como Bitcoin y Ethereum. Es importante tener en cuenta que una billetera blockchain no almacena criptomonedas. Simplemente mantiene un registro de todas las transacciones relacionadas con la moneda (sus claves públicas y privadas) y las almacena en la cadena de bloques.

Hay varios tipos de carteras de cadena de bloques disponibles. Las carteras de hardware son dispositivos de hardware como memorias USB que almacenan claves privadas para un usuario. También hay carteras de software, como aplicaciones de escritorio, en línea y móviles, que almacenan claves privadas para las transacciones realizadas.

La tecnología Blockchain en sí, sus usos y los servicios que la rodean son un gran negocio. Es la razón por la que muchas grandes empresas están invirtiendo miles de millones de dólares en su desarrollo. Sin embargo, hay algunas acciones de blockchain que se destacan de otras.

Antes de profundizar en este tema, debe aprender más o mejorar su conocimiento de la tecnología blockchain y comprender mejor cómo usar blockchain.

Cómo invertir en blockchain

Para demostrar cuántos inversores están interesados en las acciones de blockchain, solo eche un vistazo a Riot Blockchain. Era una acción de un centavo que pasó de solo $ 8 por acción a $ 40 por acción en 2017 cuando cambiaron su nombre de Bioptix Inc a Riot Blockchain.

La empresa era fabricante de maquinaria de diagnóstico para la industria biotecnológica. Después de cambiar su nombre y cambiar su marca para centrarse en la compra de activos de criptomonedas y blockchain, las acciones se han disparado debido a la exageración de los inversores. Con el tiempo, la empresa fue investigada por la Comisión de Bolsa y Valores.

Este es un ejemplo de por qué los inversores deben investigar antes de comprar el potencial de la tecnología blockchain. Sin embargo, hay algunas grandes empresas conocidas que están invirtiendo miles de millones en tecnología que todos los comerciantes deberían conocer.

Las 3 mejores acciones para 2020

Según un informe del Foro Económico Mundial, alrededor del 10% del producto interno bruto (PIB) mundial probablemente se almacenará en bloques para 2027. Las empresas a la vanguardia en la prestación de servicios basados en blockchain estarán en la parte superior de las listas de inversores 2020 y mucho más allá.

A continuación, puede encontrar una lista de solo 3 acciones que pueden ayudarlo a comenzar y comprender cómo invertir en blockchain, y que la mayoría de los inversores pueden encontrar interesantes para 2020 y después.

IBM

IBM es uno de los líderes en el desarrollo de tecnología blockchain. La empresa cuenta con el apoyo de más de 1.500 expertos de la industria, que participan en más de 500 proyectos de blockchain. Uno de esos proyectos es la plataforma IBM Food Trust que se lanzó con Walmart en 2018. El objetivo era mejorar los procesos de seguridad alimentaria a través de una cadena de bloques integrada del lado del suministro.

Según Forbes, IBM "puede ser la más grande y exitosa de las empresas de blockchain". Una razón es que la compañía ayudó a crear Hyperledger Fabric, luego de donar 44,000 líneas de código al proyecto que formó el núcleo de una nueva cadena de bloques con velocidades más rápidas y mayor privacidad. Hyperledger Fabric es el estándar de oro para proyectos empresariales de blockchain.

Durante los últimos siete años, el precio de las acciones de IBM ha sufrido por la falta de innovación de sus contrapartes como Microsoft y Apple. Sin embargo, está firmemente en el corazón del desarrollo de blockchain, y los inversores estarán atentos a las señales que ayuden a lograr los resultados finales de la empresa y marcar un cambio en la fortuna del precio de sus acciones.

En el gráfico mensual a largo plazo del precio de las acciones de IBM, es evidente la tendencia a la baja desde mediados de 2013 hasta finales de 2018. La pandemia de coronavirus ha hecho sentir sus efectos, pero IBM parece estar recuperándose y los inversores ahora estarán interesados en ver si el precio de las acciones de IBM logrará aumentar su impulso durante 2020. La tecnología Blockchain es nueva, pero ayuda a estar en el corazón de su desarrollo.

Alibaba

Alibaba es la empresa de tecnología y comercio electrónico más grande de China. En noviembre, Ant Financial, el brazo de tecnología financiera del Grupo Alibaba, lanzó la fase de prueba para su red blockchain destinada a apoyar a las pequeñas y medianas empresas.

El grupo también ha iniciado una asociación con el gobierno chino para el uso de blockchains en el sector de la salud. El gobierno chino ya ha anunciado que quiere ser un líder mundial en tecnología blockchain, y Alibaba parece estar listo para

aprovechar esto, ya que no solo ha construido una gran biblioteca de patentes blockchain, sino que ya está utilizando la tecnología en su subsidiaria y e- comercio Lynx y T-Mall, ganando una ventaja práctica y real.
En el gráfico semanal a largo plazo del precio de las acciones de Alibaba, está claro que la compañía lo ha hecho bien, incluso antes de sobresalir en la adopción de la tecnología blockchain. El éxito de su plataforma de comercio electrónico ofrece un gran apoyo a los inversores que aún desconfían del potencial de blockchain. La pandemia de coronavirus, por otro lado, parece haber favorecido a Alibaba gracias al aumento de pedidos en línea como resultado; combinado con el éxito en ambas áreas, podría ser un poderoso impulsor del precio de las acciones de Alibaba a lo largo de 2020 y posteriormente.
tarjeta MasterCard
Mastercard ocupa el tercer lugar en el mundo entre los mejores innovadores de blockchain con más de 100 patentes de blockchain presentadas. El avance de la compañía en la tecnología blockchain es interesante ya que la tecnología en sí está diseñada para hacer obsoletos a los intermediarios centralizados.
Sin embargo, la empresa está utilizando la tecnología para reducir los costos de transacción y aumentar la protección contra el fraude. Con más de $ 21 mil millones en pérdidas por fraude sufridas por los bancos en 2015, existe una gran ventaja en el uso de tecnología que permite transparencia y privacidad al mismo tiempo, además de su inmutabilidad.
La forma en que Mastercard ha abordado la tecnología blockchain es evidente en una empresa innovadora y con visión de futuro que complacerá a los accionistas e inversores.
El gráfico mensual a largo plazo del precio de las acciones de Mastercard muestra una tendencia alcista muy impresionante. El precio de la acción se cotiza a un alto nivel, y lo ha estado haciendo desde 2006. La forma en que la compañía se ha adaptado a esta nueva tecnología que amenaza partes de su negocio podría significar que la tendencia alcista llegó para quedarse.

CAPÍTULO DOS ICO

Cualquiera que tenga la más mínima familiaridad con el mundo de las criptomonedas, al menos una vez ha oído hablar de las ICO (Oferta Inicial de Monedas).
Se trata de un recaudador de fondos destinado a recaudar recursos económicos para aquellas start-ups que desarrollan proyectos en el campo blockchain. Las ICO explotaron en 2017 solo para tener una gran caída en 2018.
Por el momento, casi parecen haber sido reemplazados por IEO. Actualmente, ya no es posible invertir directamente en ICO.
Para comprender mejor qué son las ICO, solo piense que es el acrónimo de Oferta inicial de monedas.
Su funcionamiento no difiere mucho de las OPI que se realizan en el mercado de valores y tienen el mismo propósito.
Una start-up que opera en blockchain, de hecho, decide dar el gran paso al cotizar en bolsa o abrirse a los inversores.
Las ICOs permitieron obtener los fondos necesarios para continuar con sus proyectos. Sin embargo, a diferencia de una campaña de crowdfunding habitual, las ICO ofrecían a los inversores una ventaja real.
Los inversores, de hecho, fueron recompensados con tokens. Como veremos, se trata de unidades de criptomonedas emitidas por la puesta en marcha y entregadas como recompensa a los inversores durante la ICO.
De esta forma la start-up recibe fondos y los inversores, en cambio, reciben tokens que, de concretarse el proyecto de la empresa financiada, valdrán mucho más de lo que se pagó.
Obviamente, la ventaja de las ICO radicaba en el hecho de que, si se podía evaluar bien una puesta en marcha, las ganancias que se podían obtener eran enormes.

Diferencias entre IPO e ICO

Entremos en más detalles, recordando otras diferencias

importantes entre IPO e ICO.
El principal tiene que ver con el hecho de que, en las ICO, a diferencia de lo que ocurre con las OPI, la empresa que inicia la captación de fondos no está obligada a cumplir criterios particulares.
Prácticamente cualquiera puede abrir una recaudación de fondos para un proyecto relacionado con blockchain.
Advertencia: esto no significa que todas las ICO estén destinadas al éxito. Muchos de ellos, de hecho, comienzan y fallan después de poco tiempo.
La falta de una regulación adecuada de las ICO ha provocado su declive. Hasta la fecha, de hecho, ya no es posible participar en estas colecciones.
Alternativas a las ICO
Normalmente, cuando se lanzaba una ICO, los participantes eran recompensados con tokens o criptomonedas.
Conceptualmente, la ICO es muy similar a la OPI del mundo de la renta variable. Todo, sin embargo, tiene lugar en la cadena de bloques de manera descentralizada.
La mayoría de las personas que querían ganar dinero con las ICO entendieron hoy que la mejor manera sigue siendo especular con monedas virtuales.
Hoy, cuando esta herramienta ya no está disponible, muchos inversores han comprendido el principio básico y han encontrado una forma alternativa de ganar con las criptomonedas emergentes.
Cómo invertir en ICO: libros blancos
Todo lo relacionado con invertir en ICO era extremadamente complejo.
Al acercarse a las criptomonedas emergentes en general, de hecho, es necesario, como ya se mencionó, recordar que no todos los proyectos son válidos.
En cualquier caso, es bueno especificar que las protecciones existían y aún existen.
De hecho, cada ICO tenía que presentar un prospecto específico, técnicamente conocido como WhitePaper.
En aras de la exhaustividad, hay que recordar que los Libros Blancos no están sujetos al control de organismos externos.
A la luz de este aspecto, no es raro que resalten sobre todo los

aspectos positivos y ventajosos del proyecto. Por eso el sector se ha cerrado al público de los comerciantes minoristas.
Fundamentalmente, a pesar de todo, era vital que lo leyera detenidamente antes de unirse a cualquier ICO.
Había algunos aspectos a los que prestar especial atención al leer el Libro Blanco de una ICO y que pueden ayudarlo, hoy, a comprender cómo evaluar una criptomoneda joven.
En esta categoría, es posible incluir información sobre las personas detrás del proyecto (experiencias previas en otros proyectos similares en primer lugar), pero también todo lo relacionado con la competencia.
ICO recompensa los tokens
En las líneas anteriores mencionamos que, al participar en una ICO, era posible ser recompensado de diferentes formas. Uno de ellos es la distribución de tokens.
Estos son "tokens" que, en el caso de las ICO en el mundo de las criptomonedas, corresponden a una cierta cantidad de la criptomoneda futura.
Profundizando, también encontramos diferentes tipos de tokens:
Tokens de equidad
Estos tokens son similares a las acciones de empresas que cotizan en mercados regulados. Quien los posea puede reclamar un derecho sobre la puesta en marcha que los emitió. En este momento, este tipo de token no se puede emitir por razones de legalidad. La legislación actual, de hecho, asimila los tokens de acciones a las acciones.
Fichas de utilidad: en este caso se trata de fichas que nada tienen que ver con el mundo de las acciones. Esto significa que pueden negociarse en los mercados y utilizarse en las distintas plataformas.
¿Quiere ganar dinero con las criptomonedas, pero no sabe por dónde empezar o está confundido con toda la información que encuentra en la red?
Un paréntesis muy importante a la hora de hablar de lo que son las ICO se refiere al análisis de la normativa.
Token clase 2 a
Los tokens de clase 2 a son representativos de activos y le dan derecho a un pago específico tanto a la vista como en el futuro.
Dependiendo de su configuración, el token puede clasificarse en

el contexto de valores, pero también en el de instrumentos similares o financieros.
Además, el token de clase 2 a puede incluirse en la categoría de instrumentos de patrimonio
Token clase 2 b
Antes que nada, recuerda que, en este caso, estamos ante tokens destinados a prestar servicios o recibir activos intangibles.
Ocurre que la disciplina del ICO pierde todas las connotaciones de la oferta de instrumentos financieros. En la práctica, en la fase inicial del ICO, se destacan varias ventajas, dedicadas a los usuarios que adquieren los tokens primero.
Token clase 3
Se trata de tokens que confieren derechos de copropiedad. Los derechos antes mencionados son gestionados por las propias plataformas.
En estas situaciones, el propietario recibe una compensación económica por el uso de las plataformas por parte de un tercero.
Detención de las ICO con el comercio en línea
El cese de las inversiones en ICO se produjo en septiembre de 2017. La decisión del Banco Popular de China de cerrar el mercado de ICO en China ha provocado una reacción en cadena. Las principales autoridades financieras de todo el mundo han hecho todo lo posible para emitir regulaciones industriales estrictas. Entre estos también la ESMA (Autoridad Europea de Seguridad y Mercados), con dos comunicados de prensa de noviembre de 2017.
No nos malinterpretes, las ICO no se han convertido en completamente ilegales. Sin embargo, ha habido muchos en los años siguientes, pero la política de prevención de riesgos en el comercio en línea los ha hecho inaccesibles para los comerciantes minoristas como usted.
Invertir en ICO hoy en día ya no es seguro, ya que es una posibilidad que ya no le ofrecen las principales plataformas de comercio en línea.

ICO exitoso

Para comprender completamente las peculiaridades de las ICO, es apropiado cuestionar algunos ejemplos exitosos.

Empecemos por el de Ethereum. Para ello, tenemos que dar un paso atrás hasta 2013. En ese año, el muy joven VitalikButerin lanzó una ICO de 42 días, con el objetivo de financiar el proyecto Ethereum.

¿Cuáles fueron los resultados? Una ganancia de 31.591 Bitcoins, correspondiente a aproximadamente 18 millones de dólares estadounidenses.

En 2018, también se lanzaron otros exitosos. Entre estos, cabe recordar el proyecto Cypherium, promovido y realizado por profesionales con experiencia en Amazon, Google y Microsoft.

En este caso, estamos ante un proyecto que tiene como objetivo una cadena de bloques completamente nueva. En concreto, estamos ante una gobernanza multinivel que, según algunos, podría conducir a una nueva descentralización en el mundo de las criptomonedas.

Mencionar, cuando se habla de las ICO exitosas de los últimos tiempos, también es el proyecto LociCoin.

¿De qué se trata? Una ICO lanzada con el objetivo de crear una criptomoneda para la compra de derechos intelectuales.

El proyecto en cuestión tiene como objetivo agilizar el proceso de adquisición de patentes, que ahora están sujetas a normas tanto nacionales como internacionales que suelen ser excesivamente rígidas.

Las ICO más exitosas: ¿cuánto recaudaron?

Para que comprenda cuánto dinero se ha invertido en ICO, eche un vistazo a algunos de ellos:

Telegram Open Network - $ 1.7 mil millones;

Dragon Coin - $ 320 millones;

Huobi: $ 300 millones;

HDac - $ 258 millones;

Filecoin: $ 257 millones;

Tezos: 232 millones de dólares;

Sirin Labs: 157,9 millones de dólares;

Bancor - $ 152 millones.

¡La lista podría seguir y seguir!

Nos limitaremos a mencionar el ejemplo de CoinLancer, un proyecto que tiene como objetivo mejorar el mundo freelance bajando las tarifas de transacción.

Concluimos hablando de Omega One, un proyecto que pretende solucionar los defectos de las ICO, interviniendo en problemas como la falta de liquidez y los ataques de los piratas informáticos.

CAPÍTULO TRES
IEO

Qué es un IEO

Una oferta de intercambio inicial (IEO) es una venta de tokens supervisada por un intercambio de criptomonedas. Los IEO están disponibles exclusivamente para usuarios de intercambio, aunque algunos IEO pueden ocurrir en algunos intercambios. Al igual que las ICO, las IEO permiten a los inversores obtener nuevas criptomonedas (o tokens) mientras recaudan fondos para proyectos criptográficos prometedores.

Muchas personas en el mundo de las criptomonedas llaman a las Ofertas de Intercambio Iniciales el siguiente paso en la evolución de las ICO. Dado que las ICO no están reguladas y la mayoría de ellas resultaron ser estafas, las STO deberían haber resuelto el problema. Sin embargo, la mayoría de las STO siguen limitadas por procesos lentos y costosos y regulaciones sofocantes. Los IEO son el término medio que aborda los problemas de ambos lados.

Aunque las ICO asistidas por intercambio han valido la pena durante algún tiempo, las IEO comenzaron a ganar terreno después del lanzamiento de Binance Launchpad a fines de 2018. Ya ha habido más de 50 IEO en 2019, que han recaudado más de $ 159 millones, según ICObench.

Las OEI intentan promover solo proyectos legítimos porque desafían la credibilidad deel intercambio en sí. Por tanto, el proceso de control es más profundo. Sin embargo, no todas las ideas consiguen el apoyo de un intercambio. Además, las ofertas de intercambio son más accesibles que las STO, ya que permiten que casi cualquier persona participe e invierta (excepto en países con restricciones regulatorias, ver más abajo), y es menos probable que el equipo de ventas de tokens se vea afectado por los legisladores debido al KYC obligatorio / Control ALD de inversionistas, ya que este servicio lo realiza la bolsa.

Básicamente, el IEO es otra forma de financiación colectiva para varias nuevas empresas de criptomonedas a través de un intercambio de criptomonedas que actúa como corredor. Con la ayuda del intercambio de cifrado, los proyectos pueden obtener una exposición, interés y credibilidad significativamente mayores.

Después de una fase inicial con una IEO exitosa, el emisor de tokens paga una comisión debido a la cantidad establecida de tokens por hacer uso de los servicios ofrecidos por la plataforma IEO. Rápidamente, los tokens se enumeran en el intercambio donde los inversores pueden acceder a liquidez instantánea.

Características de las ofertas de intercambio inicial (IEO)

Al igual que con las ICO, las IEO tienen una cantidad limitada de monedas ofrecidas a un precio fijo, límites en la cantidad mínima y máxima de tokens que el usuario individual puede comprar, tapas blandas y tapas duras y las criptomonedas específicas que se aceptan.

Sin embargo, a diferencia de los tokens ICO, las monedas IEO ya se extraen antes de la venta colectiva. Además, ingresan a las bolsas varios días o semanas después de su IEO, lo que lo hace más conveniente para los inversores (liquidez inmediata). Además, el proceso de IEO naturalmente involucra a un intermediario (la plataforma IEO) en quien se confía para administrar los fondos. Esto también sirve para aumentar la confianza de los inversores, que falta en la mayoría de las ICO.

Pros y contras de las IEO

Los IEO son esencialmente ventajosos gracias a:

mayor confianza de los inversores.

De hecho, los inversores no están tratando directamente con el equipo del proyecto de IEO, sino con el intercambio. Esto hace que todo el proceso sea más creíble y seguro en caso de que las cosas salgan mal;

seguridad tanto para los emisores de tokens como para los inversores.

Los emisores de tokens también se benefician a medida que las plataformas de IEO manejan todos los aspectos regulatorios, como los controles obligatorios de KYC / AML para cada participante;

proceso sin fricción.

Las plataformas IEO garantizan que casi cualquier persona, independientemente de su experiencia en el mundo de las criptomonedas, pueda contribuir fácilmente;

listado de intercambio garantizado. Los tokens de IEO se enumeran en el intercambio de IEO justo después del IEO;

eliminación de estafas.

Los equipos de proyectos de IEO no son anónimos ni falsos, por lo que no desaparecerán después de recaudar los fondos;

beneficios para los proyectos, tales como mayor esfuerzo de marketing por parte del intercambio, más credibilidad, más exposición e interés en el proyecto;

beneficios para el intercambio, incluidos los nuevos usuarios que se registran con ellos solo para comprar e intercambiar tokens IEO;

beneficios para los poseedores de tokens de intercambio nativos.

La mayoría de los intercambios usan IEO para agregar otro caso de uso a su token nativo (si tiene uno) que es probable que aumente de valor.

Sin embargo, los IEO también están sujetos a los siguientes riesgos y preocupaciones:

regulaciones y restricciones poco claras.

Muchos países han emitido restricciones o prohibido por completo las ICO, lo que también podría repercutir negativamente en las IEO. Aunque es ligeramente diferente, los principios fundamentales de una IEO siguen siendo los mismos; todos los inversores deben cumplir con AML / KYC.

Se sabe que la comunidad criptográfica está llena de personas obsesionadas con la privacidad, por lo que pasar por el proceso AML / KYC podría ser un gran no-no para algunos de ellos;

manipulación del mercado y concentración de monedas.

La mayoría de los tokens de IEO se extraen temprano, por lo que siempre debe verificar los detalles de distribución y asignación de tokens antes de invertir. Tanto el equipo del proyecto como el intercambio de IEO podrían quedarse con una parte irrazonablemente grande de los tokens para sí mismos, lo que podría llevar a una intromisión de precios más adelante. Además, ahora se sabe que la mayoría de las bolsas participan en el "comercio de lavado";

número limitado de inversores.

Ha habido muchas quejas de los inversores de que no todos pueden comprar tokens durante las sesiones de IEO.

El primer IEO a gran escala fue el famoso de BitTorrent lanzado por TRON a través de Binance Launchpad en enero de 2019. Se vendieron alrededor de 60 mil millones de tokens BTT en unos pocos minutos por un total de aproximadamente 7.2 millones de dólares.

Después de observar el éxito de los IEO de Binance, los principales intercambios han comenzado a copiar el modelo. Otro IEO notable se lanzó en Bittrex International. Veriblock (VBK) y recaudó $ 7 millones en 10,4 segundos. Más tarde, este récord fue superado por IEO Blockcloud operado en Jumpstart de OKEx, que vendió todos los $ 2.5 millones en tokens BLOC en solo un segundo.

CAPÍTULO CUATRO
TOKEN DIGITAL

Un token es un conjunto de información digital dentro de una cadena de bloques que confiere un derecho sobre un tema en particular, la tokenización es la conversión de los derechos de un activo en un token digital registrado en una cadena de bloques. Una de las palabras que se repiten con más frecuencia cuando se habla de la nueva economía y blockchain es sin duda la de token. Sin embargo, no todo el mundo sabe que se pueden atribuir dos significados distintos y muchas peculiaridades al término token, según el contexto en el que se utilice este término.

El Token en Criptomonedas

Evidentemente, el sector al que se hace referencia para atribuir un primer significado de token es el de las criptomonedas, de hecho partiendo del supuesto de que una criptomoneda es un "dinero electrónico" (aunque aquí el significado de moneda ciertamente debería profundizarse, pero solo para simplificar, se define como tal) basado en blockchain u otro libro mayor distribuido, ciertamente podemos decir que cada una de estas criptomonedas (Bitcoin, Ethereum, etc.) tiene su propio registro de transacciones en el que se almacenan los intercambios. Los tokens son, de hecho, fracciones de una criptomoneda emitida, que se intercambian entre usuarios a través de intercambios que se almacenan en el registro mencionado anteriormente. Para simplificar, este tipo de "token" debe definirse como "moneda", De hecho, existe otro tipo de "token" también llamado token, que, a diferencia de los mencionados anteriormente, no tiene registro propio, sino que utiliza el registro de otra moneda. Por ejemplo, a través de los contratos inteligentes de Ethereum, cualquiera puede emitir sus propios tokens, incluso con una ICO (oferta inicial de monedas) y registrar las transacciones relacionadas con ese token en la cadena de bloques de Ethereum en lugar de crear necesariamente las suyas propias. Estos

"tokens" adquieren la denominación de token única.
Por lo tanto, el token tiene las mismas características que la criptomoneda (seguridad y transferibilidad no censurable) pero no es "nativo" y, sobre todo, "interno" a la cadena de bloques en la que se almacenan las transacciones que le conciernen, sino que representa el gemelo digital de un activo real, un derecho "real", pero que existe fuera del sistema blockchain.
Una diferencia adicional se expresa en el hecho de que la emisión de tokens (tokens que no tienen su propia cadena de bloques) no es particularmente complicada: esencialmente es suficiente escribir un contrato inteligente en la red principal de otra moneda, por ejemplo, la red Ethereum. La creación de una nueva moneda, en cambio, es un proceso mucho más complejo, ya que es necesario desarrollar un nuevo protocolo, crear la mainnet, asegurarse de tener un hardware lo suficientemente potente para hacerla "correr" y sobre todo esperando que alguien lo use.
Con la esperanza de haber aclarado esta primera diferencia y centrado la atención en el término token concebido como un token creado utilizando una cadena de bloques de una moneda existente, ciertamente podemos decir que un token es un conjunto de información digital dentro de una cadena de bloques que confiere un derecho a un determinado. tema. En consecuencia, la tokenización es la conversión de los derechos de un activo en un token digital registrado en una cadena de bloques, donde el activo real y el token están conectados por un contrato inteligente. Por lo tanto, tokenizar significa generar un token en el mundo virtual y conectarlo a un activo existente en el mundo real mediante el uso de contratos inteligentes.

¿Qué es "tokenizable"?

Teóricamente, cualquier cosa puede ser tokenizable, tanto que en un futuro no muy lejano esperamos y esperamos una revolución real comparable a lo que fue el advenimiento de internet en nuestra sociedad: de hecho, el blockchain promete revolucionar no solo todos los aspectos directamente vinculados.

a las finanzas, pero también a los servicios públicos y civiles. Es probable que pronto vivamos en una economía completamente tokenizada, donde cada forma de almacenamiento de valor y registro público estará representada por un token.

Actualmente, varios sectores están experimentando con la tokenización, que ya se ha implementado no solo en el sector inmobiliario (con condominios de lujo habilitados para tokenización en Ethereum) sino también en sectores como obras de arte y deportes. La fuerza de la tokenización de un activo radica en el hecho de que es posible convertir los activos líquidos de otro modo indivisibles, gestionar los activos enyesados por una burocracia excesiva mediante la implementación concreta del concepto de "democratización" de la participación. No solo eso, es posible digitalizar cualquier cosa aprovechando la flexibilidad y seguridad del token para implementar una serie de iniciativas comerciales previamente impensables. En el sector inmobiliario, por ejemplo, La compra de una pequeña fracción de un inmueble también permite a los pequeños inversores entrar en un mercado que suele estar cerrado para ellos, sin recurrir a hipotecas e intermediarios de entidades de crédito. Para los fabricantes, la ventaja de este tipo de financiación es ofrecer mayor flexibilidad y entradas de capital en el corto plazo.

Mismo concepto para la tokenización de algunas obras de arte, donde los participantes en subastas especiales recibieron acciones digitales de la obra. También en el mundo del deporte, algunas empresas han decidido gestionar las decisiones comerciales a través de plataformas descentralizadas que permiten la venta de acciones y derechos a aficionados de todo el mundo de forma rápida y segura, dando a los aficionados la ventaja de poder acceder a contenidos y servicios exclusivos.

En otros sectores, sus productos están siendo tokenizados creando recompensas especiales que consisten en tokens para incentivar las compras y retener clientes.

Token, bolsa y economía circular

El uso de tokens informáticos también es muy útil en el sector bursátil. Ya existen proyectos de tokenización de "bolsas de valores" con el desarrollo de plataformas descentralizadas, o infraestructuras para el intercambio de acciones, protegiéndolas así de manipulaciones distintas a las "naturales" del mercado.

Para incentivar proyectos de este tipo, se ha comenzado a evaluar la tokenización de acciones de empresas.
Otro aspecto fundamental de la tokenización es la predisposición absoluta de esta revolución a la creación de una economía circular. Ahora se sabe que el modelo económico lineal "producción-consumo-desperdicio" que se basa en el uso de grandes cantidades de recursos y energía con relativo desperdicio de materiales que pueden ser fácilmente puestos nuevamente en circulación, está cada vez menos en línea con realidad actual, y necesariamente tendrá que transformarse en una economía capaz de poder auto-regenerarse, y el uso de tokens y el proceso de tokenización representa el uso perfecto del caso.

CAPÍTULO CINCO
COMIENCE A INVERTIR EN CRIPTOMONEDAS

Durante varios años, las monedas virtuales como Bitcoin han sido reconocidas como un vehículo de inversión esencial y muy atractivo para los inversores.

La volatilidad de las criptomonedas ofrece a los comerciantes numerosas oportunidades comerciales. Por lo tanto, las monedas digitales se han vuelto cada vez más populares en las estrategias comerciales para diversificar su cartera de inversiones.

Hoy, en 2020, hay dos formas de invertir en criptomonedas:

comprar criptomonedas en una plataforma de intercambio para mantenerlas en una billetera de criptomonedas en línea o fuera de línea;

negociar estos activos financieros a través de CFD directamente en una plataforma de negociación

Comercio de criptomonedas y estrategias de comercio de criptomonedas.

Pero, ¿qué diferencia exactamente a un comerciante de criptomonedas exitoso de otros inversores?

Y lo que es más importante, ¿cómo debe prepararse para enfrentarse a estos mercados financieros y convertirse en un comerciante de criptomonedas exitoso?

Invertir en criptomonedas

¿Qué es una criptomoneda?

A pesar de ser un fenómeno global, las criptomonedas a veces son difíciles de entender, sin embargo, su definición es relativamente simple.

Una criptomoneda es una moneda digital 100% totalmente descentralizada que solo se negocia en pares. Todas las transacciones de criptomonedas validadas se registran en lo que se llama blockchain.

El principio de una criptomoneda es proporcionar una alternativa monetaria para las personas que buscan recuperar el control de su dinero convirtiéndose en su propio banco. Algunas propiedades de las criptomonedas son revolucionarias.

Entre las características de estas monedas 2.0, la descentralización y los intercambios peer-to-peer permiten a sus usuarios no confiar su dinero a los bancos y realizar transacciones sin intermediarios.

Por lo tanto, los organismos centrales ya no tienen el control del cambio en la oferta monetaria (inflación frente a deflación). Además, no pueden rechazar o cancelar una transacción o bloquear fondos, ya que no tienen poder sobre las criptomonedas.

Invertir en criptomonedas con CFD

A diferencia de las plataformas de intercambio de criptomonedas que le permiten cambiar sus dólares por criptomonedas y luego mantenerlos todo el tiempo que desee en su billetera virtual, los beneficios de invertir en criptomonedas con CFD son mayores, especialmente para aquellos que desean aprovechar los rápidos cambios de precios.

CFD son las siglas de "Contract For Difference" y es un tipo de producto derivado. Por tanto, es un instrumento financiero cuya valoración depende de otro instrumento llamado "subyacente".

Con un CFD, nunca es propietario del instrumento subyacente, ya que solo está invirtiendo en el cambio de precio entre la apertura y el cierre del contrato.

Ventajas de operar con criptomonedas a través de CFD

Inversiones alcistas y bajistas: puede ganar dinero a medida que los precios de las criptomonedas suben y bajan

Apalancamiento: aproveche el margen y el apalancamiento que aumentan la exposición al mercado

Alta volatilidad: maximiza la volatilidad del mercado de criptomonedas.

Mejor liquidez: obtenga mejores precios y tiempos de ejecución más cortos que le permitan aumentar el rendimiento a través de una mejor liquidez

Reducción del riesgo de pérdida, robo y ciberataques relacionados con el almacenamiento de sus criptomonedas en una billetera, ya que no tiene tokens que usen CFD
Horarios de negociación flexibles: opere en un mercado de 24 horas
Entorno regulado y seguro: benefíciese de un entorno empresarial seguro y regulado con protecciones como operador privado, como la protección de saldo negativo
Se requiere un capital inicial bajo: comience a operar con CFD de criptomonedas con un capital relativamente bajo
Desventajas de operar con criptomonedas con CFD
En realidad, no posee criptomonedas: no tiene criptomonedas ya que utiliza CFD sobre criptomonedas
Apalancamiento: necesita dominar el apalancamiento. Los traders se arriesgan a perder su depósito más rápido cuando utilizan el apalancamiento, así que úselo con precaución
Alta volatilidad: la volatilidad de los precios de las criptomonedas es alta. Es por esta razón que debemos comprender el concepto de volatilidad e integrarlo en un plan de negociación riguroso.
Características de las criptomonedas virtuales
No hay monedas ni billetes. Todo está en Internet y en computadoras.
Como cualquier otra moneda, una criptomoneda se puede utilizar para realizar compras cuando es aceptada por los comerciantes, para enviar dinero a alguien, para recibir dinero, etc.
Descentralizado
No hay ningún gobierno o país que controle las criptomonedas a diferencia de las monedas tradicionales.
La oferta monetaria total de una criptomoneda suele ser limitada. En este caso, se determina en el momento de la creación de la criptomoneda y se indica en su documento técnico. Por ejemplo, no se espera que la oferta monetaria bitcoin supere los 21 millones de tokens BTC.
Sin intermediarios
Para ejecutar una transacción con una criptomoneda, no es necesario utilizar un tercero de confianza como un banco u otro intermediario para validarla. Las transacciones se realizan de

forma peer-to-peer a través de billeteras electrónicas que se realizan en aplicaciones para comprar criptomonedas, sitios web o incluso plataformas de intercambio.
Basado en blockchain
Monedas tradicionales bajo el control de los bancos centrales como la Fed (Reserva Federal) para el dólar estadounidense (USD) o el BCE (Banco Central Europeo) para el euro (EUR).
En el caso de las criptomonedas, todas las transacciones se realizan en la cadena de bloques, que actúa como un libro contable grande, transparente y a prueba de manipulaciones.
Cifrado
El término "criptomoneda" proviene del principio de que es una moneda cifrada. Solo puede ser utilizado por la persona con el código de descifrado que permite, por ejemplo, el uso de criptomonedas en una billetera.
Seguro
Dado que los fondos utilizan un sistema criptográfico avanzado con una combinación de claves públicas / privadas, sus fondos están seguros. Además, los bloques que pertenecen a la cadena de bloques (los que agrupan todas las transacciones validadas) están vinculados mediante complejas fórmulas informáticas que evitan cualquier manipulación de datos.
Rápido
Validar la transacción blockchain es mucho más rápido que la mayoría de los operadores tradicionales, como Visa o SWIFT. Algunas transacciones se validan casi al instante.
Irreversible
Una vez que se confirma una transacción que involucra criptomonedas, ya no es posible retirarla. Por lo tanto, es imposible cancelar una transacción si una transferencia de criptomonedas ha fallado o sus tokens han sido robados.
(Pseudo) Anónimo
Dependiendo de la criptomoneda que uses, podrás disfrutar de un mayor o menor grado de anonimato.
Incluso si recibe criptomonedas en direcciones cifradas que no reflejan directamente su identidad en el mundo real, una vez que comparte esta dirección con alguien para recibir fondos, esa persona puede ver todos los movimientos que tienen lugar en esa dirección.

CAPÍTULO SEIS
INVERTIR EN CRIPTOMONEDAS CON ÉXITO

El éxito en el comercio puede adquirir diferentes significados para cada operador que haya decidido invertir en criptomonedas. Para algunos, tener éxito podría significar obtener ganancias en una cuenta comercial real o operaciones de demostración a partir del gráfico de 30 minutos. Para otros, podría significar obtener ganancias de una posición corta en CFD de criptomonedas. Sin embargo, en última instancia, lo más probable es que el éxito se reduzca a un rendimiento rentable del capital que todos han invertido y, por lo tanto, expuestos a riesgos.

Por supuesto, como con cualquier otro negocio, las herramientas que utilizamos tendrán un impacto en nuestro éxito general. Después de todo, nadie quiere pasar mucho tiempo investigando y analizando una oportunidad comercial con una alta probabilidad de éxito, solo para terminar con una plataforma que no responde o sufre problemas técnicos que le impiden completar la estrategia.

Estas son algunas de las herramientas fundamentales para aumentar las probabilidades de éxito a largo plazo como comerciante de criptomonedas.

Elija un corredor de confianza

Quienes decidan comprar físicamente una criptomoneda deberán hacerlo a través de un sistema de intercambio de criptomonedas. A menudo, estas son entidades no reguladas que son propensas a los ataques. Por ejemplo:

En 2018, Coincheck de Japón fue pirateado y se robaron más de $ 500 millones en moneda digital.

En 2017, Youbit, una bolsa de valores de Corea del Sur, tuvo que cerrar y declararse en quiebra después de haber sido pirateada dos veces.

En 2014, MtGox, un intercambio japonés que manejaba casi el 80% de todas las transacciones globales de Bitcoin, cerró después de que 850,000 Bitcoins desaparecieran de sus bóvedas virtuales (con un valor de alrededor de 500 millones de dólares en ese momento).

Incluso cuando se trata de CFD, el corredor con el que decide invertir en criptomonedas tiene el capital con el que luego tendrá que operar. Por lo tanto, es importante elegir una entidad que ofrezca la mayor supervisión, seguridad y garantía regulatorias posibles.

La plataforma comercial

Su plataforma de operaciones y gráficos lo ayudan a visualizar los movimientos históricos de precios del instrumento financiero que está operando, así como también le proporcionan las órdenes que necesita para colocar y administrar sus operaciones. Algunas personas pueden tener una plataforma de gráficos separada de su plataforma de corretaje. Sin embargo, con la nueva y avanzada tecnología comercial, ahora es posible tener la plataforma comercial y la plataforma de corretaje en un software con el paquete de productos MetaTrader.

La estrategia comercial

El comercio consiste en tomar decisiones sobre cómo comprar, vender o permanecer inactivo en un mercado en particular. Si un comerciante ha tenido éxito durante un período de tiempo considerable, habrá una mayor probabilidad de que esté utilizando una estrategia o metodología comercial para ayudar en la toma de decisiones. Las estrategias de negociación se utilizan para ayudar a simplificar el proceso de información, que puede incluir cuándo negociar y cuándo no, en qué momentos centrarse, qué indicadores técnicos utilizar, cómo entrar y salir, etc.

Por supuesto, las herramientas utilizadas dependerán del estilo de trading de cada uno. Esto es lo primero que hay que establecer al comenzar a invertir en criptomonedas. Después de todo, si su objetivo es negociar CFD de criptomonedas del gráfico horario, lo que implica múltiples compras y ventas a lo largo del día para obtener ganancias a corto plazo y cerrar posiciones al final del día, usar un gráfico semanal a largo plazo para el análisis de precios solo puede demuestran ser de poca utilidad.

Los estilos de negociación generalmente incorporan uno o ambos tipos de análisis:

Análisis técnico. Este tipo de análisis implica analizar el movimiento de precios de los productos financieros, en este caso

de las criptomonedas, para identificar patrones de comportamiento repetibles. Muchos comerciantes utilizan indicadores técnicos aplicados a las criptomonedas para encontrar pistas y niveles de precios en los que el mercado puede moverse.
Análisis fundamental. Se trata de analizar anuncios de noticias relacionados con productos financieros y, en este caso, con las criptomonedas, como los nuevos desarrollos y usos de la tecnología detrás de las criptomonedas, a saber, la cadena de bloques.
También hay tipos de eventos que están relacionados de forma única con las criptomonedas, un ejemplo es el "halving", que exploraremos más adelante.
Estos son algunos estilos de negociación que puede aplicar para invertir en criptomonedas:
Día de cambio
Este estilo implica comprar y vender en varias posiciones comerciales varias veces al día, a menudo cerrando todas las operaciones al final del día. Los operadores que utilizan este estilo se basan principalmente en herramientas de análisis técnico, como indicadores comerciales y patrones de gráficos, en sus decisiones comerciales. Merece la pena invertir en criptomonedas cuando se utiliza este tipo de estilo de negociación, ya que los operadores intradías necesitan operar con las herramientas adecuadas para beneficiarse de diferentes tipos de condiciones de mercado, como mercados en alza y en baja;
Comercio swing
Este estilo implica la compra y venta de activos financieros con el fin de mantener operaciones durante varios días y, en algunos casos, varias semanas. Los operadores que utilizan este estilo de negociación a menudo utilizan una combinación de análisis técnico y análisis fundamental, como el análisis de nuevos desarrollos en la tecnología de criptomonedas "blockchain", para ayudar en sus decisiones comerciales.

CAPÍTULO SIETE CÓMO COMERCIAR CRIPTOMONEDAS

Algunos pasos para facilitar el proceso

Trabaje en su plan comercial

En primer lugar, es importante saber qué tipo de comerciante es usted para confirmar que los CFD de criptomonedas son los productos que necesita. Piense en su personalidad, sus objetivos financieros, capital inicial, tolerancia al riesgo y el tiempo que está dispuesto a dedicar al comercio.

Si el comercio de criptomonedas a través de derivados apalancados como los CFD parece una buena opción para el comercio a corto plazo, es esencial trabajar en su plan comercial, probarlo y seguirlo en todo momento.

Un plan comercial es simplemente una descripción detallada de cómo conducirá su negocio: estilo, estrategia a seguir, gestión de riesgos, objetivos, etc.

Por tanto, la idea es desarrollar una serie de reglas a seguir para gestionar mejor las operaciones. Por tanto, evitará operar de forma espontánea sin ninguna estrategia.

Un plan comercial no es una solución rápida. A veces lleva tiempo desarrollar una estrategia comercial rentable.

No olvide también que algunas estrategias solo funcionan en determinadas situaciones de mercado, como la consolidación lateral o, por el contrario, en un mercado con fuerte tendencia.

Para adaptar su plan de operaciones, puede valer la pena llevar un diario de operaciones y aprovechar la opción de operar con fondos virtuales para practicar.

Elija un corredor con condiciones comerciales ventajosas y una cuenta comercial adaptada a sus necesidades

Después de diseñar su plan de operaciones, tendrá una idea más adecuada de sus necesidades.

Esto le permitirá elegir la plataforma y el tipo de cuenta correctos para comenzar a operar con un corredor regulado que le ofrezca

las mejores condiciones comerciales.
Sin el corredor y la plataforma de negociación adecuados, no podrá analizar ni ejecutar sus operaciones de forma rápida y correcta, lo que afectará su rendimiento general.
Empiece a operar sabiendo cómo funciona el mercado
¡Ahora puede comenzar a operar con criptomonedas! Aquí hay un ejemplo de comercio de criptomonedas que muestra cuánto puede ganar o perder en una posición.
Hipótesis:
Supongamos que BTC / USD es el par con el que desea operar. Cree que Bitcoin ha alcanzado un soporte significativo y se recuperará pronto. Por lo tanto, abra una posición en el par Bitcoin vs USD a través de un CFD para aprovechar el aumento de precio.
Por ejemplo: el precio de oferta / demanda de Bitcoin, o "precio de Bitcoin", es 7000/7034. Como recordatorio, el precio de venta siempre es más bajo que el precio de compra. La diferencia entre los dos precios corresponde al spread.
Por lo tanto, realiza un contrato de compra / venta de 1 contrato en el par BTC / USD a $ 7000. Dado que el apalancamiento es 1: 2, esto significa que debe reservar $ 3,500 (el margen) para abrir una posición de compra en un contrato de 1 BTC / USD.
Posición ganadora
Su escenario ideal se realiza y el par se eleva hasta alcanzar el nivel de $ 7200. El nuevo precio de Bitcoin es 7166/7200. Por lo tanto, decide cerrar la posición (y así vender) con un precio de venta de 7166.
Dado que el precio de Bitcoin en el momento de la compra era 7000 y el precio en el momento de la venta era 7166, aprovechó un cambio de precio de $ 166. Por lo tanto, su ganancia bruta es de $ 166 ya que solo abrió un contrato.
Perdiendo posición
El valor de Bitcoin no parece recuperarse del nivel esperado y se está acelerando a la baja. Decide cerrar su posición con un nuevo precio al precio de $ 6834 / $ 6868.
Dado que el precio de Bitcoin en el momento de la compra era de $ 7000 y el precio en el momento de la venta era de $ 6834, ha perdido $ 166. Por lo tanto, la pérdida bruta es de $ 166 ya que solo abrió un contrato.

Revise su administración de dinero

Probablemente se esté preguntando por qué muchos comerciantes pierden dinero al invertir en criptomonedas. La respuesta es bastante sencilla. ¡No tienen un plan comercial y no usan herramientas de administración de riesgo y dinero para controlar su riesgo y proteger su capital!

Por lo tanto, la administración del riesgo y del dinero es esencial si desea tener éxito en el comercio de criptomonedas a largo plazo mientras conserva su capital.

Por eso es importante asegurarse siempre de administrar el riesgo como se describe en el plan comercial. Sin duda, es importante ceñirse siempre a su plan de negocios. Piense también en las siguientes preguntas:

¿Utiliza una relación riesgo / recompensa para colocar órdenes stop-loss y take-profit que se ajusten a su estrategia?

¿Arriesga más del 1% de su capital en una posición?

¿Ha aumentado recientemente el tamaño de su posición solo porque realizó algunas operaciones ganadoras?

¿Tiene una cartera bien diversificada?

¿Se desvía a menudo de su plan comercial?

Siga los precios de las criptomonedas y las noticias del mercado

Lo más importante en el comercio de criptomonedas es controlar siempre sus inversiones. Siga el precio de la criptomoneda en tiempo real y las noticias del mercado. De hecho, muchos movimientos en las cotizaciones de criptomonedas comenzaron con las noticias sobre criptomonedas "más populares" del momento.

Descubra los eventos que más influyen en el precio de las criptomonedas

El mercado de las criptomonedas es un mercado nuevo cuyos fundamentos aún son bastante vagos. Es por ello que la mayor influencia en los precios sigue siendo la evolución de la relación entre oferta y demanda. Entre los factores más influyentes para los precios de las criptomonedas se encuentran:

el presentimiento del mercado;

noticias sobre plataformas de comercio de criptomonedas;

la evolución del nivel de aceptación de las criptomonedas;

velocidad de ejecución y escalabilidad de tokens y blockchains;

el número de criptomonedas emitidas en relación con la oferta

monetaria total;
el proceso de reducción de las primas mineras (reducción a la mitad);
reputación de criptomonedas.
El mejor momento para operar con criptomonedas
Realmente no hay mejores momentos para comerciar en el mercado de las criptomonedas. De hecho, nunca deja de funcionar. Por tanto, cada parte del mundo gestiona Bitcoin y el resto de criptomonedas, lo que significa que siempre habrá movimientos.
Puede ser interesante operar cuando hay varios intercambios activos, como cuando las sesiones europeas y americanas están activas. También puede comerciar por la noche y los fines de semana.
Errores a evitar al empezar a invertir en criptomonedas
No defina la personalidad del comerciante, el perfil de riesgo y el plan comercial antes de comenzar a operar con dinero real
Establece metas poco realistas
No invierta en usted mismo (intente siempre mejorar el conocimiento a través del entrenamiento gratuito en criptomonedas)
Opere con un activo sin conocer los detalles del CFD
No diversifique lo suficiente su cartera
No aceptar que pierdió
Perder paciencia
No manejes las emociones
No deje correr sus ganancias y no limite sus pérdidas
En qué criptomoneda invertir en 2020
Ahora que sabe exactamente qué es una criptomoneda y cómo funciona, probablemente se esté preguntando qué criptomonedas serán explotadas en 2020 y en los próximos años.
Primero debe comprender que cada criptomoneda es diferente. Cada uno de ellos tiene sus propias ventajas y desafíos. Por lo tanto, la mejor criptomoneda para invertir depende principalmente de sus objetivos comerciales y su interés en la criptomoneda y lo que aporta. Las monedas que ya son muy populares a menudo se benefician de una mayor confianza y movimientos de precios más altos que usted.
Futuro de las criptomonedas

La caída de las criptomonedas después del pico de finales de 2017 llevó a muchas personas a creer que era el fin de las criptomonedas. Pero después de varios años, todavía hay muchas monedas virtuales que actualmente ofrecen valoraciones atractivas.

Las criptomonedas que se explotarán en 2020 deberían ser pequeños tokens que no son muy populares (y a menudo no están disponibles para el comercio) o las principales criptomonedas como Bitcoin o Ethereum.

En cualquier caso, las criptomonedas más prometedoras en 2020 son aquellas que siguen evolucionando y ofrecen cada vez más funciones innovadoras para sus usuarios.

Las criptomonedas del futuro deben brindar una solución real a los problemas de las monedas legales y una alternativa a los desafíos de nuestra economía. También es importante que su adopción continúe apoyando su desarrollo.

CAPÍTULO OCHO
BITCOIN

Bitcoin es una moneda digital, o "criptomoneda", ya que utiliza la criptografía para asegurar transacciones dentro de su infraestructura, que representa una base de datos distribuida en línea o "blockchain".
La abreviatura de Bitcoin es BTC. El mismo principio se aplica a USD (dólar estadounidense) y EUR (euro).
Bitcoin también se puede emparejar con otras monedas. En ese caso, el nombre del contrato de CFD de bitcoin podría ser, por ejemplo, CFD de Bitcoin frente al dólar estadounidense o BTC / USD.
Bitcoin ofrece la oportunidad de realizar pagos entre pares (P2P) rápidos, seguros y de bajo costo sin la necesidad de un banco o procesador central.
Las transacciones del sistema se realizan directamente entre las carpetas digitales de los usuarios y se verifican en la cadena de bloques. Las transacciones se firman digitalmente con claves privadas únicas, lo que demuestra que provienen del propietario de la billetera.

Historia del Bitcoin

Cuando se crea un nuevo bloque en la cadena, es recompensado con 12,5 Bitcoins. Esto sucede aproximadamente cada 10 minutos.
Esta es una recompensa por el proceso llamado "minería", que desperdicia energía eléctrica y energía de la computadora en el mantenimiento de la red.
La minería involucra a muchas personas y empresas especializadas de todo el mundo y crea el valor central de Bitcoin.
El sistema genera automáticamente nuevos Bitcoins y autorregula la velocidad de este proceso para que no haya forma de eludir las reglas globales y ganar Bitcoins más rápido que con inversiones en hardware de minería y con un mayor gasto en

facturas de electricidad.

La recompensa en bloque se reducirá a la mitad en 2020 y seguirá reduciéndose a la mitad cada 4 años hasta que se generen 21 millones de Bitcoins. Esto significa que Bitcoin tiene un potencial fundamental para el crecimiento del valor.

La imagen muestra que hay más de 16 millones (76% del total) de Bitcoin en el mercado en 2018. La imagen también indica un rápido crecimiento en su oferta entre principios de 2009 y 2013.

Hemos visto que durante 2018 el valor de las criptomonedas se desplomó, por lo que debemos ser conscientes del efecto que esto puede tener en su demanda.

Quién inventó Bitcoin

Se cree que Bitcoin fue creado por Satoshi Nakamoto, quien anunció su invención el 31 de octubre de 2008 en una lista de correo cifrada en un artículo de investigación llamado Bitcoin: un sistema de caja electrónica de igual a igual. Lo que es más interesante es que su nombre probablemente sea un seudónimo utilizado por lo desconocido o por las personas que diseñaron originalmente Bitcoin. En 2016, Craig Wright, un empresario australiano, se declaró "Sr. Bitcoin", una declaración que ha sido ampliamente aceptada por miembros destacados de la comunidad Bitcoin.

La historia financiera de Bitcoin se remonta a 2010, el 22 de mayo de 2010, cuando alguien compró una pizza. Si no ha oído hablar de este evento innovador, no se preocupe, no es el único.

La pizza no fue la parte más importante de la transacción, sino lo que se utilizó para pagarla. La comida costó 10,000 Bitcoins: fue la primera vez que se utilizó esta moneda virtual para comprar algo en el mundo real.

El día ahora es celebrado por los entusiastas de Bitcoin cada año como Bitcoin Pizza Day.

Las cosas han cambiado desde entonces. El uso y el valor de Bitcoin se han disparado. Si esa pizzería se hubiera apoderado de esos 10,000 Bitcoins, podría no haber hecho historia, pero hoy tendría alrededor de $ 20 millones en su bolsillo.

Hay muchas cosas que puede comprar con Bitcoin, además de la pizza. Incluso hay más lugares que lo aceptan. Según www.coindesk.com, la cantidad de comerciantes que aceptan Bitcoin se ha disparado. Muchos de ellos son sitios de comercio

electrónico en línea, pero un número creciente de tiendas fuera de línea también aceptan BTC. La lista se expande constantemente y podrá gastar bitcoins literalmente en cualquier lugar.
Artículos domésticos comunes:
videojuegos;
tarjetas de regalo;
viajes;
comida;
coche;
propinas y caridad;
tiendas online y offline.
La mayoría de los procesadores de pagos de Bitcoin también proporcionarán un código QR en la caja, que representa la dirección y el monto del pago de Bitcoin.
Los códigos QR son muy convenientes, por lo que es fácil pagar a través de la aplicación de billetera Bitcoin desde su teléfono inteligente. Simplemente escanee el código QR e ingrese la dirección de Bitcoin del destinatario y el monto de pago solicitado. Una vez que se envía la transacción, el pago está completo.
Transacciones rastreables
Bitcoin es completamente transparente. Todas las transacciones de Bitcoin son públicas, rastreables y se almacenan permanentemente en la red de Bitcoin. Las direcciones de Bitcoin son la única información que se utiliza para definir dónde se asignan los Bitcoins y dónde se envían.
Estas direcciones se crean de forma privada a partir de las carpetas de cada usuario. Dado que los usuarios normalmente tienen que revelar su identidad para recibir servicios o bienes, las direcciones de Bitcoin no pueden permanecer en el anonimato. La red Bitcoin es una red peer-to-peer y es posible registrar las direcciones IP del usuario.
Países que aceptan Bitcoin
La situación legal varía de un país a otro, pero la lista de países que aceptan BTC se expande constantemente.
Bitcoin opera independientemente de cualquier banco central, a diferencia de otras monedas como el dólar estadounidense y el euro.

La red Bitcoin no tiene otro punto central o administrador, lo que la convierte en una moneda digital descentralizada.
El valor fundamental de Bitcoin se genera a través de la "minería" y está estrechamente relacionado con los costos de la electricidad y el hardware, mientras que el resto de su valor es impulsado por su cantidad limitada, su lento proceso de generación y su creciente demanda.
Bitcoin se está extendiendo por todo el mundo como un método de pago válido por el que se pueden adquirir diversos bienes y servicios; lo que está impulsando aún más la demanda.
Legalidad
Las regulaciones varían de un país a otro. Por el momento, solo Japón reconoce oficialmente Bitcoin como dinero, mientras que en otros países todavía no existe una legislación específica.
Pero se puede esperar que los reguladores financieros nacionales estén cada vez más interesados en Bitcoin y otras criptomonedas, ya que las tecnologías de bloqueo se están extendiendo rápidamente y el tamaño de esta economía está creciendo.

Comercio de Bitcoin

Bitcoin es un activo volátil, con cambios de precio diarios de más del 10%, lo que lo hace altamente riesgoso para invertir y comerciar.
Por supuesto, no existe una gran recompensa sin un alto riesgo y es vital que no invierta ni utilice fondos que no pueda permitirse perder.
Las causas del colapso de Bitcoin en 2018
En el transcurso de 2017, el mercado de criptomonedas aumentó en un 2000%. Sin embargo, en 2018 la tendencia se revirtió y colapsó.
Esto llevó a una pérdida de capitalización de aproximadamente $ 700 mil millones. Una de las ventajas del comercio de bitcoins con CFD es que el operador puede operar en corto y así aprovechar la tendencia bajista.
Las causas del colapso fueron:
Ofertas de ICO;

lavado de dinero;
evasión de impuestos;
robo de computadoras;
evolución del mercado;
regulación escasa o inexistente en algunos casos;
especulación excesiva;
invertir en Bitcoins sin comprarlos: CFD.

Operar con CFD de Bitcoin probablemente no sea tan diferente de operar con cualquier otro par de divisas, producto o CFD que muestre una fuerte tendencia.

La belleza del comercio radica en su diversidad y, a través de estudios de precios compartidos, los operadores deberían poder obtener ganancias que los hagan financieramente independientes y estables. Entonces, veamos cómo comerciar con Bitcoin.

Los operadores de CFD de Bitcoin deben centrarse en:
seguir la tendencia (tendencia alcista hasta que se demuestre lo contrario);
manejo adecuado del dinero;
las principales sesiones Londres, Nueva York y Tokio;

Comprar con caídas de precios de BTC / USD es importante porque les brinda a los operadores la oportunidad de ingresar a la mayor parte del mercado y seguir el impulso. Por supuesto, la tendencia cambiará, pero BTC / USD está mostrando una tendencia excepcionalmente fuerte en este momento.

La gestión adecuada del dinero es el santo grial del comercio de bitcoins y, si se aplica correctamente en un entorno de fuertes tendencias, teóricamente debería generar un enorme ROI.

CAPÍTULO NUEVE
RIPPLE

La mayoría de la población mundial ya ha oído hablar de Bitcoin desde su explosión en 2017, pero la familia de las criptomonedas se extiende mucho más allá. Aquellos que han explorado el tema un poco más también pueden haber oído hablar de Litecoin y Ethereum.

Otra criptomoneda que ha causado un efecto dominó en el mercado de divisas digitales es Ripple. Aunque Ripple tiene su propia moneda, su valor es quizás más considerable gracias al sistema de pago ultrarrápido que lo soporta.

Ripple es una empresa nacida en San Francisco a partir del diseño de un sistema de pago similar al sistema blockchain. Es un protocolo que funciona de manera similar a un sistema de pago, una red de remesas y un cambio de moneda. Funciona con criptomonedas, monedas fiduciarias y materias primas.

Ripple permite a los clientes integrar el protocolo en sus sistemas. National Bank of Abu Dhabi ha comenzado recientemente a utilizar la tecnología blockchain para algunas de sus transacciones, como las transacciones internacionales. Esto permite a sus clientes transferir fondos de varios montos virtualmente en tiempo real.

Ripple utiliza una cadena de bloques similar a Bitcoin, pero la criptografía de Ripple se llama "Ripples".

En términos de capitalización de mercado, Ripple es la tercera criptomoneda más grande, después de Bitcoin y Ethereum.

La abreviatura de Ripple es simplemente XRP. También se puede combinar con otras monedas, así como USD (dólar estadounidense) y EUR (euro).

Por lo tanto, el nombre del par de divisas Ripples frente al dólar estadounidense es XRP / USD.

RippleVS Bitcoin

Ripple se considera un competidor de Bitcoin y tiene algunas ventajas sobre su "primo" más famoso. Ripple no depende de una sola empresa para proteger y administrar su base de datos de transacciones. Por lo tanto, no hay que esperar a las confirmaciones de bloque. Según Market Mogul, existe una diferencia entre el momento de liquidación de Bitcoin y Ripple. El tiempo de asentamiento de Bitcoin aumentó, alcanzando 168 minutos el 27 de marzo de 2018, mientras que Ripple tomó un promedio de 3.7 segundos. Las transferencias de dinero entre España y México realizadas por BBVA revelaron que Ripple toma solo unos segundos, mientras que una transferencia bancaria estándar habría demorado cuatro días.

Ambas monedas comparten muchas características similares, y Ripple es similar a la criptografía de Bitcoin con algunas diferencias:

Ripple ofrece un tiempo de liquidación más rápido, como se explicó anteriormente;

Ripple usa un proceso de consenso iterativo, Bitcoin usa la llamada minería;

Transacciones de moneda frente a la red: Bitcoin es una moneda digital descentralizada, mientras que Ripple es básicamente una red de transacciones que también incluye una moneda digital.

No puede minar con Ripple. La criptomoneda Ripple nació con un número fijo de Ripples (XRP) y no tiene expansión incorporada, de acuerdo con las reglas del protocolo Ripple. Por lo tanto, no es necesario extraer nuevas monedas.

El número total de XRP creados es 100 mil millones, pero el flujo de XRP está controlado por Ripple. Esto ha sido criticado por los simpatizantes de Bitcoin que elogian a Bitcoin por no estar centralizado en su creación o distribución.

Ripple respondió anunciando su intención de congelar el 88% de sus activos XRP y vender mil millones de XRP cada mes. Tanto la congelación como el flujo constante permitirán a los comerciantes e inversores tener cierto nivel de previsibilidad con respecto a la oferta.

Ripple enfatiza su papel en la "red de liquidación global", que simplemente permite a las partes financieras, como los bancos, reducir los costos de transacción. Al mismo tiempo, también ofrece un servicio avanzado con transacciones directas e instantáneas. La siguiente imagen muestra cómo Ripple permite que los pagos crucen el mundo en un abrir y cerrar de ojos.

Los pagos son criptográficamente seguros y están diseñados para adaptarse a la infraestructura existente de un banco. Ripple destaca las siguientes cuatro características principales:
distribución: los bancos pueden negociar directamente entre sí sin intermediarios;
seguridad: confidencialidad de las transacciones;
escalabilidad: altos niveles de procesamiento;
interoperabilidad: capacidad de conectar varias redes juntas.
La red para invertir en Ripple le permite completar pagos más rápido (casi instantáneamente) y más barato, más seguro y con acceso directo. No es de extrañar, entonces, que Ripple esté siendo utilizado cada vez más por el sector bancario, que no ha capitalizado tanto en las nuevas tecnologías como otros sectores de la industria.

Blockchain

Ripple utiliza una estructura que procesa los pagos de manera similar al concepto de blockchain. Es un "libro mayor de almacenamiento" para procesar transacciones que le permite trabajar a través de fronteras y con cualquier tamaño de pago.

La criptomoneda Ripple ayuda a facilitar las transacciones entre dos partes si el intercambio directo no es posible y no tiene riesgo de contraparte, ya que no depende de terceros.

Invertir en Ripple

Se cree que Ripple fue fundado por Ryan Fugger, pero ha experimentado un gran desarrollo desde su creación inicial.

El crecimiento de Ripple comenzó en 2004 cuando Ryan Fugger fundó la creación de RipplePay. En 2011, el sistema fue rediseñado, haciéndolo más rápido y mucho más eficiente que Bitcoin. En 2012, se formó OpenCoin, Inc.

Poco después, se desarrolló el Ripple Transaction Protocol (RTXP) basado en los conceptos de Fugger. El protocolo es capaz de procesar las comisiones y tiempos de espera del correspondiente sistema bancario tradicional.

Desde 2012, Ripple también se ha centrado en expandir el mercado bancario.

En resumen, el futuro de este producto financiero parece prometedor. La red de Ripple es mucho más rápida en el procesamiento de pagos que sus competidores y está alineando múltiples asociaciones con compañías globales:

60 instituciones de todo el mundo, incluidas empresas famosas como UBS, RBC, UniCredit y Santander;
El 40% de los bancos japoneses estarán vinculados a Ripple;
RBS y BAML utilizarán Ripple para servicios de pago minoristas y comerciales a partir de 2018;
El Banco Nacional de Abu Dhabi utiliza Ripple para transacciones internacionales.

Por supuesto, Ripple no es tan popular como Bitcoin. Sin embargo, con el creciente interés en las criptomonedas en general, además de la increíble red rápida y la capacidad de Ripple para ofrecer soluciones de pago, parece que será un gran competidor para el líder del mercado en los próximos años. La división de volumen para XRP se muestra a continuación.

Ripple opera independientemente de cualquier banco central de manera similar a otras criptomonedas, como Bitcoin, Ethereum y Litecoin. Esta es una gran diferencia
de monedas conocidas como el dólar estadounidense y el euro. Estas monedas son distribuidas e impresas en los EE. UU. Y la UE por sus respectivos bancos centrales.

Ripple decide el flujo de XRP, que se establece en mil millones de XRP cada mes. Sin embargo, a diferencia de las "monedas fiduciarias" como USD y EUR, Ripple tiene un suministro máximo de 100 mil millones de XRP, que está disponible bajo el protocolo.

Riesgos de invertir en Ripple

Como ocurre con cualquier activo financiero, existe el riesgo de que el precio suba y baje. Ripple está sujeto a las fluctuaciones del mercado, como la oferta y la demanda. Sin embargo, la fluctuación de precios es lo que permite a los operadores operar con Ripple.

Teniendo en cuenta la gran aceptación de Ripple como red financiera por parte de los principales bancos y muchas empresas financieras, es poco probable que se produzcan interrupciones importantes en el futuro.

Por último, pero no menos importante, cada cuenta de Ripple

debe tener una reserva mínima de 20 XRP y una tarifa de transacción de 0.00001 XRP para cada operación. Estas acciones están diseñadas para limitar a los piratas informáticos que intencionalmente quieren sobrecargar la red. En general, estas reglas básicas no son estrictas.
Es legal invertir en Ripple. Las regulaciones varían en detalle de un país a otro, pero la expectativa general es que los reguladores financieros nacionales estén interesados en invertir en Ripple y otras criptomonedas.
Por ejemplo, ya se aprobó una ley en Japón para normalizar y regular las monedas digitales como Bitcoin y XRP.
Invertir en Ripple es tan seguro como usar Bitcoin, Litecoin, Ethereum o cualquier otro producto. Sugerimos negociar el par XRP vs USD.
La mayoría de los operadores prefieren operar en el mercado Forex y CFD, pero las criptomonedas ofrecen una amplia combinación de instrumentos negociables.

Invierta en Ripple con éxito

Operar en un período de tiempo más corto siempre requiere más práctica y experiencia que operar en períodos de tiempo más largos. Sí, hay más oportunidades comerciales al invertir en el gráfico de 15 minutos, pero también hay más confusión y los operadores deben ser más críticos con la configuración que eligen.
En el comercio basado en el análisis técnico, siempre debe verificar si existe un posible evento de noticias o publicación de datos que pueda conducir a aumentos de precios rápidos y espontáneos. Somos fundamentalmente cautelosos en estos momentos y preferimos operar con tendencias normales en lugar de picos repentinos de precios. En particular, los traders técnicos quieren operar técnicamente y evitar movimientos de precios basados en eventos específicos.
El siguiente paso al operar con ranuras de tiempo más cortas y operaciones diarias con XRP / USD es considerar la dirección de la tendencia más amplia. Esta es una de las principales razones

por las que hemos agregado la EMA 144 cerca del gráfico.
El precio debe estar por encima de la EMA antes de operar en cualquiera de las configuraciones intradía.
Si el precio está por debajo de la EMA, omitiremos cualquier configuración intradía.
Después de eso, buscaremos operaciones largas que se basen en la configuración de ruptura o rebote cuando se utilizan líneas de tendencia y puntos de pivote MT4.
La línea de tendencia es una herramienta dinámica que los operadores necesitan para dibujar en el gráfico.
Los puntos de pivote se agregan automáticamente a los niveles de resistencia y soporte estático.
Tanto los indicadores de Pivot Point (PP) como las líneas de tendencia se pueden utilizar para la configuración de pausa y rebote: un pulso por encima de la línea de tendencia o PP es un patrón de interrupción, un retorno en la línea de tendencia o PP es una configuración de rebote.
Por supuesto, esta es solo una idea aproximada de cómo abordar el comercio intradía. Hay muchos tipos diferentes de métodos comerciales que podrían utilizarse para ingresar a los mercados. Puede encontrar otros artículos que profundizan en diversas estrategias comerciales en nuestra sección educativa.
Es posible obtener ganancias al operar con Ripple, pero siempre es importante darse cuenta de que operar implica un riesgo, lo que significa que puede perder dinero. Hay un par de elementos clave que siempre debe tener en cuenta al intentar ganar dinero operando en los mercados.
Es importante tener en cuenta que el comercio requiere paciencia y disciplina. Esta es la parte de la "psicología comercial" y es un aspecto importante a recordar antes de ingresar a los mercados. Si no lo hace, puede verse tentado a negociar por el "retorno de la inversión", negociar y analizar más de lo que debería y / o sufrir otras trampas que llevan a los operadores a perder hábitos y falsos prejuicios y convertir esto en un casino.
El otro aspecto clave es la gestión de riesgos. Cuando los operadores asumen muchos riesgos, se convierte en una apuesta y la posibilidad de perder todos los aumentos de capital comercial. Es posible que esta situación degenere con el tiempo. Para evitar perder todo el capital comercial, cada operación debe

dividirse en pequeñas cantidades de capital, como 0.5%, 1% o 2%. Un período de pérdidas generalmente no conducirá a una disminución significativa en la cuenta y permitirá a los operadores continuar invirtiendo un día más.

Por último, pero no menos importante, los operadores deben acercarse a los mercados con un plan comercial sólido que indique cómo analizar los gráficos, cómo operar, administrar la configuración y salir del mercado. Cada operador tiene su propia estrategia y prefiere diferentes tipos de herramientas e indicadores. Por eso es importante practicar su plan de operaciones primero en una cuenta demo o en una cuenta real con poco riesgo.

El entusiasmo por Ripple creció cuando se alcanzó un nuevo máximo frente al dólar estadounidense el 17 de mayo de 2017. La acción del precio tomó un fuerte aumento, pero ese momento fue una explosión energética insostenible a largo plazo. El precio se ha corregido como lo hacen los mercados.

CAPÍTULO DIEZ
DASH

La criptomoneda Dash se lanzó por primera vez en 2014. Esta criptomoneda de código abierto ofrece soluciones simples y escalables. Código abierto significa que la tecnología y el software se crean, prueban y mejoran con la colaboración de los usuarios.

El Dash es el primer sistema de dinero digital completamente descentralizado y cada vez es más aceptado por las empresas en Internet. Dash le permite realizar pagos instantáneos y privados en línea, así como en tiendas físicas. Al ser un "Blue Chip", puede obtener Dash (criptomoneda) en la mayoría de los intercambios.

La criptomoneda Dash es otra alternativa a la moneda digital descentralizada.

Es un tipo de criptomoneda Peer-to-Peer de código abierto que ofrece características similares a Bitcoin, pero con algunas características más avanzadas, como transacciones instantáneas InstantSend y transacciones PrivateSend que explicaremos más adelante.

Cabe señalar que Dash es la primera organización autónoma descentralizada y que utiliza dos capas en su arquitectura para liderar la red.

Por un lado, tenemos el primer nivel con los mineros que se encargan de la seguridad de la red y donde se registran las transacciones en la blockchain, y por otro lado tenemos el segundo nivel compuesto por "Masternodes" que lo hacen posible para que el panel de control criptográfico de Dash disfrute de funciones avanzadas.

Dash apareció por primera vez en enero de 2014, comenzó a llamarse XCoin usando el código XCO, un mes después se llamó Daskcoin, pero no fue del todo convincente. En el tercer mes, en marzo, de hecho, se cambió a Dash, que es el nombre por el que lo conocemos hoy.

Dash es un juego de palabras que significa "Dinero digital", que es dinero digital.

En los primeros dos días del lanzamiento, se acuñaron 1,9 millones de monedas, lo que representa aproximadamente una

cuarta parte del número actual de Dash.
Según CoinmarketCap, en junio de 2017, el volumen diario de Dash era de aproximadamente $ 100 millones por día y la capitalización de mercado superó los $ 1,4 mil millones.
Dash comparte muchas características con Bitcoin y otras criptomonedas importantes. El principal punto en común es la posibilidad de enviar efectivo digitalmente a través de Internet.
Sin embargo, también existen algunas diferencias entre Dash y Bitcoin, incluida la velocidad, el costo y la gobernanza. En todos estos aspectos, el Dash está mejor posicionado que el resto de criptomonedas.
Pero sin lugar a dudas, la principal ventaja y diferencia entre la criptomoneda Dash y Bitcoin es la privacidad. Ambas monedas operan a través de blockchains que permiten realizar transacciones financieras sin intermediarios.
Al igual que Bitcoin, la criptomoneda Dash garantiza el anonimato ya que no está obligada a revelar información personal (nombre, dirección). Sin embargo, la gran diferencia es que la codificación sólida de la cadena de bloques Dash evita el seguimiento de sus transacciones y, por lo tanto, garantiza el anonimato.

Una alternativa válida a Bitcoin

Dash logró mejorar la idea original de Bitcoin en términos de velocidad, costo y gobernanza. Repasemos estos tres puntos cruciales uno a la vez.
Velocidad
La velocidad de transacción entre Dash y Bitcoin no es comparable. La confirmación de las transacciones de Bitcoin puede tardar más de 10 minutos. El Dash (criptomoneda) completa una transacción similar en solo 4 segundos. La diferencia de velocidad es asombrosa.
Costos
Las tarifas de transacción de Bitcoin son de alrededor de $ 6. The Dash redujo esta tasa a menos de medio dólar estadounidense. Sin embargo, se espera que las tarifas de la criptomoneda Dash

aumenten en línea con los ingresos.

Gobernancia

El Dash demuestra cómo se pueden incorporar cambios en el desarrollo de la moneda sin necesidad de bifurcaciones. El concepto de hard fork se refiere a la implementación de dos soluciones diferentes. Bitcoin ha incorporado varias bifurcaciones duras en su desarrollo. Bitcoin Cash es un ejemplo de una moneda que se separa de su moneda principal, Bitcoin. Dash gestiona este tipo de procesos a través de un sistema de votación, que acelera la implementación de cambios.

Cómo se emite Dash

La emisión de nuevas criptomonedas Dash se produce mediante un proceso de minería. Este proceso es la forma más común de las criptomonedas para recompensar a los usuarios que registran transacciones en la cadena de bloques. El tiempo que tarda el Dash en "tirar" de un bloque es menos de dos minutos y medio.

Las monedas de criptomoneda Dash recién emitidas se dividen en tres grupos: mineros: aproximadamente el 45% de las nuevas monedas se entregan a los mineros para fomentar una alta participación electrónica en el proceso de blockchain;

masternodes: también reciben alrededor del 45% del nuevo número;

equipo de desarrollo: el 10% restante se utiliza para financiar y apoyar al equipo de marketing, servicio al cliente y desarrollo.

Es posible que no conozca los términos mineros y masternodes, ¡así que veamos qué significan!

Qué son los masternodes

Los masternodes se basan en el algoritmo Proof-of-Stake (PoS), un concepto que permite al usuario extraer o validar transacciones a granel en función de la cantidad de monedas en su posesión.

Bitcoin, por ejemplo, se basa en el concepto de Prueba de trabajo (PoW). Esto implica que su cadena de bloques debe ser validada por todos los nodos de la red.

La diferencia entre masternodes y nodos estándar es que los primeros reducen el número de nodos necesarios para validar para realizar una transacción. Esto hace que el número total de nodos sea manejable y resuelve los problemas de escalabilidad de las transacciones.

Como incentivo económico para su trabajo, los masternodes reciben el 45% de las nuevas criptomonedas emitidas. La gobernanza también tiene un impacto en la dirección y el curso futuros de la moneda.

A diferencia de los menores, los masternodes no necesitan proteger la red a través de PoW, pero usan funciones secundarias como PrivateSend, InstantSend y las funciones de gobierno de las que hablamos anteriormente.

Funciones PrivateSend e InstantSend

PrivateSend e InstantSend son dos funciones adicionales de Dash, que se basan en los masternodes de gestión. Estas funciones tienen las siguientes ventajas; InstantSend le permite enviar transferencias en menos de un segundo, mientras que PrivateSend oculta los detalles de la transferencia y la información sobre el remitente y el destinatario. Esto es posible por el hecho de que esta función combina todas las transacciones, lo que dificulta la trazabilidad.

Cómo se mueve el precio

Entre 2014 y 2016, se redujo el cambio en el precio de las criptomonedas. Desde 2017, el precio ha despegado y la volatilidad ha aumentado enormemente, luego el precio cayó bruscamente.

El Dash cruzó la línea mágica de $ 100 en marzo de 2017. Este primer movimiento alcista fue solo el comienzo, llegando a $ 200 en mayo para llegar a $ 400 en agosto. Durante los siguientes tres meses, el precio se mantuvo en un rango de $ 250 a $ 400, hasta que la amplia gama de criptomonedas provocó un pico.

En noviembre de 2017, el precio continuó subiendo hasta que se detuvo en alrededor de $ 1600. Este fue su pico más alto desde entonces, el valor de la criptomoneda de Dash mantuvo una tendencia bajista para llegar a $ 175 en junio de 2019.

Opiniones

Las ventajas de Dash en términos de velocidad, costo, privacidad y gobernanza le han dado a esta criptomoneda un nicho sólido en este nuevo mundo de productos financieros. Sin embargo, creemos que tenemos que esperar un poco más para ver si se puede ampliar.

Zcash

Zcash es una criptomoneda que nació a finales de octubre de

2016 y se cotizó en 33 Bitcoins en los primeros minutos de las negociaciones.
La criptomoneda Zcash oculta automáticamente la identidad de remitentes y destinatarios, así como el monto de todas las transacciones que realizamos en su blockchain. Solo aquellos con una clave de visualización podrán ver el contenido de las operaciones.
Zcash se basa en una investigación criptográfica revisada por pares. Ha sido programado por un equipo de ingenieros de seguridad de TI en una plataforma de código abierto. Toda la programación se ha basado en el código probado de Bitcoin. Zcash utiliza técnicas criptográficas digitales avanzadas, como "pruebas de conocimiento cero". El objetivo de esta técnica es garantizar la validez de las transacciones sin mostrar información adicional sobre ellas.
Este algoritmo se denomina pruebas de conocimiento cero y permite al creador de la transacción incluir en él una prueba de validez, sin necesidad de transmitir ninguna información más que el hecho de que la transacción es verdadera. En otras palabras, no se transmite información que cualquiera pueda leer. Puede recibir, almacenar y gastar dinero mientras muestra las transacciones solo a las partes elegidas, en lugar de mostrar las transacciones a todos en Internet. Esta es una gran diferencia con Bitcoin y Ethereum, que no pueden funcionar sin exponer todas sus transacciones a cualquier persona en Internet.
Después de debutar en las plataformas de comercio de divisas en octubre de 2016, el Zcash alcanzó los $ 1,000 por unidad, subiendo al nivel del pionero Bitcoin, actualmente alrededor de $ 100. Zcash está atrayendo el interés de consumidores rusos, chinos, venezolanos y brasileños. En Brasil, la moneda también se utiliza para pagar impuestos y facturas de servicios públicos. Se espera una producción máxima de 21 millones de unidades.
La protección de la privacidad del usuario es precisamente lo que lo distingue. Pero esta opacidad está, como era de esperar, en el punto de mira: no ofrece la transparencia que exigen las autoridades que buscan evitar que sea utilizada para blanqueo de capitales, financiación del terrorismo, evasión fiscal o fraude. Zooko Wilcox, CEO de Zerocoin Electric Coin Company, que opera Zcash, espera que esta característica ayude a las empresas

a superar la renuencia a usar su moneda como una alternativa confiable a las tradicionales controladas por el estado.

CAPITULO ONCE
ETHEREUM

Ethereum (ETH) es una plataforma de software de código abierto basada en la tecnología blockchain, que permite a los desarrolladores crear y lanzar aplicaciones descentralizadas. En realidad, es mucho más que una criptomoneda, que es solo una parte de la oferta de Ethereum.

Bitcoin y Ethereumare, ambos construidos utilizando tecnología de red pública distribuida, conocida como blockchain. Todas sus otras características son diferentes.

Bitcoin ofrece una única aplicación: un sistema de moneda digital peer-to-peer que permite pagos en línea. Básicamente es una moneda en su forma esencial.

Mientras que Bitcoin usa la tecnología blockchain para rastrear quién posee Bitcoins, Ethereum usa blockchain como plataforma para ejecutar casi cualquier aplicación descentralizada. Bloomberg lo describió una vez como "software compartido que puede ser utilizado por todos, pero es a prueba de manipulaciones". ¡Así que las posibilidades son realmente infinitas!

¿De dónde viene ethereum y quién es su fundador?

Ethereum fue creado originalmente por VitalikButerin, un investigador y programador de criptomonedas que trabajó anteriormente en Bitcoin en 2013. Un crowdfunding en línea realizado en 2014 fue la parte clave de la financiación de la plataforma. El sistema entró en funcionamiento el 30 de julio de 2015 y estaba poblado por 11,5 millones de "monedas" listas para la preventa.

Cómo funciona Ethereum

En la cadena de bloques Ethereum, en lugar de "minar" como con Bitcoin, los usuarios trabajan para ganar "Ether", un tipo de criptomoneda que alimenta la red más amplia. Además de ser una criptomoneda negociable, los desarrolladores también utilizan Ether para pagar servicios en la red Ethereum.

Invertir en CFD de Ethereum y otras criptomonedas sin riesgo

La mejor manera de practicar el comercio de CFD de criptomonedas es abrir una cuenta de demostración gratuita. Tanto los operadores principiantes como los avanzados pueden comenzar desde una cuenta de demostración. Esto proporciona toda la experiencia comercial en vivo, incluida toda la información y el análisis en tiempo real de los mercados en vivo, incluso sin utilizar su capital.

Historia de Ethereum

Desde el inicio de Ethereum en 2015, su criptomoneda Ether ha mostrado un progreso lento en su primer año. Pero 2017 fue una historia completamente diferente. La criptomoneda comenzó el año con un precio exiguo de $ 7.76, y al final del año superó los $ 700, ¡un aumento de más del 9000%! A diferencia de Bitcoin, que estableció su récord a fines de 2017, Ethereum estuvo en su cima en enero de 2018, alcanzando un pico de más de $ 1300 a mediados de enero.

Sin embargo, al igual que con otras criptomonedas, 2018 demostró ser un año de prueba para Ether, y su precio ha disminuido progresivamente desde entonces, situándose en torno a los 130 dólares hacia finales de año. 2019 vio una primera fase alcista, alcanzando su punto máximo el 26 de junio en 361,61, y luego volvió a disminuir, cerrando el año en 127,55. El primer mes de 2020 el precio reanudó una tendencia alcista.

A medida que el público se ha vuelto cada vez más informado sobre cómo comerciar con Ethereum y Bitcoin, se ha generado más interés. El caso del Aether es aún más interesante. Tuvo una fuerte subida de precios casi exclusivamente porque se parece mucho a Bitcoin, y los inversores querían subirse al barco temprano cuando los precios eran moderadamente bajos.

Por supuesto, como ocurre con todos los mercados, lo que sube puede bajar. Además de las fantásticas ganancias de 2017 fueron impulsadas por algún tipo de efecto multiplicador del aumento de los precios que impulsó la demanda de los inversores, lo que a su vez hizo subir los precios, lo que provocó una mayor demanda una vez que el mercado comenzó a venderse en 2018, vimos una reacción inversa. Una corrección de la demanda de los inversores atemorizados por los precios, que ha provocado un aumento de las ventas, haciendo que los precios bajen y frenando aún más la demanda.

Invertir en Ethereum

La primera mitad de 2019 tuvo un buen comienzo para los inversores de Ether, con precios que superaron los USD 350 en un momento. Pero en la segunda mitad del año, la criptomoneda devolvió la mayor parte de estas ganancias, pero aún se mantiene más del 15% por encima de su precio de apertura anual en noviembre de 2019.
Si bien el comercio se encuentra actualmente en modo neutral, una ruptura por debajo de USD 150 podría considerarse claramente una señal bajista y conducir a una disminución hacia, e incluso significativamente, por debajo del nivel psicológico importante de USD 100 en 2020.
En cualquier caso, dada la actual situación de incertidumbre por la pandemia de coronavirus, le recomendamos que se mantengas siempre actualizado sobre las últimas novedades económicas y financieras antes de realizar cualquier inversión.
Estrategias recomendadas para invertir en Ethereum
El comercio técnico y las herramientas comprobadas deben aplicarse al gráfico al operar con Ethereum, lo que a su vez podría ser una buena base para operar exitosamente con Ether CFD frente al dólar estadounidense. Teniendo en cuenta su volatilidad, las estrategias de scalping deben aplicarse en el comercio intradía.
Aquellos que buscan operar con ETH / USD deben prepararse para una cierta inestabilidad de precios, donde las ganancias constantes podrían convertirse en pérdidas en una fracción de segundo.
Un "accidente repentino" ocurrió el 21 de junio de 2017, cuando el precio bajó de alrededor de $ 320 a 10 centavos. Se recuperó más tarde, pero los inversores y comerciantes ciertamente se vieron afectados durante ese tiempo. El Sr. Adam White, vicepresidente de GDAX, explicó que un inversionista colocó una orden de Ether de venta en corto de varios millones de dólares a las 12:30 pm del miércoles. El tamaño de la orden

provocó una caída en el precio de la moneda (que ya era volátil). Como es bien sabido, cuando el precio alcanza el límite de pérdidas, crea un impulso adicional y un movimiento potencialmente fuerte en un período de tiempo muy corto. Cada cierre de una posición de compra es una venta automática en el mercado y viceversa.

Negociar con ETHEREUM / USD

La administración adecuada del dinero es la base del éxito o fracaso de cualquier operador. Cuando se usa correctamente en casos de alta tendencia, puede producir un gran retorno de la inversión (ROI). Debido a la alta volatilidad, también pueden ocurrir pérdidas, por lo que es extremadamente importante utilizar una administración adecuada del dinero. La estabilidad del mercado se podría lograr cuando el poder pasa de los inversores que buscan beneficiarse de las fluctuaciones de precios a los consumidores que realmente utilizan criptomonedas.

Cuando eso suceda, la volatilidad debería estabilizarse. Los comerciantes deben tratar el comercio de cifrado de la misma manera que tratarían cualquier inversión en la fase inicial de puesta en marcha. Además, los operadores intradía definitivamente deberían centrarse en las sesiones de negociación más importantes, ya que los principales centros de negociación proporcionan la mayor volatilidad en ETH / USD. Afortunadamente, la plataforma MetaTrader 4 (MT4) ofrece la herramienta durante las principales sesiones del mercado: 24/5.

Bitcoin VS Ethereum

En 2017, el Ether era muy popular. El sentimiento hacia Etherum fue muy positivo en ese momento.

Por supuesto, parte de este sentimiento se ha enfriado junto con la caída en el valor del par CFD ETH / USD desde sus máximos de 2017. Sin embargo, es una verdad general que la confianza disminuirá para cualquier mercado que haya sufrido una corrección de valor severa.

Hay inversores que creen que los precios de las criptomonedas se recuperarán. Un factor a favor de Ethereum es el potencial de su plataforma, y en 2019 comenzamos a ver signos de adopción institucional de la tecnología.

El gigante bancario JP Morgan fue noticia a principios de 2019 cuando lanzó su moneda JPM, que fue promocionada como la primera criptomoneda respaldada por un banco estadounidense. Si bien muchos medios de comunicación han reconocido que este nuevo token digital utiliza tecnología blockchain, lo que muchos no han mencionado es que Quromblackchain, propiedad de JPM, es en realidad una versión empresarial de Ethereum. A dónde conducirá todo esto no está nada claro, por supuesto, pero este tipo de ejemplo concreto del uso real de la tecnología Ethereum podría servir para reavivar la confianza.

Dicho esto, debemos señalar que la gran mayoría del comercio de Ethereum y el comercio de criptomonedas en general es pura especulación, y el valor de utilidad actual para los usuarios es cercano a cero. No muchas personas usan protocolos de blockchain, a diferencia de muchas personas que comercian con criptomonedas. También es posible que veamos regulaciones en términos de negociación, emisión y tenencia de nuevas monedas en un futuro cercano.

En 2018, la burbuja estalló y ambas monedas vieron caer su precio, pero nunca alcanzaron mínimos históricos. El 2019 vio un interesante nuevo aumento para Bitcoin, que también se reflejó en el gráfico de quienes habían decidido invertir en Ethereum, pero con mucha menos intensidad.

A principios de 2020, Bitcoin casi se disparó frente al dólar estadounidense debido a la incertidumbre en los mercados tradicionales, ya que muchos inversores lo ven como un activo de refugio seguro. A pesar de esto, BTC colapsó coincidiendo con la caída de la bolsa a mediados de marzo cuando varios gobiernos europeos decretaron el confinamiento de sus ciudadanos y el cierre de la actividad económica tras la pandemia de Covid-19.

Bitcoin estaba cerca de los $ 5,000 ya que los inversores prefirieron recurrir a los mercados tradicionales de refugio seguro como el oro. A finales de junio de 2020, la criptomoneda más valiosa del mercado recuperó lo perdido a principios de año superando los $ 9.000, según el sitio web Coinmarketcap.

Ethereum tomó un camino similar en su movimiento de precios frente al USD. ETH / USD valía $ 7,65 el 1 de enero de 2017 y un año después estaba por encima de $ 1,300. Entre 2018 y 2019, como Bitcoin, su precio se desplomó y, a veces, incluso bajó a $

100. En 2020, el gráfico de Ethereum fue similar al de Bitcoin, rebotando a alrededor de 250 USD en febrero, cayendo a mediados de marzo a 106 USD y recuperando lo perdido en los meses siguientes, a USD 244 a fines de junio.

¿Quién tendrá los mejores resultados en el futuro? Esto es muy difícil de decir, pero el papel de liderazgo de Bitcoin podría darle a Bitcoin una continuación alcista y alcanzar nuevos máximos. Es probable que aún no se haya cotizado el precio más alto de Bitcoin.

Desde este punto de vista, el gráfico de Bitcoin parece tener la ventaja, ya que se considera el favorito del mercado. La diferencia se ve claramente al compararlo con Ethereum, que, aunque ha tenido sus rallies, no mueve los mismos volúmenes.

Sin embargo, ambos instrumentos han subido y bajado mucho en los últimos tres años, así que tenga en cuenta que siempre existe el riesgo de que los precios se muevan bruscamente ante noticias inesperadas.

Cada criptomoneda tiene un método y un conjunto de reglas diferentes que van de la mano con su creación, distribución y protección o seguridad. Es útil conocer los detalles de cada criptomoneda, ya sea trading de Bitcoin o Ethereum, lo importante es estar cómodo con sus parámetros.

Existen varias diferencias fundamentales entre las dos criptomonedas, a continuación, se muestran un par de ejemplos para entender si bitcoin o ethereum es mejor.

El suministro de Bitcoin está limitado a un máximo de 21 millones, mientras que el suministro de Ethereum tiene un crecimiento limitado cada año.

Bitcoin fue creado en 2009 y tiene un tiempo de bloqueo de 10 minutos, mientras que en Ether ronda los 14 segundos.

No es obligatorio comerciar con un instrumento que le guste, pero tener fe en su potencial y diseño a largo plazo podría facilitar la inversión en Ethereum o Bitcoin y apuntar a objetivos más grandes. Este factor en particular es muy personal y depende de cada comerciante.

Bitcoin sigue siendo la criptomoneda más conocida y no parece ser una amenaza de que pueda perder esa posición. Por lo tanto, la posibilidad de que Bitcoin pueda mantener este estado durante los próximos años es totalmente aceptable.

La ventaja del papel de liderazgo de Bitcoin es que podría atraer a más inversores. Las criptomonedas en general, pero Bitcoin específicamente, pueden ser cada vez más atractivas para los grandes inversores, quizás incluso para los inversores institucionales. Bitcoin está bien posicionado para recibir aún más atención que en el pasado, Ethereum puede recibir un menor volumen de inversión, pero esto está por verse.

Al mantenerse al tanto de ciertos desarrollos dentro de cada criptomoneda, también obtiene información clave sobre las posibles reacciones de los precios. Por ejemplo, la bifurcación dura de Bitcoin Cash, lejos del Bitcoin original, tuvo un impacto temporal en los precios, por lo que el seguimiento de tendencias como esta puede ser importante.

Desde este punto de vista, Ethereum es un poco más estable que Bitcoin, teniendo en cuenta la división más reciente. De cualquier manera, no está de más monitorear las últimas tendencias de cada criptomoneda y ver si alguna de ellas ofrece menos riesgo y más estabilidad. Esto también puede cambiar de un mes a otro, ya que las tendencias y actualizaciones de noticias en este espacio continúan siendo densas y rápidas.

El comercio no solo se basa en el potencial a largo plazo o los fundamentos, sino también en la volatilidad y la acción del precio de una criptomoneda. Esto es especialmente importante cuando se negocia con Ethereum o Bitcoin en períodos de tiempo más cortos, por ejemplo.

Los instrumentos de movimiento lento no ofrecen configuraciones comerciales atractivas porque es difícil obtener ganancias entrando y saliendo si el precio sube o baja. La volatilidad es la clave, ya que ofrece más oportunidades para los comerciantes.

La acción del precio también es fundamental: es importante revisar los gráficos de comercio de Ethereum o Bitcoin y familiarizarse con la herramienta. Esto es aún más cierto para los gráficos a corto plazo, donde la acción del precio a veces puede ser rápida e inesperada. Algunas herramientas también se adaptan a su estilo comercial de forma más natural. Siempre debe asegurarse de saber cómo operar con CFD de Bitcoin antes de operar con dinero real.

CAPÍTULO DOCE
BITCOIN A LA MITAD

2020 fue un año histórico para los mercados financieros, con todo tipo de activos experimentando una gran volatilidad del mercado y cambios de precios extraordinarios. Sin embargo, será este mayo de 2020 el que revolucionará el mercado de las criptomonedas.

El evento "Halving Bitcoin" predice que la producción de esta moneda digital se reducirá en un 50%. Este evento está escrito en las reglas del código Bitcoin subyacente sin que nadie controle el proceso, lo que crea oportunidades comerciales únicas para conocer bien esta herramienta y sus propiedades.

Reducir Bitcoin a la mitad

El diseño digital único de Bitcoin predice que cada cuatro años hay un cambio sísmico en la criptomoneda. Por tercera vez en 11 años de historia, en mayo de 2020 sufrirá otro cambio importante.

Para comprender la reducción a la mitad de Bitcoin, es importante comprender los principios básicos del propio Bitcoin. El código predice que solo se pueden producir 21 millones de Bitcoins. Ya se han producido unos 18 millones de Bitcoins a través de la denominada "cripto minería". La minería de Bitcoin es un gran negocio donde los mineros utilizan computadoras de alta especificación para ayudar a procesar las transacciones de Bitcoin. Estas transacciones se agregan como "bloques" al libro mayor de blockchain, que es la tecnología detrás de la criptominación.

Los mineros que realizan este trabajo necesitan una potencia informática considerable, lo que tiene un costo. Es por eso que cuando se agrega un bloque a la cadena de bloques, el minero que lo trabajó es compensado con Bitcoins, también conocido como "concesión de minero" o "concesión de bloque".

Así es también como se agregan nuevos Bitcoins a la cadena de suministro, ya que se libera una cantidad fija de nuevos Bitcoins en cada transacción masiva. Los mineros pueden vender sus bitcoins ganados a través de un intercambio.

La reducción a la mitad de Bitcoin se refiere a la reducción del 50% en la compensación a los mineros que mantienen la red Bitcoin. Lo que más entusiasma a los comerciantes e inversores es lo que podría suceder con el precio de Bitcoin durante este período.

Cuándo y cómo sucederá

La reducción a la mitad de Bitcoin se realiza, como anticipamos, aproximadamente una vez cada cuatro años o cada vez que se extraen 210,000 bloques. La reducción a la mitad en mayo de 2020 se llevará a cabo en el bloque 630.000. Aunque los bloques se agregan a la cadena de bloques aproximadamente cada 10 minutos, la fecha y hora exactas pueden ser difíciles de precisar, ya que el efecto compuesto de pequeñas variaciones puede marcar una gran diferencia.

Muchos analistas predijeron que la reducción a la mitad de Bitcoin probablemente se produciría entre el 10 y el 12 de mayo. Parece que será así. Según las estimaciones más precisas, el bitcoin 2020 será el 12 de mayo.

Esta reducción a la mitad reducirá las recompensas del minero de 12,5 bitcoins por bloque a 6,25 bitcoins.

Cuando se lanzó Bitcoin por primera vez, la recompensa para el minero era de 50 bitcoins; el 28 de noviembre de 2012, la cantidad se redujo a 25 bitcoins y el 9 de julio de 2016 a 12,5 bitcoins.

Sin embargo, lo que entusiasma a la mayoría de los comerciantes, inversores y entusiastas de criptomonedas es el hecho de que la cantidad de bitcoins que ingresan a la cadena de suministro se reducirá mientras que la demanda se mantendrá en el mismo nivel. Este cambio en la oferta frente a la demanda podría ayudar a elevar el precio de la criptomoneda.

Dado que la reducción a la mitad de Bitcoin ya ha sucedido dos veces en el pasado, echemos un vistazo al cambio en el precio de Bitcoin en ese momento.

Si bien es imposible decir con certeza cómo reaccionarán los precios a la reducción a la mitad de Bitcoin en 2020, podemos ver cómo ha reaccionado el precio de Bitcoin a los bitcoins anteriores.

En las dos reducciones a la mitad anteriores de Bitcoin, el precio de Bitcoin vio aumentar su valor un año antes y un año después. Ambos casos se dieron en un contexto general de crecimiento del mercado de criptomonedas y estabilidad económica global, lo que hace que 2020 sea un año muy diferente debido al impacto de Covid-19.

Otro factor importante a recordar es que este evento es muy esperado y, por lo tanto, es posible que parte del aumento potencial en el valor de bitcoin ya esté incluido en el precio cotizado antes de la reducción a la mitad de Bitcoin. Sin embargo, para capitalizar cualquier posible movimiento de reducción a la mitad de Bitcoin, es esencial contar con las herramientas adecuadas.

Una excelente manera de comenzar es abrir una cuenta de operaciones de demostración gratuita para practicar sus ideas y estrategias comerciales en un entorno virtual hasta que se sienta listo para invertir con dinero real. Es una excelente manera de desarrollar sus habilidades hasta que esté listo para una cuenta comercial real. Además, tendrá acceso a una variedad de beneficios, que incluyen análisis de mercado gratuito, acceso a herramientas e indicadores avanzados de Trading Central, y mucho, mucho más.

CAPÍTULO TRECE
CÓMO NEGOCIAR

Cualquiera que esté mínimamente interesado en aprender sobre criptografía ha participado en alguna forma de comercio. A medida que se presta cada vez más atención, los nuevos participantes quieren ingresar al mercado y obtener su porción de cripto pastel.

Cómo operar con criptomonedas

Entonces, tiene algo de dinero que quiere invertir. ¿Cómo piensa proceder? Los portales que conectan nuestro mundo con los mundos criptográficos se denominan "intercambios". Hay muchos intercambios, pero antes de elegir invertir en alguno de ellos, hay algunas cosas que debe tener en cuenta. Llamémoslo la "Lista de verificación de intercambio".

Validez

Antes de hacer nada, primero asegúrese de que el intercambio esté disponible en su área. Por ejemplo, Coinbase, uno de los intercambios más grandes, no está disponible en India e Indonesia. Entonces, antes de hacer algo, mira esto.

Reputación

Lo siguiente que debe verificar es la reputación del intercambio. ¿La gente está contenta con sus servicios? ¿Ha sido pirateado recientemente? ¿Qué tan seguro es? ¿Se ha quejado la gente? Twitter y Reddit son excelentes fuentes para verificar esto.

Los tipos de cambio

El siguiente paso son los tipos de cambio. Los diferentes intercambios tienen sus propios tipos de cambio que pueden variar. Hagasus deberes aquí y busque 3 o 4 intercambios y sus tarifas.

Seguridad

Elija siempre los intercambios que necesiten su verificación de identidad. Si bien pueden tomar algún tiempo, son fácilmente 100 veces más seguros y más seguros que los intercambios anónimos. En última instancia, es su dinero duramente ganado. Tiene que dar un paso más para mantenerlos a salvo.

Cómo empezar a operar

Para proteger su criptomoneda, debe tener una billetera. La billetera guarda su clave privada y dirección pública, lo que le

ayuda a almacenar, enviar y recibir criptomonedas. Si bien esto debería quedar muy claro para usted, echemos un vistazo rápido al significado de la clave privada y la dirección pública:
clave privada: la clave privada le da derecho a iniciar sesión y enviar su dinero;
dirección pública: esta es la dirección a la que todo el mundo le enviará dinero.
Una cosa para recordar antes de continuar, la dirección pública es lo que le dará a otros para enviar su dinero.
NO HAGA y repetimos NO le dé su clave privada. La clave privada es solo para ti. Si le da su clave privada a extraños, ellos tendrán acceso a su dinero.
Todas las carteras criptográficas se dividen en las siguientes dos categorías:
preservación cálida;
Cuarto frío.

Almacenamiento en caliente frente a almacenamiento en frío

Antes de profundizar, usemos una analogía para entender la diferencia entre los dos. La cálida billetera es como la billetera que lleva en el bolsillo. Le da fácil acceso a su dinero, pero es bastante vulnerable.
La cámara fría, por otro lado, es como su cuenta de ahorros. Muy poco práctico para el uso diario, pero extremadamente seguro al comparar los dos.
Conservación cálida
Una billetera conectada a Internet se denomina "almacenamiento en caliente". A continuación, se muestran algunos ejemplos de billeteras calientes, pero antes de llegar al corazón de cada una de estas billeteras, veamos los pros y los contras de las billeteras calientes.
Ventajas de Hot Wallets:
le brinda acceso rápido, fácil e inmediato a sus fondos;
obtener soporte fácil en diferentes dispositivos;
muy fácil de usar e ideal para principiantes.

Carteras calientescons:
vulnerable a los piratas informáticos y el ciberdelito;
a menos que las claves se hayan guardado cuidadosamente, si el dispositivo está dañado, la billetera también se dañará;
el dispositivo donde se almacena la billetera caliente, como la computadora portátil, el teléfono, etc., también es susceptible de robo físico.
Entonces, ahora que tiene una idea general de lo que es un Hot Wallet, veamos algunos de los tipos más populares.
Hot Wallet: intercambiar carteras
Esta es la billetera más simple que puedas crear. De hecho, si siguió nuestras instrucciones y creó su cuenta de Coinbase, ¿adivinen qué? ¡Ya ha creado su billetera de intercambio!
Los beneficios son obvios. Ya está vinculado a su cuenta y le brinda un acceso rápido y fácil para operar. En cualquier caso, esto también significa que eres vulnerable a los ataques. Recuerde que los intercambios son un objetivo constante para los piratas informáticos. Le recomendamos que no mantenga una parte importante de sus criptomonedas en carteras de intercambio, sino solo lo que necesita para operar.
Hot Wallet: carteras de escritorio y carteras móviles
Las carteras de escritorio y las carteras móviles se han vuelto cada vez más populares. Las carteras de escritorio ofrecen más seguridad que las carteras de cambio. Su configuración también es muy sencilla. ¡Todo lo que tiene que hacer es descargar el cliente a su computadora portátil / escritorio y listo! MultiBit proporciona una excelente billetera de escritorio para almacenar Bitcoins.
Sin embargo, existe un problema con las carteras de escritorio. No son las opciones más flexibles. Después de todo, no se puede acceder a las billeteras desde ningún otro escritorio, aparte del que se descargó.
Por eso, para más usuarios que desean flexibilidad, las billeteras móviles son una opción bastante asequible. La configuración es tan simple como descargar una aplicación a su teléfono. MyCelium es una billetera móvil bastante popular tanto para Android como para iOS.
El problema con estas dos carteras es que, al estar almacenadas en un dispositivo conectado a Internet, son vulnerables a virus y

piratas informáticos.

Hot Wallet: billetera multimarca

¿Alguna vez has visto uno de esos casilleros de la vieja escuela que requieren varias llaves para abrirse? ¿O esos cofres del tesoro que necesitan que se abran 3 o 4 personas al mismo tiempo?

Esto le dará una idea de cómo funcionan las carteras con múltiples firmas o las carteras con múltiples firmas. La mayoría de las ICO utilizan carteras multifirma para recaudar y mantener sus fondos. Entonces, ¿por qué querría usar carteras multifirma?

Para protegerse contra la corrupción: todos hemos escuchado historias de ICO que ganan millones de dólares en su venta a la multitud. ¿Qué impide que todos estos desarrolladores se lleven el dinero y se vayan? La codicia humana es poderosa, después de todo. En situaciones como estas, es mucho más prudente aceptar fondos en una billetera de varios dígitos, donde todo el dinero y el poder no dependen de un solo ser humano.

Más seguridad y seguro: dado que los fondos están en una billetera multifirma, automáticamente estarán más seguros porque ya no dependen de los caprichos de una sola persona. Además, si envío mi dinero a una dirección con billeteras multifirma, también me sentiré seguro de que mis fondos no están siendo mal administrados.

Cuarto frío

Si bien las carteras calientes ofrecen una gran accesibilidad, el hecho es que son extremadamente inseguras. Por eso es más prudente guardar la mayor parte de los fondos en un ColdWallet. Una billetera fría está completamente desconectada de Internet, lo que la mantiene automáticamente a salvo de piratas informáticos y virus.

Ejemplos de carteras para almacenamiento en frío incluyen:

billetera de hardware;

billetera de papel.

Antes de aprender a configurar cada uno de estos aspectos, intentemos comprender los pros y los contras de las carteras refrigeradas.

Pros:

100% a salvo de piratas informáticos y virus;

un gran lugar para almacenar y salvaguardar sus monedas

durante un largo período de tiempo.

Contras:

extremadamente impráctico para las transacciones diarias;

no es apto para principiantes;

todavía es vulnerable a la falta de atención humana.

Bueno, ahora que hemos cubierto eso, descubramos cómo configurar Cold Wallets.

Cuarto frío - Carteras de hardware

Las carteras de hardware son dispositivos físicos en los que puede almacenar su propia moneda cifrada.

La forma más común de Hardware Wallet es el estilo USB que fue defendido por la empresa francesa Ledger. Las razones que han traído tanta popularidad a las carteras de hardware son la seguridad y la capacidad de almacenamiento de una cartera fría. Esto hace que las transacciones sean muy simples. Básicamente, funciona y anula el mayor inconveniente de Cold Wallets.

Ventajas de las carteras de hardware

Como se trata de una billetera fría, su clave privada estará segura. Las claves se almacenan en el área segura de un microcontrolador y no se pueden transferir fuera del dispositivo

Están diseñados para ser elegantes y se pueden llevar fácilmente.

Las transacciones son extremadamente fáciles. Todo lo que tiene que hacer es ingresar a su billetera y luego seguir las instrucciones provistas para realizar sus transacciones. La interfaz de usuario de Wallets es muy fácil de usar.

Extremadamente seguro y protegido. En cuanto a la escritura, no ha habido casos de piratería de carteras de hardware.

Tiene la capacidad de almacenar múltiples direcciones para enviar sus fondos.

La billetera está protegida por un código PIN, por lo que incluso si cae en las manos equivocadas, no podrán acceder a sus fondos. Al ingresar el código PIN incorrecto 3 veces, la billetera se cerrará. En caso de cierre, todavía es posible recuperar los fondos siguiendo los detalles de la restauración.

Contras de carteras de hardware

Como todos los productos, estas carteras también pueden tener defectos de diseño. Recientemente, se descubrió una falla de diseño en Ledger que lo hacía potencialmente vulnerable. Ledger se ha enfrentado al problema desde entonces.

Es un artículo físico real, lo que significa que puede ser robado o dañado.

No son los más versátiles a la hora de almacenar criptomonedas. Trezor almacena 10 tipos de monedas, mientras que Ledger almacena alrededor de 23.

Finalmente, deberá confiar en que la empresa que está creando su Cartera de hardware es ética y no intentará interferir con el diseño de la misma. Requiere confianza en un entorno que debe ser sin confianza.

Entonces, ahora que se han abordado los pros y los contras, ¡veamos cómo puede crearlo! Sin duda, las dos carteras de hardware más populares del mundo son Trezor y Ledger Nano S.

Trezor

Trezor es una empresa con sede en Praga que ha fabricado una de las carteras de hardware más sencillas y fáciles de usar. Es realmente estúpidamente fácil de usar y el diseño es tan elegante y ligero que puede llevarlo a cualquier parte. Es compatible con Windows, Mac y Linux y su uso es simple, simplemente conéctelo a su computadora portátil y conéctelo con una de las siguientes interfaces:

Mi Trezor;

Multibit;

Electrum.

Libro mayor Nano S

Ledger, es una empresa con sede en París que le ha dado a la comunidad criptográfica una de las carteras de hardware más populares, elegantes y fáciles de usar. Almacenan todos sus datos en una tarjeta inteligente que los mantiene a salvo de los piratas informáticos. Para usarlo, simplemente conéctelo a su computadora portátil y conéctelo a una de las siguientes interfaces:

Micelio;

Eléctrico;

Dirección verde;

Greenbits;

CoinKite;

Copago;

MyEtherWallet.

Cuarto frío - Carteras de papel

Las carteras de papel a menudo se consideran la forma más segura de almacenar su criptomoneda. La idea detrás de una billetera de papel es muy simple. Configura una billetera fuera de línea siguiendo unas simples instrucciones y luego simplemente imprime las claves pública y privada en una hoja de papel. Las claves también se imprimirán en forma de un código QR que puede escanear para acceder a sus fondos.

Entonces, las preguntas que debe hacerse ahora son: ¿necesita una billetera de papel?

La respuesta es, depende.

¿Va a utilizar sus fondos con bastante regularidad? Entonces no. Las carteras de papel serán una molestia cuando se utilicen de esta manera. Entonces será mejor que consiga una cartera de hardware.

Sin embargo, si planea retener sus fondos durante un período prolongado de tiempo, entonces, sin lugar a dudas, Paper Wallet es el camino a seguir.

CAPÍTULO CATORCE LOS 10 MEJORES INVERSIONISTAS EN CRIPTOMONEDAS

La popularidad y los valores de las criptomonedas en la actualidad son innegables.

Lejos del escepticismo inicial de 2009, cuando Satoshi Nakamoto publicó el histórico "White Paper" con el que presentó Bitcoin, esta y otras criptomonedas han ganado un lugar importante en el mundo financiero contemporáneo, y cada vez se pueden pagar más productos y servicios. con criptomonedas.

Si bien las criptomonedas han tenido fuertes fluctuaciones de precios que pueden haber levantado algunas dudas entre los potenciales inversores, lo cierto es que la mayoría de quienes han optado por invertir su dinero en criptomonedas han logrado buenos resultados económicos.

Esta lista abarca desde aquellos que han construido grandes fortunas invirtiendo y comerciando con criptomonedas, hasta otros que han creado algunas de las criptomonedas que se encuentran entre las más populares en la actualidad.

1. El primero es Chris Larsen, cofundador de Ripple, estadounidense, graduado de Stanford. Posee el 17% de la empresa que controla 61 mil millones de los 100 mil millones de tokens XRP que se emitirán en total. Su fortuna en criptomonedas se estima en $ 7.5 mil millones.

2.Luego, tenemos a Joseph Lubin, creador canadiense de ConsenSys, y cofundador de Ethereum, otra criptomoneda de las más utilizadas en la actualidad. Lubin estudió en Princeton y su fortuna se estima entre 2 y 3 mil millones.

3. Hay hermanos Winklevoss (Tyler y Cameron) cofundadores de Winklevoss Capital. Comenzaron a invertir en Bitcoin a partir de 2012 y crearon Gemini Exchange, que es ampliamente reconocido en el mundo de las criptomonedas. Su fortuna ronda los mil millones de dólares.

4. En esta lista, también está Matthew Mellon, quien falleció justo cuando escribimos este artículo, que era inversor de Bitcoin cuando la mayoría del público aún no conocía las criptomonedas

y que, tras vender su Bitcoin, había invertido 2 dólares. millones en Ripple, obteniendo además una gran plusvalía de esta inversión. Ahora, luego de su muerte, la pregunta es quién se hará cargo del paquete Ripple que era de su propiedad y que había declarado mantener guardado en varios Hardware Wallets a nombre de distintas personas y en varios lugares de Estados Unidos.

5. En el mundo de las criptomonedas, todo el mundo conoce el CoinBase Exchange, cuya aplicación móvil se encuentra entre las más descargadas en Estados Unidos. Su director general es el estadounidense Brian Armstrong, que estudió en la Universidad de Rice y que, en gran parte gracias a CoinBase, ha llevado su fortuna a casi $ 1000 millones.

6.Matthew Roszak es un empresario estadounidense que inicialmente hizo fortuna con varias empresas de software antes de adentrarse en el mundo de las criptomonedas. Sus inversiones en criptomonedas, así como sus proyectos Tally Capital y Bloq, le han permitido construir una fortuna de unos 900 millones de dólares.

7. Otro canadiense en el ranking es Anthony Di Iorio, quien estudió en la Universidad de Ryerson y ha invertido en varias criptomonedas, incluidas Qtum, Verchain y ZCash. Es uno de los cofundadores de Ethereum. Su fortuna supera los $ 750 millones.

8. Un estadounidense Brock Pierce, administrador de la Fundación Bitcoin, fue uno de los primeros en apostar por las criptomonedas. Durante la primera década del siglo XXI, fundó Internet Gaming Entertainment, una plataforma de juegos en Internet de gran éxito. Su fortuna supera los $ 700 millones. 9. Otro nombre importante a enumerar es Michael Novogratz, CEO estadounidense de Galaxy Digital, una de las casas de comercio de criptomonedas más grandes de Wall Street, quien creía firmemente en las criptomonedas en las que ha invertido millones de dólares y esto le ha permitido aumentar su fortuna. ahora se estima en alrededor de $ 700 millones. 10. La lista termina con el chino Changpeng Zhao, un graduado de la Universidad McGill, que también es una de las mentes más brillantes en criptomonedas. Ha estado involucrado en varios proyectos de criptomonedas, incluido su más reciente y ya

legendario, Binance, que aparece de la nada en 2017 para convertirse en el intercambio más grande del mundo en menos de un año. Su fortuna oscila entre $ 1 y $ 2 mil millones.

CAPÍTULO QUINCE CRIPTOMONEDA EN EL FUTURO

Los gigantes de la web y los bancos centrales los encuentran particularmente interesantes, pero el Grupo de Acción Financiera Internacional (la organización intergubernamental fundada por iniciativa del G7 para desarrollar políticas para combatir el lavado de dinero) - teme que también puedan ser utilizados en contextos ilegales para promover el lavado de dinero. y financiar el terrorismo internacional. La criptomoneda, que se utiliza desde hace más de diez años, tiene varios potenciales, pero también numerosos riesgos, sobre los que todavía no hemos podido arrojar ninguna luz definitiva.

Blockchain y criptografía: los ingredientes de las criptomonedas

Las criptomonedas son representaciones digitales valiosas que utilizan tecnologías peer-to-peer (es decir, entre dos dispositivos directamente, sin la necesidad de intermediarios) para comprar bienes y servicios. Los nodos de las redes están formados por computadoras que potencialmente se pueden distribuir por todo el mundo, en ellas se ejecutan programas especiales que realizan funciones de monedero. Las transacciones y la liberación se llevan a cabo colectivamente en la red, por lo que no existe una administración centralizada ni una autoridad de control.

El control descentralizado de cada criptomoneda funciona a través de una cadena de bloques, que actúa como base de datos de transacciones financieras públicas. La cadena de bloques consiste en una lista de registros en constante crecimiento, llamados bloques, que están vinculados y protegidos por cifrado.

Bitcoin: la criptomoneda del misterioso nakamoto

Hay más de 6.000 criptomonedas en el mundo. El primero en ser conocido a gran escala, y quizás el más famoso, es Bitcoin. Fue creado en 2009 por un misterioso informático cuyo único alias conocido, Satoshi Nakamoto. Hasta la fecha, un Bitcoin vale algo menos de 9 mil euros, valor que ha mantenido con algunas fluctuaciones durante el último año. Se espera que se emita un número limitado de Bitcoins en las próximas décadas: 21 millones de unidades para 2140. A pesar de su popularidad, la seguridad de Bitcoins no es segura: la escritura en la base de la cadena de bloques podría ocultar algunas imperfecciones fácilmente explotables por ciber criminales.

Ethereum y Altcoins

A lo largo de los años, han surgido otras criptomonedas, Altcoins, que afirman ofrecer a los usuarios requisitos de privacidad y seguridad más avanzados que su hermana mayor. Uno de los más conocidos es el Ethereum, nacido en 2015. Es capaz de digitalizar de forma segura la celebración de una amplia variedad de contratos: transacciones financieras, sistemas electorales, registro de nombres de dominio, plataformas de crowdfunding, propiedad intelectual y seguros. La principal diferencia con Bitcoin es que Ethereum no es solo una red para el intercambio de valor monetario, sino una red que admite una multitud de transacciones. Los contratos de Ethereum pagan por el uso de su poder de cómputo a través de una criptomoneda, Ether, que también tiene la función de dar soporte a la plataforma. Hasta la fecha, un Ether vale algo menos de 300 euros, desde sus inicios solo ha superado los 1000 euros en 2018.

Potenciales y riesgos

Tras la crisis financiera de 2008, las criptomonedas han tenido un éxito considerable, presentándose en el mundo de los mercados como la nueva forma de dar y recibir garantías en las transacciones financieras. Comprarlos, sin embargo, no es para todos; por el contrario, debido a su volatilidad, las criptomonedas se consideran una inversión de alto riesgo. A día de hoy, las criptomonedas no pueden considerarse monedas, sino inversiones financieras. No son comparables al dinero por dos razones: primero, no son un instrumento de pago generalizado y eficiente, la segunda razón es la inestabilidad de su valor. Como inversiones financieras, tienen una alta volatilidad, por lo que pueden complacer a los amantes del riesgo y a aquellos que aprecian su presunto anonimato.

Anonimato: ¿realidad o utopía?

El blockchain estándar que comenzamos a conocer con Nakamoto no es un sistema totalmente anonimizado sino pseudoanonimizado, de hecho, es posible rastrear los flujos de Bitcoin de manera muy efectiva y, en consecuencia, rastrear las transacciones realizadas a identidades específicas presentes en el sistema. En cuanto a la legalidad de las transacciones, todo depende del tipo de plataforma en la que se comercializa. Si alguien quiere cometer un delito, puede ir fácilmente al Bitcoin: todo lo que necesita hacer es mantenerse alejado de los mercados regulados (plataformas que agrupan códigos anónimos) que respetan las reglas de los países donde operan y, en cambio, eligen plataformas que sí lo hacen. no importa la legalidad. En los mercados regulados, de hecho, la cadena de bloques no solo permite rastrear transacciones y descubrir delitos,

El Zuckerberg Libra y las stablecoins

Desde hace algunos años también se habla de Stablecoins, un nuevo tipo de criptomoneda. El ejemplo más famoso es Libra, lanzado en 2019 por el creador de Facebook Mark Zuckerberg. Pero el proyecto aún está congelado, mientras que otra Stablecoin, Gram, diseñada por Pavel Durov, murió antes de que viera la luz, invalidada por el American Sec.

Pero, ¿en qué se diferencia esta nueva generación de criptomonedas del Bitcoin? Para superar la inestabilidad del valor de las criptomonedas, algunos emisores prometen anclar la tendencia en una canasta de monedas o activos financieros públicos existentes. Pero, ¿qué tan creíble es esta promesa, dado que no estamos hablando de estados soberanos, sino de operadores privados? Incluso las Stablecoins siguen siendo apuestas. Lo cierto es que el Grupo de Acción Financiera ha enviado un informe sobre estas nuevas criptomonedas a los ministros de finanzas del G20 y gobernadores de bancos nacionales, que está monitoreando desde 2014, en el que reitera el riesgo de que sean utilizadas para lavado de dinero.

Moneda pública digital

Este año, sin embargo, tras la apertura digital impuesta por la emergencia de Covid, los bancos centrales se han interesado por el mundo de las criptomonedas y se están preparando para acuñar monedas hechas de bits. Según el Bri (Banque des RèglementsInternationaux), el 80% de los bancos centrales están trabajando en ello, el 40% ha iniciado experimentos, el 10% ha puesto en marcha proyectos piloto. La Fed también está investigando con el MIT sobre el tema y China lanzó un programa a principios de año, en abierto desafío al dominio del dólar.

Es solo cuestión de tiempo que los bancos centrales tarde o temprano tengan que producir dinero público digital. Sin embargo, la emisión de esta moneda es una caja de Pandora, porque abre interrogantes técnicos y políticos tanto en política monetaria como en supervisión bancaria y financiera. Entonces solo tenemos que esperar.

CAPÍTULO DIECISÉIS
LIBRA FACEBOOK

Libra es la criptomoneda anunciada por Facebook en junio de 2019 y promete revolucionar el universo de pagos y transacciones financieras. Su anuncio despertó elogios y consensos, pero también dudas y críticas. En los meses posteriores al lanzamiento, las autoridades financieras de todo el mundo se movieron para verificar los aspectos controvertidos, algunos de los principales líderes económicos y financieros del mundo expresaron posiciones opuestas y algunas de las organizaciones que inicialmente apoyaron a Libra se retiraron.
El último en orden de tiempo es Vodafone: la compañía, inicialmente entre los partidarios del proyecto, ha dado a conocer que los recursos previamente asignados a Libra serán redirigidos a su servicio consolidado de pago digital M-Pesa, actualmente activo en 6 naciones africanas. Hasta el día de hoy, muchas personas temen que las criptomonedas nunca vean la luz, a pesar de que Facebook, hasta hace poco, parecía dispuesto a seguir su camino. Por otro lado, a finales de enero Mark Zuckerberg anunció el lanzamiento internacional de WhatsApp Pay, un sistema de pago vía chat. Aún no está claro cómo encajará la nueva solución en el "ecosistema de pagos de Facebook". Pero veamos qué es Libra y cómo funciona, qué ha sucedido hasta ahora y qué esperar del futuro.

El lanzamiento de Libra

"Queremos que sea fácil para todos enviar y recibir dinero al igual que nuestras aplicaciones para compartir mensajes y fotos", escribió el fundador y CEO Mark Zuckerberg el 18 de junio de 2019 en una publicación en la red social con la que dio la noticia y proporcionó Detalles adicionales. El proyecto, que debería despegar en 2020, no se limita a crear una nueva criptomoneda, sino que implica el desarrollo de todo un ecosistema: una infraestructura financiera global accesible a miles de millones de personas. La iniciativa está gobernada por la Asociación Libra, una asociación sin fines de lucro con sede en Ginebra, que actualmente incluye a unos 20 miembros, incluidas empresas, organizaciones sin fines de lucro e instituciones académicas internacionales, pero el objetivo es llegar a 100 miembros por año. Mientras tanto, sin embargo, después del anuncio oficial, Libra ha estado bajo presión de muchos sectores, particularmente por el tema de su regulación. En la primera semana de julio, la Reserva Federal de los Estados Unidos declaró que los planes de Facebook para crear una moneda digital "no pueden continuar" hasta que se aclaren todos los temas controvertidos. La empresa respondió inicialmente que se basaba en un diálogo constructivo. Luego, a principios de agosto, Mark Zuckerberg, en una publicación, dio una especie de retroceso, advirtiendo que Libra y su subsidiaria Calibra podrían experimentar retrasos importantes o incluso nunca ser lanzados. ¿Una táctica para contrarrestar la presión y las críticas que le llovieron de muchos lados desde que anunció la criptomoneda de Facebook?

En la primera semana de julio, la Reserva Federal de los EE. UU. Declaró que los planes de Facebook para crear una moneda digital "no pueden continuar" hasta que se aclaren todos los temas controvertidos. La empresa respondió inicialmente que se basaba en un diálogo constructivo. Luego, a principios de agosto, Mark Zuckerberg, en una publicación, dio una especie de retroceso, advirtiendo que Libra y la subsidiaria Calibra podrían experimentar retrasos importantes o incluso nunca ser lanzados. ¿Una táctica para contrarrestar la presión y las críticas que le llovieron de muchos lados desde que anunció la criptomoneda de Facebook? ¿O un auténtico anverso?

Una cosa es cierta: todos los bancos quieren ver esto con claridad. El 16 de septiembre, representantes de la Reserva Federal de Estados Unidos, el Banco de Inglaterra y otros 24 bancos centrales se reunieron con representantes del proyecto Libra en la ciudad suiza de Basilea para discutir cómo funcionará la cadena de bloques y los objetivos perseguidos.

El camino de Libra parece cada vez más cuesta arriba: a finales de septiembre de 2019 algunos socios financieros relevantes como Visa y Mastercard comenzaron a revisar su participación en la criptomoneda de Facebook, preocupados por las decisiones que tomarán los reguladores. Después de eso, en octubre de 2019, Paypal, eBay, Visa, Mastercard y Booking anunciaron definitivamente su deserción. Pero mientras tanto, veamos qué llevó a su nacimiento y por qué.

El 18 de junio de 2019, con una publicación en Facebook, el fundador y CEO de la red social, Mark Zuckerberg, lanzó la nueva moneda llamada Libra y al mismo tiempo la asociación sin fines de lucro del mismo nombre junto a otras 28 organizaciones internacionales alrededor del mundo. La noticia se había anticipado la semana anterior, pero durante algún tiempo, al menos durante un par de años, el gigante de Internet había estado trabajando en la operación. Durante el último año y medio, Facebook ha tenido una relación fluctuante con las criptomonedas. Por un lado, ha mostrado interés, filtrando también noticias sobre posibles adquisiciones en esta área (por ejemplo, Coinbase, una conocida empresa de intercambio de criptomonedas). Por otro lado, los anuncios de moneda digital a menudo se han bloqueado y prohibido en sus plataformas durante largos períodos.

El punto de inflexión fue un gesto de Zuckerberg que los medios de comunicación pasaron por alto en silencio: en enero de 2018, adquirió una licencia en Irlanda para ofrecer préstamos personales a sus 2.070 millones de usuarios. Luego, durante los últimos seis meses, el interés se ha vuelto gradualmente más concreto con varios rumores sobre el tema de una posible criptomoneda por parte de Facebook, hasta el anuncio oficial.

Por tanto, Facebook ha entrado oficialmente en el mundo de los pagos, más precisamente en el de las criptomonedas. El objetivo declarado es brindar acceso al sistema financiero a los aproximadamente 1,7 mil millones de adultos no bancarizados presentes en el mundo hoy en día, es decir, todos aquellos que no cuentan con una cuenta bancaria o servicios similares.

Los miembros fundadores

Hay tres elementos clave del proyecto Libra: la asociación de actores que lo rige, la cadena de bloques en la que se basa y la criptomoneda con la que se utiliza. En definitiva, Libra es un ecosistema no monolítico, que reúne por primera vez a empresas, asociaciones e inversores de diferentes sectores. En cuanto a la asociación que rige el proyecto, se llama Libra Association y es una organización sin fines de lucro con sede en Ginebra, que inicialmente incluía a 28 miembros entre empresas, organizaciones multilaterales y sin fines de lucro, instituciones académicas de todo el mundo.

Estas organizaciones se unen a la asociación participando activamente en la red Libra, ejecutando un nodo de validación en la red y sirviendo en el gobierno a cambio de recompensas generadas por tarifas de transacción, tarifas de conversión e intereses de depósito.

Los miembros fundadores que en junio de 2019 se comprometieron a trabajar por el desarrollo, difusión y aceptación de la nueva criptomoneda fueron:

sector de pagos: Mastercard, PayPal, PayU (brazo fintech de Naspers), Stripe, Visa;

sector de tecnología y mercados: Booking Holdings, eBay, Facebook / Calibra, Farfetch, Lyft, MercadoPago, Spotify AB, Uber Technologies, Inc.;

sector de telecomunicaciones: Iliad, Vodafone Group;

sector blockchain: Anchorage, Bison Trails, Coinbase, Inc., Xapo Holdings Limited;

sector de capital de riesgo: Andreessen Horowitz, Breakthrough Initiatives, Ribbit Capital, Thrive Capital, Union Square Ventures;

Organizaciones multilaterales y sin fines de lucro e instituciones académicas: Creative Destruction Lab, Kiva, Mercy Corps, Women's World Banking.

Las condiciones requeridas para convertirse en miembro deben ser al menos dos de tres de las siguientes:

valor: más de $ 1 mil millones en valor de mercado o más de $ 500 millones en saldos de cuentas de clientes;

escala: llegar a más de 20 millones de personas por año, en varios países;

sostenibilidad: ser reconocido como Top-100 por asociaciones de medios o terceros en el área de sostenibilidad (por ejemplo, por Interbrand Global 100, Fortune 500, S&P Global 1200, FTSE Eurotop 300).

Los Miembros Financiadores serán remunerados por su trabajo. De hecho, tendrán derecho al token de inversión Libra, un segundo token de la plataforma, vinculado a los rendimientos de los valores en poder de la reserva Libra. Al parecer, Facebook trabajó durante más de un año en un proyecto que luego compartió tanto la gobernanza como los ingresos potenciales con otros jugadores. El Libro Blanco también habla del objetivo futuro de una mayor apertura de la red, incluso haciéndola totalmente desprovista de permisos, modificando en consecuencia el mecanismo de remuneración previsto hoy. Sin embargo, ni Apple, ni Google, ni Amazon, ni Microsoft se encuentran entre los socios y tampoco hay banco. Toda la información técnica se puede encontrar en el sitio web www.libra.org.

Miembros fundadores: las deserciones

La presencia de los gigantes del mundo de los pagos, desde Mastercard hasta Visa, desde PayPal hasta Stripe, debería haber funcionado como garantía para la fiabilidad del proyecto. En cambio, entre septiembre y octubre de 2019, todos estos actores abandonaron. EBay y Booking, parte de esos grupos de alta tecnología que deberían haber adoptado Libra como herramienta de pago, también han decidido no participar.

El 14 de octubre, la Asociación Libra formalizó su junta directiva y su equipo ejecutivo, con el CEO David Marcus (ex líder de blockchain en Facebook). De los 28 miembros iniciales que mostraron interés, 21 firmaron formalmente el estatuto de la Asociación Libra, la entidad a cargo de administrar y gobernar la arquitectura blockchain de criptomonedas. La Asociación ha visto las deserciones de Mastercard, VISA, Paypal, Mercado Pago, eBay, Stripe, Booking Holdings, dejando a PayU como la única empresa de pago en este momento.

Además del citado David Marcus (Calibra), que estuvo a cargo del proyecto desde el principio, fueron nombrados miembros de la junta Matthew Davie (Kiva), Patrick Ellis (PayU), Katie Haun (Andreessen Horowitz) y WencesCasares (Xapo). Luego, la junta votó sobre el equipo ejecutivo de la asociación, compuesto por Bertrand Pérez, director de operaciones y presidente, Dante Disparte, director de políticas y comunicaciones y vicepresidente, y Kurt Hemecker, director de desarrollo comercial.

Al mismo tiempo, nuevamente el 14 de octubre, la asociación confirmó que había recibido indicios de interés de más de 1.500

contrapartes, con 180 contrapartes que cumplen con los criterios requeridos para convertirse en miembros fundadores. Objetivo: llegar a 100 miembros.
Vodafone también abandonó el juego el 22 de enero de 2020. Fue la octava deserción de la Asociación Libra: prácticamente un tercio de los miembros iniciales se fueron. Vodafone ha manifestado su intención de concentrar sus recursos en el proyecto M-Pesa, un sistema de transferencia de dinero y microcrédito lanzado en 2007 por la filial Safaricom, actualmente solo disponible en algunos países: Kenia, Tanzania, Afganistán, Sudáfrica, India, Rumania y Albania. Ahora Vodafone apuntaría a expandir M-Pesa a otros países.

Cómo funcionará la billetera Calibra

Libra no es la única entidad que se reveló al mundo el 18 de junio. De hecho, Calibra, una empresa controlada directamente por Facebook, también se presentó oficialmente. Calibra es la primera billetera disponible para administrar la nueva criptomoneda y realizar transacciones a través de esta moneda digital. Su prerrogativa es simplificar la experiencia del usuario con respecto a la gestión compleja de claves privadas y claves públicas que, en cambio, normalmente se proporciona en todas las plataformas blockchain, incluida Libra.
Las carteras son ampliamente utilizadas por todos los poseedores de criptomonedas y será interesante ver si otras carteras integran la posibilidad de realizar transacciones a través de Libra. Sin embargo, Calibra será sin duda la única herramienta que se integrará perfectamente con Whatsapp y Messenger, las principales plataformas de mensajería gestionadas por Facebook, haciendo que el intercambio de dinero sea tan sencillo como enviar una foto.
Calibra también tendrá la función de velar por el cumplimiento de la normativa AML (Anti Money Laundering, Anti-Money Laundering) y realizar el KYC de los usuarios ("Conozca a su cliente", el proceso de reconocimiento que utilizan las empresas para verificar la identidad de sus clientes). en cumplimiento de

la normativa vigente. También abrirá nuevos escenarios para la gestión de identidad digital, permitiendo potencialmente un botón evolucionado de "iniciar sesión con Facebook" que se puede utilizar no solo para registrarse en sitios, sino también para acceder a servicios que requieren KYC, como financieros o de seguros.

Similitudes y diferencias con otras criptomonedas

Libra de Facebook es una criptomoneda. Pero actualmente hay al menos 2.238 criptomonedas en el mundo. ¿Cuáles son las peculiaridades de la moneda digital que emitirá a partir de 2020 la red social de Mark Zuckerberg? Fabio Pezzotti, fundador, director ejecutivo y presidente de Iconium Blockchain Ventures explica: "Si consideramos el grado de descentralización, en el caso del proyecto Libra, esto es limitado en comparación con las infraestructuras sin permiso y de código abierto como Bitcoin y Ethereum con mineros o nodos del orden de miles, y de hecho los requisitos mínimos impuestos por la asociación son muy restrictivos (por ejemplo, una inversión mínima de $ 10 millones) y solo pueden ser cumplidos por unas pocas organizaciones en el mundo. En otras palabras, a diferencia de Bitcoin, Libra será una plataforma autorizada. Cada uno de los miembros de la Asociación Libra tendrá un nodo validador. En plataformas sin permisos como Bitcoin y Ethereum, cualquiera puede participar en el proceso de validación, mientras que en Libra los validadores serán decenas de grandes empresas internacionales".

En cuanto al blockchain utilizado, Facebook primero adquirió todo el equipo de ChainSpacestartup, para desarrollar un blockchain capaz de soportar 1000 transacciones por segundo y crear un nuevo lenguaje de programación conocido como "Move" para desarrollar sobre él. La seguridad es uno de los principios clave sobre los que se desarrolla este lenguaje, con el que será posible crear nuevos activos, lógicas y aplicaciones financieras descentralizadas en Libra.

La criptomoneda Libra está garantizada por una canasta de monedas fiduciarias (por ahora Euro, USD, GBP, Yen) que le permitirá tener un valor estable en el tiempo y permitirá a los consumidores y comerciantes superar los riesgos de volatilidad que hoy en día ponen en desventaja a las criptomonedas como medio de pago. No habrá política monetaria, es posible generar nueva Libra depositando dinero fiduciario y viceversa, es posible quemar Libra retirando dinero fiduciario.
La llegada de Libra podría desmarcar definitivamente la diferencia creada entre las criptomonedas y las formas digitales privadas de transferencia de valor. La entrada de Facebook en el mercado ciertamente ha atraído la atención de muchos profesionales y no. Finalmente, cada uno de estos activos está encontrando su posición dentro del mercado: Bitcoin, un activo refugio atractivo desde un punto de vista especulativo, Libra una moneda para realizar pagos y quizás otros proyectos en un mercado en constante expansión.

Facebook actualiza su proyecto de moneda digital

De los cambios realizados en el proyecto original enumerados en el Libro Blanco, el principal tiene como objetivo disipar las preocupaciones de los reguladores financieros de que Libra pueda interferir con las monedas nacionales y las políticas monetarias de los países individuales, gracias también al hecho de que puede llegar de inmediato un total de 2.500 millones de usuarios potenciales, el número de suscriptores de Facebook hasta la fecha. Para lograr esto, el sistema ahora también ofrecerá Stablecoins de moneda única, además de la Libra original respaldada por una canasta de monedas y valores de deuda, como Librausd (USD), Libraeur (EUR), Libragbp (GBP) y Librasgd (SGD). Esto permitirá a las personas y empresas en regiones cuyas monedas locales tienen Stablecoins de moneda única en la red Libra acceder directamente a Stablecoin en su propia moneda.
Las Stablecoins vinculadas a una sola moneda se podrán utilizar

en cualquier parte del mundo. Un objetivo clave del proyecto económico de la red Libra es la confianza en un método de pago eficiente. Cada Stablecoin en la red Libra estará completamente respaldada por un grupo de activos líquidos de alta calidad y respaldada por una red competitiva de intercambios que compran y venden cada moneda. Esto significa que los propietarios de Libra deben tener un alto grado de certeza de que pueden convertir Libra en moneda local, afirma el Libro Blanco. Libra, por lo tanto, ahora parece casi una versión digital de las monedas.

Además, la asociación, consciente del hecho de que varios bancos centrales ahora se están moviendo para crear su propia moneda digital, espera que su sistema pueda integrarse perfectamente con las monedas digitales del banco central (CBDC) tan pronto como estén disponibles.

Facebook pide aprobación a Finma

El proyecto Libra "2.0" se presentó para su aprobación a Finma, la autoridad federal de supervisión de los mercados financieros en Suiza, el país donde tiene su sede la Asociación Libra.

CONCLUSIÓN

Si está leyendo la conclusión, significa que ha llegado al final del libro.

Espero que haya sido una lectura agradable y que el contenido haya sido interesante.

Espero que todo esto haya ayudado a mejorar su forma de operar con criptomonedas, ¡pero no solo eso!

También he tratado de ayudarlo a comprender lo importante que es tener un plan comercial, o comprender cuáles son sus objetivos o cuál es la mejor manera de administrar el riesgo.

También espero que con este libro descubras el método para hacer más rentable su trading, pero, sobre todo, que aprendas las herramientas para intentar salvaguardar su capital.

Como siempre digo, comerciar no significa jugar en el casino.

El comercio se ha convertido en su trabajo para muchos, y para algunos, en la posibilidad que les ha permitido incrementar significativamente su nivel de vida.

Pero detrás de todo esto hay estudio, preparación, disciplina, organización y, sobre todo, nunca improvisación.

Le deseo mucho éxito en el comercio y en otros tipos de negocios, ¡qué tenga una buena vida!

DAY TRADING

La guía definitiva

Aprenda a utilizar las mejores herramientas de gestión del dinero y técnicas avanzadas para ganar dinero

INTRODUCCIÓN

Hay personas que gracias al trading han cambiado su vida y la de muchas personas que han creído en ellas. Basta mencionar el nombre de Warren Buffet o George Soros porque los sueños y visiones comienzan a comenzar en la mente de muchos comerciantes.

El éxito comercial se logra con los pies en la tierra.

Partiendo de esta creencia, he escrito este manual de forma sencilla con el objetivo de ayudar a los novatos a encontrar la forma correcta de tener éxito, pero, sobre todo, a encontrar los métodos adecuados para no perder dinero, que normalmente se ahorran con sacrificio.

Negociar no es sinónimo de juego. Negociar en los mercados financieros no es un juego ni un pasatiempo. Su enfoque debe ser extremadamente serio y disciplinado, debe prestar especial atención a salvaguardar el capital que decide invertir. Siendo consciente de su personalidad, sus miedos, sus metas, puede usar esto a su favor, convirtiéndolo en su arma secreta.

CAPÍTULO UNO
QUÉ ES EL DAY TRADING

¿Qué es el day trading?

Cuando hablamos de day trading nos referimos a una forma de operar en los mercados con operaciones que abren y cierran el mismo día. Aquellos que realizan este tipo de operaciones tienden a no tener posiciones mantenidas durante la noche, pero intentan cerrarlas todas las noches y reabrirlas al día siguiente. El comercio intradía es una estrategia a corto plazo que tiene como objetivo beneficiarse de las pequeñas fluctuaciones de precios intradía en lugar de los movimientos del mercado a largo plazo.

Cuando hablamos de day trading nos referimos a una forma de operar en los mercados con operaciones que abren y cierran el mismo día.

El significado de la negociación intradía contrasta directamente con las técnicas de inversión tradicionales que implican comprar a bajo costo, mantener y luego vender a un alto costo. Por lo tanto, los operadores diarios deben pensar de manera diferente a los inversores, centrándose en la acción del precio de un activo en lugar de su potencial a largo plazo. Esta es la razón por la que las estrategias de negociación intradía tienden a utilizar muchas soluciones de análisis técnico diferentes y requieren que el operador se mantenga actualizado con las últimas noticias.

Ventajas del day trading

Hay muchos mercados en los que los day traders pueden funcionar: futuros, acciones, divisas y materias primas. Las acciones son muy populares porque le permiten eliminar el riesgo de abrir brecha en los mercados nocturnos al poder cerrarlos al final de cada día. El auge de la tecnología en los últimos años definitivamente ha hecho que esta forma de operar sea cada vez más popular.

Contras del day trading

El trading intradía no es para el trader a tiempo parcial. Requiere concentración y dedicación, ya que implica decisiones rápidas y la ejecución de una gran cantidad de operaciones en un solo día. Los comerciantes diarios no necesariamente tienen que operar todo el día, pero deben mantenerse alertas y adelantarse a los mercados. Los comerciantes diarios pueden verse limitados por los costos resultantes. Por ejemplo, si compra y vende acciones, pagará una comisión. Como ocurre con todos los tipos de negociación, la negociación intradía conlleva un riesgo de mercado que puede ser sustancial cuando se utilizan instrumentos apalancados.

CAPÍTULO DOS PSICOLOGÍA Y MENTALIDAD

Errores comerciales

En la teoría de Gann, el aspecto psicológico es de gran importancia. La volatilidad y la imprevisibilidad de los mercados financieros requieren que los operadores tengan los nervios firmes y un análisis crítico continuo de sus acciones. Entre los errores que cometen con mayor frecuencia los operadores, la emoción es la más recurrente; dominar el miedo, la esperanza y la codicia es la primera tarea que todo buen comerciante debe plantearse.

Basar las acciones especulativas de uno en la evidencia de los hechos solo es posible creando un plan comercial antes de operar, ya que la esperanza o las expectativas se manifiestan con tal fascinación que engañan incluso al mejor comerciante; actuar de acuerdo con los rumores o sobre la base de falsas esperanzas es, lamentablemente, un comportamiento recurrente, que a menudo conduce incluso a sufrir grandes pérdidas antes de cerrar la posición. Según Gann, un miedo saludable al mercado es la primera señal que revela el potencial del comerciante exitoso. La especulación es un negocio donde las pérdidas son inevitables y fisiológicas hasta cierto punto. El trader que monetiza una pérdida después de una especulación y no se emociona demasiado es lo suficientemente maduro para hacer su trabajo. El sentimiento de miedo, que debe evitarse, la codicia o el deseo de mejorar la posición, es otro aspecto personal que hay que dominar. La codicia estimula la emoción y esto puede llevar al operador a esperar que el mercado aún verá sus expectativas y también puede ser inducido a realizar inversiones por un monto no justificado por las buenas reglas de administración del dinero. Por lo tanto, para tener un enfoque lógico más que emocional, es necesario preparar con anticipación un plan operativo o plan de negociación, que nos permita fijar exactamente las operaciones que queremos hacer. Según Gann, lo más importante a la hora de elaborar un plan operativo es establecer señales de stop-loss o establecer niveles de precios, más allá de los cuales se da una orden de compra o venta “coherente”. La codicia estimula la emoción y esto puede llevar al operador a esperar que el mercado aún verá sus expectativas y también puede ser inducido a realizar inversiones por un monto no justificado por las buenas reglas de administración del dinero. Por lo tanto, para tener un enfoque lógico más que emocional, es necesario preparar con anticipación un plan operativo o plan de negociación, que nos permita fijar exactamente las operaciones que queremos hacer. Según Gann, lo más importante a la hora de elaborar un plan operativo es establecer señales de stop-loss o establecer niveles de precios, más allá de los cuales se da una orden de compra o venta “coherente”. La codicia estimula la emoción y esto puede llevar al operador a esperar que el mercado aún verá sus expectativas y también puede ser inducido a realizar inversiones por un monto no justificado por las buenas reglas de administración del dinero. Por lo tanto, para tener un enfoque lógico más que emocional, es necesario preparar con anticipación un plan operativo o plan de negociación, que nos permita fijar exactamente las operaciones que queremos hacer. Según Gann, lo más importante a la hora de elaborar un plan operativo es establecer señales de stop-loss o establecer niveles de precios, más allá de los cuales se da una orden de compra o venta “coherente”.

Igualmente importante es que el comerciante no intente decirle a los demás sobre lo que está especulando. Este comportamiento, de hecho, solo puede llevarlo a aumentar la autoestima y convencerlo, aún más, de que está en el lado correcto del mercado, alimentando así sus esperanzas en la lista de precios más que en el análisis predictivo de cotizaciones. Gann aconsejó comprar cuando llegaban malas noticias y vender cuando llegaban buenas noticias, lo que podría resultar infundado.

El comerciante debe comportarse de forma independiente, esto significa que debe desarrollar sus creencias solo después de estudiar cuidadosamente los mercados, sin seguir los consejos de otros. Al elaborar un plan operativo, siempre se debe seguir un proceso de tipo acumulativo, aumentando las posiciones en un activo financiero solo después de que ya haya proporcionado

ganancias.
Si las especulaciones las hacen dos personas, Gann recomienda dividir las tareas de la siguiente manera: una debe establecer los tiempos de compra y venta, mientras que la otra debe identificar los niveles alrededor de los cuales establecer el stop-loss. El plan operativo es fundamental para no sufrir un tipo de comportamiento emocional al operar en los mercados financieros. Evidentemente, una vez elaborado el plan de trading, es fundamental seguirlo sin dejarse engañar por factores emocionales, como ya hemos dicho.
La especulación es una profesión donde las pérdidas son inevitables y hasta cierto punto funcionales.
Por lo tanto, la elaboración de un plan comercial es necesaria para tener un enfoque lógico, más que emocional; Ser capaz de eliminar la emocionalidad intrínseca del trading es casi imposible, pero sin duda es el camino correcto a seguir.

Cuidado con sus decisiones

La disciplina es uno de los elementos más importantes que tienen en común los traders experimentados. Vigilesus malos hábitos e intenta solucionarlos lo antes posible. Opere de manera disciplinada si decide establecer un conjunto de reglas cuidadosamente pensadas para gobernar sus decisiones comerciales y luego cúmplalas. Encuentre formas de evitar romper sus reglas y trate de resolver cada problema antes de que se convierta en uno.
Además, como trader diario, es una buena idea reevaluar sus reglas al final de cada mes, debido a los tiempos de entrega más cortos de este estilo de negociación.
Pero hay fuentes de inspiración que debe seguir para llegar a los resultados esperados de manera más efectiva.
Administración del dinero
La administración del dinero es esencial en el comercio intradía, aunque, en última instancia, es uno de los elementos esenciales del comercio en cualquier marco de tiempo de inversión. Por supuesto, si tiene la intención de operar durante muchos años,

deberá aplicar estrategias exitosas de administración de dinero. Hay libros completos dedicados a este tema, que contienen muchos enfoques diferentes, y debe tomarse el tiempo para encontrar un método con el que se sienta cómodo.
La relación riesgo / recompensa es importante. Recuerde: no importa obtener ganancias el 90% del tiempo si sus pérdidas son mucho mayores que sus ganancias. Lo importante es que sus ganancias sean mayores que sus pérdidas.
Stop loss
Nunca olvide utilizar stop loss para administrar el riesgo al realizar sus órdenes para ingresar al mercado. Este es su principal "seguro": debe ser consciente de que estos deben ser los elementos más importantes a la hora de abrir un nuevo puesto, ya que le protegerán de operaciones que evolucionan de forma diferente a la esperada. Los stop loss estándar pueden estar sujetos a deslizamientos cuando se produce una brecha de precios, sin embargo, los stop loss garantizados siempre cerrarán posiciones en el nivel elegido.
Determine su mejor estrategia
Ninguna estrategia siempre funciona, pero incluso una simple estrategia de operaciones diarias puede ayudar a un operador a intentar detectar operaciones de bajo riesgo y alto rendimiento en puntos importantes del día. Algunos comerciantes también aprovecharían el fracaso de una operación como una oportunidad para establecer otra. Si el nivel se "rompe", puede indicar el inicio de una nueva tendencia, presentando otra oportunidad para intentar ganar dinero.

Controlar las emociones en el comercio en línea

Mindfulness significa "atención consciente" y es "una forma de enfocar la atención en el momento presente, prestando atención a sus pensamientos, sus emociones y las señales que le envía su cuerpo en el momento en que ocurren, observándolas sin prejuicios".
Atención plena

De hecho, el Mindfulness no es un tipo de religión o práctica espiritual, es simplemente una forma de "entrenar la mente". Incluso los marines lo usan: lo llaman "Mind Fitness".

La ecuanimidad y la impermanencia son los dos principios fundamentales que subyacen a la atención plena. No se deje engañar por las palabras grandes, son mucho más simples e intuitivas de lo que imagina.

La ecuanimidad se trata de aceptar cada pensamiento, emoción, impulso o sentimiento, sin tratar de reprimirlos o resistirlos. Eso sí: la ecuanimidad no significa resignación. La ecuanimidad no le empuja a darse por vencido frente a la realidad, sino que le ayuda a observarla como realmente es, permitiéndole actuar en consecuencia. El principio de impermanencia enseña que todo lo que le rodea está en un estado de cambio perpetuo.

Los mercados financieros, por ejemplo, son inciertos y siempre cambian. No puede hacer nada al respecto, esa es su naturaleza. Al aceptar los mercados por lo que son, podrá aliviar su "ansiedad de desempeño": para que quede claro, esa ansiedad que le empuja a permanecer con una posición abierta incluso cuando el mercado está comunicando claramente que ha llegado el momento de cerrar eso.

Cómo administrar la información

Además de la ansiedad por el rendimiento, otro gran desafío al que todos los operadores se enfrentan a menudo durante su día de negociación es, sin duda, tener que administrar una gran cantidad de información de todo el mundo.

Gráficos, indicadores, últimas noticias, calendario económico, etc., en fin, ya sabes de lo que estoy hablando. En estas situaciones de enorme presión y confusión, el Mindfulness le ayudará a elegir la información más importante en la que concentrarse con extrema claridad, reduciendo en gran medida el estrés y mejorando su rendimiento.

La autoconciencia es la capacidad de salir de uno mismo y comenzar a observarse desde el punto de vista de un espectador externo e imparcial. Al tomar conciencia de sí mismo, podrá salir del flujo de acciones automáticas que realiza sin siquiera pensar en ello, y comenzará a dirigir su atención y energías de acuerdo con su voluntad.

Mientras negocia, ¿dónde pone su atención? ¿En los resultados que obtiene (pérdidas y ganancias) o en su sistema de negociación? En el comercio, las mejores decisiones se toman cuando se enfoca en el sistema de comercio en lugar de los resultados obtenidos, ya que, al enfocarse únicamente en los resultados, sus expectativas futuras y cuánto cree que ganará / perderá de sus posiciones, volverá a caer en esa ansiedad por el desempeño. Le estaba hablando de antes.

Si, por el contrario, dedica toda su atención y todas sus energías al desarrollo y mejora de su Sistema de Trading, evitará noches de insomnio y ansiedades de todo tipo, ¡y los resultados (ganancias) que obtendrá le sorprenderán! Van Tharp, un comerciante legendario, solía decir que: "No comercia de acuerdo con el mercado, comercia de acuerdo con sus creencias sobre el mercado". Por lo tanto, es extremadamente importante reconocer cuáles son sus creencias y convicciones. con respecto a los mercados financieros y al trading en general, porque solo así podrá entender el motivo de su comportamiento y sus reacciones frente a los monitores.

El primer paso para operar de manera más efectiva es tomar conciencia de sus pensamientos y de todo lo que pasa por su cabeza cuando opera en los mercados. El concepto clave para entender aquí es que usted no es sus pensamientos. Los pensamientos son solo el fruto del trabajo incesante de nuestra mente, no son la realidad.

Dicho esto, ninguno de nosotros puede elegir los pensamientos que pasan por sus cabezas, pero podemos elegir:

cuánta atención dedicar a cada pensamiento;

qué significado atribuir a cada pensamiento.

Errores a evitar en el comercio online

Uno de los errores que nos puede costar caro en los mercados es apegarnos emocionalmente a cualquier pensamiento, por ejemplo: "Mantengo abierta la posición larga en el EUR / USD porque estoy seguro de que el euro se apreciará". De hecho, este fuerte apego corre el riesgo de impedirnos observar la realidad tal como es, y no nos permite darnos cuenta de que quizás el momento ha llegado a su fin.

La mayoría de los comerciantes, incluidos los profesionales, tienen un sueño secreto: comerciar sin la interferencia de las emociones. De hecho, a menudo percibimos el impacto emocional en nuestras decisiones como negativo y perjudicial para nuestro desempeño. En realidad, la emoción no es solo un elemento clave de nuestro proceso de toma de decisiones, sino que también es el primer elemento de cada decisión, porque primero sentimos y luego pensamos.

Las emociones nos brindan mensajes sobre lo que estamos experimentando y, como tales, son datos valiosos en los que podemos confiar para dirigir nuestras acciones. Por tanto, nuestro objetivo no debería ser poder operar sin emociones, precisamente porque solo obtendremos un mejor rendimiento cuando comencemos a operar teniendo en cuenta nuestras emociones. En lugar de reprimir o ignorar los mensajes que transmiten nuestras emociones, es fundamental aprender a gestionarlos.

El primer paso para aprender a manejar sus emociones es simplemente comenzar a sentirlas.

Cómo manejar los impulsos

Un impulso o deseo repentino de actuar. Los impulsos que sentimos durante nuestros días de negociación pueden ser de varios tipos:

la necesidad de cerrar la posición demasiado pronto para embolsarse las ganancias;

la necesidad de arriesgar más de lo habitual;

el impulso de permanecer frente a la pantalla todo el día por temor a perder la oportunidad adecuada.

Al ser reacciones irracionales de la mente, los impulsos y los estímulos repentinos para actuar son muy peligrosos para nuestro trading y la única forma a seguir para gestionarlos es "montar la ola". De hecho, los impulsos de actuar son como las olas del mar: van y vienen, no duran para siempre.

Montar la ola, por tanto, significa observar la llegada del impulso, aceptar el impulso por lo que es. Si continúa observando el impulso sin seguirlo, notará que su "fuerza de impacto" disminuirá hasta desaparecer. Y cuanto más se entrene para montar las olas de sus impulsos irracionales, menos vehementes serán las olas futuras que le golpearán. Al practicar Mindfulness, también ganará un mayor control sobre sus comportamientos y podrá resistir los impulsos, inhibiéndolos sin demasiado esfuerzo.

Gestionar conocimientos

La intuición no es algo místico o mágico, es simplemente un proceso que nuestra mente utiliza para tomar decisiones futuras utilizando la información que ha recopilado en el pasado. Un evento experimentado en el pasado, muy a menudo reaparece en forma de una señal corporal: George Soros, por ejemplo, cuando experimenta un dolor de espalda severo, lo interpreta como una señal de que algo está a punto de salir mal en su cartera de valores. Por lo tanto, a la hora de tomar decisiones comerciales, el razonamiento lógico por sí solo no es suficiente: antes de decidir si algo es bueno, también debe escuchar lo que su cuerpo le comunica.

También es cierto que tomar cualquier decisión implica un gasto considerable de energía mental, y esta "fatiga de decisión" tiene un impacto extremadamente negativo en las decisiones que tomas todos los días.

Para tomar decisiones inteligentes en línea con sus objetivos a largo plazo, será útil estar atento a estos 4 aspectos:

El sueño. Los estudios científicos muestran que dormir unas pocas horas por noche conduce a sentir menos el peso de las pérdidas y, al mismo tiempo, empuja a enfatizar demasiado los resultados positivos (en el comercio: ganancias).

Ejercicio. El ejercicio aumenta la oxigenación del cerebro y esto ayuda a nuestra mente a pensar con más claridad.

Comida. Los científicos recomiendan comenzar cada día con un desayuno abundante y luego continuar comiendo a intervalos regulares para administrar mejor sus suministros de insulina y glucosa.

Descanso y recuperación. Alterne 90 minutos de negociación con 20 minutos de recuperación (es decir, ocio).

Manejesus hábitos

La mayoría de las acciones que repetimos de forma constante y prolongada en el tiempo pronto se convierten en un hábito, es decir, un comportamiento automático que adoptamos inconscientemente y que solo podemos modificar mediante un esfuerzo consciente. Por tanto, un hábito se "cimenta" mediante la repetición de la misma acción a lo largo del tiempo, una repetición que desarrolla nuevas vías neuronales en el cerebro que le ayudan a realizar esa acción específica casi sin esfuerzo.

Sin embargo, es muy probable que con el tiempo tengamos comportamientos automatizados que ya no sean útiles o incluso perjudiciales para nuestro desempeño en los mercados.

Suele funcionar así: en el pasado ha desarrollado uno o más hábitos en su forma de operar por la única razón de que en ese momento de mercado esos hábitos le han hecho ganar mucho dinero. Sin embargo, como usted sabe, los mercados financieros están en constante evolución y lo que era útil y rentable en el pasado puede que ya no lo sea, hoy o en el futuro cercano.

Le aconsejo que empiece a observar atentamente sus hábitos comerciales para identificar y detener cualquier comportamiento contraproducente. ¡Use el Mindfulness! A medida que practique los ejercicios de Mindfulness que ilustré anteriormente, desarrollará una mayor conciencia de sus comportamientos y sus "respuestas automáticas" a eventos externos y, por lo tanto, también notará una serie de hábitos que obstaculizan sus decisiones y su desempeño en los mercados. Una vez que se dé cuenta de sus "malos hábitos", tenga mucho cuidado de reemplazarlos con nuevos hábitos que sean más efectivos para sus operaciones.

Manejar el estrés

Imagina esta escena: está frente a su PC y espera a que los datos del PIB estadounidense delaten la noticia. Sale la noticia y el mercado comienza a reaccionar: los latidos de su corazón aumentan, su estómago se contrae y sus músculos se tensan. La amígdala acaba de activar su respuesta al estrés. Debe saber que cada uno de nosotros responde al estrés de una manera diferente, cada uno experimenta el estrés en diferentes situaciones. Esto se debe a que el estrés no es un factor externo: el estrés es una percepción y, como tal, es diferente para cada individuo. El evento externo también puede ser el mismo, pero si este evento será percibido como riesgo, determinará en nosotros un cierto tipo de reacción, si en cambio el mismo evento será percibido como oportunidad, determinará una reacción totalmente diferente.

Nuestro desempeño será pobre tanto si percibimos muy poco estrés como si lo percibimos en exceso. El nivel de estrés óptimo para nuestro desempeño es de hecho un término medio entre poco estrés y demasiado estrés, y alcanzamos este estado óptimo

cada vez que las energías y esfuerzos requeridos por el mercado coinciden con nuestra capacidad para enfrentarlo.
Para sentir el nivel de estrés que está experimentando en el momento presente, escuche a su cuerpo: ponga su atención en el área entre el pecho y el abdomen: generalmente el estrés se siente allí. Tan pronto como haya identificado el área de su cuerpo que es más sensible al estrés, deje que se convierta en su "Barómetro del Estrés". Al poner constantemente su atención en esta área, pronto se volverá más consciente de su nivel de estrés y aprenderá a manejarlo mejor.
El estrés es un factor indispensable para nuestro crecimiento: empujándonos constantemente más allá de nuestros límites, nos permite desarrollar plenamente nuestro potencial. Sin embargo, para no convertir a este precioso aliado en nuestro peor enemigo, debemos tener siempre presente el llamado "proceso de oscilación". El "proceso de swing" consiste en alternar cada período de estrés con un período de descanso y recuperación. De hecho, el problema para muchos de nosotros no es demasiado estrés, sino la ausencia de períodos de recuperación.
Resistencia física del comerciante
Muy relacionado con el concepto de estrés, está el concepto de resiliencia. La resiliencia se define como "la capacidad de recuperarse rápidamente de momentos de dificultad", y puede aumentar o disminuir de la misma manera que los músculos de nuestro cuerpo crecen y se encogen: con el entrenamiento.
Cuanto más nos exponemos a situaciones difíciles, más crece y se fortalece nuestro músculo de resiliencia. Además, Jon Kabat-Zinn, el padre del Mindfulness, ha impulsado varias investigaciones científicas destinadas a medir el impacto del Mindfulness en la resiliencia. De los estudios realizados se desprende claramente que Mindfulness aumenta significativamente el nivel de resiliencia en las personas que lo practican.

La importancia de ser paciente

El comercio es una forma de ganar dinero. Para algunos, será un negocio, para otros, un juego. Lo que no se puede olvidar es que las emociones juegan un papel importante en la vida y también en los negocios. Y una habilidad muy importante que todo trader debería dominar es tener paciencia.

Algunos son más pacientes que otros. Algunas personas tienden a acelerar las cosas. Quieren saberlo todo a la vez, se apresuran a comerciar con diferentes bienes, utilizan nuevos indicadores y abren transacciones. Otros prefieren tener una base sólida, leer y aprender, probar las funciones una por una y estar preparados cuando finalmente ingresen al negocio.

Si forma parte del primer grupo, no tiene que preocuparse. La paciencia es una habilidad. Es algo que puede aprender con la práctica.

Para decirlo claramente, la paciencia es la capacidad de esperar. Siéntese y vea lo que está sucediendo en el gráfico. Analiza y espera. Espere las señales correctas, espere el momento adecuado para ingresar a una posición y luego espere un poco más para ver cómo se desarrolla el mercado.

La paciencia es algo que puede aprender

Ya sabe que la paciencia es algo que se puede aprender. Probablemente se esté preguntando ahora cómo hacer esto si no está en su naturaleza. Puede hacer algo tan simple pero efectivo como escribir una nota breve para usted. Podría ser "Sea paciente" o "Paciencia" o simplemente "Espere". Ponlo en un lugar visible. Incluso puede pegarlo directamente en la imagen comercial para que esté allí cada vez que opere en su plataforma.

Esperar el intercambio puede ser tedioso

Familiarícese con las diferentes estrategias comerciales. Invierta su tiempo en aprender cómo funcionan. Es posible que le interese, por ejemplo, cómo combinar RSI con soporte / resistencia para crear una estrategia poderosa. Al elegir una estrategia, apéguese a ella. No se desanime incluso si las señales de entrada no han aparecido durante mucho tiempo. Eventualmente lo harán.

Larga espera por un buen punto de entrada

Se despierta, se sienta en su computadora e inicia sesión en su cuenta. Elija el par de divisas EUR / USD, configure la tabla de velas japonesas y velas de 5 minutos. Después de esto, debe agregar los indicadores. Sin embargo, es importante recordar que demasiados indicadores podrían aumentar el caos en su gráfico. Los niveles de soporte / resistencia en combinación con el indicador RSI serían suficientes.

Tomesu café y espere. Está buscando los lugares donde el precio toca el nivel de soporte / resistencia y hay una divergencia que muestra el indicador RSI.

Esperar la oportunidad adecuada vale la pena

Después de aproximadamente 3 horas de espera, hay una señal de un buen punto de entrada. Es en este punto que el precio alcanza el nivel de resistencia y el RSI va a crear una divergencia. Una posición corta se abre durante unos 30 minutos.

Aproximadamente 3 horas esperando una buena señal comercial

Después de completar su pedido, olvídese. Hizo lo que estaba en sus manos. Ahora respire, relájese, dé un paseo o lea un periódico. Tómese un descanso de los mercados durante aproximadamente media hora para que pueda regresar con la cabeza despejada.

Recuerde siempre que la paciencia es la clave del éxito. Puede aprenderlo. Y no olvide que existen cuentas demo gratuitas en las que puede practicar el comercio de varios activos, estrategias e indicadores sin el riesgo de perder su dinero. También puede entrenar su paciencia.

CAPÍTULO TRES
LAS MEJORES HERRAMIENTAS Y SOFTWARE PARA EL COMERCIO DIARIO

Muchos traders nuevos cometen el error de principiante de usar las herramientas equivocadas. Para su éxito, será importante encontrar y utilizar el software de negociación diario adecuado y las herramientas de negociación diaria adecuadas. Mientras que un operador experimentado puede conformarse con instrumentos que no son exactamente ideales, los operadores novatos necesitan todas las ventajas posibles.

Esto significa asegurarse de estar equipado con el mejor software comercial, software de escaneo y software de gráficos.

A menudo hablo de intentar andar en bicicleta de carretera sobre arena. No importa si tiene una bicicleta de carretera de $ 2,000, no puede montar una bicicleta de carretera en la arena.

Si anda en una bicicleta de playa usada de $ 200 con neumáticos gruesos, ¡se lo está pasando genial! El tipo de la bicicleta de carretera se preguntará por qué lo está poniendo tan fácil.

Es porque está utilizando el equipo adecuado para el medio ambiente. No se trata de cuánto dinero gastas, se trata de utilizar las herramientas adecuadas. Simplifique su vida usando las mejores herramientas a continuación.

Software de negociación intradía

Hay algunos elementos diferentes que necesitará para las transacciones diarias, que incluyen:

Corredor en línea

Software de escaneo

Software de gráficos

Software de noticias de última hora

¡Ahora vamos a analizar cuáles son mis programas de trading diarios favoritos, por qué usarlos y por qué son cruciales para los traders!

Broker en línea: Lightspeed Financial Broker

Hay cientos de corredores para elegir y todos ofrecen a los

traders una experiencia diferente.
Por lo general, agrupo a los corredores en varias categorías según los servicios que brindan o los instrumentos financieros en los que se especializan. Hay opciones, forex, acciones, inversiones a largo plazo y corredores de especulación.
Hay algunas cosas que son importantes para los comerciantes diarios, como las teclas de acceso rápido, el enrutamiento de acceso directo y las ejecuciones rápidas.
Por lo anterior, uso Lightspeed y los considero el mejor corredor y una de las mejores herramientas para cualquier comerciante.
Si opera con una cuenta de operaciones de $ 500, CMEG (Capital Market Elite Group) es su mejor opción. Permiten operaciones diarias ilimitadas con un saldo mínimo de $ 500 (sin restricciones de patrones de operaciones diarias)
Software de escaneo de inventario: Trade-Ideas
Ahora que tiene su propio corredor financiado, ¡está listo para comenzar a operar! Es útil tener una forma de encontrar las acciones para comerciar. Según mis estrategias comerciales Gap and Go y Momentum, solo hay unas pocas acciones que vale la pena negociar en un día determinado.
Saber cómo identificar esas acciones antes de dar el paso es lo que separa a los traders más rentables de los demás.
Trade-Ideas es ideal para todo mi software de escaneo de acciones. Puede utilizar sus búsquedas predefinidas para ver los movimientos de HOD, picos de volumen, mayores ganadores / perdedores, Turbo Breaks, etc.
O puede hacer lo que yo hice y crear escáneres personalizados usando su conjunto de cientos de filtros para decirle a los escáneres exactamente lo que quiere ver.
¿Le gusta comerciar con las banderas del toro? No hay problema. ¿Brotes de superficie plana? Sencillo. Es el mejor software del mundo capaz de escanear el mercado y encontrar configuraciones de acciones ganadoras mejor que Trade-Ideas.
Software de gráficos: eSignal Charting
En este punto, tiene su corredor, está equipado con Trade-Ideas y está listo para obtener gráficos de la más alta calidad. Puede utilizar de forma segura los gráficos que su corredor le proporciona de forma predeterminada.
Estos funcionarán durante algún tiempo, pero eventualmente es

posible que desee subir de nivel y usar gráficos que le permitan dibujar y escribir fórmulas personalizadas.

Aquí es donde entra en juego eSignal. ESignal me permite ejecutar gráficos fácilmente en 8 monitores sin demora.

Esto es bastante impresionante. Es importante porque le permite vigilar varios títulos al mismo tiempo. Además de ser rápido y confiable, eSignal le permite instalar scripts personalizados. Se utilizan como indicadores personalizados para retrocesos y dibujan automáticamente líneas de soporte / resistencia.

Proveedor de noticias de última hora: Benzinga

Cada mañana es bueno comenzar el día con una revisión de las acciones que se abren en nuestros análisis de Trade-Ideas. A partir de ahí, debemos buscar el catalizador de noticias, por qué estos titulares suben. A veces se mueven en simpatía por el mercado o una industria fuerte, pero otras veces tienen un catalizador único como las ganancias.

Es importante entender por qué se mueve un título porque algunos catalizadores son más fuertes que otros. Podríamos usar Benzinga Pro para buscar los últimos títulos. Luego durante el día escuche Radio Benzinga Pro.

Leen los titulares y nos informan cuando se agotan las existencias, nos informan de las novedades, etc.

Perfil de mercado TAS

TAS Market Profile es uno de los mejores programas de software de transacciones diarias que existen. Hay un par de paquetes diferentes entre los que puede elegir según lo que esté buscando. También tiene un conjunto de indicadores TAS que ofrece 7 de sus indicadores patentados, incluidos: Mapa de mercado TAS, Cajas TAS, TAS Vega, TAS Navigator, Relación TAS y Niveles de compresión TAS.

Vale la pena tener en cuenta el mapa de mercado de TAS, las cajas de TAS Vega y TAS para tomar decisiones comerciales activas y valiosas.

También ofrecen TAS Scanner. Esta herramienta única le permite ver acciones que se mueven en diferentes períodos de tiempo con diferentes niveles de confianza de compra o venta en niveles clave. Es una poderosa adición a su software de gráficos y es algo que uso todos los días.

Los indicadores y escáneres funcionan en muchas plataformas

gráficas diferentes, incluidas eSignal, Tradestation y Bloomberg.

CAPÍTULO CUATRO ACCIONES DERECHAS A COMERCIAR

Elegir las acciones adecuadas para negociar

Inversión intradía

Como puede verse por el propio nombre, el trading intradía (o day trading) presupone la apertura y el cierre de una operación el mismo día, pero también una operación muy rápida. Con este tipo de operaciones, el operador nunca deja sus posiciones abiertas durante la noche, porque las abre y cierra durante el transcurso del día. Para tener éxito con esta estrategia, por tanto, es importante saber elegir las acciones a comprar, sobre todo si tenemos en cuenta que el tiempo para pensar es reducido. A menudo, las personas no pueden generar beneficios a partir del comercio intradía porque no seleccionan las acciones adecuadas.

1. Compre solo las acciones más líquidas

La liquidez de las acciones es el factor más importante a considerar en el comercio intradía. Las acciones más "líquidas" tienen grandes volúmenes de negociación y, por lo tanto, pueden comprarse y venderse en grandes cantidades sin afectar significativamente el precio. Por el contrario, los menos líquidos no permiten a los comerciantes comprar y vender en grandes cantidades debido a la falta de demasiados compradores. Sin embargo, algunos pueden argumentar que las acciones "ilíquidas" ofrecen grandes oportunidades de ganancias debido a los rápidos cambios de precios. Sin embargo, las estadísticas muestran que las acciones volátiles muestran más movimiento en un corto período de tiempo. Por lo tanto, la mayoría de las posibles ganancias se disipan mientras que el riesgo a la baja aún permanece. En cualquier caso, la liquidez de los valores depende de la calidad de las operaciones realizadas.

2. Manténgase alejado de las acciones volátiles

Es bien sabido que un volumen diario bajo de acciones negociadas o aquellas para las que se esperan grandes noticias siempre se mueve de manera impredecible. A veces, la acción puede mostrar volatilidad incluso después del anuncio de grandes noticias sobre la empresa en cuestión. Esto significa que los comerciantes diarios deben mantenerse alejados de este tipo de acciones. Por lo general, la mayor volatilidad se produce en las acciones de pequeña capitalización, mientras que las acciones de mediana capitalización tienen una tendencia mucho más lineal. Pero además de ser volátiles, estas acciones también tienen bajos volúmenes de negociación diaria, lo que también las hace menos líquidas.

3. Compre acciones con buena correlación

Otra forma de hacer más rentable el trading intradía es optar por aquellas acciones que tengan una mayor correlación con los principales sectores e índices. Esto significa que cuando el índice o sector ve un movimiento ascendente, el precio de las acciones aumentará en consecuencia. Las acciones que se mueven de acuerdo con el "sentimiento del grupo" son siempre las más confiables y, a menudo, siguen el movimiento esperado del sector. El fortalecimiento de la rupia india frente al dólar, por ejemplo, afectará generalmente a todas las empresas de tecnología de la información que dependen de los mercados estadounidenses.

4. Siga la tendencia

Uno de los "trucos" más importantes del comercio intradía es que seguir la tendencia casi siempre traerá beneficios. Durante un mercado alcista, los operadores deben intentar identificar aquellas acciones que sean potencialmente alcistas. Por otro lado, durante un mercado bajista, es aconsejable encontrar aquellas acciones que están destinadas a disminuir.

5. Compre después de investigar

Buscar empresas de calidad es uno de los pilares del trading intradía. Desafortunadamente, la mayoría de los traders intradía hoy en día no investigan antes de comprar. Primero, debe identificar el índice de referencia y luego encontrar los sectores que le interesan. El siguiente paso es crear una lista de varias acciones pertenecientes a estos sectores. Los comerciantes no necesariamente necesitan comprender cuáles son las empresas líderes en la industria, sino identificar las acciones que son más líquidas. Por lo tanto, es necesario contar con análisis técnicos y determinar los niveles de soporte y resistencia junto con el estudio de los fundamentos de estas acciones, para encontrar las más rentables para el comercio intradía.

Inversión a medio-largo plazo

Comportamiento

Antes de invertir, debemos comenzar desde lo básico y ser conscientes de lo que son las acciones.

Las acciones son un instrumento financiero que le permite comprar una parte de una empresa: de hecho, representan una acción propiedad de la empresa que emite la acción.

La propiedad de las acciones da derecho a participar en los resultados operativos y financieros de la empresa, así como al control de una parte de los activos de la empresa.

Cómo funciona el mercado de valores

El mercado de valores se divide en "Mercado de valores primario" y "Mercado de valores secundario":

Mercado de valores primario

Los valores de nueva emisión se colocan en el "Mercado Bursátil Primario", aquí encontraremos:

Nuevas emisiones de bonos (como BOT o BTP)

Nuevas emisiones de acciones

OPI (oferta pública inicial), es decir, la primera oferta pública de acciones pertenecientes a empresas que acaban de cotizar en el mercado

Bolsa secundaria

La Bolsa Secundaria de Valores es la que más nos interesa porque es donde se realiza la negociación de acciones.

Dentro del mercado secundario, cualquiera puede comprar acciones de cualquier empresa que cotice en varios mercados internacionales.

Para entender cómo funciona el mercado de valores, tomemos un ejemplo trivial:

Decido vender 100 acciones de Apple por 200 dólares cada una.

Crees que las acciones de Apple valen más, así que hueles el trato y compras mis 100 acciones a 200 dólares la acción.

Se comparan así las órdenes de compra y venta (que son anónimas) de todos los inversores y, dado que las nuestras son compatibles, se realiza la operación.

Qué acciones comprar

Ahora le daré mi opinión personal sobre qué acciones comprar y cómo elegir las mejores a la hora de realizar una inversión con un horizonte de tiempo medio-largo.

En primer lugar, quiero darles una noticia positiva: la característica fundamental para una inversión exitosa en bolsa es el sentido común.

De hecho, puedo asegurarles que todas esas fórmulas matemáticas no son necesarias para los pequeños inversores.

Evidentemente, hay algunas nociones que debe conocer, incluso a la hora de decidir qué apostar basándose principalmente en el sentido común, y a continuación se las explicaré una a una.

Detrás de las acciones están las empresas

Primero, recuerde lo que está comprando cuando compra acciones: está comprando acciones de una empresa que cree que es válida.

Se convertirá en un accionista de pleno derecho de la empresa, aunque con un porcentaje bajo del total de acciones en circulación de la empresa en el mercado.

Por lo tanto, si invierte en acciones de Amazon, no podrá sentarse en la junta directiva de Bezos, pero compartirá el destino de su empresa.

Invierta en lo que sabe

Si no conoce un negocio, ¿cuál es el punto de centrarse en una empresa que opera en este negocio?

Vale la pena invertir en sectores y empresas que comprenda plenamente.

Si no sabe nada de biotecnología, ¿cómo puede saber si las patentes de una empresa como Bayer son válidas en comparación con las de la competencia?

Por otro lado, si está interesado en videojuegos, películas o tecnología y está a punto de lanzar una nueva serie de Netflix o una tarjeta de video Nvidia de última generación, podría considerar comprar sus acciones.

Piense en cuáles son sus habilidades o pasiones y especialícese en esos campos.

El mercado mira hacia el futuro

El mercado mira hacia el futuro, es decir, siempre mira hacia el futuro.

De hecho, todos los anuncios oficiales o verificados sobre

eventos futuros serán tomados en consideración inmediatamente por el mercado.

A veces, esto también se aplica a los rumores.

Por ejemplo, si Apple presenta un nuevo modelo de iPhone innovador, los movimientos de precios serán inmediatos y no esperarán al lanzamiento real del teléfono inteligente.

Luego, cuando este nuevo producto esté realmente disponible para el público, la lista no se moverá en vista del lanzamiento del nuevo dispositivo.

En el período de lanzamiento del iPhone X (09-2017) el precio de las acciones de Apple no reaccionó de forma particular. El cambio significativo se produjo en los meses anteriores, - a principios de año.

También es obvio que si el público apreciara particularmente el nuevo teléfono y las ventas se dispararán, se informarán resultados operativos increíblemente positivos en el próximo presupuesto y el precio volverá a subir, pero el movimiento vendrá dado por el efectivo producido, no por la noticia del iPhone.

Por lo tanto, si desea invertir en el proyecto de una empresa, tenga cuidado de que el mercado no lo haya fijado ya, porque es posible que no encuentre las ganancias que está buscando hasta que se publiquen los resultados reales.

Calendario de inversiones

Cuando invierte en el mercado de valores, no solo es importante comprender en qué acciones apostar, sino también cuándo comprarlas. De hecho, el mercado no siempre es eficiente al fijar el precio de una acción.

Es posible que el mercado se distraiga y subestime el potencial empresarial, lo que resultará en un bajo precio de la acción. Es mucho más común de lo que piensa.

Pero, a largo plazo, se supone que el mercado debe dar un precio justo a todas las acciones, es solo cuestión de tiempo.

Por lo tanto, el momento de la inversión (es decir, la decisión de cuándo abrir una posición) es muy importante.

El dinero es soberano

Hay un viejo dicho que es muy popular entre los comerciantes del mercado de valores: el efectivo es el rey.

El dinero es soberano: una empresa que muele dinero

probablemente será una empresa en la que apostar, mientras que una empresa en constante pérdida no me parece una inversión atractiva.
¿Un ejemplo? Tesla.
Durante años, Tesla nunca ha generado un dólar de ganancia para sus inversores, pero el costo de una acción ha superado con creces los 700 dólares.
Esto se debe a las expectativas futuras de lo que Tesla puede convertirse o, en el punto de vista opuesto, a pura especulación.
Por tanto, existen dos tipos de empresas diferentes:
Las empresas valiosas son aquellas que producen dinero
Las empresas con buen potencial de crecimiento son empresas, a menudo relativamente jóvenes, que registran pérdidas operativas durante un período de tiempo medio a largo debido a las grandes inversiones necesarias para iniciar su negocio (de hecho, algunas fallan, así que tenga cuidado).
¿Cuál es el atractivo de las empresas pertenecientes a esta última categoría?
Si una empresa con una idea ganadora, pero con pérdidas constantes, comienza a ganar dinero, tenga la seguridad de que tendrá éxito.
Mejores títulos: parámetros a comprobar
Para entender qué acciones son las mejores, mi sugerencia es identificar las acciones de empresas con excelentes valores fundamentales, es decir, capaces de producir grandes balances y con una cantidad justa de flujos de efectivo.
En otras palabras, céntrese en el valor de las empresas.
Algunos de los indicadores clave de la rentabilidad empresarial son:
EBITDA:es una medida importante del flujo de efectivo potencial que surge del ciclo operativo de la empresa. Cuanto mayor sea este número, mejor.
PE: es la relación precio / beneficio por acción y se utiliza para determinar el valor relativo de las acciones de una empresa o si son caras. El PE de la acción que le interesa debe compararse con el de sus competidores: por ejemplo, en el caso de un determinado sector, el valor del PE es en promedio alrededor de 15, mientras que el PE de la acción que observa es 30, el título se considera sobrevalorado. Si, en cambio, el valor es 10, podría

ser un buen negocio para mañana.
EPS: declarar las ganancias sobre el total de acciones en circulación. Nuevamente, cuanto más altos sean, mejor.
ROI / ROE: son simplemente medidas del rendimiento de la inversión. Nuevamente, cuanto mayor sea el valor, mejor será el indicador.
Los costos: especialmente los de naturaleza operativa, obviamente son vistos negativamente por los inversores. Las empresas estructuradas que necesitan un gran capital y personal para garantizar sus actividades de producción parecen sufrir constantemente, en las listas financieras, la falta de flexibilidad.
La lectura de estos valores es aún más relevante si se compara con períodos anteriores.
Además, es muy útil comparar los resultados de los indicadores con los de los competidores de la empresa en la que está considerando invertir, para tener una idea de la fortaleza de la empresa frente a la competencia.
Sin embargo, como se informa en el ejemplo de Tesla, debe tenerse en cuenta que los grandes inversores de hoy parecen estar muy centrados en el crecimiento empresarial. Los parámetros que se muestran en la lista son, sin duda, cruciales, pero existe el riesgo, si no se complementan con perspectivas de crecimiento, de que solo puedan proporcionar una imagen parcial de la bondad de una acción.
Por ello, prestamos especial atención a la tasa de crecimiento, que indica precisamente el crecimiento anual de la empresa. La medida se basa en el ROE y la porción de utilidades no distribuida a los accionistas en forma de dividendo, para que pueda reinvertirse en las líneas de negocio de la empresa.
Me gustaría aclarar cómo la tendencia bursátil se está consolidando cada vez más hacia valoraciones positivas de las empresas que operan en el futuro y proyectadas hacia sectores innovadores.
Peores acciones
También me mantendría alejado de todas las empresas que no son capaces de producir un beneficio de un euro, sobre todo si se consolidan dentro de un negocio que no es nada innovador y, por tanto, sin margen de crecimiento.
A fortiori, evitaría las empresas que solo saben cómo registrar

pérdidas en sus balances.
Por el contrario, podría utilizar contratos por diferencia (CFD) para vender en corto estas empresas: la venta en corto es un poco como apostar contra una empresa, de modo que, si sale mal en el mercado de valores, puede ganar dinero.
Desafortunadamente, no nombraré compañías que creo que son pobres (por decir lo menos) porque no quiero que me demanden.
Cómo aprender a invertir en la bolsa
No existe una fórmula mágica para aprender a operar en el mercado de valores: la única forma es obtener información, estudiar y experimentar.
Para aprender a invertir en el mercado de valores, comience a leer revistas de finanzas, a estudiar los principios de valoración empresarial y a utilizar un simulador de operaciones.
Céntrese principalmente en el análisis fundamental y busque el valor de las acciones.
Con el análisis fundamental se puede evaluar si una empresa es sólida o no, si es cara o barata, si es rentable para sus inversores o si es una máquina tragamonedas.
La especulación pasa, las nuevas tendencias y las nuevas modas saldrán al mercado (Bitcoin, Beyond Meat, etc.), pero el valor y el crecimiento se mantienen.
En lo que respecta al análisis técnico, algunos indicadores son ciertamente útiles, especialmente para el momento de una inversión (cuándo ingresar y cuándo salir), pero no decidiría qué apostar solo por mirar el análisis técnico.
Le sugiero que inicialmente se centre en los volúmenes, las líneas de tendencia (resistencias y soportes) y las medias móviles.
Por último, es posible experimentar directamente sobre el terreno gracias a simuladores de trading online completamente gratuitos, que le permiten invertir en bolsa sin poner en riesgo su capital.

CAPÍTULO CINCO ESTRATEGIAS

Alta frecuencia

Trading de alta frecuencia: los secretos de HFT
El trading de alta frecuencia, o HFT, son algoritmos de trading de muy alta velocidad, con tiempos de ejecución que se miden en fracciones infinitesimales de segundo.
Qué son y cómo operan
Quizás no todo el mundo sabe que, desde hace algunos años, los responsables de las opciones de inversión, o quizás es mejor decir de las opciones comerciales, de la mayoría de los gigantes financieros ya no son (solo) hombres, sino también algoritmos. Estos últimos se han afianzado tanto que en algunos mercados se estima que más de la mitad de la negociación se realiza con sistemas automáticos. Con picos que en algunos casos viajan en porcentajes incluso mucho mayores.
Los sistemas de negociación algorítmica delegan en una máquina la elección, ejecución y gestión de las órdenes de compra. Dentro del trading algorítmico existe una subcategoría conocida por el acrónimo HFT (High Frequency Trading), que identifica los sistemas de trading de muy alta velocidad, con tiempos de ejecución que se miden en fracciones infinitesimales de segundo.
Según la latencia de ejecución y el mantenimiento de la posición, el comercio automático de alta frecuencia difiere significativamente de la inversión tradicional a largo plazo y el comercio algorítmico.
Para minimizar la latencia (es decir, el tiempo para enviar pedidos) la coubicación (es decir, la proximidad a los servidores de las centrales de las máquinas que envían los pedidos) es fundamental. Tanto que en los primeros meses de difusión de estos sistemas hubo un verdadero apuro en la búsqueda de las propiedades más cercanas a los centros de procesamiento de datos de las bolsas de valores de todo el mundo, para apoderarse

de las mejores ubicaciones para la ejecución de estos algoritmos. Los sistemas HFT son muy populares en el mercado de valores, pero también se aplican al máximo en otros activos, como opciones, bonos, derivados y materias primas. La duración de las transacciones implementadas por los HFT puede ser muy corta. El propósito de estos algoritmos es obtener ganancias con márgenes muy bajos, pero para un número muy alto de operaciones. Solo así estos sistemas pueden ser rentables. Por lo general, estos sistemas pasan una gran cantidad de órdenes al mercado (generalmente en formato de ejecución inmediata o cancelación), pero solo un porcentaje muy pequeño de ellas se ejecuta realmente. Luego, el algoritmo permanece en posición durante muy poco tiempo, incluso unas millonésimas de segundo. Al final del día, todas las posiciones están siempre cerradas.

Existen numerosas técnicas utilizadas por los algoritmos de negociación de alta frecuencia para operar. Entre los más utilizados se encuentran:

Arbitraje que aprovecha las discrepancias en el precio de un valor cotizado en diferentes bolsas de valores también mediante el análisis del diferente grado de liquidez de los mercados en cuestión,

arbitraje entre ETF y su subyacente,

arbitraje estadístico, a través del cual se utilizan correlaciones entre diferentes clases de activos,

la explotación de noticias macroeconómicas particulares, mediante la asociación de estrategias comerciales con una o más palabras clave particulares presentes en los comunicados de prensa,

técnicas de "detección de flujo de pedidos", es decir, la identificación y explotación de bloques de pedidos,

técnicas de "fumar" que planean atraer a otros operadores con propuestas que luego se modifican a precios más favorables,

técnicas de "suplantación de identidad", que implican realizar y cancelar pedidos para engañar a los traders haciéndoles pensar que ha comenzado una determinada fase de tendencia

técnicas de "capas", con la inserción de una orden de compra oculta y una orden de venta claramente visible,

Técnicas de "pinging", con la inserción de pequeñas propuestas

de compra para descubrir el comportamiento de otros traders.
Los sistemas HFT tienen algunos aspectos positivos. Por lo general, reducen los diferenciales entre la oferta y la demanda (es decir, entre las mejores propuestas de compra y venta), aumentan la liquidez de un instrumento (en consecuencia de un mercado) y mejoran el llamado descubrimiento de precios, es decir, la determinación del precio de un financiero. instrumento a partir de la información disponible sobre ese activo. Sin embargo, no están exentos de problemas, como el -de carácter software- que en 2012 provocó el colapso (tras pérdidas de quinientos millones de dólares) de Knight Capital o lo que en mayo de 2012 provocó una tendencia anómala del Dow. Jones: debido a estos sistemas automáticos de negociación de alta frecuencia, el índice, en unos diez minutos, pasó de 10.650 a 9.872 puntos, antes de volver a 10.232 puntos.
No es una coincidencia que las autoridades de supervisión (y en los EE. UU. Incluso el FBI) se hayan comprometido durante mucho tiempo a monitorear las actividades de los algoritmos comerciales de alta frecuencia. Sin embargo, según los críticos acérrimos, la guerra contra los HFT choca con su capacidad para crear volúmenes comerciales. Y una alta rotación significa altas comisiones...

Impulso

El comercio de impulso es una estrategia que utiliza la fuerza de los movimientos de precios para abrir una posición, ya sea larga o corta. Descubramos algunos de los principales indicadores utilizados para operar con esta estrategia.
El comercio de impulso es una estrategia que tiene en cuenta solo la tendencia del precio para decidir si comprar o vender un mercado en particular. La idea detrás de la estrategia es que, si hay una fuerza lo suficientemente fuerte detrás de un cierto movimiento de precios, entonces este mercado continuará moviéndose en la misma dirección.
Cuando los precios de un mercado están subiendo, a menudo atraen la atención de comerciantes e inversores, dando un

impulso aún más fuerte al movimiento actual. Este efecto dura hasta que un gran número de vendedores llegan al mercado y encuentran que los precios actuales son demasiado altos. En este punto, la subida de precios se detiene y el mercado cambia de dirección.

Por lo tanto, quienes operan con esta estrategia no se preocupan por los fundamentos del mercado subyacente o sus perspectivas de crecimiento a largo plazo. Más bien, los operadores que aprovechan esta estrategia intentan identificar qué tan fuerte es la tendencia del mercado antes de decidir si abrir una posición o no.

Cabe señalar que aquellos que operan con impulso no necesariamente tienen la intención de vender en los máximos o comprar en los mínimos. Más bien se centra en la parte central de la tendencia, la más fuerte, explotando el sentimiento del mercado y el llamado efecto manada, o la tendencia de los operadores a seguir la "masa".

Hay tres factores clave para identificar el Momentum:

Volumen

Volatilidad

Periodo de tiempo

Volumen

El volumen representa la cantidad de un activo negociado en un período de tiempo determinado. Atención, el volumen no representa, por tanto, el número de transacciones realizadas, sino el número de unidades negociadas; por tanto, si tres operadores compran un valor cada uno, equivale a un inversor que compra tres. El volumen en este caso es de hecho 3 valores negociados.

El volumen es de vital importancia para los traders, ya que le permite entrar y salir rápidamente de posiciones. Un mercado con una gran cantidad de compradores y vendedores se denomina mercado líquido, ya que es más fácil negociar un activo. Por el contrario, un mercado con un número reducido de compradores y vendedores se considera ilíquido y vender o comprar el subyacente es bastante difícil.

Volatilidad

La volatilidad es el grado de fluctuación en el precio de un activo. Si un mercado es muy volátil, significa que hay grandes oscilaciones de precios, mientras que un mercado con baja volatilidad es relativamente estable.

Si los mercados son volátiles, los operadores pueden aprovechar los aumentos y caídas de precios a corto plazo. Es importante recordar preparar una estrategia de gestión de riesgo adecuada para proteger las operaciones de movimientos adversos del mercado insertando stop loss.

Periodo de tiempo

Las estrategias de impulso suelen centrarse en los movimientos del mercado a corto plazo, aunque la duración de una operación puede depender de la fuerza de la tendencia subyacente. Esto hace que esta estrategia sea adecuada tanto para revendedores, es decir, aquellos que operan en plazos que van desde unos pocos segundos hasta un máximo de una hora, como para inversores que tienen horizontes de inversión más largos.

Cómo comenzar a operar con impulso

Hay varios pasos a seguir para realizar una estrategia de este tipo. Ante todo:

Identifique el mercado de su interés

Desarrollar una estrategia comercial basada en indicadores técnicos

Practique el uso de una cuenta de demostración sin riesgos

Empiece a practicar en mercados en vivo

Los mejores indicadores de impulso

Como ya se mencionó, el momentum trading se basa únicamente en el movimiento de los precios. Esta es la razón por la que la mayoría de los comerciantes se basan principalmente en análisis e indicadores técnicos.

En este sentido, los indicadores de impulso más importantes incluyen:

El momento

Índice de fuerza relativa (RSI)

Otros osciladores, como estocástico, CCI, etc.

En general, todos los osciladores son buenos indicadores de impulso. Especificamos que los osciladores entran dentro de una categoría particular de indicadores que analizan situaciones de sobrecompra (exceso de demanda) o sobreventa (exceso de oferta).

Impulso

Como su nombre lo indica, es sin duda el indicador más

importante de esta estrategia. La operación es extremadamente simple: toma el precio de cierre más reciente y lo compara con el precio de cierre de n períodos anteriores. Obviamente, la elección del número de períodos anteriores es arbitraria, incluso si, por lo general, en las plataformas comerciales a menudo hay valores predeterminados de 10, 12 o 14.

El oscilador está formado por una sola línea que se mueve alrededor de la línea central de cero. El valor de la línea indicadora les da a los operadores una idea de la fuerza de la tendencia subyacente. Obviamente tomará un valor positivo cuando la diferencia entre el último cierre y la de n velas anteriores sea positiva. Si la línea del indicador cruza la línea cero desde abajo, significa que el precio está subiendo y ha superado los niveles de cierre de hace n períodos. Por tanto, podría ser una señal potencialmente alcista. Por el contrario, si el indicador cruza cero desde arriba, las ventas se fortalecen y la señal es potencialmente bajista.

Aunque algunos operadores usan el indicador para entrar y salir de posiciones, la mayoría de los operadores lo usan para confirmar si existe una tendencia.

Índice de fuerza relativa (RSI)

El índice de fuerza relativa (RSI) es un indicador que se mueve de 0 a 100 y proporciona señales de sobrecompra y sobreventa en función de su valor. Si sube por encima de 70, el mercado está sobrecomprado, mientras que, si cae por debajo de 30, está sobrevendido. Al igual que el indicador Momentum, se traza en un gráfico separado y cae debajo de los osciladores.

Al utilizar el RSI, es importante tener en cuenta que la señal de sobrecompra y sobreventa no significa necesariamente que la tendencia cambiará. También podría representar una simple pausa en la tendencia actual, antes de que recupere fuerza.

A veces, este indicador también se utiliza para ver si hay divergencias en el mercado, es decir, fases en las que los precios suben a nuevos máximos (caen a nuevos mínimos) mientras que el RSI no alcanza los máximos anteriores (mínimos).

Resumen

El comercio de impulso es la estrategia que le permite comprar y vender un activo en función de la reciente tendencia de precios. Los operadores abrirán una posición para aprovechar una

tendencia de fortalecimiento y cerrarán la posición cuando comience a perder fuerza.
El comercio de impulso se basa en el volumen, la volatilidad y el marco de tiempo.
La estrategia no incluye estudios sobre los fundamentales o el crecimiento a largo plazo, sino que analiza la acción del precio a corto plazo.
Los indicadores más conocidos para el comercio de impulso son los osciladores de impulso, el RSI y el estocástico.

Pre-mercado y post-mercado

No todo el mundo sabe que es posible realizar actividades de negociación de acciones incluso fuera de la sesión normal del mercado.
El período en el que puede ejecutar operaciones en el mercado de valores antes de la apertura de la negociación continua se denomina pre-mercado, mientras que el período de tiempo correspondiente después del cierre se denomina post-mercado.
Los tiempos de estos dos intervalos dependen de la bolsa en la que deseamos operar y de las condiciones definidas por el corredor que hemos elegido para realizar nuestras transacciones financieras.
Si pretendemos operar en estas sesiones, es útil primero evaluar cuidadosamente las limitaciones impuestas por el intermediario financiero, para que podamos planificar nuestras operaciones sin sorpresas.
Aunque los métodos de entrada de pedidos son los mismos que en el mercado diurno, las condiciones del mercado son diferentes y los intercambios, en el mercado previo y posterior al mercado, presentan ventajas y riesgos indudables.
La principal ventaja de operar fuera del mercado institucional es el hecho de que las empresas casi siempre divulgan sus resultados económicos, como los datos de ganancias, antes o después del cierre de negociación, por lo que muchos operadores están interesados en aprovechar la oportunidad para intervenir de inmediato en las noticias.

Cabe destacar que este tipo de operación requiere mucha rapidez y frialdad, por lo que no es apta para todos, pero si puede seguir la dirección correcta puede obtener una gran satisfacción.
Otra ventaja está representada por el hecho de poder observar el comportamiento de una acción durante el pre-mercado y, por tanto, tomar una decisión operativa cuando se abre el mercado, cuando los volúmenes aumentan rápidamente.
Frente a estas oportunidades de ganancias, por supuesto, hay riesgos a tener en cuenta que, en el mercado previo y posterior al mercado, tienen características particulares.
El primer riesgo a considerar es la falta de liquidez:
De hecho, para muchas acciones, en estas dos sesiones de mercado, los volúmenes de negociación son mucho más bajos que el horario de negociación habitual, lo que puede dificultar la finalización de nuestra operación.
Diferenciales más altos:
La escasez de volúmenes puede resultar en una mayor diferencia entre la oferta y la demanda, por lo que la ejecución de la orden será más difícil o puede arriesgarse a obtener un precio menos ventajoso.
Posible aumento de la volatilidad:
En este contexto, se pueden encontrar fluctuaciones de precios más altos que en el comercio continuo. Esta situación también podría ser una ventaja, pero es necesario poder gestionar los movimientos bruscos de los precios.
Durante el pre y post-mercado, debe tratar con muchos profesionales de grandes instituciones.
Operan mucho durante estas horas y, como sabemos, tienen acceso a mucha más información que los pequeños comerciantes, teniendo además un altísimo poder tecnológico.
En conclusión, las actividades antes y después de la apertura de cotizaciones continuas representan excelentes oportunidades de ingresos, pero es necesario estudiar detenidamente este tipo de mercado antes de operar ya que presenta algunos escollos que no deben ser subestimados.

CAPÍTULO SEIS
COMERCIO EXITOSO

Cómo crear un plan comercial eficiente

¿Qué es un plan comercial?
Un plan comercial es un proyecto o un conjunto de pautas que lo ayudan a delinear su actividad comercial. Esta herramienta puede ser particularmente útil para planificar e implementar una estrategia de negociación.
No existe un modelo absoluto a seguir para obtener un plan comercial perfecto (cada operador es único y los diferentes estilos se adaptan a diferentes personas), pero hay elementos universalmente aceptados que deben tenerse en cuenta al diseñar un plan personal.
El plan comercial también se puede comparar con un plan comercial. Nunca iniciarías un negocio sin un proyecto válido: ¿por qué iniciar una actividad comercial sin un plan comercial?
Reglas generales del plan comercial
Si bien es cierto que no existe un modelo absoluto al que referirse para elaborar un plan de negociación perfecto, existen algunas reglas generales que pueden ayudarlo en la mayoría de los casos.
Póngalo por escrito. Debe escribir físicamente (o escribir) sus razones para operar y los principales objetivos que espera alcanzar. Esto le ayudará a organizar sus pensamientos y solidificar su plan.
Registre su progreso. Desarrolle un método claro y conciso para registrar sus actividades comerciales.
Al planificar una estrategia a largo plazo, es esencial poder ver las inversiones pasadas y presentes, tanto desde una perspectiva de aprendizaje como desde una perspectiva de los mercados en los que opera o está expuesto.
Revise su situación financiera. La gestión de capital es otro elemento crucial del plan comercial. Necesita un plan para administrar sus inversiones, especialmente su exposición al

riesgo.

Preguntas principales sobre el plan comercial

A continuación, se incluyen algunas preguntas importantes que debe considerar al redactar su plan comercial:

¿Cuál es su motivación para operar?

¿Cuál es su apetito por el riesgo?

¿Cuánto tiempo puede dedicar al trading?

¿Cual es su nivel de conocimiento?

Al crear un plan comercial, se deben tener en cuenta las respuestas a estas preguntas. Solo conociendo nuestros objetivos y capacidades podremos construir el plan comercial que mejor se adapte a nuestras características.

¿Por qué utilizar un plan comercial? Aquí están todos los beneficios

El plan comercial puede ser una ayuda valiosa en muchas situaciones:

A. Configurar instalaciones para gestionar mejor el riesgo

¿Qué significa para usted el término riesgo alto o bajo? Al cuantificarlo por adelantado, puede aplicar un enfoque científico para evaluar si una operación en particular es demasiado arriesgada. Su escala de riesgo para el tamaño de la operación podría ser la siguiente:

Riesgo bajo: 1-2% de la tarifa total

Riesgo medio: 2-5% de la participación total

Alto riesgo: más del 5% de la participación total

Muy imprudente: más del 20% de la cuota total

Por ejemplo: con una cuenta de $ 10,000, un riesgo del 3% equivale a $ 300 en una sola transacción (riesgo promedio).

Otra forma de considerar el riesgo es establecer una relación riesgo / recompensa. El riesgo está representado por la pérdida de una operación o cuando el mercado toma el stop loss, el retorno es en cambio la ganancia de una transacción o cuando el mercado se mueve en la dirección que nos favorece y alcanza el objetivo. Por lo general, en un plan comercial eficiente, la relación riesgo / recompensa es igual a 1/2 o 1/3. Riesgo 1 para ganar 2. Riesgo 1 para ganar 3. En estos casos, incluso con un 50% de probabilidad de éxito de mis estrategias comerciales seguirá teniendo un saldo positivo.

B. Establecer estrategias de entrada y salida con anticipación

En muchos, si no en la mayoría de los casos, poder optimizar sus ingresos y gastos es la parte más estresante de toda la transacción.

Hoy en día, a menudo existe el riesgo de basar una decisión en una respuesta emocional más que en una estratégica. Por ello, puede resultar de gran utilidad establecer criterios claros y reglas a seguir para la gestión de ingresos y gastos.

Por ejemplo, puede usar gráficos para monitorear las tendencias del mercado y decidir iniciar una operación solo cuando surjan patrones particulares. Alternativamente, al considerar cerrar una posición, puede establecer límites de ganancias / pérdidas para cumplir a medida que evoluciona la posición.

Puede ser muy útil tener un conjunto de pautas establecidas por usted en un entorno racional, lejos de la presión de una transacción en curso.

C. Manténgase enfocado y optimice la toma de decisiones

Los mercados financieros pueden moverse muy rápidamente y es en estos momentos cuando puede sentirse abrumado y más propenso a tomar decisiones apresuradas.

Un plan comercial es un punto de referencia vital en estas situaciones, ya que muchas decisiones se toman con anticipación, antes de enfrentar problemas inevitables. Actúe según su plan en lugar de tomar decisiones sobre el terreno.

Un plan comercial puede ayudar a mantener la emoción fuera del comercio. Algunas personas pueden atribuir las ganancias a las emociones o al instinto, pero el éxito a largo plazo casi siempre se basará en una estrategia cuidadosamente pensada y elaborada de antemano.

D. Evaluar continuamente las transacciones y administrar el dinero.

Un plan de operaciones a menudo incluye un libro de contabilidad o un diario de operaciones, que puede utilizar para rastrear todas las operaciones ejecutadas y tomar nota de su éxito o fracaso.

Un registro de operaciones es una herramienta excelente que le permite tener una visión clara del panorama general. En una imagen puede resumir su historial comercial e identificar los éxitos y errores cometidos en el camino.

La honestidad y la conciencia de uno mismo son rasgos

importantes, pero la evaluación comercial constante es una de las mejores formas de evitar la repetición de errores y recordar cosas que funcionaron en el pasado.

E. Simplifique el comercio y mantenga la disciplina

Una estrategia comercial puede recordarle continuamente los objetivos que ha alcanzado y los límites que se ha fijado.

Un plan escrito es muy útil para mantener su disciplina comercial: es cada vez más difícil desviarse del plan original cuando siempre lo tiene frente a sus ojos. Guárdelo en su escritorio o cuélguelo en la pared si es necesario.

¿Quién necesita un plan comercial?

La respuesta sintética a esta pregunta es: todos. Desde principiantes hasta profesionales, nadie puede decir que realmente puede prescindir de un plan comercial.

Sin duda, su experiencia influirá en la medida en que utiliza y se beneficia de un plan de negociación, pero utilizar un plan de negociación de acuerdo con sus necesidades es sin duda lo mejor para usted.

Tú decides cómo usar el plan de operaciones, pero en la siguiente sección destacamos algunos consejos esenciales sobre cómo crearlo. También puede ver ejemplos de un plan comercial y un registro.

¿Cómo hacer un plan comercial?

Los 9 pasos básicos para construir su plan de operaciones son una herramienta que usted configura adaptándola a su estilo de operaciones personal. Puede incluir cualquier elemento que le resulte útil en el plan, pero si sigue estos pasos se asegurará de haber incluido todos los elementos esenciales.

1. Conozca sus habilidades como comerciante

En primer lugar, debe completar la siguiente oración: 'Quiero ser un comerciante exitoso porque...'

En segundo lugar, debe evaluar honestamente sus fortalezas y debilidades, no solo con respecto al comercio, sino también con respecto a cualquier rasgo personal que pueda afectar su forma de operar.

2. Defina y comprenda sus objetivos comerciales

La definición de objetivos comerciales es uno de los pasos más importantes en el desarrollo de un plan comercial. También es el escenario que mucha gente pasa por alto.

Debe tratar de ser muy preciso y escrupuloso en términos de beneficio y tiempo. Solo definiendo y cuantificando sus objetivos podrá evaluar en qué medida los ha alcanzado.

Muchos planes comerciales sugieren que identifique sus objetivos de forma diaria, semanal, mensual, semestral, anual o de por vida.

Puede parecer tonto o imposible establecer objetivos comerciales diarios o establecer un objetivo a seguir durante toda la vida. Pero, más que el resultado real, es el pensamiento detrás de estos objetivos lo que es importante y beneficioso.

3. Decida qué tipo de operaciones le interesan

Tiene varias opciones de negociación en los mercados financieros. Algunas personas prefieren ceñirse a un método, otras han integrado con éxito diferentes tipos de operaciones en el mismo plan.

Cualquiera sea el camino que decida tomar, es esencial que comprenda las opciones disponibles para usted y tome la decisión, como parte de su plan comercial, de ceñirse a un sistema en particular.

Por supuesto, puede cambiar su plan de negociación a medida que aumentan sus habilidades de comerciante, pero lo que debe evitar es probar un nuevo tipo de negociación por capricho, sin tratar de averiguar si se adapta a su estilo de negociación. Solo cambie su plan de operaciones cuando esté casi seguro de que será más eficiente para sus operaciones.

4. Identifique sus mercados y horarios comerciales

Además de saber qué tipos de operaciones le interesan, también debe identificar los mercados que son mejores para usted.

Una primera consideración es su nivel de preparación en mercados particulares (acciones, materias primas, índices, divisas) y los factores que los impulsan. Cuanto más sepa y más interesado esté en el tema, más atención prestará.

Asimismo, debe considerar los horarios de apertura de estos mercados y evaluar su capacidad para ofrecerles una atención adecuada durante el horario de negociación.

5. Establezca su sistema de comercio personal

Un sistema de comercio aplicará un conjunto de reglas para convertir el comercio en un proceso automatizado. Tendrá que decidir si prefiere el comercio automático (o algorítmico) en el que elige un sistema de comercio y dejar que esto guíe todas sus decisiones, o el discrecional, donde toma decisiones caso por caso.

6. Sepa cuánto está dispuesto a arriesgar

La gestión de riesgos es el aspecto más importante de un plan comercial. Existen muchas técnicas para gestionar el riesgo, desde estrategias de dimensionamiento de puestos hasta tácticas de minimización de riesgos.

Desde la perspectiva del plan comercial, es importante considerar la administración del dinero para adaptarse a su estilo comercial y ceñirse a él independientemente de las condiciones comerciales.

Deben hacerse las siguientes preguntas:

¿Qué porcentaje de mi cuenta estoy dispuesto a arriesgar en cada operación?

¿Cuántos puestos estoy dispuesto a gestionar al mismo tiempo?

¿Cuál es la exposición máxima de la cuenta que estoy dispuesto a aceptar?

¿Cuánto riesgo quiero correr por cada puesto?

7. Decida cómo quiere gestionar sus puestos vacantes

Este aspecto del plan de negociación se refiere a la gestión de posiciones abiertas. Ésta es la situación en la que está más expuesto a reacciones emocionales: ve que el mercado baja y desea reducir sus pérdidas, o el mercado está congelado y tiene la tentación de mantener la posición por más tiempo.

En estas situaciones de carga emocional es fundamental tener ya una estrategia a la que apelar. El consejo es siempre confiar en las estrategias de su plan comercial. Solo siendo disciplinado verá resultados a largo plazo.

8. Planifique almacenar sus datos comerciales

Es sorprendente la frecuencia con la que la gente pasa por alto este aspecto del plan comercial, especialmente si se considera que puede ser una herramienta de aprendizaje muy valiosa. La actualización regular del documento que contiene todas sus transacciones anteriores, incluidos los detalles que las hicieron exitosas o no, puede ser una lección valiosa para el futuro. Tener una agenda comercial es esencial.

Una simple hoja de cálculo es el único registro que necesita mantener, pero una sección de comentarios es muy útil. Incluya

todo, desde la facilidad con la que siguió su estrategia, y lo que funcionó y lo que no, hasta lo que sintió en un día u hora determinados.
Te sorprenderá gratamente lo sencillo que es identificar tendencias exitosas y repetirlas en el futuro.
9. Pruebe su sistema
Puede probar el sistema de su elección comparándolo con datos históricos para determinar si se mantendría a la altura de los movimientos recientes del mercado. Puede hacerlo manualmente o elegir uno de los muchos sistemas proporcionados por ciertos proveedores de servicios financieros.

Establezca sus metas personales

¿Cuáles son los factores a considerar antes de invertir? Los propósitos de su trading deben ser claros y sobre todo deben mostrarnos la cantidad de tiempo que pretendemos dedicar a nuestra inversión.
El tiempo y el desempeño son los dos factores clave a la hora de comprender sus objetivos y evaluar cómo actuar. Sin haber sopesado cuidadosamente lo que se quiere lograr, será difícil obtener buenos retornos.
Imagine que tiene un jardín que cuidar, que quiere ver crecer con el tiempo. No sabe qué pasará mañana, en unos meses o en unos años, pero su objetivo es convertirlo en un jardín bien cuidado en todos los aspectos.
La metáfora del jardín es una de las más utilizadas para explicar cómo funciona una inversión, cuáles son sus variables, de qué depende y cuáles son sus principales objetivos.
A continuación, se ofrecen algunos consejos para comprender cómo calcular sus objetivos de inversión y cómo evitar errores.
Objetivos comerciales: tiempo y rentabilidad
Los dos factores clave que determinan la inversión son el tiempo y el rendimiento.
Estos dos elementos, por supuesto, son proporcionales. La actuación, de hecho, depende del momento que hayamos elegido.

En primer lugar, considere el tiempo, ya que tendrá que elegir la herramienta adecuada en función de él. Invertir en CFD tiene un momento diferente al de invertir en fondos mutuos.

El espacio-tiempo es, por tanto, el primer factor a calcular como elemento preliminar.

Luego pasaremos a comprender cuál es el rendimiento que desea lograr, para tener una estrategia comercial clara. El rendimiento que desea obtener de su inversión también debe estar relacionado con el momento.

Objetivos comerciales: inversiones a corto, medio y largo plazo

En primer lugar, las inversiones se dividen en tres tipologías diferentes: hay inversiones a corto plazo, inversiones a medio plazo e inversiones a largo plazo.

Por inversiones a corto plazo nos referimos a una carga de inversión que no supera los 12/18 meses y generalmente se adoptan para invertir una determinada parte de liquidez que puede estar disponible en el corto plazo.

Los instrumentos financieros ideales para inversiones a corto plazo están representados por Bots, CCT de 12/18 meses, BTP de 12/18 meses, bonos gubernamentales AAA pertenecientes a la zona euro para evitar riesgos de tipo de cambio.

La inversión a corto plazo también es una solución táctica ideal para sopesar otras estrategias de inversión.

Por otro lado, en lo que respecta a las inversiones a medio / largo plazo, es necesario prestar la debida atención a todos los instrumentos financieros y tener un conocimiento profundo del tema, especialmente para las inversiones a largo plazo. De hecho, es muy recomendable contar con la asistencia de un profesional del sector.

Las inversiones a mediano / largo plazo son útiles para lograr ciertos objetivos, como aumentar el capital, mantener inalterado el poder adquisitivo en el tiempo, protegerlo de la inflación real o garantizar un ingreso sustancial para una pensión complementaria.

Objetivos de inversión: aquí están los principales

Los principales objetivos de la inversión incluyen los siguientes:

Acumulación, si desea invertir para aumentar su patrimonio para legar a nuestros años;

Decumulus, para estar conectado con la posición de pensión, que

sin embargo nos permite mantener constantemente nuestro nivel de vida;
Objetivos de flujo, obtener un ingreso periódico a partir de un tiempo determinado, con el fin de mantener un nivel de vida constante, incluso en tiempos difíciles;
Objetivos de capital, para aumentar su capital a lo largo del tiempo, destinados por ejemplo a planificar grandes gastos en el futuro.
Cada uno tiene sus propios propósitos precisos, pero generalmente estos son los objetivos que más se toman en consideración y que se adoptan para diseñar su estrategia comercial.
Objetivos comerciales: rendimiento esperado
El rendimiento esperado representa la relación entre el resultado esperado y el capital invertido. El rendimiento esperado se puede enumerar en los siguientes tipos:
Retorno fisiológico: dirigido a salvaguardar el poder adquisitivo, acorde con la tasa de inflación esperada;
Rentabilidad mínima: generalmente obtenida con bonos del gobierno a corto plazo, generalmente con riesgo cero;
Rentabilidad superior a la tasa de riesgo libre: determinada por un mayor nivel de riesgo, la rentabilidad es mayor, pero en comparación con un nivel de riesgo igualmente mayor.
Objetivos comerciales: algunos consejos útiles
No bromear con la inversión, es necesario tener un conocimiento profundo del tema o haber adquirido alguna experiencia, o incluso estar apoyado por un profesional.
A continuación, se ofrecen algunos consejos a seguir:
Identifique sus necesidades;
No haga juicios apresurados y considere siempre el factor tiempo predeterminado;
Comprenda si está más inclinado a un mayor apetito por el riesgo o si es más prudente;
Mantenga constantemente una relación con su consultor basada en la claridad y transparencia.
¿En qué se diferencia el comercio intradía del comercio clásico?
Una de las principales diferencias entre el comercio intradía y el comercio regular es el tiempo. En intradía, el operador debe cerrar la posición el mismo día antes del cierre del mercado,

independientemente de la ganancia o pérdida. En el comercio clásico, el comerciante puede optar por mantener la posición abierta incluso más de un día y, en cualquier caso, no hay límite de tiempo para cerrar la operación.
Entre y salga en el momento adecuado
Una gran idea es operar siguiendo una tendencia intradía. Esto ofrece el potencial de puntos de entrada de bajo riesgo, mientras que proporciona un alto potencial de ganancias si la tendencia continúa. Para identificar estos patrones, los invito a leer el artículo relacionado "Cómo explotar las tendencias del mercado con una estrategia comercial con el estocástico".
Para identificar cuándo dejar de fumar, se pueden observar dos condiciones; el primero es cuando ha alcanzado el objetivo, el segundo es cuando ha alcanzado el límite máximo de pérdidas por debajo del cual no quiere ir (stop loss).
Siempre tenga un nivel de stop loss establecido
Tener un stop loss establecido es una de las reglas básicas del comercio intradía. El stop loss es el nivel de salida y la herramienta para la protección del capital en caso de que su tendencia o expectativas no se hagan realidad. Por otro lado, si las predicciones son correctas, debería haber establecido diferentes objetivos de precios en los que beneficiarse de la operación.
El factor de rentabilidad histórica
Todos creemos que "la historia se repite". Si bien esto no se puede decir con 100% de certeza, los mercados financieros también suelen seguir su propio camino histórico. Por lo tanto, el objetivo debe ser encontrar una estrategia que preserve el capital y al mismo tiempo ofrezca retornos con un riesgo controlado.
Puede elegir comenzar a operar después de analizar la tendencia de un activo específico y comprender sus características. Además, recuerde elegir el activo líquido que tenga un volumen promedio diario alto que le garantizará numerosas oportunidades.
No sea impulsivo
Los operadores a menudo se sienten desanimados si su estrategia comercial no funciona como se esperaba. Los principiantes deben utilizar el análisis histórico para encontrar oportunidades

y desarrollar estrategias comerciales simples.

Un comerciante, antes de ingresar al mercado, debe tener un nivel bien definido de ganancias y stop loss y no debe permitir que la naturaleza impulsiva tome el control de la actividad comercial. Si ha ideado una estrategia de entrada y salida que se adapta mejor a sus necesidades, no la cambie impulsivamente. El comercio exitoso requiere una gran capacidad para controlar las emociones personales.

Empiece pequeño

Algunos buenos intercambios podrían aumentar su confianza y, si eso sucede, no se deje llevar por su fuerte ego. No sea agresivo con sus operaciones desde el principio, concéntrese en hasta 1 o 2 activos para comenzar. Con el tiempo, el volumen y el tamaño de la operación deberían aumentar.

Comenzar poco a poco le permitirá cometer errores más pequeños y aumentar su familiaridad con el funcionamiento del mercado para que no cometa los mismos errores dos veces. Aumente gradualmente el volumen de operaciones a medida que aumente su experiencia y su apetito por el riesgo.

Mantenga la calma

Dado que el comercio intradía requiere que esté muy atento al mercado, ciertamente trae ansiedad. Sin embargo, no dejes que las emociones le dominen. Las decisiones deben basarse en la lógica y una estrategia establecida. Emociones como el miedo, la codicia, etc. deben mantenerse a raya.

Alternativas al comercio intradía

Como se mencionó anteriormente, el comercio intradía es muy rentable, pero conlleva un alto grado de riesgo.

La alternativa más común al trading intradía es el swing trading. El swing trading es la técnica de trading que le permite abrir una posición en un determinado mercado, corto o largo, y cerrarlo en unos días, capturando el sentimiento que rige la tendencia de los precios y la consiguiente fluctuación esperada de precios.

Este método de inversión está a medio camino entre el trading intradía y el buy and hold: en pocas palabras, swing trading significa tomar una posición en línea con la tendencia principal del subyacente, manteniéndola durante unos días.

Gestión de riesgos

Gestión del dinero, gestión de riesgos, tamaño de la posición, tamaño de la apuesta... no importa cómo lo llame, ¡lo importante es saberlo!

Cuando pierde dinero, se encuentra con menos capital para trabajar y para recuperar la pérdida que necesita para lograr un porcentaje de rendimiento mucho más alto que el que acaba de perder.

Perder dinero es de hecho negativo en sí mismo, pero peor aún es perder tanto dinero que definitivamente pone en peligro las posibilidades de continuar como inversor. Por tanto, es de fundamental importancia adoptar un comportamiento constante mediante la adopción de técnicas de protección del capital, que de ninguna manera deben ser ignoradas.

En los últimos años ha habido una proliferación de personas que intentaron invertir su dinero de forma independiente, sin consultar a profesionales, a menudo utilizando los servicios de comercio en línea ofrecidos por cualquier institución bancaria o corredor.

Sin embargo, pocos comerciantes y gerentes han desarrollado las habilidades disciplinarias necesarias y tienen una comprensión clara de las estrategias de administración del dinero.

Durante la "burbuja especulativa", hablar de estrategias para limitar el riesgo fue prácticamente inútil ya que todos los mercados estaban subiendo de forma espectacular. Sin embargo, en los últimos años, debido a los movimientos bien conocidos que no siempre son fácilmente predecibles (acciones de precios), se ha vuelto a reconocer la importancia de las técnicas de gestión de dinero y de riesgo.

Money Management, en términos simples, le dice en cuántos contratos (o acciones o activos) puede trabajar en un momento determinado considerando ciertos parámetros de cartera y riesgo.

Es prácticamente imposible ganar dinero sin el uso correcto de las técnicas de Money Management.

La gestión del dinero es un concepto defensivo; le permite permanecer en el mercado de forma que no se le excluya. Por ejemplo, le indica si tiene suficiente dinero nuevo para invertir en nuevas posiciones. La gestión del dinero no debe confundirse con el stop loss.

Las estadísticas confirman que el 90% de los operadores pierden dinero, el 5% alcanza el punto de equilibrio y solo el 5% logra ganar dinero. A menudo, el trader perdedor podría ser parte de ese 10% que al menos alcanza el punto de equilibrio si solo pudiera dimensionar correctamente sus operaciones.

La gestión del dinero es la gestión de riesgos

La gestión adecuada del riesgo es la diferencia entre operaciones ganadoras y perdedoras. Operar correctamente en el mercado está compuesto en un 90% por dinero y gestión de cartera; este es un hecho que la mayoría de la gente no puede o no quiere comprender.

Una vez que tengas la correcta Gestión del Dinero, disciplina y psicología completan la figura del buen inversor.

Money Management sirve para optimizar el uso del capital

Pocas personas logran ver su billetera como un todo. Incluso menos inversores / gestores son capaces de dar el paso desde una visión defensiva o reactiva del riesgo (en la que miden el riesgo para evitar pérdidas: el riesgo sufrido, es decir, el stop loss). Hacia una visión agresiva y proactiva en la que los riesgos se gestionan activamente para un uso más eficiente del capital.

"Guía básica" de gestión del dinero

Debe quedar claro para quienes están por operar en los mercados que el punto fundamental a tener en cuenta es la protección y salvaguarda de su capital. Solo si logra no disminuir la eficiencia de su capital puede esperar permanecer en el mercado el tiempo suficiente para poder seguir operando. Si está convencido de esto, si lo considera mucho más importante que buscar desesperadamente una ganancia, atrapado en el frenesí que es muy similar al que asalta a los apostadores, entonces está en el camino correcto.

En primer lugar, preste mucha atención a la reducción, entendida como "la cantidad de dinero que se puede perder en el comercio, expresada en términos de porcentaje del capital total disponible" (la reducción es la diferencia entre un pico y un valle en un capital gráfico de líneas).

El sistema de negociación o técnica operativa que pretenda

adoptar, o que haya utilizado hasta ahora, debe tener una reducción máxima que no afecte a la eficiencia de su capital. Veamos algunos elementos rectores.

Consejos para una gestión de riesgos sencilla

arriesgar un porcentaje del 2% del capital disponible para cada operación;

evitar el uso de "apalancamiento financiero" (o al menos asegurarse de que el capital prestado no represente un alto porcentaje de su disponibilidad de efectivo);

invertir un máximo del 20% del capital presente en la cartera;

por cada dólar que arriesgue, proponga ganar dos o tres. Por ejemplo, si opera con $ 5,000, estableciendo un stop loss en el 3% (riesgo de $ 150), el objetivo debe ser de al menos $ 300 / $ 450. En otras palabras, la relación riesgo / recompensa debe ser de al menos 1: 2 o mejor 1: 3;

antes de abrir una posición, evalúe siempre la volatilidad del mercado (en el que también es posible calibrar el stop loss);

monetizar al menos parte de los beneficios obtenidos;

cuanto mayor sea la operación, menor debe ser el nivel de riesgo;

nunca aumente ni medie en una posición perdedora;

si no tiene la técnica, evite la piramidal (aumento de la inversión en una posición ganadora);

no proceda con paradas "mentales", sino con órdenes de venta realmente colocadas.

Una recomendación sobre todo: cuando se topa con una serie consecutiva de operaciones perdedoras, es mejor detener la actividad y reevaluar su metodología operativa. El legendario William D. Gann escribió, hace más de cincuenta años:

La administración del dinero se puede aplicar utilizando una variedad de técnicas y estrategias. Desde los más sencillos, ligados al "sentido común" hasta los más complejos que consisten en la aplicación de modelos matemáticos.

Para la mayoría de los comerciantes, puede ser suficiente aplicar las reglas del "sentido común" para poder sobrevivir durante mucho tiempo y de manera rentable a su sistema comercial y al mercado.

Las principales reglas para una correcta gestión de riesgos

No esté sub-capitalizado

Es importante contar con un capital adecuado para el

instrumento (futuro o patrimonio) sobre el que vamos a operar y no correr riesgos excesivos. Estos dos principios le ayudan a sobrevivir el tiempo suficiente para poder prosperar. Existen numerosos ejemplos de traders con poco capital que fueron rápidamente "eliminados" al comienzo de su carrera.

Este concepto se puede exponer analizando un sistema de trading mecánico (Trading System). Supongamos que el sistema tiene una reducción histórica alta (por ejemplo, durante 5 años) de $ 10,000. Abra una cuenta comercial con $ 10,000 que es la reducción máxima y comience a operar siguiendo las señales que produce el sistema comercial. Supongamos que al poco tiempo comienza a sufrir una serie de stop-loss consecutivos que le aportan $ 2,000 en su cuenta. Ahora su eficiencia ha disminuido enormemente e incluso si el sistema comienza a producir buenas señales nuevamente, su cartera ya no está en condiciones de trabajar para seguirlas. Digamos que restablece los $ 10,000 iniciales en este punto y el sistema se encuentra en una reducción máxima. Está fuera del juego.

Su "falla" no depende del Sistema de Trading que estaba utilizando, sino que depende exclusivamente de no haber sido adecuadamente capitalizado para seguir las señales que su sistema genera a largo plazo.

Usted y su cuenta de operaciones deben estar preparados para una reducción de al menos el doble de lo que le indica una prueba retrospectiva de su sistema comercial (y para obtener ganancias, tenga en cuenta la mitad de las indicadas por las pruebas posteriores). En el ejemplo anterior, si la reducción máxima de todos los tiempos fue de $ 10,000, debe tener una cuenta inicial de al menos 20,000 o más.

El riesgo, en una sola transacción, debe representar solo un pequeño porcentaje del capital disponible, preferiblemente no más del 2% de su cartera.

Puede acumular fortunas a largo plazo incluso negociando solo 2-3 contratos a la vez.

Lo importante es sobrevivir lo suficiente para seguir trabajando en el mercado, sin ser "arrasados".

Utilice stop-loss reales

Introdúzcalos inmediatamente después de tomar una posición en el mercado. ¡Los stop-loss "mentales" no funcionan! Mantenga

baja la reducción máxima (20-25%).
Limite el riesgo de toda su cartera a un máximo del 20%
En otras palabras, si sufriera stop-loss al mismo tiempo en todas las posiciones que había tomado, asegúrese de que aún quede el 80% del capital inicial.
Mantenga una relación recompensa / riesgo (= rentabilidad / riesgo) en un mínimo de 2: 1 y preferiblemente 3: 1 o más
Si arriesga 1 punto, intente tener un objetivo de al menos 2, mejor 3 puntos.
Sea realista sobre los riesgos reales que se requieren para participar en el mercado de un determinado instrumento.
Por ejemplo, no subestime el riesgo de una posición nocturna en un valor muy volátil o en un instrumento apalancado como en el mercado de futuros de Standard & Poor's ($ 250 por punto para el contrato principal, $ 50 por punto para el mínimo).
Estudie la volatilidad del mercado en el que está a punto de operar y ajuste el tamaño de la posición (tamaño de la posición) a las condiciones de la volatilidad en sí.
Tome posiciones más pequeñas en mercados altamente volátiles.
Tenga en cuenta que la volatilidad es cíclica.
Comprender la correlación entre los diferentes mercados y sus posiciones.
Si usted es “largo” en combustible para calefacción, petróleo crudo y gas, ¡en realidad no tiene 3 posiciones diferentes! Esto se debe a que estos mercados están altamente correlacionados, de hecho, usted tiene una posición en el sector energético con tres veces el riesgo de una sola posición. Sería lo mismo que tener tres posiciones en crudo o tres en gasóleo de calefacción.
Nunca agregue posiciones a posiciones que tienen pérdidas (promedio descendente)
Si se encuentra en el lado equivocado, contra el mercado, admítalo rápidamente y cierre la posición. Su ego a menudo es perjudicial para el comercio adecuado.
Intente bloquear al menos parte de las ganancias que está obteniendo
Si tiene la suerte de realizar un movimiento sustancial en poco tiempo, liquide al menos parte de la posición. Esta regla es especialmente válida para operaciones a corto plazo donde las grandes ganancias son pocas.

Cuanto más activo sea, más operaciones realizará y menores serán los riesgos para cada operación.

Si realiza docenas de operaciones al día, no puede arriesgar el 3% en cada operación; un mal día podría "dejarlo boquiabierto" (si, por ejemplo, sufre de 10 a 15 stop-loss seguidos, su capital perder eficiencia). Los traders a largo plazo, aquellos que realizan 5-7 operaciones por año, pueden arriesgar más en cada operación (digamos 3-5% por operación). Independientemente de su nivel de actividad en el mercado, limite el riesgo de su cartera al 20%.

Aplicar correctamente la técnica piramidal

Solo agregue posiciones a las posiciones rentables y asegúrese de que la posición más grande sea la de la primera operación. Por ejemplo, si normalmente toma posiciones de cartera de 1000 acciones por acción, asegúrese de comprar 600 en la primera operación. Luego agregue 300 (si la primera operación se vuelve rentable) y finalmente otros 100 si la acción se mueve más en la dirección deseada. Además, si realiza piramida, asegúrese de que el riesgo total de la posición siga las reglas anteriormente indicadas (por ejemplo, 2% en toda la operación, riesgo total de cartera que no supere el 20%, etc.)

Aproveche el puesto cuando este a su favor

Una vez que el beneficio que está obteniendo en la operación haya superado la cifra que correspondía a su riesgo inicial, cierre una parte de la posición y lleve el stop-loss al valor del breakeven.

Conozca el mercado en el que opera

Esta regla es especialmente válida en el mercado de derivados (opciones, futuros).

Cuando haya sufrido una serie de pérdidas consecutivas, deténgase y reevalúe el mercado y su metodología de trabajo

El mercado siempre estará ahí esperándote. Gann resume el concepto en su libro "Cómo obtener ganancias en materias primas", publicado hace más de 50 años:

Considere el impacto psicológico de perder dinero

Al contrario de muchas otras reglas discutidas aquí, el impacto psicológico es difícil de cuantificar. Cada individuo reacciona de manera diferente. Tiene que preguntarse honestamente, "¿Qué podría pasar si pierdo xxx $? ¿Tendría un impacto material en mi estilo de vida? ¿Y mi familia o mi estado psicológico? Deberías aprender a aceptar las consecuencias de sufrir una serie de stop-loss consecutivos. Emocionalmente, debe ser plenamente consciente de los riesgos que está tomando.

Evite hacer de la "esperanza" su estrategia

El punto principal es entender que la gestión del dinero prácticamente consiste en entender que es necesario estudiar el riesgo que conlleva la inversión para poder arriesgar solo un pequeño porcentaje en cada operación, manteniendo la exposición total dentro de márgenes razonables. La lista anterior no es completamente exhaustiva, pero debería ayudar a evitar la mayoría de los problemas.

Aquellos que sobreviven lo suficiente en los mercados para convertirse en comerciantes exitosos no son solo estudiantes de metodologías comerciales y aplicadores disciplinados de tales metodologías; también son estudiantes de los riesgos asociados con sus técnicas.

Glosario de supervivencia y reglas de funcionamiento

No comprometa más del 10% del capital en una sola operación

No tenga más de 5 operaciones comerciales abiertas al mismo tiempo (= máximo 50% sobre el capital)

Utilice siempre un stop loss adecuado y no lo mueva ni lo quite una vez colocado

Identifique un objetivo, tanto para cada operación individual como para toda su actividad comercial

Si la tendencia resulta ser favorable, inserte y ajuste un nivel de beneficio de parada

Deje correr las ganancias y reduzca las pérdidas

No permita que una ganancia se convierta en pérdida

No abra una operación si entra en conflicto con la tendencia

En caso de duda es mejor cerrar y, en caso de duda, mejor no abrir

Nunca medie en una operación perdedora: espere o cierre

Respecto a la ciclicidad de los mercados: busque oportunidades en ambas direcciones

Establecer relaciones de riesgo / rendimiento para operaciones comerciales de al menos 2: 1

Después de una pérdida no aumente el porcentaje, sino que lo disminuya hasta que se haya recuperado

Piramidal solo en tendencias muy claras y muy fuertes
Opere solo en mercados / valores líquidos
No opere con opciones, warrants o derivados si no comprende completamente los mecanismos y riesgos
No compre ni venda solo porque el precio es bajo o alto
Nunca siga los consejos de personas "bien informadas", especialmente familiares, amigos o cajeros de banco.
Reglas de conducta
Siga siempre las reglas de operación
Sea disciplinado, disciplinado y aún disciplinado
Piense de forma autónoma, independiente y siga sus pautas. ¡No sigas a la multitud!
Comprender y dominar las emociones, especialmente la incertidumbre, el miedo y la codicia.
Manténgalo simple: la complejidad genera confusión
Sea humilde: demasiada confianza conduce a las peores pérdidas
Sea paciente: saber esperar las oportunidades adecuadas es una de las mayores habilidades del trader
Tener la fuerza para admitir un error y cerrar incluso si está perdido
No lo opere si no está tranquilo y en buena forma física
Haga el análisis y / o estudie sus propias estrategias de mercado cerrado
Mantener una perspectiva, también en términos de peso operativo, entre tendencias cortas, medias y largas.
Ser objetivo: tener el coraje de afrontar la realidad del mercado
Tener la fuerza para mantener una posición o una estrategia frente a todo y a todos.
Sea flexible y esté listo para cambiar de estrategia rápidamente si cambia la situación técnica
No cierres por impaciencia, pero sobre todo no abras por ansiedad por perder una oportunidad
Diversificar en términos de mercados y acciones
Abstenerse de operar después de grandes ganancias o grandes pérdidas
Recuerde que el mercado es una máquina para decepcionar, pero siempre tiene razón

Indicadores comerciales

Los operadores principiantes pueden utilizar algunos indicadores comerciales, disponibles de forma gratuita, que ayudan a mejorar inmediatamente el rendimiento obtenido en los mercados financieros con actividad comercial. Los indicadores propuestos son muy fáciles de usar y, por lo tanto, son especialmente adecuados incluso para principiantes.
¿Cómo se elaboran los mejores indicadores para el comercio? Estas son algunas de las características clave de los mejores indicadores:
Funciona bien
Es fácil de usar
Es gratis
Funcionan bien
El primer punto de nuestra lista es verdaderamente el más importante. De hecho, tener un indicador comercial que sea gratuito, fácil de usar y que le haga perder dinero ciertamente no es recomendable.
¿Qué significa que un indicador comercial funciona? Significa que es posible obtener buenos resultados al operar en línea siguiendo las indicaciones del indicador.
En resumen, los mejores indicadores simplemente nos dicen si debemos operar hacia arriba o hacia abajo y la predicción se hace realidad en la mayoría de los casos. Ningún indicador comercial es capaz de predecir correctamente el mercado en el 100% de los casos: es matemáticamente imposible. Sin embargo, los mejores indicadores logran proporcionar predicciones precisas casi siempre.
Son fáciles
Hacer cálculos matemáticos complicados para obtener el indicador, quizás sin el soporte de un software, es una verdadera locura. Normalmente puede equivocarse, sobre todo si tiene poca experiencia. Un indicador comercial complejo de usar nunca es bueno, ni siquiera para el lobo más experimentado y experimentado de los mercados, y mucho menos para un principiante.
Por lo tanto, los mejores indicadores comerciales son muy fáciles

de usar: el indicador perfecto para un principiante debe proporcionar automáticamente la sugerencia de subir o bajar.

Son gratis

Gastar una fortuna para pagar una suscripción a los servicios de indicadores comerciales no es muy conveniente, especialmente si los volúmenes comerciales no son altos. En resumen, si comienzo a operar en línea con un capital de $ 100, no tiene sentido pagar $ 1000 al mes por un servicio profesional de indicadores comerciales. Si, por el contrario, tengo un capital millonario, entonces sí, puedo permitirme invertir más. Sin embargo, los traders novatos generalmente comienzan con $ 100 o $ 200, ciertamente no millones.

1 - MACD (divergencia de convergencia de media móvil)

El indicador MACD es uno de los más utilizados en el campo del análisis técnico. Los expertos de la industria lo consideran un recurso esencial debido a que puede proporcionar una cantidad realmente impresionante de datos de mercado.

El MACD consta de una serie de elementos que interactúan entre sí y cada uno es capaz de generar señales comerciales. En particular, al usar este indicador, es necesario prestar atención a los movimientos de la llamada línea MACD y la Línea de señal. La intersección entre estas dos líneas puede ofrecer señales comerciales.

Otro elemento a considerar es el histograma MACD que puede mostrar los volúmenes del mercado, un factor muy importante que habla de cuánta participación hay en un activo dado en un momento determinado.

2 - Media móvil simple

Conocido en inglés como el "promedio móvil simple", el promedio móvil es el indicador básico de toda la actividad comercial tanto en línea como fuera de línea. Cualquiera que esté involucrado en los mercados financieros no puede dejar de conocer la media móvil y todo el potencial que puede expresar durante la fase de inversión.

La media móvil representa un "promedio" del precio. Una vez calculado sobre la base de los datos ingresados directamente por el comerciante, se expresa a través de una función que se muestra directamente en el gráfico de precios.

La media móvil es un indicador comercial, lo que significa que los operadores lo utilizan para identificar la tendencia actual, tratando de comprender sus cambios. Se puede utilizar solo o acompañado de otras medias móviles calculadas de forma diferente.

3 - Indicador de punto de pivote

Un indicador comercial muy especial son los denominados Pivot Points, con pronunciación francesa. El indicador en cuestión se utiliza porque sirve para encontrar los denominados "puntos clave del mercado". Estas son áreas de precios particulares que siempre son muy consideradas por el mercado.

Alrededor de los Pivot Points el mercado tiende a comportarse como si estuviera cerca de soportes y resistencias (otro indicador fundamental en el campo del trading online). Por esta razón, el estudio y uso de Pivot Points puede proporcionar señales comerciales muy interesantes y confiables para los operadores que pueden captarlas.

4 - Soportes y Resistencias

Otros indicadores de los que realmente no puede prescindir en la fase de negociación son los apoyos y resistencias. En realidad, representan un indicador gráfico, por lo que el comerciante tiene que dibujar los soportes y resistencias en el gráfico de precios para tenerlos en cuenta y predecir la próxima evolución del mercado.

Los soportes y las resistencias son áreas límite del precio que el mercado no puede superar, respectivamente, a la baja o al alza. Con base en la fuerza y duración de un soporte o resistencia, también es posible determinar la confiabilidad de las señales comerciales generadas por la ruptura de uno de estos niveles de precios.

Trazar soportes y resistencias es sencillo: basta con tener en cuenta cuáles son determinadas cuotas de precio que no se han superado aumentando o disminuyendo tras varios intentos por parte del mercado. Allí será necesario trazar unas medias líneas que indiquen el punto pivote a examinar.

5 - Líneas de tendencia

Muy similares a los soportes y resistencias son las líneas de tendencia. En cualquier actividad comercial, es fundamental identificar la tendencia actual del mercado. En otras palabras, un comerciante debe comprender si el precio está en una fase alcista

o bajista del precio y actuar en consecuencia.
Gracias a las líneas de tendencia es posible identificar de inmediato en qué fase se encuentra el mercado, pero también comprender si hay signos de un cambio de tendencia o si la tendencia sigue siendo estable.
Cada tendencia se compone de una sucesión de altibajos que aumentan o disminuyen según el caso. Cuando no existe esta condición, podemos hablar de un mercado en fase lateral o no en tendencia. La ruptura de estos soportes y resistencias dinámicas marca un buen momento para ingresar al mercado.
6 - Oscilador RSI
Como has entendido ahora que hemos hablado de indicadores de todo tipo, en la fase de análisis siempre es importante identificar las zonas límite del mercado. Si hay un indicador capaz de hacer esto, es el oscilador RSI.
El RSI es precisamente un oscilador, esto quiere decir que no se mostrará directamente en el gráfico de precios, sino debajo de él porque aquí se configura su oscilación entre los valores de cero y 100. Según dónde estará el RSI, será posible comprender la fase del mercado.
En particular, el RSI es útil para identificar las fases de sobrecompra y sobreventa. Estamos hablando de excesos de mercado en los que compradores o vendedores han prevalecido durante demasiado tiempo y con demasiada fuerza. El RSI puede mostrar una situación similar al oscilar entre los valores anteriores.
Reconocer cuándo un mercado está sobrecomprado o sobrevendido es crucial porque ayuda a comprender cuál será el próximo paso más inteligente a tomar en las operaciones de mercado.
7 - Bandas de Bollinger
Otro indicador fundamental para el comercio online son las denominadas Bandas de Bollinger, un indicador que lleva el nombre de su descubridor e inventor John Bollinger. Estos son un indicador de tendencia que se basa solo en el promedio móvil simple como muchos otros indicadores comerciales.
Las bandas reciben su nombre del hecho de que son 3 curvas que se mueven junto con el precio y lo envuelven constantemente. Las fases cruciales en la observación de este indicador llegan

cuando observamos que el precio se acerca a la banda superior o inferior, aquí se generan las señales de trading.

8 - ADX

El ADX también es un indicador de tendencia y se utiliza para medir la fuerza de la tendencia. Fue inventado por Welles Wilder para obtener información sobre las tendencias de las materias primas, pero ahora se utiliza permanentemente para el análisis de otros mercados como Forex donde también ha demostrado ser muy eficaz.

El indicador se compone de dos variables + DI y - DI. Al observar estos elementos, es posible comprender la fuerza de la tendencia actual y su dirección tanto en un sentido alcista como bajista. Con estos datos en la mano, el comerciante puede entender si le conviene invertir al alza o a la baja y realizar la compra en la posición de mercado correcta.

CAPÍTULO SIETE 10 ERRORES QUE SE DEBEN EVITAR

Cometer errores es parte del proceso de aprendizaje cuando se trata de operar. Los operadores generalmente compran y venden acciones con más frecuencia y mantienen posiciones durante períodos mucho más cortos que los inversores tradicionales. Este comercio frecuente y períodos de tenencia más cortos pueden llevar a errores que podrían acabar rápidamente con el capital invertido de un nuevo operador.

Si bien los operadores de todas las edades son culpables de los siguientes errores de vez en cuando, el operador novato debe tener especial cuidado de no cometer este tipo de errores.

1. Sin plan comercial

Los traders experimentados ingresan al mercado con un plan bien definido. Conocen sus puntos exactos de entrada y salida, la cantidad de capital para invertir en el comercio y la pérdida máxima que están dispuestos a asumir. Es posible que los operadores principiantes no tengan un plan comercial antes de comenzar a operar; e incluso si tienen un plan, pueden estar más inclinados a abandonarlo que los comerciantes experimentados si las cosas no fueran bien. O pueden revertir el curso por completo, por ejemplo, quedarse corto después de comprar una acción inicialmente porque su precio está cayendo, solo para terminar siendo azotado.

Perseguir el rendimiento contra el reequilibrio

Muchos inversores eligen clases de activos, estrategias, gestores y fondos basándose en el sólido rendimiento reciente. La sensación de que "me estoy perdiendo grandes beneficios" probablemente ha llevado a decisiones de inversión peores que cualquier otro factor. Si una determinada clase de activos, estrategia o fondo ha funcionado muy bien durante tres o cuatro años, sabemos una cosa con certeza: deberíamos haber invertido hace tres o cuatro años. Ahora, sin embargo, el ciclo particular que condujo a esta gran actuación puede estar cerca de su fin. El dinero inteligente se mueve y el dinero estúpido se derrama. Cíñete al plan de inversión y reequilibra, que es exactamente lo contrario de la persecución del rendimiento.

¿Qué es reequilibrar?

El reequilibrio es el proceso de devolver la cartera a su asignación de activos objetivo como se describe en el plan de inversión. El reequilibrio es difícil porque lo obliga a vender la clase de activos que se desempeña bien y compra más de las clases de activos con peor desempeño. Este tipo de acción contrarrestada no es fácil para muchos inversores. Además, el reequilibrio no es rentable hasta el punto en que se amortice espectacularmente (piense en las acciones estadounidenses a fines de la década de 1990) y los activos de bajo rendimiento comienzan a despegar.

Una cartera de este tipo, que permite que se muevan los rendimientos del mercado, garantiza que las clases de activos estén sobreponderadas en los picos del mercado e infraponderadas en los mínimos del mercado, una fórmula para un rendimiento deficiente. ¿La solución? Un reequilibrio riguroso y constante.

No considere su aversión al riesgo

No pierda de vista su tolerancia al riesgo o su capacidad para asumir riesgos. Si usted es el tipo de inversionista que no puede manejar la volatilidad y los altibajos asociados con el mercado de valores, tal vez sería mejor invertir en las acciones de primera clase de una empresa establecida en lugar de las acciones volátiles de una empresa nueva. -arriba.

Recuerde que el rendimiento esperado conlleva un riesgo. Si una inversión ofrece rendimientos muy atractivos, mire también su perfil de riesgo y vea cuánto dinero podría perder si las cosas salen mal. Y no invierta más de lo que puede permitirse perder.

Un horizonte temporal demasiado corto o inexistente

Además, no invierta sin un horizonte temporal en mente. Si su objetivo es acumular dinero para comprar una casa, puede ser más que un horizonte de tiempo a mediano plazo. Si, en cambio, está poniendo su dinero en el mercado con el objetivo de financiar la educación universitaria de un niño, se trata más bien de una inversión a largo plazo. Deberá encontrar inversiones que

se ajusten a su horizonte temporal.
Si ha estado ahorrando para la jubilación durante 30 años, lo que haga el mercado de valores este año o el próximo no debería ser su mayor preocupación. Incluso si está a punto de jubilarse a los 70, su esperanza de vida es probablemente de entre 15 y 20 años. Si planea dejar algunos bienes a sus herederos, entonces su horizonte temporal es aún más largo. Por supuesto, si está ahorrando para la educación universitaria de su hija y ella es una escuela secundaria, entonces su horizonte temporal es lo suficientemente corto y su asignación de activos debe reflejar este hecho. Sin embargo, en general, la mayoría de los inversores están demasiado centrados en el corto plazo.

2. No utilice órdenes Stop-Loss

Si no está utilizando stop-loss, es una clara señal de que no tiene un plan comercial. Las órdenes de stop loss son generalmente limitadas antes de que las pérdidas sean sustanciales. Aunque existe el riesgo de que se implemente una orden stop en posiciones largas a niveles muy por debajo de los especificados si se reducen las brechas de seguridad, los beneficios de tales órdenes superan este riesgo. A menudo, un comerciante también comete otro error bastante común, cuando cancela una orden de detención en una operación con pérdidas justo antes de que pueda activarse, porque cree que el valor podría revertir inmediatamente el curso y permitir que la operación vuelva a tener éxito.

3. Dejar apoyo por pérdidas

Una de las características distintivas de los operadores exitosos es su capacidad para asumir rápidamente una pequeña pérdida si una operación falla y pasar a la siguiente idea comercial. Por otro lado, los traders que no tienen éxito pueden paralizarse si una operación va en su contra. En lugar de actuar rápidamente para compensar una pérdida, es posible que permanezcan en una posición perdedora con la esperanza de que la operación se resuelva finalmente. Una operación perdedora puede inmovilizar el capital comercial durante mucho tiempo y puede resultar en pérdidas crecientes y una fuga de capital severa.

4. Cálculo de la media

El corretaje en una posición larga en acciones de primera clase puede funcionar para un inversionista que tiene un horizonte de inversión largo, pero puede estar plagado de peligros para un comerciante que opera con acciones volátiles y de mayor riesgo. Es bien sabido que muchas de las pérdidas comerciales más grandes de la historia se produjeron porque un operador continuó agregando una posición perdedora y finalmente se vio obligado a recortar toda la posición cuando la magnitud de la pérdida se volvió insostenible. Los operadores también están por debajo de los inversores conservadores y tienden a promediar, ya que la seguridad está avanzando en lugar de disminuir. Este es un movimiento igualmente arriesgado que es otro error común cometido por un operador novato.

La importancia de aceptar pérdidas

Con demasiada frecuencia, los inversores no aceptan el simple hecho de que son seres humanos y propensos a cometer errores, como hacen los grandes inversores. Si ha realizado una compra de acciones apresuradamente o una de sus grandes ganancias de larga data ha empeorado repentinamente, lo mejor que puede hacer es aceptarla. Una de las peores cosas que puede hacer un comerciante es dejar que su orgullo tenga prioridad sobre su cartera y aferrarse a una inversión con pérdidas. O peor aún, compre más acciones, ya que ahora es mucho más barato.

Este es un error muy común y quienes lo cometen lo hacen comparando el precio actual de la acción con el máximo de 52 semanas de la acción. Muchas personas que usan este indicador asumen que el precio de una acción vencido representa una buena compra. Pero el hecho de que el precio de las acciones de una empresa aumentara un 30% el año pasado no ayudará a que gane más dinero este año. Por eso vale la pena analizar por qué

ha caído una acción.
Comprender los fundamentos y las señales de compra falsas
La determinación de los fundamentos, la renuncia de un director ejecutivo (CEO) o el aumento de la competencia son posibles razones para un precio de acción más bajo; pero estas mismas razones también proporcionan buenas pistas para sospechar que es posible que la acción no suba en el corto plazo. Una empresa puede valer menos hoy, pero por razones fundamentales. Es importante tener siempre un ojo crítico, porque un precio bajo de las acciones podría ser una señal de compra falsa.
Tenga cuidado de comprar acciones que parezcan una ganga. En muchos casos, existe una fuerte razón subyacente para la caída de los precios. Haga su tarea y analice las perspectivas de una acción antes de invertir en ella. Quiere invertir en empresas que experimentarán un crecimiento sostenido en el futuro.
Recuerde que el desempeño operativo futuro de una empresa no tiene nada que ver con el precio al que compró sus acciones. Cuando haya una fuerte caída en el precio de sus acciones, intente determinar las razones del cambio y vea si la empresa es una buena inversión para el futuro. Si no es así, transfiera su dinero a una empresa con mejores perspectivas.

5. Demasiado margen

El margen, el uso de dinero prestado para comprar acciones, puede ayudarlo a ganar más, pero también puede exagerar sus pérdidas, lo que lo hace potencialmente perjudicial. Lo peor que puede hacer como nuevo inversor es dejarse llevar por lo que parece dinero gratis. Si utiliza el margen y su inversión no sale según lo planeado, eventualmente se verá endeudado por nada. Pregúntese si quiere comprar acciones con su tarjeta de crédito. Seguro que no lo haría. El uso excesivo del margen es esencialmente lo mismo, aunque probablemente a una tasa de interés más baja.
Además, el uso del margen requiere que controle las posiciones mucho más de cerca debido a las ganancias y pérdidas exageradas que acompañan a los pequeños movimientos en el

precio. Si no tiene el tiempo o el conocimiento para vigilar y tomar decisiones sobre sus posiciones, y sus valores bajan, su firma de corretaje venderá sus acciones para recuperar las pérdidas acumuladas.

Dado que es un inversor novato, utilice el margen con moderación, si es posible, y solo si comprende todos sus aspectos y peligros. Puede obligarlo a vender todas sus posiciones a la baja, donde debería estar en el mercado para el gran avance.

Más información sobre el apalancamiento

De acuerdo con un conocido cliché de inversiones, el apalancamiento es un arma de doble filo porque puede aumentar el rendimiento de las operaciones rentables y exacerbar las pérdidas si se pierden las operaciones. Los traders principiantes pueden quedar deslumbrados por el grado de apalancamiento que tienen, especialmente en forex (FX), pero pronto descubrirán que un apalancamiento excesivo puede destruir el capital comercial en un instante. Atención: si utiliza una relación de apalancamiento de 50: 1, que no es difícil de encontrar en el comercio minorista de divisas, un movimiento negativo del 2% es suficiente para acabar con el capital. Los corredores deben informar a los traders que más de las tres cuartas partes de los traders pierden dinero debido a la complejidad del mercado y al lado negativo del apalancamiento.

6. Siga ciegamente el rebaño de ovejas

Otro error común de los nuevos participantes es que siguen ciegamente a la manada; como tales, pueden terminar pagando demasiado por acciones calientes o pueden comenzar posiciones cortas en acciones que ya se han desplomado y pueden estar a punto de revertir. Si bien los operadores experimentados siguen el dicho de que la tendencia es su amiga, están acostumbrados a hacer negocios cuando están demasiado abarrotados. Sin embargo, los nuevos operadores pueden permanecer en una posición comercial mucho después de que la moneda inteligente haya salido de ella. Es posible que los operadores principiantes tampoco estén seguros de adoptar un enfoque contrario cuando sea necesario.

Recuerde: no ponga todos sus huevos en una canasta

La diversificación es una forma de evitar la sobreexposición a cualquier inversión. Tener una cartera que consta de múltiples inversiones lo protege si una de ellas pierde dinero. También ayuda a proteger contra la volatilidad y los movimientos extremos de precios en cualquier inversión.

Muchos estudios han demostrado que la mayoría de los administradores y fondos mutuos tienen un desempeño inferior al de sus índices de referencia. A largo plazo, los fondos indexados de bajo costo generalmente se desempeñan en el segundo cuartil superior o por encima del 65% -75% de los fondos administrados activamente. A pesar de toda la evidencia a favor de la indexación, el deseo de invertir con gestores activos sigue siendo fuerte. John Bogle, el fundador de Vanguard, dice que se debe a que: "La esperanza es eterna, la indexación es un poco aburrida, se me escapa a la manera estadounidense [que]" puedo hacerlo mejor ".

Indexe la totalidad o una gran parte (70% -80%) de sus clases de inversión tradicionales. Si no puede resistir la emoción de perseguir al próximo gran actor, reserve entre el 20% y el 30% de cada clase de activos para los administradores activos. Esto podría satisfacer su deseo de buscar un rendimiento superior sin devastar su cartera.

7. Hagasu tarea

Los nuevos operadores a menudo son culpables de no hacer sus deberes o de no realizar una investigación adecuada antes de comenzar a operar. Hacer su tarea es fundamental porque los operadores novatos no tienen el conocimiento de las tendencias estacionales o los tiempos de publicación de datos y los patrones comerciales que tienen los expertos. Para una persona que ha comenzado a comerciar recientemente, el impulso de comerciar a menudo excede la necesidad de realizar algunas investigaciones, pero esto puede resultar en una lección costosa. Es un error no investigar una inversión que le interese. La investigación le ayuda a comprender un instrumento financiero y saber en qué se encuentra. Si, por ejemplo, está invirtiendo en acciones, investigue un poco sobre la empresa y sus planes comerciales. No actúe sobre la premisa de que los mercados son eficientes y no puede ganar dinero identificando buenas inversiones. Incluso si esta no es una tarea fácil y todos los demás inversores tienen acceso a la misma información que usted tiene, es posible identificar buenas inversiones mediante la investigación.

No compre confiando en consejos infundados

Es muy probable que muchas personas cometan este error en un momento u otro de sus carreras como inversores. Es posible que escuche a sus familiares o amigos hablar sobre una acción que han escuchado sobre comprar, obtener ganancias vertiginosas o lanzar pronto un nuevo producto revolucionario. Incluso si estas cosas son ciertas, no significa necesariamente que las acciones sean "la próxima gran novedad" y que deba correr a su cuenta de corretaje en línea para realizar una orden de compra.

Otras sugerencias infundadas provienen de profesionales de la inversión en televisión y redes sociales que a menudo reclaman una acción específica como si fuera una compra obligada, pero en realidad, es solo el sabor del día. Estos consejos del mercado de valores a menudo no aparecen y bajan directamente después de comprarlos. Recuerde, la compra de asesoramiento en los medios a menudo se basa en nada más que una apuesta especulativa.

Esto no quiere decir que deba detenerse en cada consejo del mercado de valores. Si uno realmente llama su atención, lo primero que debe hacer es considerar la fuente. Lo siguiente es hacer su tarea para saber qué está comprando y por qué. Por ejemplo, la compra de acciones tecnológicas con tecnología patentada debe basarse en si es la inversión adecuada para usted, no solo en lo que dijo un administrador de fondos mutuos en una entrevista con los medios.

La próxima vez que se sienta tentado a comprar basándose en una sugerencia, no lo haga hasta que tenga todos los datos y se sienta cómodo con la empresa. Idealmente, obtenga una segunda opinión de otros inversores o asesores financieros imparciales.

No preste demasiada atención a los medios financieros

A menudo, no hay casi nada en las noticias financieras que pueda ayudarlo a lograr sus objetivos. Hay pocos boletines que pueden proporcionarle algo de valor. Incluso si los hay, ¿cómo los identifica de antemano?

Si alguien tuviera un consejo útil sobre el mercado de valores, consejos comerciales o una fórmula secreta para ganar mucho dinero, ¿lo enviaría por televisión o lo vendería por 49 dólares al mes? No. Mantendrían la boca cerrada, ganarían millones y no necesitarían vender un boletín para ganarse la vida. ¿La solución? Dedique menos tiempo a ver programas financieros en la televisión y a leer boletines, y dedique más tiempo a crear y ceñirse a su plan de inversión.

Enfréntese al panorama general al comprar una acción

Para un inversor a largo plazo, una de las cosas más importantes, pero que a menudo se pasa por alto, es el análisis cualitativo o mirar el panorama general. Molestando a uno de los mejores inversores, Peter Lynch, dijo una vez que encontró las mejores inversiones al observar los juguetes de sus hijos y las tendencias que enfrentarían. La marca también es muy valiosa. Piense en cómo casi todos en el mundo conocen Coca-Cola; el valor financiero del nombre por sí solo se mide en miles de millones de dólares. Ya sea iPhone o Big Mac, nadie puede interponerse en el camino de la vida real.

Por lo tanto, invertir presupuestos o tratar de identificar oportunidades de compra y venta con un análisis técnico complejo puede funcionar durante mucho tiempo, pero si el mundo está cambiando en contra de su empresa, tarde o temprano perderá. Recuerde que, a fines de la década de 1980, una empresa de máquinas de escribir podría haber superado a cualquier empresa de su industria, pero una vez que las computadoras personales comenzaron a ser algo común, un inversor en máquinas de escribir de esa época habría hecho bien en evaluar el panorama general y deambular.

Evaluar una empresa desde un punto de vista cualitativo es tan importante como observar sus ventas y ganancias. El análisis cualitativo es una de las estrategias más fáciles y efectivas para evaluar una inversión potencial.

8. No opere en varios mercados

Los traders principiantes pueden tender a flotar de un mercado a otro, es decir, de acciones a opciones, divisas, futuros de materias primas, etc. Operar en muchos mercados puede ser una gran distracción y puede evitar que el trader novato obtenga la experiencia necesaria para sobresalir en un mercado.

9. No se olvide de los impuestos

Tenga en cuenta las consecuencias fiscales antes de invertir. Obtendrá una deducción fiscal en algunas inversiones, como los bonos municipales. Antes de invertir, mire cuál será su rendimiento después de ajustar sus impuestos, teniendo en cuenta la inversión, el tramo impositivo y el horizonte temporal de la inversión.

No pague más de lo necesario por comisiones de negociación y corretaje. Al mantener su inversión y no operar con frecuencia, ahorrará en costos de corretaje. Por último, busque un corredor que no cobre comisiones excesivas, para que pueda mantener un mayor retorno de su inversión.

10. El peligro de la arrogancia

El trading es una ocupación muy exigente, pero la "suerte del principiante" que experimentan algunos traders novatos puede hacerles creer que el trading es el camino proverbial hacia la riqueza rápida. Este exceso de confianza es peligroso, ya que genera complacencia y fomenta la asunción de riesgos excesivos que podrían culminar en un desastre comercial.

Es fácil ver a partir de numerosos estudios que la mayoría de los gerentes a menudo no lograrán sus puntos de referencia. No es fácil seleccionar de antemano a los gerentes que obtienen mejores resultados. También sabemos que muy pocas personas pueden beneficiarse del tiempo de comercialización a largo plazo. Entonces, ¿por qué muchos inversores confían en su capacidad para cronometrar el mercado y / o seleccionar a los administradores con mejor desempeño? El gurú de la lealtad

Peter Lynch comentó una vez: "No hay temporizadores de mercado en Forbes 400.

Negociación intradía sin experiencia

Si insiste en convertirse en un operador activo, piénselo dos veces antes de operar todos los días. El comercio intradía puede ser un juego peligroso y solo deben intentarlo inversores experimentados. Sin duda, un comerciante exitoso, además de trabajar con inteligencia, puede obtener una ventaja al tener acceso a equipos especiales que están menos disponibles para el comerciante promedio. ¿Sabía que una estación de trabajo diaria promedio (con software) puede costar decenas de miles de dólares? También necesitará una cantidad significativa de dinero comercial para mantener una estrategia de negociación diaria eficiente.

La necesidad de velocidad es la razón principal por la que no puede comenzar a operar de manera efectiva con los $ 5,000 adicionales en su cuenta bancaria. Sin embargo, los sistemas de corredores en línea a menudo no son lo suficientemente rápidos para servir al comerciante del día real; literalmente, los centavos por acción pueden marcar la diferencia entre una operación rentable y una perdedora. La mayoría de los corredores recomiendan que los inversores tomen cursos de negociación diarios antes de comenzar.

A menos que tenga experiencia, una plataforma y acceso a la ejecución rápida de órdenes, piénselo dos veces antes de operar diariamente. Si no es muy bueno para gestionar el riesgo y el estrés, existen mejores opciones para un inversor que busca crear riqueza.

Subestima sus habilidades

Sin embargo, algunos inversores tienden a creer que nunca se destacarán en la inversión porque creen que el éxito del mercado de valores está reservado solo para inversores sofisticados. Esta percepción no tiene verdad. Si bien los vendedores de fondos a comisión probablemente le dirán lo contrario, la mayoría de los administradores de fondos profesionales ni siquiera votan, y la gran mayoría ha tenido un desempeño inferior al del mercado en general. Con un poco de tiempo dedicado al aprendizaje y la investigación, los inversores pueden estar bien equipados para controlar sus carteras y decisiones de inversión sin dejar de ser rentables. Recuerde, muchas inversiones se apegan al sentido común y la racionalidad.

Los inversores individuales, por su parte, no tienen que afrontar los retos de liquidez y los gastos generales de los grandes inversores institucionales. Cualquier pequeño inversor con una sólida estrategia de inversión tiene igualmente buenas posibilidades de ganarle al mercado, si no mejor que los llamados gurús de la inversión. No asuma que no podrá participar con éxito en los mercados financieros solo porque tiene un trabajo diario.

Conclusiones

Si tiene el dinero para invertir y puede evitar estos errores de principiante, podría cobrar por sus inversiones; y obtener un buen rendimiento de sus inversiones podría acercarlo a sus objetivos financieros.

Con la tendencia del mercado de valores a producir grandes ganancias (y pérdidas), no faltan los malos consejos y las decisiones irracionales.

Recuerde, si está tratando de ganar mucho apostando su dinero de acuerdo con sus instintos, pruebe con un casino. Siéntase orgulloso de sus decisiones de inversión y, a largo plazo, su cartera crecerá para reflejar la fuerza de sus acciones.

CAPÍTULO OCHO
CINCO BUENAS RAZONES PARA EL COMERCIO DIARIO

El comercio en línea ha experimentado un aumento en popularidad en los últimos años, un crecimiento también debido a las plataformas de comercio cada vez más accesibles, simples y utilizables incluso en teléfonos inteligentes y tabletas.
Cada vez son más las personas que comienzan a comerciar en su tiempo libre con el objetivo de ganar un poco más cada día. El comercio puede ser la herramienta para obtener un segundo ingreso o, en muchos casos, incluso como actividad principal, es posible ganarse la vida con el comercio.

1) Conviértase en un comerciante financieramente independiente

Ir por su cuenta a los 50 es ciertamente más difícil que a los 30 en lugar de a los 20, pero con un poco de estudio, paciencia y mucha pasión, puedo decirle que se puede lograr. El camino hacia la independencia económica se puede alcanzar incluso a los 60 años, pero debe ser muy deseable. Qué decir, mejor saber que hay posibilidades de hacerlo, y las iremos a ver en este artículo, que deprimirse y compadecerse de sí mismo sin hacer nada constructivo. Antes de empezar, quería hacer una charla sobre la pasión. Aquí vamos a hablar de los mercados financieros y cómo explotarlos, un tema que para muchos de ustedes a primera vista puede resultar aburrido, pero cuando entienden que es posible crear una posición económica respetable a cualquier edad, entendiendo cómo explotar los mercados financieros, le garantizo que viene la pasión.
Ser independiente es un poco el sueño de todos y el comercio en línea, siendo a todos los efectos una actividad empresarial, le permite establecerse por su cuenta y administrar su negocio de forma independiente. Un comerciante independiente es un empresario que ha decidido iniciar su propio negocio invirtiendo en los mercados financieros.
El comercio en línea es un negocio de alto riesgo, es cierto, pero

no menos que cualquier otro negocio. Todo emprendedor al abrir cualquier negocio debe tener en cuenta que existen riesgos. Lo importante es saber gestionar estos riesgos y en el trading online esto es posible y es el aspecto fundamental a aprender a la hora de decidir operar online.

Generalmente, muchos niños que dejan de estudiar antes de tiempo o que han terminado sus estudios y prueban suerte en el comercio en línea fracasan por el simple hecho de que consideran que el comercio es una forma fácil de ganar dinero. En el comercio, en realidad, si no tiene cuidado, es muy fácil ganar dinero, pero es aún más fácil perderlo. El enfoque es fundamental. Repito, debe ser un enfoque empresarial.

Antes de abrir cualquier negocio, siempre hay que fijarse en cuáles son los gastos y cuáles pueden ser las posibles ganancias para ver si realmente vale la pena encontrarse con esta experiencia. Un emprendedor que decide abrir una tienda debe comenzar a invertir comprando bienes para revenderlos y debe estimar que parte de los bienes no se venderá con gran probabilidad. Por tanto, debe estimar que las ganancias que tendrá que obtener de la venta también tendrán que hacerse cargo de lo no vendido para que sea rentable. También existe el riesgo de que lo no vendido sea mayor de lo esperado y, por lo tanto, puede ir con pérdidas. Pero un verdadero emprendedor no se detiene y optimiza las inversiones para asegurarse de que las ganancias superen los gastos y así crecer con su negocio.

Entonces debe ser en el comercio. Analizas los mercados, ves dónde puede tener buenos márgenes y dónde se pueden contener las pérdidas y comienzas a invertir. Puede cerrar su inversión en cualquier momento. No es seguro que todas las inversiones deban necesariamente cerrarse en beneficios. Para ganar, también necesita saber cuándo es el momento adecuado para salir de una operación y enfocar su atención en otros activos, en otros mercados que pueden ser más rentables en ese momento preciso.

¿Cómo lo haces? Tiene que estudiar. Se analizan los mercados y en función de su tendencia se aplican las estrategias comerciales aprendidas que, como un vestido, deben coserse en cada activo. Como comerciantes, debemos adaptarnos a los mercados y seguir sus curvas. Nunca debemos cometer el error de pensar que es el mercado el que debe adaptarse a nuestras estrategias, de lo contrario estaremos jodidos.

2) Trabaje donde quiera

Trabajar desde casa, o donde quieras, es la elección que día a día hacen muchas personas que, en lugar de levantarse temprano para ir a una oficina todos los días de su vida, optan por la comodidad y el ahorro de energía física.
De hecho, hoy en día, la web ofrece varias oportunidades para ganar dinero en línea mientras está cómodamente sentado en el sillón de su casa en total relajación.
Desde casa tiene la posibilidad de gestionar su trabajo de la forma que prefiera, porque establecerá los mejores horarios para trabajar desde casa de forma totalmente autónoma y podrás elegir cuándo tomarse un día libre sin tener que rendir cuentas a nadie.
Entre las actividades que le permiten trabajar de forma independiente se encuentra el comercio en línea. Quien decide convertirse en comerciante debe saber que se trata de una profesión real.
Por tanto, para comerciar es necesario estudiar mucho y practicar también. Si desea obtener ganancias, no puede improvisar como comerciante, pero debe poner en práctica las diferentes estrategias comerciales.

3) Los beneficios de diversificar las inversiones

Cuando opere en línea, le recomendamos que diversifique sus inversiones en una variedad de mercados diferentes para minimizar su exposición al riesgo.
Si decide exportar mucho y el mercado se mueve fuertemente en su contra, sus pérdidas potenciales podrían ser enormes. Sin embargo, al diferenciar su exposición en múltiples posiciones abiertas, reduce el impacto de que un gran evento de mercado

pueda afectar significativamente sus márgenes de ganancia generales.
Al operar en línea, puede controlar y administrar fácilmente sus inversiones para construir una cartera diversificada que ofrezca rendimientos consistentes.

4) Oportunidad en cualquier momento

Los mercados pueden moverse rápidamente en ambas direcciones, hay oportunidades en cualquier momento del día o de la noche; Gracias a las plataformas de comercio móviles modernas y fiables, será más fácil operar en el mejor momento.
Elija un corredor que tenga una aplicación móvil que le permita administrar su cuenta a través de un teléfono inteligente, tableta o PC.

5) Dinero siempre seguro y protegido

Si elige comenzar a operar, elija un corredor que sea confiable, regulado, cuyos fondos estén seguros y protegidos.
Esta es a veces una elección difícil, ya que no es posible saberlo todo y la búsqueda a veces es complicada y larga.

CAPÍTULO NUEVE
¿POR QUÉ FALLAN LA MAYORÍA DE LOS COMERCIANTES ASPIRANTES?

Es posible que no haya creído que un libro de operaciones en línea pueda decirle tanto... pero aquí está la verdad: se ha estimado que el 90% de los aspirantes a comerciantes explotarán su capital durante el primer año de actividad. Estos datos podrían causar consternación a los comerciantes o posibles partes interesadas; pero continúe con la lectura para comprender cómo es posible.

La pregunta que surge es: ¿por qué sucede esto? ¿Es tan difícil operar que solo unos pocos pueden tener éxito? La respuesta es no; todos pueden potencialmente ser buenos comerciantes, pero bajo condiciones específicas.

Aquí está la historia clásica de muchos comerciantes improvisados: tal vez pueda suceder que los primeros intercambios tengan suerte. Creemos que ya lo hemos entendido todo y empezamos a aumentar el tamaño de los puestos. En algún momento, se produce una gran pérdida inesperada que reduce a la mitad su capital. El comerciante improvisado intenta recuperar todo de inmediato. Sin embargo, las cosas ya no funcionan como al principio y el capital sigue disminuyendo hasta que es inexorablemente cero.

Este es un escenario estereotipado, pero no muy alejado de la realidad. El problema es que muy a menudo los principiantes se lanzan al mercado con grandes sumas de dinero, con prisa por obtener beneficios sustanciales sin saber realmente lo que están haciendo.

Existen muchas otras profesiones rentables en el mundo: abogado, banquero, médico, etc. Sin embargo, estas profesiones requieren varios años de estudio y práctica antes de obtener una importante rentabilidad económica. Entonces, ¿por qué el comercio debería ser diferente? El comercio es una profesión como cualquier otra. Puede llevarse a cabo no como ocupación principal (tener un ingreso extra en comparación con un "trabajo clásico"); en cualquier caso, sin embargo, es necesario estudiar

y adquirir conocimientos específicos. Afortunadamente, convertirse en un comerciante exitoso puede tomar mucho menos que el camino que se necesita para convertirse en médico o ingeniero. Sin embargo, mucho estudio y mucha práctica son los mismos requisitos fundamentales para ser un buen trader.
No tenga prisa: el mercado ofrece continuamente buenas oportunidades. En el mundo del comercio, el dicho "se pierde todo lo que sobra" es lo más incorrecto que puede existir. Es bueno saber primero lo que está haciendo: practique el comercio con una cuenta de demostración y, solo después de que tenga la suficiente confianza en su estrategia y habilidades, pueda pensar en usar parte de su capital.
Al comenzar con dinero real, es importante comenzar con precaución al abrir pequeñas posiciones. El punto clave no es ganar muy rápido, sino permanecer en el juego el tiempo suficiente para saber realmente cómo moverse y empezar a ganar.
Hay tres conceptos básicos que un aspirante a comerciante debe conocer absolutamente antes de comenzar. Son conceptos muy sencillos que hemos decidido resumir en una fórmula para tener siempre presente.

1. Método estricto:

Es importante elegir una estrategia que sea adecuada para su estilo de negociación (hablaremos de esto en los siguientes artículos) y ceñirse a la estrategia sin inventar. El comercio es un negocio sistemático; confiar en una intuición puede conducir a algunas victorias afortunadas, pero no funciona a largo plazo.

2. Gestión del dinero:

Gestionar su capital es fundamental. La clave del éxito comercial es mantener su capital pase lo que pase. Entraremos en más detalles en este tema, pero es esencial comprender el equilibrio correcto entre maximizar las ganancias y mantener el riesgo bajo control. Solo una buena gestión del dinero le permitirá hacer fructificar el éxito de su estrategia comercial.

3. Mente fría:

La psicología comercial es un aspecto subestimado, pero es muy importante. Cuando hay dinero en juego, el estrés aumenta, comprometiendo nuestra lucidez en la toma de decisiones. Existe una tendencia a cerrar posiciones rentables antes de tiempo para obtener una ganancia rápida. Por el contrario, tendemos a dejar abiertas las posiciones perdedoras durante demasiado tiempo con la esperanza de poder recuperarnos. Esto hace que las ganancias sean menores que las pérdidas y, a la larga, esto destruye el capital del comerciante. La psicología del trading es importante para poder implementar su estrategia sin codicia ni miedo. El buen comerciante aprende a confiar en su sistema después de las "derrotas"; del mismo modo sabe no dejarse llevar incluso después de muchas "victorias".

CAPÍTULO DIEZ
LOS MEJORES TRADERS DEL MUNDO

Conocer quiénes son los mejores traders del mundo no solo puede satisfacer su curiosidad, sino que si está trabajando o acercándote al sector del trading online puede ser una opción tener puntos de referencia en los que inspirarse y aprender.
Por supuesto, ningún trader novato puede pensar en unirse a los mejores profesionales del mundo, sin embargo, tener la oportunidad de aprender de los mejores traders puede ser muy útil.

¿Quiénes son los mejores traders del mundo?

Estar entre los mejores traders no se corresponde necesariamente con ser el más rico.
De hecho, los mejores son aquellos que han logrado hacer historia, no solo por las ganancias obtenidas, sino también por las grandes habilidades demostradas.
No hace falta decir, sin embargo, que a menudo las dos líneas se corresponden, y en su mayoría son inversores que se han abierto camino a través de sus métodos.
Por ello, entre los mejores traders del mundo hay inversores a los que se suele mencionar en la televisión o en los periódicos, y no necesariamente solo en el sector financiero.

Los mejores traders del mundo son:

Warren Buffett
También conocido como el Oráculo de Omaha, Warren Buffett es una verdadera leyenda.
Solo una persona puede poseer hasta siete fondos de inversión desde la década de 1960.

La creación del fondo Berkshire Hathaway, el fondo con el que Buffett tiene participaciones en todas partes, es sin duda lo que lo hizo pasar a la historia.

La aportación de Warren Buffett siempre ha sido invertir en empresas que son subestimadas y que tienen un potencial especialmente a largo plazo.

Buffett está calificado como el mejor operador de todos los tiempos.

Entre las inversiones más importantes que realiza Buffet está necesariamente la realizada en Coca-Cola.

George Soros

También está en la lista de los mejores traders del mundo.

Las acciones representan una de las inversiones más conocidas, apreciadas y siempre utilizadas por los ahorradores.

Hoy el nombre de Soros es también y sobre todo reconocido para eventos que no solo conciernen a las finanzas sino también a la política y la sociedad.

El éxito de Soros se basa en el fondo de inversión Soros Fund Management, un fondo dedicado a la especulación sobre las próximas explosiones de burbujas financieras.

En la práctica, fue a través de este fondo que Soros logró ganancias estratosféricas apostando, por ejemplo, al colapso de la libra en 1992, el colapso de nuestra lira y la caída del precio del franco suizo.

Sin embargo, las especulaciones de Soros no siempre se han traducido en ganancias, pero hoy sus activos financieros se calculan por encima de los 19 mil millones de dólares, lo que también lo coloca en la categoría de los traders más ricos del mundo.

James Simons

James Simons es sin duda uno de los traders más talentosos y capaces que ha entrado en la historia del comercio online, aunque no entre los más ricos.

Es característico el motivo que le llevó a estar entre los mejores.

Simons, de hecho, fue uno de los primeros inversores en adoptar las matemáticas para las finanzas.

Su fondo de inversión tiene que ver con modelos matemáticos.

Pero Simons también forma parte de la historia de los mejores traders del mundo por haber predicho la crisis de las hipotecas

subprime y por haber utilizado posiciones cortas sobre acciones en el momento adecuado.
John Paulson
John Paulson es el fundador de Paulson & Co.
Con su apodo, El sultán de las hipotecas de alto riesgo, Paulson llegó a los libros de la historia del comercio.
De hecho, Paulson fue el genio comercial que, sobre todo, logró anticipar la crisis de las hipotecas de alto riesgo.
Gracias a las ventas en corto, en medio de la crisis de las hipotecas de alto riesgo, Paulson pudo multiplicar el capital de sus fondos hasta en un 2500 por ciento.
Steven Cohen
También llamado el señor de los cien mil dólares diarios, Steven Cohen debe estar necesariamente incluido entre los mejores comerciantes del mundo.
De hecho, las ganancias de este comerciante cuando trabajaba como corredor en Gruntal & Co.
La venta en corto de acciones es el secreto de su éxito.
Fue gracias a las ganancias obtenidas a través de los cortos que Cohen pudo ingresar entre los diez primeros operadores.

Los comerciantes más ricos del mundo

Como hemos mencionado, los mejores no siempre son necesariamente los más ricos.
De hecho, entre los que hemos señalado entre los más ricos sólo está George Soros.
Según los últimos datos, además de Soros, los traders más ricos del mundo son:
Martin Schwartz
El profesor de comercio diario Martin Schwartz hizo su fortuna tan rápido como sorprendente.
Según algunas estimaciones, Schwartz ahora puede ganar alrededor de setenta mil dólares al día.
Una gran parte de su éxito está relacionado con su proverbial habilidad para usar futuros.
Stanley Druckenmiller

Aunque no tenía experiencia en el mundo de las finanzas, Drockenmiller pudo ganar algo así como $ 3.5 mil millones durante su carrera.

Este inversor ha conseguido convertirse en uno de los traders más ricos del mundo utilizando una metodología centrada en el concepto de top down.

Un estudio sagaz y escrupuloso del entorno económico y del célebre contexto de referencia en el que solía insertar el análisis técnico más clásico.

Alejandro Anciano

Alexander Elder no solo es uno de los traders más ricos del mundo, sino que también es uno de los más seguidos por todos los inversores.

Con tantos libros e intervenciones, el consejo de Elder es considerado muy válido por la mayoría de los comerciantes de todo el mundo.

Elder es identificado como uno de los mayores expertos en análisis técnico y psicología de mercado.

Larry Hite

El nombre de Larry Hite está vinculado al desarrollo de la comunidad comercial más importante del mundo.

Larry Hite es muy productivo en el entrenamiento.

Los consejos de Larry, como los de Elder, también resultan muy útiles y tienen un gran número de seguidores de usuarios de la industria de todo el mundo.

CAPITULO ONCE
LAS ESTRATEGIAS DE LOS GRANDES

Las estrategias de Warren Buffett

Descripción en profundidad de las estrategias de Warren Buffett, que le harán invertir en bolsa con criterio, imitando las elecciones de un personaje que dominó el mercado en el nuevo milenio.
Si no tiene idea de quién estamos hablando, le aconsejamos que preste mucha atención a la premisa de las empresas que han dado a conocer a Warren Buffett, con el objetivo de hacerte entender lo valiosos que son los consejos sobre el enfoque de las inversiones en acciones de mercado que puede ser proporcionado por un experto de la industria.
Según muchos, es el inversor de valor más grande de la historia. Según Forbes, fue el hombre más rico del mundo en 2007 y 2008 y actualmente se encuentra firmemente entre los diez primeros. En resumen, aquí está quién es Warren Buffett y por qué todos deberían seguir los consejos ofrecidos por el economista de Omaha. Nació hace 85 años, todavía hoy sin rivales en su apogeo a la hora de encontrar la forma más adecuada de invertir en bolsa y ganar cifras impresionantes.
Incluso si hablamos de caridad, Buffet ha demostrado ser un gran hombre que muchos deberían tomar como ejemplo, habiendo donado la friolera de 37 mil millones de dólares a las poblaciones del Tercer Mundo y comprometiéndose a destinar el 83% de su riqueza total al proyecto de ley. Y Fundación Melinda Gates.

Las diez estrategias de Warren Buffett

Invirtiendo en el mercado de valores de la mejor manera, aquí están las diez estrategias que utiliza Warren Buffett cuando se trata de decisiones importantes. Generalizados hace unos años, todavía ocupan un papel muy importante incluso hoy en día para los inversores que eligen las rutas comerciales más modernas para hacer crecer su dinero.

1. Invierta en función de sus conocimientos

Si no conoce bien un mercado, Warren Buffett le aconseja que cambie su lente y no se deje llevar por las ganas de probar siempre y en cualquier caso. Incluso si se basa en métodos de pronóstico exitosos, la opción más adecuada siempre es referirse a marcas de conocimiento personal, como empresas cuya información se conoce a través de su trabajo.

2. Sí a las inversiones a largo plazo

Warren Buffett no presta atención a lo que sucede a corto plazo, sino que aconseja a los usuarios que estudien a fondo las tendencias relativas al menos a los últimos diez años, antes de realizar una inversión a largo plazo donde incluso recomienda mantener el puesto para siempre, si es posible, tal como lo hizo con las acciones de Coca-Cola que ha tenido durante 27 años.

3. Estos son los factores a tener en cuenta

Antes de reservar parte de su capital para las acciones de una empresa en particular, es necesario comprender si realmente puede confiar en ella sin correr demasiados riesgos y con una excelente probabilidad de ganancia. Los factores son los montos de deuda bajos, un buen balance y una relación precio-ganancias suficientemente alta.

4. ¿Manejo aproximado? No, gracias

Si tiene una gran oportunidad de llevarse a casa valores a precios de ganga, pero, por otro lado, la empresa que los emite no revela los montos de gestión reales (manteniéndose imprecisos), la elección correcta según las estrategias de Warren Buffett es cambiar de dirección y no arriesgarse a la quiebra.

5. Compre en el momento adecuado

Como enseña Buffet, quien en el pasado ha hecho grandes negocios comprando empresas en una recesión (Bank of America es uno de ellos), es bueno encontrar el momento adecuado tanto para realizar compras como para vender. Si otros son codiciosos hay que tener miedo, si otros tienen miedo, se necesita codicia, dice el economista, describiendo su experiencia con una especie de proverbio.

6. No compre todo de inmediato

Si siguiendo los consejos anteriores has decidido invertir en bolsa considerando las acciones de una determinada empresa que consideras ventajosa, no se apresure inmediatamente a la compra de todos los valores agotando su capital disponible. Esto se debe a que lo inesperado siempre está a la vuelta de la esquina y una intuición correcta podría convertirse en una pérdida increíble. Warren Buffett enseña que el método correcto es invertir parte del dinero en la fase inicial y luego analizar la tendencia y proceder gradualmente con nuevas compras en caso de que todo salga según lo planeado.

7. Efectivo siempre disponible

Warren Buffett cree que las reservas de efectivo son muy importantes, en cualquier caso, tanto si ganamos como si en cambio tenemos que afrontar pérdidas desagradables, siempre hay que considerar hipótesis. En el primer caso, la liquidez nos daría la oportunidad de incrementar nuestras inversiones en una acción (en este sentido, conectamos con el sexto consejo), mientras que en el segundo evitaría el desastre total si nuestras acciones tomaran un mal giro.

8. Admita sus errores

Cuando se trata de inversiones, siempre es difícil admitirse a sí mismo que se equivocó al hacer una predicción y que, por lo tanto, es hora de mirar hacia nuevos horizontes aprendiendo del pasado. Incluso Warren Buffett, a quien reiteramos como uno de los hombres más ricos del mundo, admite que cometió descuidos flagrantes, como cuando vendió acciones de Disney antes de un aumento notable.

9. Considere también valores extranjeros

Aunque Buffet admite que invertir en el mercado de valores al centrar su atención en las acciones que sabe que es la mejor opción, agrega que la estrategia correcta es vigilar también las acciones extranjeras. Esto se debe a que en ocasiones pueden rendir más que los internos o incluso compensar las pérdidas de estos últimos.

10. Calcule el peso del impuesto sobre las ganancias.

La plusvalía, es decir la plusvalía o en términos sencillos lo que vas a ganar por la diferencia entre el precio de venta y el precio de compra de una acción, está sujeta a molestos impuestos que limitan las ganancias. Por eso, antes de cerrar una posición a su favor, es bueno calcular cuánto va a ganar quitando el monto adeudado a las autoridades fiscales, para entender si realmente es conveniente cerrar la posición. Por supuesto, evitar comisiones también será un aspecto importante.

Invertir en bolsa como George Soros

¿Quién es George Soros?
George Soros entendió cómo funciona el juego y no solo los mercados de valores, sino la economía en general. Está diez pasos por delante de los demás y eso explica los resultados que siempre han hecho que la gente hable de sí mismo.
Invertir en el mercado de valores es una de las muchas formas en que los "ricos" logran hacer crecer su capital año tras año. Lo defienden de la fuerza erosiva de la inflación y George Soros ha utilizado este y muchos otros trucos para construir un imperio ilimitado de riqueza.
Soros se protegió de la inflación así.
Para darse cuenta del incesante "trabajo duro" que la inflación hace sobre nuestros ahorros, les daré un ejemplo.
Si la inflación es del 2.5 por ciento anual, el poder adquisitivo de su dinero disminuye en el mismo porcentaje cada año. Entonces, si por ejemplo este año compras una libra de platino por $ 1000, al año siguiente la misma libra de platino le costará $ 1025. Las cifras están inventadas, pero dan la idea.
La solución para vencer la inflación
La única solución a este fenómeno es encontrar la manera de hacer crecer su dinero con una fuerza mayor que la de la inflación.
Uno de estos métodos es invertir en bolsa con un método que garantiza, repito, garantiza, el aumento constante de su capital en el tiempo.
Para hacer esto, debe bloquear estrictamente las pérdidas y dejar correr las ganancias.
Dije estrictamente ya que esta es una regla de oro. Esta regla es trivializada por la mayoría, pero es fundamental. Esto se debe a que si, por ejemplo, se obliga a bloquear sus pérdidas al 7 por

ciento y a cobrar ganancias solo cuando sus acciones alcanzan al menos el 30 por ciento, el diferencial entre estos dos porcentajes le garantizará matemáticamente el aumento de capital a largo plazo.

George Soros lo hizo fácil

Aprovechando la fuerza del interés compuesto, su dinero se puede multiplicar fácilmente. Esta fuerza, según Einstein, es la fuerza más milagrosa de la naturaleza. Esta frase es bien conocida por Soros y siempre la ha aplicado sin excepción. Veremos que nuestros ahorros aumentan a un ritmo comparable al que se reproducen los ratones. Esto se realiza reinvirtiendo las ganancias obtenidas para obtener un capital cada vez más robusto.

A medida que aumenta la cantidad de capital invertido, se multiplica la velocidad a la que crece.

Esta es otra explicación de la inmensa riqueza acumulada por Soros.

Este método incluso funciona si asumimos que elegimos aleatoriamente los valores en los que queremos invertir. Pero tenga la seguridad de que Soros no hace eso. De hecho, funcionará mucho más si respetamos ciertos criterios de inversión. Esto sucede cuando usamos ciertas herramientas (triviales pero muy efectivas) que pueden hacernos encontrar ciertos títulos en poco tiempo y con el mínimo esfuerzo. Estas son las acciones que pueden maximizar el rendimiento de esta estrategia.

¿Cómo funciona esta estrategia?

Esto lo enseñó Soros, pero no fue nada fácil de entender porque lo simple siempre está enmascarado por lo complicado.

Es necesario elegir acciones con excelentes fundamentos, que se guíe por una gerencia que sepa hacer que el dinero salga bien. A lo largo de los años, estas acciones han obtenido excelentes rendimientos de la inversión en términos de ganancias de capital y quizás incluso dividendos distribuidos a los accionistas.

Solo un formador distinto de los clásicos, capaz de explicarle estos conceptos de una manera muy sencilla como se debe explicar a un niño, le aclarará cómo se pueden aplicar en la práctica todas las premisas que acabo de describir.

Es necesario realizar un análisis riguroso, pero saber que no todos los análisis rigurosos deben ser necesariamente complicados: los análisis rigurosos lo son porque se realizan con criterios sencillos y eficaces y de forma muy cuidadosa, no porque sean complicados de poner en práctica.

Este análisis le permite comparar determinadas variables fundamentales entre sí (es decir, que describen las características económicas de la empresa) en un contexto de mercado específico y tener una idea bastante precisa de las condiciones de salud financiera de la empresa en la que se encuentra de un "vistazo "examinar (se puede obtener un análisis más detallado leyendo los estados financieros detenidamente).

Soros nos enseña la importancia del margen de seguridad

Debe buscar un margen de seguridad que se realice solo cuando pueda comprar un valor a un precio muy por debajo de su valor intrínseco.

En otras palabras, es como saber que un par de zapatos Roberto Cavalli valen unos $ 200 (por cómo están hechos, por el material que eligen y por el impacto de imagen que le dan), sabes que normalmente están disponibles en El mercado. por más de $ 400 y puede comprarlos en un punto de venta por $ 150: obtuvo una gran oferta desde el principio.

En este caso se puede decir que compraste con un excelente margen de seguridad.

Tiene una especie de seguro que le garantiza, incluso en las peores condiciones del mercado, que sus acciones difícilmente bajarán del precio al que las compró.

También sabrá que dado que el precio promedio de mercado es de alrededor de $ 400 con picos incluso en $ 500, tarde o temprano el mercado (compuesto por una relación a veces muy extraña entre oferta y demanda) reconocerá el valor intrínseco de ese valor.

El stop loss

Cuando la acción alcanza el precio máximo que el mercado puede ofrecerle, es hora de llevarse a casa algunas de las ganancias obtenidas.

Por ejemplo, podríamos recolectar solo la ganancia obtenida y continuar confiando en esas acciones respetando estrictamente el Stop Loss al menos 7% (recuerde que las acciones que crecen muy a menudo continúan creciendo sin detenerse).

Entonces, llegará el momento en que para una acción en la que invierta, el Stop Loss se posicionará por encima del precio al que la compró: a partir de este momento para esta acción ya no podrá perder, porque incluso si pierde 7 %, lo venderá a un precio superior al precio al que lo compró.

El stop loss es dinámico

Esto sucede porque el stop loss es dinámico y aumenta a medida que la acción aumenta de precio. De hecho, si imagina comprar una acción a 37 dólares y 45 centavos, inicialmente establecerá un stop loss en 32,55 dólares.

Si la acción va de $ 35 a $ 45, el stop loss de menos 7 por ciento pasará de $ 32.55 a $ 41.85 e incluso si el precio de la acción cae a este nivel y activa su stop loss, aún vendería con fines de lucro, ya que el precio al que vende (el stop loss de hecho) es más alto que el precio al que lo compró.

Puede pensar que no es fácil elegir acciones que tengan buenas posibilidades de pasar esta prueba y dar una alta rentabilidad a su inversión: en general lo es porque si por ejemplo consideramos el tamaño del mercado americano, el trabajo que se debe hacer para estudiar todos los títulos es verdaderamente monstruoso.

Pero existen herramientas llamadas Stock Screener que son software que le extraen del "gran mar" del mercado americano (por ejemplo y no solo) las acciones que reflejan determinadas características que está buscando.

Simplemente debe especificar qué características tiene el título que está buscando y Stock Screener le devolverá el título o títulos que cumplan con los requisitos que especifiques: un poco como lo hacen las agencias para corazones solitarios.

Imaginemos que tiene el nombre de la acción en la que pretende invertir: es una acción que tiene un buen margen de seguridad y un alto potencial de crecimiento.

Soros compra acciones solo cuando es el momento adecuado

Entendí de Soros que para comprar acciones siempre es mejor esperar el momento adecuado.

Esto se debe a que en ocasiones el mercado realiza fluctuaciones que pueden penalizar la acción que hayas elegido en el corto plazo (días o meses) incluso si tiene excelentes características y potencial.

Esto sucede porque el mercado tiene características psicológicas al estar formado por personas como tú, que están en medio de la euforia unos días y de la depresión otros.

El estudio de un gráfico de cotizaciones: ¡Soros docet!

Estudiar el gráfico de cotizaciones le ayudará a decidir cuál es el momento más rentable para evitar estas sanciones a corto plazo.

Lo que les he descrito es el método que siguen los verdaderos inversores, los que ganan en bolsa de forma constante y continua.

He compartido estos secretos en este curso.

Recuerda que para apuntar a los máximos resultados también debe cuidar su psicología, así es como: ustedtambién puede unirse a este grupo si quiere aprender a gestionar su dinero de forma autónoma a través de Inversiones en Acciones, pero si sigue pensando que Inversiones en Acciones y Los intercambios son similares al juego de lotería y espera obtener resultados sin comprometer un mínimo, entonces esta “aventura” no es para usted.

Si, por el contrario, está dispuesto a dedicarse a esta disciplina porque no le gusta la idea de dejar que su dinero se pudra en el banco o confiárselo a personas que ni siquiera conoce, entonces puede representar el comienzo de un camino que puede brindarle una gran satisfacción, tanto financiera como personalmente.

CONCLUSIÓN

Si está leyendo la conclusión, significa que ha llegado al final del libro.

Espero que haya sido una lectura agradable y que el contenido haya sido interesante.

Espero que todo esto haya servido para mejorar su forma de operar intradía, ¡pero no solo eso!

También he tratado de ayudarlo a comprender lo importante que es tener un plan comercial, o comprender cuáles son sus objetivos o cómo administrar mejor el riesgo.

También espero que con este libro descubra el método para hacer más rentable su trading, pero, sobre todo, que aprenda las herramientas para intentar salvaguardar su capital.

Como siempre digo, comerciar no significa jugar en el casino.

El comercio se ha convertido en su trabajo para muchos, y para algunos, en la posibilidad que les ha permitido incrementar significativamente su nivel de vida.

Pero detrás de todo esto hay estudio, preparación, disciplina, organización y, sobre todo, nunca improvisación.

Le deseo mucho éxito en el comercio y en otros tipos de negocios, ¡qué tenga una buena vida!

www.ingramcontent.com/pod-product-compliance
Lightning Source LLC
LaVergne TN
LVHW090209051026
849517LV00001B/11
* 9 7 9 8 2 1 5 7 4 3 1 0 2 *